四川省 2020—2021 年度重点图书出版规划项目

海南环岛高速铁路设计关键技术研究与应用

姚裕春　郑长青　陈思孝　潘自立　杨 佳　著

西南交通大学出版社
·成 都·

图书在版编目（CIP）数据

海南环岛高速铁路设计关键技术研究与应用 / 姚裕春等著. —成都：西南交通大学出版社，2021.4
ISBN 978-7-5643-7890-5

Ⅰ. ①海… Ⅱ. ①姚… Ⅲ. ①高速铁路 – 铁路工程 – 研究 – 海南 Ⅳ. ①U238

中国版本图书馆 CIP 数据核字（2020）第 244575 号

Hainan Huandao Gaosu Tielu Sheji Guanjian Jishu Yanjiu yu Yingyong
海南环岛高速铁路设计关键技术研究与应用

姚裕春　郑长青　陈思孝　潘自立　杨 佳 / 著

责任编辑 / 姜锡伟
封面设计 / 何东琳设计工作室

西南交通大学出版社出版发行
（四川省成都市金牛区二环路北一段 111 号西南交通大学创新大厦 21 楼　610031）
发行部电话：028-87600564
网址：http://www.xnjdcbs.com
印刷：四川煤田地质制图印刷厂

成品尺寸　210 mm × 285 mm
印张　25.25　字数　648 千
版次　2021 年 4 月第 1 版
印次　2021 年 4 月第 1 次

书号　ISBN 978-7-5643-7890-5
定价　168.00 元

图书如有印装质量问题　本社负责退换
版权所有　盗版必究　举报电话：028-87600562

前 言

海南环岛高速铁路是全球第一条环岛高速旅游铁路，正线全长 653 km。项目所处环境具有高温、高湿、高盐、强台风、强降雨、强腐蚀等热带海洋性气候特点，海南环岛高铁地基土层主要为花岗岩全风化层，该项目的建设需要解决以下几个关键技术难题：

（1）揭示海南环岛高铁花岗岩全风化层路基的沉降特性，提出花岗岩全风化层路基的沉降计算方法和高速铁路地基处理原则，可以有效避免出现实际沉降值明显小于计算沉降值造成工程浪费的问题，以及为在工期限制情况下选择合理、经济的地基处理措施提供依据。

（2）美兰机场地下车站为国内外首个高速铁路地下车站，揭示高速列车通过地下车站隧道的气动效应规律，构建车站隧道气动效应综合缓解技术体系及设计标准，是实现美兰机场地下车站隧道安全运营的关键。

（3）海南环岛高铁桥梁通过海水潮汐渐变段多位于 L3、H4、Y4 及以上的严重腐蚀环境中，《铁路混凝土结构耐久性设计规范》(TB 10005—2010) 未提出相应设计标准，建立高温高湿海洋环境桥梁混凝土结构防腐蚀新评价技术体系，提出严重腐蚀环境下铁路桥梁混凝土防腐技术，是实现高铁桥梁百年耐久性的关键。

（4）海口东站为国内外首次连续梁桥铺设无砟轨道交叉渡线道岔和简支梁桥铺设 12 号单开道岔的车站，必须揭示简支梁桥无砟无缝道岔、连续梁桥交叉渡线的动力响应特征，建立简支梁桥上无砟无缝道岔及连续梁桥交叉渡线道岔计算理论及设计方法。

（5）海南环岛高铁所处的地区为沿海强台风强降雨频发区，必须提出有效的强台风、强雷电、强腐蚀环境下电气化装备结构形式、防雷方式及防腐蚀技术体系，并建立强台风环境下接触网结构计算方法。

（6）海南岛为强台风强降雨频发区，提出沿海强台风强降雨条件下路基边坡有效加固防护形式是确保路基稳定和列车安全运行的基础保障。

针对海南环岛高速铁路建设存在的技术难题，通过资料调研、室内外试验、模型试验、数值模拟、理论分析、现场测试等手段，对花岗岩全风化层地基修建高速铁路路基的沉降控制和强降雨强台风路基边坡防护、高速铁路地下车站隧道气动效应影响控制、高温高湿海洋环境桥梁混凝土结构防腐蚀、高架梁桥无砟轨道岔区设计，以及强台风、高腐蚀、强雷电条件下电气化装备可靠性等关键技术难题进行了系统研究，取得了以下重要成果：

（1）揭示了花岗岩全风化层路基的沉降特性，提出了花岗岩全风化层路基沉降计算方法和高速铁路地基处理原则。

（2）揭示了高速列车通过地下车站隧道的气动效应影响规律，提出了地下车站隧道气动效应及屏蔽门系统气动荷载取值，构建了车站隧道气动效应综合缓解技术体系。

（3）建立了桥梁灌注桩混凝土性能评价新指标，提出了灌注桩和墩身承台耐久性提升技术，研发了适应严重腐蚀环境的混凝土表面涂装涂层防护体系，形成了严重腐蚀环境下铁路桥梁混凝土防腐施工技术。

（4）提出了简支梁桥无砟道岔和连续梁桥交叉渡线无砟道岔的"车-岔-桥"耦合分析模型及设计方法，研发了简支梁桥 12 号无砟单开及连续梁桥交叉渡线无砟道岔结构，形成了桥上无砟道岔设计和维修技术标准。

（5）提出了沿海强台风环境下高速铁路接触网防风型整体腕臂和绝缘刚性吊弦悬挂系统及其设计方法，创新了将回流线升高兼作避雷线的防雷方式，构建了防强台风、强雷电、强腐蚀的接触网技术体系。

（6）揭示了路基边坡不同防护形式、不同植被护坡和不同自然森林形态的抗强降雨强台风的防护效果，提出了沿海强台风强降雨条件下路基边坡加固防护形式选择原则。

海南环岛高铁的成功建设可有效提升海南国际旅游岛的品质，为热带海岛高速铁路工程建设树立标杆，尤其可为东南亚热带海洋地区国家高铁建设提供重要的借鉴。

本书按概述、花岗岩全风化层地基沉降特性及处理技术研究、地下车站高速列车隧道空气动力学效应及工程对策研究、高温高湿海洋环境桥梁混凝土结构防腐蚀技术研究、高架桥梁桥上无砟无缝岔区技术研究、沿海强台风强降雨条件下路基边坡加固防护研究、沿海强台风地区电气化装备适应性研究共 7 章对研究取得的成果进行系统论述。

本书编写时参阅和引用了相关参考资料，在此对相关作者表示感谢！鉴于本书编写时间仓促及作者水平有限，书中难免存在疏漏和不足之处，敬请专家、读者批评指正。

作　者

2020 年 10 月

目 录

1 概 述 ·· 001
  1.1 海南环岛高速铁路项目背景 ··· 001
  1.2 国内外相关技术现状 ·· 004
  1.3 项目研究主要内容 ··· 015

2 花岗岩全风化层地基沉降特性及处理技术研究 ······································ 017
  2.1 花岗岩全风化层物理力学性质试验研究 ······································· 017
  2.2 花岗岩全风化层地基现场原位试验研究 ······································· 022
  2.3 花岗岩全风化层地基离心机模型试验研究 ··································· 030
  2.4 花岗岩全风化层地基现场监测研究 ··· 039
  2.5 花岗岩全风化层地基沉降变形仿真模拟研究 ································ 046
  2.6 花岗岩全风化层沉降特性综合分析 ··· 064
  2.7 花岗岩全风化层地基加固设计技术 ··· 070

3 地下车站高速列车隧道空气动力学效应及工程对策研究 ······················· 076
  3.1 高速铁路车站隧道空气动力学标准研究 ······································· 076
  3.2 高速列车车站隧道气动效应基本规律研究 ··································· 081
  3.3 洞身减压井设置必要性及设置参数研究 ······································· 097
  3.4 车站屏蔽门设置必要性及设置参数研究 ······································· 112
  3.5 洞口缓冲井设置必要性及设置参数研究 ······································· 127

4 高温高湿海洋环境桥梁混凝土结构防腐蚀技术研究 ······························ 141
  4.1 高温高湿海洋环境桥梁混凝土结构腐蚀机理 ································ 141
  4.2 高温高湿海洋环境桥梁混凝土制备技术研究 ································ 150
  4.3 混凝土结构强化防腐蚀措施的适用性研究 ··································· 170

4.4　适于湿热海洋环境的桥梁混凝土防腐蚀强化材料制备 ········· 206
　　4.5　湿热海洋环境桥梁混凝土结构防腐蚀强化措施施工技术 ········· 240
　　4.6　湿热海洋环境桥梁混凝土结构防腐蚀强化措施检测评定技术 ········· 249

5　高架桥梁桥上无砟无缝岔区技术研究 ········· 254
　　5.1　无砟道岔应用概况 ········· 254
　　5.2　桥梁地段客运专线 12 号无砟道岔关键技术理论研究 ········· 255
　　5.3　客运转线 12 号无砟道岔测试 ········· 295

6　沿海强台风强降雨条件下路基边坡加固防护研究 ········· 314
　　6.1　沿海强台风作用下边坡防护数值模拟研究 ········· 314
　　6.2　强降雨对边坡影响模型试验研究 ········· 327
　　6.3　强台风强降雨对边坡影响现场试验研究 ········· 337

7　沿海强台风地区电气化装备适应性研究 ········· 347
　　7.1　强台风环境电气化装备防风技术研究 ········· 347
　　7.2　强雷电环境电气化装备防雷技术 ········· 372
　　7.3　高温、高湿海洋环境下电气化装备表面防腐蚀技术 ········· 376

参考文献 ········· 390

1 概 述

1.1 海南环岛高速铁路项目背景

海南环岛高铁是全球唯一环岛高速旅游铁路,正线全长 653 km。项目所处环境具有高温、高湿、高盐、强台风、强降雨、强腐蚀等热带海洋性气候及位于高烈度地震区等特点。海南环岛高铁的成功建设可有效提升海南国际旅游岛的品质,为热带海岛高速铁路工程建设树立标杆,尤其可为东南亚热带海洋地区国家高铁建设提供重要的借鉴。该项目的建设需要解决以下几个关键技术难题。

1.1.1 花岗岩全风化层地基沉降特性及处理技术

海南环岛高铁地基大多为深厚花岗岩全风化层,按现行《建筑地基基础设计规范》(GB 50007),花岗岩全风化层属中等压缩性土。根据现有设计规范沉降计算理论,在花岗岩全风化层上修建高速铁路特别是无砟轨道高速铁路,其计算沉降通常不满足设计要求。我国在京津、武广、京沪等无砟轨道高速铁路建设中均采用了大量的 CFG 桩(水泥粉煤灰碎石桩)、钢筋混凝土桩板结构、钢筋混凝土桩网结构等地基加固处理措施,但各线大量的沉降实测资料表明,实际沉降值明显小于计算沉降值,其地基土也大多为中等压缩性土。可见掌握花岗岩全风化层这种中等压缩性土地基的沉降特性及选择合理的沉降计算方法、合理的沉降计算参数至关重要,可做到避免实测沉降明显小于计算沉降造成工程浪费的问题。国外高铁施工工期较长,路堤竣工后一般要放置 2 年以上,待沉降稳定经评估满足设计要求后,才能铺设无砟轨道;国内路堤施工后放置时间一般较短,在没有掌握花岗岩全风化层沉降特性的情况下,很难确定其沉降变形与时间的关系,并难以在工期限制情况下选择合理的、经济的工程加固措施。

海南环岛高铁花岗岩全风化层是我国海南、广东、福建等地广泛分布的花岗岩全风化层的典型代表。鉴于现有的花岗岩全风化层地基加固处理技术尚不成熟,影响高速铁路路基的工后沉降控制及施工工期规划的不利因素还很多。全面深入地掌握花岗岩全风化层地基沉降特性和应力传递规律,优化室内外力学特性试验方法,积累岩土参数和地基沉降资料,对此类地基的设计和施工具有非常重要的工程价值。研究花岗岩全风化层沉降特性及地基加固技术,可给工程设计及应用提供重要参考依据。

1.1.2 地下车站隧道高速列车气动效应控制技术

海南环岛高铁美兰机场隧道,是我国首座设置地下车站的高速铁路隧道。隧道全长

4.6 km，设计速度 250 km/h，中部设置美兰机场车站，车站采用双岛式站台，站台长 230 m，隧道平面如图 1.1-1 所示。

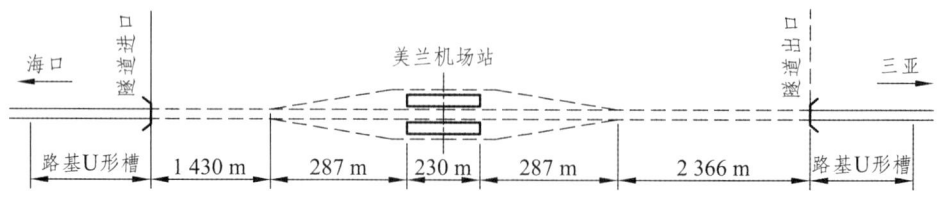

图 1.1-1 美兰机场地下车站隧道平面示意

当列车高速通过车站隧道时，会产生空气压力波动和活塞风等气动效应。不同于密封列车内的旅客，在车站站台上的候车人员，会受到气动效应的直接作用。站台附近最大风速达到 11 ~ 15 m/s，对候车人员安全造成了严重威胁；站台内瞬变压力达到 2.6 ~ 3.2 kPa/3 s，候车人员将感到不适。

设置站台屏蔽门系统能隔绝气动效应对候车人员的影响，但设置后列车的运行及站内会车会使屏蔽门产生长期的疲劳荷载，其荷载参数需要研究确定。另外，在车站范围内还可能产生微压波，对车站候车环境及相关设施造成影响。同时，国内外尚无高速铁路地下车站压力波动、微压波、风速等相关控制标准。

为解决国内首个高速铁路车站隧道空气动力学效应问题，为工程设计施工提供科学依据，开展高速列车车站隧道空气动力学效应及工程对策研究具有重要意义。研究提出的缓解高速铁路车站隧道气动效应的关键技术，是美兰机场隧道成功建设及安全运营的关键，并为今后高速铁路车站隧道设计提供了重要指导。

1.1.3 高温高湿海洋环境桥梁混凝土结构防腐蚀技术

海南环岛高速铁路位于高温高湿海洋环境中，腐蚀环境类别复杂多样，全线桥梁多位于海水潮汐渐变段，处于 L3、H4、Y4 级的严重腐蚀环境，以及大于 Y4 的极端严重腐蚀环境中，仅通过提高混凝土保护层材料的质量、厚度或采用高性能混凝土等耐久性能设计措施无法满足本线混凝土结构的设计使用年限。现行《铁路混凝土结构耐久性设计规范》（TB 10005）规定：当混凝土结构位于极端严重的腐蚀环境中时，其耐久性技术措施应进行专门研究和论证；当混凝土结构处于严重的腐蚀环境中时，应根据工程的具体情况，对混凝土结构采取一种或多种防腐蚀强化措施，明确防腐蚀强化措施所用主要材料的性能指标、检测方法及其有效防护年限。

在混凝土防腐蚀强化措施中，涂层防护被认为是最为经济有效的手段，其作用在于阻止腐蚀所需的水分和氧进入混凝土内部。然而，涂层总会有一定的渗透性，一般的涂装很难形成严密坚固的屏蔽保护层；常规涂层的使用年限也受限于其自身的耐候性，使用耐候性欠佳的涂层体系将大大提高其重涂遍数，耗费大量维护成本，且海南的严重腐蚀环境条件会加剧涂层的老化。

针对海南环岛高速铁路的特点，必须根据桥梁所处环境，研究混凝土结构的防腐蚀强化措施，提出防腐蚀强化措施所用主要材料的有效防护年限、性能指标及其检验方法。鉴于相关研究及论证资料相对缺乏、行业间的设计理念和使用年限存在差异等，开展高温高湿海洋环境桥梁混凝土结构防腐蚀技术研究具有重要意义。

1.1.4 高架桥梁无砟轨道岔区设计技术

海口东站为高架桥车站，位于海口市内繁华的南海大道附近，城市用地昂贵且紧张。高架车站采用无砟道岔，这种道岔具有恒载轻、整体性强、稳定性好、坚固耐用、轨道变形小等优点。新海口城市高架特大桥全长21.3 km，桥上有长流、秀英、汽车南、海口东4个车站，其中海口东站为配线车站。海口东站需要布置2组12号交叉渡线（道岔平面采用专线7623）和4组12号固定辙叉单开道岔（道岔平面采用专线4249），均为无砟轨道基础。除一组交叉渡线铺设于（32＋48＋32）m连续梁桥上外，其他道岔均铺设于简支梁桥上，道岔平面如图1.1-2所示。正线轨道按一次铺设跨区间无缝线路设计。

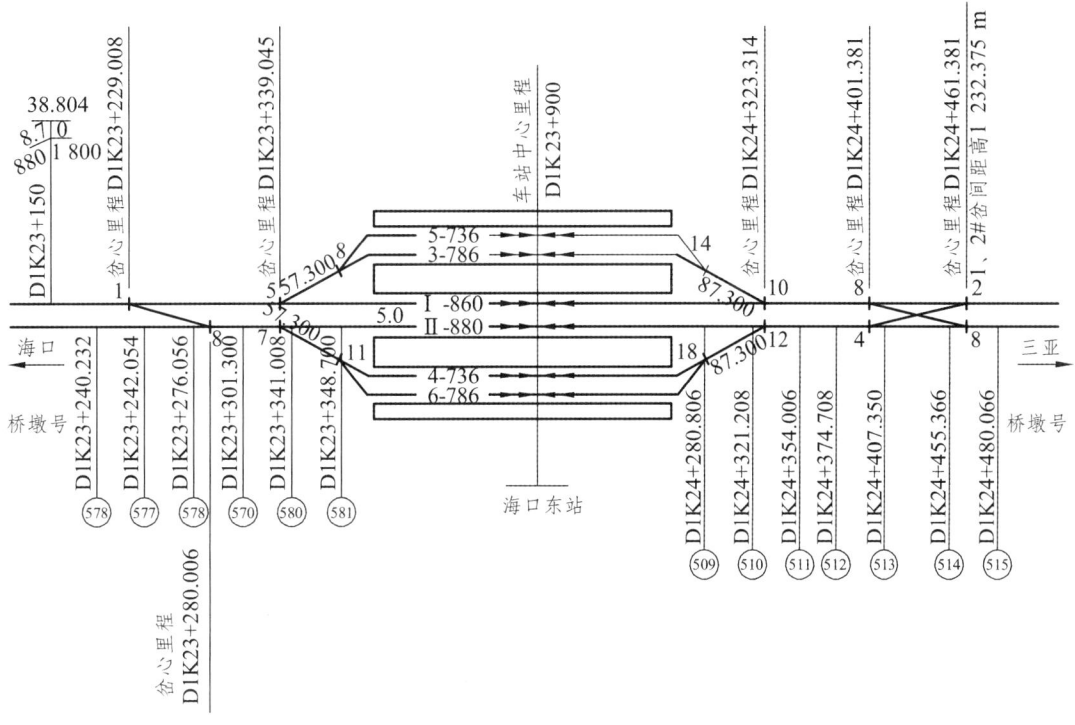

图 1.1-2 海口东站道岔布置平面示意

上述两种道岔只在路基上的有砟轨道中有使用的经验。无砟道岔在德国、日本等高速铁路中有工程应用；国内在地铁和轻轨的正线和辅助线上采用了无砟道岔，在高速铁路路基和连接梁桥上也有相关工程应用。但是，海口东站需要在海口特大桥上铺设无砟轨道交叉渡线道岔和在简支梁桥上铺设12号单开道岔，在国内外为首次。因此，开展高架桥梁无砟轨道岔区设计技术研究具有重要意义，可为无砟道岔结构参数确定和铺设方法提供重要技术支撑，填补我国铁路桥梁上无砟交叉渡线设计与施工空白，为客运专线和城际铁路的发展提供技术储备。

1.1.5 沿海强台风强降雨条件下路基边坡加固防护技术

海南省雨量充沛，年平均降雨量为1 639 mm，有明显的雨季和旱季之分。每年的夏秋季节为雨季，总降雨量达1 500 mm，占全年总降雨量的70%～90%，其中台风带来的降雨占有相当的比例。强台风和强降雨不仅会使护坡植物的树枝折断甚至连根拔起，还会使边坡表层土体产生侵蚀，严重时造成边坡失稳，影响线路的正常运营。强台风强降雨是造成我国东南沿海地区普通土质路基边坡病害的主要原因，而目前针对风和雨尤其是强台风和强降雨联合作用下路基边坡防护工程的研究并不多见。目前，我国边坡防护工程的设计还主要停留在经验基础上，往往照搬固定的模式，初期的防护效果可能较好，但随着时间的推移，防护性能开始减弱甚至消失；所以在边坡防护工程的设计中应注重因地制宜，对护坡工程的防护理论进行研究，以达到长久而稳定的护坡效果。因此，需要研究强降雨强台风对路基边坡的影响及路基边坡加固防护措施。

1.1.6 沿海强台风地区电气化装备防风及防腐技术

海南环岛铁路是海南岛上第一条城际电气化铁路。沿海岸线修建的电气化铁路长期面临强台风、高盐腐蚀、强雷电等威胁与考验，给电气化装备的长期、高可靠运行带来了极大的挑战，需要对电气化装备以下几个方面的适应性开展全面深入的研究。

（1）海南岛地处亚热带海洋性季风气候区，每年都会受不同程度的台风袭击，风速普遍在 45 m/s 以上，最高风速达 55 m/s。强风对接触网设计的影响不可忽视，如沿海支柱的最大风载是内地的 5~6 倍，由风载产生的附加荷载相当大，对接触网支柱和装备的安全、稳定不利。研究电气化装备如何适应沿海地区强台风气候，以确保行车安全，全面掌握沿海岸高速铁路牵引供电系统设计技术，提高电气化铁路的稳定性、可靠性及安全性，具有十分重要的现实意义。

（2）海南岛气候潮湿，环境中含有大量的 Cl^-，属于典型的高温、高湿、高盐气候，容易造成输电线路及电气化铁路构件的腐蚀，从而影响结构的安全。而靠海越近，海雾中的氯化物含量越高，在该环境中物体上盐分沉积量也越多，造成的腐蚀也越严重。氯化物会加速点蚀、应力腐蚀、晶间腐蚀和缝隙腐蚀等局部腐蚀，如何解决沿线电气化零部件和设备的防腐是沿海铁路设计中的关键问题。

（3）沿海地区雷电活动频繁，年平均雷电日均在 100 d 左右，防雷措施尤其重要，特别是接触网等暴露在室外的设施，如果防雷措施不当，会造成雷电击穿绝缘子，引起变电所跳闸，严重影响电气化铁路的正常运行。

1.2 国内外相关技术现状

1.2.1 花岗岩全风化层地基沉降特性及处理技术

花岗岩全风化层是花岗岩岩体在物理化学及生物等风化营力作用下，其结构、成分、性质等产生了不同程度变异的岩石。对花岗岩全风化层的研究主要集中在以下几个方面：花岗岩全风化层的分类研究、花岗岩全风化层的物理力学特性研究、花岗岩全风化层作为建筑物持力层的研究、花岗岩全风化层边坡治理方面的研究、花岗岩全风化层作为填料的试验研究。

风化花岗岩的地质问题主要有：边坡冲蚀和崩解，软弱面的楔形破坏，沿垂直软弱面的倾覆破坏，崩塌落石，岩堆以及花岗岩风化物的滑坡灾害；作为路基填料，花岗岩风化物边坡在雨季经常发生边坡溜坍；风化花岗岩作为路基基床时产生翻浆冒泥；隧道方面，花岗岩岩体内部的断层有较强的隐蔽性，花岗岩岩体内断层病害规模大，处理困难，花岗岩岩体常被后期岩脉所穿插，岩性不均匀；花岗岩的风化程度不均匀，作为地基会产生不均匀沉降；花岗岩风化物遇水后强度降低，造成摩阻力和端承力不足；风化花岗岩地区的沙化现象严重，破坏自然生态环境。

我国的交通、建筑等建设部门通过对本行业所涉及的工程项目中出现的风化产物研究之后，根据自己工程需要，提出了对花岗岩风化产物或粗或细的分带方法。

T. Y. Irfan 总结了国外学者对于花岗岩风化带分带的研究情况。吴能森在对花岗岩残积土进行全面的研究后，对花岗岩现行的分类方法进行改进，提出了综合分类法。吴宏伟等分析了我国香港地区花岗岩风化分级化学指标体系并对香港的风化壳进行了分带。

栾茂田等通过大量土工试验对取自香港不同地区的三种松散花岗岩全风化残积土的剪切特性，包括峰值强度与峰后稳定状态及其本构模型进行了探讨。翟阳等在对重塑试样的不排水三轴压缩试验研究的基础上，分析了花岗岩全风化层松散填土的工程性能，探讨了相对压实度、固结应力对其性能的影响；分析了土样应力应变关系、初始杨氏弹性模量、脆性指数和稳定状态性能。程昌炳、徐昌伟研究了福建地区的花岗岩残积土去胶结物处理前后的力学特性。赵建军、王思敬、尚彦军、岳中琦、曲永新课题组对香港花岗岩全风化层风化程度的化学指标及微观特征、花岗岩全风化层脆性破裂和塑性蠕变特性、固结特性、花岗岩全风化层的抗剪强度以及试验方法对花岗岩全风化层的影响等进行了详细的研究。简文彬等研究了花岗岩残积土的崩解特性。吴小玲等通过对花岗岩残积土动剪切模量室内和原位试验研究，认为花岗岩残积土是一种低灵敏度的土，其重塑土的动剪切模量比对应的原状土低 20%。

张永波等对花岗岩残积土浅层地基承载力评价方法进行了研究，建议采用标准贯入试验确定花岗岩全风化层地基承载力。林永安通过分析花岗岩残积土静压管桩工程常见问题，提出了相应的处治措施。蔡来炳通过对花岗岩残积土持力层人工挖孔桩承载力的研究，认为：以花岗岩残积土为持力层的人工挖孔桩，桩侧阻力呈现明显的软化特性，单桩承载力主要取决于桩端承载力，设计时可以不考虑桩侧阻力作用；必须采取有效排水措施，降低地下水或持力层的含水量。王沁平通过对含孤石的花岗岩残积土上的复合桩基的研究，认为必须重视花岗岩残积土的结构性。

陈子敬通过对花岗岩残积土边坡破坏机理及规律进行研究，指出了花岗岩全风化层边坡的破坏原因并提出了相应的边坡防护措施。张文华分析了花岗岩残积土的抗剪强度与边坡失稳的规律，认为花岗岩全风化层边坡稳定性主要取决于残积土原生或次生结构面的抗剪强度，对抗剪强度的取值应视不同工程而有所区别，从而指导边坡设计。

胡红梅等对花岗岩残积土进行分类，分析了花岗岩残积土的垂直分带特征及相应的物理力学性能，阐明了花岗岩残积土作为地基持力层和回填土的工程应用，同时指出了福建沿海裸露型花岗岩残积土上部呈硬塑—坚硬，稍湿—稍干，结构中密—密实，属花岗岩全风化层。对于一般低层建筑及建（构）筑物，可充分利用该层残积土作为天然地基持力层。裸露型花岗岩上部残积土液限值一般介于 30%～36%，小于 40%，最优含水量 17%～19%，比天然含水量 16%～17% 大，含砂量 10%～20%。这种性能的土料，对于回填碾压夯实十分有利。对于花岗岩残积土回填区的地基处理，主要采用分层压实、强夯、高压注浆、设置振冲碎石桩或低强度混凝土桩等措施。

余自立等、李志勇等对用花岗岩全风化层及其水泥稳定土作为路基填料的工程性质、适用范围和施工工艺进行了研究。王克对残坡积土与花岗岩全风化层混合后用作心墙防渗材料进行了研究，认为花岗岩全风化层颗粒较粗，塑性指数在10左右，为砂黏土，但与残坡积土以1∶1的比例混合后，能满足作为大坝心墙防渗材料使用。马宏剑等通过对广东地区花岗岩全风化层路用性质进行研究，认为在花岗岩全风化层中添加 0.02~1 mm 粒组的细砂，可以提高花岗岩全风化层的 CBR（加州承载比）值，从而满足其作为路基填料的要求。

刘胜娥指出海南省花岗岩残积土的分布面积很广泛，土质多为砂（砾）质黏性土，其物理力学性质及工程地质特征差异较大，但有一定变化规律，垂直分带尤为明显。花岗岩残积土一般为较致密的黏性土，抗剪强度较高，承载力较大，但随其原岩风化程度不同而异。风化程度较弱的花岗岩残积土，砾石的颗粒含量越多，干密度就较大，抗剪强度就越高；风化程度较强的花岗岩残积土，长石高岭土化较完全，土的干密度随着土的含砾量的减少降低，抗剪强度的降低主要表现为内摩擦角的显著降低。

由上可知，目前虽对花岗岩全风化层的物理力学特性，边坡、路用等花岗岩全风化层的工程性质进行了大量的研究，但是对花岗岩全风化层地区柔性基础下的地基沉降特性仍缺乏系统的研究。在风化花岗岩的沉降、承载力及其相互关系方面，尤其是对于风化花岗岩地基路基工后沉降方面，研究成果还不多见。因此有必要对柔性基础下花岗岩全风化层的沉降变形特性进行系统的研究。

1.2.2 地下车站隧道高速列车气动效应控制技术

1.2.2.1 车站隧道空气动力学效应研究的国内外现状

随着列车运行速度的提高，列车通过隧道时诱发的空气动力学效应将会加剧，引起一系列列车在低速运行时不显著的空气动力学问题：

（1）由于瞬变压力造成旅客耳朵不适，乘车舒适度降低。

（2）高速列车进入隧道时，会在隧道出口产生微压波，引起爆破噪声并危及洞口建筑物。

（3）列车各部件产生的空气动力学噪声加剧（其强度与车速的6~8次方成正比）。

（4）行车阻力加大，引起对列车动力和总能量消耗的特殊要求。

（5）行车阻力加大，引起隧道内热量积聚和温度升高。

（6）列车风加剧影响隧道内人员作业，并对铁路员工和车辆产生危害。

上述问题的缓解涉及隧道建筑限界、洞口段形状、洞内设施、轨道构造及车头形状等技术措施的改进。为此，各国在高速铁路隧道结构设计中，都规定了一些技术标准和措施。

当列车进入隧道时，原占据着空间的空气被排开。空气的黏性以及隧道壁面和列车表面的摩擦阻力作用使得被排开的空气不能像在隧道外那样及时、顺畅地沿列车两侧和上部形成绕流。列车前方的空气受到压缩，列车后方则形成一定的负压，这就产生了一个压力波动过程。这种压力波动又以声速传播至隧道口，形成反射波，波的反射、折射、衍射以及干涉将产生一系列复杂的空气动力学效应。这种压力波动过程引起一系列与隧道设计和运营密切相关的空气动力学效应。

解决隧道压力波问题是解决其他隧道空气动力学问题的基础和前提。列车在隧道中运行时空气阻力的合理确定、长大隧道的热环境控制技术以及对运营通风的研究都有赖于隧道压力波的研究方法和研究成果。列车驶入隧道时所引起的初始压缩波及其在隧道内的传播规律也是研究隧道出口微气压波现象和减缓微气压波效应的基础。

高速列车的速度一般都在 200 km/h 以上,马赫数将达到 0.17,属亚声速范围。列车以高速突入隧道,于列车前端会形成初始压缩波,该波沿隧道以声速传播。当到达隧道出口时,大部分向隧道内以膨胀波的形式反射;一部分则以脉冲状的压力波向隧道出口周围地区辐射出去。该压力波称为隧道微气压波。隧道微气压波在隧道口产生"嘭嘭"的爆破声,使洞口附近的房屋门窗"咯嗒咯嗒"作响,带来环境问题。

影响微压波的因素主要有列车进入隧道的速度、隧道的阻塞比(即列车横断面积和隧道横断面积之比)、隧道长度、隧道内部条件(如轨道结构、道床和衬砌表面类型、有无减缓措施等)和隧道出口地形等。同时,列车头部形状、长细比对隧道出口微压波也有较明显的影响。其中,列车进入隧道的速度、隧道的阻塞比是最为重要的两个影响因素。隧道压缩波的压力梯度峰值与列车进入隧道速度的三次方成正比,而微压波的峰值和压缩波到达隧道出口时的压力梯度峰值大致成正比。

1.2.2.2　洞身减压井研究的国内外现状

缓解气动效应经常采用的措施为设置缓冲设施和设置竖井。由于本隧道埋深浅,具有设置竖井的条件,因此,有必要对设置减压竖井的作用及其参数进行研究。

对于竖井缓解气动效应的研究,国内外许多学者已经取得了一些成果:

(1)国际铁路联盟(UIC)试验研究所(ORE)。

英国 Vardy 教授提出了一维有摩擦等熵流假说,从理论上研究了两列列车在有减压竖井和无减压竖井的隧道中交会时,列车速度以及列车进入隧道后的移动状态对瞬变压力的影响。

在隧道长度为 1 000 m,横断面积为 47.5 m^2,没有竖井或分别设有 1 个、2 个、3 个或 4 个减压竖井,列车长度为 200 m,横断面积为 9.5 m^2,列车最大速度为 252 km/h 的情况下,Vardy 教授对 60 种列车交会情况进行了研究。研究表明,减压竖井数量和位置的合理安排,可将因高速行车产生的瞬变压力幅值降低 50% 左右。对每一个隧道都有一个最佳竖井数目。竖井位置的选定应尽可能避免在隧道中发生压力波的不利叠加,并应根据隧道的长度、列车长度和运行速度来确定。单纯靠增加竖井的数目并不能使隧道内瞬变压力值得到显著降低,同样,一味增加竖井横断面积也只能使隧道内瞬变压力值有微小降低。

隧道中减压竖井的设置会引起波的叠加,因此,须对竖井位置进行优化,确定最有利的位置。国外研究表明竖井合理位置在下列区域里:

$$\frac{4Ma^2}{(1-Ma)^2} < \frac{X_s}{L} < \frac{2Ma}{1+Ma} \tag{1.2-1}$$

式中:X_s——竖井至隧道入口的距离;

　　　L——隧道长度;

　　　Ma——列车马赫数,即 $Ma = v/c$,c 为声速,v 为车速。

(2)西南交通大学骆建军博士对隧道有无竖井,竖井断面积、竖井位置、竖井数目的变化对隧道内压力及压力梯度的影响进行了研究。研究表明:

① 有通风竖井时的压力梯度明显比无竖井时的压力梯度小。

通风竖井的存在，使列车前方压力较大的空气，不仅由隧道出口排出隧道，而且也由通风竖井排出隧道，因而使得列车前方的压力有较大幅度的降低。

② 适当增大竖井的断面积，可以降低测点处的压力。当竖井断面积与隧道断面积之比在 0～0.3 之间时，降压效果比较明显。竖井的断面积并不是越大越好，而是存在着一个比较有利的隧道断面积，使得隧道内测点处的压力降低达到最佳效果。

③ 存在一个最佳的竖井位置，使得测点处的最大压力变化降低得最快。

④ 在单线隧道中，增加竖井的数目，其降压效果与只具有一个"最佳"竖井时的降压效果区别不明显。因此，并不是竖井的数目越多，竖井的降压效果就越好。对于给定长度的隧道，竖井的数目是确定的，关键是竖井的位置应当选择在"最佳"位置，这样才能达到最佳的降压效果。对于比较长的隧道（如 10 km 以上），有时为了通风的需要，可在隧道中设置了多个竖井。

1.2.2.3 屏蔽门研究的国内外现状

地铁屏蔽门（Platform Screen Doors，简称 PSDs）系统是随着城市轨道交通不断发展而产生的，最初主要用于环控方面。

地铁运营的特点是行车密度大、停站时间短、运送客流量大，而地铁车站的宽度有限又处于地下，为乘客提供一个安全舒适的候车环境是随着轨道交通事业的发展而提出的一项新的要求。1976 年，由美国交通部的都市运输研究和发展管理局出版的《地下铁道环境设计手册》，首次提出将地下铁道车站站台乘客区与轨行区通过气流或隔墙分隔开的概念，以达到节能的目的。采用气流来进行分隔存在很多问题且难以实施，因此该手册建议采用隔墙分隔，从而发展成为现在世界上很多地铁车站应用的屏蔽门系统。

站台屏蔽门是设在站台边缘，把站台区域和列车运行区域相互隔开的设备。列车未进站时，屏蔽门处于关闭状态；列车进站后，列车门与屏蔽门严格对准，并使列车门与屏蔽门联动开启，以供乘客上下车，待乘降结束后，列车门与屏蔽门同时关闭。它的两个主要的作用就是节能和保证乘客候车安全。

屏蔽门在国外的应用较早，已经比较成熟。1981 年，在日本地铁在 Portdown 线路中采用了半封闭式的安全门系统，主要是用来保证在站台上乘客的候车安全。20 世纪 80 年代投入运营的法国 Lille 市的地铁采用全自动无人驾驶技术，从确保乘客和列车行驶安全因素考虑采用了屏蔽门系统。

屏蔽门系统在国外地下铁道系统中得到了推广应用。1988 年，新加坡地铁主要基于节能考虑，在 NEL 线上首次使用了屏蔽门系统，并且取得了很好的效果。之后欧洲一些国家如英国、法国、比利时等的地铁出于乘客安全方面的考虑，也安装了屏蔽门系统，主要类型是敞开式的，目的仅仅是将乘客和列车隔开，防止乘客自杀和无意跌入隧道，大大降低了乘客被列车撞伤的危险性。

20 世纪 90 年代，我国香港地铁根据十几年运营实践经验，认识到采用开/闭式环境控制系统存在系统设备容量高、用房面积大、工程投资大、车站建筑布置设计困难、运营成本高且不安全的缺点，在后续新线建设中（例如机场线、将军澳线以及九广铁路等）均采用屏蔽门系统，并对已运营的 3 条地下铁路线的 38 个车站进行改造，加装屏蔽门系统。2002 年 12 月 28 日建成开通的广州地铁 2 号线成为我国内地第一个应用屏蔽门系统的地下铁道系统，随后该系统在上海、深圳等城市新建地铁线路中得到推广应用。屏蔽门系统在以后的新建地铁或旧地铁线路改造中将会得到越来越广泛的应用。

1.2.2.4 洞口缓冲设施研究的国内外现状

20 世纪 70 年代末，在日本的新干线上，最初的隧道断面积较小（60.5～63.4 m^2），阻塞比（列车断面与隧道断面的比值）大于 0.2，在列车提速到 200 km/h 后，出现了较明显的空气动力学效应。为减小压力波和微压波，在隧道洞口处设置了多种缓冲结构，并进行了研究和测试。国内外控制压力波动的标准主要有两个方面：① 压力峰值控制标准；② 压力梯度最大值控制标准。

已经进行的研究表明：隧道出入口的缓冲设施对于降低隧道内压力峰值和压力梯度都有较好的效果。缓冲结构根据其形式可分为无开口缓冲结构、开口缓冲结构、开槽式缓冲结构和喇叭形缓冲结构。洞口缓冲结构的形式应根据地形、地质及周边环境条件等因素确定。

高速铁路车站隧道与普通高速铁路隧道气动效应有本质区别。目前，缺乏高速铁路车站隧道空气动力学效应基本规律研究，缺乏高速铁路地下车站压力波动、微压波、风速等相关标准，缺乏对高速铁路地下车站启动效应缓解措施及相关设置参数的研究。

1.2.3 高温高湿海洋环境桥梁混凝土结构防腐蚀技术

国外对环境作用等级划分的规范有欧洲 *Concrete*（EN 206-2000）、美国 *Building Code Requirements for Structural Concrete*（ACI 318-08）、日本 *Recommendations for Design and Construction Practice of High Durability Concrete*（JS-1991）等。我国对混凝土结构耐久性环境作用等级的划分多是参照欧洲规范 *Concrete*（EN 206-1）以及我国《岩土工程勘察规范》（GB 50021—2001），并结合我国历史气候信息资料与地质资料而确定。混凝土结构环境作用类别划分的原则是混凝土结构中钢筋锈蚀以及混凝土腐蚀机理；环境作用等级确定的原则是腐蚀离子对钢筋或混凝土腐蚀的程度，并综合考虑设计的方便性。《地下工程防水技术规范》（GB 50108—2008）规定了防水等级，没有提及环境类别。《混凝土结构设计规范》（GB 50010—2010）中将环境分为 5 个类别，5 个类别之间无明显的分类依据，且没有确定作用等级。《混凝土结构耐久性设计规范》（GB/T 50476—2008）将环境分为一般环境、冻融环境、氯化物环境和化学腐蚀环境，氯化物环境又分为海洋氯化物环境和除冰盐等其他氯化物环境。

《铁路混凝土结构耐久性设计规范》（TB 10005—2010）将环境作用分为 6 个类别，按照对混凝土与钢筋腐蚀程度不同，将每个类别分为 3～4 个等级，如表 1.2-1 所示。高速铁路工程条状结构与露天服役环境等特点决定了其混凝土结构必然会经受外部气候和所接触土体与水体的腐蚀作用，基于轨道交通和铁路条状结构分布的近似性，国内地铁、轨道交通多是按《铁路混凝土结构耐久性设计规范》进行设计的。

氯盐环境：在以氯盐锈蚀为主的环境条件下，钢筋锈蚀速度与混凝土表面氯离子的浓度、温湿度的变化、空气中 O_2 供给的难易程度有关。美国（表 1.2-2）、日本（表 1.2-3）、欧洲（表 1.2-4）等国家或地区将海水环境混凝土结构暴露部位划分为 3 个区：大气区、浪溅区、水下区。浪溅区钢筋腐蚀破坏最为严重，其次是大气区，水下区几乎不会发生钢筋腐蚀破坏。我国根据大量的海港码头调查发现，在涨、落潮水位变动区域内，腐蚀破坏比较轻，因为在

表 1.2-1 环境类别及作用等级

环境类别	腐蚀机理	作用等级
碳化环境	保护层混凝土碳化导致钢筋锈蚀	T1、T2、T3
氯盐环境	氯盐渗入混凝土内部导致钢筋锈蚀	L1、L2、L3
化学侵蚀环境	硫酸盐等化学物质与水泥水化产物发生化学反应导致混凝土损伤	H1、H2、H3、H4
盐类结晶破坏环境	硫酸盐等化学物质在混凝土孔中结晶膨胀导致混凝土损伤	Y1、Y2、Y3、Y4
冻融破坏环境	反复冻融作用导致混凝土损伤	D1、D2、D3、D4
磨蚀环境	风沙、河水、泥砂或流冰在混凝土表面高速流动导致混凝土表面损伤	M1、M2、M3

注：L3、H4、Y4、D3 和 M3 环境等级为严重腐蚀环境。

表 1.2-2 美国对氯盐环境的规定

环境类别	严重程度	等级	环境条件
钢筋锈蚀（C）	轻 微	C0	干燥环境或防潮环境
	中 等	C1	潮湿无外部氯离子环境
	严 重	C2	潮湿且有外部氯离子环境，氯离子来源于除冰盐、盐、盐卤水、海水或者来源于外部氯离子源的溅射

表 1.2-3 日本对氯离子侵蚀地区的规定

区 分	据海岸的距离	环境
重氯离子侵蚀地域	0 m 附近	潮水、波浪冲击，频繁海水接触
氯离子侵蚀地域	50 m 以内	强风时海水飞溅，迎风面海水浸湿
准氯离子侵蚀地域	200 m 以内	海盐粒子飞溅，迎风面有害盐化物蓄积较多
不考虑氯离子侵蚀的地域	超过 200 m	迎风面有害盐化物蓄积较少

表 1.2-4 欧洲对海洋环境的规定

环境等级	环境条件	结构示例
XS1	大气含盐，但不接触海水	靠近或在岸边的结构
XS2	永久处于水下	海洋工程结构的部分
XS3	潮汐、浪溅和喷溅区	海洋工程结构的部分

这个部位的混凝土虽然每天有 2 次露出水面，但露出水面的时间短，混凝土孔隙水蒸发少，基本处于饱水状态，导致通氧条件较差，因此腐蚀较轻。根据上述情况，《海港工程混凝土结构防腐蚀技术规范》（JTJ 275—2000）将海水环境暴露部位划分为 4 个区：大气区、浪溅区、水位变动区、水下区。《混凝土结构耐久性设计规范》（GB/T 50476—2008）也将海洋氯化物环境分为Ⅲ-C、Ⅲ-D、Ⅲ-E 和Ⅲ-F 四个等级。《铁路混凝土结构耐久性设计规范》（TB 10005）

和《公路工程混凝土结构防腐蚀技术规范》(JTG/T B07-01)沿袭了欧洲、美国规范，将氯盐环境分为三个等级，公路规范中将其称之为近海或海洋环境。实际上，它们均是将长期在海水中、含盐土下的作用等级与轻度盐雾区（高于平均水位 15 m 的海上大气区、离涨潮岸线 100～300 m 的陆上环境）划分为一类。

综合国内外相关标准，对海洋环境等级划分的依据多是基于以下几个方面：一是海水或土中氯离子浓度；二是含盐物质在混凝土结构表面富集的程度；三是影响钢筋锈蚀的外界因素。规范中通常将炎热气候（平均气温高于 20 ℃）作为加剧氯盐腐蚀的一个因素。

化学侵蚀环境：在以化学侵蚀为主的环境条件下，混凝土腐蚀程度与环境水和土中侵蚀物质的种类和浓度、环境土的渗透性、环境温度以及混凝土表面干湿交替程度等有关。欧洲和美国等将化学侵蚀环境中按水和土环境中硫酸根离子的浓度，将化学侵蚀分为 4 个等级。腐蚀化学物质涉及的有硫酸盐、碳酸盐、酸和镁盐等。我国《混凝土结构耐久性设计规范》，也均将硫酸盐腐蚀分为 4 个等级，只是在硫酸根离子浓度量值规定上有所不同。尽管将水中硫酸根离子浓度大于 10 000 mg/kg 和土中硫酸根离子浓度大于 15 000 mg/kg 列为 H4 作用等级，但由于缺少足够的数据积累和工程经验，对处于高硫酸盐含量的混凝土结构，如水中硫酸根离子浓度大于 20 000 mg/kg 和土中硫酸根离子浓度大于 30 000 mg/kg，应作为特殊情况另行对待，其耐久性技术措施应经过专门研究和论证。

综合国内外相关标准，对硫酸盐侵蚀环境等级划分的依据多是基于以下几个方面：一是水中或土中硫酸根离子的浓度；二是土层透水特性。关于海水环境对混凝土的影响，主要考虑了其中氯离子对钢筋的锈蚀作用。至于海水中硫酸根离子的化学作用，虽然硫酸根离子浓度已达到了中度侵蚀的 2 500 mg/L 左右，但由于同时存在氯离子对硫酸盐侵蚀的缓减作用，有些规范将海水硫酸盐侵蚀程度降为轻度硫酸盐侵蚀。在挪威，天然海水中的硫酸盐被认为对混凝土没有侵蚀性。

盐类结晶破坏环境：在以盐类结晶破坏为主的环境条件下，混凝土腐蚀程度与环境水和土中硫酸浓度、环境温度以及混凝土表面干湿交替程度等有关。与化学侵蚀破坏相比，盐类结晶破坏更加严重，多发生在露出地表的毛细吸附区和隧道的衬砌部位，破坏很明显，要严加控制。盐类结晶破坏环境是从化学侵蚀环境中分出来的一类环境类别。基于不同的腐蚀原理以及不同的评价指标，《铁路混凝土结构耐久性设计规范》和《混凝土结构耐久性设计与施工指南》(CCES 01—2004)将盐类结晶破坏环境作为独立的一种环境条件，前者按照硫酸根离子浓度的大小分为 Y1、Y2、Y3 和 Y4 四个作用等级，后者将其分为两个等级，即 E 级（日温差小、有干湿交替作用的盐土环境）和 F 级（日温差大、干湿交替作用频繁的高含盐量盐土环境）。《公路工程混凝土结构防腐蚀技术规范》(JTG/T B07-1—2006) 参照《混凝土结构耐久性设计与施工指南》将盐结晶破坏分为三个等级，将日温差小、有干湿交替作用含盐量较低的盐土环境划分为 D 级。《混凝土结构耐久性设计规范》(GB/T 50476) 中干旱、高寒地区硫酸盐环境作用等级实质上所指的就是盐类结晶破坏环境，该标准中将盐类结晶破坏环境按硫酸根离子浓度分为 V-C、V-D、V-E 三个级别，如表 1.2-5 所示。同时指出，干旱区是指干燥系数大于 2.0 的地区，高寒地区是指海拔在 3 000 m 以上的地区。干燥度系数的计算方法如式（1.2-2）所示。

$$K = \frac{0.16\sum t}{\gamma} \quad (1.2\text{-}2)$$

式中：K——干燥度系数；

$\sum t$——日平均气温≥10 ℃稳定期的年积温；

γ——日平均气温≥10 ℃稳定期的年降水量（mm），取0.16。

表 1.2-5　干旱、高寒地区硫酸盐环境作用等级

环境等级	水中硫酸根离子浓度/（mg/L）	土中硫酸根离子浓度/（mg/L）
V -C	200 ~ 500	300 ~ 750
V -D	500 ~ 2 000	750 ~ 3 000
V -E	2 000 ~ 5 000	3 000 ~ 7 500

盐类结晶破坏作用等级的划分主要考虑盐类结晶破坏与环境温度、日温差、相对湿度与风速有密切关系，设计中必须充分考虑这些因素。不同标准给出的示例为：与含盐土壤接触的电杆、墙、柱等露出于地面以上的"吸附区"；与含盐土壤接触的墩柱等构件露出地面以上的"吸附区"；环境水和环境土中硫酸盐含量高的地区，混凝土结构埋入土中或水中的混凝土遭受化学侵蚀，而处于干燥、多风、日夜温差大环境条件下的混凝土结构，其露出地表或水面约1 m以下的毛细吸附区的混凝土则遭受盐类结晶破坏；处于一面接触硫酸盐含量高的环境水或环境土，而另一面临空且环境干燥、多风、日夜温差大的薄壁混凝土结构（如隧道衬砌），其临空面的混凝土则遭受盐类结晶破坏。

综合国内外相关标准，对盐类结晶破坏环境等级划分的依据多是基于以下几个方面：一是硫酸根离子浓度；二是干湿交替程度；三是温差。

国内对日益严重的混凝土耐久性问题进行了广泛而深入的研究，从材料防腐、结构防腐到结构耐久性评估，取得了相当可观的成果。国内各个部门也编制了相关的耐久性设计文件，如《海港钢筋混凝土结构防腐蚀技术规范》（交通部）、《混凝土结构耐久性设计与施工指南》（中国土木工程学会）、《混凝土结构耐久性设计规范》（住房和城乡建设部）、《水工混凝土结构设计规范》（国家能源局）、《铁路混凝土结构耐久性设计规范》（铁道部）。这些指导设计施工的文件或规范，大多针对各自行业的独特性，提出满足自身行业需要的一般腐蚀环境下的耐久性设计。但在严重腐蚀环境（L3、H4、Y4、D4、M3）下，仅靠提高混凝土性能、提高混凝土保护层材料的质量、加大保护层厚度等措施，是无法保证混凝土结构在设计使用年限内安全服役的，必须采取一种或多种防腐蚀强化措施。

结合国内外目前研究现状及成果，《铁路混凝土结构耐久性设计规范》也研究给出了不同严重腐蚀环境下混凝土结构的防腐蚀强化措施，但由于不同环境作用下混凝土劣化的机制不同，不同结构部位对混凝土防腐蚀强化措施的要求也不相同，尤其是大于Y4的高硫酸盐含量的极端严重腐蚀环境，目前还没有进行相关研究和论证。

因此，针对海南环岛铁路桥梁位于L3、H4、Y4级的严重腐蚀环境及大于Y4的高硫酸盐含量的极端严重腐蚀环境中的情况，如何根据环境类别选择混凝土结构的防腐蚀强化措施，解决防腐蚀强化措施所用主要材料的有效防护年限、性能指标及其检验方法，立项开展"严重腐蚀环境下桥梁混凝土结构防腐蚀强化措施试验研究"，以确定严重腐蚀环境下混凝土结构防腐蚀强化措施，满足混凝土结构耐久性设计要求，十分必要。

1.2.4　高架桥梁无砟轨道岔区设计技术

无砟道岔在国外高速铁路上应用较多，德国是无砟道岔应用最成熟的国家。德国近年来除了在本国修建的高速铁路上大量采用无砟道岔外，还为西班牙、中国等多条高速铁路提供无砟道岔。德国无砟道岔主要由 BWG 公司制造，道岔钢轨线形和结构与有砟轨道道岔相同，道岔弹性由弹性基板提供，静刚度为 17.5 kN/mm，道床有长枕埋入式和雷达 2000 型无砟轨道长枕埋入式两种结构。

法国无砟轨道道岔结构主要由 Vossloh-cogifer 公司研制，道岔金属件（钢轨、垫板、扣件等）均与有砟轨道相同，岔枕采用 Stedef 轨枕底座，枕下刚度降低为 20~30 kN/mm，岔枕具有更换的可能性。

日本无砟道岔有板式轨道道岔和合成轨枕直接固定道岔，道岔钢轨线形和结构与有砟道岔相同。板式轨道道岔直接铺设在轨道板上，轨道板下设置凹槽并注入树脂，以抵抗水平力，轨下基础的刚度为 50~70 kN/mm，其缺点是轨道板的种类较多。合成轨枕直接固定道岔采用合成轨枕，将轨枕铺设在基础混凝土层上，在轨枕与混凝土的间隙中注入合成树脂以保证弹性并调整高度，轨枕两端用预埋螺栓固定在基础混凝土层上承受水平荷载。

国内通过近几年的研究已经取得突破性的成果，大号码的无砟道岔（国内主要为 18 号、42 号）在高速铁路中得到广泛应用，并在桥上无砟道岔技术方面积累了大量经验和数据。在遂渝无砟轨道综合试验段铺设了 12 号无砟、无缝可动心轨辙叉单开道岔，但该道岔是按照客货共线条件进行设计的。国内在地铁和轻轨的正线和辅助线上大量采用 12 号无砟道岔，武广、郑西等客运专线在连续梁桥上铺设了一些高速无砟道岔，并开展了相关试验研究。国内最先在浙赣线铺设了桥上无缝道岔，并已经开通运营。浙赣线中国铁路上海局管内 D1K30+000~D1K324+200 正线设计速度为 200 km/h，正线轨道按一次铺设跨区间无缝线路设计。该范围内湄池站两端咽喉区分别位于湄池 1 号和湄池 2 号大桥上，江山站株洲端咽喉区位于黄陈 4 线大桥上。其中：湄池 1 号大桥为 28-32 m 多线特大桥，正线上有 7 组 12 号道岔，湄池 2 号大桥为 14-32 m 多线大桥，正线上有 4 组 12 号道岔，黄陈 4 线大桥为 9-32 m 大桥，正线上有 5 组 12 号道岔；所有道岔均为无缝道岔，道岔采用直向速度 200 km/h、CZ2516 提速型可动心轨混凝土枕道岔。以上工点采用简支梁结构有砟轨道、12 号提速道岔，相关实践经验为客运专线 12 号桥上无砟无缝道岔的研究提供了重要参考。目前，国内没有适用于客运专线的 12 号无砟交叉渡线和 12 号无砟单开道岔。

1.2.5　沿海强台风强降雨条件下路基边坡加固防护技术

植被护坡工程技术，欧美国家主要将其应用于防止坡地免受雨水侵蚀，常用的护坡方法有活枝捆垛、活枝扦插、树枝压条、树枝篱墙等，主要用于道路边坡的植被防护及河堤护岸。另外，液压喷播技术自 20 世纪 50 年代发明后至今也获得广泛应用，20 世纪 80 年代又发明了三维网植草护坡方法。

1987 年 6 月，日本从法国引进连续纤维加筋土工法，随后把它与已有的坡面绿化工法结合在一起，开发出连续纤维绿化工法（TG 绿化工法）。该工法的基本特征为：① 由于砂粒和连续纤维相互混合，基材的抗侵蚀性更强，能适应坡体的微小变形；② 由于确保了大根系的伸长空间，可引进木本类植物，用于坡面的树林化；③ 施工体系由绿化基材供给系统、团粒剂供给系统和连续纤维供给系统组成。TG 绿化工法于 1988 年开始实用化，至 1992 年 4 月间就已施工 300 hm²。在此之后，此工法又获得加拿大、日本等国发明专利，并推广到中国香港和台湾地区。

纤维土绿化工法、高次团粒 SF 绿法工法和连续纤维化工法是近 20 年来日本最常用的厚层基材喷射工法。在这三类工法中，由于主要用材、黏结剂及纤维的种类不同，又形成种类繁多的厚层基材喷射工法。总体上讲，按主要用材分类，厚层基材喷射工法可分为砂质土系列、黏土系列、黏土与有机质混合系列、全有机质系列；按黏结剂分类，可分为普通硅酸盐系列、特殊沥青乳剂系列及高分子树脂系列；按纤维分类，可分为有机纤维系列、无机短纤维系列及连续纤维系列。从实际工程应用看，这些工法已可应用于坡度小于 1∶0.5 的软岩、中硬岩、硬岩边坡及强酸性土质边坡的坡面绿化，另外，也有应用于混凝土面及片石挡墙面的实例。由于厚层基材喷射工法需要消耗大量的天然有机质材料（如泥炭及其他天然腐殖质等），而这些资源都是有限的，因此，在 20 世纪 90 年代日本又着手研究将下水道污泥、废纸浆、废木材、木屑、畜粪等废弃物回收形成富含有机质的喷射基材，并取得一定研究成果。

除厚层基材喷射工法外，其他常用的坡面绿化工法还有框格植被绿化工法（包括预制框格、现浇框格）、绿化网等。另外，为防止水流对河岸的冲刷并考虑环境的保护，日本于 1995 年又开始进行植被型多孔混凝土的研究，并取得一定成效，目前只是由于成本过高而没有得到广泛的应用。

关于边坡绿化的目标以及实现的方式和手段，日本也做了大量的研究。前墟幸彦（1984）认为边坡绿化是将"先驱植物"首先人为移植，使这些"先驱植物"迅速覆盖坡面，防止沙土流失。但是"先驱植物"会逐渐地被环境所淘汰，因此，坡面的永久性保护还需要靠周边不断侵入的乡土类植物。山村和也（1994）指出："应使边坡坡面与周边的自然环境协调，使其与自然融为一体"。山寺喜成（1996）提出：有益于防灾的绿化应帮助自然把它具有的再生力（复原力、恢复力、治愈力）最大限度地发挥出来，尽可能地用接近自然的方法制造生物群落。坡面植被的恢复应用以播种工程为基本，以栽植工程为从属。20 世纪 90 年代，人们普遍认为坡面树林化更有利于边坡的稳定，因此在这方面做了许多研究。竹内雅彦（1996）认为边坡绿化应以"自然和堤坝共生，利用植树形成新的生态系统的恢复"为主旨。山寺喜成（1999）更认为 21 世纪的绿化技术应是"通过播种工程形成早期树林化的绿化技术"。

国内在植被护坡技术应用方面的研究起步较晚，20 世纪 90 年代以前一般多采用撒草种、穴播或沟播、铺草皮、片石骨架植草、空心六棱砖植草等护坡方法。1989 年，广东省水利水电科学所在华南地区进行了液压喷播试验。1990—1991 年，中国黄土高原治山技术培训中心与日本合作在黄土高原首次进行了坡面喷涂绿化技术（即液压喷播）试验研究。此后，经过十年的发展完善，液压喷播技术已广泛应用于我国不同地区的公路、铁路及堤坝等工程中的边坡防护。1993 年，我国引进土工材料植草护坡技术，随后土木工程界与塑料制品生产厂家合作，开发研制出了各式各样的土木材料产品，如三维植被网、土工格栅、土工网、土工格室等，结合植草技术在铁路、公路、水利等工程的边坡中陆续获得应用。

1.2.6　沿海强台风地区电气化装备防风及防腐技术

目前，国内外学者针对沿海强台风环境对工程结构的影响，开展了大量的研究工作，其中国外学者侧重于研究台风对电力系统影响评估、台风以及电网受台风影响情况预报，而国内学者则主要侧重于研究台风对电网系统造成的具体影响以及大型结构的抗风性能。虽然国内外学者的相关研究成果可为沿海强台风地区电气化装备的选用提供参考，但是国内外尚未结合电气化铁路牵引供电系统特点开展在沿海强台风地区电气化装备的适应性研究。

海南岛地处我国南方沿海地区，腐蚀严重，在进行电气化装备选型过程中需要考虑设备的防腐性能。目前，国内外电气化装备多选用碳素结构钢，一般采取热浸镀锌防腐工艺，具备一定防腐功能，但也存在一定的局限性。因此，针对我国沿海高温、高湿、高盐分环境，结合目前出现的铁路零部件的腐蚀现象，开展接触网零件的长效防腐措施及性能匹配研究非常必要。

海南岛作为我国南端的岛屿，雷电活动频繁，目前，国内外对于防雷开展了大量的试验研究，通常情况下对于接触网均采用在接触网柱顶增设避雷线的方式进行避雷，对变电所采取在四周增设避雷针的方式进行避雷。但是，由于海南岛台风影响严重，接触网柱顶独立架设的避雷线增加了接触网系统的风险，因此，研究如何减小结构风险又能起到良好的避雷效果，确保接触网设备遭受雷电时仍能正常运行十分必要。

海南环岛铁路的供电方案的优选直接影响工程项目的投资、沿海强台风环境下结构的可靠性、后期的运营维护工作量。

1.3 项目研究主要内容

1.3.1 花岗岩全风化层地基沉降特性及处理技术研究

以海南环岛高速铁路饱和花岗岩全风化层为依托，以理论分析为基础，通过室内物理力学试验（包含固结试验、三轴压缩试验）、离心机模型试验、现场原位测试、数值模拟及沉降监测等手段，重点研究花岗岩全风化层的固结压缩特性，初步掌握其沉降变形规律，提出花岗岩全风化层沉降计算方法，优化地基加固处理技术，以指导海南环岛高铁设计与施工，为国内同类型地基沉降控制和加固处理提供借鉴。

1.3.2 地下车站高速列车隧道空气动力学效应及工程对策研究

以海南东环段美兰机场隧道地下车站建设的需要为目的，在广泛调研、收集有关高速铁路方面的最新研究资料的基础上，通过空气动力学理论分析、模型试验、数值模拟分析和现场测试工作，提出美兰机场地下车站气动效应缓解方案，包括：隧道内设置减压竖井的必要性及减压竖井参数优化，车站内设置屏蔽门的必要性及屏蔽门对车站内气动效应的影响，隧道设置缓冲设施的必要性及缓冲设施参数优化，隧道设置多种缓解措施的综合作用效果。

1.3.3 高温高湿海洋环境桥梁混凝土结构防腐蚀技术研究

以海南环岛铁路为工程依托，采取资料调研、理论分析、试验研究以及工程验证等手段，揭示在多种腐蚀离子共存的海洋腐蚀环境下混凝土结构的腐蚀机理研究，提出严重腐蚀环境下高抗裂耐腐蚀混凝土的制备技术、防腐蚀强化技术、防腐蚀强化措施检测评定指标。

1.3.4 高架桥梁无砟轨道岔区设计技术研究

结合海南环岛高铁海口东站的实际工程，通过资料调研、理论分析、有限元模拟、现场试验等方法，揭示简支梁桥无砟无缝道岔、连续桥梁交叉渡线的动力响应特征，构建"车-岔-桥"耦合分析模型，提出简支梁桥无砟无缝道岔及连续桥梁交叉渡线道岔计算理论及设计方法。

1.3.5 沿海强台风强降雨条件下路基边坡加固防护研究

结合海南环岛高铁路基边坡防护工程，以土质路堤边坡为例，采用理论分析、数值模拟、模型试验等方法，揭示路基边坡不同防护形式、不同植被护坡和不同自然森林形态的抗强降雨强台风的防护效果，提出沿海强台风强降雨条件下路基边坡加固防护形式选择原则。

1.3.6 沿海强台风地区电气化装备适应性研究

针对海南环岛高铁在电气化装备服役中存在的强台风、高腐蚀、强雷电等关键技术难点，通过理论分析、数值模拟以及现场试验等方法，提出抗风能力强、稳定性能优的接触网腕臂结构形式和适宜的电气防雷措施，建立强台风环境下接触网结构计算方法，构建电气化装备防腐蚀技术体系。

2 花岗岩全风化层地基沉降特性及处理技术研究

2.1 花岗岩全风化层物理力学性质试验研究

海南环岛高铁花岗岩全风化层呈砂石或砂土状，具有"似土非岩"的性质。花岗岩全风化层的性质与原岩完全不同，但与一般沉积土体亦有很大差别。其物理力学性质与第四系形成的砂、土相似，但又不尽相同。为了更加深入地了解花岗岩全风化层的物理特征，对花岗岩全风化层的液塑限、颗粒密度和颗粒组分等物理指标进行测试。对这种典型中等压缩土的研究是在掌握基本物理力学特性的基础上，通过固结试验、三轴压缩试验研究其固结压缩特性和强度特征，从而为高速铁路花岗岩全风化层地基的处理加固提供技术指导。

2.1.1 试验段工程概况

试验段位于海南环岛高速铁路东环段 DK67+600~DK67+700 和 DK79+000~DK79+400、DK108+900~DK108+980，属波状丘微坡至缓坡地貌，地势开阔，地形起伏不大，丘坡上地形较平缓，自然坡度为 5°~15°，最大绝对高程 40 m，与丘间沟槽高差约 5~20 m。多数地段地表覆土厚度不均，局部地区较厚，零星见全风化层出露。丘坡间沟槽内地形平坦，水塘、水田密布，地表水系较发育，沟渠纵横交错。试验段地层概况如下：

① DK67+620、DK67+630 地基上覆硬塑状黏土，一般厚 0.5~2 m，局部厚 2~5 m，属Ⅱ级普通土。下卧花岗岩全风化层（W4）呈硬塑—坚硬土状、砂石状，厚 5~30 m 不等，局部较厚，属Ⅲ级普通土。

② DK67+666、DK67+680 地基土自上而下依次分布松软土、硬塑状黏土、硬塑—坚硬状花岗岩全风化层（W4），局部花岗岩全风化层（6-1-W4）在地表水和地下水影响下，结构松散，含水量较高，呈硬塑偏软塑状。

③ DK79+065 地基上覆硬塑状黏土，微含少许碎石角砾，厚薄不均，主要分布于沿线的丘坡上，一般厚 3~8 m，下卧花岗岩全风化层（W4），以黄色、浅黄色、褐黄色为主，呈硬塑—坚硬状，取岩心多呈土状，厚 30 m，局部较厚，属Ⅲ级硬土。

④ DK79+399.6 地基从上至下依次覆盖黏土、花岗岩全风化层（W4）和花岗岩弱风化层（W2）。

⑤ DK108+927、DK108+955 地基上覆 1~2 m 硬塑状粉质黏土，下部为深厚花岗岩全风化层（W4）和花岗岩弱风化层（W2）。

2.1.2 饱和花岗岩全风化层物理指标试验

2.1.2.1 饱和花岗岩全风化层液、塑限试验

试验选择 DK67+640、DK67+650、DK108+923、DK108+927 四个断面取样,采用光电式液塑限联合测定仪试验分别进行 6 组液、塑限试验,试验步骤遵循《铁路工程土工试验规程》(TB 10102—2004)、《土工试验方法标准》(GB/T 50123—1999)进行,如图 2.1-1 所示。

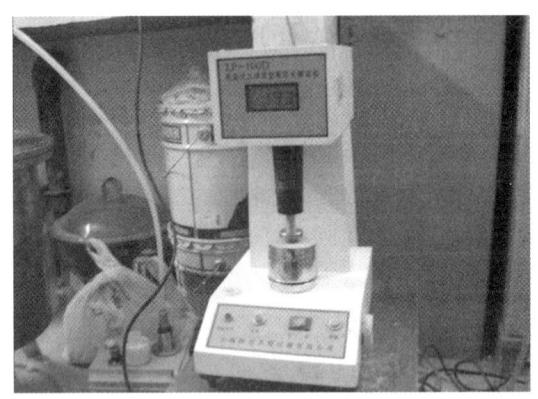

图 2.1-1 液塑限联合试验

饱和花岗岩全风化层液、塑限试验结果表明,各取样点塑限分布范围为 17.65%～31.43%,液限分布范围为 25.98%～49.28%,塑性指数分布范围在 6.06～17.85 之间,试验结果如表 2.1-1 所示。表 2.1-1 表明海南环岛高铁花岗岩全风化层的均一性较差,物性指标随深度变化的差异较大,同一断面的塑、液限和塑性指数随着深度的增加而减小,浅层 5～8 m 表现为明显的黏性土特性,而随着地基深度的增加,深层地基的力学性质逐渐接近粉土。

表 2.1-1 液塑限联合测定试验结果

试验断面	DK67+640	DK67+640	DK67+650	DK67+650	DK108+927	DK108+955
深度/m	2.2～2.4	10.6～10.8	2.2～2.4	10.6～10.8	5.9～6.1	14.7～14.9
塑限/%	22.35	17.65	31.43	27.38	19.95	28.78
液限/%	36.49	25.98	49.28	33.43	31.19	38.93
天然含水量/%	21.03	24.15	33.97	20.86	20.24	16.68
塑性指数 I_p	14.14	8.32	17.85	6.06	11.24	10.15
液性指数 I_L	-0.1	0.78	0.14	-1.08	0.03	-1.19
定名	粉质黏土	粉土	黏土	—	粉质黏土	粉质黏土
土的状态	坚硬	—	硬塑	—	硬塑	坚硬
天然密度/(g/cm³)	1.97	1.99	1.88	1.9	2.09	2.11

2.1.2.2 饱和花岗岩全风化层颗粒比重试验

土粒比重是计算孔隙比和判别土类的主要指标。按照粒径不同,选取不同的方法进行比重测定:① 粒径小于 5 mm 的土,采用比重瓶法测定颗粒比重;② 粒径大于或等于 5 mm,且粒径大于 20 mm 的颗粒含量少于 10% 的土,可采用浮称法测定颗粒比重;③ 粒径大于 20 mm 的颗粒含量大于或等于 10% 时,可采用虹吸筒法测定颗粒比重;④ 粗细颗粒混合土应视情况区别对待,以不影响准确度为原则。

根据海南环岛高铁现场取样结果，采用比重瓶法测定花岗岩全风化层颗粒比重。试验步骤严格遵循《铁路工程土工试验规程》（TB 10102—2004）、《土工试验方法标准》（GB/T 50123—1999）进行，如图 2.1-2 所示。

图 2.1-2　颗粒比重试验

颗粒比重试验结果表明，海南环岛高铁花岗岩全风化层平均天然密度 1.99 g/cm^3，颗粒比重 2.70，呈硬塑—坚硬状。

2.1.2.3　饱和花岗岩全风化层颗粒组成分析试验

花岗岩全风化层的颗粒组成分析试验主要是测定土的颗粒级配情况，研究砂粒及黏粒含量对其工程性质的影响。根据粒径不同，常用的颗粒组成分析方法有筛析法和沉降分析法两种，也可视具体情况联合使用。

海南环岛高铁花岗岩全风化层主要成分是石英和高岭石，胶结物主要为游离氧化物，土中大、小孔隙发育，细颗粒部分具有较好的塑性，粗颗粒部分为花岗岩风化碎屑，同时含有大量粗砂和砾粒，颗粒种类分布广泛，因此联合采用筛析法和密度计法分析海南环岛高铁花岗岩全风化层颗粒组成。筛析法选取代表性试样，置于盛水容器中充分搅拌，使试样中的粗细颗粒完全分离，将试样悬液依次过 5 mm、2 mm、1 mm、0.5 mm、0.25 mm、0.075 mm 筛，筛上土粒反复加清水研磨过筛，直到悬液澄清为止，最后将筛上的试样烘干称量，准确至 0.1 g，如图 2.1-3 所示。当小于 0.075 mm 试样质量超过试样总质量的 10% 时，采用改进后的 TM-85 型乙种土壤密度计测定颗粒组分，试验结束后绘制颗粒大小分布曲线，计算不均匀系数和曲率系数，如图 2.1-4 所示。

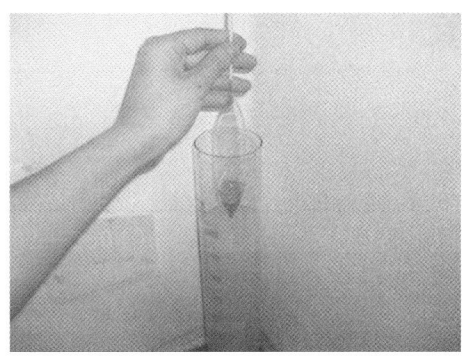

图 2.1-3　筛析试验　　　　　　　　　图 2.1-4　密度计法

图 2.1-5 为花岗岩全风化层颗分曲线,不均匀系数 $C_u = 28.9 \sim 178.2$,曲率系数 $C_c = 0.13 \sim 0.78$。分析可知,海南地区花岗岩全风化层颗粒分布不均匀,粒径变化范围大,但中间粒径颗粒偏少,小粒径颗粒偏多,属不良级配。

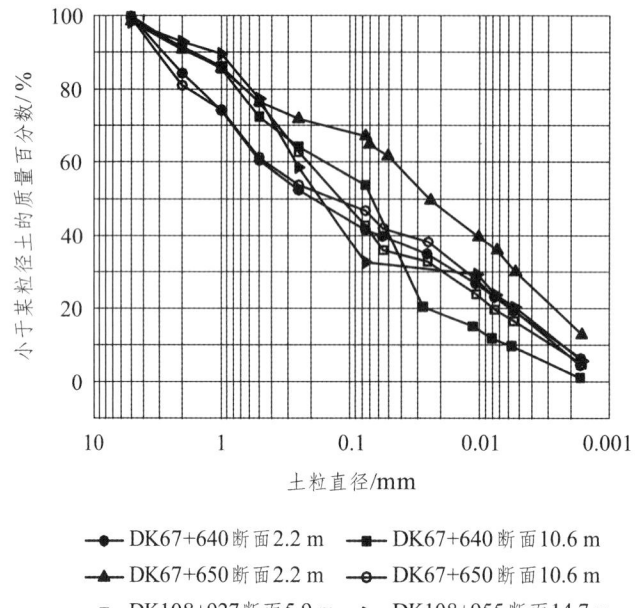

图 2.1-5 花岗岩全风化层粒度组成

对海南花岗岩全风化层颗粒分布进行统计后发现,粗粒土(粒径 > 0.075 mm)含量约占颗粒组成的 31.4% ~ 65.7%,见表 2.1-2。细粒土中粉粒含量略高于黏粒,地基表层 5 ~ 8 m 黏粒和粉粒含量较高,10 m 以下粗颗粒含量增大且大于细粒含量。海南环岛高铁花岗岩全风化层的颗粒分布呈"两头多,中间少"的特征,即粒度主要分布在中砂以上粒组(粒径 > 0.5 mm)和细砂以下粒组(粒径 < 0.075 mm),而中间粒组细砂和中砂的含量较低。

表 2.1-2 颗粒分布统计

试验断面	DK67+640	DK67+640	DK67+650	DK67+650	DK108+927	DK108+955
深度/m	2.2~2.4	10.6~10.8	2.2~2.4	10.6~10.8	5.9~6.1	14.7~14.9
砾组含量/%	15.58	8.63	7.72	18.36	7.36	5.39
粗砂含量/%	23.93	18.94	14.22	19.74	15.21	15.52
中砂含量/%	7.92	8.16	4.79	7.49	13.65	18.82
细砂含量/%	10.81	10.41	4.67	6.94	19.90	25.95
粉粒含量/%	22.27	43.85	37.01	27.12	26.19	12.20
黏粒含量/%	19.33	9.83	30.00	19.63	16.48	20.34

对比了广东、福建花岗岩全风化层颗粒分布情况,结果如图 2.1-6 所示。结果表明海南环岛高铁花岗岩全风化层与福建地区相比,土体密度大,孔隙比小,压缩性不高,黏粒含量偏低,其颗粒分布规律与广东地区全风化层接近,但细粒土含量略高。

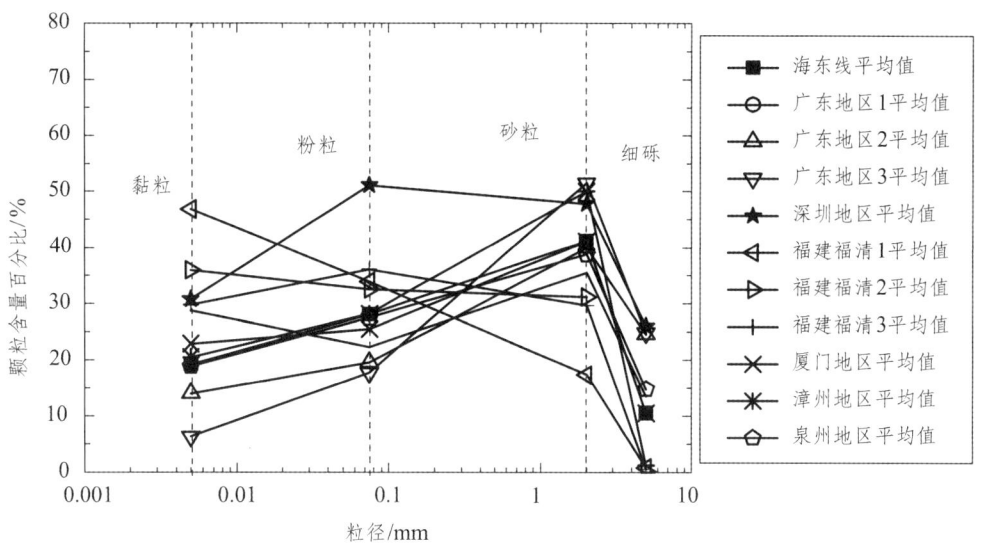

图 2.1-6　花岗岩全风化层与颗粒含量对比

2.1.3　花岗岩全风化层三轴压缩试验

强度特性是评价地基承载力和进行稳定性分析的重要指标。花岗岩全风化层在不同物性状态和工程环境下表现出的强度特性千差万别。三轴压缩试验是测定强度指标最常用的试验方法之一。在非饱和土强度研究中，吸力对强度特性具有不可忽略的影响，因此课题组改进三轴压缩试验，使其能够控制基质吸力，如图 2.1-7 所示。

图 2.1-7　三轴压缩试验

三轴压缩试验过程参照《铁路工程土工试验规程》（TB 10102—2004）。试验采用原状土样，试样尺寸为 39.1 mm × 80 mm（高）。固结过程排气排水剪切速率控制在 0.01%/min。破坏标准：应力-应变曲线出现峰值或者轴向应变达到 12%。分析试验结果并确定岩土体黏聚力与内摩擦角等强度指标。

三轴压缩试验结果表明，花岗岩全风化层具有以下强度特性：

（1）图 2.1-8 为三轴压缩试验得到的应力-应变曲线，低围压下，饱和花岗岩全风化层呈应力软化，随着围压的增大，应力-应变曲线由软化特征转化为硬化特征。

（2）饱和花岗岩全风化层的强度指标与结构组成有密切联系。海南环岛高铁三轴压缩试验结果表明,花岗岩全风化层的内摩擦角分布为 24.09°~34.7°,黏聚力为 9.46~62.66 kPa。颗粒级配接近,内摩擦角均一性较好。黏聚力随地基深度的增加呈逐渐减小趋势,其差别主要在于风化花岗岩的黏粒含量。花岗岩埋深越大,风化和水解作用越不明显,所产生的粉粒和黏粒越少,相应的岩土体黏聚力就越小。

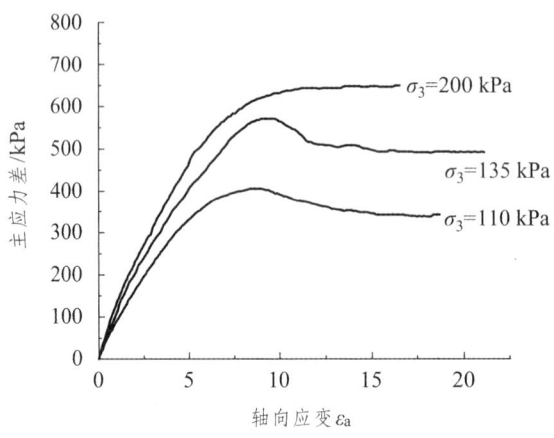

图 2.1-8 饱和花岗岩全风化层应力-应变曲线

2.1.4 小 结

本节通过液塑限试验、颗粒比重试验、颗粒分析试验、固结试验、三轴压缩试验以及非饱和土固结试验深入研究了海南环岛高铁饱和花岗岩全风化层的物理力学特性,试验结果表明这两种花岗岩全风化层具有以下物理力学特性:

(1)海南环岛高铁花岗岩全风化层平均天然密度 1.99 g/cm³,颗粒密度 2.667 g/cm³,同一断面的塑、液限和塑性指数随着深度的增加而减小,浅层 5~8 m 表现为明显的黏性土特性,而随着地基深度的增加,深层地基的力学性质逐渐接近粉土。颗粒分布不均匀,粒径变化范围大,呈"两头多,中间少"的分布特征,即粒度主要分布在中砂以上粒组(粒径 > 0.5 mm)和细砂以下粒组(粒径 < 0.075 mm),而中间粒组细砂和中砂的含量较低,属不良级配。

(2)固结试验结果表明,海南环岛高铁饱和花岗岩全风化层地基压缩系数为 0.141~0.284,固结试验压缩模量在 $E_{s_{1-2}}$ 为 5.5~6.8 MPa。

(3)三轴压缩试验结果表明,花岗岩全风化层的内摩擦角分布为 24.09°~34.7°,黏聚力为 9.46~62.66 kPa。颗粒级配接近,内摩擦角均一性较好,黏聚力随地基深度的增加逐渐减小。

2.2 花岗岩全风化层地基现场原位试验研究

在工程设计和施工中,原位试验是评价地基土工程地质条件、获得基本设计参数的必要手段。原位测试试验范围广泛,能够全面客观地反映地基土层连续变化剖面,工点设置灵活,周期短,效率高。现场原位试验直接以现场地基土为测试对象,能够最大限度地保持地基土的原位特性和工程力学性质，足以弥补室内试验土样缺乏代表性以及由取土扰动所造成的试验数据不精确等缺点。

2.2.1 试验目标

本书采用现场原位测试方法对海南环岛高铁饱和花岗岩全风化层地基工程力学性质和沉降压缩特性开展系统研究，结合各种测试方法的适用范围和条件进行对比试验，以确定饱和花岗岩全风化层力学参数，揭示天然饱和花岗岩全风化层地基沉降变形特性，完善饱和花岗岩全风化层地基原位测试方法，建立各个土工指标之间的经验关系。

2.2.2 试验方案

原位测试主要有平板载荷试验、波速试验、剪切试验、旁压试验、标准贯入试验、静力触探试验和动力触探试验等。各种测试方法适用性不同，所提供的试验结果也有差异。为了获得准确的设计参数，提高地基土工程性质评价的可靠度，依据海南环岛高铁土质类型和工程需要选择如下测试方法：

（1）平板载荷试验，主要用于探测土的综合性能指标。通过获得 P-S 曲线评定地基承载力，确定地基土变形模量，计算地基沉降量。

（2）旁压试验，主要用于获得地基土力学参数。根据试验所得应力-应变曲线和体积-压力曲线，对试验土体进行分类，评价其工程力学性质，确定土体强度参数、变形参数、地基承载能力、建筑物基础沉降、单桩承载力等。

（3）静力触探试验，主要用于划分土层界面，估计变形模量、压缩模量、贯入阻力和锥尖阻力等力学参数，适用于软土、黏性土、粉土、砂类土及含少量碎石的土层。

（4）标准贯入试验，主要用于确定砂土的密实度或黏性土的稠度状态，以确定地基土的容许承载力，推断各类土的抗剪强度，估算黏性土的变形模量以及评价砂土的振动液化性质等。同时，可定性地划分不同性质的土层和评定土体的均匀性，检查填土质量，探查滑动带和土洞的位置，确定基岩面或碎石类土层的埋藏深度等。

2.2.3 试验成果与分析

2.2.3.1 平板载荷试验

平板静力载荷测试是模拟建筑物基础工作条件的一种测试方法。其方法是在保持地基土的天然状态，在一定面积的承压板上向地基土逐渐施加荷载。通过观测每级荷载下地基土的变形特性，以评定地基承载力，计算地基土的变形模量并预估建筑基础的沉降量。平板载荷试验的测试深度约为承压板宽度（直径）的 1.5~2 倍，试验过程如图 2.2-1 所示。

海南环岛高铁的原位测试工点分别为：DK67+650、DK108+927、DK108+955。图 2.2-2、图 2.2-3 和图 2.2-4 为海南环岛高铁饱和花岗岩全风化层地基 P-S 曲线。平板载荷试验结果表明，花岗岩全风化层地基基本承载力分别为 150 kPa、125 kPa、150 kPa，压缩模量为 12.8 MPa、10.1 MPa、8.1 MPa。

图 2.2-1 平板载荷试验

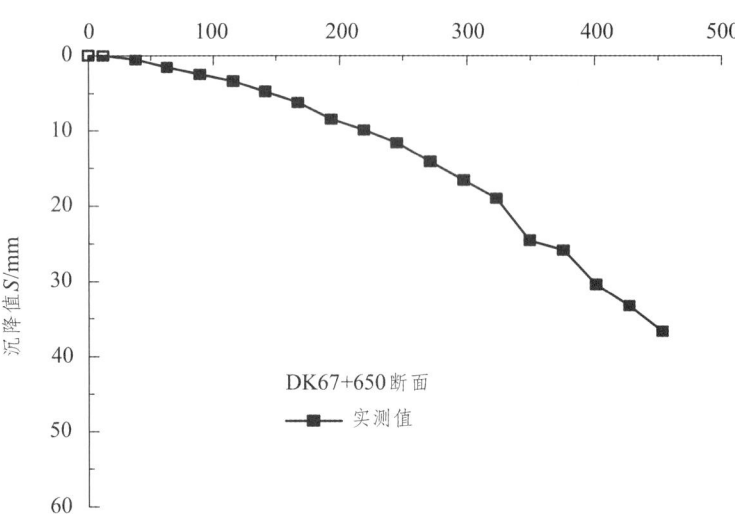

图 2.2-2 DK67+650 断面地基 P-S 曲线

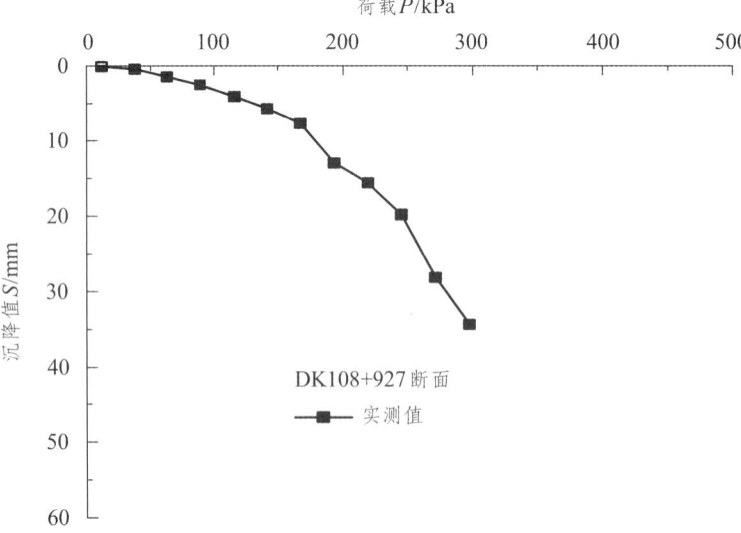

图 2.2-3 DK108+927 断面地基 P-S 曲线

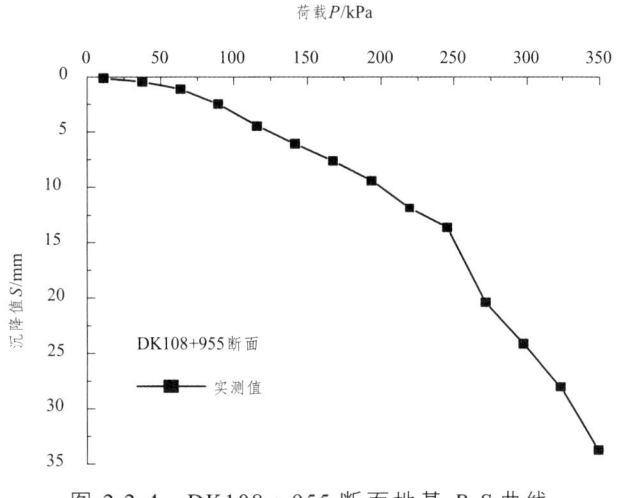

图 2.2-4　DK108＋955 断面地基 P-S 曲线

2.2.3.2　旁压试验

旁压试验是利用旁压仪测压力和径向变形的关系以推求地基土力学参数的一种原位测试技术。试验可得到应力-应变或体积-压力之间的关系曲线，据此可用来对试验土体进行分类，评估其物理力学性状，确定土体的强度参数、变形参数、地基的承载能力、建筑物基础沉降、单桩承载力以及侧向的地基反力系数等。与其他原位测试相比，旁压试验的物理模型为轴对称圆柱形孔，其扩张属轴对称平面应变问题，其结论能很好地解决地基弹塑性变形。

旁压试验可在不同深度，即任何指定的位置进行试验，且不受地下水的限制，试验深度大，能够弥补平板载荷试验量测范围小和螺旋板载荷试验成本昂贵的缺点。旁压试验得到的 $P\text{-}V_\mathrm{m}$ 曲线如图 2.2-5 所示。表 2.2-1 是海南环岛高铁旁压试验得到的地基变形参数，试验数据表明，地基压缩模量随着深度的增加逐渐增大，地基压缩模量最大可达到 237.4 MPa，最小仅为 18.2 MPa。旁压试验得到地基压缩模量的变化范围较大，进一步说明海南环岛高铁的花岗岩全风化层均一性差，力学特性差异大，物理状态以黏性土和砂土为主，分别呈硬塑和中密状态，结构分布属于典型的"两头大，中间小"，平均压缩模量约为 83.3 MPa。

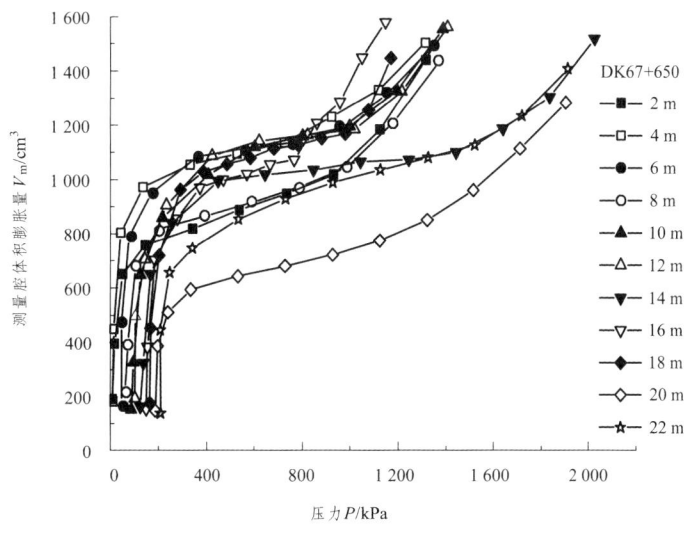

图 2.2-5　旁压试验 $P\text{-}V_\mathrm{m}$ 曲线

表 2.2-1　海南环岛高铁旁压试验地基变形参数

深度/m	DK67+650				DK108+927				DK108+955			
	旁压模量/MPa	旁压剪切模量/MPa	变形模量/MPa	压缩模量/MPa	旁压模量/MPa	旁压剪切模量/MPa	变形模量/MPa	压缩模量/MPa	旁压模量/MPa	旁压剪切模量/MPa	变形模量/MPa	压缩模量/MPa
2	21.4	7.92	31.6	46.8	10.0	3.71	14.8	21.9	8.3	3.09	12.3	18.2
4	31.0	11.47	45.8	67.9	10.4	3.87	15.4	22.8	10.3	3.80	15.1	22.4
6	38.1	14.10	56.3	83.4	7.2	2.67	10.7	15.9	10.1	3.75	14.9	22.1
8	22.5	8.32	33.2	49.2	32.7	12.12	48.3	71.6	16.5	6.11	24.4	36.2
10	28.7	10.61	42.3	62.7	58.7	21.74	86.8	128.6	14.6	5.41	21.6	32.0
12	44.6	16.52	65.9	97.7	60.6	22.44	89.5	132.6	17.6	6.52	26.0	38.5
14	55.4	20.51	81.8	121.2	58.0	21.48	85.7	127.0	28.1	10.42	41.6	61.6
16	19.4	7.18	28.6	42.4	51.1	18.92	75.5	111.9	79.2	29.35	—	—
18	26.1	9.66	38.5	57.0	61.5	22.78	90.9	134.7	32.1	11.90	47.5	70.4
20	45.9	17.00	67.8	100.5	78.6	29.12	116.2	172.2	24.0	8.88	35.4	52.5
22	49.5	18.33	73.1	108.3	61.6	22.80	91.0	134.8	44.7	16.56	66.1	97.9
24	108.4	40.16	160.2	237.4	79.2	29.33	117.0	173.4	64.6	23.94	95.5	141.5

2.2.3.3　标准贯入试验

标准贯入试验是常用的轻便型动力触探类型。试验操作简单，地层适应性广，对不易钻探取样的砂土和砂质粉土尤为适用。试验通过在一定锤重与落距的锤击下，规定探头贯入土中 30 cm 深度所需的击数来确定砂土的密实度或黏性土的稠度状态，以确定地基土的容许承载力，推断各类土的抗剪强度，估算黏性土的变形模量以及评价砂土的振动液化性质等。同时，根据贯入的难易程度，又可定性地划分不同性质的土层和评定土体的均匀性，检查填土质量，探查滑动带和土洞的位置，确定基岩面或碎石类土层的埋藏深度等。

由标准贯入试验得到的锤击数-深度曲线和承载力-深度曲线如图 2.2-6 至图 2.2-8 所示。

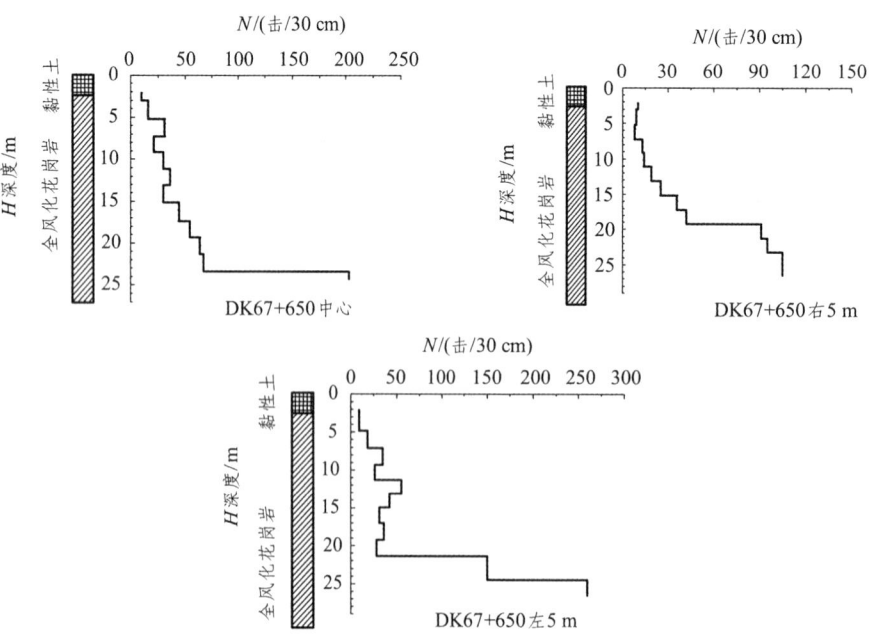

图 2.2-6　DK67+650 断面锤击数-深度曲线

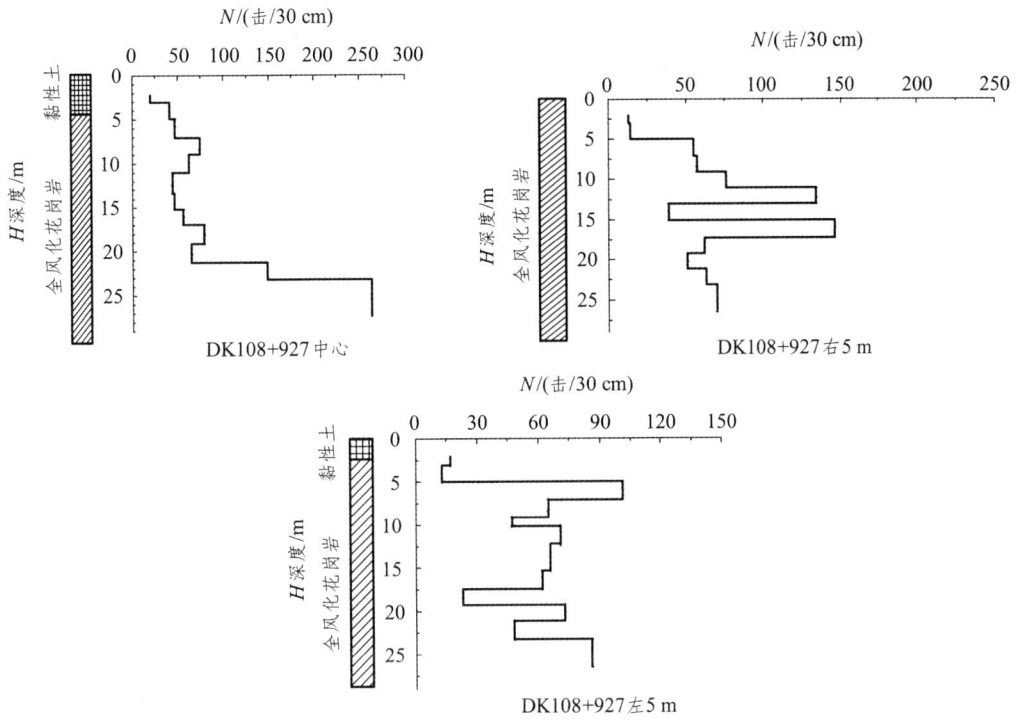

图 2.2-7 DK108+927 断面锤击数-深度曲线

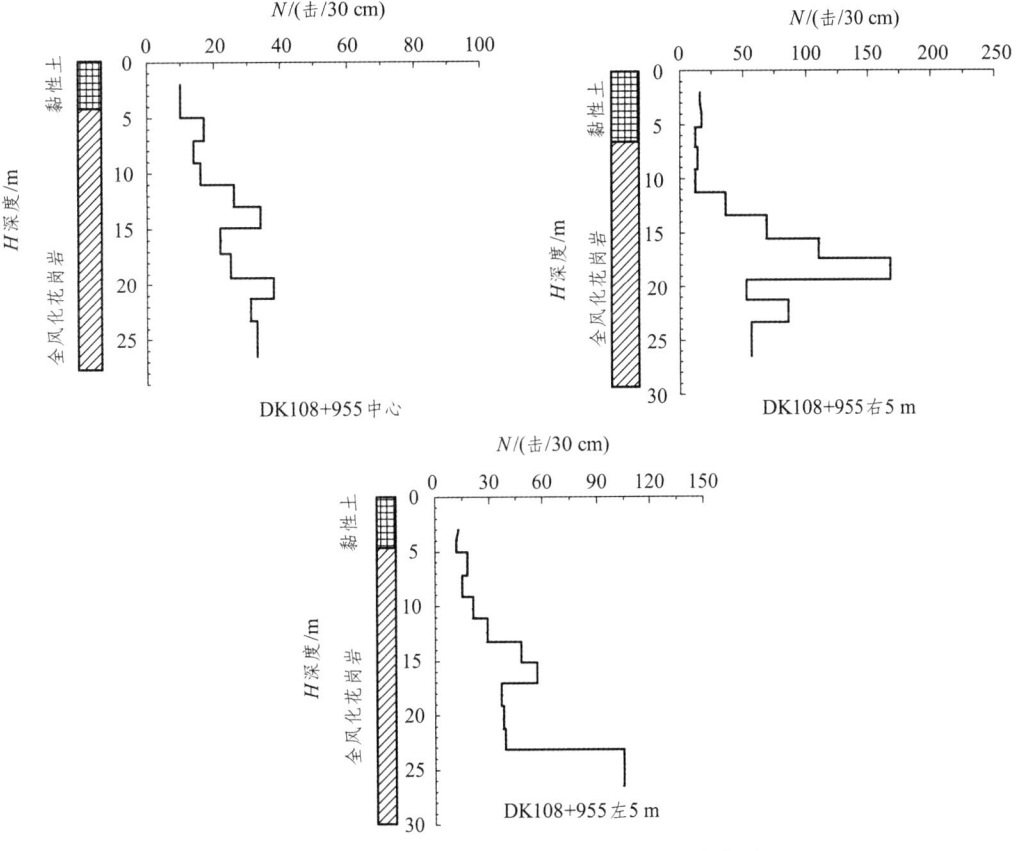

图 2.2-8 DK108+955 断面锤击数-深度曲线

对于海南环岛高速铁路，由于全风化花岗岩地基的风化差异，其工程力学性质有很大差别，尤其在大气降水和地下水作用下，发生结构崩解，地基强度降低。平板载荷试验受量测深度限制，不能全面反映全风化花岗岩地基的承载特性。对于浅层花岗岩地基，风化程度较高，可采用静力触探试验获取岩土变形参数。深度较大的花岗岩地基未风化完全，探头无法压入，因此静力触探试验不宜作为确定深层花岗岩地基变形参数和地基承载力的方法。颗粒分析结果表明，海南环岛高铁全风化花岗岩含有大量粗粒土，粗砂以上粒组的含量可达到40%，适用于标准贯入试验，测试过程简易快速，样本数量多，分布广泛，可粗略评价该类型地基工程力学性质。鉴于目前标准贯入试验确定全风化花岗岩层地基变形参数缺乏相关经验公式，课题组采用日本地区花岗岩风化土的经验公式分析海南环岛高铁全风化花岗岩变形参数，与现场试验数据对比后发现，由标贯试验得出的试验结果与日本经验公式的相关性较好，并据此推出土的压缩模量经验公式：

$$E_s = 0.713N \quad (2.2\text{-}1)$$

式中：E_s 为地基土压缩模量；N 为标准贯入试验锤击数，N 大于 50 取 50，见表 2.2-2。

表 2.2-2 标准贯入试验变形参数

断面	击数	深度/m	修正后击数	模量/MPa	断面	击数	深度/m	修正后击数	模量/MPa	断面	击数	深度/m	修正后击数	模量/MPa
DK67+650 中心	10	2	10	7.1	DK108+927 中心	20	2.2	20	14.3	DK108+955 中心	11	2	11	7.8
	16	4	16	11.4		41	3.9	41	29.2		11	4.1	11	7.8
	31	6.4	31	22.1		47	6	47	33.5		18	5.8	18	12.8
	21	8.2	21	15.0		74	8.1	50	35.7		15	8.2	15	10.7
	30	10.1	30	21.4		62	9.8	50	35.7		17	9.9	17	12.1
	36	12.2	36	25.7		44	12.3	44	31.4		27	12.1	27	19.3
	30	14	30	21.4		46	14.4	46	32.8		35	13.8	35	25.0
	44	16.3	44	31.4		56	16	50	35.7		23	16	23	16.4
	54	18.5	50	35.7		79	17.8	50	35.7		26	18.3	26	18.5
	63.4	20.2	50	35.7		65	20.4	50	35.7		39	20.4	39	27.8
	67	22.5	50	35.7		148	22.1	50	35.7		32	22.1	32	22.8
	203	24.3	50	35.7		263	24.3	50	35.7		34	24.4	34	24.2
DK67+650 左 5 m	9	2.1	9	6.4	DK108+927 左 5 m	17	2	17	12.1	DK108+955 左 5 m	13	2	13	9.3
	9	3.9	9	6.4		13	4.2	13	9.3		12	4	12	8.6
	18	5.8	18	12.8		101	5.8	50	35.7		18	6.1	18	12.8
	35	8.4	35	25.0		65	8.3	50	35.7		15	8.3	15	10.7
	26	10.2	26	18.5		47	9.9	47	33.5		21	10	21	15.0
	55	12.4	50	35.7		71	10.4	50	35.7		29	12.2	29	20.7
	42	13.9	42	29.9		66	14	50	35.7		48	14.3	48	34.2
	31	16	31	22.1		62	16.7	50	35.7		57	16	50	35.7
	36	18.1	36	25.7		23	18.2	23	16.4		37	18.1	37	26.4
	28	20.3	28	20.0		73	20.3	50	35.7		38	20.2	38	27.1
	150	22.4	50	35.7		48	21.9	48	34.2		39	22.3	39	27.8
	525	26.5	50	35.7		86	24.6	50	35.7		105	24	50	35.7

续表

断面	击数	深度/m	修正后击数	模量/MPa	断面	击数	深度/m	修正后击数	模量/MPa	断面	击数	深度/m	修正后击数	模量/MPa
DK67+650 右5m	10	2	10	7.1	DK108+927 右5m	13	2	13	9.3	DK108+955 右5m	16	2	16	11.4
	9	4	9	6.4		14	4	14	10.0		17	4.1	17	12.1
	8	6.4	8	5.7		55	6	50	35.7		12	6.3	12	8.6
	13	8.2	13	9.3		57	8.2	50	35.7		14	7.8	14	10.0
	14	10	14	10.0		76	10	50	35.7		12	10.5	12	8.6
	19	12.2	19	13.5		134	12.2	50	35.7		36	12	36	25.7
	25	14	25	17.8		39	13.9	39	27.8		69	14.8	50	35.7
	36	16.3	36	25.7		146	16.3	50	35.7		110	16.4	50	35.7
	42	18.1	42	29.9		62	18.2	50	35.7		168	18.4	50	35.7
	91	20.3	50	35.7		51	20.3	50	35.7		53	20.3	50	35.7
	95	22.2	50	35.7		63	22	50	35.7		86	22.2	50	35.7
	105	24.3	50	35.7		70	24.3	50	35.7		57	24.5	50	35.7

2.2.4 花岗岩全风化层地基原位试验方法优缺点对比

在实际工程应用中，不同的原位测试方法适用条件和范围有很大差异。平板载荷试验通过分析 P-S 曲线确定地基承载力和变形模量，采用强度和变形双重安全度控制，但是仅适用于地表以下2倍载荷板直径或宽度的范围。标准贯入试验操作简单、地层适应性广、成本低廉，对不易钻探取样的砂土和砂质粉土尤为适用，试验获得的数据虽存在着一定的离散性，但不同孔位所得的试验值相关性较好。静力触探试验虽然受到反力装置的限制，通常用于工程设计施工所重点关注的表层土体勘测研究，但是对现场地基土扰动小，测量精度高，能够最大限度减小试验过程中地基变形所引起的土层结构性变化和吸力波动，满足花岗岩全风化层特性测试要求。旁压试验的优势主要表现在深层地基土中，通过量测孔壁土体发生的径向变形，确定压力和径向变形的关系，获得旁压模量、变形模量和地基承载力等参数，但其最大的缺点是预先钻孔、孔壁土层中的天然应力被卸除，加之钻孔孔径与旁压器外径难以有效配合，土层的扰动在所难免，使测试效果不甚理想。根据室内固结试验和各原位试验结果综合比较，建议采用标贯试验确定花岗岩全风化层岩土参数。

海南环岛高铁各试验压缩模量对比见表2.2-3。海南环岛高铁饱和花岗岩全风化层原位试验及室内固结（压缩）试验确定的压缩模量由小到大的顺序大致为：室内固结（压缩）试验→静力触探试验→平板载荷试验→标贯试验→旁压试验。

表 2.2-3　各试验压缩模量对比

固结试验 DK67+650、DK108+927、DK108+955		静力触探试验 DK67+650、DK108+927、DK108+955		标准贯入试验 DK67+650、DK108+927、DK108+955		平板载荷试验		旁压试验			
						断面	压缩模量/MPa	深度/m	DK67+650	DK108+927	DK108+955
深度/m	压缩模量/MPa	深度/m	压缩模量/MPa	深度/m	压缩模量/MPa				压缩模量/MPa		
0~4	3.5	2	9.4	0~4	7.5	DK67+650	12.8	4	67.9	22.8	22.4
4~10	5.2	4	7.2	4~10	16	DK108+927	10.1	6	83.4	15.9	22.1
10~12	5.6	6	13.4	10~12	24	DK108+955	8.1	14	121.2	127.0	61.6
>12	6.8	8	10.8	12~16	26			20	100.5	172.2	52.5
				16~20	30			22	108.3	134.8	97.9
				>20	35.7			24	237.4	173.4	141.5

2.2.5　小　结

本节结合海南环岛高铁的地基土性质和工程实际需要，采用平板载荷试验、旁压试验、静力触探试验和标准贯入试验量测花岗岩全风化层地基承载力和压缩模量。通过与室内试验所获得的岩土参数进行对比分析，结合现场长期观测成果，提出适用于海南饱和花岗岩全风化层的原位测试方法及合理的岩土设计参数。

（1）平板载荷试验结果表明，海南饱和花岗岩全风化层地基基本承载力分别为 150 kPa、125 kPa、150 kPa，压缩模量为 12.8 MPa、10.1 MPa、8.1 MPa。

（2）旁压试验结果表明，海南环岛高铁地基压缩模量随着深度的增加逐渐增大，最小为 18.2 MPa，最大可达到 237.4 MPa，平均压缩模量约为 83.3 MPa。旁压试验得到地基压缩模量的变化范围较大，进一步说明海南环岛高铁的花岗岩全风化层均一性差，力学特性差异大。

（3）采用日本地区花岗岩风化层的经验公式分析海南环岛高铁花岗岩全风化层变形参数，与现场试验数据对比后发现，由标贯试验得出的试验结果与日本经验公式相关性较好，拟合出了 $E_s = 0.713N$。

（4）海南环岛高铁饱和花岗岩全风化层原位试验及室内固结（压缩）试验确定的压缩模量由小到大的顺序大致为：室内固结（压缩）试验→静力触探试验→平板载荷试验→标贯试验→旁压试验。建议采用标贯试验确定花岗岩全风化层岩土参数。

2.3　花岗岩全风化层地基离心机模型试验研究

2.3.1　试验目标

地基沉降变形主要包括路基自重作用产生的地基固结沉降变形、运营期内列车荷载作用下的累积残余变形。普通模型只满足模型的形状相似，不能模拟与原型构筑物的重力相似，离心模型试验却能同时满足上述两方面的相似，所以离心模型试验便成为研究路基地基变形的有效试验手段。

本次研究共进行4组离心模型试验，试验原型分别为：
① DK67+630未处理断面（分层填筑）离心模型试验。
② DK67+630未处理断面（一次填筑）离心模型试验。
③ DK67+630强夯断面（一次填筑）离心模型试验。
④ DK67+666水泥搅拌桩断面（一次填筑）离心模型试验。

路基的填筑方式采用以下两种：①分层填筑，模拟现场填筑过程，逐级制作模型，测试过程中模型形状与现场路基一致；②一次性填筑，模型一次填筑完成，采用加速度逐级增加的方式模拟现场路基填筑过程。前者与现场实际情况更加吻合，但模型制作复杂，成本较高。后者模型制作简单，容易操作。

2.3.2 试验方案

2.3.2.1 模型试验设计

1. 模型试验相似比

试验断面路堤部分按单线标准断面设计，计算确定模型相似比为 $n=60$。参照现场施工采用的加固工法（未加固、换填、强夯和设置水泥搅拌桩），分别采用分层填筑和一次性填筑方式，重点对路基作用下应力传递规律和花岗岩全风化层地基沉降特性展开研究，共进行了4组离心机模型试验。

模型1至模型3分别为DK67+630未处理断面（分层填筑）、未处理断面（一次填筑）、强夯断面（一次填筑），模型尺寸如图2.3-1所示。模型4为DK67+666水泥搅拌桩加固断面（一次填筑），见图2.3-2。

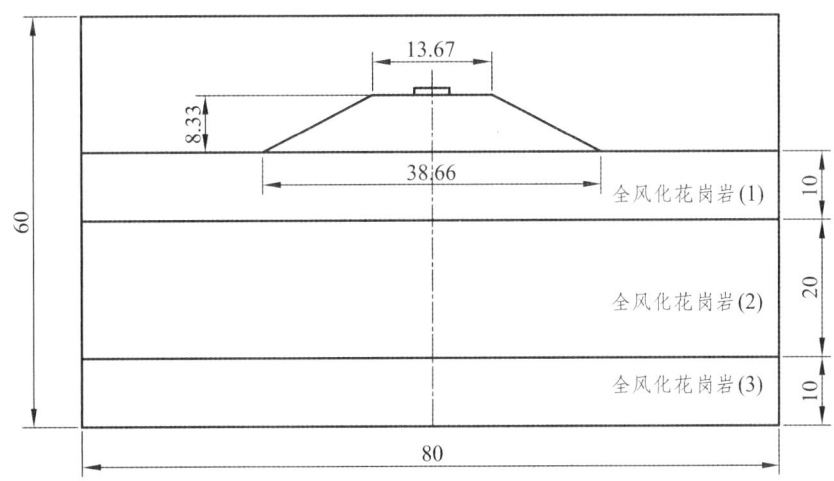

图 2.3-1 DK67+630（未处理）断面（单位：cm）

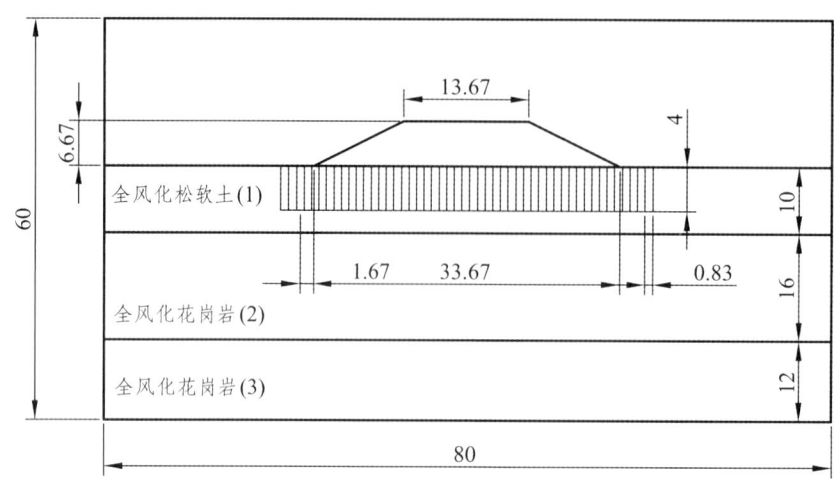

图 2.3-2　DK67+666（水泥搅拌桩加固）断面（单位：cm）

2．模型材料及控制指标

模型试验材料取自海东高速铁路施工现场，地基以现场实测含水量和容重为控制标准，在模型箱内分层压实填筑。路堤采用现场所取全风化层掺水泥改良制作，按相应部位的压实系数分层压实制作好路堤。预先计算每一层的重量，并压实到计划的高度，自下而上依次分层压实填筑。

3．模型制作

（1）路基制作方法基本相同，将路堤填料按照最佳含水量配置成改良重塑土。填筑时先在模型箱内满铺填料并按照相应部位的压实系数压实，待填至指定高度，再按照路基实际形状切削成型。图 2.3-3 是离心模型制作过程。

图 2.3-3　路基模型制作

试验过程中路基模型制作采用以下两种方式：

① 分层填筑，逐级制作路堤模型，模拟现场填筑过程，测试过程中模型加速度分别保持 $60g$ 不变，模型几何形状与现场路基一致。

② 一次性填筑，模型路堤一次填筑完成，采用加速度逐级增加的方式模拟现场路堤填筑过程。

（2）水泥搅拌桩加固区模型制作。

离心模型的水泥搅拌桩采用相应等级的水泥、水及细砂，增添速凝剂。按照设计相似比计算桩长、桩径和桩间距，在模型箱中采用改装钻头打孔。将模型地基中所需要的孔全部完成后，将拌好的水泥土灌入预先完成的小孔中并用钢钎压实，放置一段时间，按照要求强度达到80%左右后再进行路基填筑。模型制作过程如图2.3-4所示。

图2.3-4 地基水泥搅拌桩制作

2.3.2.2 测试方法及内容

离心模型试验路基采用上述两种方法制作路基模型，分别于路基表面和路基基底埋设位移计和沉降板，并由上至下依次埋设土压力盒，以此来研究地基的沉降和地基中的应力分布特性。仪器埋设如图2.3-5所示。

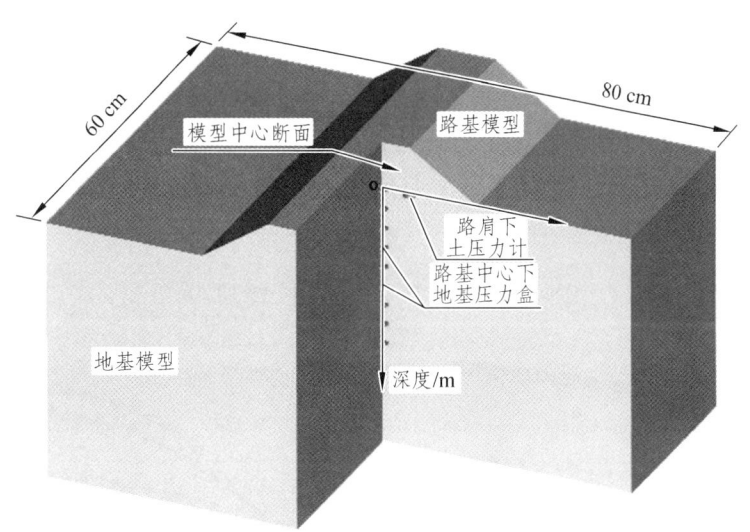

图2.3-5 离心机试验元件埋设

2.3.3 试验结果与分析

2.3.3.1 沉降测试结果

1. 未处理断面（分层填筑）沉降测试结果

DK67+630未处理断面（分层填筑）沉降与时间关系如图2.3-6、图2.3-7所示。由图

2.3-6可知，DK67+630未处理断面（分层填筑）路基高度为5 m，路基模拟填筑期为100 d，填筑期间基底中心产生的沉降约为102.4 mm；模拟放置期为90 d，放置期内地基的沉降约为25.2 mm，地基沉降随着时间增加逐渐稳定。图2.3-7为长期运营沉降与时间关系，铺轨后三年运营期内，地基的工后沉降为41.3 mm，路基产生累积变形5.4 mm，约为路基高度的1.08‰。路基基底中心（填筑期+放置期）沉降占总沉降的75.5%。

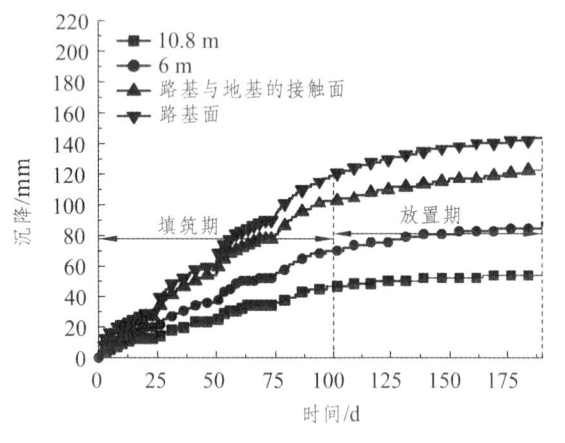
图2.3-6 填筑期和放置期沉降与时间的关系

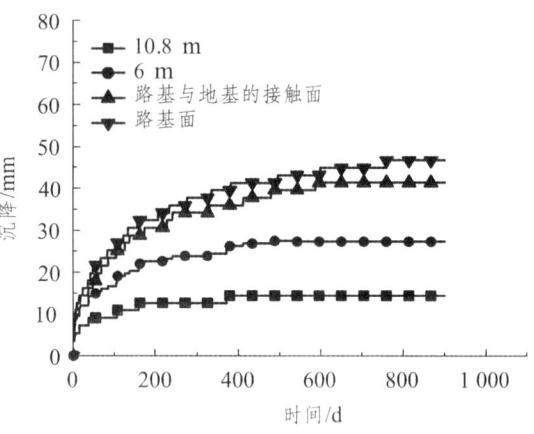
图2.3-7 长期运营期沉降与时间的关系

2. 未处理断面（一次填筑）沉降测试结果

DK67+630未处理断面（一次填筑）路基沉降与时间关系如图2.3-8、图2.3-9所示。图2.3-8表明，DK67+630未处理断面（分层填筑）路基高度为5 m，路基模拟填筑期为100 d，填筑期间地基沉降141.2 mm；模拟放置期为90 d，放置期内地基沉降17.4 mm，地基沉降随着时间增加逐渐稳定。图2.3-9为长期运营沉降与时间关系，铺轨后三年运营期内，地基产生工后沉降48.7 mm，路基产生累积变形6.4 mm，约为路基高度的1.28‰。路基基底中心（填筑期+放置期）沉降占总沉降的76.5%。

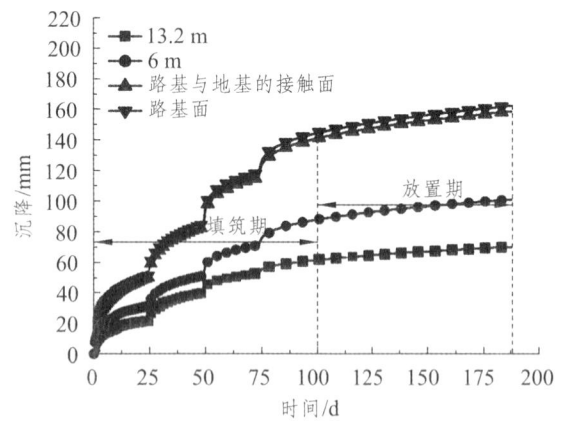
图2.3-8 填筑期和放置期沉降与时间的关系

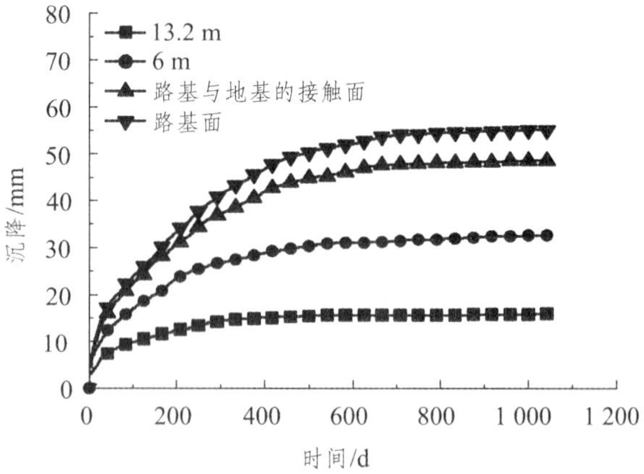

图2.3-9 长期运营期沉降与时间的关系

3. 强夯断面（一次填筑）沉降测试结果

DK67+630强夯加固断面（一次填筑）沉降与时间的关系见图2.3-10、图2.3-11。由图2.3-10可知，DK67+630强夯加固断面（一次填筑）路基高度5 m，模拟路基填筑时间为

100 d，填筑期内地基沉降 104.2 mm；模拟放置时间为 90 d，放置期内地基沉降 12.6 mm，地基沉降随着时间增加逐渐稳定。图 2.3-11 为长期运营沉降与时间关系，铺轨后三年运营期内，地基产生工后沉降 37.7 mm，路基产生累积变形 3.6 mm，约为路基高度的 0.72‰。路基基底中心（填筑期 + 放置期）沉降占总沉降的 75.9%。

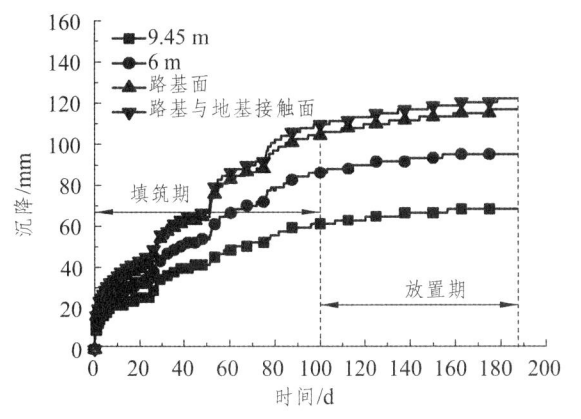

图 2.3-10 填筑期和放置期沉降与时间的关系

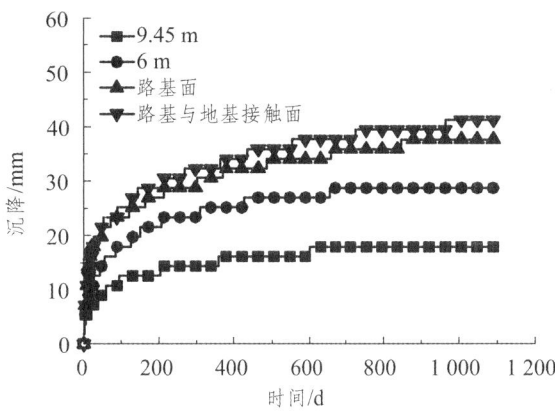

图 2.3-11 长期运营中沉降与时间的关系

4．水泥搅拌桩断面（一次填筑）沉降测试结果

DK67 + 666 水泥搅拌桩加固断面（一次填筑）沉降与时间的关系见图 2.3-12、图 2.3-13。图 2.3-12 表明，DK67 + 666 水泥搅拌桩加固断面（一次填筑）路基高度为 4 m，模拟路基填筑时间为 80 d，填筑期内地基沉降 116.2 mm，水泥搅拌桩加固区（地基面以下 6.4 m 范围内）地基沉降量 37.8 mm，下卧层沉降量 78.4 mm，加固区沉降量和下卧层沉降量分别占地基总沉降的 32.5% 和 67.5%；模拟放置期为 90 d，放置期内地基沉降 13.2 mm，加固区和下卧层沉降分别为 6.2 mm 和 7 mm。模拟路基长期运营期间沉降与时间的关系见图 2.3-13，铺轨后三年运营期内，路基表面产生的工后沉降约为 34.5 mm，地基面产生的工后沉降约为 32.5 mm，路基累积变形 1 mm，约为路基高度的 0.2‰。路基基底中心（填筑期 + 放置期）沉降占总沉降的 80%。

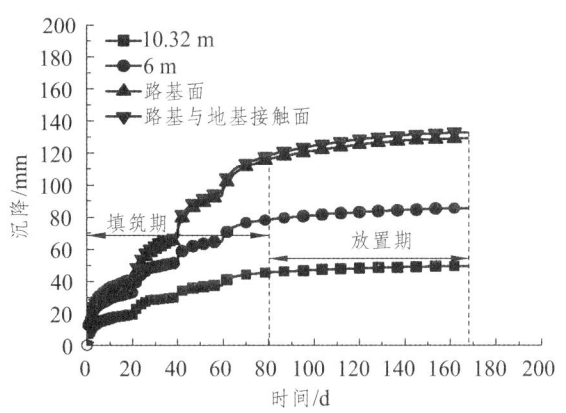

图 2.3-13 填筑期和放置期沉降与时间关系

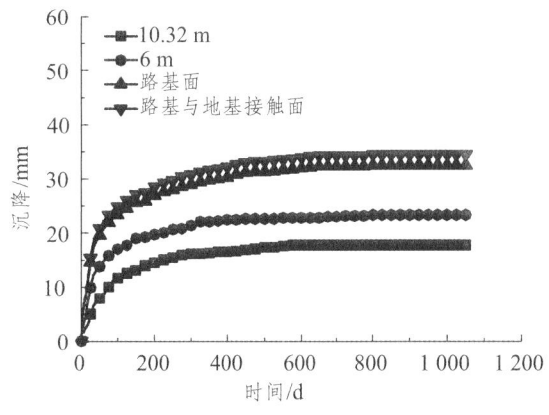

图 2.3-13 长期运营期沉降与时间的关系

5. 离心模型试验路基沉降特性

离心模型试验结果表明：海南环岛高铁路基填筑期 100 d，放置期 90 d，（填筑期+放置期内）沉降天然地基和水泥搅拌桩加固地基分别占总沉降的 76.5% 和 80%。离心模型试验路堤填筑期+放置期完成总沉降的 69.9%~80%。

另外，离心模型试验实测数据显示，饱和花岗岩全风化层地基分层填筑的地基沉降比一次性填筑小 5.4%，说明路基填筑速度适当放缓可减小地基特别是浅层地基的水平变形，从而减小地基总沉降。

2.3.3.2 应力测试结果

1. 未处理断面分层填筑应力测试结果

海南环岛高铁 DK67+630 未处理断面基底应力和地基附加应力分布如图 2.3-14、图 2.3-15 所示。

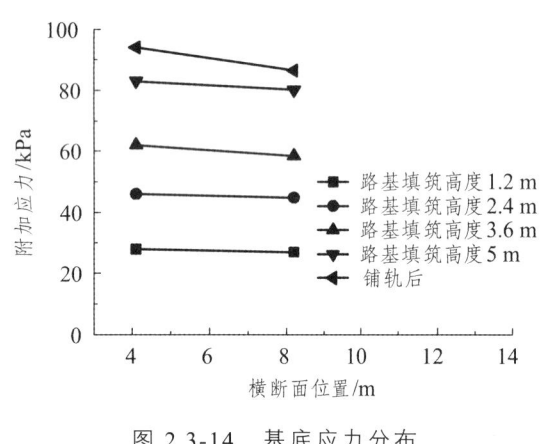

图 2.3-14 基底应力分布

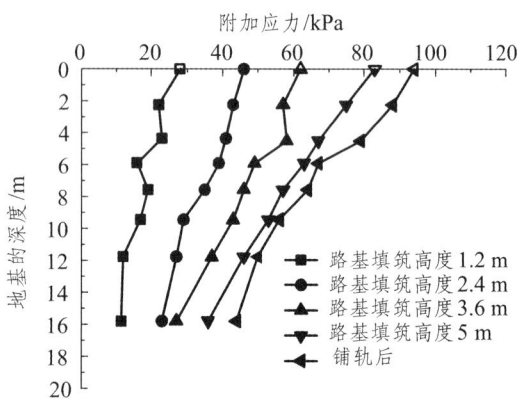

图 2.3-15 地基附加应力衰减

2. 未处理断面一次性填筑应力测试结果

DK67+630 未处理断面基底应力和地基附加应力分布如图 2.3-16、图 2.3-17 所示。

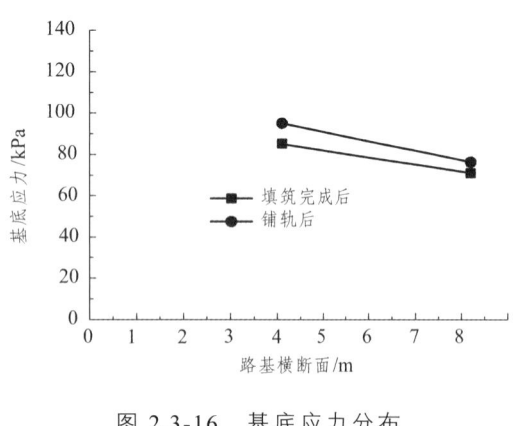

图 2.3-16 基底应力分布

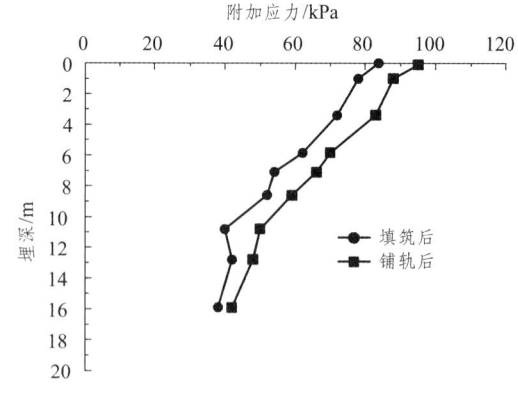

图 2.3-17 地基附加应力衰减

3. 强夯断面应力测试结果

DK67+630 强夯加固断面基底应力和地基附加应力分布如图 2.3-18、图 2.3-19 所示。

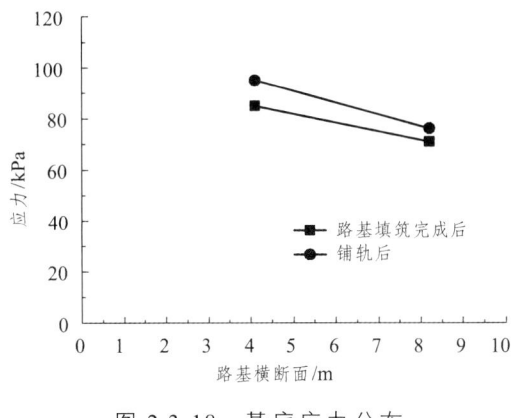

图 2.3-18 基底应力分布　　　　图 2.3-19 地基附加应力衰减

4. 水泥搅拌桩断面应力测试结果

DK67+666 水泥搅拌桩加固断面基底应力和地基附加应力分布如图 2.3-20、图 2.3-21 所示。

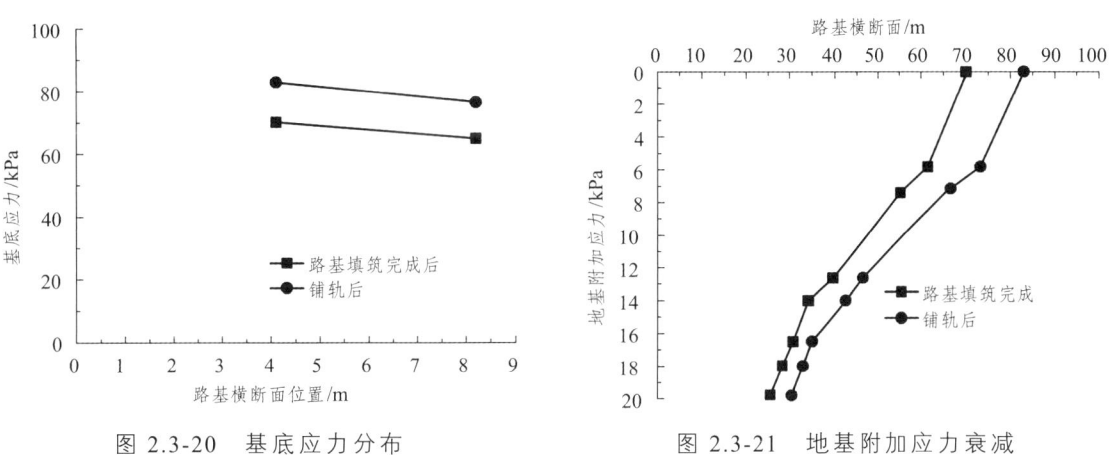

图 2.3-20 基底应力分布　　　　图 2.3-21 地基附加应力衰减

由上图可以看出，随着路堤宽高比 L/H（L 为路基表面宽度，H 为路基高度）的增加，基底中心应力和路肩基底应力差值逐渐增大，路基基底中心应力逐渐接近于 γH。地基附加应力的衰减规律为：浅层地基附加应力衰减较快，深层衰减较慢，衰减速度随着深度的增加逐渐放缓，并且这种变化趋势随着路堤宽高比的增加越来越显著。

2.3.4　离心机模型试验结果汇总

海南环岛高铁饱和花岗岩全风化层离心机模型试验结果如表 2.3-1 所示。试验结果表明：饱和花岗岩全风化层地基未处理分层填筑断面、一次填筑断面、强夯加固断面、水泥搅拌桩加固断面（填筑期+放置期）地基沉降占总沉降的比例分别为 75.5%、76.5%、75.6% 和 80%。从运营期产生的工后沉降值看，海南环岛高铁工后沉降均满足有砟轨道高速铁路要求，但不满足无砟轨道高速铁路要求；有砟轨道只需对地基浅层软土、松软土进行处理，无砟轨道则需对花岗岩全风化层地基采用复合地基、强夯或堆载预压进行处理，当表层有软土、松软土时还应加大复合地基处理深度。

不同方法计算的路基基底中心应力如表 2.3-2 所示。

表 2.3-1 试验结果汇总

断面的处理方式	填筑方式	基底中心沉降/mm				基底中心应力/kPa（路基填筑完成后）
		填筑期	放置期	运营期	总沉降	
DK67+630 未处理	分层填筑	102.4	25.2	41.3	168.9	83
DK67+630 未处理	一次填筑	141.2	17.4	48.7	207.3	85
DK67+630 强夯	一次填筑	104.2	12.6	37.7	154.5	85
DK67+666 水泥搅拌桩	一次填筑	116.2	13.2	32.5	161.9	70.1

表 2.3-2 不同方法计算的路基基底中心应力

断面	数值分析法/kPa	γH法/kPa	均布荷载法/kPa	弹性土堤法/kPa	基底应力修正公式/kPa	离心机模型试验实测值/kPa
DK67+630	92.9	100	73.6	87.1	89.2	85
DK67+666	68.0	80	60.9	71.5	72.6	70.1
DK67+680	54.8	64	50.8	59.0	59.1	—
DK79+065	161	186.3	127.9	154.1	160.0	—
DK79+399.6	79.1	83	63.2	72.7	75.3	—

2.3.5 小 结

（1）海南环岛高铁花岗岩全风化层（填筑期 100 d，放置期 90 d）未处理分层填筑断面、未处理一次填筑断面、强夯加固处理断面和水泥搅拌桩加固处理断面地基工后沉降分别为 41.3 mm、48.7 mm、37.7 mm、32.5 mm。

（2）海南环岛高铁花岗岩全风化层未处理分层填筑断面、未处理一次填筑断面、强夯加固处理断面和水泥搅拌桩加固处理地基填筑期和静置期沉降占总沉降的比例分别为 75.5%、76.5%、75.6%、80%，路基填筑完成 1 年内地基沉降基本稳定。

（3）离心模型试验结果显示，海南环岛高铁饱和花岗岩全风化层地基分层填筑的沉降比一次性填筑小 5.4%。由此可知，优化路基填筑工艺能降低沉降变形量。

（4）离心模型试验表明海南环岛高铁工后沉降均满足有砟轨道高速铁路要求，但不满足无砟轨道高速铁路要求；有砟轨道只需对地基浅层软土、松软土进行处理，无砟轨道则需对花岗岩全风化层地基采取复合地基、强夯或堆载预压进行处理，当表层有软土、松软土时还应加大复合地基处理深度。

（5）随着路堤宽高比 L/H 的增加，路基基底应力分布接近于 γH。浅层地基附加应力衰减较快，深层衰减较慢，衰减速度随着深度的增加逐渐放缓，并且这种变化趋势随着路堤宽高比的增加越来越显著。附加应力的衰减速度随着路基宽高比的增加逐渐减小，路堤宽高比越大，衰减趋势越显著。

2.4 花岗岩全风化层地基现场监测研究

2.4.1 试验目的及意义

地基现场长期观测主要包括长期应力测试和长期沉降观测两部分。长期应力测试于基底不同位置处埋设土压力盒和柔性位移计，量测施工和预压期内土工格栅的拉伸量和基底应力变化值，分析复合地基土拱效应和柔性基础变形机理，进一步研究基底应力的分布和变化规律。长期沉降观测通过现场监测路堤填筑期和预压期中的地基沉降变形和稳定性变化，探讨花岗岩全风化层地基沉降变形规律，检验地基加固效果，验证设计理论正确性，制定施工控制标准，完善花岗岩全风化层地基沉降控制技术，以指导高速铁路路基地基设计和施工。

2.4.2 观测方案

长期应力测试于基底不同位置处埋设土压力盒和柔性位移计，仪器埋设如图 2.4-1 所示。沉降观测项目主要包括地面沉降、分层沉降、深层沉降以及水平位移 4 种，分别埋设沉降板、沉降磁环、单点或多点沉降计以及测斜管来实现。竖向位移元件根据观测需要埋设于基底中心不同深处。水平位移观测是在路堤坡脚处埋设测斜管至地基下卧硬层，测定地基在路堤荷载作用下不同深度的水平位移，具体观测方案如下：

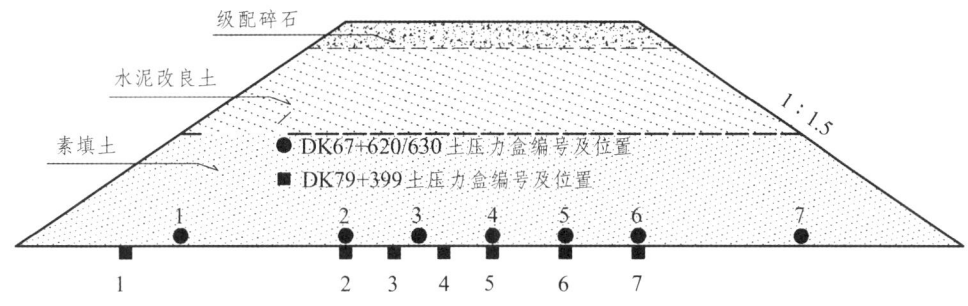

图 2.4-1 海南环岛高铁土压力盒布置示意

注：① DK67 处压力盒中 1 号埋在路基边坡中点，2 号埋在路肩位置，3 号埋在 2 号和 4 号中间，4 号埋在路基中点位置，5、6、7 与 1、2、3 对称埋设。
② DK79 处压力盒 1 号埋在路基边坡 1/3 处，3、4 号分别埋设在路肩到路基中心距离的 1/3 处、2/3 处，其他压力盒位置与 DK67 处相同。

（1）路基和地基面沉降采用沉降板，路基面和地基面水平位移采用位移观测桩，地基内部沉降采用沉降磁环和单点沉降仪，地基内部水平位移采用测斜管。

（2）沉降板分两层布置，分别在级配碎石底层和路基底面布置。

（3）沉降磁环自地基面向下每 2 m 设置一个，土层交界处布置一个。

（4）测斜管布置在路基坡脚，自地基面向下（21 m 深度）每 2 m 埋设一根。路基中心和路肩处距地基面 4 m（未加固地基）土层各布设一个单点沉降仪。

（5）单点沉降仪布置在地基面下 5~6 m（未加固地基）或加固区下 1~2 m（加固地基）处，路基中心线和路肩线下各布置一个。

（6）多点位移计的布置，地基面下每间隔 3~4 m 布设一个，沿深度布设 4 个（未加固地基）。海南环岛高铁现场仪器布设如图 2.4-2 所示。

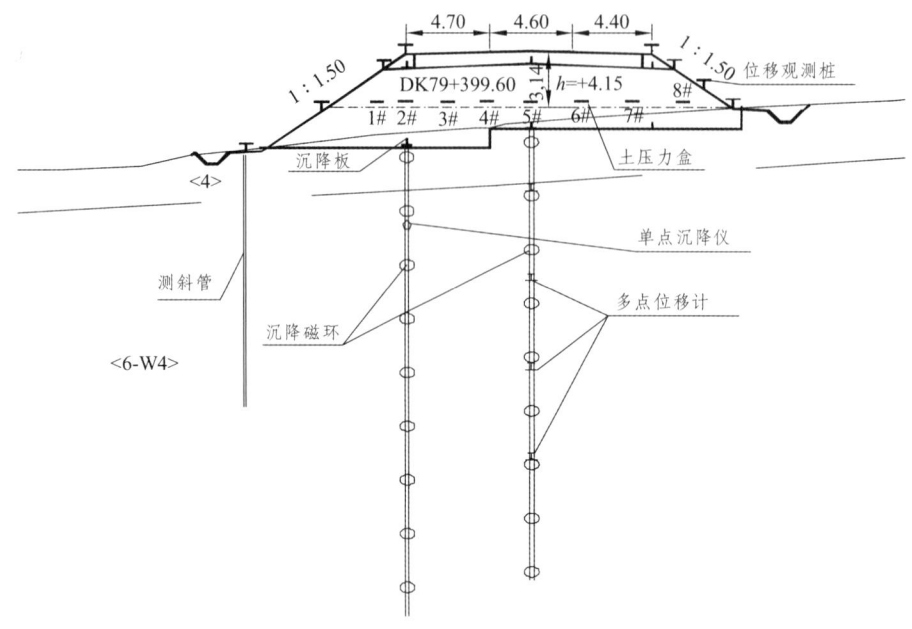

图 2.4-2　海南环岛高铁仪器布置示意

2.4.3　观测结果与数据分析

2.4.3.1　地基沉降观测结果

图 2.4-3 各断面的地表沉降观测结果。结果表明：路基填筑初期，花岗岩全风化层地基沉降迅速，沉降量大，填筑后期沉降速率明显减缓。随着时间的增加，沉降曲线趋于稳定。路基填筑时间约为 205~210 d，填筑期内，饱和花岗岩全风化层地基沉降约为观测总沉降的 82.2%~96.7%。地基沉降由路基中心向路肩递减，沉降趋势基本一致，说明路基沉降均匀，稳定性良好。

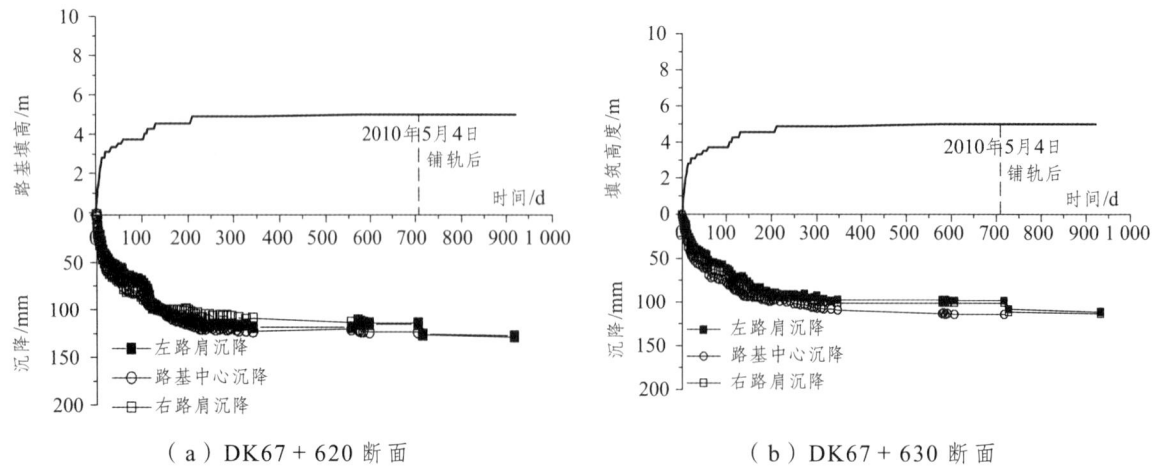

（a）DK67+620 断面　　　　　（b）DK67+630 断面

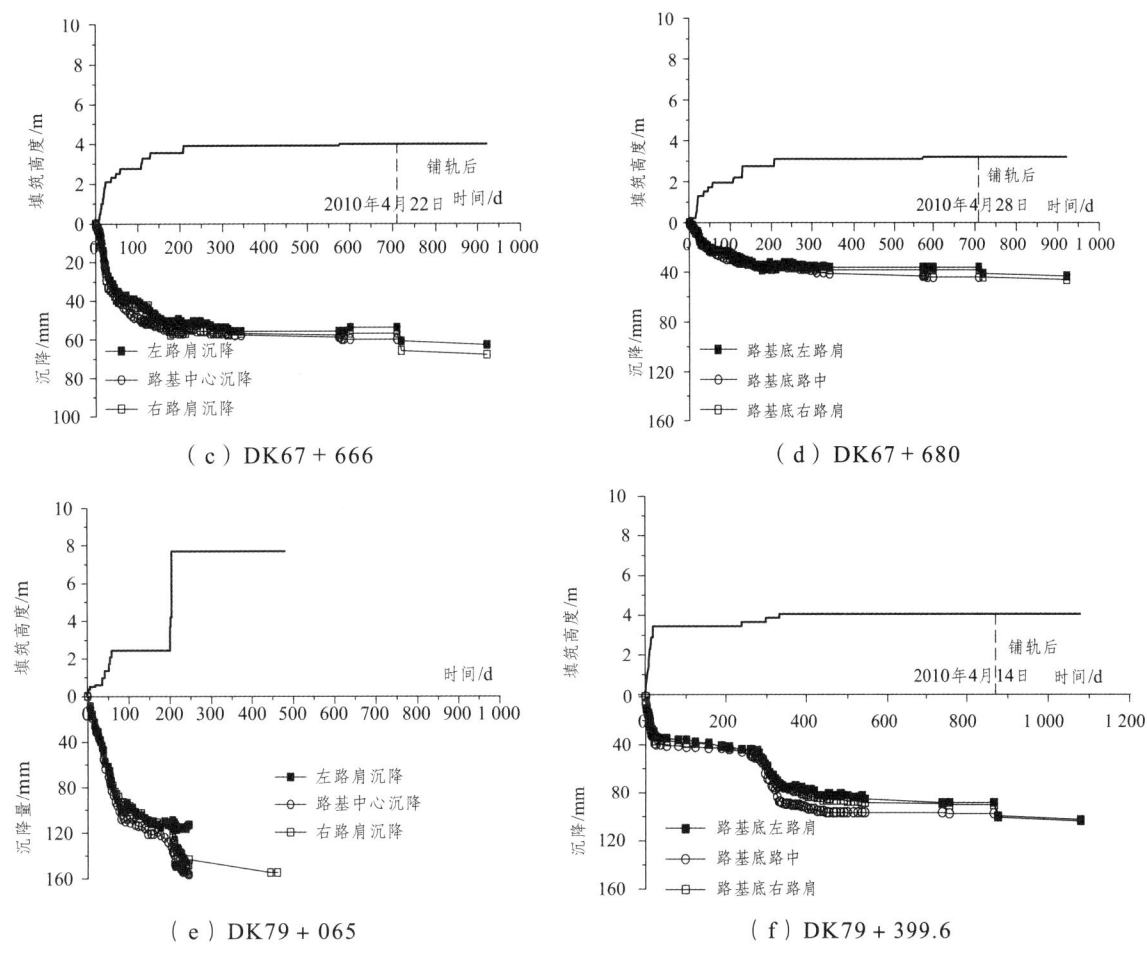

图 2.4-3 各断面的地基面沉降

图 2.4-4 为海南环岛高铁各断面的分层沉降观测结果，从全风化花岗岩地基土分层沉降观测结果可以发现，在加载期间，沉降曲线很陡，压缩发生很快。浅层的风化花岗岩沉降量比较大，随着地层深度的增加，其沉降逐步减少，而观测区以下地基层的压缩量占地基总沉降量的比例却相当大，因此观测区以下的总沉降量还应予以重视。对比地基分层沉降情况，发现地基表层沉降相对较大，而深层沉降依次呈现非线性降低。

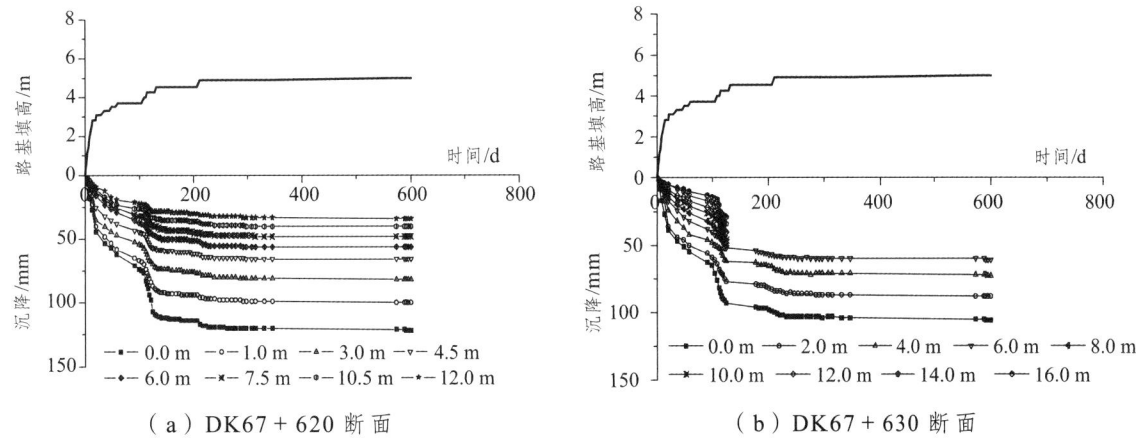

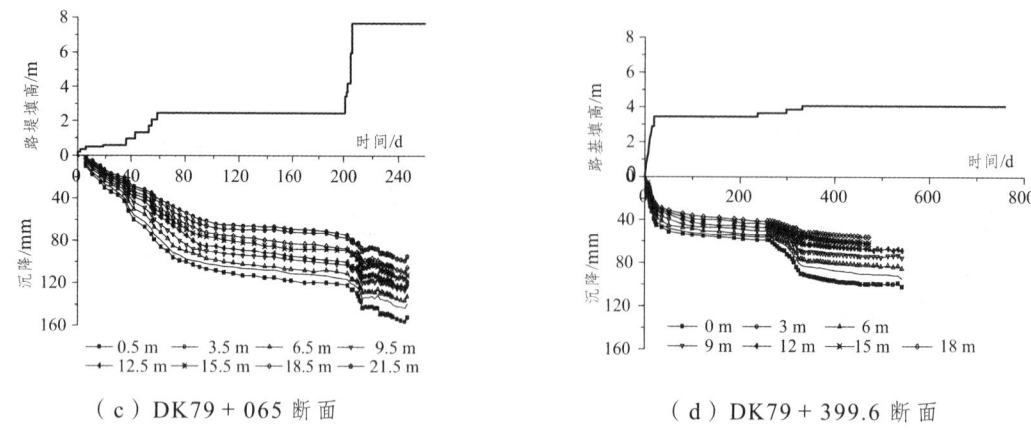

(c) DK79+065 断面

(d) DK79+399.6 断面

图 2.4-4 各断面分层沉降与时间的关系

图 2.4-5 为海南环岛高铁各断面的侧向位移观测结果，地基侧向位移观测结果表明，花岗岩全风化层地基侧向变形具有以下特点：天然花岗岩全风化层地基的侧向位移呈开口型，最大侧向位移发生在距地表较近的位置。天然地基经换填和强夯处理后，浅层地基土的密度增大，模量大幅度提高，最大侧向位移向地基深处延伸，通常发生在加固区以下软弱土层中距地面约 8 m 的位置，但侧向位移量比原状土地基减小。经水泥土搅拌桩、CFG 桩加固的断面侧向位移分布呈弓形，最大侧向位移通常发生在加固区以下 1～3 m 的范围内，位移量更小。长期监测结果表明，这 4 种工法能够提高路基地基的整体约束性和抗变形能力，保证填筑过程中系统的稳定性。

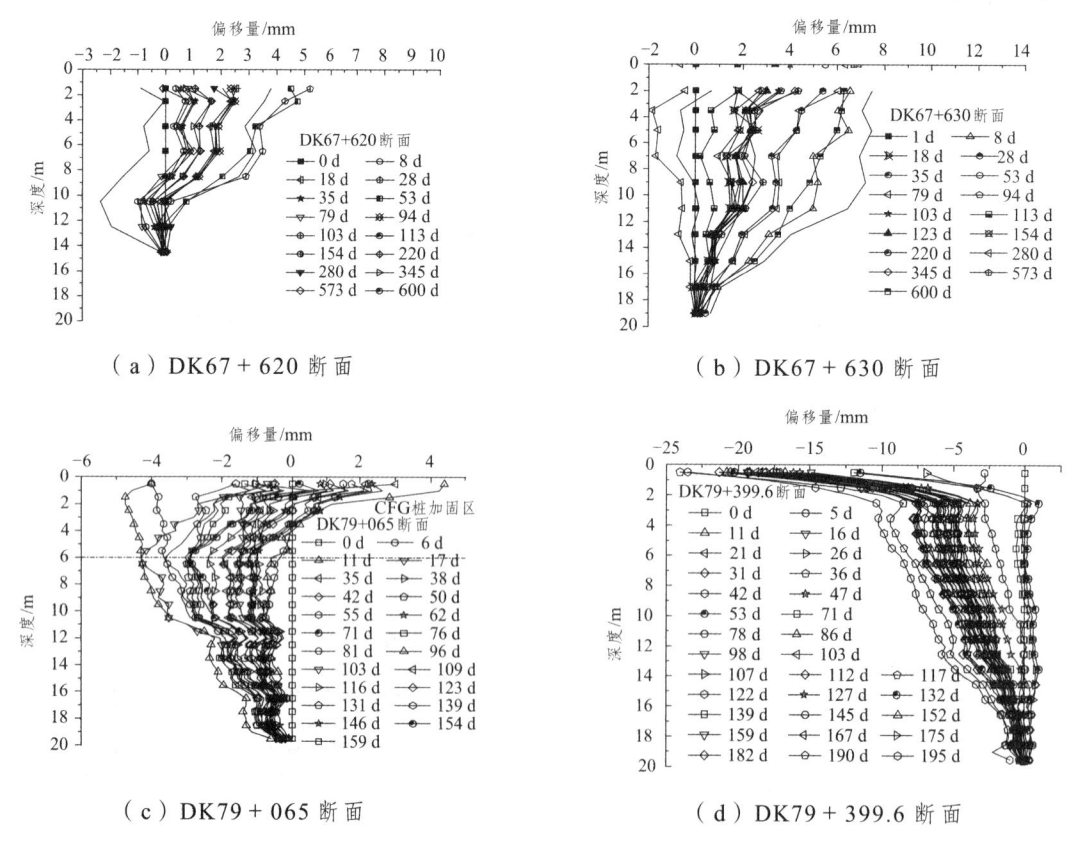

(a) DK67+620 断面

(b) DK67+630 断面

(c) DK79+065 断面

(d) DK79+399.6 断面

图 2.4-5 各断面侧向位移

2.4.3.2 路基基底应力观测结果

图 2.4-6 和图 2.4-7 分别为海南环岛高铁水泥土搅拌桩和 CFG 桩基底应力分布与填筑高度关系曲线。如图所示，复合地基（水泥土搅拌桩和 CFG 桩）基底中心应力随路基高度增加呈非线性增长。基底中心桩顶应力最大，坡脚处应力最小。填筑期间，桩顶土压力和桩间土压力迅速增大。施工间歇期，土压力增长速度明显变缓，并逐渐趋于稳定。

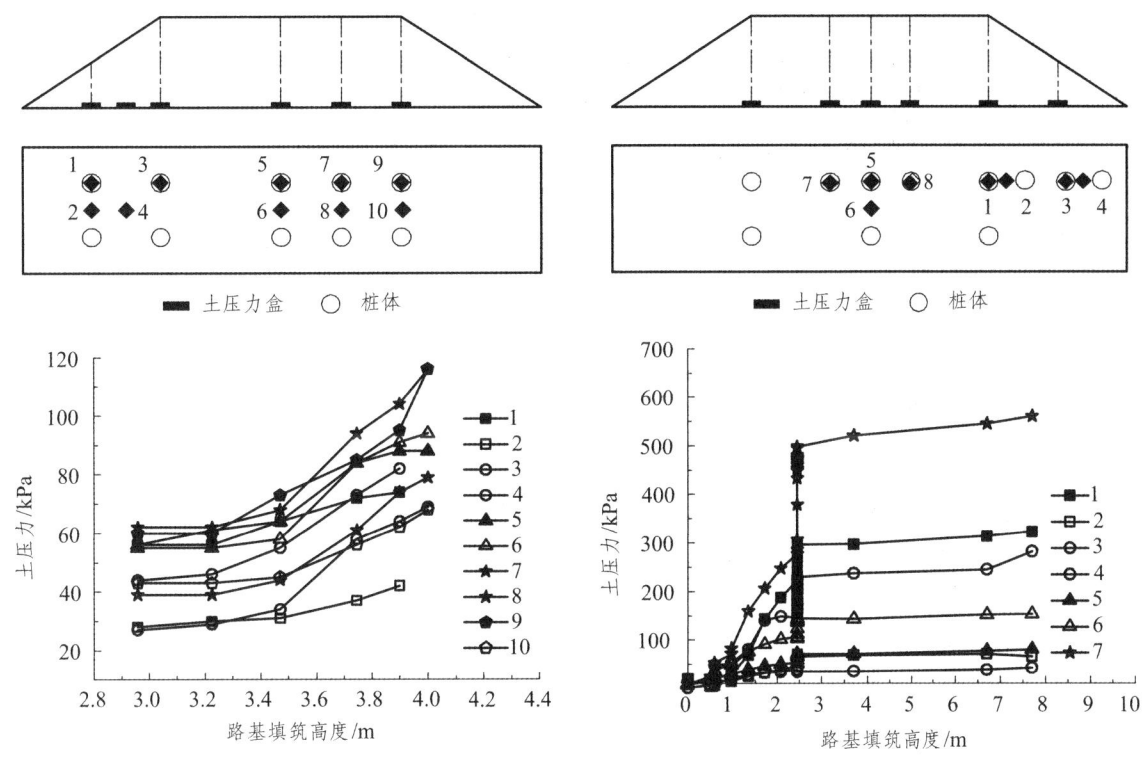

图 2.4-6 水泥土搅拌桩基底土压力与填高曲线　　图 2.4-7 CFG 桩基底土压力与填高曲线

水泥土搅拌桩属于半刚性桩，桩间未扰动的风化花岗岩强度较高，桩土模量比较小。在路堤荷载作用下，桩土应力比不大，基底中心处桩土应力比 1.71，边坡中心处桩土应力比 1.42。如图 2.4-8 所示，桩土应力比由路基中心向坡脚处逐渐递减，沿横断面方向，桩土应力比变化幅度不大。由实测数据可知，桩顶土压力均大于或接近于 γH 法算得的基底应力，而桩间土的压力均小于 γH 法算得的基底应力，说明柔性垫层起到了一定调节荷载的作用，"土拱"的形成有效调整了桩和桩间土的应力。现场监测到的土工格栅最大伸长量仅为 7.11 mm，桩和桩间土在桩顶柔性垫层的协调作用下变形均匀，桩顶向柔性垫层的刺入量很小，说明柔性垫层的调节作用没有完全发挥出来，如图 2.4-9 所示。CFG 桩属刚性桩，基底中心处桩土应力比为 7.51，边坡中心处桩土应力比为 6.18，如图 2.4-8（c）所示。CFG 桩的桩土应力比远高于水泥土搅拌桩，土工格栅的最小伸长量为 39.6 mm，土拱计算高度为 1.02 m。CFG 桩的桩土应力比越大，土拱效应就越显著。路基荷载主要由桩身承担，避免由于桩间土承担的荷载太大，导致路堤顶面出现过大的差异沉降。

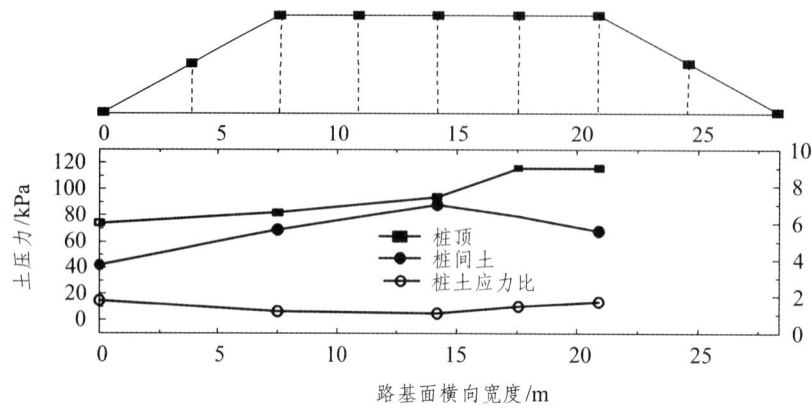

(a) DK67+666 断面

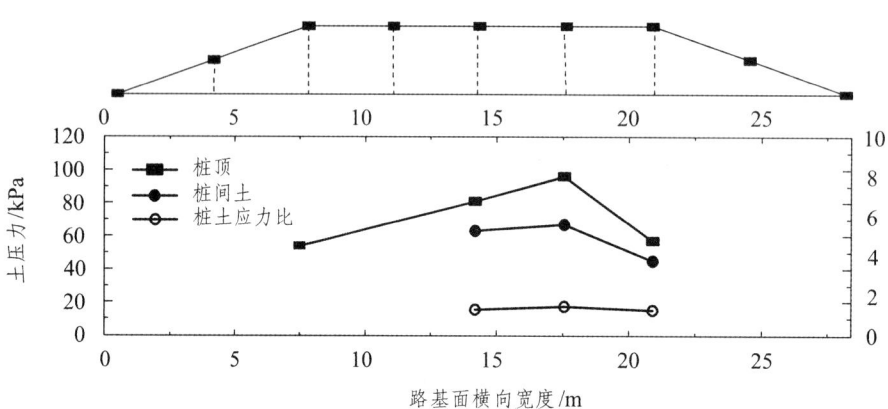

(b) DK67+680 断面

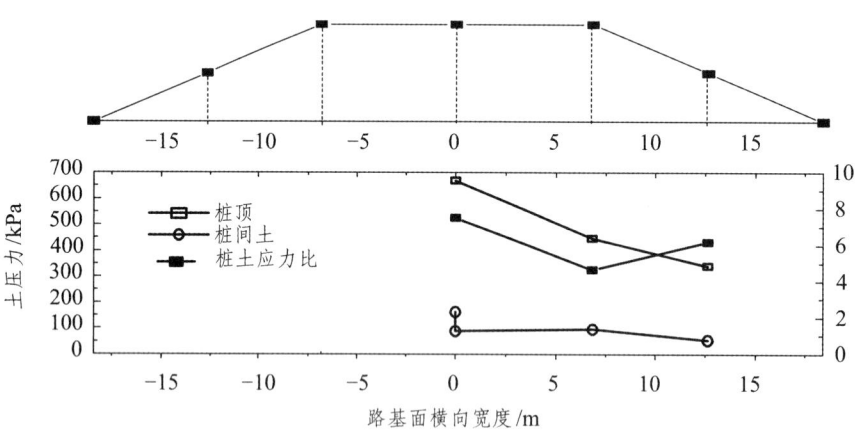

(c) DK79+065 断面

图 2.4-8　各断面地基土压力分布

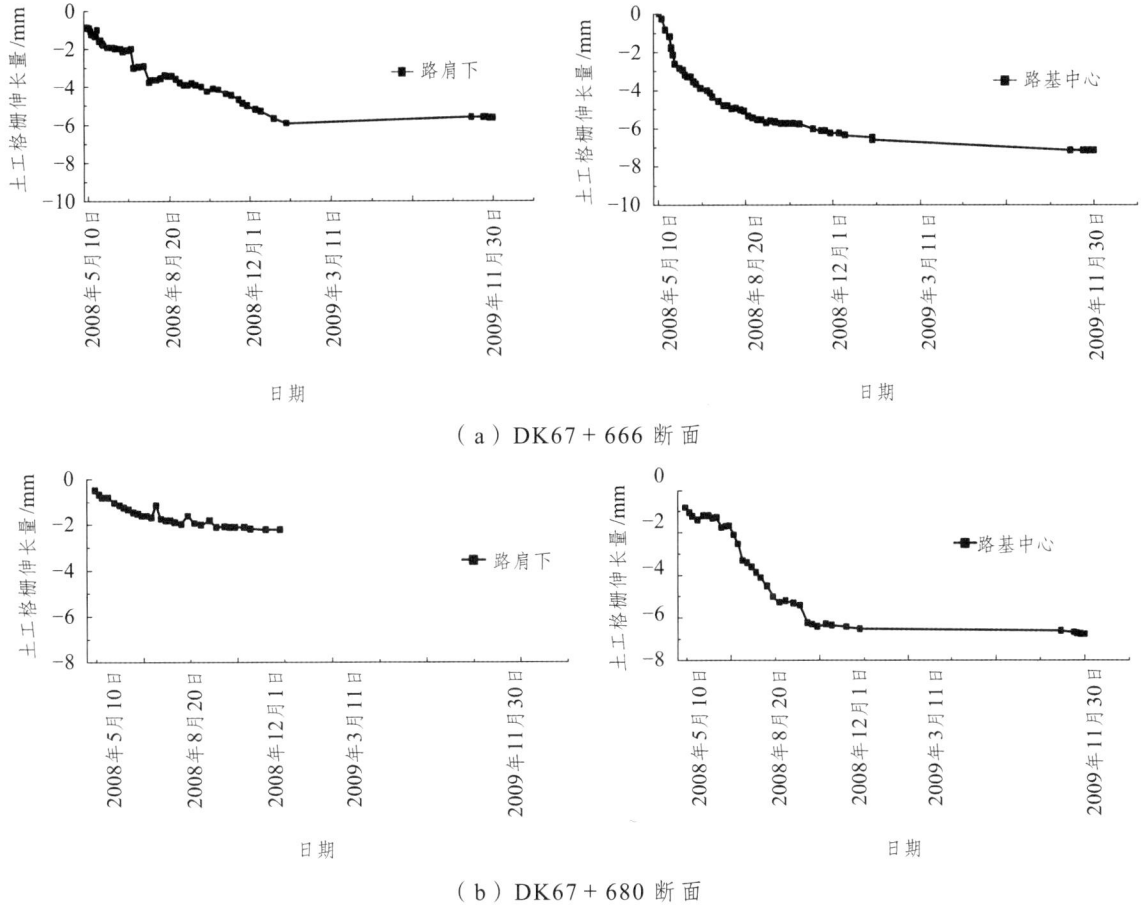

(a) DK67+666 断面

(b) DK67+680 断面

图 2.4-9 各断面桩间土柔性位移计位移-时间曲线

2.4.4 小　结

海南环岛高铁花岗岩全风化层地基沉降和基底应力观测结果表明：

（1）地基沉降以地基侧向变形引起的瞬间沉降为主，沉降随着路基高度的增加线性发展，沉降速度较快。

（2）路基填筑时间约为 205～210 d，在填筑期内，地基沉降约为观测总沉降的 82.2%～96.7%。

（3）天然地基侧向位移呈开口型分布，最大侧向位移发生在距地表较近的位置。复合地基侧向位移呈弓形分布，最大位移发生在加固区以下 1～3 m，复合地基及换填加固可有效限制地基表层水平变形，从而减小竖向沉降。

（4）水泥搅拌桩加固地基基底中心处桩土应力比为 1.71，沿横断面方向，桩土应力比变化幅度不大，现场监测到的土工格栅最大伸长量仅为 7.11 mm。CFG 桩加固地基基底中心处桩土应力比为 7.51，土工格栅的最小伸长量为 39.6 mm，土拱计算高度为 1.02 m。与水泥搅拌桩相比，CFG 桩的桩土应力比大，土拱效应也越显著。

（5）地基面沉降由路基中心向路肩逐渐递减，沉降变化趋势基本一致，路基沉降均匀。

花岗岩全风化层地基经换填改良、强夯加固、水泥搅拌桩加固和 CFG 桩加固处理后,地基沉降量和侧向位移明显减小,系统整体约束性和抗变形能力明显提高。

（6）路基实测总沉降 53~164 mm,工后沉降 8~14 mm。可见海南环岛高铁一般地基不处理可满足有砟轨道高速铁路要求,地基表层存在软土、松软土时只需对表层软土、松软土采取换填、复合地基进行浅层处理,观测工后沉降满足无砟轨道要求。

2.5 花岗岩全风化层地基沉降变形仿真模拟研究

2.5.1 计算软件介绍

FLAC（Fast Lagrangian Analysis of Continua）和 FLAC3D 是二维和三维岩土力学有限差分计算程序。FLAC3D 有限差分程序能够模拟边坡变形稳定、地下工程变形和破坏、流体运动及水-结构相互作用、振动作用下孔隙压力发生改变所引起的液化现象、地基-基础-结构耦合动力分析等广泛的物理力学过程。FLAC3D 程序提供了 10 种材料模型：1 个"空"模型（用于模拟开挖等）、3 个弹性模型（分别模拟各向同性、横观各向同性、各向异性弹性材料）、6 个塑性模型（按不同的破坏准则模拟弹塑性材料,如莫尔-库仑准则等）。海南环岛高铁数值模拟采用 FLAC3D 进行。

2.5.2 花岗岩全风化层地基沉降变形分析

2.5.2.1 计算模型及参数设定

1. 海南环岛高铁计算模型及参数设定

计算断面分别为 DK67+630（未加固）、DK67+666（水泥土搅拌桩加固）、DK67+680（水泥土搅拌桩加固）、DK79+065（CFG 桩加固）、DK79+399.6（CFG 桩加固）。计算采用平面应变模式,模型边界设置滚动支座,横向边界固定 X 方向位移,线路纵向固定 Y 方向位移,底部边界固定 X、Y、Z 方向位移。计算过程中将桩体视为各向同性的线弹性材料,地基和路基材料采用弹塑性模型（路基采用弹性本构模型,地基土体采用莫尔-库仑模型）。计算模型见图 2.5-1 所示,具体计算参数见表 2.5-1。

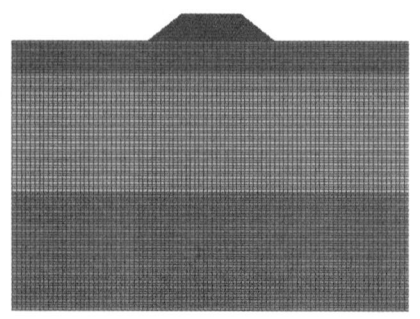
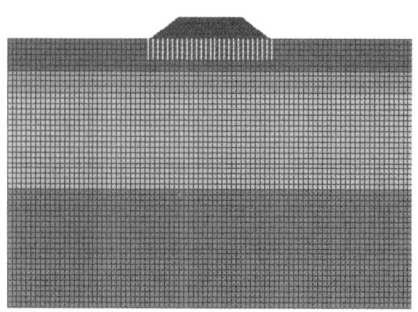

图 2.5-1 海南环岛高铁模型断面

表 2.5-1 各断面计算参数

DK67+630						
计算参数	地基土分层/m	密度/(kg/m³)	压缩模量/MPa	泊松比	黏聚力/kPa	摩擦角/(°)
路基	5	2 000	60	0.3	70	36
地基	0~6	1 900	6.4	0.33	10	34.7
地基	6~10	1 900	11.15	0.33	18	29.0
地基	10~28	1 900	19.25	0.33	70	24
地基	28 m 以下	1 900	35.65	0.33	70	24
路基	4	2 000	60	0.3	70	36
水泥搅拌桩	4	2 000	80	0.2	150	20
地基	0~6	1 900	6.4	0.33	10	34.7
地基	6~10	1 900	11.15	0.33	18	29.0
地基	10~20	1 900	19.25	0.33	70	24
地基	20 m 以下	1 900	35.65	0.33	70	24
DK67+666（DK67+680）						
计算参数	地基土分层/m	密度/(kg/m³)	压缩模量/MPa	泊松比	黏聚力/kPa	摩擦角/(°)
路基	4（3.2）	2 000	60	0.3	70	36
水泥搅拌桩	4	2 000	80	0.2	150	20
地基	0~6	1 900	6.4	0.33	10	34.7
地基	6~10	1 900	11.15	0.33	18	29.0
地基	10~20	1 900	19.25	0.33	70	24
地基	20 m 以下	1 900	35.65	0.33	70	24
DK79+065						
计算参数	地基土分层/m	密度/(kg/m³)	压缩模量/MPa	泊松比	黏聚力/kPa	摩擦角/(°)
路基	7.7	2 420	60	0.3	70	36
CFG 桩	5.5	2 200	100	0.2	540	45
地基	0~6	1 900	9.51	0.33	10	34.7
地基	6~10	1 900	11.15	0.33	18	29.0
地基	10~30	1 900	19.25	0.33	70	24
地基	20 m 以下	1 900	35.65	0.33	70	24
DK79+399.6						
计算参数	地基土分层/m	密度/(kg/m³)	压缩模量/MPa	泊松比	黏聚力/kPa	摩擦角/(°)
路基	4.15	2 000	60	0.3	70	36
地基	0~6	1 900	9.51	0.33	10	34.7
地基	6~10	1 900	11.15	0.33	18	29.0
地基	10~28	1 900	19.25	0.33	70	24
地基	28 m 以下	1 900	35.65	0.33	70	24

2．荷载换算

路堤上部荷载包括轨道静荷载和列车换算荷载，采用换算土柱法来模拟。路基顶面以上各部分的荷载如下：

钢轨 = 0.606 4×2 = 1.2 kN/m；

道砟 = 20×(2.72 – 0.21) = 50.2 kN/m；

轨枕及扣件 = 3.7×1.667 = 6.7 kN/m；

轨道荷载 P = 1.2 + 50.2 + 6.17 = 57.6 kN/m；

列车换算荷载 Q = 200/1.6 = 125 kN/m；

路堤上部荷载 = 57.6×2 + 125 = 240.2 kN/m。

2.5.2.2 计算结果及分析

1．沉降-时间关系

FLAC3D 有限元程序通过模拟路堤逐级分层填筑和路堤放置过程，分析计算地基的沉降变化趋势。本次计算时长 500 d，各个阶段的沉降云图如下：

① DK67 + 630 断面（图 2.5-2）。

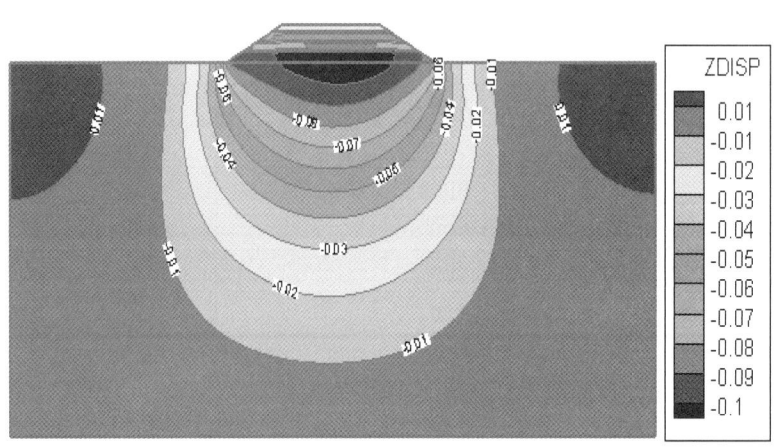

（a）第四层填筑完成

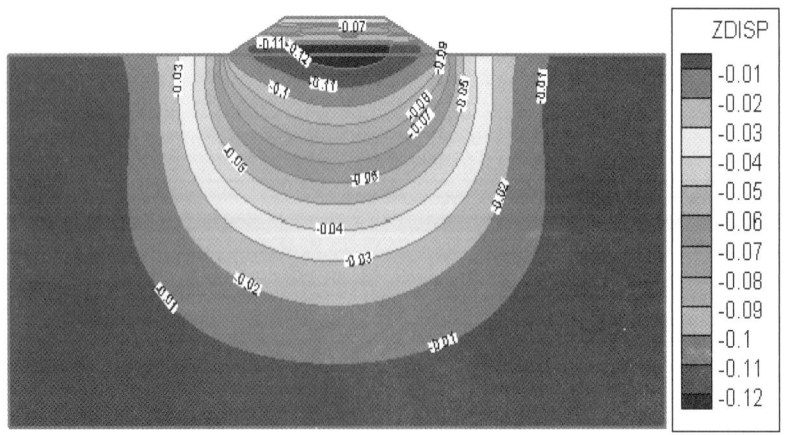

（b）放置 90 d

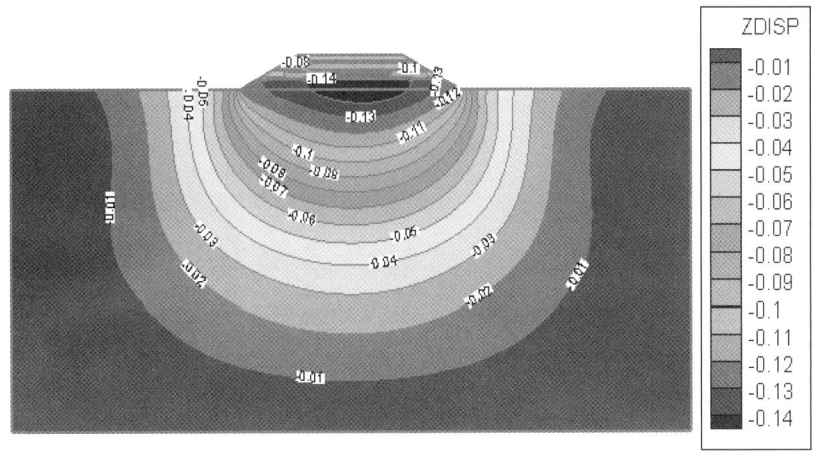

（c）自填筑开始 500 d

图 2.5-2　DK67+630 断面路基沉降云图（单位：m）

② DK67+666 断面（图 2.5-3）。

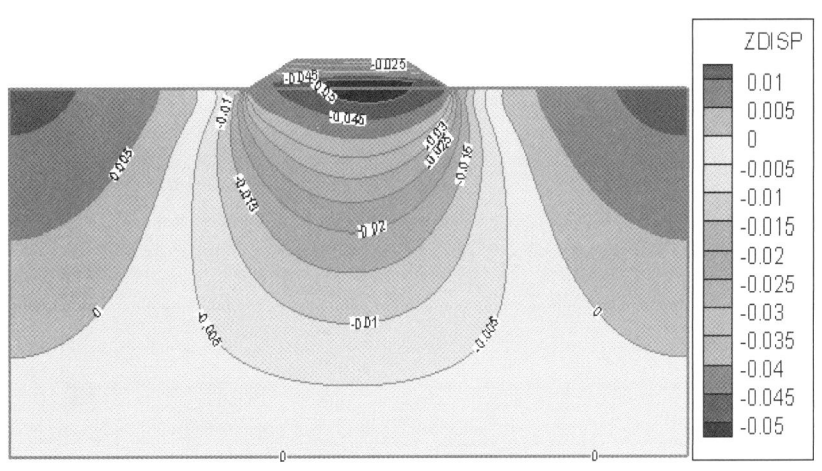

（a）第四层填筑完成

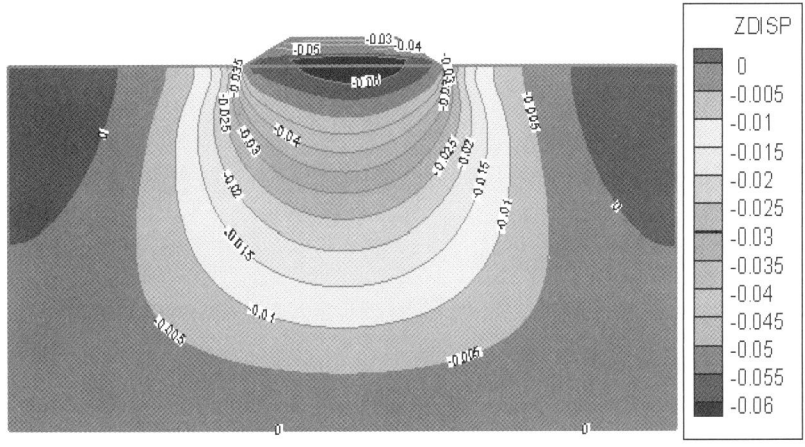

（b）放置 90 d

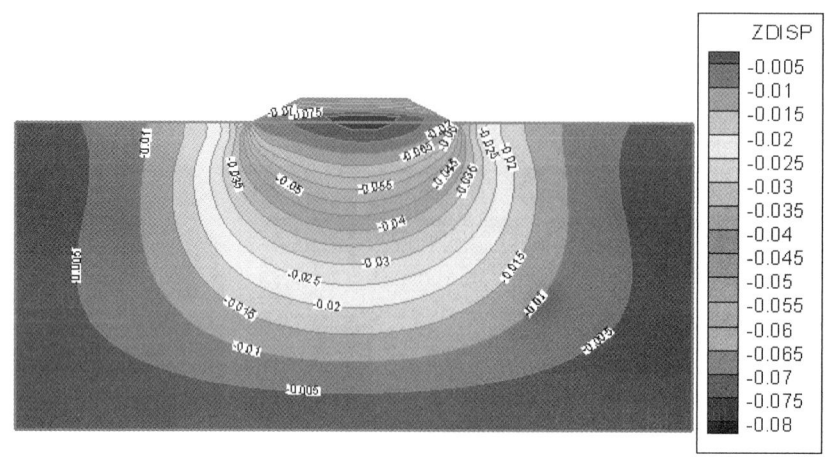

（c）自填筑开始500 d

图2.5-3　DK67+666断面路基沉降云图（单位：m）

③ DK67+680断面（图2.5-4）。

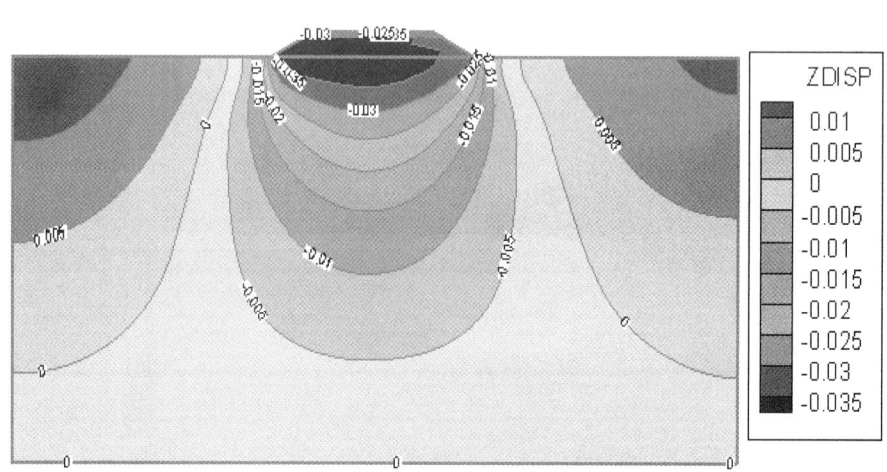

（a）第四次填筑完成

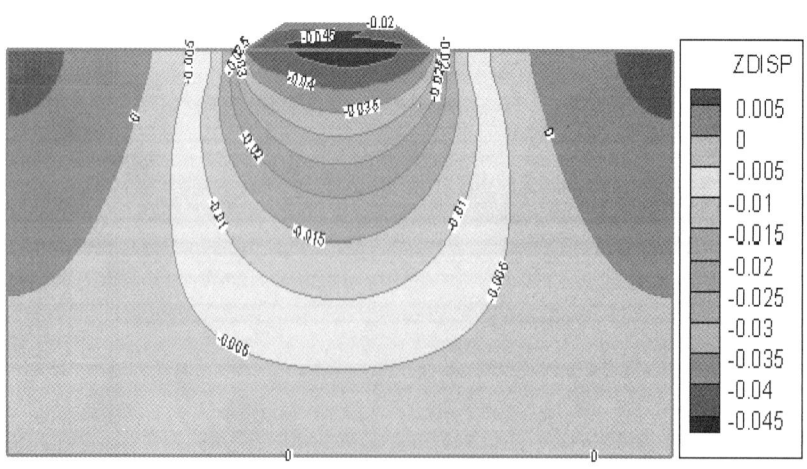

（b）放置90 d

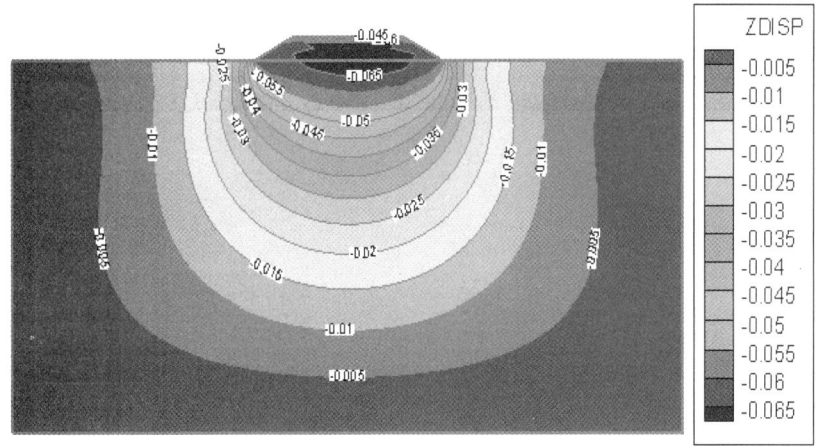

(c) DK67+680自填筑开始 500 d

图 2.5-4　DK67+680 断面路基沉降云图（单位：m）

④ DK79+065 断面（图 2.5-5）。

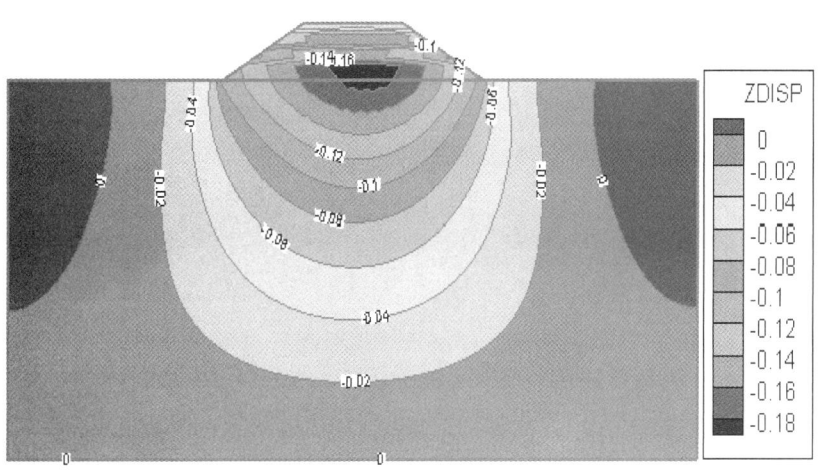

(a) 第四次填筑完成

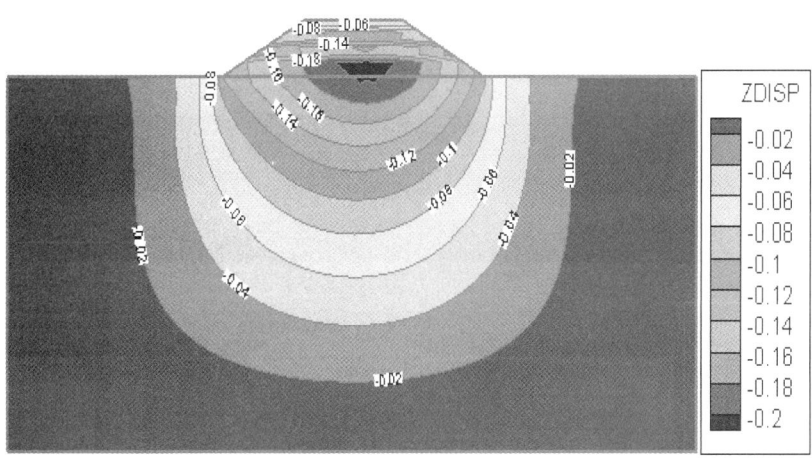

(b) 放置 90 d

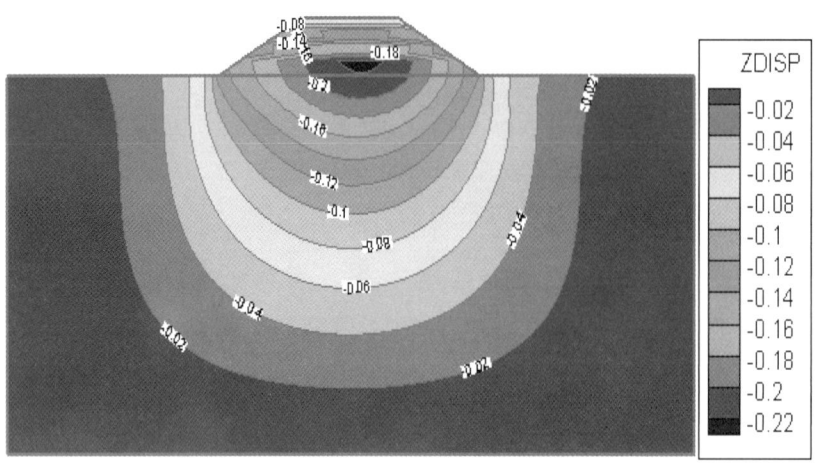

（c）自填筑开始 500 d

图 2.5-5　DK79+065 断面路基沉降云图（单位：m）

⑤ DK79+399.6 断面（图 2.5-6）。

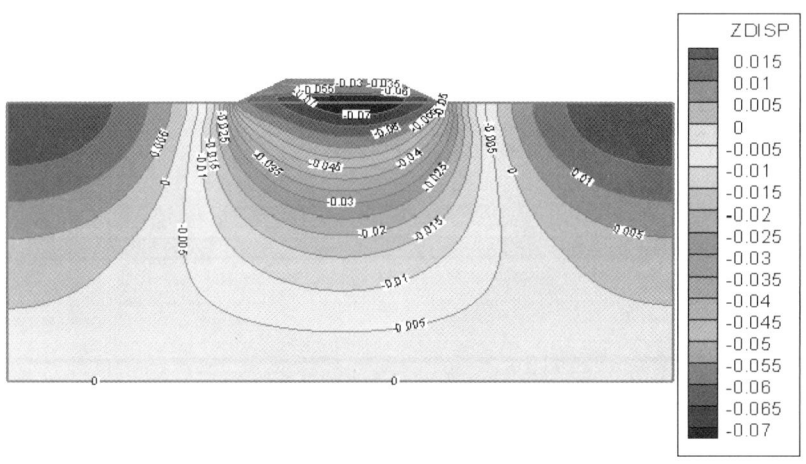

（a）第四层填筑完成

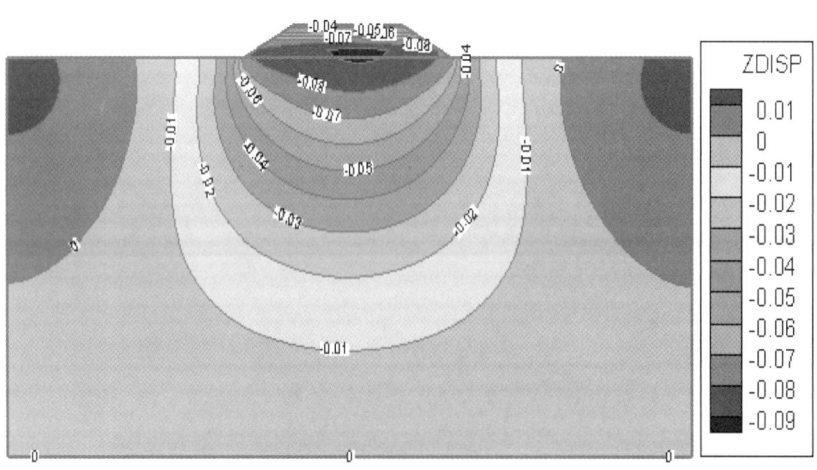

（b）放置 90 d

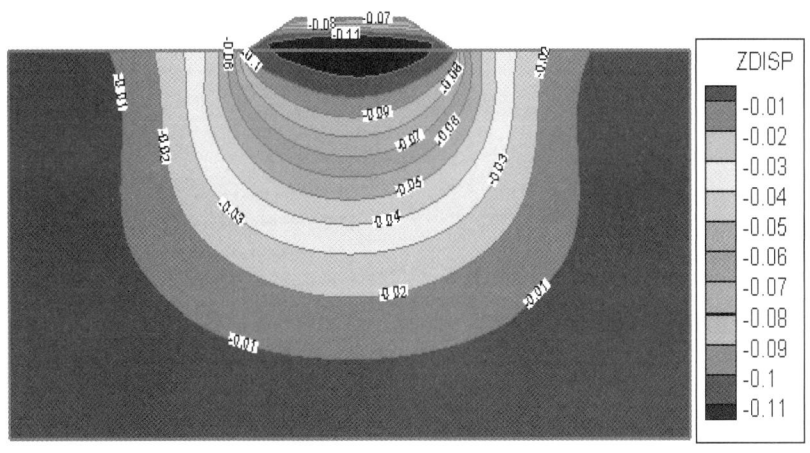

（c）自填筑开始 500 d

图 2.5-6　DK79+399.6 断面路基沉降云图（单位：m）

图 2.5-7～图 2.5-11 分别为模拟各个断面的沉降-时间关系曲线。DK67+630 路基填筑期 100 d 路基基底中心的沉降为 108 mm；路基填筑完成并放置 90 d 后，路基基底中心产生的沉降为 17 mm；施加路基上部荷载后，路基基底中心产生的工后沉降为 21.6 mm。DK67+666 路基填筑期 80 d 路基基底中心的沉降为 51.9 mm；路基填筑完成并放置 90 d 后，路基基底中心产生的沉降为 11.5 mm；施加路基上部荷载后，路基基底中心产生的工后沉降为 17.7 mm。DK67+680 路基填筑期 64 d 路基基底中心的沉降为 39.6 mm；路基填筑完成并放置 90 d 后，路基基底中心产生的沉降为 7.9 mm；施加路基上部荷载后，路基基底中心产生的工后沉降为 21.1 mm。DK79+065 路基填筑期 154 d 路基基底中心的沉降为 184.2 mm；路基填筑完成并放置 90 d 后，路基基底中心产生的沉降为 16.4 mm；施加路基上部荷载后，路基基底中心产生的工后沉降为 17.2 mm。DK79+339.6 路基填筑期 83 d 路基基底中心的沉降为 73.5 mm；路基填筑完成并放置 90 d 后，路基基底中心产生的沉降为 17.2 mm；施加路基上部荷载后，路基基底中心产生的工后沉降为 29.7 mm。

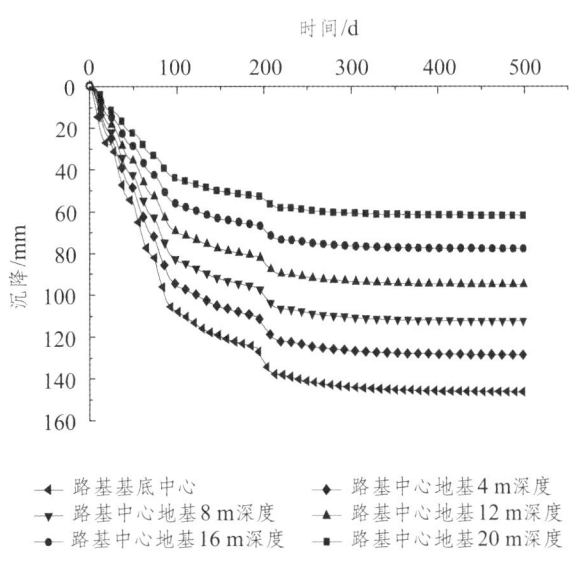

图 2.5-7　DK67+630 沉降与时间关系

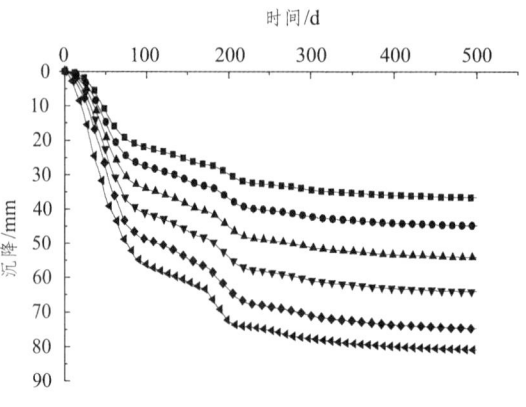

图 2.5-8　DK67+666 沉降与时间关系

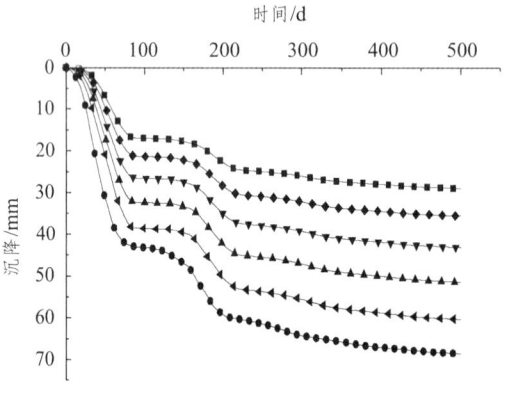

图 2.5-9　DK67+680 沉降与时间关系

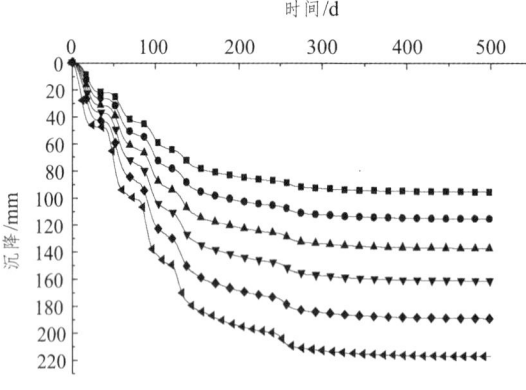

图 2.5-10　DK79+065 沉降与时间关系

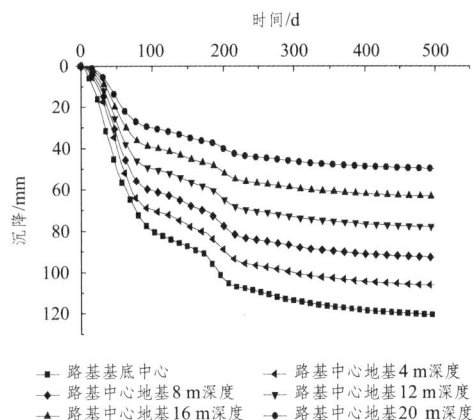

图 2.5-11　DK79+399.6 沉降与时间关系

以上结果表明，在填土荷载初期，沉降大致呈线性变化，随着时间的推移，填土荷载逐渐增加，路基基底中心的沉降量逐渐增大，但沉降曲线逐渐变得平缓，说明地基土在路基荷载作用下，逐渐被压缩，沉降变形速率逐渐减小，并逐渐趋于稳定。不同断面的工后沉降分别为 21.6 mm、17.7 mm、21.1 mm、17.2 mm 和 29.7 mm，完全满足有砟轨道高速铁路路基工后沉降的要求，大于无砟轨道高速铁路工后沉降要求。

2．基底应力分布

各断面应力云图如图 2.5-12 所示。

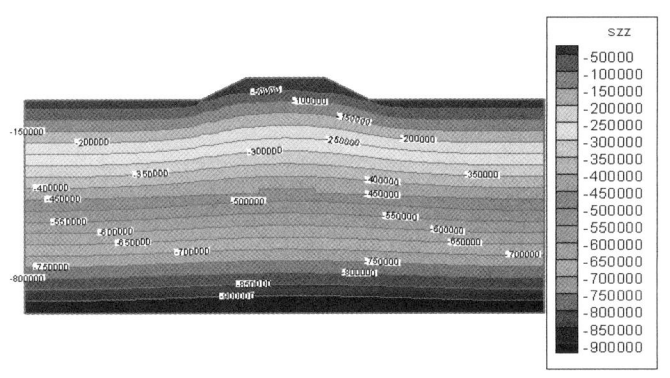

（a）DK67+630 未处理断面应力云图（单位：Pa）

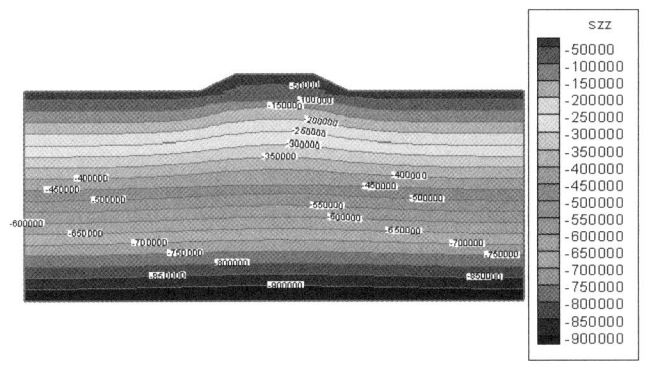

（b）DK67+666 水泥搅拌桩加固断面应力云图（单位：Pa）

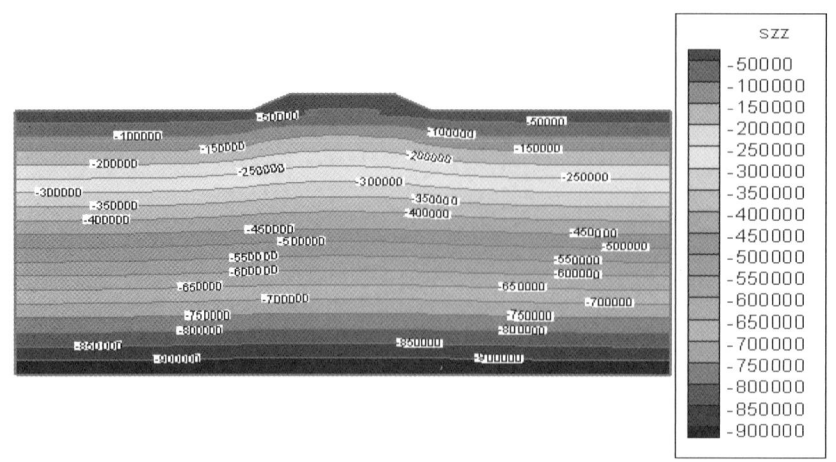

（c）DK67+680 水泥搅拌桩加固断面应力云图（单位：Pa）

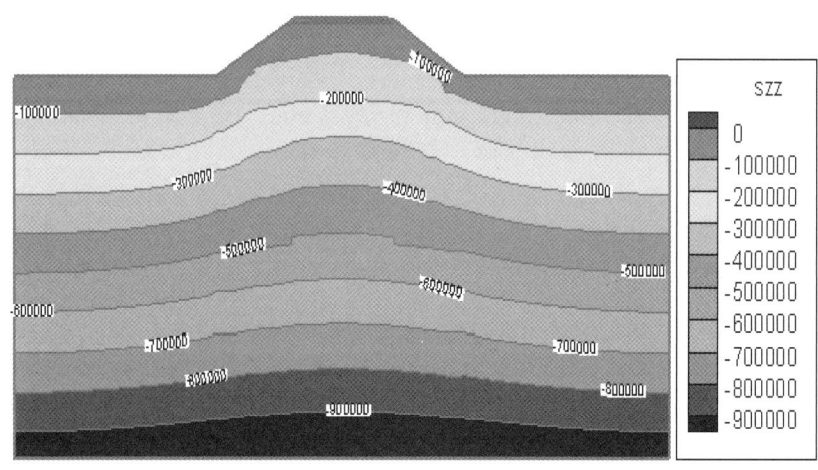

（d）DK79+065 CFG 桩加固断面应力云图（单位：Pa）

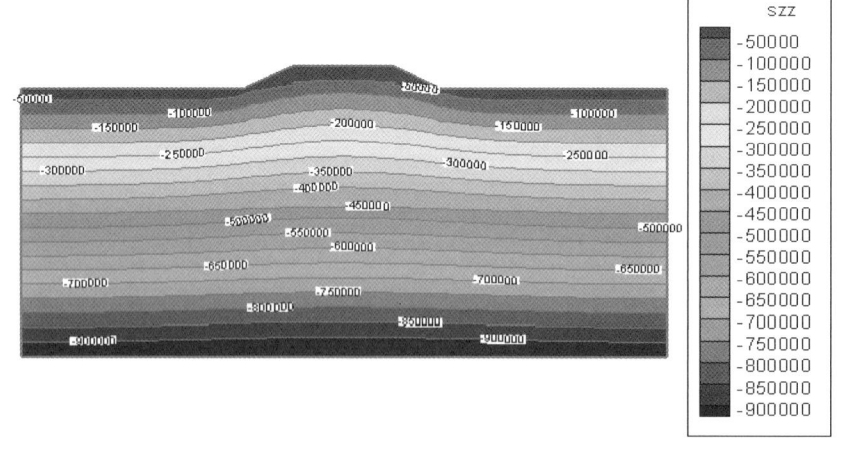

（e）DK79+399.6 未处理断面应力云图（单位：Pa）

图 2.5-12　各断面应力云图

不同断面路基基底应力分布如图 2.5-13 所示：

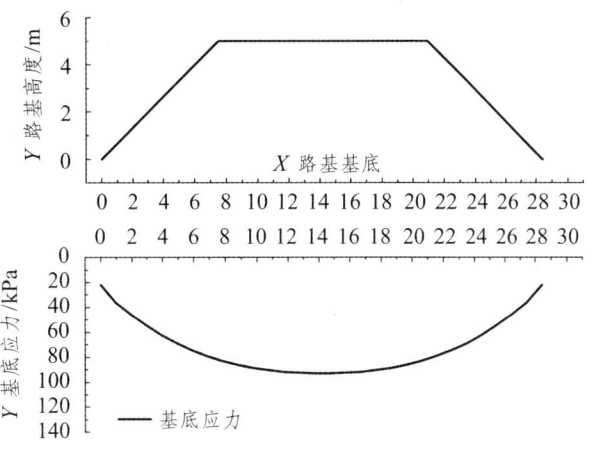

（a）DK67+630 断面

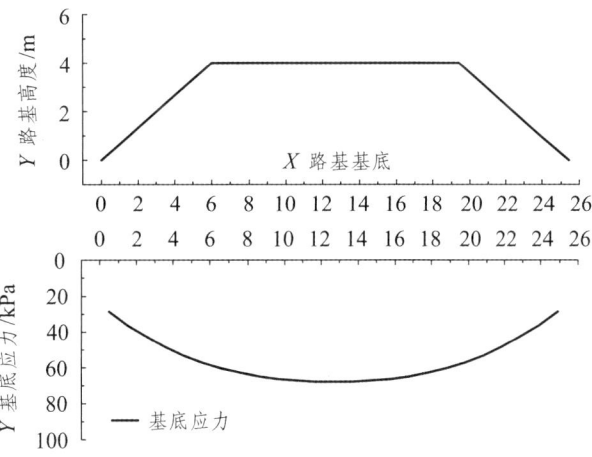

（b）DK67+666 断面

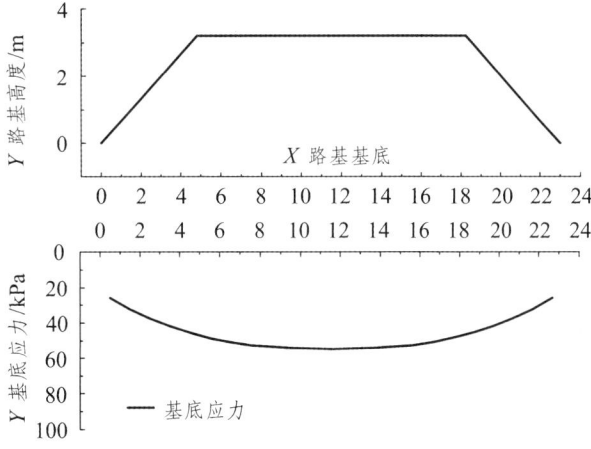

（c）DK67+680 断面

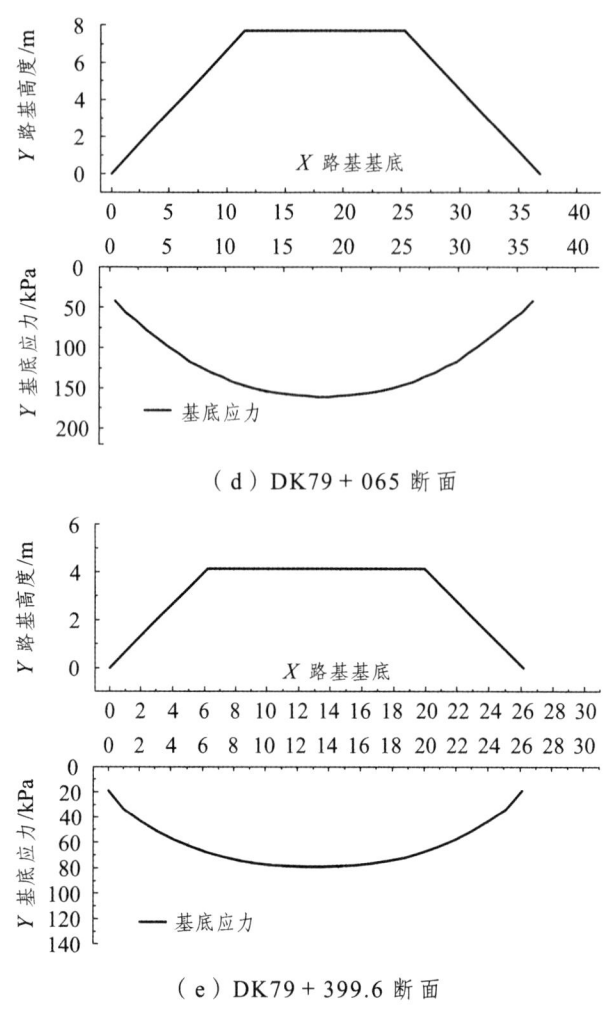

（d）DK79+065 断面

（e）DK79+399.6 断面

图 2.5-13 各断面基底应力分布

通过不同方法计算得到的路基基底中心应力如表 2.5-2：

表 2.5-2 各种计算方法基底中心应力对比

断　面	数值分析法 /kPa	γH 法 /kPa	均布荷载法 /kPa	弹性土堤法 /kPa	基底应力修正公式 /kPa
DK67+630	92.9	100	73.6	87.1	89.2
DK67+666	68.0	80	60.9	71.5	72.6
DK67+680	54.8	64	50.8	59.0	59.1
DK79+065	161	186.3	127.9	154.1	160.0
DK79+399.6	79.1	83	63.2	72.7	75.3

由上述数值计算结果可以看出，数值分析计算得到的基底中心应力值介于 γH 法和均布荷载法之间，与弹性土堤法和修正的基底应力计算公式所得结果比较相近，且基底应力修正所得结果比弹性土堤法稍大；数值分析法计算得到的路基基底应力在坡脚处不为零，在路肩处基底应力变化平缓。

3．附加应力衰减

海南环岛高铁花岗岩全风化地基土附加应力衰减曲线如图 2.5-14 所示：

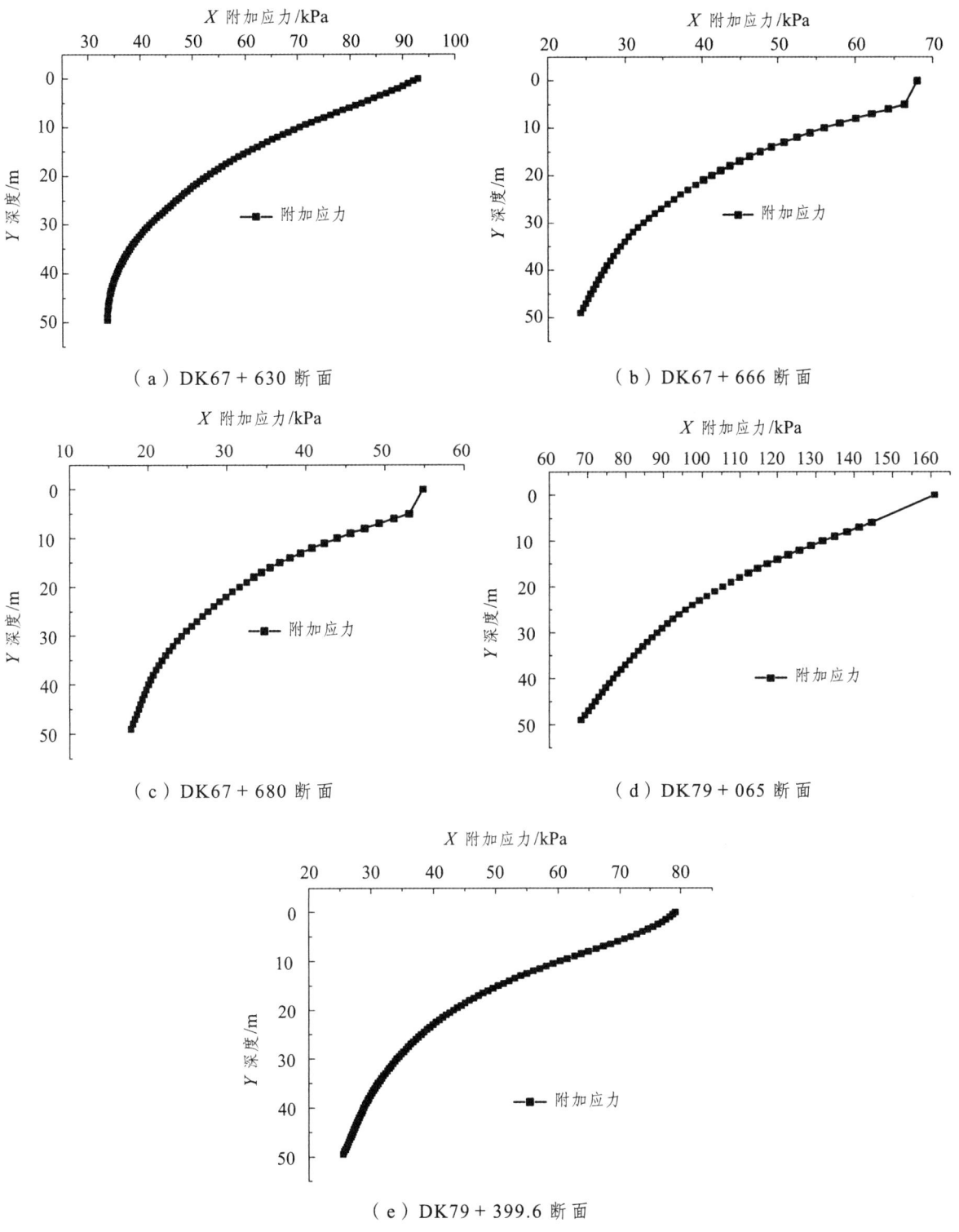

(a) DK67+630 断面

(b) DK67+666 断面

(c) DK67+680 断面

(d) DK79+065 断面

(e) DK79+399.6 断面

图 2.5-14　各断面附加应力衰减情况

由上述附加应力的数值分析结果可知,在浅层地基附加应力衰减较快,在深层地基附加应力衰减较慢,随深度的增加地基附加应力衰减速率逐渐减慢。

2.5.3 相同工况下花岗岩全风化层数值模拟分析

由于现场各工点地基条件、路基断面形式、地基处理方式、填筑高度及填筑过程各不相同,在进行沉降变形特性对比分析时没有统一的参照系。为克服上述不足,采用相同的路基断面形式及地层条件,研究不同处理方法下地基的沉降特性。

2.5.3.1 计算条件

1. 计算工况

计算工况分别为未加固模型、换填改良模型、强夯加固模型、水泥搅拌桩加固模型和CFG桩加固模型。计算断面采用标准双线路基断面形式,路基高度为6 m,模型计算宽度约76 m,地基计算深度为30 m。地层条件选取现场典型断面岩土参数。非饱和地基地下水位线设置距地基面25 m。强夯模型和换填模型加固深度分别为6 m和2 m。水泥搅拌桩和CFG桩加固区深度为5.7 m,桩径0.5 m,路肩宽度内桩间距为1.1 m,两边坡下桩间距为1.2 m。

2. 计算模型及参数设定

计算中,路基土材料按照莫尔-库仑模型计算,路基填筑时间为80 d。地基土材料按照Hardening Soil模型计算,采用Van Genuchten模型模拟基质吸力随饱和度的变化关系,路基按照不透水材料考虑。水泥搅拌桩采用线弹性本构关系,材料性能参数:压缩模量$E=8\times10^7$ Pa,泊松比$\mu=0.2$,密度$\rho=2\,500$ kg/m³。CFG桩压缩模量$E=1\times10^8$ Pa。为了计算地基的工后沉降量,用一种极端条件下的工后沉降取值方法,即路基填筑完成后立即铺设轨道结构。

2.5.3.2 计算结果及分析

1. 地基沉降变形分析

各工况下地基沉降云图如图2.5-15所示:

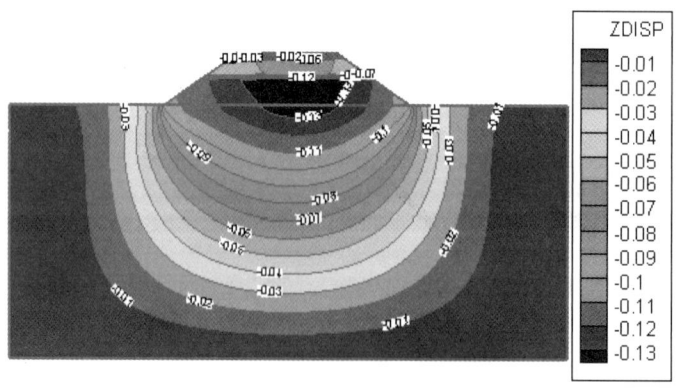

(a)未处理地基沉降云图(单位:m)

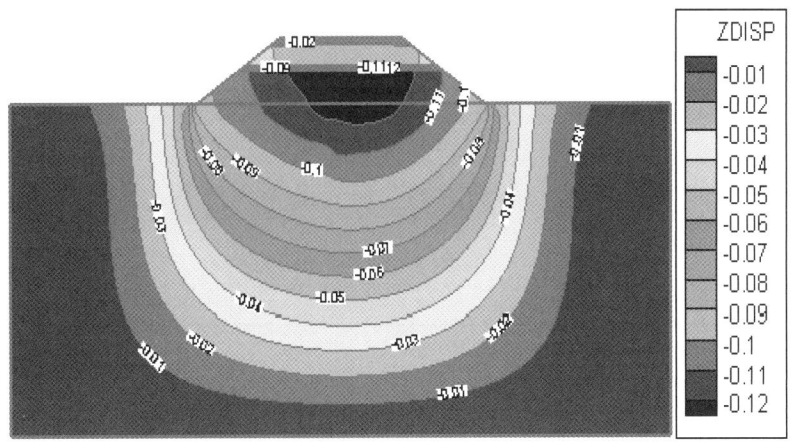

（b）水泥搅拌桩加固地基沉降云图（单位：m）

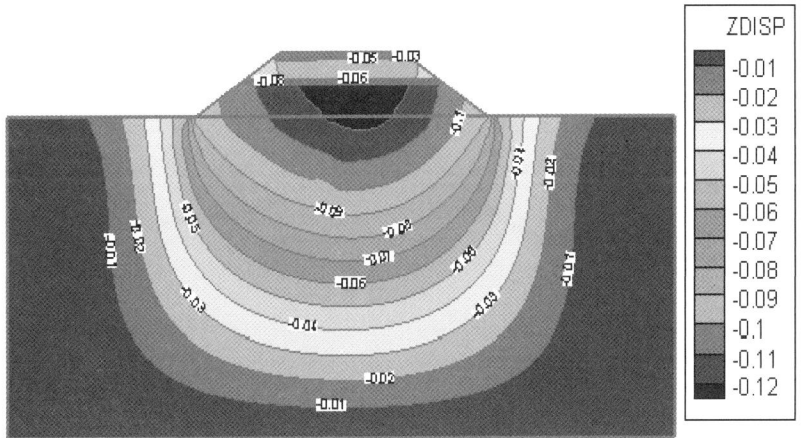

（c）CFG桩加固地基沉降云图（单位：m）

图 2.5-15　花岗岩全风化层地基沉降云图

数值模拟计算沉降与时间关系如图 2.5-16 所示（未考虑列车和轨道荷载）：

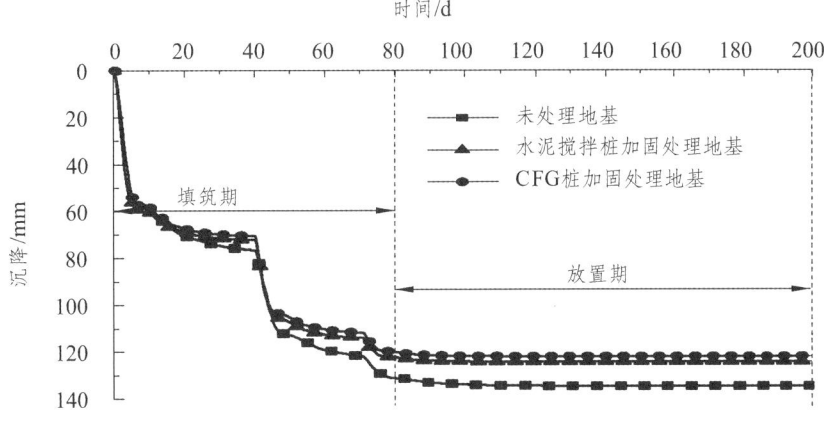

图 2.5-16　饱和花岗岩全风化层地基沉降-时间关系

从计算结果中可以看出，海南环岛高铁饱和花岗岩全风化层地基未处理地基、水泥搅拌桩加固地基和 CFG 桩加固地基路堤填筑后立即进行铺轨，填筑期间沉降分别为 131.4 mm、122.4 mm 和 120.2 mm，最终沉降量分别为 134.7 mm、124.4 mm 和 122.1 mm，填筑期间沉降分别占总沉降的 97.6%、98.4% 和 98.4%，填筑完成后放置 41 d、29 d 和 30 d 沉降完全稳定下来。

由表 2.5-3 可知，对于海南环岛高铁饱和花岗岩全风化地基，路基填筑完成后其工后沉降即满足高速铁路无砟轨道铺设要求。

表 2.5-3 地基沉降计算汇总（路堤填筑后立即铺轨）

模　　型	填筑期沉降/mm	工后沉降/mm	总沉降/mm
未加固	131.4	14.3	145.7
水泥搅拌桩	122.4	12.1	134.5
CFG 桩	120.2	11.9	132.1

2．路基基底应力分析

基底应力分布情况如图 2.5-17 所示（未考虑列车和轨道荷载）：

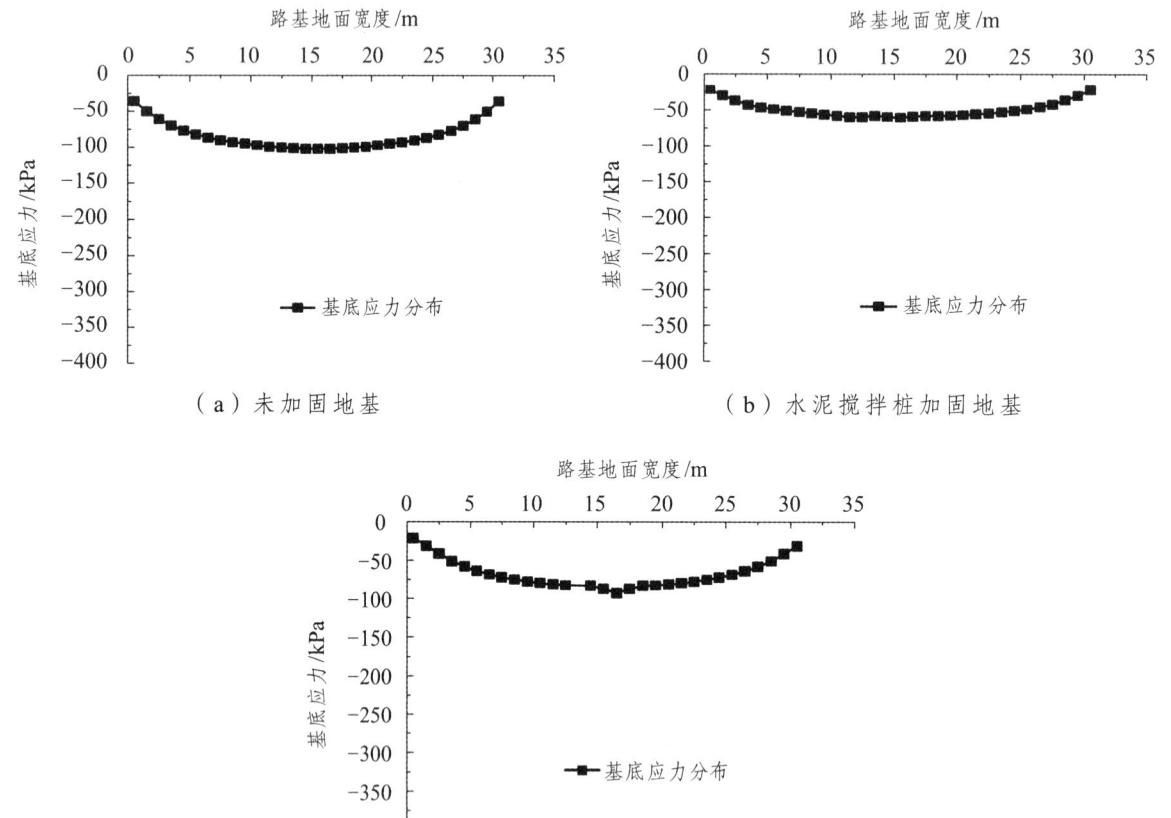

（a）未加固地基　　　　　　　　（b）水泥搅拌桩加固地基

（c）CFG 桩加固地基

图 2.5-17 地基基底应力分布

未加固模型和强夯加固模型的基底应力分布一致，水泥搅拌桩加固模型的基底应力主要由桩体分担，桩间土所承受的基底应力相对较小，基底应力的分布与桩身和桩间土的相对刚度有关。

3．地基附加应力分析

地基附加应力分布情况如图 2.5-18 所示（未考虑列车和轨道荷载）：

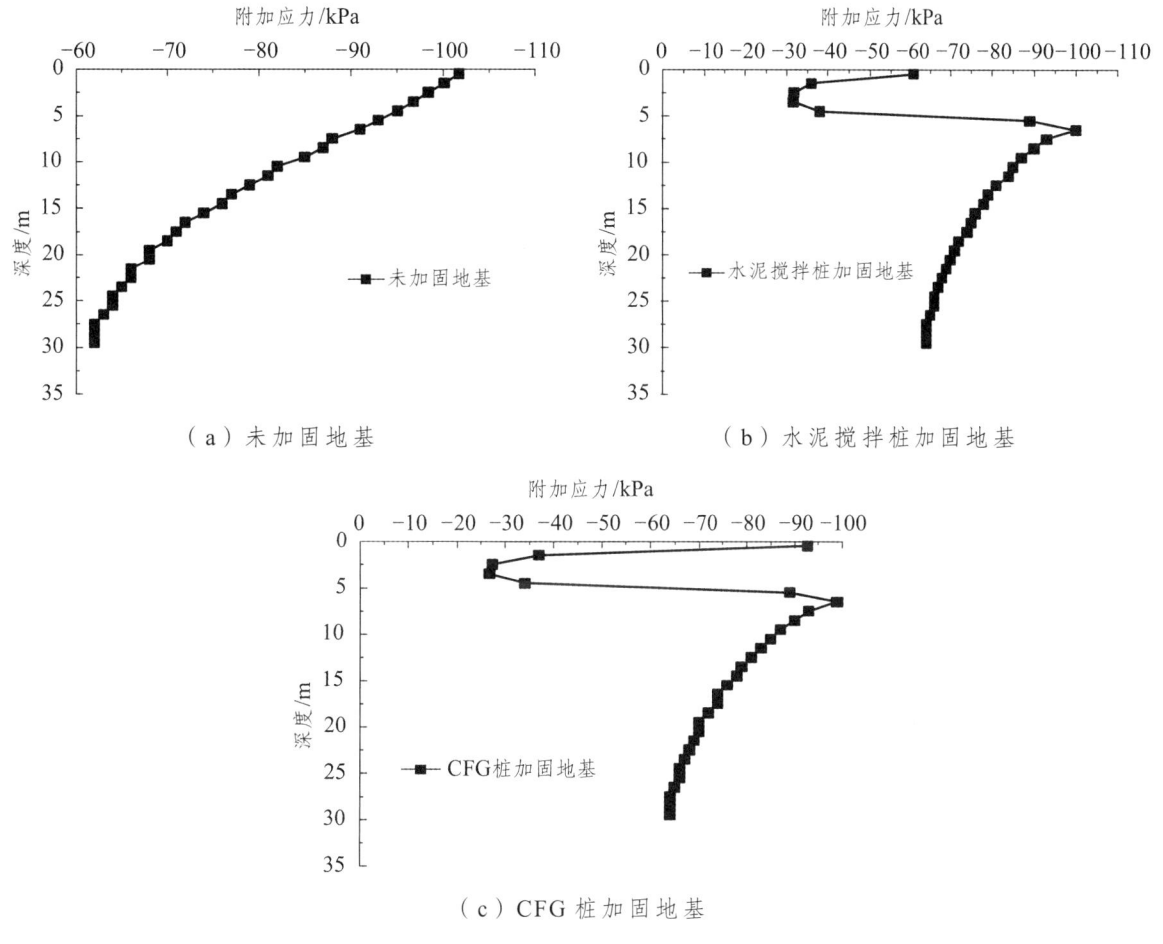

图 2.5-18　地基附加应力衰减

利用布氏（Boussinesq）理论计算的地基附加应力在浅层衰减较慢，在中层衰减加快，在深层衰减又减慢。数值计算的地基附加应力在浅层衰减较快，在深层衰减较慢，即随着深度的增加衰减速率减慢。

2.5.4　小　结

（1）花岗岩全风化层地基未处理地基、水泥搅拌桩加固地基和 CFG 桩加固地基填筑期间沉降分别为 131.4 mm、122.4 mm 和 120.2 mm，最终沉降量分别为 134.7 mm、124.4 mm 和 122.1 mm，填筑期间沉降分别占总沉降的 97.6%、98.4% 和 98.4%，填筑完成后放置 41 d、29 d 和 30 d 沉降完全稳定下来。

（2）工后沉降与路基填筑完成后的放置时间有关，模拟路基填筑完成后立即铺设轨道结构计算地基沉降。计算结果表明：花岗岩全风化层未加固地基、水泥搅拌桩加固地基、CFG 桩加固地基的工后沉降分别为 14.3 mm、12.1 mm、11.9 mm，该类中等压缩性地基经过分层填筑和进行短期放置，其工后沉降满足铺设无砟轨道高速铁路的要求。

（3）未加固模型和强夯加固模型的基底应力分布一致，基底应力分布受路基坡度和路基宽高比的影响明显，随着宽高比的增加，基底应力逐渐增大。水泥搅拌桩加固模型的基底应力主要由桩体分担，桩间土所承受的基底应力相对较小，基底应力的分布与桩身和桩间土的相对刚度对有关。

（4）竖向加固体加固的复合地基（水泥搅拌桩）加固区（桩间土）附加应力仅有小幅度衰减，大部分基底应力由桩身直接传递至地基下卧层，下卧层（桩间土和桩身）附加应力衰减规律与未加固地基类似。浅层地基布氏理论计算的地基附加应力在浅层衰减较慢，数值计算的地基沉降浅层衰减较快，深层衰减较慢。

2.6 花岗岩全风化层沉降特性综合分析

本书针对海南环岛高铁饱和花岗岩全风化层开展了大量室内外试验，包括基本物理力学特性试验、固结试验、三轴压缩试验、离心模型试验、现场原位测试，进行了典型工点的地基沉降变形和应力变化监测，同时运用FLAC3D有限差分程序模拟了各种工况下花岗岩全风化层地基的沉降变形特性和应力传递规律。在此对前面研究结果进行综合分析，以归纳总结出花岗岩全风化层的物理力学特性、沉降特性、沉降计算参数确定的试验方法、应力分布及衰减规律。

2.6.1 花岗岩全风化层物理力学特性

本节针对花岗岩全风化层地基路基工程，通过一系列试验对其物理力学特性进行了分析，主要研究结论如下：

① 花岗岩全风化层平均天然密度 1.99 g/cm³，大多为饱和状态，呈硬塑—坚硬状。液、塑限试验结果表明，各取样点塑限分布范围为 17.65% ~ 31.43%，液限范围为 25.98% ~ 49.28%，塑性指数范围为 6.06 ~ 17.85。全风化花岗岩的均一性较差，物性指标随深度变化的差异较大，同一断面的塑、液限和塑性指数随着深度的增加而减小，浅层 5 ~ 8 m 表现为明显的黏性土特性，而随着地基深度的增加，深层地基的力学性质逐渐接近粉土。

② 花岗岩全风化层颗粒分布不均匀（不均匀系数 $C_u = 28.9 \sim 178.2$，曲率系数 $C_c = 0.13 \sim 0.78$），粒径变化范围大，中砂以上粒组（粒径 > 0.5 mm）和细砂以下粒组（粒径 < 0.075 mm）含量较高，而细砂和中砂含量较低。海南环岛高铁花岗岩全风化层与福建地区相比，土体密度大，孔隙比小，压缩性不高，黏粒含量偏低；其颗粒分布规律与广东地区典型花岗岩全风化层接近，但细粒土含量略高，风化程度更强。

③ 海南环岛高铁花岗岩全风化层由粗粒土构成土骨架，土中孔隙以大孔隙为主，粗细粒之间主要由游离氧化物包裹及填充实现连接。粗砂及以上粒组（粒径 > 0.5 mm）的颗粒矿物成分主要是石英，物理力学性质稳定，不易风化成细砂或中细砂。粒径 0.5 mm 以下粒组，尤其是 0.25 ~ 0.075 mm 颗粒，主要是长石风化产物，水稳定性差，抗风化能力弱，活动能力强，若发生进一步风化和水解作用易形成粉粒和黏粒。

④ 根据三轴试验结果，花岗岩全风化层的黏聚力 c 为 9.49~69.26 kPa，内摩擦角 φ 为 24.09°~34.7°，c 值则较为离散，而 φ 值结果均一性较好。

2.6.2　花岗岩全风化层地基变形特征

本节通过对典型断面开展各项室内试验以研究海南环岛高铁饱和花岗岩全风化层地基的变形特性，通过埋设沉降板、沉降磁环、多点位移计、测斜管、土压力盒等测试元件，监测填筑路基地基的沉降变形和应力传递规律。

2.6.2.1　固结试验结果

（1）海南环岛高铁饱和花岗岩全风化层地基压缩系数（a_{1-2}）为 0.141~0.284 MPa^{-1}，属于《建筑地基基础设计规范》（GB 50007—2002）规定的花岗岩全风化层（压缩系数为 0.1~0.5 MPa^{-1}）。

（2）地基土的应力-应变关系和应变-时间关系均基本符合双曲线模型 $\varepsilon_i = p_i/(A+Bp_1)$ 和 $\varepsilon = (b+ct)/(a+t)$。

2.6.2.2　现场长期沉降观测结果

（1）花岗岩全风化层地基沉降以地基侧向变形引起的瞬间沉降为主，沉降随着路基高度的增加线性发展，沉降速度较快。

（2）由于受现场工程条件制约，海南环岛高铁路基填筑时间约为 205~210 d，在填筑期内，花岗岩全风化层地基沉降约为观测总沉降的 82.2%~96.7%。

（3）花岗岩全风化层天然地基侧向位移呈开口型分布，最大侧向位移发生在距地表较近的位置；复合地基侧向位移呈弓形分布，最大侧向位移发生在加固区以下 1~3m。

（4）地基面沉降由路基中心向路肩逐渐递减，沉降变化趋势基本一致，路基沉降均匀。花岗岩全风化层地基经换填改良、强夯加固、水泥搅拌桩加固和 CFG 桩加固处理后，地基沉降量和侧向位移明显减小，系统整体约束性和抗变形能力明显提高。

2.6.2.3　离心模型试验结果

海南环岛高铁路基填筑期 100 d，放置期 90 d，（填筑期+放置期内）沉降天然地基和水泥搅拌桩加固地基分别占总沉降的 76.5% 和 80%。离心模型试验路堤填筑期+放置期完成总沉降的 69.9%~80%，小于现场实测的 90% 左右，其原因是离心模型试验重塑地基土样破坏了原状土的结构性，导致花岗岩全风化层重塑地基在路基荷载作用下固结时间增加，填筑期完成沉降比例降低。另外，离心模型试验实测数据显示，花岗岩全风化层地基分层填筑的地基沉降比一次性填筑小 5.4%，说明路基填筑速度适当放缓可减小地基特别是浅层地基的水平变形，从而减小地基总沉降。

随着路堤宽高比 L/H 的增加，路基基底应力分布接近于 γH。浅层地基附加应力衰减较快，深层衰减较慢，衰减速度随着深度的增加逐渐放缓，并且这种变化趋势随着路堤宽高比的增加越来越显著。附加应力的衰减速度随着路基宽高比的增加逐渐减小，路堤宽高比越大，衰减趋势越显著。

2.6.2.4 数值模拟结果

花岗岩全风化层地基未处理地基、水泥搅拌桩加固地基和 CFG 桩加固地基填筑期间沉降分别为 131.4 mm、122.4 mm 和 120.2 mm，最终沉降量分别为 134.7 mm、124.4 mm 和 122.1 mm，填筑期间沉降分别占总沉降的 97.6%、98.4% 和 98.4%，填筑完成后放置 41 d、29 d 和 30 d 沉降完全稳定下来。

工后沉降与路基填筑完成后的放置时间有关，模拟路基填筑完成后立即铺设轨道结构，施加列车和轨道荷载后，各工况下地基沉降量如表 2.6-1 所示。表 2.6-1 结果表明：海南环岛高铁饱和花岗岩全风化层未加固地基、水泥搅拌桩加固地基、CFG 桩加固地基的工后沉降分别为 14.3 mm、12.1 mm、11.9 mm，该类中等压缩性地基经过分层填筑和进行短期放置，其工后沉降满足铺设无砟轨道高速铁路的要求。

表 2.6-1 地基沉降计算汇总（施加列车和轨道荷载后）

模 型	填筑期沉降/mm	工后沉降/mm	总沉降/mm
地基未加固	131.4	14.3	145.7
地基水泥搅拌桩加固	122.4	12.1	134.7
地基 CFG 桩加大	120.2	11.9	132.1

2.6.2.5 实测、离心模型试验、数值模拟沉降对比

表 2.6-2 为海南环岛高铁离心模型试验、数值模拟及实测总沉降及工后沉降的对比，从表可看出只有离心模型试验总沉降大于数值模拟及实测沉降，其原因主要为离心模型试验制作时花岗岩全风化层压密时存在液化现象，压实度小于实际情况，故其总沉降较大，其余情况离心模型试验、数值模拟与实测总沉降均较为接近。从工后沉降值看，海南环岛高铁工后沉降均满足无砟轨道要求。

表 2.6-2 沉降对比　　　　　　　　　　　　　　单位：mm

断 面	离心模型试验		数值模拟		实测	
	总沉降	工后沉降	总沉降	工后沉降	总沉降	工后沉降
DK67+620	—	41.3	147	—	136	13
DK67+630	207	48.7	147	14.3	127	13
DK67+666	162	32.5	81	12.1	69	10
DK67+680	—	—	69	—	53	8
DK79+065	—	—	218	11.9	164	—
DK79+399.6	—	—	120	—	110	14

2.6.2.6 花岗岩全风化层地基分层沉降规律

全风化花岗岩地基分层沉降观测结果表明，在加载期间，沉降曲线很陡，压缩发生很快。浅层的风化花岗岩沉降量比较大，随着地层深度的增加，其沉降逐步减少，但其减小量不很明显；由地基的分层沉降结果还可以看出，地基的土质是不均匀的。另外，沉降观测区（最深的沉降磁环埋设在 20 m 左右）以下地基层的压缩量占地基总沉降量的比例却相当大（约

为总沉降的 15%～30%），因此观测区以下的总沉降量应予以重视。这个结果也表明，在进行高速铁路设计时，其附加应力的影响深度的设定，决定了总沉降及工后沉降预测值的误差大小。

结合地基土在不同深度的变形特性，地基土压缩模量在浅层虽随深度而增加，但当深度超过 20 m 时其值增加缓慢。这个结果也表明，在进行高速铁路设计时，其附加应力的影响深度的设定，不仅要考虑附加应力比的大小，而且还要考虑深部地基土的压缩模量随深度的变化趋势；当深部地基土的压缩模量随深度减小或不增加（诸如有软弱层或强风化层）时，应适当减小确定压缩层厚度的附加应力比的值。

2.6.2.7 花岗岩全风化层地基沉降特性

（1）地基沉降以地基侧向变形引起的瞬间沉降为主，在控制速率、分层填筑的情况下海南环岛高铁路堤填筑期可完成总沉降的 80% 以上，经过短期放置（1～2 个月左右）可完成总沉降的 90% 左右；花岗岩全风化层地基施工期完成沉降明显高于《建筑地基基础设计规范》（GB 50007—2002）的 20%～50%。

（2）海南环岛高铁花岗岩全风化层沉降速度较快，表层 5～8 m 沉降量较大（天然地基表层 8 m 沉降量占总沉降的 60% 左右）。

（3）天然地基侧向位移呈开口型分布，最大侧向位移发生在距地表较近的位置，复合地基侧向位移呈弓形分布，最大位移发生在加固区以下 1～3 m，复合地基处理后侧向变形明显减小，路基沉降量明显减小。

（4）通过对比研究发现路堤在控制速率、分层填筑情况下可减小地基侧向变形，从而减小路基总沉降量。

2.6.3 饱和花岗岩全风化层原位试验

本节针对海南环岛高铁饱和花岗岩全风化层进行了多种原位试验（平板载荷试验、标贯试验、静力触探试验、旁压试验），以获得地基承载力基本值、变形模量、压缩模量、地基反力系数等关键性岩土参数，进而对地基基本特征及沉降变形规律进行研究。现场原位试验不仅可弥补室内试验结果由于取土过程对原状土的扰动所引起的失真，而且成本低廉、周期短，能够客观准确地反映地基土层的连续剖面变化和各土层的原位特性。

1. 平板载荷试验

原位测试工点分别为：DK67+650、DK108+927、DK108+955。平板载荷试验结果表明，花岗岩全风化层地基基本承载力分别为 150 kPa、125 kPa、150 kPa，压缩模量为 12.8 MPa、10.1 MPa、8.1 MPa。

2. 旁压试验

地基压缩模量随着深度的增加逐渐增大，地基压缩模量最大可达到 237.4 MPa，最小为 18.2 MPa。旁压试验得到地基压缩模量的变化范围较大，进一步说明海南环岛高铁的花岗岩全风化层均一性差，力学特性差异大，物理状态以黏性土和砂土为主，分别呈硬塑和中密状态，结构分布属于典型的"两头大，中间小"，平均压缩模量约为 83.3 MPa。

3．静力触探试验

根据静力触探试验结果，压缩模量分别为 7.2 MPa、13.4 MPa、10.8 MPa，地基承载力分别为 165.73 kPa、221.27 kPa、211.2 kPa。

4．标贯试验

标贯试验结果表明，采用日本地区花岗岩风化土的经验公式分析其全风化花岗岩变形参数相关性较好，并据此拟合出海南环岛高铁花岗岩全风化层土的压缩模量经验公式为：

$$E_s = 0.713N$$

式中：E_s 为地基土压缩模量；N 为标准贯入试验捶击数，当 N 大于 50 击时取 50 击。

花岗岩全风化层地基浅层（0~8 m）标贯压缩模量在 10 MPa 左右，深度增加压缩模量增加较快，达到 20 MPa。

5．花岗岩全风化层原位试验小结

在实际工程应用中，不同的原位测试方法适用条件和范围有很大差异。平板载荷试验通过分析 P-S 曲线确定地基承载力和变形模量，采用强度和变形双重安全度控制，但是仅适用于地表以下 2 倍载荷板直径或宽度的范围。标准贯入试验操作简单、地层适应性广、成本低廉，对不易钻探取样的砂土和砂质粉土尤为适用，试验获得的数据虽存在着一定的离散性，但不同孔位所得的试验值相关性较好。静力触探试验虽然受到反力装置的限制，通常用于工程设计施工所重点关注的表层土体勘测研究，但是对现场地基土扰动小，测量精度高，能够最大限度减小试验过程中地基变形所引起的土层结构性变化和吸力波动，满足花岗岩全风化层特性测试要求。旁压试验的优势主要表现在深层地基土中，通过量测孔壁土体发生的径向变形，确定压力和径向变形的关系，获得旁压模量、变形模量和地基承载力等参数。但其最大的缺点是预先钻孔、孔壁土层中的天然应力被卸除，加之钻孔孔径与旁压器外径难以有效配合，土层的扰动在所难免，使测试效果不甚理想。建议采用标贯试验确定海南环岛高铁花岗岩全风化层岩土参数。

2.6.4 压缩层厚度的确定方法

本书结合海南环岛高铁饱和花岗岩全风化层地基现场沉降观测结果，比较了花岗岩全风化层地基压缩层厚度：若采用 γH 法和改进后的基底应力计算方法求解路基基底应力，地基附加应力采用布氏解，0.2 法比 0.1 法的计算深度少 10~12 m，0.2 法计算所得地基沉降量比 0.1 法至少降低 20%。0.1 法和 0.2 法沉降计算如表 2.6-3 所示。工后沉降差值一般在 10mm 左右，其占有砟轨道工后沉降要求值的比例较低。有砟轨道可采用 0.2 法。

表 2.6-3 地基沉降计算

项 目	压缩层厚度	地基沉降量/压缩层深度	
		DK67+620/630	DK79+399.6
填高/m	—	5	4.15
方法①	0.1	136/38	107.6/33
	0.2	122.9/26	97.8/23
	总沉降差	13.1	9.8
	工后沉降差	2.6	2.0
方法②	0.1	126.1/38	100.6/33
	0.2	113.1/26	91/23
	总沉降差	13	9.6
	工后沉降差	2.6	1.9
实测值	0.1	106/	102
	0.2	—	45/19
	总沉降差	—	57
	工后沉降差	—	11.4

注：①基底应力采用 γH 法，采用布氏解计算附加应力；②采用改进方法计算基底应力，采用布氏计算附加应力。

下面所述是路基基底应力采用修正比例荷载法，地基附加应力采用布氏解，采用分层总和法计算 0.1 法和 0.2 法花岗岩全风化层不同填高情况下的沉降，结果见表 2.6-4。表 2.6-4 表明，海南环岛高铁饱和花岗岩全风化层厚层花岗岩全风化层地基采用 0.1 法、0.2 法计算的工后沉降一般差距只有几个毫米，工后沉降差占有砟轨道工后沉降要求值的比例很低，可见对于有砟轨道地基沉降计算深度可以采用 0.2 法，对于无砟轨道由于工后沉降控制以毫米为单位，采用 0.1 法。

表 2.6-4 花岗岩全风化层天然地基沉降计算比较

填方高度	计算总沉降		计算施工期沉降		计算深度		计算工后沉降		计算工后沉降差
	0.1 法	0.2 法	0.1 法	0.2 法	0.1 法	0.2 法	0.1 法	0.2 法	0.1 法 − 0.2 法
2	118	104.9	69.7	61.2	27	18.2	55.3	49.8	5.5
4	207.4	186.9	162	145.2	37.5	26	61.6	56.2	5.4
6	313	283.1	271.2	244.6	47.5	33	68.9	63.0	5.9
8	431.7	394.3	393.2	358.6	57.5	40	77.8	71.6	6.2

综合表 2.6-3、表 2.6-4 结果，压缩层的判定标准主要考虑经济效益，同时满足技术要求。按地基条件和铁路类型可分别采用不同的控制标准，可采用以下方案：

（1）有砟轨道高速铁路及Ⅰ级以下铁路，一般情况下采用 0.2 法，但如果计算深度下仍有软弱夹层时，沉降应继续算到该软弱土层底面为止。

（2）高速铁路无砟轨道高速铁路宜采用 0.1 法，如果计算深度下仍有软弱夹层，沉降应继续算到该软弱土层底面为止。

2.6.5 花岗岩全风化层地基沉降预测方法

在以上研究的基础上,本研究运用Asaoka法、星野法、双曲线法、指数法预测地基沉降。结果(表2.6-5)表明:Asaoka法可在缺少实测资料的情况下(可利用短期沉降观测资料)推求地基最终沉降值,但理论计算结果偏小;星野法适用性强,但精确度较低;若路基填筑完成后,沉降观测时长不少于半年,则双曲线法与实测结果最接近并且计算结果相对稳定。

表 2.6-5 各断面沉降预测结果

特征断面	实测地基沉降 /mm	实测工后沉降 /mm	预测工后沉降			
			双曲线法/mm	指数法/mm	星野法/mm	Asaoka法/mm
DK67+620	136	13	13.12	13	13.13	13
DK67+630	126.5	12.5	12.66	12.5	12.68	12.5
DK67+666	69	10	10.13	10	10.14	10
DK67+680	52.5	7.5	7.64	7.5	7.66	7.5
DK79+065	—	装置损坏	—	—	—	—
DK79+399	109.5	13.5	13.69	13.5	13.72	13.5

2.7 花岗岩全风化层地基加固设计技术

2.7.1 花岗岩全风化层地基处理原则及措施

海南环岛高铁饱和花岗岩全风化层地基压缩系数(a_{1-2})为 0.141~0.284 MPa^{-1},属于《建筑地基基础设计规范》(GB 50007—2002)及《铁路工程岩土分类标准》(TB 10077—2001)规定的花岗岩全风化层(压缩系数为 0.1~0.5 MPa^{-1})。现场沉降观测、离心模型试验及数值模拟结果综合分析表明控制速率分层均匀填筑,海南环岛高铁饱和花岗岩全风化层厚层土层地基路基填筑施工期可完成沉降的 80% 和 75% 左右,经过短期放置,沉降可完成 90% 左右,地基在浅层沉降量较大,占总沉降量的 50%~60%。鉴于海南环岛高铁中等压缩性厚层土层地基浅层沉降量大、地基浅层受降雨等因素影响大及浅层地基不均匀性等特点,根据现场沉降观测、离心模型试验、数值模拟及沉降计算结果综合分析,地基处理可按以下原则进行。

1. 有砟轨道

海南环岛高铁饱和花岗岩全风化层厚层花岗岩全风化层土质地基,对于有砟轨道高速铁路,在路基控制速率分层填筑后放置 3~5 个月后路基沉降逐渐趋于稳定,其地基处理原则见表 2.7-1,由于花岗岩全风化层地基承载力一般较高,当沉降满足表 2.7-1 不需进行地基处理段落,只需采用重型碾压、冲击碾压对地表处理后即可填筑有砟轨道路基;当沉降计算需要进行地基处理时，一般情况可采用 CFG 桩等进行加固；当花岗岩全风化层地基表层有软土、松软土，且满足表 2.7-1 地基不需进行处理的条件时，原则上只对地基表层存在的软土、松软土采取挖除换填、水泥搅拌桩、CFG 桩等复合地基进行加固。

表 2.7-1　有砟轨道花岗岩全风化层地基处理原则

速度目标值	一般地段		过渡段	
	工后沉降	地基处理措施	工后沉降	地基处理措施
200 km/h	15 cm	不处理	8 cm	$h>10$ m 进行处理
250 km/h	10 cm	不处理	5 cm	$h>7$ m 进行处理
300、350 km/h	5 cm	$h>7$ m 进行处理	3 cm	$h>5$ m 进行处理

注：h 为填方高度；地基条件为厚层花岗岩全风化层，地基承力大于 150 kPa。

2．无砟轨道

海南环岛高铁饱和花岗岩全风化层厚层花岗岩全风化层地基不进行处理，在路基控制速率分层填筑后放置不少于 6 个月后进行铺轨，工后沉降基本满足无砟轨道要求，由于地基浅层 5~8 m 浅层沉降量大、浅层地基土的不均匀性、降雨等因素对地基浅层的影响及无砟轨道沉降控制的严格性，建议修建无砟轨道高速铁路原则上花岗岩全风化层对地基浅层 5~8 m 采用 CFG 桩、强夯、堆载预压等措施进行地基加固，过渡段或地表存在软土、松软土时则地基处理深度加大，且宜联合采取堆载预压措施。

2.7.2　花岗岩全风化层地基沉降变形计算参数选择

前面分析结果表明，海南环岛高铁花岗岩全风化层室内固结试验所得沉降计算压缩模量最小，原位试验中平板载荷试验只能反映平板直径 1.5~2 倍深度范围地基土的变形参数，旁压试验所得变形模量偏大且离散性较大，静力触探试验较适用于地基浅层土（海南环岛高铁静探试验较为不适用），标贯能反映不同深度地基土变形参数且具有较好相关性。经过对各试验结果综合对比分析，建议采用标贯试验确定花岗岩全风化层岩土参数。

根据研究结果，对于海南环岛高铁饱和花岗岩全风化层压缩模量确定为：

$$E_s = 0.713N \tag{2.7-1}$$

式中：N 为标准贯入试验捶击数，当 N 大于 50 时取 50；E_s 为地基土压缩模量。

2.7.3　花岗岩全风化层地基沉降计算方法

2.7.3.1　天然地基沉降计算

天然地基土一般都是不均匀的，即使是均一土层，随着深度的变化，土的某些物理力学指标也在改变。因此，计算地基沉降，一般把土层分成许多层，分别计算每一分层的压缩变形量，最后叠加而成总沉降，即采用分层总和法计算。

2.7.3.2 复合地基沉降计算

在进行复合地基沉降计算时，通常把复合地基沉降量分为加固区的沉降量 S_1 和下卧层的沉降量 S_2 两部分。复合地基的总沉降量 S 可表示为：

$$S = m_s S_c = m_s (S_1 + S_2) \tag{2.7-2}$$

式中：S_c——主固结沉降（m）；

S_1——加固区沉降量（m）；

S_2——下卧层沉降量（m）；

m_s——沉降经验修正系数，与地基条件、荷载强度等因素有关，根据地区沉降观测资料及经验确定。

2.7.3.3 工后沉降计算

$$S_r = S - S_T = (1 - \eta) S \tag{2.7-3}$$

式中：S_r——工后沉降量（m）；

S——最终沉降量（或称总沉降量）（m）；

S_T——路基竣工铺轨完成时已经发生的沉降量（或称施工期沉降量）（m）；

η——施工期沉降完成比例。

对于中低压缩土地基，施工期沉降量应根据先期路基试验段确定。根据海南环岛客专研究成果，全风化花岗岩厚层中等压缩土地基，路堤采用分层、控制填土速率，放置期大于3个月，施工期沉降可完成80%~90%。

2.7.4 路基基底应力

目前，我国的铁路设计规范对于路基自重引起的基底应力一般将其简化为近似荷载的形式。主要有两种方法：比较常用的方法是用荷载 γH 近似代替路基产生的荷载[图2.7-1（a）]，这种荷载可以看成断面形式为梯形的条形荷载，这种方法称为比例荷载法；还有一种将路基产生的总荷载 Q 均布到路基底面宽度 B 范围内（即 Q/B）来近似代替路基荷载，这种荷载可以看成断面形式为矩形的条形荷载，称为均布荷载法[图2.7-1（b）]，课题研究提出了修正比例荷载法[图2.7-1（c）]。

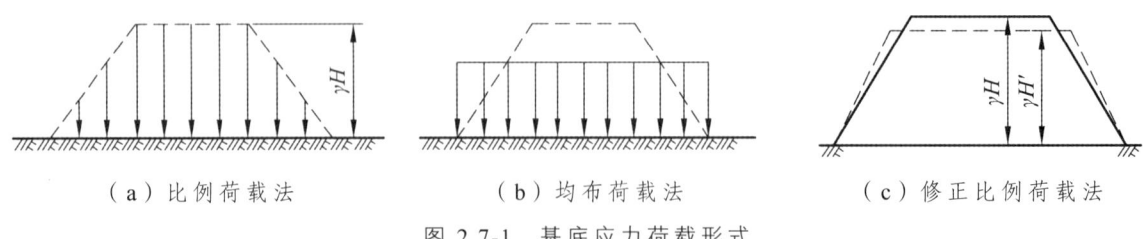

（a）比例荷载法　　　（b）均布荷载法　　　（c）修正比例荷载法

图 2.7-1　基底应力荷载形式

通过现场观测资料、离心机试验数据和数值计算结果的对比分析提出了当坡度为1∶1.5时胶济线、海南环岛高铁花岗岩全风化层路基基底中心应力的修正计算公式：

$$\sigma = \alpha \cdot \gamma H \qquad (2.7\text{-}4)$$

$$\alpha = 0.63 + \frac{0.37 \cdot b/H}{1.1 + b/H} \qquad (2.7\text{-}5)$$

式中：σ为路基基底中心应力；α为应力修正系数；γ为填土容重；H为填方高度；b为路基面宽度。

2.7.5　沉降计算修正系数

2.7.5.1　计算沉降与实测沉降关系

沉降计算根据饱和土固结理论，压缩层计算厚度取附加应力与自重应力之比$\sigma_z/\sigma_t = 0.1$，按分层总和法计算（复合地基加固处理部分沉降采用承载力比法）。计算路基基底应力时按修正比例荷载法，附加应力计算采用布氏法，沉降计算海南环岛高铁采用标贯试验方法确定的压缩模量。

2.7.5.2　沉降计算结果

海南环岛高铁沉降计算结果如表2.7-2所示。结果表明：计算沉降值与实测值差距较大，胶济线计算沉降约为实测沉降的1.9~3.2倍，海南环岛高铁计算沉降约为实测沉降的1.2~2.2倍。

表2.7-2　海南环岛高铁沉降计算结果　　　　　　　　　　　单位：mm

断　面	修正比例荷载法标贯试验压缩模量		实测总沉降S
	列车+路堤荷载总沉降S_1	路堤荷载沉降S_2	
DK67+620	193	164	136
DK67+630	187	158	126.5
DK67+666	148	113	69
DK67+680	138	101	52.5
DK79+065	233	193	164
DK79+399.6	170	131	109.5

2.7.5.3　沉降计算修正系数

表2.7-3为海南环岛高铁的沉降实测值与计算值比例关系结果。结果表明应对沉降计算值进行修正才能使计算沉降与实测沉降相符。

海南环岛高铁基底修正比例荷载法建议标贯试验压缩模量修正系数在0.38~0.70之间，平均为0.59。海南环岛高铁地表为松软土，采用水泥搅拌桩处理，在断面计算沉降值与实测沉降值一致，其沉降修正系数较小；天然地基断面计算沉降值与实测沉降值一致，其沉降修正系数相对较大。

表 2.7-3　沉降计算与实测结果比较

断　　面	修正比例荷载法标贯压缩模量		实测总沉降 S
	S_1	S/S_2	
DK67+620	193	0.70	136
DK67+630	187	0.68	126.5
DK67+666	148	0.47	69
DK67+680	138	0.38	52.5
DK79+065	233	0.70	164
DK79+399.6	170	0.64	109.5

《建筑地基基础设计规范》(GB 50007—2002)推荐了沉降计算经验系数,如表 2.7-4。

表 2.7-4　沉降经验修正系数

地基压缩模量当量值 $\bar{E}_s$/MPa		2.5	4.0	7.0	15.0	20.0
基础底面附加压应力 $\sigma_{z(0)}$	$\sigma_h \geq \sigma_0$	1.4	1.3	1.0	0.4	0.2
	$\sigma_h \leq 0.75\sigma_0$	1.1	1.0	0.7	0.4	0.2

注:表中 σ_h 为基底压应力,σ_0 为基础底面处地基的基本承载力,$\bar{E}_s$ 为沉降计算总深度 z 内地基压缩模量的当量值。

将根据《建筑地基基础设计规范》确定的海南环岛高铁各观测断面沉降计算的经验系数,同实测沉降与计算沉降修正系数进行对比分析,结果见表 2.7-5。

表 2.7-5　实测沉降修正系数与《建规》计算经验系数比较

断　　面	《建规》计算当量模量/MPa	《建规》经验系数	修正系数(实测/计算沉降)
DK67+620	13.8	0.45	0.70
DK67+630	13.8	0.45	0.68
DK67+666	13.1	0.47	0.47
DK67+680	12.7	0.57	0.38
DK79+065	12.7	0.57	0.70
DK79+399.6	13.8	0.45	0.64

表 2.7-5 表明,海南环岛高铁计算当量模量在 12.7~13.8 MPa 之间,按《建筑地基基础设计规范》对应经验系数在 0.45~0.57 之间,平均 0.49,但实测沉降值除以计算沉降值的修正系数在 0.38~0.7 之间,平均 0.59。

2.7.6 小　结

（1）海南环岛高铁厚层花岗岩全风化层路堤采用分层控制填土速率，放置期大于 3 个月，对速度 250 km/h 及以下有砟轨道高速铁路一般地段不处理，只对填高较高的过渡段进行地基浅层处理，对速度 300 km/h 及以上有砟轨道对填方高度大于 7 m 或高度大于 5 m 的过渡段进行地基浅层处理；无砟轨道一般地段只需对地基浅层进行地基加固处理，过渡段桩长增加且宜采用复合地基联合堆载预压措施。

（2）建议采用标贯试验确定花岗岩全风化层岩土参数，压缩模量 $E_s = 0.713N$，当 N 大于 50 时取 50。

（3）海南环岛高铁厚层花岗岩全风化层地基沉降计算：天然地基采用分层总和法，复合地基加固区沉降计算采用承载力比法，下卧层采用分层总和法，基底应力采用修正比例荷载法。

（4）海南环岛高铁厚层花岗岩全风化层沉降修正系数应大于《建筑地基基础设计规范》计算当量模量对应的经验修正系数，在 0.38～0.7 之间。

3 地下车站高速列车隧道空气动力学效应及工程对策研究

3.1 高速铁路车站隧道空气动力学标准研究

高速列车空气动力学问题通常情况下可以分为三类：压力波问题、动力问题和噪声问题。

（1）压力波问题主要与压力和压力梯度大小相关，包括乘客和铁路工作人员的安全、压力舒适度问题，列车和隧道局部结构的损伤和隧道出口微压波辐射问题。

（2）动力问题主要指：横风效应，包括横风导致的列车振动、颠覆、行驶阻力增加、列车局部结构荷载增加等；空气阻力效应，导致列车运行所耗能量大大增加；和其他横向作用，使列车左右摆动，影响列车上旅客的舒适性。

（3）噪声问题主要指列车上各部件与气流相互作用而产生的噪声污染。

这三类问题紧密相连，在设计列车和隧道结构时需要同时考虑。而研究隧道压力波是解决其他隧道空气动力学问题的基础和前提，对列车在隧道中运行时空气阻力的合理确定、长大隧道的热环境控制技术以及运营通风的研究都有赖于隧道压力波的研究方法和研究成果。列车驶入隧道时所引起的初始压缩波及其在隧道内的传播规律也是研究隧道出口微气压波现象和减缓微气压波效应的基础。

车站隧道的气动效应问题，其有着本身的特殊性，主要体现在如下几个方面：

（1）车站隧道的活塞风问题。

列车通过车站隧道时，会在列车周围形成风速很高的列车风，对候车人员的安全造成威胁，因此，需要对此进行必要的研究，采取安全措施。

（2）站内压力波动问题。

车站隧道处于相对封闭的候车空间，人员众多，环境复杂，列车在进入隧道时，形成的压缩波引起的站内压力波动与列车车厢内的压力舒适度问题相似。针对车站隧道的压力舒适度问题，国内外还未见系统的研究资料。因此，有必要针对车站隧道内相应的气动压力问题开展调研并进行系统深入的研究。

特别是列车在站内会车，双车对开不仅会使车站内压力升高，恶化站内的候车环境，同时在会车过程中，也会形成很高的压力波动和气流紊乱，给站内的设备和人员造成安全威胁。因此，这也是需要研究的重要内容之一。

（3）站内微压波问题。

微压波是在压缩波遇到突然扩大空间时所形成的能量辐射，而车站隧道相对隧道其余部分是一个扩大的空间，其存在为微压波的产生提供了客观条件。因此，有必要对站内的微压波进行相应的研究。

（4）屏蔽门的压力波动问题。

为了保证站内候车人员的安全，需在站内设置屏蔽门。而列车的运行及站内会车的发生会对屏蔽门产生长期的疲劳压力。因此，有必要对作用在屏蔽门上的压力波动进行测试分析，以便合理选材，保障屏蔽门的安全使用。

3.1.1 高速铁路车站隧道舒适度标准

列车速度的提高，会使列车在通过隧道时引起车内较大的压力变化，造成乘客耳膜的疼痛不适，这种耳膜的舒适程度称为列车车厢内压力舒适度。在高速铁路建设中，必须规定压力舒适度的标准，列车在通过隧道过程中车厢内压力的变化不能超过标准的限值。

压力变化限值的选定受到多种因素的影响，这不仅因为不同的人对压力变化的感觉不同（这种差异可以通过统计分析来处理），同时还因为它与列车线路特征以及车体密封情况有关。

据日本在新干线上进行调查的结果显示：当车内压力在 -0.2 kPa 以下时，开启车门时有"耳感不适"的现象。一些学者的研究表明：

当车内压力在 $+0.2$ kPa 时，也存在开启车门时发生"耳感不适"的现象；超过 $+0.5$ kPa 时，车门开启，旅客将感到极度不适。

目前，气压变化环境下人体舒适度评价有两种方法：一种是从压力变化幅值和压力变化率两个指标来进行评估；另一种是考核某一段时间内的压力变化幅值，这一段时间是根据人耳对外界气压变化幅值和压力变化自我调整所需时间来确定的。后一种方法不仅考虑了压力变化幅值和压力变化率，还考虑了人体生理的需要，被大多数国家采用。

列车车厢内压力舒适度的衡量指标主要是压力变化最大值、瞬变压力最大值和压力梯度最大值：压力变化最大值是指最大正压与最大负压之差，单位为 Pa；瞬变压力最大值是指一段时间内压力差的最大值，单位 Pa/ns（n 为常数），当 $n=1$ 时，称之为压力梯度最大值。

通过对目前压力舒适度标准进行调研，并参考其他学者的研究成果，得到压力舒适度汇总，如表 3.1-1 所示。

表 3.1-1 部分国家采用的车内压力舒适度标准

国家	铁路类型	单双线	阈值 P/kPa	p_t'/(kPa/s)	[p]/(kPa/ns) kPa	n	车速/(km/h)	车辆	注
英国	城际铁路	双线	—	—	3.0	3	160	不密封	1986 前
			—	—	4.0	4	200		1986
	海峡道联络线	单线	—	—	2.5	4	225~300	不密封	—
		双线	—	—	3.0	4			
美国	地铁	—	—	0.41	0.7	1.7	80~100	不密封	—
日本	新干线	双线	1	0.2	—	—	210、240、270	密封	普通
				0.3~0.4					放宽

续表

国家	铁路类型	单双线	阈值				车速/(km/h)	车辆	注
			P/kPa	p'_t/(kPa/s)	[p]/(kPa/ns)				
			—	—	kPa	n			
意大利	FS	—	1.5	0.5	—	—	高速	密封	—
韩国	—	单线	—	—	0.8	3	高速	—	—
		双线	—	—	1.25	3			
瑞士	Rail2000	—	—	—	1.5	4	—	—	—
ERRI C218/RPI			—	—	1.0	1	—	—	—
			—	—	1.6	4			
			—	—	2.0	10			

*表中，P——压力变化最大值；

P'_t——压力梯度，$p'_t = \dfrac{\mathrm{d}P}{\mathrm{d}t}$；

[p]——瞬变压力，即 $\Delta p/\Delta t$。

调研情况表明：

（1）压力舒适度标准都是针对车厢内提出的，多数都与车辆密封指数有关，通常车辆的密封指数越高，相应的压力舒适度标准越严格。

（2）英国提出的密封指数较差的列车舒适度标准可作为参考依据，其相应的标准为：

① 1986年之前，英国铁路公司提出的舒适度标准是：瞬变压力 < 3 000 Pa/3 s。

② 1986年之后，英国铁路公司为提高城市间的铁路运输质量，又将压力舒适度标准修改为：瞬变压力 < 4 000 Pa/4 s。

③ 对于海峡联络线，考虑到隧道占铁路总长的30%，压力舒适度标准应有所提高，其舒适度指标定为：单线隧道瞬变压力 < 2 500 Pa/4 s，双线隧道瞬变压力 < 3 000 Pa/4 s。

车站隧道内，瞬变压力是衡量舒适度的重要指标；由于车站隧道内候车人员相对于车厢内的乘客停留时间短，感受恶劣压力波动的概率相对车厢内乘客较小，因此，车站隧道内压力舒适度的标准值时可以适当降低，建议瞬变压力标准值采用 3.0 kPa/3 s。

3.1.2 高速铁路车站隧道洞口微压波标准

微压波是列车进入隧道所形成的压缩波在传播过程中，遇到突然扩大的空间，产生的能量散射所形成的一种微气压波，其表现形式为空气振动和噪声（图3.1-1）。微压波的特性与隧道内产生的压缩波直接相关。通过研究表明，气动效应产生的压缩波主要集中在低频区域，微压波问题实际上也是低频噪声和振动问题。

微压波的主要影响是：在隧道洞口处形成人耳可听见的爆轰声，使隧道出口附近的轻型结构，如玻璃门窗等发生振动，影响洞口周围环境。

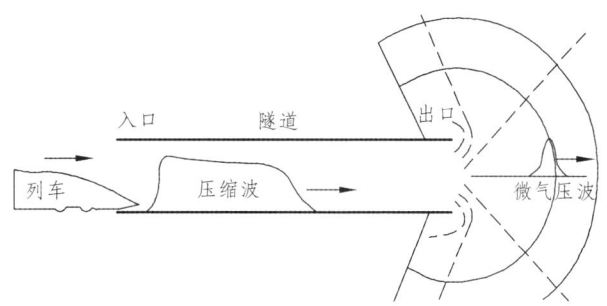

图 3.1-1 压缩波与微压波形成机理

日本、德国提出的微压波标准要求：
（1）在居民区距离隧道洞口小于 50 m 时，居民区处微压波峰值不应大于 20 Pa。
（2）在居民区距离隧道洞口大于 50 m 时，距离隧道洞门 50 m 处微压波峰值不应大于 20 Pa。

我国铁路制定的有关微气压波峰值的标准为：当隧道洞口 50 m 范围内无建筑物且洞口外 20 m 处的微压波峰值大于 50 Pa，或隧道洞口 50 m 范围内有建筑物且建筑物处的微压波峰值大于 20 Pa 时，应设置洞口缓冲结构。对建筑物处的微压波峰值有特殊要求时，洞口缓冲结构应进行特殊设计。

国内外研究均表明：当隧道断面扩大时会产生压缩波的能量释放，形成微压波，且断面突变越快微压波峰值越大；隧道洞口 50 m 范围内无建筑物且洞口外 20 m 处的微压波峰值不应大于 50 Pa，或隧道洞口 50 m 范围内有建筑物且建筑物处的微压波峰值不应大于 20 Pa。

目前未见车站隧道内微压波标准的相关研究，根据微压波对洞外环境的影响与车站隧道内类似，所以参考洞口微压波标准，拟定的微压波标准为 20 Pa。

3.1.3 高速铁路车站隧道风速标准

高速列车进入隧道会引起强烈的活塞风，活塞风对车站隧道环控影响较大。当列车进站时活塞风将隧道内空气带入站台，站台层处于正压，空气在正压的作用下进一步通过楼梯进入站厅层，进而通过出入口带到室外；当列车驶离车站时，活塞风会抽吸站台层的空气，站台层处于负压作用下，室外空气在负压作用下进入站厅，而站厅空气经过楼梯进入站台。可见，列车活塞风的作用使得车站环控各单元，即站台层、站厅层、楼梯和出入口的速度场发生变化，造成候车人员不适并危及站台层候车人员的安全，恶化站内候车环境，因此需要制定相关标准限制车站隧道中的活塞风风速。

随着列车运行速度的提高，列车周围的风速相应提高，对于车站内的安全线距离也要做相应调整。有研究表明速度 200 km/h 的列车经过时，在铁路边掀起的风速值将达到 14 m/s，超过人站立承受能力，铁路附近的行人很有可能因此被吸进铁道。为了防止等车的乘客被"狂风"卷入车底的事件发生，车站上的候车安全线的距离也从 1 m 增加到了 2 m。

我国目前尚无高速铁路隧道及车站隧道内风速标准的国家规范，车站隧道的站台风速标准参照相关规范确定：《公路隧道设计规范》对于隧道通风规定人车混合通行的隧道设计风速不应大于 7 m/s；《铁路隧道设计规范》和《铁路隧道运营通风设计规范》对于隧道通风规定通风机供给隧道内风速不应大于 8 m/s；《地铁设计规范》明确规定站厅和站台厅的瞬时风速不宜大于 5 m/s。台湾高速铁路桃园站是世界上首个高速列车驶过站体及其邻接隧道的车站隧道，其风速标准为：在运营状态下，其月台区气流流速控制在 5 m/s 以内。

参考我国大陆地铁车站设计规范及台湾地区高速铁路车站隧道风速标准，拟确定站台区内风速不超过 5 m/s。

3.1.4 高速铁路车站隧道噪声标准

高速铁路的主要特征为高速、高架和电气化。随着列车速度的提高，它对周边环境影响的主要因素有噪声、振动和电磁波干扰，其中以噪声干扰最为突出。

不同国家不同发展阶段的高速铁路，在噪声控制技术上有很大的差异。尤其是铁路噪声所受的影响颇多，在产生和传播过程中，不同的线路结构、桥梁结构、不同的建筑类型和布局以及不同的动车组等均对噪声的大小及影响范围有很大作用。因此，确定噪声的控制标准是一项比较复杂的任务。

经国内外多年的研究开发，高速铁路的噪声等级有了较大幅度的降低。国内外高速铁路噪声级别（列车通过时的噪声值）如表 3.1-2 所示。

表 3.1-2 国内外高速铁路噪声级

国家	列车速度/(km/h)	不同年代/dB		备 注
		20世纪80年代	20世纪90年代	
日本	200	87	67	
	250	90*	73	
	300	92*	77	
德国	200	86	84	
	250	90	87	
	300	93	90	
法国	200	90*	87	
	270	97	92	
	300	97	94	
中国	地铁	—	70	站厅、站台厅
	铁路	—	70#	铁路边界

注：带"*"的为计算值；测点距铁路中心线 25 m，高于地面 1.2 m。
带"#"的为计算值；测点距铁路中心线 30 m，高于地面 1.2 m。

（1）这些噪声级标准都是针对铁路沿线提出的，其中日本最为严格，法国最为宽松。

（2）由于车站隧道内候车人员相对于铁路沿线居民或其他人员，受到噪声影响时间短，因此，在制定车站隧道内噪声级标准时可以适当放宽，建议采用法国的 270 km/h 速度下 92～97 dB 的噪声级标准。

3.1.5 小　结

（1）车站隧道压力舒适度标准：

压力舒适度的选定受多种因素的影响，如人体对压力变化的感觉、列车密封性、线路特征等。各国高速铁路规范根据自身的特点，制定了不同的压力舒适度标准。

由于高速铁路隧道在列车运行过程中，洞内无人员作业，所以国内外均没有制定针对隧道内部的压力波动标准。针对高速铁路隧道车站隧道，车站隧道人员的候车环境与车厢内人员所处的环境相似，因此可以参考车厢内人员的压力舒适度标准。拟定压力舒适度标准为 3 000 Pa/3 s，同时应考虑在以后运营阶段做进一步深入的研究。

（2）车站隧道微压波标准：

① 《铁路隧道设计规范》给出隧道出口的微压波控制标准。

② 高速铁路隧道内部以及车站隧道空间的压力波动并没有既定标准，可以参考现有的铁路规范微压波控制标准。

拟定的微压波标准为 20 Pa，在实际运营阶段应考虑进行实测、调研，并做进一步的研究。

（3）车站隧道风速标准：

车站隧道内部的风速标准在《地铁设计规范》中有明确规定。但地铁车站运营速度最高为 80 km/h，行车密度高（行车间隔 2~3 min），站台内长期有人员候车，客流高峰期候车区域人员密度大；高速铁路隧道车站隧道运营速度可高达 200~250 km/h，行车密度较低（行车间隔 1~2 h），候车人员仅在车辆到达前进入站台，停留时间较短。因此，参考我国大陆地铁车站设计规范及台湾地区高速铁路车站隧道风速标准，拟确定站台区内风速不超过 5 m/s。拟订标准应考虑与以后运营阶段的实际情况相结合，并做进一步的研究。

（4）车站隧道噪声标准：

① 国内外对于隧道外的噪声标准有较为明确的规定，而对于高速铁路隧道车站隧道的噪声标准没有相关的规定。

② 高速铁路隧道内主要包括轮轨噪声、集电系统噪声、空气动力噪声、建筑物激励噪声等。由于车站隧道内候车人员相对于铁路沿线居民或其他人员，受到噪声影响时间短，因此，在制定车站隧道内噪声级标准时可以适当放宽，建议采用法国的 270 km/h 速度下 92~97 dB 的噪声级标准，但应考虑在以后运营阶段进一步研究。

3.2　高速列车车站隧道气动效应基本规律研究

3.2.1　研究内容

研究紧密围绕美兰隧道设计工作开展，线路方案经历了两次大的调整，因此，车站隧道气动效应的研究包含了两个阶段的研究方案：

第一阶段采用施工图设计线路方案，隧道全长为 3 700 m（含车站），进站端隧道长度为 1 570 m，出站端隧道长度为 1 390 m，车站段长度为 740 m，其中站台两端过渡段各为 255 m，站台长度为 230 m，车站平面结构为菱形，车站内设四股道，设置双岛式站台，如图 3.2-1

所示。本阶段数值计算共完成工况计算 12 组；模型试验共完成试验工况 9 组，对每组试验进行了 3~5 次的测试和数据采集。

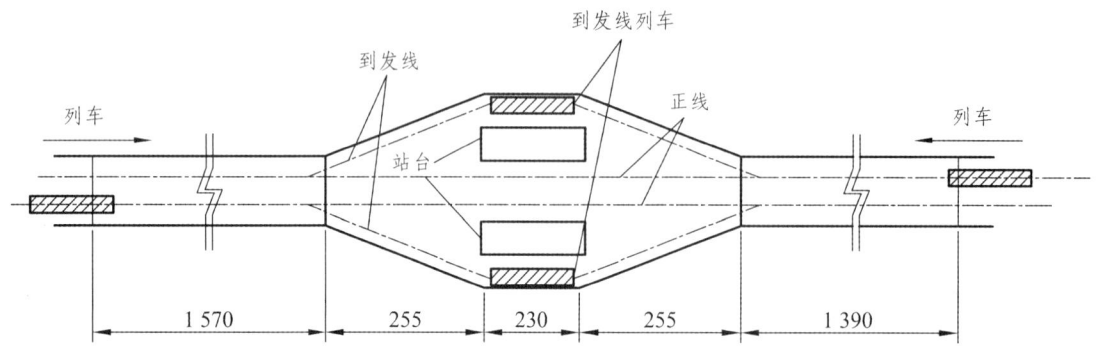

图 3.2-1　车站隧道结构平面图（第一阶段）（单位：m）

第二阶段，根据海南东环线铁路有限公司《关于进行海南东环线美兰机场变更设计的函》（海东铁函〔2008〕52 号）的要求，隧道长度由原施工图调整为 4.6 km，该调整对课题的研究结果有一定影响。本着严谨的态度，笔者对变更设计线路方案进行了补充研究。结合现场实际情况，隧道全长为 4 600 m（含车站），进站端隧道长度为 1 430 m，出站端隧道长度为 2 366 m，车站段长度为 804 m，其中站台两端过渡段各为 287 m，站台长度为 230 m。车站平面结构为菱形，车站内设四股道，设置双岛式站台，如图 3.2-2 所示。本阶段数值计算共完成计算工况 4 组。

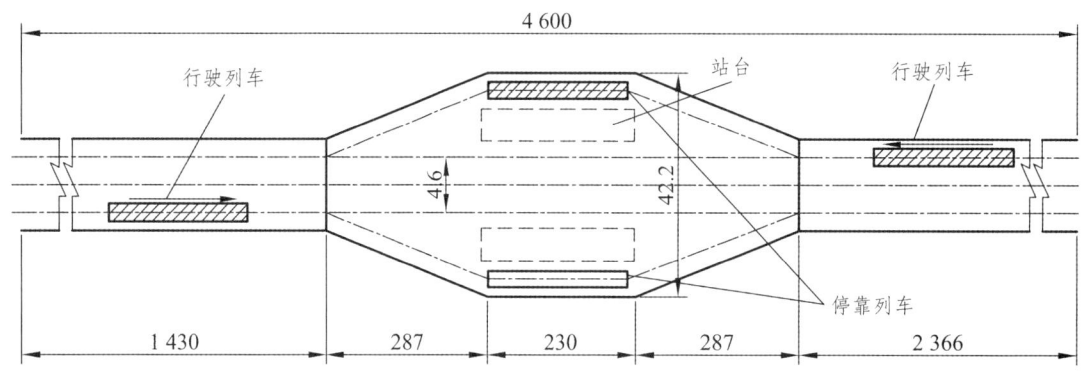

图 3.2-2　车站隧道结构平面图（第二阶段）（单位：m）

3.2.2　模型试验

3.2.2.1　高速列车模型试验测试系统

采用西南交通大学土木学院岩土中心的压缩空气为动力源的高速列车模型试验台。该试验系统包括：GL-1 型高速列车模型发射系统、数据采集系统和软件分析系统、高速图像采集测速系统。

1．GL-1 型高速列车模型发射系统

GL-1 型高速列车模型试验台的核心装置是空气炮模型发射装置。它包括空气炮及其控制系统，如图 3.2-3、图 3.2-4 所示。

图 3.2-3　GL-1 型高速列车模型发射系统　　图 3.2-4　GL-1 型高速列车模型发射装置控制系统

2．高速数据采集系统

气动信号的采集采用美国 NICLET 公司生产的 ODYSSEY 高速数据采集系统，如图 3.2-5 所示。

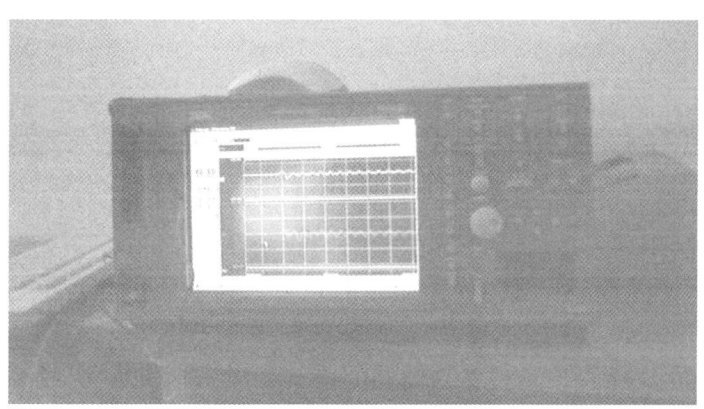

图 3.2-5　ODYSSEY 高速数据采集系统

该套数据采集系统的特点是：

（1）采用整体设计，将电脑与数采系统结合。

（2）内置高速记录硬盘，提高数据采集频率到 10^5 次/s。

该设备的技术指标如表 3.2-1 所示。

表 3.2-1　设备性能技术指标表

设备名称	数量	型号	测试范围	采集精度	响应频率/Hz
噪声传感器	4 个	140AE	$-270 \sim +270$ Pa	0.5%	$\geqslant 13 \times 10^3$
压力传感器	8 个	103B02	$-10 \sim +27$ kPa	0.5%	$\geqslant 13 \times 10^3$
ODYSSEY 采集系统	1 台	ODYSSEYXE	可同时采集 8 测点数据，采集速度 100^5 次/s		

3.2.2.2 模型试验

1. 模型试验工况

为了得到车站隧道气动效应基本规律，共进行模型试验9组，如表3.2-2所示：

表 3.2-2 模型试验工况

速度目标值/（km/h）	运营工况
160、200、250	Ⅰ．单列车通过
	Ⅱ．正线一列车直通，一列车停靠
	Ⅲ．正线一列车直通，其余三列车停靠

2. 模型试验参数

实体列车横截面积为 $3.328 \times 4.04 \ m^2$，宽高比为0.82。根据设备情况，本试验按照1/82选取列车模型，其面积为 $4 \times 5 \ cm^2$，长30 cm，宽高比为0.8，如图3.2-6。

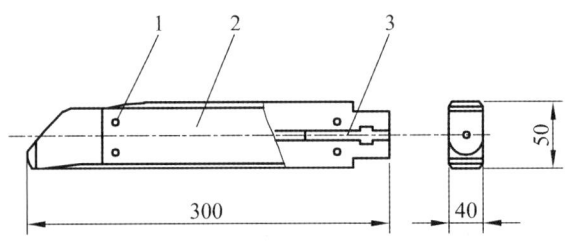

1—过渡头；2—模型体；3—滑套。

图 3.2-6 高速列车发射装置试验列车模

列车模型采用聚丙烯材料，隧道模型采用有机玻璃板和环氧树脂。其中隧道段为矩形，宽高均为 11.7 cm，横截面积为 136.9 cm²，是实体断面积的 1/6 724，隧道阻塞比为 0.15。隧道模型车站段为矩形，高 11.7cm，宽 45.4cm，横截面积为 531.2 cm²，阻塞比为 0.04。隧道及车站总长度 9.23 m（不包括两端 U 形槽），进站端隧道长度为 355 cm，出站端隧道长度为 30 cm，车站段长度为 540 cm，其中两端过渡段各为 250 cm，车站中间段长度为 40 cm，车站平面结构为菱形。隧道入口 U 形槽长 57 cm，隧道出口 U 形槽长 63 cm。如图 3.2-7～图 3.2-10 所示。

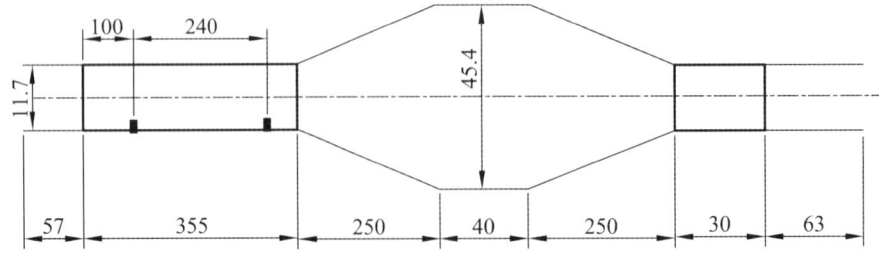

图 3.2-7 车站隧道模型试验尺寸示意（单位：cm）

图 3.2-8　模型试验平台及隧道

图 3.2-9　隧道口挡风板

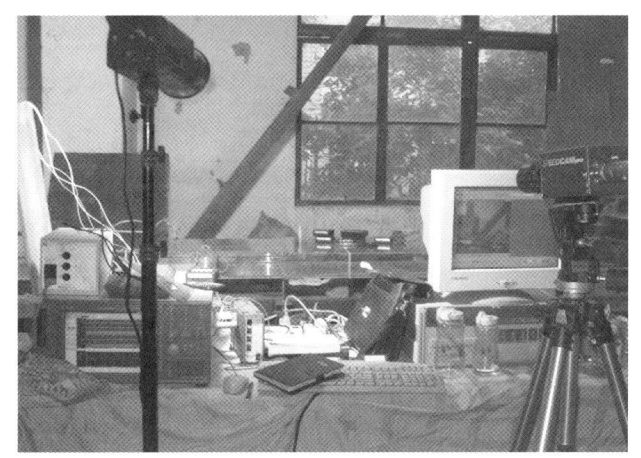

图 3.2-10　图像采集测速系统

3．测点布置

测点设置在模型隧道壁上，模型隧道及车站全长 9.23 m（不含洞外 U 形槽），上面设置 4 个测点，具体位置如图 3.2-11 所示。其中，A、B、C 为压力测点，D 为噪声测点。

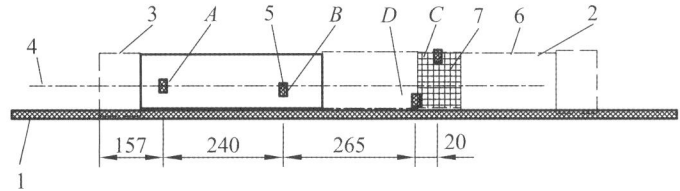

1—模型试验台；2—模型隧道；3—U 形槽；4—定向钢丝绳；
5—测点；6—喇叭段；7—车站。

图 3.2-11　列车模型试验测点布置（单位：cm）

在车站位置设置压力和噪声测点，噪声测点设置在车站内部，压力测点设置在车站顶部，如图 3.2-12 所示。

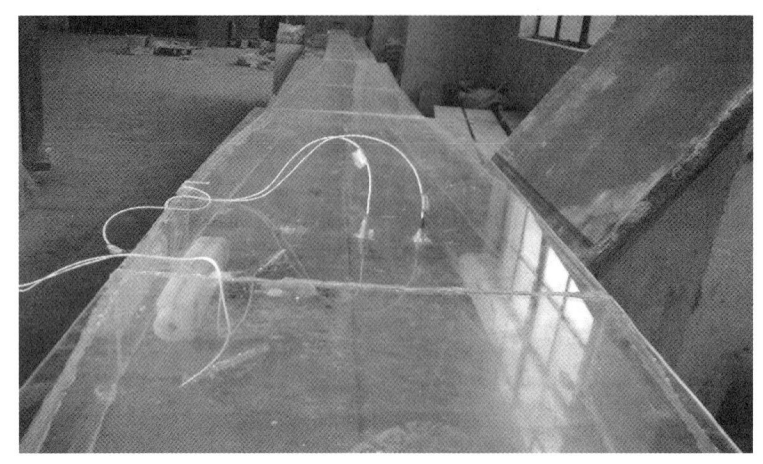

图 3.2-12　车站部分测点布置

3.2.2.3　模型试验结果分析

（1）测试结果分析表明：

① 高速列车通过车站隧道与列车通过普通隧道引起的压力波动基本规律一致，均为列车突入隧道引起的压缩波及膨胀波在隧道内以近似声速传播，并且相互叠加。

② 因地下车站较隧道段空间增大，压力波传播到地下车站后，与隧道段测点处压力曲线相比，压力曲线变缓，压力梯度降低。

③ 因隧道段与车站段连接处采用喇叭口过渡段，因此列车从隧道进入车站以及从车站进入隧道过程中，并未产生新的压缩波和膨胀波。隧道各测点处会出现多个波峰、波谷，隧道段的波峰、波谷区分明显，车站内的压力波动较小。

④ 车站隧道压力最大值与列车运行速度成幂指数关系。

（2）三种模型试验工况产生的气动效应无本质的区别。停靠列车对站内压力变化产生较大影响，尤其正线停靠列车影响最大。两到发线停靠影响较小。

工况Ⅰ情况下的车站内所形成的压力峰值明显小于其他两种工况，工况Ⅱ、Ⅲ情况下的车站内所形成的压力波动差别不大，如图 3.2-13 所示。

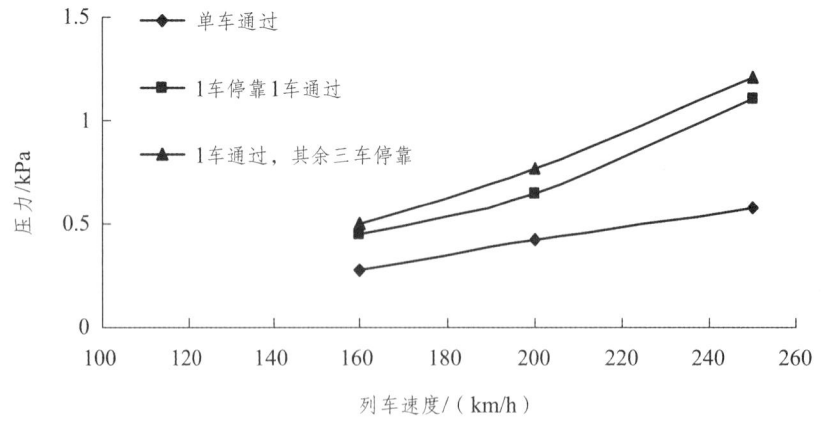

图 3.2-13　模型试验各工况压力峰值曲线

利用图 3.2-13 中三条拟合曲线得到目标速度下各工况的车站内压力峰值，见表 3.2-3：

表 3.2-3 模型试验各工况不同目标速度下站内压力峰值

目标速度 /(km/h)	站内压力峰值/kPa		
	工况Ⅰ：单列车通过	工况Ⅱ：正线一车停靠一车直通	工况Ⅲ：正线一车直通其余三车停靠
160	0.28	0.45	0.5
200	0.42	0.65	0.77
250	0.58	1.1	1.21

（3）当列车模型以 250 km/h 进入隧道时，车站内测到的微压波压力在 5 Pa 以内，在隧道出口未检测到明显的压力波动，表明列车进入隧道并不会对站内及隧道出口环境造成影响，如图 3.2-14 所示。

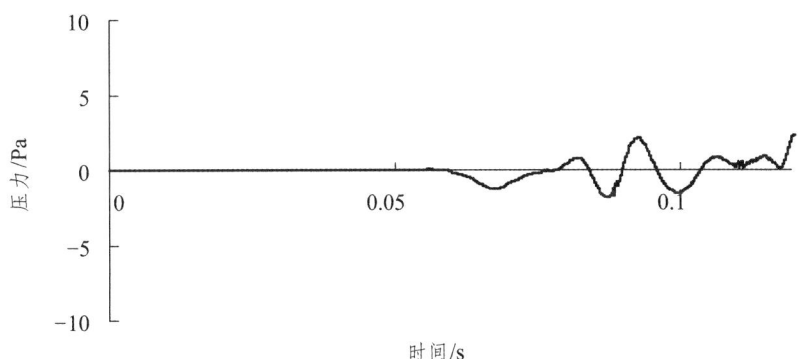

图 3.2-14 列车发射速度为 250 km/h 时站内的微压波测试曲线

3.2.3 数值分析

3.2.3.1 数值计算参数

1．车站隧道断面参数

数值计算中，区间隧道轨面以上有效净空面积 $A_T = 92.0 \text{ m}^2$，隧道内轮廓形式如图 3.2-15 所示。

2．车站断面参数

施工图设计方案车站断面如图 3.2-16 所示，变更设计方案车站断面如图 3.2-17 所示。

3．机车参数

机车采用"CRH1"，机车面积为 13.44 m²。计算中列车长度取为 200 m。

4．数值计算参数

在数值计算中，以黏性、可压缩理想气体计算，紊流方程采用 k-ε 模型。主要参数如表 3.2-4 所示。

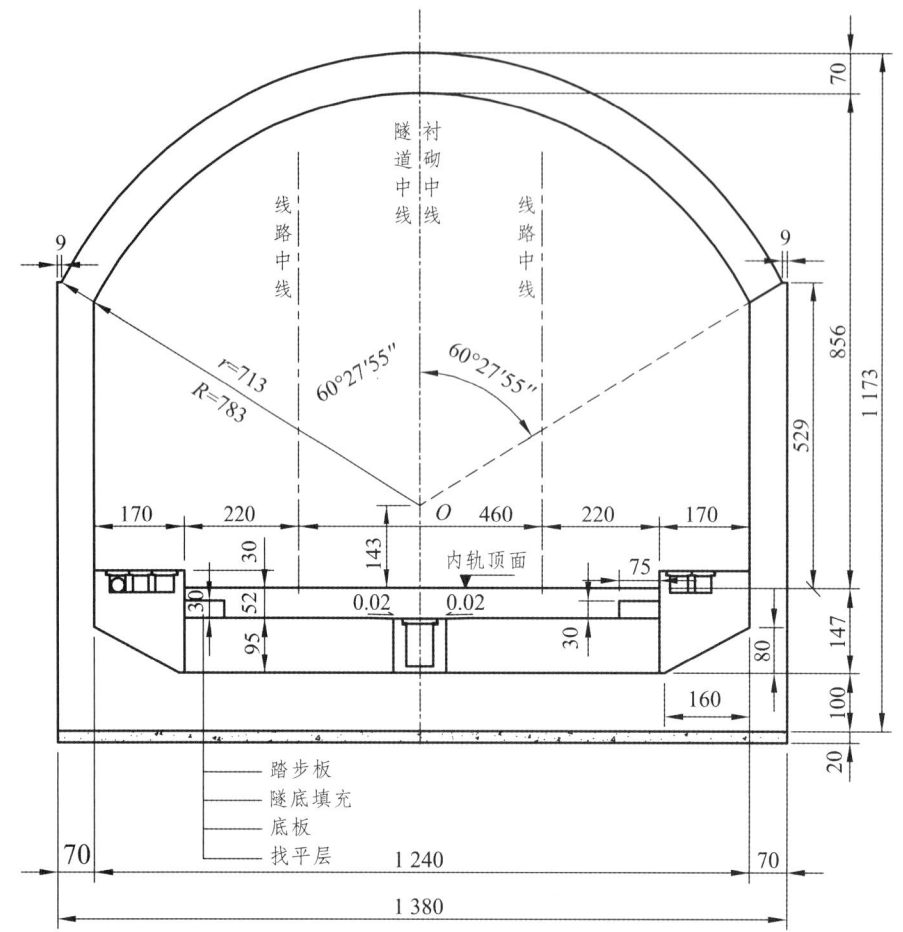

图 3.2-15 隧道内轮廓（轨道以上净空面积 $A_T = 92.0\ m^2$）（单位：cm）

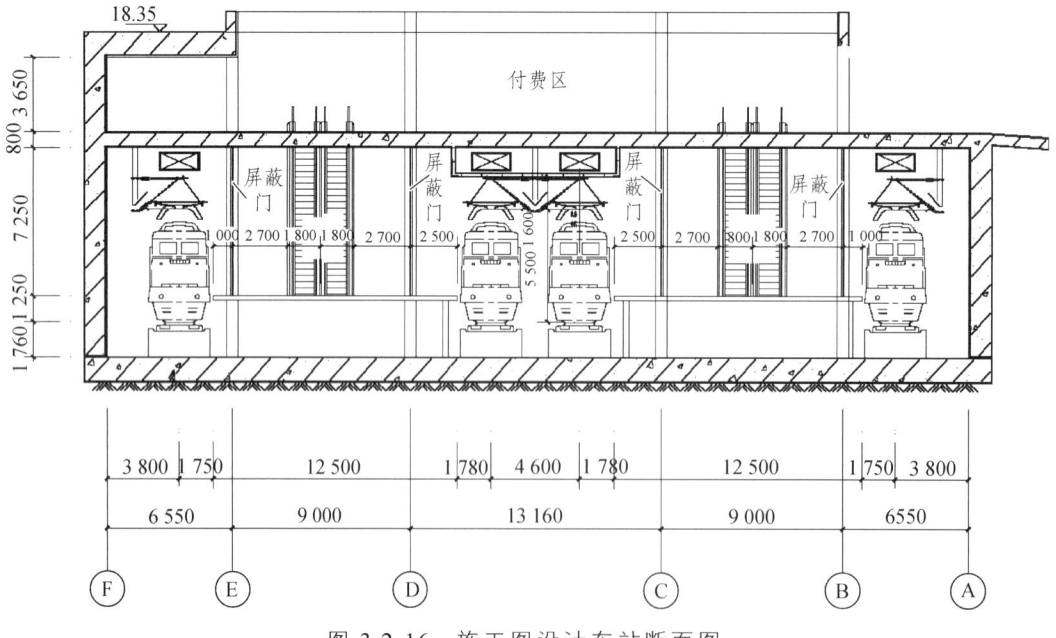

图 3.2-16 施工图设计车站断面图

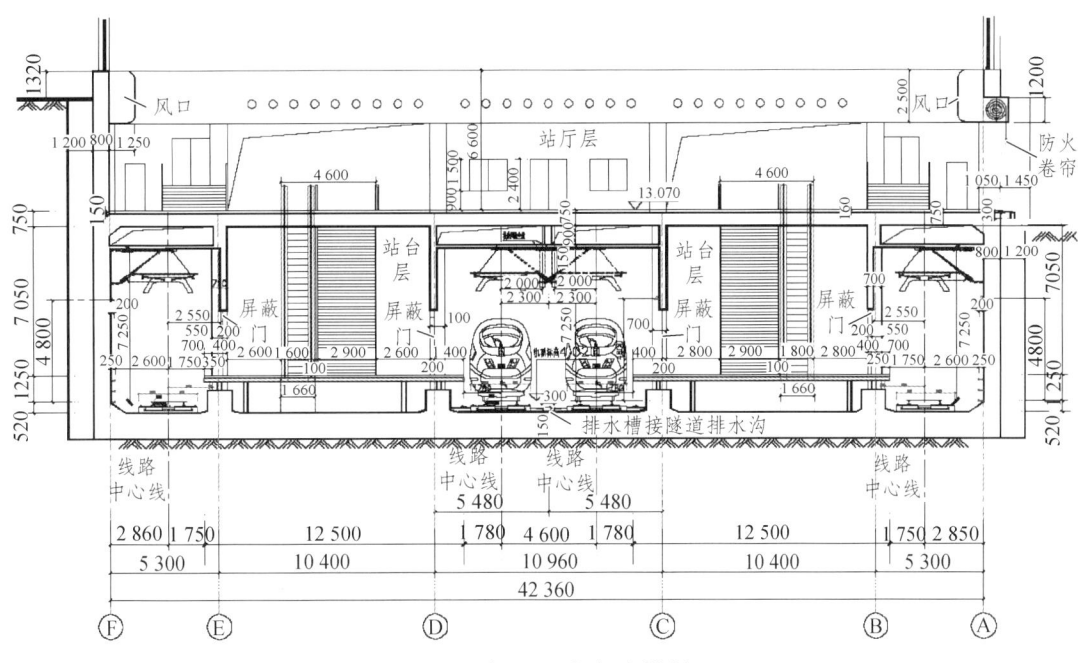

图 3.2-17 变更设计车站横剖面图

表 3.2-4 无屏蔽门、减压井、缓冲设施数值计算参数

项　目	计算参数
列车类型	CRH1 型
施工图设计方案隧道长度 L_T/m	隧道全长 3 700 m，其中，站台 230 m，站台两端喇叭口过渡段各 255 m，进口端隧道长度 1 570 m，出口端隧道长度 1 390 m
变更设计方案隧道长度 L_T/m	隧道全长 4 600 m，其中，站台 230 m，站台两端喇叭口过渡段各 287 m，进口端隧道长度 1 430 m，出口端隧道长度 2 366 m
区间隧道横断面积 A_T/m²	92
施工图设计方案地下车站最大横断面积 A_t/m²	345
变更设计方案地下车站最大横断面积 A_t/m²	302
施工图设计方案列车速度 v/(km/h)	160/200/250
变更设计方案列车速度 v/(km/h)	250
隧道入口远场压力/Pa	101 325
网格最小尺寸/m	0.3
隧道壁面粗糙度常数	0.5
列车壁面粗糙度常数	0.3

3.2.3.2 数值计算工况

施工图设计线路方案（隧道全长 3 700 m），计算工况共 12 组；变更设计线路方案（隧道全长 4 600 m），在隧道无屏蔽门、减压井、缓冲结构的情况下，具体计算工况见表 3.2-5。

表 3.2-5　无屏蔽门、减压井、缓冲设施工况

方　案	速度目标值/(km/h)	运营工况
施工设计方案 （3 700 m）	160、200、250	Ⅰ．单列车通过，到发线无列车停靠
		Ⅱ．正线一列车停靠，一列车直通
		Ⅲ．正线一列车直通，其余三列车停靠
		Ⅳ．正线两列车交会，其余列车停靠
变更设计方案 （4 600 m）	250	Ⅴ．单列车通过
		Ⅵ．正线一列车停靠，一列车直通
		Ⅶ．正线一列车停靠，一列车直通，到发线一列车停靠
		Ⅷ．正线两列车交会

施工图设计方案，站内测点设于车站中间截面上，距离车站中心线 6.58m 处，隧道内测点设于隧道壁上，如图 3.2-18 所示。变更设计方案，站内测点设于车站中间截面上，距离车站中心线 5.5m 处，隧道内测点设于隧道壁上，如图 3.2-19 所示。

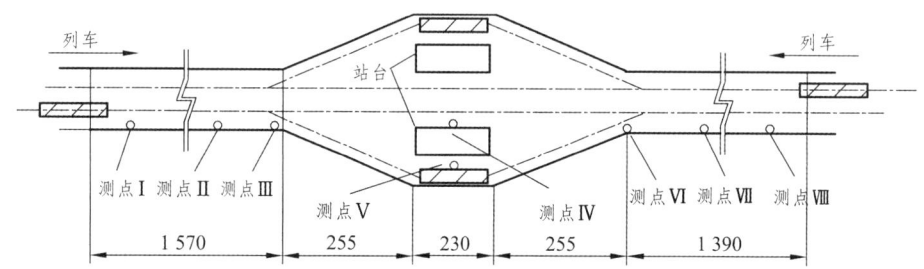

图 3.2-18　施工图设计方案站内测点布置（单位：m）

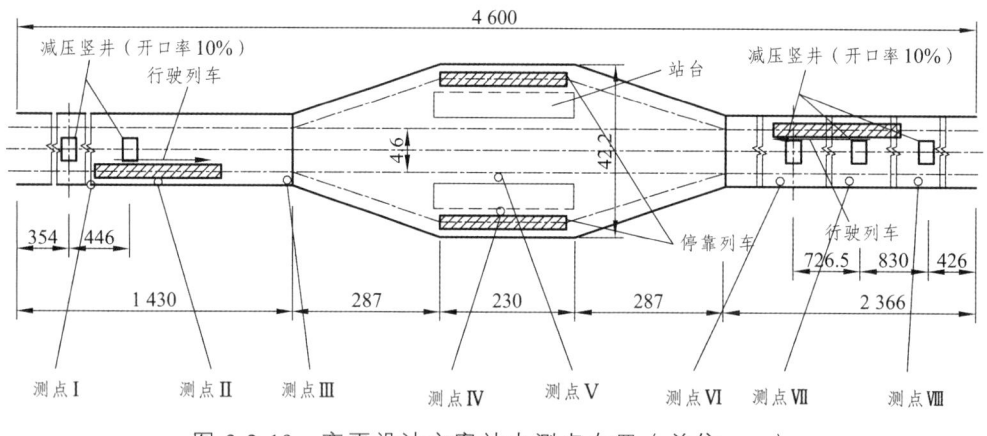

图 3.2-19　变更设计方案站内测点布置（单位：m）

3.2.3.3　计算结果分析

针对隧道在无屏蔽门、减压井和缓冲设施情况下，对施工图设计方案（车站隧道全长为 3 700 m）列车以不同车速（160 km/h、200 km/h、250 km/h）、变更设计方案（车站隧道全长为 4 600 m）列车以车速 250 km/h，不同工况下通过地下车站时，进行了详细的数值模拟，车站隧道气动效应规律如下：

1．施工图设计方案

（1）数值计算得到的压力曲线表明：

① 高速列车通过车站隧道与列车通过普通隧道引起的压力波动基本规律一致，均为列车突入隧道引起的压缩波及膨胀波在隧道内以近似声速传播，并且相互叠加。

② 在无会车的情况下，压力峰值的最大值一般出现在距隧道入口 700 m 和 1 570 m 两个测点处；如果两列车在地下车站会车，由于两个压缩波以声速向前传播，并在车站内叠加，则压力峰值的最大值可能会出现地下车站内。

③ 因地下车站较隧道段空间增大，压力波传播到地下车站后，与隧道段测点处压力曲线相比，压力曲线变缓，压力梯度降低。

④ 由图 3.2-20 可以看出，因隧道段与车站段连接处采用喇叭口过渡段，因此列车从隧道进入车站以及从车站进入隧道过程中，并未产生新的压缩波和膨胀波。隧道各测点处会出现多个波峰、波谷，隧道段的波峰、波谷区分明显，压力波动较大。而地下车站中出现的波峰波谷较少，峰值较低，说明在地下车站中空气波动减小。

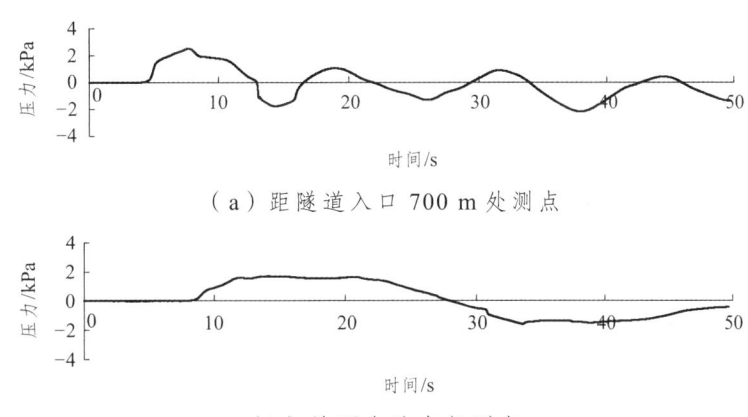

（a）距隧道入口 700 m 处测点

（b）地下车站中部测点

图 3.2-20 单车通过时站内及隧道中压力波动曲线（$v = 250$ km/h）

⑤ 车站隧道内压力峰值与列车运行速度成幂指数关系。

在普通隧道中，隧道内距隧道入口不同距离测点的压力传播曲线形状基本一致，而在存在地下车站的隧道中，压力传播曲线波形差异较大，如图 3.2-21 所示。

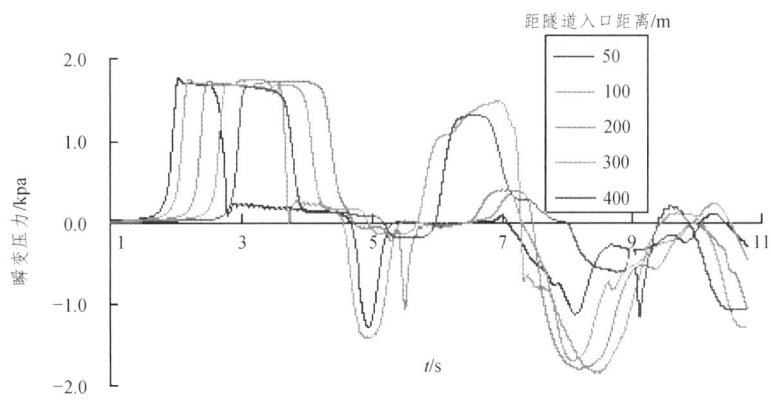

图 3.2-21 遂渝线无缓冲设施不同测点瞬变压力时程曲线
（$A_T = 48.6$ m²，"中华之星"，$L_T = 540$ m）

（2）在各计算工况中，双车会车所引起的车站内压力峰值明显高于其他工况，为这 4 种计算工况中的控制工况，在相同车速下，所得到的站内压力峰值和瞬变压力都是最大的，如图 3.2-22、图 3.2-23、表 3.2-6、表 3.2-7 所示。

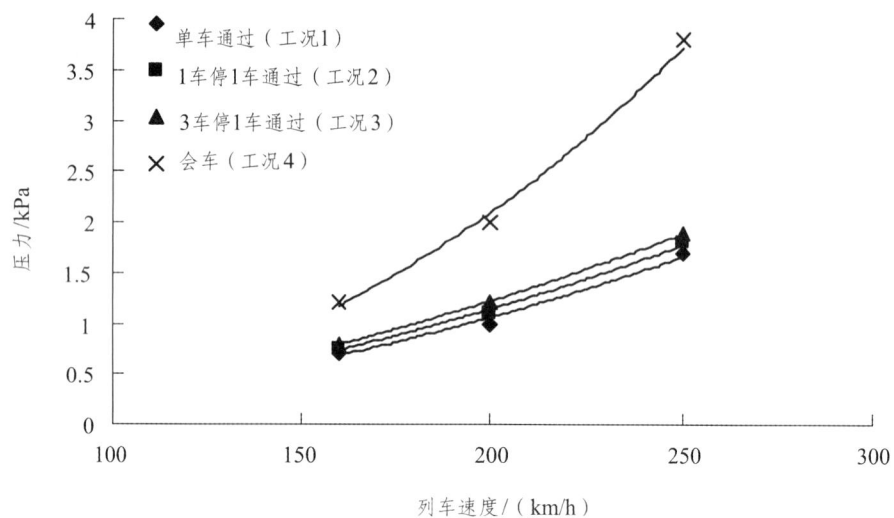

图 3.2-22　各种工况下站台中部测点压力峰值曲线

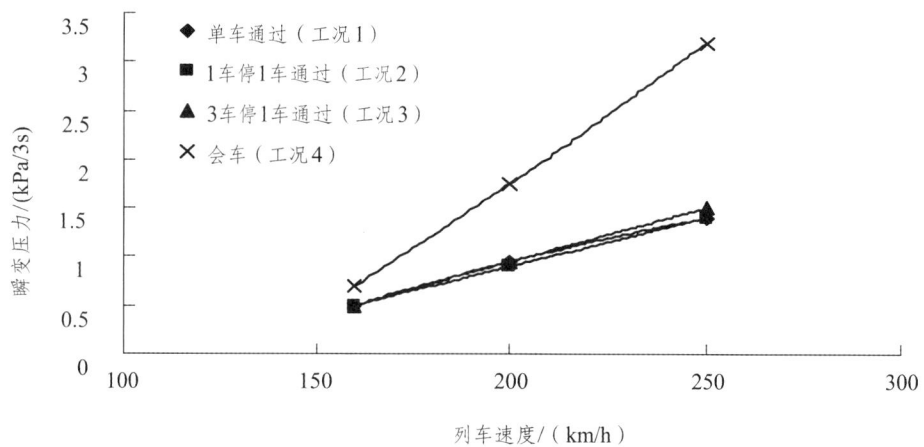

图 3.2-23　各种工况下站台中部测点瞬变压力最大值曲线

表 3.2-6　各种工况下站台中部测点压力峰值对比

工　况	正线压力峰值/kPa		
	$v = 160$ km/h	$v = 200$ km/h	$v = 250$ km/h
单车通过	0.7	1.1	1.7
1 车停靠 1 车通过	1	1.1	1.6
3 车停靠 1 车通过	1	1.2	1.8
会　车	1.5	2	3.8

注：上述压力峰值测点位于站中部，且距车站中心线 6.58 m。

表 3.2-7　各种工况下车站瞬变压力对比

工况	正线瞬变压力/（kPa/3 s）		
	$v = 160$ km/h	$v = 200$ km/h	$v = 250$ km/h
单车通过	0.5	0.95	1.4
1 车停靠 1 车通过	0.5	0.9	1.4
3 车停靠 1 车通过	0.5	0.95	1.5
会车	0.7	1.75	3.2

（3）在无会车情况下，当车速相同时，三种工况在车站内引起的压力波动差异不大，如表 3.2-8 所示。

表 3.2-8　各种工况不同目标速度下正线压力峰值对比表

压力峰值/kPa	工况 I 单列车通过	工况 II 正线一列车停靠一列车直通	工况 III 正线一列车直通其余三列车停靠
160 km/h 时正线压力峰值	0.7	1.0	1.0
200 km/h 时正线压力峰值	1.1	1.1	1.2
250 km/h 时正线压力峰值	1.7	1.6	1.8

注：上述压力峰值测点位于站台中部，且距车站中心线 6.58 m。

（4）在车站和隧道出口未出现明显的微压波释放，不会对环境产生影响。

微压波的出现需要有突变的压力释放空间，其强度与压缩波的压力梯度成正比，与距监测点的距离成反比。在本车站设计方案中，由于在车站内具有渐变的过渡段，并未出现突变的压力释放空间，同时过渡段也降低了压缩波的压力梯度，因此未出现微压波。

（5）单列车通过隧道在车站隧道所产生的压缩波峰值与列车车速平方成正比（图 3.2-24），到发线的压力与正线相比有所降低，压力差值在 10%~20%（表 3.2-9）。

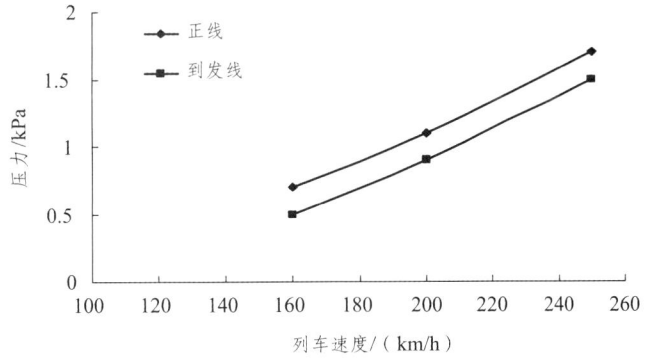

图 3.2-24　压缩波峰值与列车速度关系曲线

表 3.2-9　各种速度下压力峰值数值对比

速度/（km/h）	正线压力峰值/kPa	到发线压力峰值/kPa
160	0.7	0.5
200	1.1	0.9
250	1.7	1.5

注：正线压力峰值测点，距车站中心线 6.58 m；到发线压力峰值测点，距车站中心线 17.58 m。

（6）在有会车（双车对开）情况下，各种车速的压力峰值如表 3.2-10 所示。

表 3.2-10　会车工况不同目标速度下压力峰值

列车速度/（km/h）	最大压力峰值/kPa
160	1.5
200	2
250	3.8

（7）在无会车、车速为 160～250 km/h 的计算工况下，列车经过车站的预设置屏蔽门位置最大风速在 5 m/s 以内；双车对开在车站会车、车速为 160～250 km/h 的计算工况下，列车经过车站时，最大风速达到 6～12 m/s，如表 3.2-11 所示。

表 3.2-11　各种工况不同目标速度下风速

列车速度/（km/h）	工况Ⅰ 单列车通过	工况Ⅱ 正线一列车停靠一列车直通	工况Ⅲ 正线一列车直通其余三列车停靠	工况Ⅳ 会车
160	2.0	2.0	2.7	5.0
200	3.7	3.7	3.8	7.2
250	4.5	4.6	4.8	11.0

注：上述风速测点为车站中心点正线位置，距车站中心线 6.58 m。

2．变更设计方案

（1）在各计算工况中，双车会车所引起的车站内压力峰值明显高于其他工况，为这 4 种计算工况中的控制工况。在相同车速下，所得到的站内压力峰值和瞬变压力都是最大的，如表 3.2-12、表 3.2-13 所示。

表 3.2-12　各种工况下车站正线压力峰值对比

工　况	正线压力峰值/kPa（v = 250 km/h）	
	变更设计方案	施工图设计方案
单车通过	1.5	1.7
1 车停靠 1 车通过	1.6	1.6
2 车（正线、到发线）停靠，1 车通过	1.7	1.8
站内会车	3.8	3.8

表 3.2-13　各种工况下车站瞬变压力对比

工　况	正线瞬变压力/（kPa/3 s）（v = 250 km/h）	
	变更设计方案	施工图设计方案
单车通过	1.8	1.4
1 车停靠 1 车通过	1.8	1.4
2 车（正线、到发线）停靠 1 车通过	1.5	1.5
站内会车	2.6	3.2

注：上述变更设计方案中瞬变压力测点为车站中心点正线位置，距车站中心线 5.5 m。

（2）在无会车情况下，当车速相同时，三种工况在车站内引起的压力波动差异不大，如表 3.2-14 所示。

表 3.2-14　各种工况不同目标速度下正线压力峰值对比

工　况	正线压力峰值/kPa（$v = 250$ km/h）	
	变更设计方案	施工图设计方案
单车通过	1.5	1.7
1 车停靠 1 车通过	1.6	1.6
2 车（正线、到发线）停靠 1 车通过	1.7	1.8

注：上述变更设计方案中风速测点为车站中心点正线位置，距车站中心线 5.5 m。

（3）在车站和隧道出口未出现微压波。

微压波的出现需要有突变的压力释放空间，其强度与压缩波的梯度成正比，与距监测点的距离成反比。在本车站设计方案中，由于在车站内具有渐变的过渡段，并未出现突变的压力释放空间，同时过渡段也降低了压缩波的压力梯度，因此未出现微压波。

（4）到发线的压力与正线相比有所降低，但相差不大，主要由于正线和到发线的空间基本上是连通的，压力可以自由传播。压力峰值如表 3.2-15 所示。

表 3.2-15　车站内部正线与到发线压力峰值数值对比

项　目	$v = 250$ km/h	
	变更设计方案	施工图设计方案
正线压力峰值/kPa	3.8	3.8
到发线压力峰值/kPa	3.7	3.65

注：变更设计方案中正线压力峰值测点，距车站中心线 5.5 m；到发线压力峰值测点，距车站中心线 15.9 m。

（5）在无会车、车速为 250 km/h 的计算工况下，列车经过车站的预设置屏蔽门位置最大风速在 5 m/s 以内；双车对开在车站会车、车速为 250 km/h 的计算工况下，列车经过车站时，最大风速达到 15 m/s。如表 3.2-16 所示。

表 3.2-16　各种工况不同目标速度下风速

工　况	$v = 250$ km/h 时风速	
	变更设计方案	施工图设计方案
单车通过	2.9	4.5
1 车停靠 1 车通过	3.3	4.6
2 车（正线、到发线）停靠 1 车通过	3.8	4.8
站内会车	15.0	11.0

3.2.4　小　结

针对隧道在无屏蔽门、减压井和缓冲设施情况下，列车以不同车速，在不同的工况下通过车站隧道时，对地下车站内压力波动情况进行分析，结果表明：

(1)数值分析和模型试验得到的压力波动规律一致,计算结果较为吻合,起到了相互印证的作用。

(2)得到车站隧道内的压力波动规律为:

① 列车在进入隧道时,形成压缩波;压缩波传播到地下车站后,压力曲线变缓,压力梯度降低。

② 由于压缩波、膨胀波在隧道内的往复传播,隧道各测点处会出现多个波峰、波谷。隧道段的波峰、波谷区分明显,车站内的压力波动较小。

③ 压力最大值出现在列车进入隧道一定距离以后。在地下车站内,压缩波峰值及梯度均有所降低。

④ 在列车车尾经过处,会形成较大负压。

(3)数值分析和模型试验均表明:在速度为 160～250 km/h 的条件下,因车站两端设置喇叭口过渡段,地下车站内以及隧道出口得到的微压波峰值较小,不会对周围环境造成影响。

(4)在各计算工况中,双车车站会车所引起的车站内压力峰值明显高于其他工况,为这 4 种计算工况中的控制工况,在相同车速下,所得到的站内压力峰值和瞬变压力都是最大的。

(5)在无会车情况下,当车速相同时,三种工况在车站内引起的压力波动差异不大。

(6)到发线的压力与正线相比有所降低,但相差不大,主要由于正线和到发线的空间基本上是连通的,压力可以自由传播。

(7)单列车通过隧道在地下车站所产生的压缩波峰值与列车车速平方成正比,到发线的压力与正线相比有所降低,压力差值在 10%～20%。

(8)施工图方案会车情况下速度为 160～200 km/h 时瞬变压力值满足 3 kPa/3 s 的标准,速度为 250 km/h 时瞬变压力为 3.2 kPa/3 s,不满足 3 kPa/3 s 的标准。变更设计方案满足 3 kPa/3 s 的标准。

(9)在会车情况下,车速为 250 km/h 时,站内最大风速为 10 m/s 以上。

(10)在车速为 250 km/h 时,施工图方案(3 700 m)与变更设计方案(4 600 m)相比较可得如下结论:

① 施工图方案与变更设计方案数值计算结果所得压力波动规律基本一致。

② 在各计算工况中,双车车站会车所引起的车站内压力峰值明显高于其他工况,在地下车站和隧道出口未出现微压波。

③ 施工图方案与变更设计方案相比,站内压力有所增加。

④ 变更设计方案与施工图方案相比,站台内风速也有所提高。在无会车、车速为 250 km/h 的计算工况下,列车经过车站的预设置屏蔽门位置最大风速在 5 m/s 以内;双车对开在车站会车时,在车速为 250 km/h 的计算工况下,列车经过车站时,最大风速达到 15 m/s。

综上所述,由于站内有会车工况,本隧道设计应考虑采取设置竖井、缓冲设施、站内设置屏蔽门等工程措施,控制风速和瞬变压力,从而保障站内人员安全及舒适度要求。

3.3 洞身减压井设置必要性及设置参数研究

3.3.1 研究内容

通过对海南东环线美兰机场隧道无减压井、无缓冲设施、无屏蔽门时，车站内的空气动力学效应的基本规律研究表明：

（1）在车站到发线双车停靠、双车会车、车速为 250 km/h 的工况下，施工图方案车站内的瞬变压力为 3.2 kPa/3 s，不满足初步拟定的 3 kPa/3 s 舒适度标准，变更设计方案满足 3 kPa/3 s 舒适度标准。

（2）在车站到发线双车停靠、双车会车、车速为 250 km/h 的工况下，车站内的风速不满足初步拟定的风速限制：5 m/s。所以需要采取相应措施降低站内瞬变压力和站内风速。缓解气动效应经常采用的措施为设置缓冲设施和设置竖井。由于本隧道埋深浅，具有设置竖井条件，因此，有必要对设置减压竖井的作用及其参数进行研究。

对减压竖井的设计参数进行研究，并分析比较减压竖井减缓气动效应的效果，确定减压井的最佳开口率和位置。采用模型试验和数值模拟两种手段进行研究。

1. 第一阶段：施工图设计

模型试验包括两种工况、三种目标发射速度（160 km/h、200 km/h、250 km/h）以及三种不同竖井参数（开口面积分别为 6.7%、15%、21%），对每组试验进行了 3~5 次的测试和数据采集，如图 3.3-1 所示。

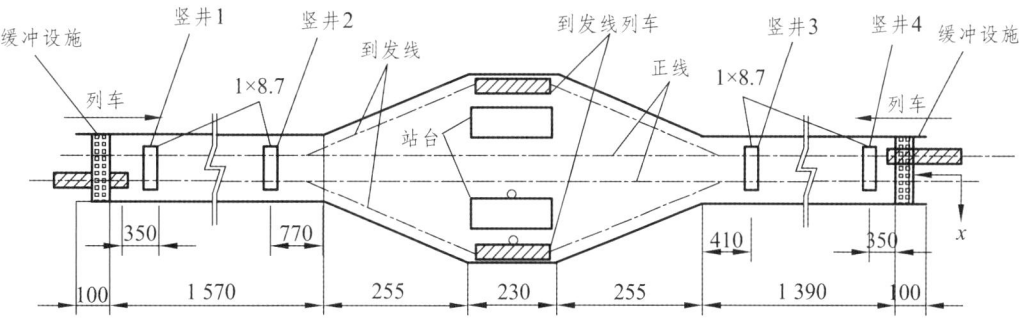

图 3.3-1　美兰机场车站隧道减压竖井布置（施工图设计方案）（单位：m）

2. 第二阶段：变更设计

因变更设计较施工图设计隧道长度有所增长，通过施工图设计研究已得出竖井对车站隧道气动效应的影响规律及设计参数，且不利于运营工况（洞身设减压井，无屏蔽门及洞口缓冲结构）站内会车，因此通过对变更设计方案进行数值模拟，验证竖井设计参数的合理性，如图 3.3-2 所示。

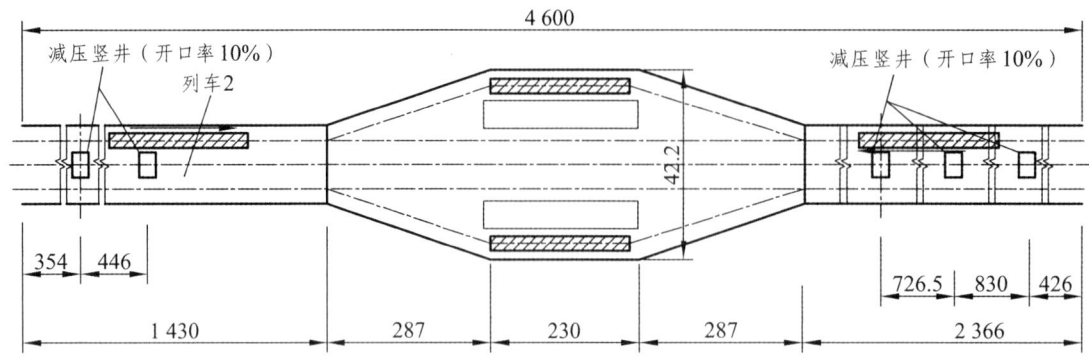

图 3.3-2　美兰机场车站隧道减压竖井布置（变更设计方案）（单位：m）

3.3.2　模型试验

调研分析表明：竖井断面积的不同对隧道内压缩波和隧道出口微压波的影响都很大，随着竖井断面积的不断增大，初始压缩波经过竖井所形成的微压波在逐渐减小；但是由于竖井断面积的不断扩大，列车经过竖井下方时所形成的新的压缩波传播到隧道出口时所产生的微压波也在逐渐增大。当竖井断面积扩大到一定情况的时候，后者产生的微压波峰值会超过初始压缩波传播到洞口所产生的微压波峰值，这样也会对隧道出口的环境造成很大的危害。所以竖井断面积并不是越大越好，在列车速度和隧道长度一定的情况下，存在一个最佳的竖井断面积，这种断面积的竖井降压效果最明显。下面将通过模型试验对竖井的开口面积进行分析比较，然后再通过数值分析进行检验。

3.3.2.1　模型试验内容

为了得到列车通过车站隧道过程中，减压竖井缓解气动效应的效果，对不同竖井开口面积的情况进行试验测试。模型试验内容如表 3.3-1 所示：

表 3.3-1　模型试验内容

竖井开口率	列车速度/（km/h）	模拟工况
6.7%	160/200/250	工况Ⅰ-1：单列车通过
15%	160/200/250	工况Ⅰ-2：单列车通过
21%	160/200/250	工况Ⅰ-3：单列车通过
6.7%	160/200/250	工况Ⅱ-1：正线一列车直通，其余三列车停靠
15%	160/200/250	工况Ⅱ-2：正线一列车直通，其余三列车停靠
21%	160/200/250	工况Ⅱ-3：正线一列车直通，其余三列车停靠

注：竖井开口率为竖井横断面积与隧道净空面积的比值。

模型试验竖井尺寸见表 3.3-2。竖井设置在喇叭口扩大段前端，位置如图 3.3-3 所示。通过调整 L 来改变隧道上部竖井的参数，确定其影响。在车站两侧避车道位置各停靠一辆车，一列车停靠，另一列车以高速通过车站，测试隧道及车站内压力变化。测点设置在模型隧道壁，模型隧道及车站全长 9.23 m（不含两端 U 形槽），上面设置 3 个测点，具体位置如图 3.3-3、图 3.3-4 所示。其中，A、B 压力测点布置在侧面，C 压力测点布置在车站顶部。

表 3.3-2　模型试验竖井尺寸

竖井开口率	竖井开口面积/cm²	竖井开口尺寸 a×b/（cm×cm）
6.7%	10	2.5×4
15%	22.32	1.8×11.7
21%	31	2.5×11.7

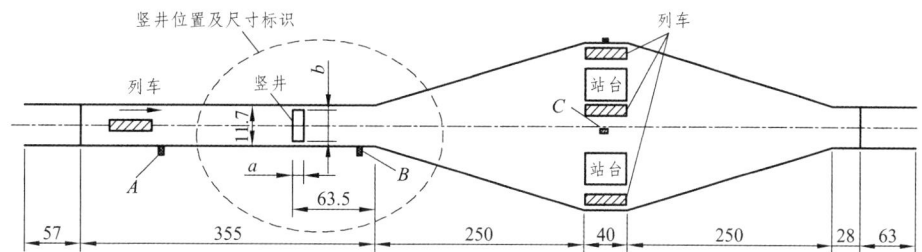

图 3.3-3　车站隧道模型试验尺寸示意（俯视图）（单位：cm）

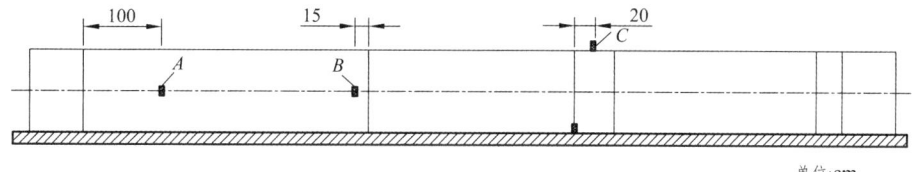

图 3.3-4　列车模型试验测点布置（侧视图）（单位：cm）

3.3.2.2　试验结果分析

1．工况Ⅰ结果分析

通过对工况Ⅰ设置竖井后，在竖井开口率不同的情况下，从隧道及车站隧道内压力波动的模型试验可以看出：

（1）竖井前测点 A 的负压峰值随竖井开口率的增大而增加。

这主要是由于：列车进入隧道所引起的压缩波首波，经过竖井后，部分能量转换成膨胀波，向隧道入口方向传播，与列车车尾形成的膨胀波在测点 A 附近相重叠，从而引起很大的负压。竖井开口率越大，压缩波首波经过竖井时所引起的膨胀波越大，因此出现竖井前测点的负压峰值随竖井开口率的增大而增加的现象，如表 3.3-3 与图 3.3-5 所示。

表 3.3-3　竖井前测点 A 负压峰值（工况Ⅰ）

工　况	列车速度/（km/h）	A 测点负压峰值/kPa
工况Ⅰ-1 开口率 6.7%	147	0.4
	195	0.9
	240	1.15
工况Ⅰ-2 开口率 15%	144	0.4
	200	1.05
	240	1.25
工况Ⅰ-3 开口率 21%	171	0.7
	212	1.2
	248	1.5

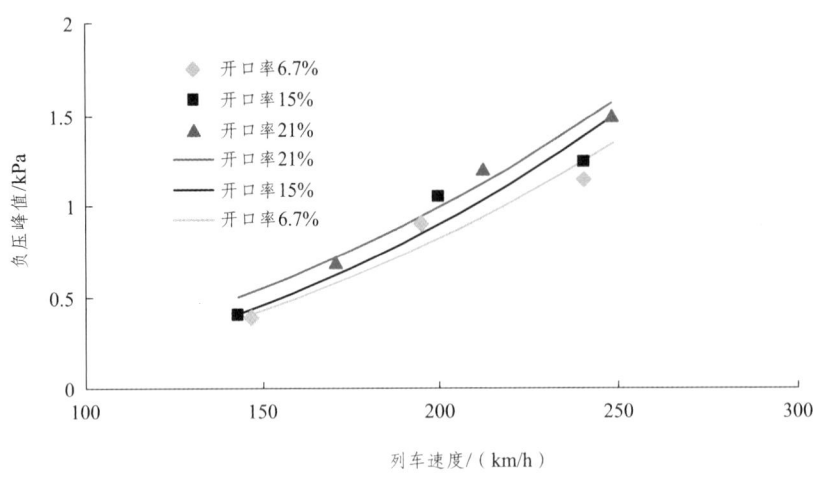

图 3.3-5　竖井前测点 A 负压峰值与车速关系曲线（工况Ⅰ）

（2）竖井后测点（测点 B）所测得的压缩波首波正压峰值随竖井开口率的增大而减小。

这主要由于：竖井开口率的增加，使首波压力在经过竖井时得到降低，开口率越大，压缩波经过竖井压力降低越多，如表 3.3-4 与图 3.3-6 所示。

表 3.3-4　竖井后测点 B 首波正压峰值（工况Ⅰ）

工　　况	列车速度/（km/h）	B 测点正压峰值（kPa）
工况Ⅰ-1 开口率 6.7%	147	0.2
	195	0.3
	240	0.5
工况Ⅰ-2 开口率 15%	144	0.15
	200	0.25
	240	0.35
工况Ⅰ-3 开口率 21%	171	0.13
	212	0.25
	248	0.3

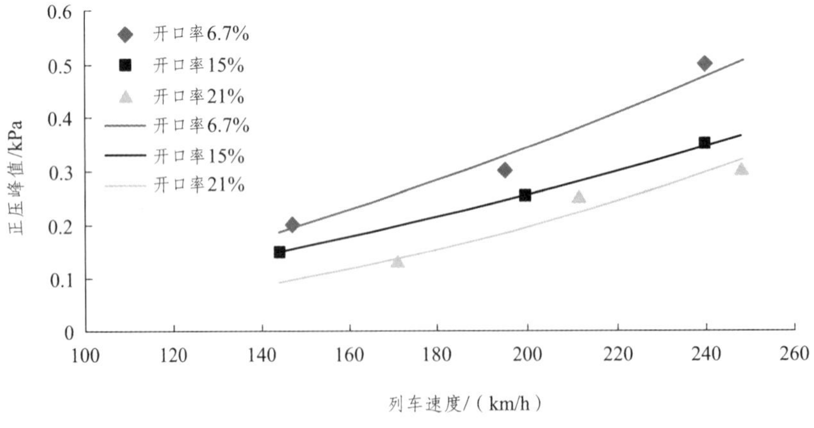

图 3.3-6　竖井后测点 B 首波正压峰值与车速关系曲线（工况Ⅰ）

（3）竖井后测点（测点 B）处所测得的二次波正压力峰值随竖井开口率的增大而增加。

这主要由于：列车经过竖井会形成二次波，二次波峰值随竖井开口率增大而增加，开口率越小，形成的二次波峰值越小，如表 3.3-5 与图 3.3-7 所示。

表 3.3-5　竖井后测点 B 二次波正压峰值（工况 I）

工　况	列车速度/（km/h）	B 测点正压峰值/kPa
工况 I-1 开口率 6.7%	147	0.2
	195	0.28
	240	0.55
工况 I-2 开口率 15%	144	0.25
	200	0.6
	240	0.75
工况 I-3 开口率 21%	171	0.4
	212	0.7
	248	0.85

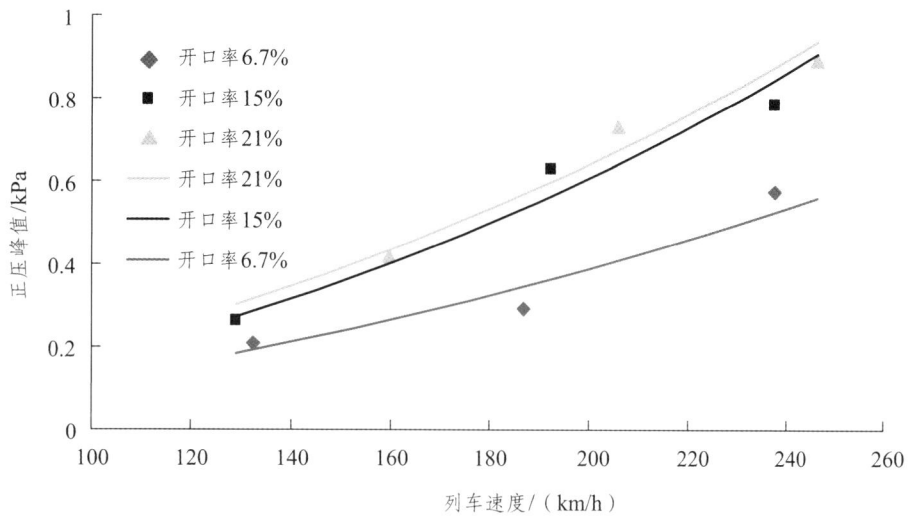

图 3.3-7　竖井后测点 B 二次波正压峰值与车速关系曲线（工况 I）

（4）对设置竖井后站内压力峰值的比较表明：竖井开口率较小工况下的站内压力峰值较小。竖井开口率为 6.7% 时，站内压力峰值最小；竖井开口率为 15% 和 21% 时，站内压力峰值较大，其压力峰值较接近。如表 3.3-6 与图 3.3-8 所示。

表 3.3-6　站内测点 C 正压峰值（工况 I）

工　况	列车速度/（km/h）	C 测点正压峰值/kPa
工况 I-1 开口率 6.7%	147	0.2
	195	0.3
	240	0.45

续表

工 况	列车速度/(km/h)	C 测点正压峰值/kPa
工况 I-2 开口率 15%	144	0.2
	200	0.7
	240	0.8
工况 I-3 开口率 21%	171	0.35
	212	0.7
	248	0.85

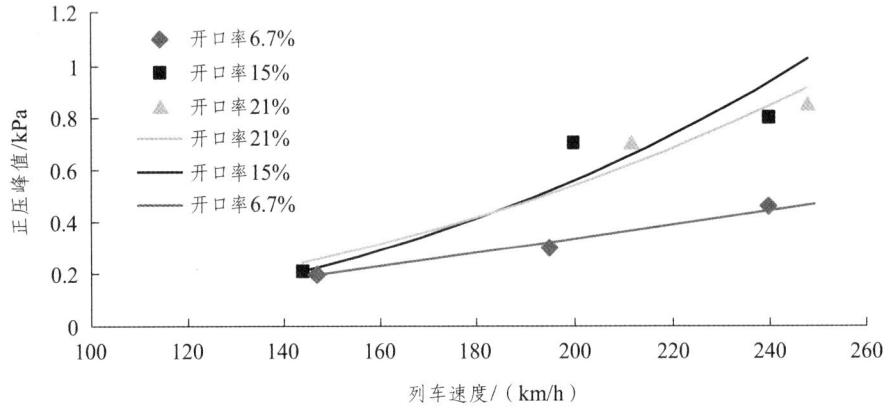

图 3.3-8 站内测点 C 正压峰值与车速关系曲线（工况 I）

2. 工况 I、工况 II 综合分析

通过对不同的竖井开口率、不同列车停靠方式和速度的情况下，隧道及车站隧道内压力波动的模型试验，可以看出：

（1）设置竖井后，会对测点处的压力波动造成一定影响。

① 列车经过竖井后会形成二次波，如图 3.3-9 所示。

设置竖井后波动曲线的第一个波峰峰值明显小于无竖井波动曲线的第一个波峰峰值，压力梯度也明显减小；列车经过竖井时，会在竖井后形成二次波，在 B 测点处出现二次压力峰值，所以设置竖井产生的二次压力峰值要大于无竖井时的第二个波峰峰值。

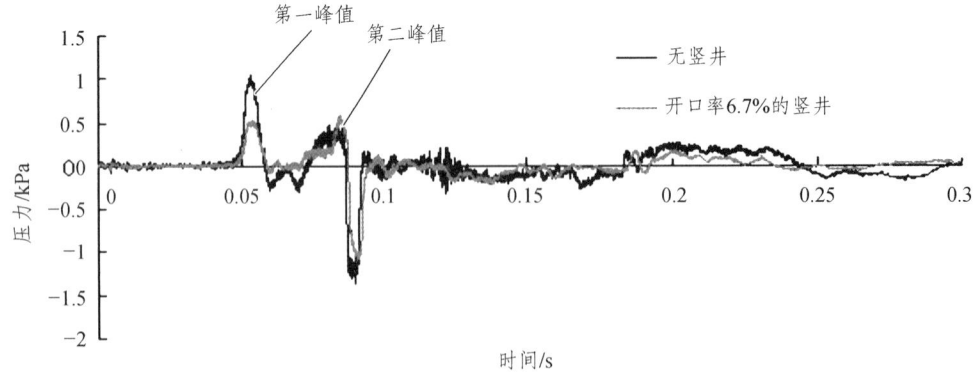

图 3.3-9 250 km/h 速度下设竖井（开口率 6.7%、工况 I）与无竖井 B 测点压力波动曲线比较

② 设置减压井后，竖井后 B 测点的压力峰值有明显降低。

竖井开口率为 6.7% 时，竖井前测点测试到的压力峰值与竖井后测点的压力峰值如图 3.3-10 和表 3.3-7 所示。从图中可以看出设置减压井后，竖井后测点的压力峰值可以降低 20%~40%。

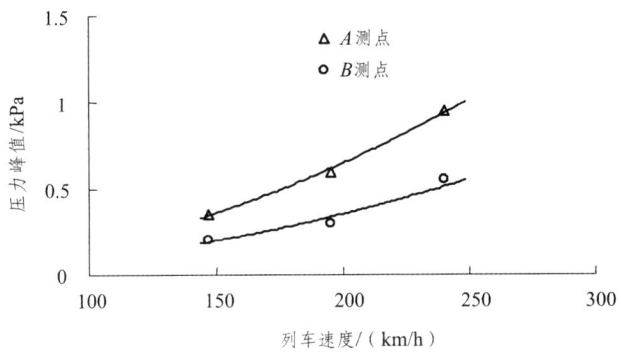

图 3.3-10　竖井前后测点压力对照曲线（开口率 6.7%、工况Ⅰ）

表 3.3-7　竖井前后测点压力值（开口率 6.7%、工况Ⅰ）

列车速度/(km/h)	测点压力值/kPa	
	A 测点	B 测点
147	0.35	0.2
195	0.6	0.3
240	0.95	0.55

③ 设置竖井后，可以降低站内测点 C 的压力峰值，如图 3.3-11、表 3.3-8 所示。

表 3.3-8　站内测点压峰值（工况Ⅰ）

工　况	列车速度/(km/h)	C 测点压力峰值/kPa
设置竖井 （开口率 6.7%）	147	0.2
	195	0.3
	240	0.45
无竖井	180	0.31
	206	0.38
	248	0.57

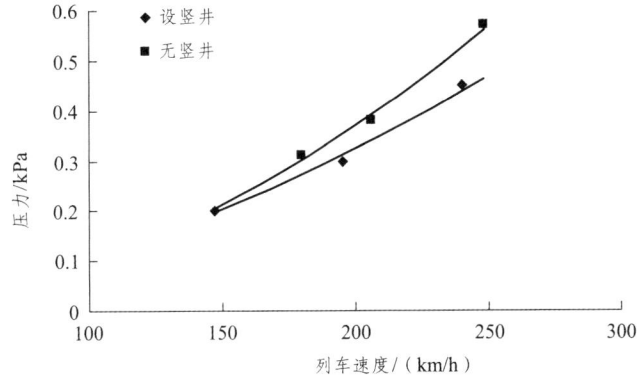

图 3.3-11　有无竖井站内测点 C 压力峰值对照曲线（开口率 6.7%、工况Ⅰ）

（2）合理选择减压竖井面积，可以使竖井后测点处的首波压力峰值与列车经过竖井所引起的二次波峰值基本一致，从而取得良好的降压效果。

设置竖井后压力峰值降低率定义为：

$$\frac{降压前首波峰值-降压后压力波峰值}{降压前首波峰值}\times 100\%$$

对开口率为 6.7%、15%、21% 三种模型试验的测试结果分析表明：开口率为 6.7% 的降压效果最好，对比效果如图 3.3-12 所示。

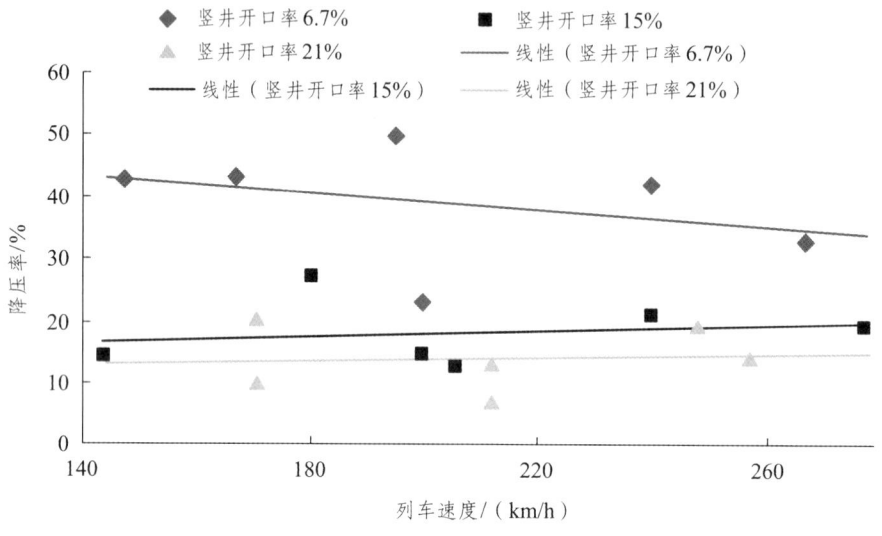

图 3.3-12 不同竖井开口率降压效果对照

从图中可以看出，开口率为 6.7% 的竖井较之开口率为 15% 和 21% 的竖井，前者降压效果更为明显，可以将压力降低 30%~50%。

（3）工况Ⅰ和工况Ⅱ测得的站内测点 C 压力峰值有一定的差别，但竖井降低压力的效果基本一致。利用试验得到数据进行曲线拟合，得到目标速度下压力峰值，如图 3.3-13、表 3.3-9 所示。

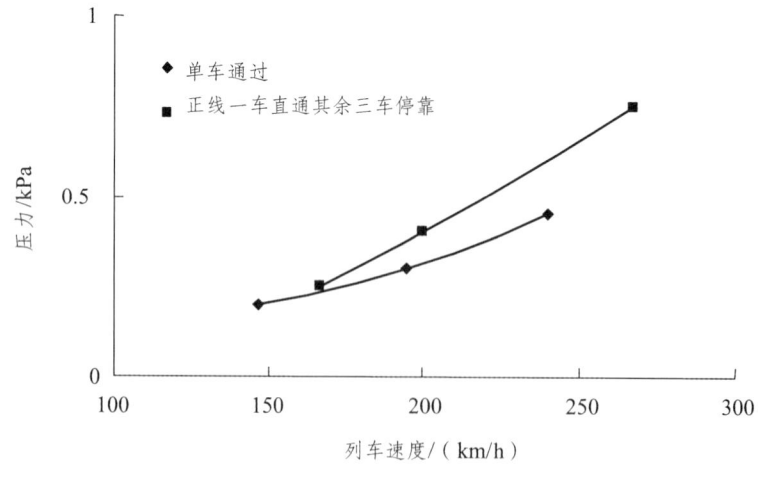

图 3.3-13 模型试验压力峰值曲线

表 3.3-9　模型试验各工况不同目标速度下站内压力峰值（竖井开口率 6.7%）

目标速度 /(km/h)	车站内压力峰值及降压效果					
	工况Ⅰ：单列车通过			工况Ⅱ：正线一车直通其余三车停靠		
	不设竖井压力 峰值/kPa	设竖井后压力 峰值/kPa	降低率 /%	不设竖井压力 峰值/kPa	设竖井后压力 峰值/kPa	降低率/%
160	0.28	0.22	21	0.5	0.24	52
200	0.42	0.31	26	0.77	0.4	48
250	0.58	0.5	16	1.21	0.67	45

（4）对设置竖井后工况Ⅰ和工况Ⅱ测得的站内测点 C 压力峰值分析表明：在单车通过隧道时，车站内所出现的最大压力主要由列车经过竖井所形成的二次波和列车经过测点时的压力波动引起，首波到达车站内所形成的压力波峰值不会成为最大压力值。

（5）结合模型试验，试验结果表明：竖井开口面积在 6.7% ~ 15% 左右缓解气动效应效果均较为理想。数值计算中选取竖井开口面积为 10% 进行计算。

3.3.3　数值计算

3.3.3.1　数值计算参数

（1）模型试验选取竖井开口率从小到大为 6.7%，15%，21%，而缓解气动效应的效率随着开口率的增加在逐渐降低，以此为依据，并参考以往的研究成果，选取竖井开口率为 10%，来进行数值计算。

（2）隧道减压竖井合理位置按式（1.2-1）计算确定。

针对车站隧道的长度为 3 700 m 的隧道减压竖井的位置布置如图 3.3-14 所示。

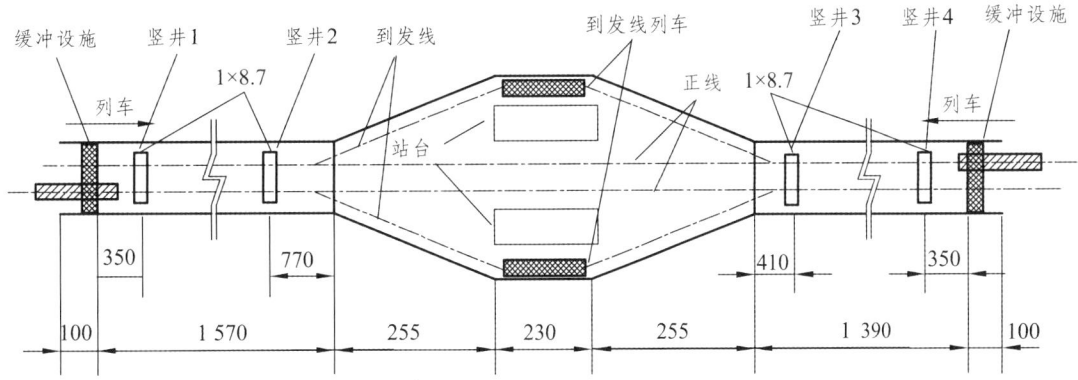

图 3.3-14　美兰机场车站隧道减压竖井布置（施工图设计方案）（单位：m）

① 取隧道长度 L = 3 700 m，取最不利时的列车速度 250 km/h 代入上述公式，得到待定竖井至长度为 1 390 m 端隧道洞口的距离为：972.1 m < X_s < 1 253.8 m。

以三亚端隧道洞口作为出口，确定竖井 3 距离出口 980 m，在上述合理位置范围内。

② 考虑到车站隧道空间的扩大，故把车站隧道渐变扩大段起点作为隧道的出口点考虑，

以三亚端隧道作为隧道长度，即 $L = 1390$ m。取最不利时的列车速度 250 km/h 代入上述公式，得到待定竖井至隧道出口距离为：365.2 m $< X_s <$ 471.0 m。

由于现场条件限制，结合 X_s 下限 365.2 m，向小里程方向调整 15.2 m，确定竖井 4 距离出口为 350 m。

③ 考虑到车站隧道空间的扩大，故把车站隧道渐变扩大段起点作为隧道的入口点考虑，以海口端隧道作为隧道长度，即 $L = 1570$ m。取最不利时的列车速度 250 km/h 代入上述公式，得到待定竖井至隧道入口的距离为：412.5 m $< X_s <$ 532.0 m。

由于现场条件限制，结合 X_s 下限 412.5 m，为保持与竖井 4 的一致，向大里程方向调整 62.5 m，确定竖井 1 距离入口距离为 350 m。

④ 考虑到车站隧道空间的扩大，故把车站隧道作为隧道的入口点考虑，同样根据波的叠加原理，把竖井处作为隧道的分界点，以竖井 1 到车站渐变段终点为隧道长度，即 $L = 1220$ m。以最不利时的列车速度 250 km/h 代入上述公式，得到待定竖井至竖井 1 的距离为：320.5 m $< X_s <$ 413.4 m。

根据现场实际，结合 X_s 上限 413.4 m，向大里程方向调整 36.6 m，确定竖井 2 距离竖井 1 为 450 m。

4 座竖井的位置综述如下：

隧道入口侧设置两个减压竖井，减压竖井位置：

距离隧道入口 350 m，竖井高度 5 m；

距离隧道入口 800 m，竖井高度 4 m。

隧道出口侧设置两个减压竖井，减压竖井位置：

距离隧道出口 350 m，竖井高度 5 m；

距离隧道出口 980 m，竖井高度 6 m。

3.3.3.2 变更设计减压竖井参数设置

针对变更设计后车站隧道的长度为 4 600 m 的隧道减压竖井的位置布置如图 3.3-15 所示：

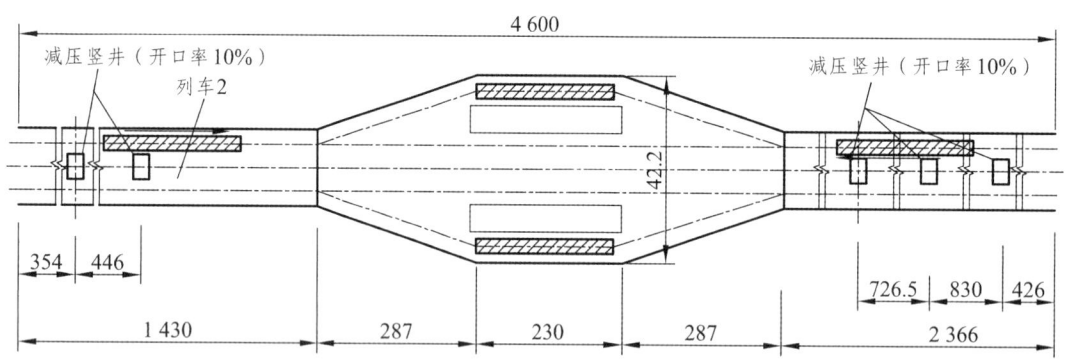

图 3.3-15 美兰机场车站隧道减压竖井布置（变更设计方案）（单位：cm）

同理，对竖井位置进行确定如下：

（1）取隧道长度 $L = 4600$ m，取最不利时的列车速度 250 km/h 代入上述公式，得到待定竖井至隧道洞口 DK21+300 的距离为：1 208.5 m $< X_s <$ 1 558.8 m

以较长隧道端 DK21+300 作为入口，结合现场实际，确定竖井 DK20+044 距离入口 1 256 m，在上述合理位置范围内。

（2）根据波的叠加原理，把竖井处作为隧道的分界点，在大里程隧道端（2 366 m 端），取隧道长度为洞口 DK21+300 距离竖井 DK20+044 的长度，即 L = 1 256 m，取最不利时的列车速度 250 km/h 代入上述公式，得到待定竖井至隧道洞口 DK21+300 的距离为：330.0 m < X_s < 425.6 m。

根据现场实际，结合 X_s 上限 425.6 m，向小里程方向微小调整 0.4 m，确定竖井 DK20+874 距离入口 426 m，基本在上述合理位置范围内。

（3）同样根据波的叠加原理，把竖井处作为隧道的分界点，在大里程隧道端（2 366 m 端），根据现场实际情况，在竖井 DK20+044 和渐变过渡终点 DK18+934 中点附近，得到竖井 DK19+317.5 的位置。

（4）考虑到车站隧道空间的扩大，故把车站隧道起点 DK18+800 作为隧道的出口点考虑，以 DK16+700 到 DK18+130 作为隧道长度，即 L = 1 430 m，取最不利时的列车速度 250 km/h，代入上述公式，得到待定竖井至隧道洞口 DK16+700 的距离为：375.7 m < X_s < 484.6 m。

由于现场条件限制，结合 X_s 下限 375.7 m，向小里程方向调整 21.7 m，确定竖井 DK17+054 距离洞口 DK16+700 为 354 m。

（5）考虑到车站隧道空间的扩大，故把车站隧道作为隧道的出口点考虑，同样根据波的叠加原理，把竖井处作为隧道的分界点，以竖井 DK17+054 到车站起点 DK18+130，即 L = 1 076 m，取最不利时的列车速度 250 km/h 代入公式，得到待定竖井至竖井 DK17+054 的距离为：282.7 m < X_s < 364.6 m。

根据现场实际，结合 X_s 上限 364.6 m，向大里程方向调整 81.4 m，确定竖井 DK17+500 距离竖井 DK17+054 为 446 m。

3.3.3.3 数值计算工况

前面研究表明，车站内会车，同时到发线停靠列车时，为最不利工况，因此，数值计算中的工况为：竖井开口率为 10%，地下车站内到发线停靠列车，列车在站内会车。施工图设计计算工况（隧道全长 3 700 m）共 3 组，针对模型试验得到的竖井参数，模拟列车运行速度分别为 160 km/h、200 km/h、250 km/h 时，确定车站隧道最不利会车工况。变更设计计算工况（隧道全长 4 600 m），仅对列车运行速度为 250 km/h 进行模拟。运营工况取一种，即洞身设置减压井，无屏蔽门，无缓冲结构，站内会车情况。如表 3.3-10、表 3.3-11 所示。在施工图设计计算工况下，站内测点设置在距离车站中心线 6.58 m 处，隧道内测点设置在隧道边壁上。在变更设计计算工况下，站内测点设置在距离车站中心线 5.5 m 处，隧道内测点设置在隧道边壁上。

表 3.3-10 数值计算参数

项　目		参　数
竖井参数（车站隧道总长 3 700 m）	开口率	开口率（开口面积与隧道面积比）为 10%
	入口侧竖井位置（海口端）	距离隧道入口 350 m 距离隧道入口 980 m
	入口侧竖井位置（三亚端）	距离隧道出口 350 m 距离隧道出口 800 m

续表

项　目		参　数
竖井参数（车站隧道总长 4 600 m）	开口率	开口率（开口面积与隧道面积比）为 10%
	入口侧竖井位置（海口端）	距离隧道出口 426 m 距离隧道出口 1 256 m 距离隧道出口 1 982.5 m
	出口侧竖井位置（三亚端）	距离隧道出口 354 m 距离隧道出口 800 m

表 3.3-11　设置减压竖井工况

方　案	速度目标值/（km/h）	运营工况
施工设计方案	160、200、250	正线两列车交会，其余列车停靠
变更设计方案	250	正线两列车交会，其余列车停靠

3.3.3.4　计算结果分析

通过对车站隧道两端隧道设置减压竖井后，列车在车站隧道会车情况下，车站内压力波动情况的数值分析，结果表明：

1．施工图设计方案计算结果分析

（1）设置竖井后，在列车经过竖井后，会形成二次压缩波；二次压缩波对竖井前方测点（DK16+690、DK17+290）没有影响，但是会在竖井后方测点处产生明显二次压力峰值。

（2）减压竖井的设置可以在一定程度上降低车站隧道内压力的峰值。

图 3.3-16 与表 3.3-12 是在设置减压竖井以后与未设置减压竖井情况下，车站隧道内的压力峰值，可以看出：设置减压竖井可以将压力峰值降低 10% 左右。

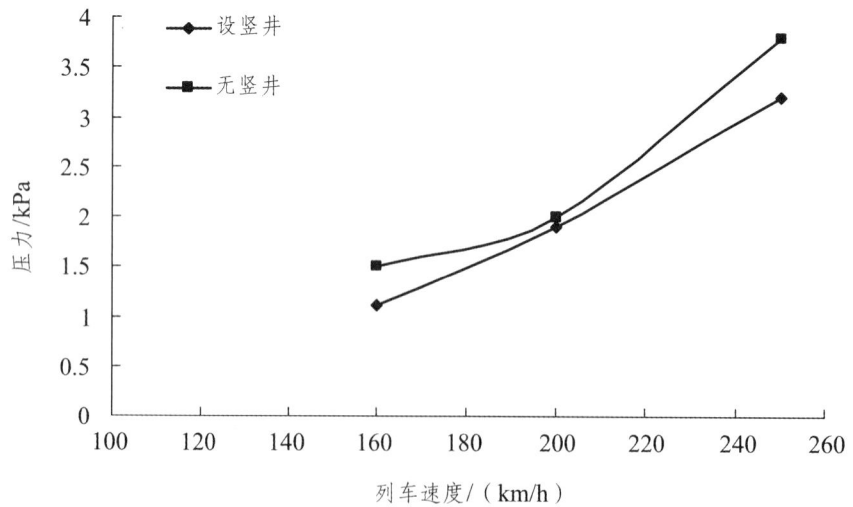

图 3.3-16　有无竖井情况下站内压力峰值对比曲线（站内会车）

表 3.3-12 有无竖井情况下站内压力峰值（站内会车）

目标速度/（km/h）	站内压力峰值/kPa	
	设竖井	无竖井
160	1.1	1.5
200	1.9	2.0
250	3.2	3.8

（3）减压竖井的设置可以将车站内的压力梯度降低 10%～20%，如图 3.3-17、表 3.3-13 所示。

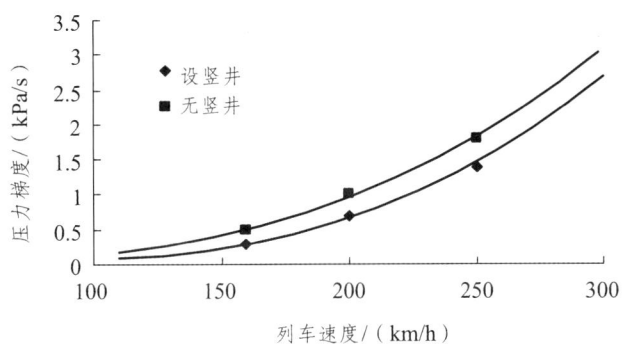

图 3.3-17 有无竖井情况下站内压力梯度峰值曲线

表 3.3-13 有无竖井情况下站内压力梯度

目标速度/（km/h）	站内压力梯度/（kPa/s）	
	设竖井	无竖井
160	0.3	0.5
200	0.8	1.0
250	1.4	1.6

（4）减压竖井的设置可以在一定程度上降低车站隧道内的站台风速，可以下降 10%～20%。如图 3.3-18、表 3.3-14 所示。

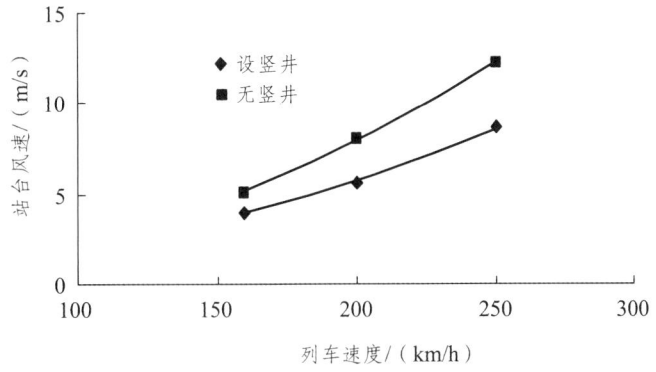

图 3.3-18 有无竖井情况下站台最大风速曲线

表 3.3-14　有无竖井情况下站台最大风速

目标速度/（km/h）	站台最大风速/（m/s）	
	设竖井	无竖井
160	4.5	5
200	5.6	7
250	7.8	11

注：上述风速测点为车站中点，距车站中心线 6.58 m。

（5）设置竖井后，车速为 160 km/h、200 km/h、250 km/h 时，车站内的压力波动值满足初步拟定的瞬变压力标准 3.0 kPa/3 s，如图 3.3-19、表 3.3-15 所示。

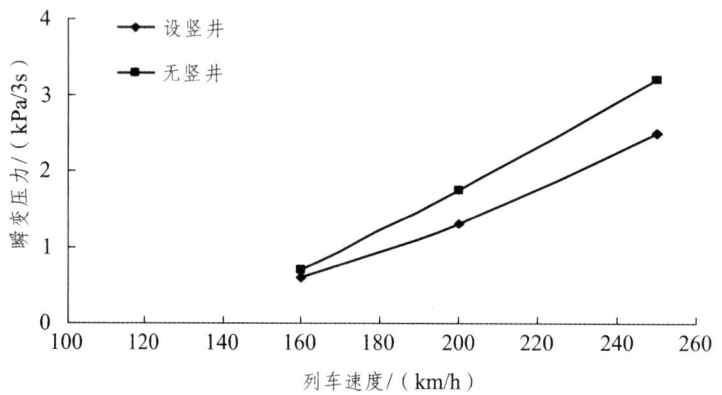

图 3.3-19　有无竖井情况下正线最大瞬变压力曲线

表 3.3-15　有无竖井情况下正线最大瞬变压力

目标速度/（km/h）	正线瞬变压力最大值/（kPa/3 s）	
	设竖井	无竖井
160	0.6	0.7
200	1.3	1.75
250	2.5	3.2

2．变更施工图设计方案计算结果分析

（1）减压竖井的设置可以在一定程度上降低车站隧道内的压力峰值。

当车速为 250 km/h 时，变更施工图设计方案（总长 4 600 m）与施工图设计方案（总长 3 700 m）在有无设置竖井的情况下的对比如表 3.3-16 所示，可以看出：设置减压竖井可以将压力峰值降低 10% 左右。

表 3.3-16　有无竖井情况下站内压力峰值（站内会车，v = 250 km/h）

方　案	站内压力峰值/kPa	
	设竖井	无竖井
变更设计方案	3.3	3.8
施工图设计方案	3.2	3.8

（2）减压竖井的设置可以将车站内的压力梯度降低 10%～20%，如表 3.3-17 所示，可以看出，站内的压力波动满足初步拟定的 3 kPa/3 s 的舒适度标准。

表 3.3-17　有无竖井情况下站内瞬变压力对比（站内会车，v = 250 km/h）

方　案	站内瞬变压力峰值/（kPa/3 s）	
	设竖井	无竖井
变更设计方案	2.2	2.6
施工图设计方案	2.5	3.2

（3）减压竖井的设置可以在一定程度上降低车站隧道内的站台风速，可以下降 10%～20%，如表 3.3-18 所示。

表 3.3-18　有无竖井情况下站台最大风速对比（站内会车，v = 250 km/h）

方　案	站台最大风速/（m/s）	
	设竖井	无竖井
变更设计方案	11	15
施工图设计方案	7.8	11

3.3.4　小　结

3.3.4.1　施工图设计工况结论

通过对车站隧道车站的两端设置竖井后车站内压力波动特性进行分析，得出如下结论：

（1）海南东环线美兰机场隧道在无减压井、无缓冲设施、无屏蔽门的情况下，当列车车速为 250 km/h 时，瞬变压力和站台风速不满足标准，需要设置减压竖井。

（2）对设置竖井后，站内压力峰值分析表明：在单车通过隧道时，车站内所出现的最大压力主要由列车经过竖井所形成的二次波和列车经过测点时的压力波动引起，压缩波首波到达车站内所形成的压力波峰值一般不会成为最大压力值。

（3）选择合理的减压竖井的开口面积和设置位置，可以降低车站隧道内的压力峰值 10%左右，降低车站隧道内的压力梯度 10%～20%，并有效降低车站隧道内站台的风速。

（4）通过对不同竖井开口率（6.7%、15%、21%）的模型试验，确定了竖井的合理开口面积为 10% 左右。

（5）最不利工况下设置竖井后，车速为 250 km/h 时，车站内的压力波动值满足初步拟定的瞬变压力标准 3.0 kPa/3 s。

（6）减压竖井的设置可以降低车站隧道内的站台风速 10%～20%。

（7）对于施工图设计方案（3 700 m），最不利工况下设置减压竖井后车站隧道内站台风速有了明显降低：

车速为 160 km/h 时，站台风速从 5 m/s 降低到 4.5 m/s，满足风速标准 5 m/s；

车速为 200 km/h 时，站台风速从 7 m/s 降低到 5.6 m/s，不满足风速标准 5 m/s；

车速为 250 km/h 时，站台风速从 11 m/s 降低到 7.8 m/s，不满足风速标准 5 m/s。

（8）施工图设计方案（3 700 m），在数值计算中速度监测测点距车站中心线 6.58 m。在车速为 250 km/h 时，设置竖井后，站台风速为 7.8 m/s。

3.3.4.2 变更设计工况结论

在变更设计方案中，通过对洞身设置减压竖井的车站隧道进行数值分析，得出如下结论：

（1）减压竖井的设置可以在一定程度上降低车站隧道内的压力峰值。

在车速为 250 km/h 的情况下，无论是变更施工图设计方案（总长 4 600 m）还是施工图设计方案（总长 3 700 m），设置减压竖井均可以将压力峰值降低 10% 左右。设置竖井后，变更设计方案（4 600 m）计算出的压力峰值与施工图设计方案（3 700 m）基本一致，而 3 s 内的瞬变压力前者比后者大 30% 以上。

（2）减压竖井的设置可以将车站内的压力梯度降低 20%～30%，可以看出，站内的压力波动满足初步拟定的 3 kPa/3 s 的舒适度标准。

（3）减压竖井的设置可以在一定程度上降低车站隧道内的站台风速，可以下降 10%～20%。设置竖井后，变更设计方案（4 600 m）计算出的站台风速与施工图设计方案（3 700 m）相比要大 30% 以上。

（4）变更设计方案（4 600 m），在数值计算中速度监测测点距车站中心线 5.5 m 处，在车速为 250 km/h 时，设置竖井后，站台风速为 11 m/s，高于设定的风速标准。

因此，根据上述研究结论，为了候车人员安全需要，应考虑设置屏蔽门。

3.4 车站屏蔽门设置必要性及设置参数研究

3.4.1 研究内容

美兰机场客运专线车站隧道与一般的地铁车站有相似之处，又有其本身的特点。由于车速达到 200 km/h 以上，屏蔽门的设置还要考虑车站内车隧气动效应的影响。综合而言，屏蔽门设置的必要性主要体现在如下几个方面：

（1）屏蔽门的设置最初主要作为环境控制设备的一部分，具有节能的效果。站台内人员密集，客流量大，造成地铁内产生的热量大幅增加，使得地铁空气和周围围岩的温度迅速上升，为满足乘客的舒适性要求，地铁车站大多采用空调系统。设置屏蔽门可以降低能耗，保证提供良好的候车环境。

（2）屏蔽门的设置可以保证站台内人员的安全。在屏蔽门系统应用以前，站台候车乘客的生命安全经常受到威胁。一旦事故出现，不仅导致运营的中断，最重要的是地铁乘客的人身安全得不到保障。设置屏蔽门可以很好地保障候车乘客的生命安全。

（3）降低列车高速运动所引起的气动效应对乘客的影响。在车站内，不仅有列车进入隧道过程中形成的压缩波、膨胀波引起车站内压力波动，也存在站内列车移动所引起的压力波动。设置屏蔽门后可以显著削减站内气动效应的影响。

（4）隔断列车通过车站时引起的牵曳风对站内候车人员的影响。

根据前期计算表明，列车以 250 km/h 的速度通过车站所引起的风速可以达到 10 m/s，危及站内候车人员的安全，设置屏蔽门后形成了一个相对封闭的空间，使站内人员免受行车风流的影响。因此，有必要设置屏蔽门。本节将重点研究设置屏蔽门后以及在屏蔽门不同工作状况下，车站内的压力波动情况，对设置屏蔽门系统的车站隧道进行试验、计算，并作必要性分析研究。采用的屏蔽门为全封闭式。

第一阶段采用施工图设计资料，模型试验包括五种工况、三种目标发射速度（160 km/h、200 km/h、250 km/h），对每组试验进行了 3~5 次测试和数据采集。数值计算施工图设计方案列车运行速度分别为 160 km/h、200 km/h、250 km/h，变更设计方案列车速度为 250 km/h，其中都包括站内会车、到发线有列车停靠情况下，对 4 种运营工况进行模拟。

第二阶段数值计算针对变更设计方案（隧道全长 4 600 m），列车速度为 250 km/h，其中都包括站内会车、到发线有列车停靠情况下，对 4 种运营工况进行模拟。

3.4.2 模型试验

3.4.2.1 模型试验内容

为了得到列车通过车站隧道过程中，设置屏蔽门后车站气动效应的效果，需对设置竖井后多种屏蔽门开闭方式进行测试分析。

模型试验的工况如下：

对车速分别为 160、200、250（km/h）的 5 种工况进行试验：

Ⅰ：单列车通过，屏蔽门全部封闭；

Ⅱ：正线一列车直通，其余三列车停靠，屏蔽门全部封闭；

Ⅲ：正线一列车直通，其余三列车停靠，正线一边屏蔽门开启，其余屏蔽门封闭；

Ⅳ：正线一列车直通，其余三列车停靠，正线一边屏蔽门开启，到发线开启，正线另一边封闭；

Ⅴ：正线一列车直通，其余三列车停靠（正线有货车临时停靠），正线封闭，其余屏蔽门开启。

1．模型参数

根据试验内容，确定隧道及屏蔽门的模型参数见表 3.4-1、表 3.4-2。

表 3.4-1 模型试验隧道参数

类别	断面		几何相似比	阻塞比	长度/m	
	模型（宽×高）/cm²	实体（宽×高）/m²			模型/cm	实体/m
隧道	11.7×11.7	12.4×7.4	82	0.15	9.23	803
列车	4×5	3.3×4.04	82	—	30	24.6
车站	11.7×45.4	48.26×7.4	82	—	40	32.8
竖井	2.5×4	2.0×3.4	82	—	—	—

注：设置减压竖井与隧道面积比为 6.7%。

表 3.4-2　模型试验屏蔽门参数

类　别	模型长/cm×高/cm×宽/cm	实体长/m×高/m×宽/m	几何相似比（高）
屏蔽门	40.0×11.7×9.6	225×7.4×7.8	82

屏蔽门位置及尺寸标识，见图 3.4-1。

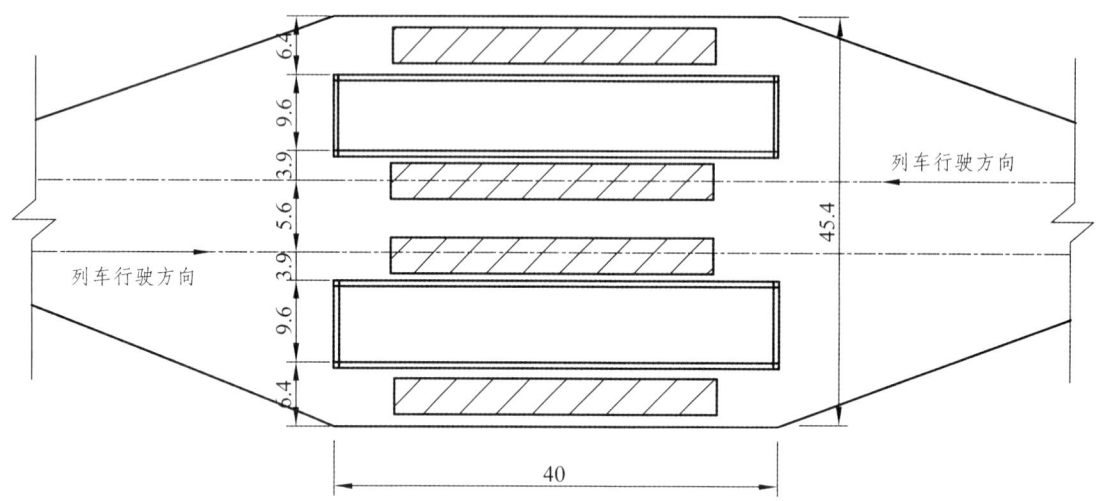

图 3.4-1　屏蔽门位置及尺寸标识（单位：cm）

2．测点布置

测点设置在模型隧道壁，上面设置 3 个测点，具体位置如图 3.4-2 所示。其中，A、B、C 为压力测点，其中测点 C 在车站顶部。

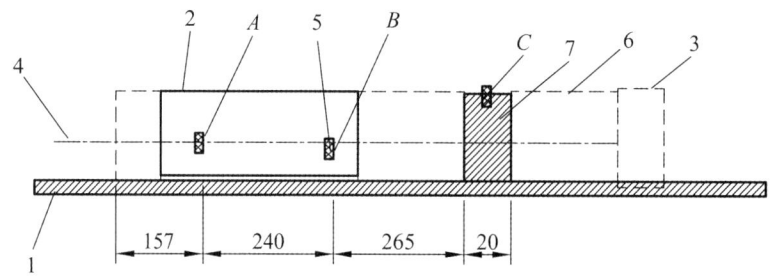

1—模型实验台；2—模型隧道；3—U 形槽；4—定向钢丝绳；
5—测点（A、B、C）；6—喇叭段；7—车站。

图 3.4-2　列车模型试验测点布置（单位：cm）

3.4.2.2　试验结果分析

通过对设置屏蔽门以后，车站内压力波动情况的测试分析表明：

（1）在正线屏蔽门完全封闭和正线屏蔽门开启工况下，对车站内测点（C 测点）处压力曲线进行对比分析，结果表明：

① 在正线屏蔽门完全封闭时，列车经过车站会在站内引起明显的压力波动；

② 在正线屏蔽门开启时，列车经过车站不会在站内引起明显的压力波动。

（2）对于站台设置屏蔽门以后，站台外压力最不利工况是正线屏蔽门全封闭。

工况Ⅲ（正线一边屏蔽门开启，其余屏蔽门封闭）和工况Ⅳ（正线一边屏蔽门封闭，其余屏蔽门开启）较为有利。这主要由于在工况Ⅲ（正线一边屏蔽门开启，其余屏蔽门封闭）和工况Ⅳ（正线一边屏蔽门封闭，其余屏蔽门开启）的情况下，屏蔽门所包围的空间也可以作为车站内的泄压空间，因此，相对工况Ⅱ（屏蔽门全封闭）的情况压力波动要小，如图 3.4-3 和表 3.4-3 所示。

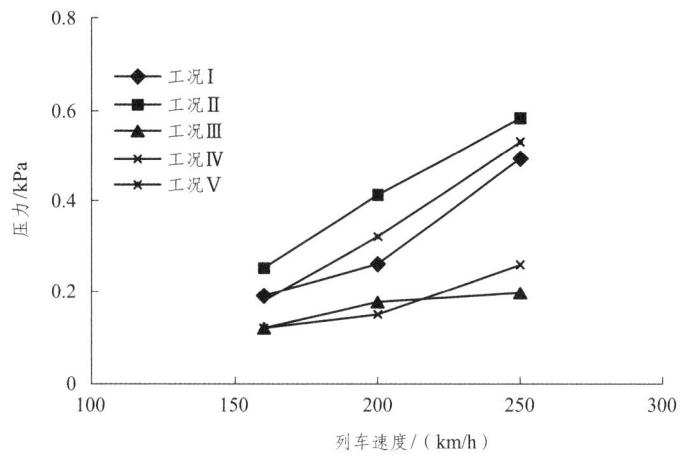

图 3.4-3　不同屏蔽门开启方式时站内压力峰值对比曲线（工况Ⅰ、Ⅱ、Ⅲ、Ⅳ、Ⅴ）

表 3.4-3　不同屏蔽门开启方式时站内压力峰值表（工况Ⅰ、Ⅱ、Ⅲ、Ⅳ、Ⅴ）

目标速度 /（km/h）	各工况下站内压力峰值/kPa				
	工况Ⅰ	工况Ⅱ	工况Ⅲ	工况Ⅳ	工况Ⅴ
160	0.19	0.25	0.12	0.12	0.18
200	0.26	0.41	0.18	0.15	0.32
250	0.49	0.58	0.20	0.26	0.53

（3）设置屏蔽门后，B 测点处不同工况下的压力峰值曲线如图 3.4-4 和表 3.4-4 所示。在行车速度相同时，不同工况下 B 测点处的压力峰值无明显差别。

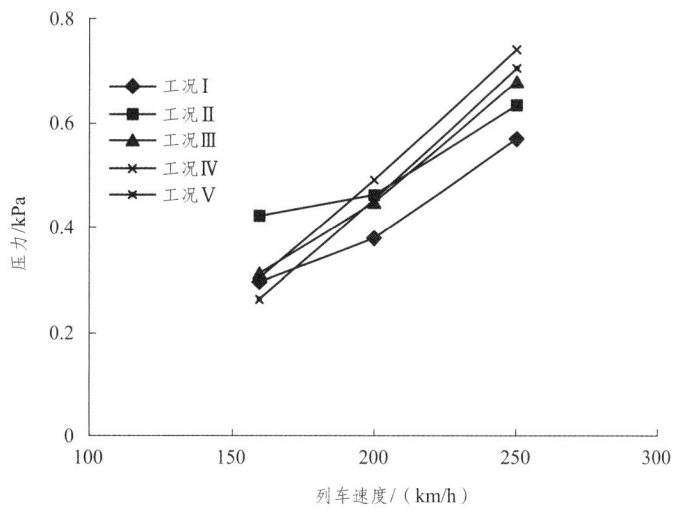

图 3.4-4　不同屏蔽门开启方式时测点 B 处压力峰值对比曲线（工况Ⅰ、Ⅱ、Ⅲ、Ⅳ、Ⅴ）

表 3.4-4　不同屏蔽门开启方式时测点 B 处压力峰值（工况 I、II、III、IV、V）

目标速度 /(km/h)	各工况下站内压力峰值/kPa				
	工况 I	工况 II	工况 III	工况 IV	工况 V
160	0.29	0.22	0.31	0.30	0.26
200	0.38	0.46	0.45	0.49	0.45
250	0.57	0.63	0.68	0.74	0.70

（4）在车站内屏蔽门完全关闭的情况下，将站内停靠三列车时单列车通过与站内不停靠列车时单列车通过的情况进行比较，车站内的压力峰值有所增加，如图 3.4-5 和表 3.4-5 所示。

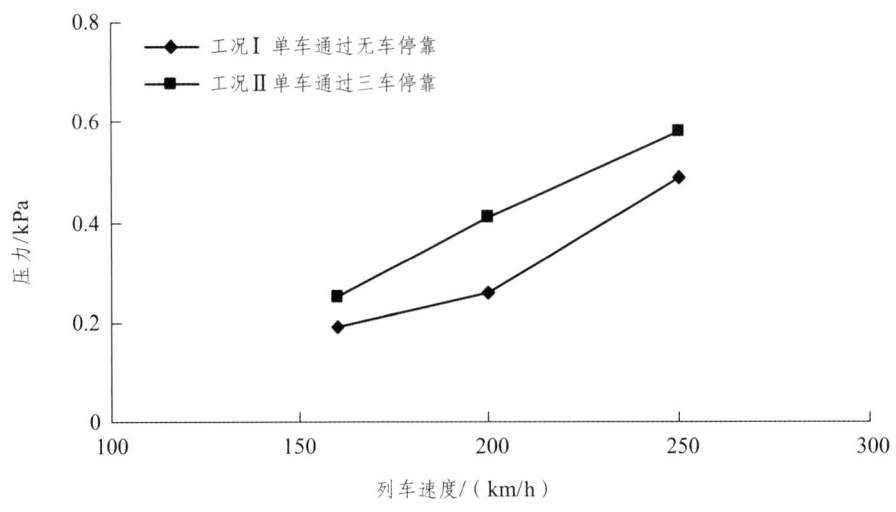

图 3.4-5　屏蔽门封闭、不同目标速度下两种工况站内压力峰值对比曲线

表 3.4-5　模型试验屏蔽门封闭、不同目标速度下两种工况站内压力峰值

目标速度 /(km/h)	车站内压力峰值/kPa	
	工况 I：单列车通过	工况 II：一车直通其余三车停靠
160	0.19	0.25
200	0.26	0.41
250	0.49	0.58

（5）本节最不利工况即在车站内屏蔽门完全关闭的情况下，站内停靠三列车时单列车通过，与上节的最不利工况（竖井开口率为 6.7%，无屏蔽门三车停靠单列车通过）比较，车站内的压力峰值有所增加，如图 3.4-6 和表 3.4-6 所示。

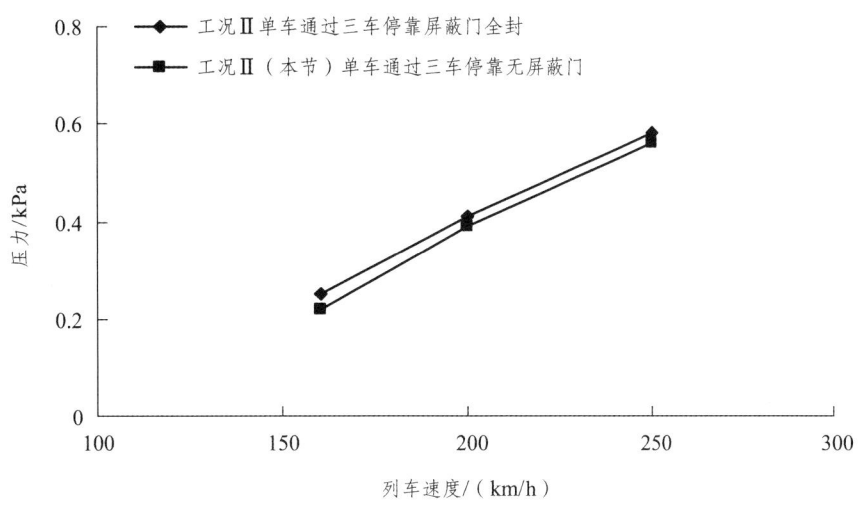

图 3.4-6 屏蔽门全封一车直通其余三车停靠和无屏蔽门三车停靠单列车通过站内压力峰值对比曲线

表 3.4-6 屏蔽门全封一车直通其余三车停靠和无屏蔽门三车停靠单列车通过站内压力峰值对比

目标速度 /（km/h）	车站内压力峰值/kPa	
	工况Ⅱ： 屏蔽门全封一车直通其余三车停靠	上节工况Ⅱ： 无屏蔽门三车停靠单列车通过
160	0.25	0.22
200	0.41	0.39
250	0.58	0.56

3.4.3 数值计算

3.4.3.1 数值计算工况

施工图设计计算工况下（隧道全长 3 700 m），模拟列车通过隧道及车站全过程，计算工况分为 12 组；变更设计计算工况中（隧道全长 4 600 m），在隧道设置屏蔽门、减压井的情况下，计算车站隧道内气动效应强度。具体工况设置见表 3.4-7。

表 3.4-7 设置屏蔽门后数值计算工况（共 16 组）

方 案	速度目标值/（km/h）	运营工况
施工图设计方案	160、200、250	Ⅰ．屏蔽门全部封闭
		Ⅱ．正线一边屏蔽门开启，其余屏蔽门封闭
		Ⅲ．正线一边封闭，其余屏蔽门开启
		Ⅳ．正线封闭，其余屏蔽门开启
变更设计方案	250	1-1．屏蔽门全部封闭
		1-2．正线一边屏蔽门开启，其余屏蔽门封闭
		1-3．正线一边封闭，其余屏蔽门开启
		1-4．正线封闭，其余屏蔽门开启

其中，竖井参数在 3.3 洞身减压井设置必要性及设置参数研究报告中，已经进行详细分析论证，这里沿用其成果。取竖井面积为隧道面积的 10%。

施工图设计方案屏蔽门的设置及尺寸参考具体工程图。站台内屏蔽门的位置情况如图 3.4-7 所示。变更设计方案中站台内屏蔽门的位置情况如图 3.4-8 所示。

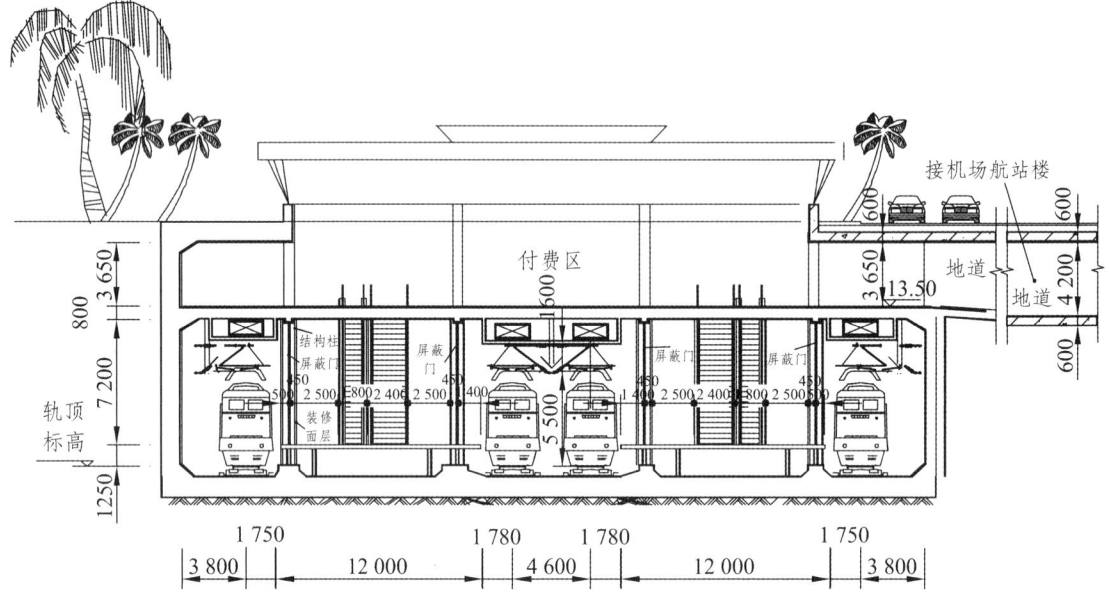

图 3.4-7　施工图方案车站、站台及屏蔽门横断面布置（标高单位：m；其余：mm）

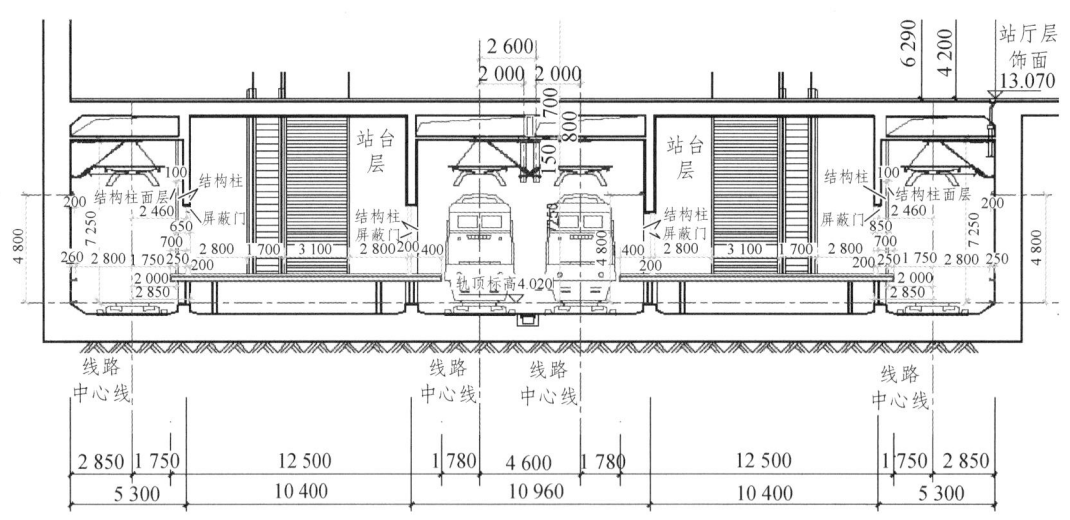

图 3.4-8　变更设计方案车站、站台及屏蔽门横断面布置（标高单位：m；其余：mm）

3.4.3.2　计算结果分析

针对隧道车站内设置屏蔽门，车站两端隧道分别设置减压井时，不同屏蔽门开闭方式的情况下，对于施工图设计方案（隧道全长 3 700 km）列车以不同车速（160 km/h、200 km/h、250 km/h）、变更设计（隧道全长 4 600 km）列车以 250 km/h 的速度通过车站隧道时，根据车站隧道内压力波动情况的数值计算结果得出以下规律：

1．施图设计方案计算结果分析

（1）在屏蔽门不同开闭工况下，工况Ⅲ（正线一边屏蔽门封闭其余开启）最为有利。

这主要是由于工况Ⅲ（正线一边封闭其余开启）减少站台空间最小，对正线的压力波动影响最小。设置屏蔽门以后，在不同屏蔽门开启工况下，正线压力峰值对比分析如图 3.4-9 和表 3.4-8 所示。

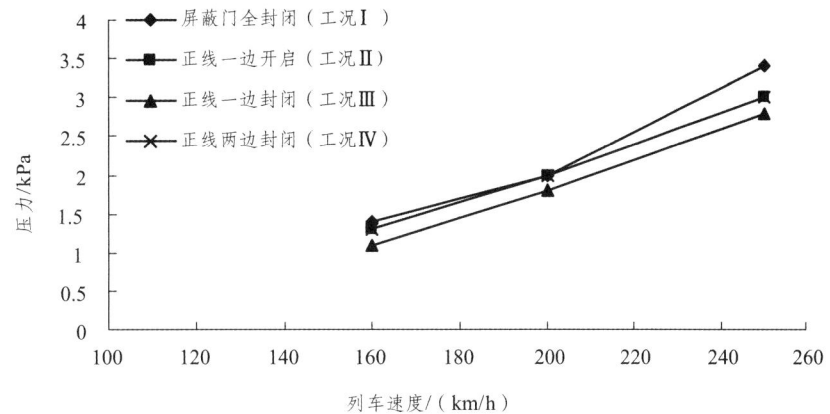

图 3.4-9　屏蔽门不同开闭工况、不同目标速度下正线压力峰值曲线

表 3.4-8　屏蔽门不同开闭工况、不同目标速度下正线压力峰值

目标速度 /（km/h）	正线压力峰值/kPa			
	全封闭（工况Ⅰ）	正线一边开启（工况Ⅱ）	正线一边封闭（工况Ⅲ）	正线两边封闭（工况Ⅳ）
160	1.4	1.3	1.1	1.3
200	2.0	2.0	1.8	2.0
250	3.4	3.0	2.8	3.0

备注：上述压力峰值测点为车站中点，距车站中心线 6.58 m。

（2）对于到发线，在设置屏蔽门以后的各种工况中，工况Ⅲ（正线一侧封闭、其他屏蔽门开启）的到发线的压力波动最为有利。工况Ⅳ（正线两边封闭）和工况Ⅱ（正线一边开启、其余屏蔽门封闭）两种工况的到发线压力峰值基本一致。设置屏蔽门以后，在不同屏蔽门开启工况下，到发线压力峰值对比分析如图 3.4-10 和表 3.4-9 所示。

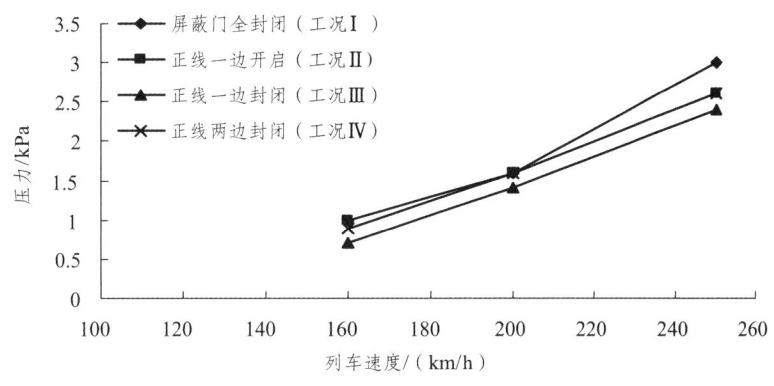

图 3.4-10　屏蔽门不同开闭工况、不同目标速度下到发线压力峰值曲线

表 3.4-9　屏蔽门不同开闭工况、不同目标速度下到发线压力峰值

目标速度 /（km/h）	到发线压力峰值/kPa			
	全封闭 （工况Ⅰ）	正线一边开启 （工况Ⅱ）	正线一边封闭 （工况Ⅲ）	正线两边封闭（工况Ⅳ）
160	1.0	1.0	0.7	0.9
200	1.6	1.6	1.4	1.6
250	3.0	2.6	2.4	2.6

备注：上述压力峰值测点为车站中点，距车站中心线 17.58 m。

（3）设置屏蔽门以后正线上的压力波动情况如图 3.4-11 和表 3.4-10 所示。表明工况Ⅰ（全部屏蔽门封闭）的压力波动值最大。

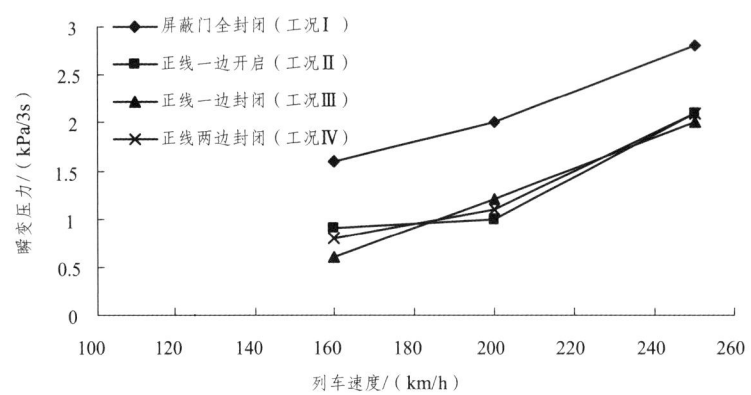

图 3.4-11　屏蔽门不同开闭工况、不同目标速度下正线压力波动曲线

表 3.4-10　屏蔽门不同开闭工况、不同目标速度下正线压力波动

目标速度 /（km/h）	正线压力波动值/（kPa/3 s）			
	全封闭 （工况Ⅰ）	正线一边开启 （工况Ⅱ）	正线一边封闭 （工况Ⅲ）	正线两边封闭（工况Ⅳ）
160	1.6	0.9	0.6	0.8
200	2.0	1.0	1.2	1.1
250	2.8	2.1	2.0	2.1

（4）设置屏蔽门以后到发线上的压力波动情况如图 3.4-12 和表 3.4-11 所示，表明工况Ⅰ（全部屏蔽门封闭）的压力波动值最大。

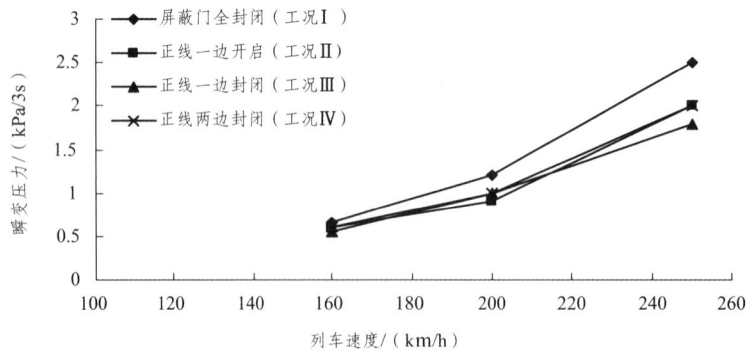

图 3.4-12　屏蔽门不同开闭工况、不同目标速度下到发线压力波动曲线

表 3.4-11　屏蔽门不同开闭工况、不同目标速度下到发线压力波动

目标速度/（km/h）	到发线压力波动值/（kPa/3 s）			
	全封闭（工况Ⅰ）	正线一边开启（工况Ⅱ）	正线一边封闭（工况Ⅲ）	正线两边封闭（工况Ⅳ）
160	0.65	0.6	0.55	0.6
200	1.2	0.9	1	1
250	2.5	2	1.8	2

（5）设屏蔽门以后，各工况正线和到发线的压力峰值都在 3 kPa 以内，正线和到发线的压力波动值在 3 kPa/3 s 以内，满足初步设定的标准。

（6）设置屏蔽门以后各工况正线上的站台风速情况如图 3.4-13 和表 3.4-12 所示。表明工况Ⅰ（全部屏蔽门封闭）的站台风速最大。各工况的正线站台风速都大于 5 m/s，不满足初步设定的标准。

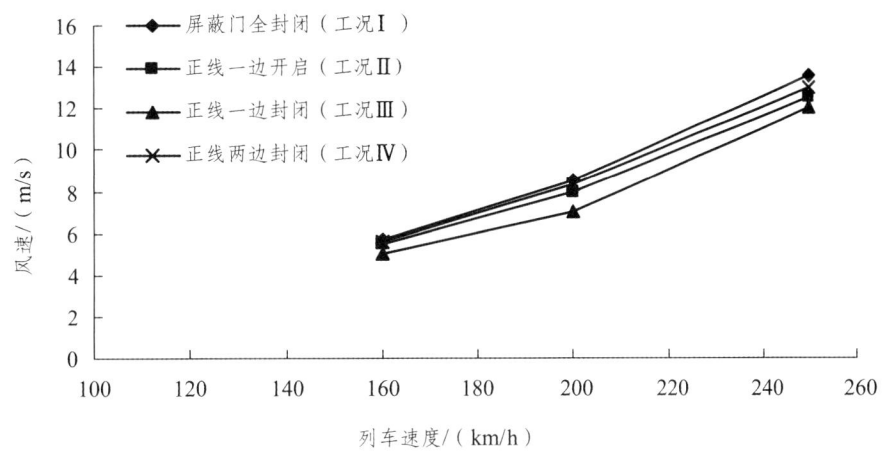

图 3.4-13　屏蔽门不同开闭工况、不同目标速度下正线风速曲线图

表 3.4-12　屏蔽门不同开闭工况、不同目标速度下正线风速

目标速度（km/h）	正线风速（m/s）			
	全封闭（工况Ⅰ）	正线一边开启（工况Ⅱ）	正线一边封闭（工况Ⅲ）	正线两边封闭（工况Ⅳ）
160	5.7	5.5	5	5.6
200	8.5	8	7	8.3
250	13.5	12.5	12	13

备注：上述风速测点为车站中点，距车站中心线 6.58 m。

（7）设置屏蔽门以后各工况到发线上的站台风速情况如图 3.4-14 和表 3.4-13 所示。表明各工况的站台风速相差不大，且各工况的风速均小于 5m/s，满足初步设定的标准。

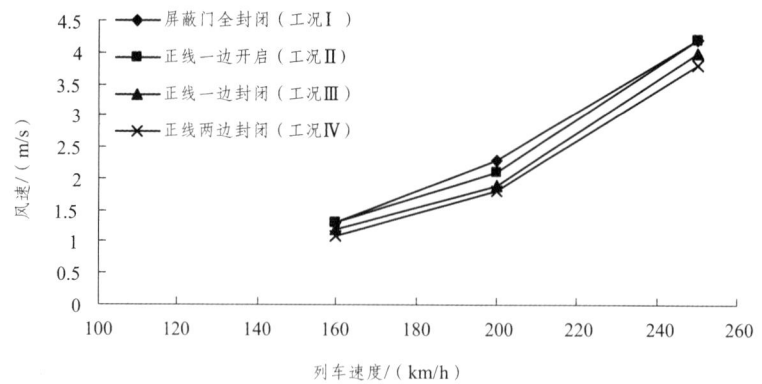

图 3.4-14 屏蔽门不同开闭工况、不同目标速度下到发线风速曲线

表 3.4-13 屏蔽门不同开闭工况、不同目标速度下到发线风速

目标速度 /(km/h)	到发线风速/(m/s)			
	全封闭（工况Ⅰ）	正线一边开启（工况Ⅱ）	正线一边封闭（工况Ⅲ）	正线两边封闭（工况Ⅳ）
160	1.3	1.3	1.2	1.1
200	2.3	2.1	1.9	1.8
250	4.2	4.2	4	3.8

备注：上述风速测点为车站中点，距车站中心线 17.58 m。

（8）本节中工况Ⅰ（屏蔽门完全关闭）计算所得车站内的压力要大于上节中相同速度下的计算值。

在设置屏蔽门后工况Ⅰ（屏蔽完全关闭，隧道设置竖井）和上节中相同工况车站内正线一侧压力峰值对比分析如图 3.4-15 和表 3.4-14 所示。

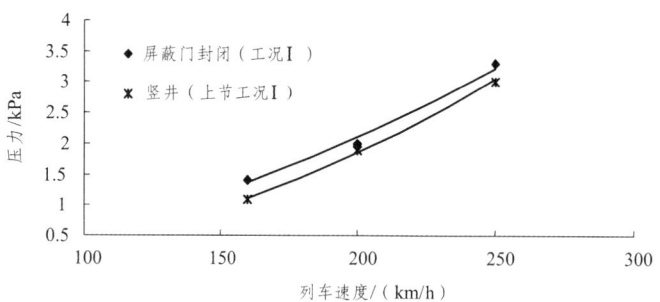

图 3.4-15 有无屏蔽门、不同目标速度下站内压力峰值对比曲线

表 3.4-14 有无屏蔽门、不同目标速度下站内压力峰值

目标速度 /(km/h)	站内压力峰值/kPa	
	屏蔽门全封闭（工况Ⅰ）	无屏蔽门（上节工况Ⅰ）
160	1.4	1.1
200	2.0	1.9
250	3.4	3.2

备注：上述压力峰值测点为车站中点，距车站中心线 6.58 m。

（9）设置屏蔽门以后，正线的风速有所增加。

针对有无屏蔽门情况下、不同车速时，站台风速的对比分析如图 3.4-16 和表 3.4-15 所示。

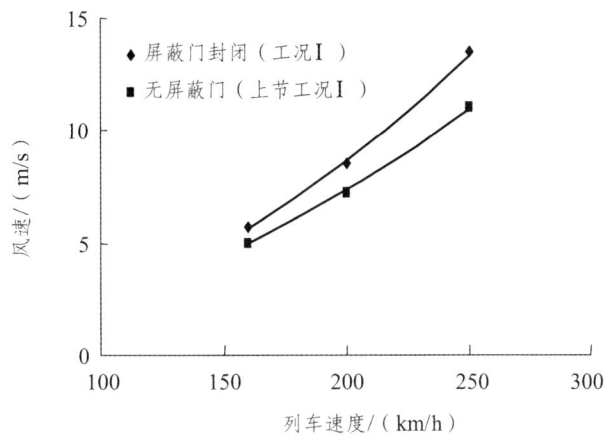

图 3.4-16　有无屏蔽门、不同目标速度下站台风速对比曲线

表 3.4-15　有无屏蔽门、不同目标速度下站台风速

目标速度/	站台风速/（m/s）	
（km/h）	屏蔽门全封闭（工况Ⅰ）	无屏蔽门、有竖井（上节工况Ⅰ）
160	5.7	4.5
200	8.5	5.6
250	13.5	7.8

备注：上述风速测点为车站中点，距车站中心线 6.58 m。

（10）设屏蔽门时最不利工况的屏蔽门压力为 3.4 kPa，可以作为屏蔽门强度检验的依据之一。

2．变更设计方案计算结果分析

（1）设置屏蔽门以后，各个工况的正线压力峰值基本一致，无明显差别，工况 1-3（正线一边屏蔽门封闭其余开启）略好于其他工况。

这主要是由于工况 1-3（正线一边封闭其余开启）站台空间有效面积最大，对正线的压力波动影响最小。

针对设置屏蔽门以后，不同屏蔽门开启工况下，正线压力峰值对比分析如表 3.4-16 所示。

表 3.4-16　屏蔽门不同开闭工况下正线压力峰值

目标速度/（km/h）	正线压力峰值/kPa			
	全封闭（工况 1-1）	正线一边开启（工况 1-2）	正线一边封闭（工况 1-3）	正线两边封闭（工况 1-4）
250	3.8	3.7	3.6	3.7

备注：上述压力峰值测点为车站中点，距车站中心线 5.5 m。

（2）设置屏蔽以后正线上的压力波动情况如表 3.4-17 所示，表明工况 1-1（全部屏蔽门封闭）的压力波动值最大，正线两边封闭（工况 1-4）的压力波动值最小。

表 3.4-17　屏蔽门不同开闭工况下正线压力波动

目标速度 /（km/h）	正线压力波动值/（kPa/3 s）			
	全封闭（工况 1-1）	正线一边开启（工况 1-2）	正线一边封闭（工况 1-3）	正线两边封闭（工况 1-4）
250	7.2	4.7	3.7	3.0

（3）对于到发线，在设置屏蔽门以后的各种工况中，到发线压力峰值相差不大，基本一致。

工况 1-2（正线一侧开启、其他屏蔽门封闭）略好于其他工况。针对设置屏蔽门以后，不同屏蔽门开启工况下，到发线压力峰值对比分析如表 3.4-18 所示。

表 3.4-18　屏蔽门不同开闭工况下到发线压力峰值

目标速度 /（km/h）	到发线压力峰值/kPa			
	全封闭（工况 1-1）	正线一边开启（工况 1-2）	正线一边封闭（工况 1-3）	正线两边封闭（工况 1-4）
250	3.6	3.5	3.7	3.7

备注：上述压力峰值测点为车站中点，距车站中心线 15.9 m。

（4）设置屏蔽门以后，到发线上的压力波动情况如表 3.4-19 所示，表明工况 1-1（全部屏蔽门封闭）的压力波动值最大，正线两边封闭（工况 1-4）最有利。

表 3.4-19　屏蔽门不同开闭工况下到发线压力波动

目标速度 /（km/h）	到发线压力波动值/（kPa/3 s）			
	全封闭（工况 1-1）	正线一边开启（工况 1-2）	正线一边封闭（工况 1-3）	正线两边封闭（工况 1-4）
250	3.6	3.5	3.5	3.0

（5）设屏蔽门以后，各工况正线和到发线的压力峰值都在 3 kPa 以上，正线和到发线的压力波动值大于 3 kPa/3 s，不能完全满足初步设定的标准。

（6）设置屏蔽门以后各工况正线上的站台风速情况如表 3.4-20 所示，表明工况 1-2（正线一边开启）的站台风速最大。

表 3.4-20　屏蔽门不同开闭工况下正线风速

目标速度 /（km/h）	正线风速/（m/s）			
	全封闭（工况 1-1）	正线一边开启（工况 1-2）	正线一边封闭（工况 1-3）	正线两边封闭（工况 1-4）
250	12	18	17.9	12

备注：上述风速测点为车站中点，距车站中心线 5.5 m。

这主要由于在站台正线屏蔽门有开启的情况下，列车经过会形成很强的涡流，加之列车距站台的尺寸有所减小（相对施工设计方案）等，共同作用。在车速为 250 km/h 时，各工况的正线站台风速都大于 5 m/s，不满足初步设定的标准。

（7）设置屏蔽门以后各工况到发线上的站台风速情况如表3.4-21所示。各工况的站台风速均小于5m/s，满足初步设定的标准。

表3.4-21 屏蔽门不同开闭工况下到发线风速

目标速度/(km/h)	到发线风速/(m/s)			
	全封闭（工况1-1）	正线一边开启（工况1-2）	正线一边封闭（工况1-3）	正线两边封闭（工况1-4）
250	4.4	1.7	2.1	1.4

备注：上述风速测点为车站中点，距车站中心线15.9 m。

（8）本节中的工况1-1（屏蔽门完全关闭）车站内的压力计算结果要大于上节中相同速度下的计算值。

在设置屏蔽门后的工况（屏蔽完全关闭、隧道设置竖井）和上节中相应的工况下，车站内正线一侧压力峰值、瞬变压力和风速对比分析如表3.4-22、表3.4-23所示。

表3.4-22 有无屏蔽门工况下站内压力峰值

方案（250 km/h）	站内压力峰值/kPa	
	屏蔽门全封闭	无屏蔽门
施工设计方案	3.4	3.2
变更设计方案	3.8	3.3

备注：上述压力峰值测点为车站中点，距车站中心线5.5 m。

表3.4-23 有无屏蔽门工况下站内瞬变压力

方案（250 km/h）	站内瞬变压力/(kPa/3 s)	
	屏蔽门全封闭	无屏蔽门
施工设计方案	2.8	1.4
变更设计方案	3.6	2.2

备注：上述压力峰值测点为车站中点，距车站中心线5.5 m。

（9）设置屏蔽门以后，正线的风速有所增加。

针对有无屏蔽门情况下站台风速的对比分析如表3.4-24所示。

表3.4-24 有无屏蔽门工况下站内风速

方案（250 km/h）	站内风速/(m/s)	
	屏蔽门全封闭	无屏蔽门
施工设计方案	13.5	7.8
变更设计方案	12	11

备注：上述压力峰值测点为车站中点，距车站中心线5.5 m。

（10）设屏蔽门时最不利工况下的屏蔽门压力为3.8 kPa，可以作为屏蔽门强度检验的依据之一。

3.4.4 小　结

3.4.4.1 施工图设计工况结论

通过对隧道设置减压井、站台设置屏蔽门的各种工况的研究表明：

（1）通过模型试验和数值分析均表明，对于站台设置屏蔽门以后，车站压力最不利工况是正线屏蔽门全封闭的情况；正线一边屏蔽门开启，其余屏蔽门封闭和正线一边屏蔽门封闭，其余屏蔽门开启的工况较为有利。

在车站压力最不利工况（正线屏蔽门全封闭）下，列车速度为 250 km/h（隧道长度 3 700 m）时，站内中心点的压力峰值正线最大可达 3.4 kPa，到发线可达 3.0 kPa。且此时的屏蔽门压力为 3.4 kPa，可以作为屏蔽门强度检验的依据之一。

在车站压力最不利工况（正线屏蔽门全封闭）下，列车速度为 250 km/h（隧道长度 3 700 m）时，站台的瞬变压力最大值正线为 2.8 kPa/3 s，到发线为 2.5 kPa/3 s，满足 3 kPa/3 s 的初步设定标准。

（2）设置屏蔽门以后，正线的风速有所增加，其中工况Ⅰ全部屏蔽门封闭时的站台风速最大。各工况的正线站台风速都大于 5 m/s，不满足初步设定的标准，而到发线的风速则满足初步设定的标准。

（3）在车站内会车、屏蔽门完全关闭（隧道设置竖井）工况下，车站内的压力要大于相同车速情况下站内会车、无屏蔽门（隧道设置竖井）的工况，其中无屏蔽门工况见上节。

（4）对于到发线，在设置屏蔽门以后的各种工况中，正线一侧封闭、其他屏蔽门开启的工况下，到发线的压力波动最小。

（5）在站内会车情况下，设置屏蔽门以后，可以保证屏蔽门内候车区人员安全，但是由于站内的空间减小，正线的压力峰值有所增加，从而使作用于屏蔽门上的压力增大。

3.4.4.2 变更设计工况结论

对设置屏蔽门以后变更设计方案中，屏蔽门不同开闭工况进行分析，得出如下结论：

（1）在屏蔽门开闭方式不同的工况中，正线压力峰值基本一致，无明显差别，工况 1-3（正线一边屏蔽门封闭其余开启）略好于其他工况。

（2）对于正线上的瞬变压力值（kPa/3 s），工况 1-1（全部屏蔽门封闭）的压力波动值最大，工况 1-4（正线两边封闭）的压力波动值最小。

（3）对于到发线压力峰值，各工况相差不大，基本一致。

（4）对于到发线瞬变压力值（kPa/3 s），工况 1-4（正线两边封闭）的到发线的压力波动最小，其他各工况相差不大，工况 1-1（全部屏蔽门封闭）的压力波动值最大。

（5）设屏蔽门以后，各工况正线和到发线的压力峰值都在 3 kPa 以上，正线和到发线的瞬变压力值在 3 kPa/3 s 以上，不能完全满足初步设定的标准。

（6）对各工况正线站台风速分析表明：正线一边开启（工况 1-2）和正线一边封闭（工况 1-3）时的风速大于工况 1-1（全部屏蔽门封闭）和工况 1-4（正线封闭）。这说明屏蔽门的打开会出现站台紊流的现象，恶化站台风流环境。

（7）在车速为 250 km/h 时，各工况的正线站台风速都大于 5 m/s，不满足初步设定的标准。

（8）设置屏蔽门以后各工况到发线上的风速均小于 5 m/s，满足初步设定的标准。

（9）工况 1-1（屏蔽门完全关闭）车站内的压力要大于无屏蔽门相同速度下的计算值。

（10）设置屏蔽门以后，正线的风速有所增加。

（11）设屏蔽门时最不利工况的屏蔽门压力为 3.8kPa，可以作为屏蔽门强度检验的依据之一。

（12）变更设计方案中的站内压力峰值、瞬变压力、站台风速均较施工图设计方案大，这主要是由于变更设计方案中的屏蔽门位置距离线路中心线的距离减小。

3.5 洞口缓冲井设置必要性及设置参数研究

3.5.1 研究内容

通过国内外的研究现状分析以及前期的研究，说明在该项目中对设置减缓措施的研究是非常必要的：

（1）由于本线列车最大行车速度为 250 km/h，且隧道靠近美兰机场，洞口附近构筑物（房屋、公路）较多，故需要在洞口设置缓冲设施。

（2）调研表明，前期对缓冲设施及其特性的研究主要是针对缓冲设施解决隧道出口端的空气动力学问题而开展的，以便更有效地削减微压波。而对于设置缓冲设施后，对洞身段及地下车站内的影响，还未见到该方向的研究成果。因此本课题主要针对设置缓冲设施对洞身段及地下车站内空气动力学效应的影响进行研究。

（3）考虑到列车在站内会车时，会对屏蔽门的运营安全造成一定影响，并且存在旅客上车的同时有列车经过的情况，会对旅客产生不利的影响。而缓冲措施在降低压力波动方面作用明显，故本课题对其降低站内压力波动的效果开展相应的研究。

（4）本项目的试验和数值计算结果分析表明：在车速为 250 km/h 情况下，车站内无明显的微压波释放现象发生，但是当压缩波到达隧道断面扩大段时会有一定程度的能量释放。因此有必要设置减缓措施，以进一步降低压缩波能量释放的强度。

因此，项目课题组决定对隧道出入口设置缓冲设施的参数及缓解气动效应的效果进行研究。同时，结合美兰机场隧道客运专线的具体情况，拟采用顶部开口型缓冲设施，并对不同开口形式进行比较，确定出最优方案。

采用模型试验和数值模拟两种手段进行研究。

第一阶段：施工图阶段

采用模型试验确定缓冲设施的设计参数：模型试验为隧道洞口设置缓冲结构，洞身段设置减压井，地下车站内站台设置屏蔽门（屏蔽门全封闭），共18组试验。具体模拟工况见表3.5-1。其气动效应减缓设施布置见图 3.5-1。

表 3.5-1 缓冲设施模型试验研究内容

速度目标值/（km/h）	运营工况	缓冲结构参数	达到的目标
160、200、250	单列车通过	根据已有的研究成果，选择三组缓冲结构参数进行试验	减小隧道洞口微压波峰值，推荐缓冲结构设置参数

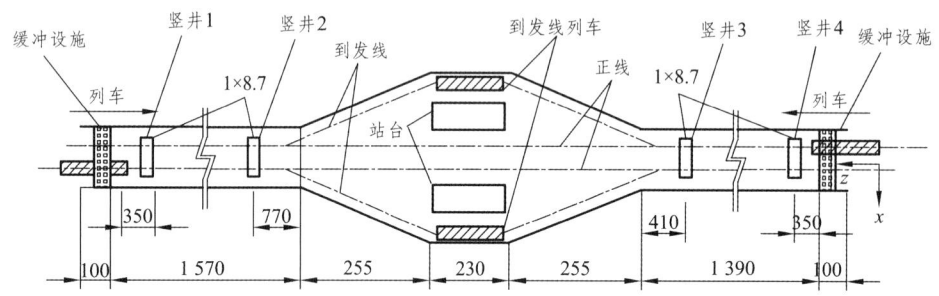

图 3.5-1 美兰机场地下车站隧道施工设计方案气动效应减缓设施布置示意（施工图设计）（单位：m）

根据模型试验得到的缓冲设施优化参数，利用数值计算分析车站会车情况下的压力波动。数值计算共 3 组，模拟隧道洞口设置缓冲设施，同时洞身段设置减压井、地下车站内站台设置屏蔽门（屏蔽门全封闭），列车运行速度分别为 160 km/h、200 km/h、250 km/h，以确定最不利工况下车站隧道的气动效应。具体工况见表 3.5-2。其气动效应减缓设施布置见图 3.5-2。

表 3.5-2 缓冲设施数值计算内容

速度目标值/(km/h)	运营工况	减压结构参数	达到的目标
160、200、250	最不利工况	根据试验结果，对推荐的缓冲设施参数进行计算	减小隧道洞口微压波峰值，减小车站内压力峰值，推荐缓冲结构设置参数

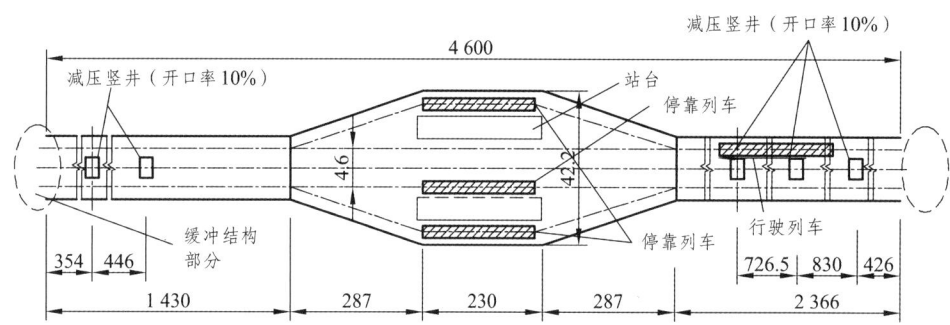

图 3.5-2 美兰机场地下车站隧道变更设计方案气动效应减缓设施布置示意（变更设计）（单位：m）

第二阶段：变更设计阶段

第二阶段主要针对变更施工方案进行数值计算。针对隧道洞口设置缓冲设施，同时洞身段设置减压井、地下车站内站台设置屏蔽门的情况，仅对列车运行速度为 250 km/h 进行模拟，运营工况 4 种。具体工况见表 3.5-3 所示。

表 3.5-3 缓冲设施数值分析工况

速度目标值/(km/h)	运营工况
250	单列车通过，屏蔽门全部封闭
	正线一列车停靠，对应屏蔽门开启，一列车直通，对应屏蔽门关闭，到发线屏蔽门关闭
	正线一列车停靠，对应屏蔽门开启，一列车直通，对应屏蔽门关闭，到发线一列车停靠，对应屏蔽门开启，另一关闭
	正线两列车交会，全部屏蔽门封闭

3.5.2 模型试验

3.5.2.1 模型试验内容

对隧道设置屏蔽门、减压井和缓冲结构，车速为 160 km/h、200 km/h、250 km/h 的速度下进行模型试验。

在车站两侧到发线车道位置不停靠车辆，正线一辆列车分别拟定以 200 km/h、160 km/h、250 km/h 通过车站，车站内列车线路位置示意如图 3.5-3 所示。

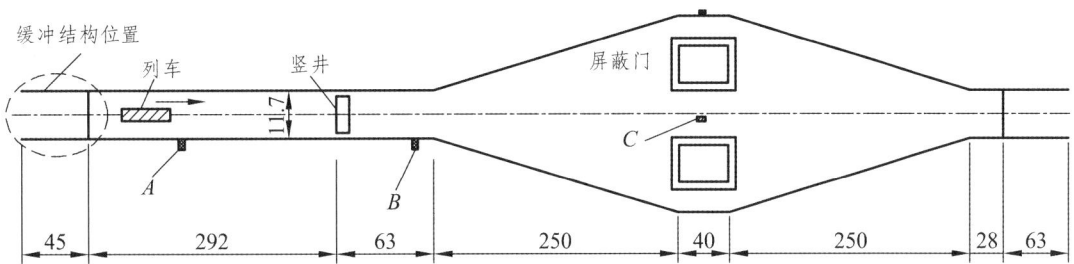

图 3.5-3 缓冲设施位置示意（单位：cm）

模型试验五孔全开缓冲结构缓冲设施局部图如图 3.5-4 所示。

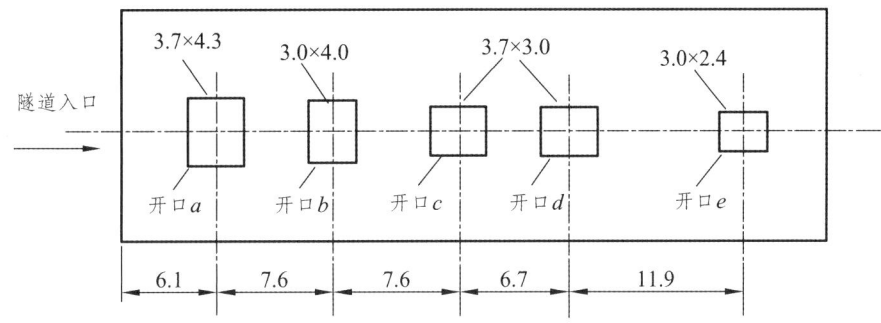

图 3.5-4 模型试验五孔全开缓冲设施局部（单位：cm）

通过调整缓冲设施开口位置和个数，比较缓冲设施的效果。具体的模型试验内容如表 3.5-4 所示。

表 3.5-4 设置屏蔽门、减压井和缓冲设施试验内容

项目		开口面积 /cm²	隧道断面 /cm²	几何 相似比	阻塞比	隧道长度 /m	目标车速/ (km/h)
缓冲设施 开孔形式	五孔全开	57.3	136.9	82	0.15	9.23	160、200、250
	a、b 孔	27.9					
	c、d、e 孔	29.4					

本模型试验分别模拟两种工况下，三种缓冲设施形式，不同目标车速共 18 组情况，分别如下：

（1）工况Ⅰ：单列车通过，屏蔽门关闭，无列车停靠。

Ⅰ-1：五孔全开；

Ⅰ-2：开 a、b 两孔；

Ⅰ-3：开 c、d、e 三孔。

（2）工况Ⅱ：正线一列车直通，屏蔽门关闭，其余三列车停靠。

Ⅱ-1：五孔全开；

Ⅱ-2：开 a、b 两孔；

Ⅱ-3：开 c、d、e 三孔。

3.5.2.2 试验结果分析

根据对不同缓冲设施的测试，结果表明：

（1）在单列车通过（工况Ⅰ）的情况下，选取的 3 种缓冲设施中，五孔缓冲设施的效果最好，如图 3.5-5 和表 3.5-5 所示。

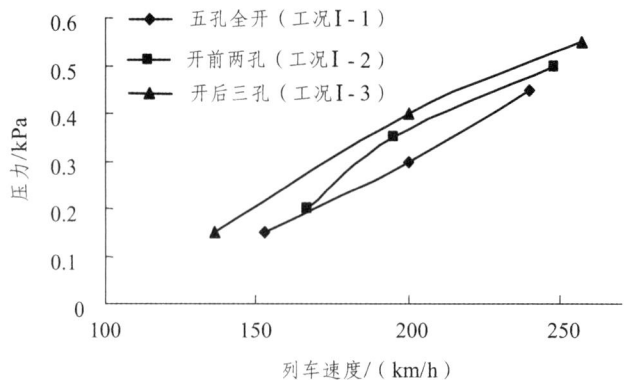

图 3.5-5　3 种缓冲设施效果对比（工况Ⅰ）

表 3.5-5　3 种缓冲设施站内压力峰值（工况Ⅰ）

目标速度 /（km/h）	站内压力峰值/kPa		
	五孔全开（工况Ⅰ-1）	开前两孔（工况Ⅰ-2）	开后三孔（工况Ⅰ-3）
160	0.18	0.18	0.24
200	0.3	0.35	0.4
250	0.47	0.5	0.52

（2）在三车停靠的情况（工况Ⅱ）下，选取的 3 种缓冲设施中，五孔缓冲设施的效果最好，如图 3.5-6 和表 3.5-6 所示。

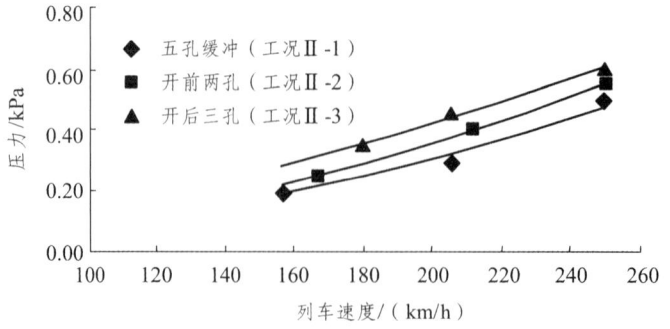

图 3.5-6　3 种缓冲设施效果对比（工况Ⅱ）

表 3.5-6　3 种缓冲设施站内压力峰值（工况Ⅱ）

目标速度/（km/h）	站内压力峰值/kPa		
	五孔全开（工况Ⅱ-1）	开前两孔（工况Ⅱ-2）	开后三孔（工况Ⅱ-3）
160	0.2	0.25	0.3
200	0.3	0.35	0.42
250	0.5	0.55	0.6

（3）设置五孔缓冲设施以后，三车停靠和站台内无列车停靠的情况相比，站台内的压力有所增加，但压力值相差不大，如图 3.5-7 和表 3.5-7 所示。

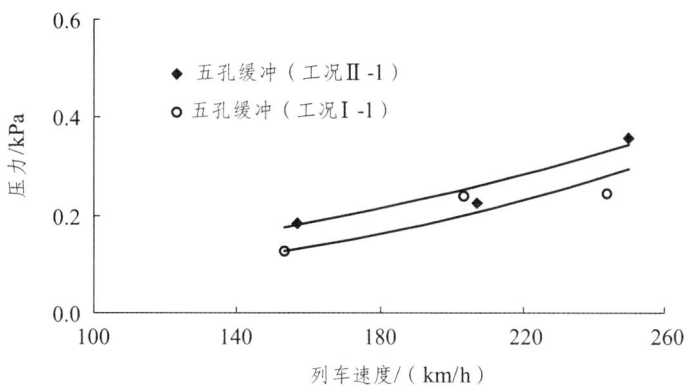

图 3.5-7　五孔缓冲 3 车停靠和无车停靠站内压力峰值对比

表 3.5-7　五孔缓冲 3 车停靠和无车停靠站内压力峰值

目标速度/（km/h）	站内压力峰值/kPa	
	工况Ⅰ-1：单车通过（五孔全开）	工况Ⅱ-1：三车停靠一车直通（五孔全开）
160	0.14	0.2
200	0.26	0.3
250	0.45	0.48

（4）在三车停靠、单列车通过的情况下，设置五孔缓冲设施与不设置缓冲设施相比，站台内的压力峰值明显减小，效果明显，如图 3.5-8 和表 3.5-8 所示。

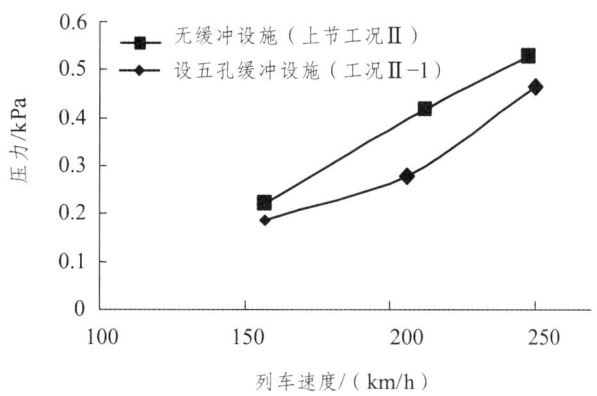

图 3.5-8　有无缓冲设施在三车停靠、一车直通情况下压力峰值对比

表 3.5-8 有无缓冲设施在三车停靠、一车直通情况下压力峰值

目标速度/(km/h)	站内压力峰值/kPa	
	上节工况Ⅱ 三车停靠一车直通（无缓冲设施）	工况Ⅱ-1 三车停靠一车直通（五孔全开）
160	0.25	0.18
200	0.4	0.28
250	0.6	0.5

3.5.3 数值计算

3.5.3.1 数值计算工况

1．施工图设计工况（隧道全长 3 700 m）

根据对模型试验结果的分析，决定采用五孔开口型缓冲设施，由相似比得到实体隧道的缓冲设施形式，如图 3.5-9 所示。

在设置屏蔽门、减压井、缓冲设施情况下，考虑最不利工况条件，计算地下车站内气动效应强度。取竖井面积为隧道面积的10%，整个隧道设置4个竖井；屏蔽门采用全封闭形式。具体工况设置见表 3.5-9。

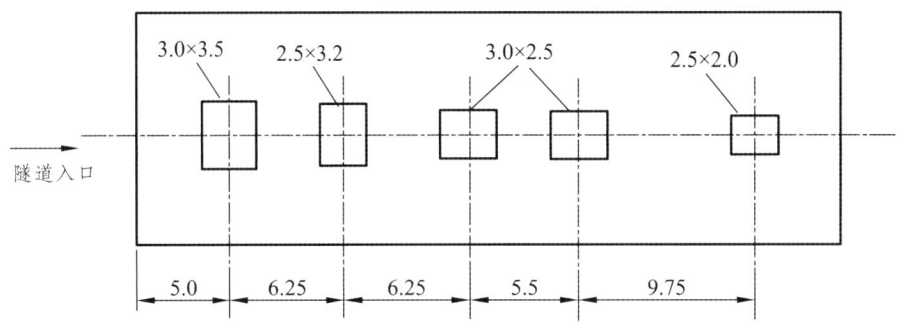

图 3.5-9　实体缓冲设施设计示意（单位：m）

表 3.5-9　缓冲设施数值分析研究内容

速度目标值/(km/h)	运营工况	减压结构参数	达到的目标
160、200、250	车站到发线双车停靠，正线两车相会	根据试验结果，对推荐的缓冲结构参数进行计算	减小隧道洞口微压波峰值，减小车站内压力峰值，推荐缓冲结构设置参数

2．变更设计工况（隧道全长 4 600 m）

在隧道两端入口处设置缓冲设施，隧道洞身顶部设置减压竖井，车站内部设置屏蔽门。在设置屏蔽门、减压井、缓冲设施的情况下，考虑具体运营情况下的最不利工况条件，计算地下车站内气动效应强度。取竖井面积为隧道面积的10%，整个隧道设置5个竖井，其中隧道较长端设置3个，较短端设置2个；屏蔽门开闭状态依据实际运营工况。具体的布置详图

见各具体工况。根据对模型试验结果的分析,决定采用五孔开口型缓冲设施,由相似比得到实体隧道的缓冲设施形式,如图 3.5-10 所示。

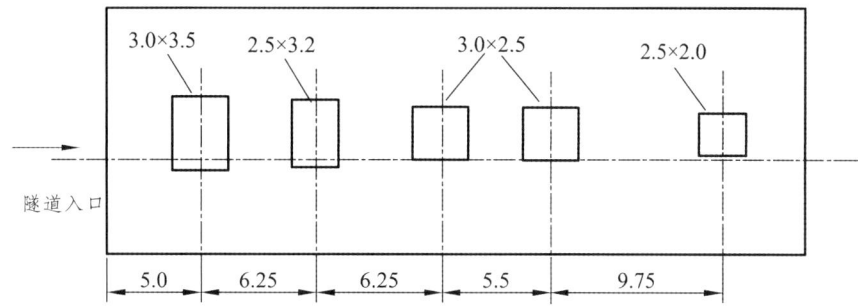

图 3.5-10 实体缓冲设施设计示意(单位:m)

具体工况设置见表 3.5-10。

表 3.5-10 设置屏蔽门、减压井和洞口缓冲结构情况下的运营工况

速度目标值/(km/h)	运营工况	工况设置
250	4-1	单列车通过,屏蔽门全部封闭
	4-2	正线一列车停靠,对应屏蔽门开启,一列车直通,对应屏蔽门关闭,到发线屏蔽门关闭
	4-3	正线一列车停靠,对应屏蔽门开启,一列车直通,对应屏蔽门关闭,到发线一列车停靠,对应屏蔽门开启,另一关闭
	4-4	正线两列车交会,屏蔽门全部封闭

3.5.3.2 计算结果分析

针对隧道车站内设置缓冲结构、屏蔽门,地下车站两端隧道分别设置减压井时,在各种会车的情况下,对于施工图设计方案(隧道全长 3 700 m)列车以不同车速(160 km/h、200 km/h、250 km/h)、变更设计(隧道全长 4 600 m)列车以 250 km/h 的速度通过地下车站时,根据地下车站内压力波动情况的数值计算结果,得出以下规律:

1. 施工图设计方案计算结果分析(隧道全长 3 700 m)

根据对设置缓冲设施后,列车在车站会车工况的数值分析,可以得到如下结论:

(1)设置缓冲设施以后,可以在一定程度上降低站内(包括正线和到发线)压力峰值,如图 3.5-11 及表 3.5-11 所示。

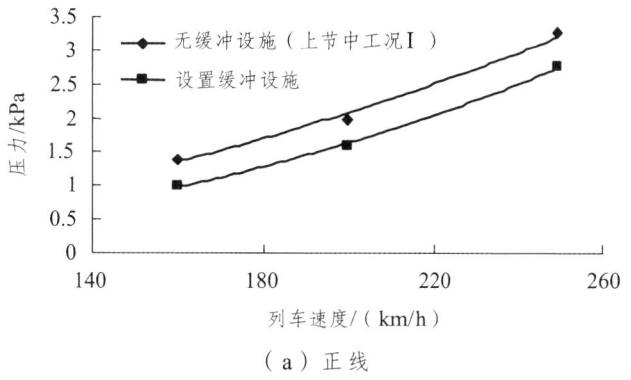

(a)正线

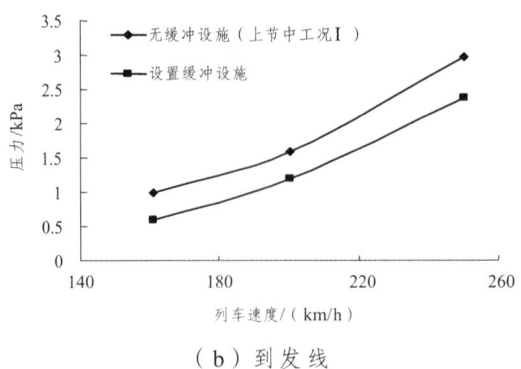

(b)到发线

图 3.5-11　有无缓冲设施站内压力峰值对比

表 3.5-11　有无缓冲设施、不同目标速度下站内压力峰值（屏蔽门全封闭）

目标速度 /(km/h)	站内压力峰值/kPa					
	无缓冲设施（上节）		加缓冲设施		降低率/%	
	正线	到发线	正线	到发线	正线	到发线
160	1.4	1.0	1.0	0.6	28.6	40.0
200	2.0	1.6	1.6	1.2	20.0	25.0
250	3.4	3.0	2.8	2.4	17.6	20.0

备注：上述压力峰值测点为车站中点，正线测点距车站中线 6.58 m，到发线测点距车站中心线 17.58 m。

（2）设置缓冲设施以后，在降低站内压力峰值的同时，也降低了站内（包括正线和到发线）的压力梯度，其中以正线压力梯度尤为明显，如图 3.5-12 及表 3.5-12 所示。

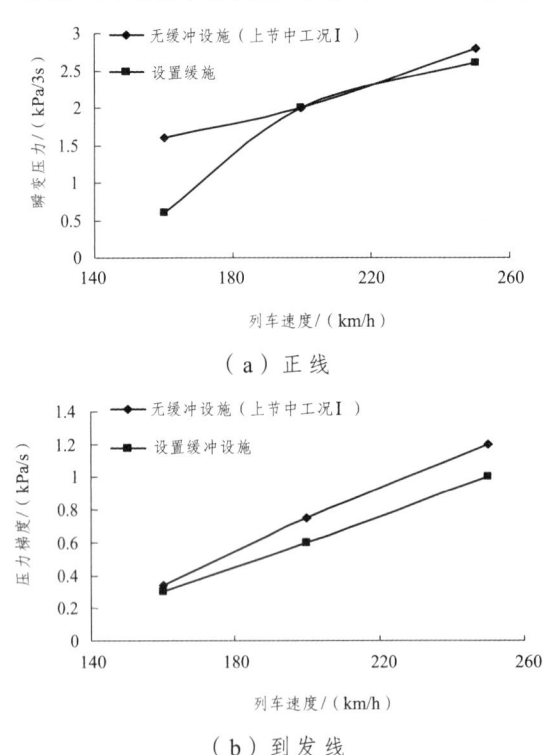

(a)正线

(b)到发线

图 3.5-12　有无缓冲设施情况下站内压力梯度对比

表 3.5-12　有无缓冲设施、不同目标速度下站内压力梯度（屏蔽门全封闭）

目标速度 /（km/h）	站内压力梯度/（kPa/s）					
	无缓冲设施（上节）		加缓冲设施		降低率/%	
	正线	到发线	正线	到发线	正线	到发线
160	1.1	0.34	0.4	0.3	63.6	11.8
200	1.6	0.75	1.0	0.6	37.5	20.0
250	2.3	1.2	1.9	1.0	17.4	16.7

备注：上述压力峰值测点为车站中点，正线测点距车站中线 6.58 m，到发线测点距车站中心线 17.58 m。

（3）设置缓冲设施以后，在降低站内压力峰值和压力梯度的同时，也降低了站内（包括正线和到发线）的瞬变压力，其中正线瞬变压力小于 200 km/h 变化明显，而到发线则以大于 200 km/h 变化显著，如图 3.5-13 及表 3.5-13 所示。

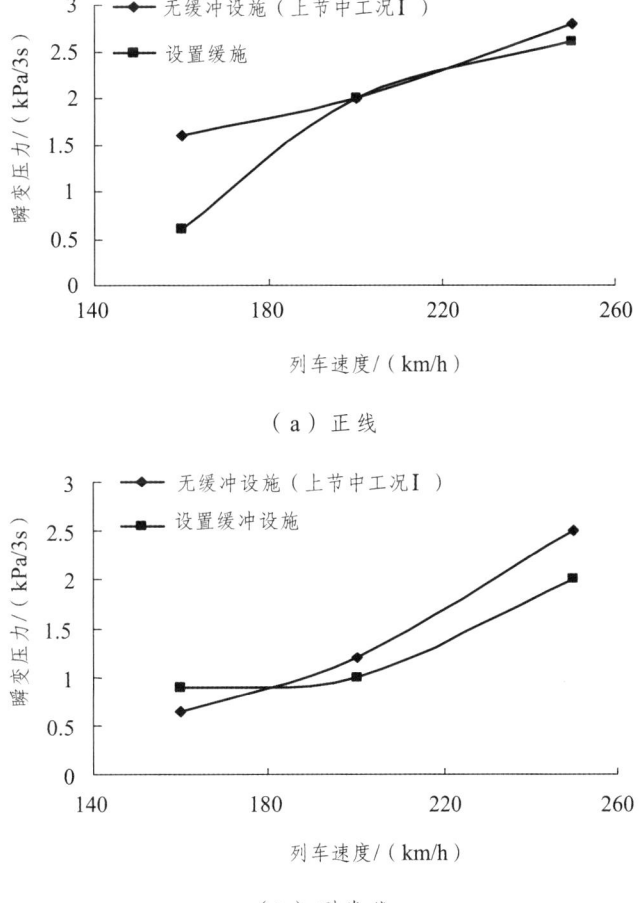

（a）正线

（b）到发线

图 3.5-13　有无缓冲设施情况下站内瞬变压力对比

表 3.5-13 有无缓冲设施、不同目标速度下站内瞬变压力（屏蔽门全封闭）

目标速度 /（km/h）	站内瞬变压力/（kPa/3s）					
	无缓冲设施（上节）		加缓冲设施		降低率/%	
	正线	到发线	正线	到发线	正线	到发线
160	1.6	0.65	0.6	0.9	62.5	—
200	2.0	1.2	2.0	1.0	0	16.7
250	2.8	2.5	2.6	2.0	7.1	20.0

备注：上述压力峰值测点为车站中点，正线测点距车站中心 6.58 m，到发线测点距车站中心线 17.58 m。

（4）设置缓冲设施后，也降低了车站内（包括正线和到发线）风速，但风速变化不明显，如图 3.5-14 及表 3.5-14 所示。

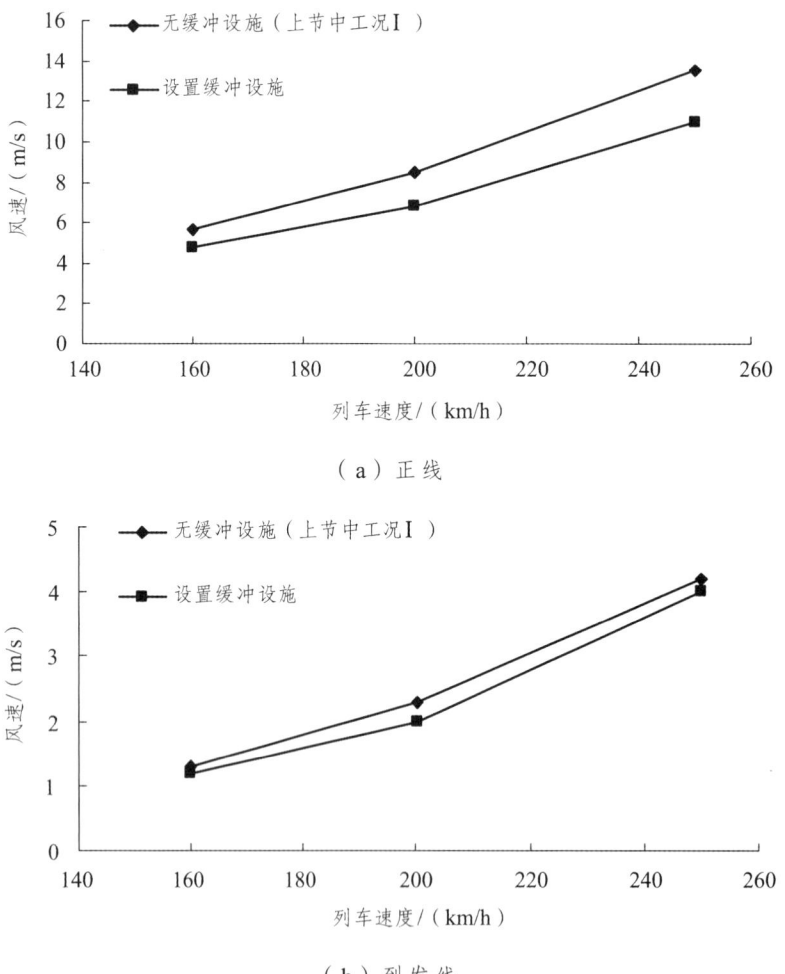

（a）正线

（b）到发线

图 3.5-14 有无缓冲设施情况下站内风速对比

表 3.5-14 有无缓冲设施、不同目标速度下站内风速（屏蔽门全封闭）

目标速度 /（km/h）	站内风速/（m/s）			
	无缓冲设施（上节计算工况Ⅰ）		加缓冲设施	
	正线	到发线	正线	到发线
160	5.7	1.3	4.8	1.2
200	8.5	2.3	6.8	2.0
250	13.5	4.2	11.0	4.0

备注：上述压力峰值测点为车站中点，正线测点距车站中线 6.58 m，到发线测点距车站中心线 17.58 m。

2．变更设计方案计算结果分析（隧道全长 4 600 m）

根据对设置缓冲设施后，列车在车站不同工况的数值分析，可以得到如下结论：

（1）设置缓冲设施以后，上节工况 1-1（屏蔽门全封闭会车）与本节工况 4-4（屏蔽门全封会车）对比可得，缓冲结构可以降低站内（包括正线和到发线）压力峰值 10% 以上，同时也降低了站内（包括正线和到发线）的瞬变压力，如表 3.5-15、表 3.5-16 所示。

表 3.5-15 有无缓冲设施工况下站内压力峰值（屏蔽门全封闭）

目标速度 /（km/h）	站内压力峰值/kPa					
	无缓冲设施（上节）		加缓冲设施		降低率/%	
	正线	到发线	正线	到发线	正线	到发线
250	3.8	3.6	3.4	3.2	10.5	11.1

备注：上述压力峰值测点为车站中点，正线测点距车站中线 5.5 m，到发线测点距车站中心线 15.9 m。

表 3.5-16 有无缓冲设施工况下站内瞬变压力（屏蔽门全封闭）

目标速度 /（km/h）	站内瞬变压力/（kPa/3s）					
	无缓冲设施（上节）		加缓冲设施		降低率/%	
	正线	到发线	正线	到发线	正线	到发线
250	7.2	3.6	5.6	2.8	22.2	22.2

备注：上述压力峰值测点为车站中点，正线测点距车站中心线 5.5 m，到发线测点距车站中心线 15.9 m。

（2）设置缓冲设施后，对上节工况 1-1（屏蔽门全封闭会车）与本节工况 4-4（屏蔽门全封会车）进行对比可得，缓冲结构也降低了车站内正线风速，但风速变化不明显，如表 3.5-17 所示。

表 3.5-17 有无缓冲设施工况下站内风速（屏蔽门全封闭）

目标速度 /（km/h）	风速/（m/s）					
	无缓冲设施（上节）		加缓冲设施		降低率/%	
	正线	到发线	正线	到发线	正线	到发线
250	12	4.4	10.3	5.0	14	—

备注：上述压力峰值测点为车站中点，正线测点距车站中线 5.5 m，到发线测点距车站中心线 15.9 m。

（3）变更设计方案上节工况 1-1（屏蔽门全封闭会车）与本节工况 4-4（屏蔽门全封闭会

车）进行对比，同时与施工图设计方案中相同工况进行对比表明，变更后站内压力峰值、瞬变压力有所增加，但风速减低。设置缓冲结构后对各峰值都有所缓解。如表 3.5-18～表 3.5-20 所示。

表 3.5-18　有无缓冲设施工况下站内压力峰值（屏蔽门全封闭）

方案 （250 km/h）	站内压力峰值/kPa	
	设缓冲设施（工况 4-4）	无缓冲设施（工况 1-1）
施工设计方案	2.8	3.4
变更设计方案	3.4	3.8

备注：上述压力峰值测点为车站中点，距车站中心线 5.5 m。

表 3.5-19　有无缓冲设施工况下站内瞬变压力（屏蔽门全封闭）

方案 （250 km/h）	站内瞬变压力/（kPa/3s）	
	设缓冲设施（工况 4-4）	无缓冲设施（工况 1-1）
施工设计方案	2.6	2.8
变更设计方案	5.6	7.2

备注：上述压力峰值测点为车站中点，距车站中心线 5.5 m。

表 3.5-20　有无缓冲设施工况下站内风速

方案 （250 km/h）	站内风速/（m/s）	
	设缓冲设施（工况 4-4）	无缓冲设施（工况 1-1）
施工设计方案	11	13.5
变更设计方案	10.3	12

备注：上述压力峰值测点为车站中点，距车站中心线 5.5 m。

（4）对变更设计方案中各工况的计算结果进行分析，结果表明：站内会车工况（工况 4-4）最为不利，不能满足 3 kPa/3s 的压力舒适度标准；其他工况均可以满足 3 kPa/3s 的压力舒适度标准，如表 3.5-21 所示。

表 3.5-21　有无缓冲设施、不同目标速度下站内压力峰值、瞬变压力（屏蔽门全封闭）

工况		压力峰值/kPa				站内瞬变压力 /（kPa/3s）	
		正　线		到发线		正　线	到发线
		正　压	负　压	正　压	负　压		
4-1	单列车通过，屏蔽门封闭	1.4	−1.6	1.4	−0.9	2.4	1.3
4-2	正线一车停靠（屏蔽门开），一车通过（屏蔽门关），到发线屏蔽门关闭	1.3	−1.5	1.3	−1.5	1.9	1.8
4-3	正线一车停靠（屏蔽门开），一车通（屏蔽门关），到发线一车停（屏蔽门开），另一屏蔽门关闭	1.3	−1.4	1.2	−1.4	1.4	1.3
4-4	正线两列车交会，全部屏蔽门封闭	3.4	−4.4	3.2	−2.7	3.4	3.2

3.5.4 小　结

3.5.4.1 施工图设计工况结论

（1）模型试验和数值分析均表明：设置缓冲设施后可以减小地下车站内的压力峰值，同时也降低了站内的压力梯度。

（2）通过模型试验对三种缓冲设施不同开口率进行了研究，提出最优的缓冲设施参数，通过对比分析可知设置五孔开口型缓冲设施效果最好，并将此结果应用于数值计算中。

（3）模型试验表明：设置缓冲设施以后，对一车通过、三车停靠与一车通过、无列车停靠的情况进行比较，结果表明站台内的压力有所增加，但相差不大。

（4）数值计算分析表明：隧道出入口设置五孔开口型缓冲设施以后，对列车在车站中部会车、两车停靠工况进行对比分析。结果表明，设置缓冲设施以后，可以一定程度上降低站内压力峰值和瞬变压力，如表 3.5-22 所示。

（5）设置缓冲设施以后，在降低站内压力峰值的同时，也降低了站内的压力梯度，如表 3.5-23 所示。

表 3.5-22　最不利工况下车站中点压力峰值、瞬变压力对比（施工图方案 v = 250 km/h）

节	计算工况		压力峰值/kPa		瞬变压力/（kPa/3s）	
			正线	到发线	正线	到发线
3.2	工况Ⅳ-3	无屏蔽门、无竖井、无缓冲设施	3.8	3.6	3.2	2.4
3.3	最不利工况	设竖井、无屏蔽门、无缓冲设施	3.2	3.0	2.5	2.5
3.4	工况Ⅰ	屏蔽门全封、有竖井、无缓冲设施	3.4	3.0	2.8	2.5
3.5	最不利工况	屏蔽门全封、设竖井和缓冲设施	2.8	2.4	2.6	2.0

表 3.5-23　最不利工况下车站中点压力梯度对比（施工图方案 v = 250 km/h）

节	计算工况		压力梯度/（kPa/s）	
			正线	到发线
3.2	工况Ⅳ-3	无屏蔽门、无竖井、无缓冲设施	1.6	1.55
3.3	最不利工况	设竖井、无屏蔽门、无缓冲设施	1.4	1.3
3.4	工况Ⅰ	屏蔽门全封、有竖井、无缓冲设施	2.3	1.2
3.5	最不利工况	屏蔽门全封、设竖井和缓冲设施	1.9	1.0

（6）对施工图方案，隧道入口设置缓冲设施、洞身设置减压井、站内设置屏蔽门后：

① 车速为 160 km/h 情况下，地下车站内正线的压力波动值满足除日本压力梯度标准外（$[p]$ < 200 Pa/s）的其他各国标准。

② 车速为 200 km/h 情况下，地下车站内到发线的压力波动值满足英国的压力梯度标准。

③ 车速为 250 km/h 情况下，地下车站内正线和到发线的压力波动值满足初步拟定的 3 kPa/3s 瞬变压力标准。

由此可见，采取设置洞口缓冲设施、减压井和屏蔽门等措施缓解高速行车下隧道空气动力效应是合理和必要的。

（7）3.2、3.3、3.4、3.5 节中最不利计算工况（车站到发线双车停靠、正线两车相会）下站内风速如表 3.5-24 所示，可见尽管设置缓冲设施后可减小地下车站内站台风速，能使到发线风速满足 5.0 m/s 初定风速标准,但车站正线风速仍不能满足 5.0 m/s 标准。由此也再次表明:地下车站内须设置屏蔽门隔离候车空间,以消减空气动力效应影响,改善站内候车环境。

表 3.5-24 最不利工况下站内中点风速对比(v = 250 km/h)

节	最不利工况	风速/(m/s)			
		正线		到发线	
		施工图方案	变更方案	施工图	变更方案
3.2	无竖井、无屏蔽门、无缓冲设施	11.0	15	4.0	3.9
3.3	设竖井、无屏蔽门、无缓冲设施	7.8	11	3.8	2.8
3.4	设竖井、屏蔽门全封闭、无缓冲设施	13.5	12	4.2	4.4
3.5	设缓冲设施、设竖井、屏蔽门全封闭	11.0	10.3	4.0	5.0

(8)隧道出入口设置缓冲设施、隧道洞身设置减压井、车站内设置屏蔽门后,根据在最不利工况下站内压力峰值,并考虑计算误差,建议选取屏蔽门的设计压力为 3~4 kPa。

3.5.4.2 变更设计工况结论

(1)设置缓冲设施以后,可以降低站内(包括正线和到发线)压力峰值和瞬变压力在 10% 左右,如表 3.5-25 所示。

表 3.5-25 最不利工况下车站中点压力峰值、瞬变压力对比(变更方案 v = 250km/h)

节	计算工况		压力峰值/kPa		瞬变压力/(kPa/3s)	
			正线	到发线	正线	到发线
3.2	站内会车	无屏蔽门、无竖井、无缓冲设施	3.8	3.7	2.6	2.5
3.3	最不利工况 k 况	设竖井、无屏蔽门、无缓冲设施	3.3	3.2	2.2	2.1
3.4	工况 1-1	屏蔽门全封、有竖井、无缓冲设施	3.8	3.6	7.2	3.6
3.5	工况 4-4	屏蔽门全封、设竖井和缓冲设施	3.4	3.2	5.6	2.8

(2)设置缓冲设施以后,在降低站内压力峰值的同时,也降低了站内的压力梯度,如表 3.5-26 所示。

表 3.5-26 最不利工况下车站中点压力梯度对比(变更方案 v = 250 km/h)

节	计算工况		压力梯度/(kPa/s)	
			正线	到发线
3.2	站内会车	无屏蔽门、无竖井、无缓冲设施	1.6	1.4
3.3	最不利工况	设竖井、无屏蔽门、无缓冲设施	1.4	1.2
3.4	工况 1-1	屏蔽门全封、有竖井、无缓冲设施	3.6	2.1
3.5	工况 4-4	屏蔽门全封、设竖井和缓冲设施	3.3	1.6

(3)设置缓冲设施后,也降低了车站内风速。

(4)变更设计方案与施工设计方案对比表明:变更后,站内压力峰值、瞬变压力有所增加,但站内风速有所减低。

(5)对变更设计方案各工况分析表明:站内会车工况(工况 4-4)最为不利,不能满足 3 kPa/3s 的压力舒适度标准;其他工况均可以满足 3 kPa/3s 的压力舒适度标准。

4 高温高湿海洋环境桥梁混凝土结构防腐蚀技术研究

4.1 高温高湿海洋环境桥梁混凝土结构腐蚀机理

4.1.1 海洋环境混凝土结构劣化情况调研

长期以来，由于钢筋混凝土结构的耐久性不足而带来的危害时有发生，结构耐久性问题逐渐引起了人们高度的重视。其中，氯离子侵蚀而引发的钢筋腐蚀问题，被视为一种典型的耐久性问题。海洋气候环境下的钢筋混凝土结构，由于长期暴露而受到氯盐污染的影响，引发的钢筋锈蚀问题比较普遍和突出。

4.1.1.1 国内外海洋环境混凝土结构劣化资料

1963 年，我国交通部首次组织了大规模的海港码头调查。其中湛江港一区老码头建成于 1956 年，在 1963 年的调查时，发现起重机梁底部普遍发生了顺筋开裂现象，有些横梁也有这种顺筋开裂的现象。在 1964 年曾经进行了一次修补，但 1979 年发现锈蚀情况更严重了，钢筋混凝土底板因锈胀而大面积剥落，露筋面积达到 21%。

1981 年 4 月至 8 月，我国交通部再次组织了大规模的海港码头调查。此次调查，针对我国华南地区包括海南、湛江、北海、汕尾 4 个地区 7 个港口的 18 座码头进行了调查。调查的结果：这 18 座码头大部分建成于 20 世纪五六十年代，调查时使用时间多在 10~20 年，其中的 16 座有不同程度的锈蚀损坏，占调查总数的 88.9%。建成时间最长的是 25 年，最短的只有 7 年。

1988 年 7 月至 12 月，受交通部水利规划设计院规范管理室委托，由交通部三航局科研所、上海交通大学土建系组织了联合调查和分析课题组，对华东地区的连云港、华东某海军驻地、舟山海洋渔业公司所辖码头做了调研。这次调查发现，华东地区的海港码头因氯离子侵蚀而导致保护层混凝土开裂、剥落现象也比较严重。但对于不同码头、不同构件、不同工作部位，锈蚀损坏程度不同。破坏最严重的是位于浪溅区的码头上部结构中的纵梁，尤以外边梁为主。这类纵梁出现破坏的原因属于施工质量差、保护层厚度严重不足或者使用不当。以连云港老煤码头为例，使用 10 年时就出现了锈迹、纵裂现象；使用 10~15 年后，多数纵梁会发生较严重的损坏。调查还发现，一般钢筋混凝土面板、横梁的锈蚀损伤程度比华南地区轻，而下部结构包括桩帽、桩身，基本上没发现因锈蚀引起的损伤。

湛江港一区作业码头是新中国成立后首次建成的大型码头，从 1963 年开始就对其进行了多次调查，为彻底查明其锈蚀破坏原因，交通部水利规划设计院规范管理室委托四航局科研所，于 1987 年 12 月至 1988 年 1 月对改造过程中剩余的部分上部结构构件进行了调查。调查结果表明，该码头的锈蚀破坏主要发生在浪溅区以上的横梁、起重机梁及面板中；处于潮差区的桩柱、斜撑及斜梁，仅在平均高潮位附近以上的部位受到轻度的腐蚀损坏；斜板及水平梁基本保持完好。

1990年4月，四航局科研所对湛江海军某码头劣化状况进行了调查，该码头建成于1972年7月。调查发现，锈蚀的主要原因是氯离子侵蚀，锈蚀破坏最严重的是码头次梁、引桥Ⅱ形板肋梁、主梁及U形管沟。码头次梁共228片，其中发生底面角部露筋的共141片，占62%，严重锈蚀损坏的83片，占36%，基本完好的仅4片，占2%；而桩及混凝土面板则腐蚀破坏轻微，绝大部分仍保持完好。钢筋横截面平均损失率35%。引桥Ⅱ形板肋梁296片，发生剥落露筋的240片，占81%；严重开裂的54片，占18%；仅2片保持完好，占1%。

1997年11月至12月，四航局科研所对赤湾港码头使用5年以上的泊位进行了普查。所调查的泊位，使用期基本在10年上下，其中的油码头浪溅区钢筋锈蚀最为严重，桩帽的腐蚀损伤率为84%，横梁、靠船构件损伤率为64%。

1998年9月，四航局科研所对湛江港一区南一期工程高桩码头进行现场调查发现，处于大气区的Ⅱ形面板、潮差区的桩帽完好无损，腐蚀破坏基本发生在浪溅区，锈迹、锈斑非常多，顺筋胀裂、剥落、露筋比较普遍。

2000年8月至9月，广州四航工程技术研究院（原四航局科研所）对惠州港3万吨级油码头进行了调查，该码头建成于1992年。调查发现，腐蚀损伤破坏主要集中在处于浪溅区的Ⅱ形梁板体系底面，约有86%以上的梁底出现宽度3 mm以上的顺筋裂缝，部分顺筋裂缝纵贯梁长，且出现了严重的胀裂现象。

1974年建成的天津港三突堤码头，在1994年调查时发现，在26、27段码头的连接段，有70多块面板因钢筋锈蚀而造成保护层混凝土大面积剥落。而且，20世纪80年代以来所建成的码头都普遍维修过一次，可见在我国北方地区的码头劣化问题也很突出。

通过国内调查主要得出以下结论：

（1）极个别构件劣化呈现出先裂后锈的特点，这些构件的裂缝与钢筋的方向垂直或者成一定的角度。

（2）大部分构件的劣化是先锈后裂，即因锈蚀而引起混凝土开裂。这些海港码头损坏的根本原因是氯离子侵蚀引发钢筋锈蚀，随着锈蚀产物增多而引起保护层混凝土的开裂，甚至大面积剥落，从而使钢筋完全暴露在环境条件下。

（3）对每个码头不同结构部位的比较分析，发现潮差区（又称水位变动区）和浪溅区的腐蚀锈胀、剥落状况最为严重。原因是这些部位经历着海水的干湿循环作用，有足够数量的氯离子、水分、氧的供给条件，具备腐蚀所必需的条件。

在国外，在纬度比较高的加拿大和美国等国家的北美地区，冬季大量使用除冰盐的公路钢筋混凝土桥面板腐蚀也非常普遍和严重。根据美国国家标准局（NBS）1975年的调查，美国全年因这种腐蚀造成的损失达到700亿美元。在英格兰岛中部环形快车道上的11座混凝土高架桥，1972年建成的费用为2 800万英镑，截止到1989年，为修补而花费了4 500万英镑，相当于建设费用的1.6倍。从这一结论看，因结构劣化而影响到使用功能，为保持结构使用功能所花费的费用大大超出了人们所预计的额度。

国内外大量海洋环境下钢筋混凝土结构耐久性的调查表明：

（1）氯离子侵蚀引起钢筋锈蚀，是沿海钢筋混凝土结构劣化的主导因素。

（2）浪溅区的结构部位钢筋锈蚀劣化最为严重，潮差区次之，而大气区和水下区锈蚀程度较低。

（3）绝大部分腐蚀损伤表现为顺筋开裂，甚至保护层剥落，导致钢筋腐蚀加速。

（4）腐蚀劣化现象在梁、板、柱等构件类型里都普遍存在，而且开裂或剥落区域占整个结构表面积的比重也非常大，腐蚀劣化具有严重性和普遍性的特点。

4.1.1.2 海南环岛铁路混凝土结构劣化情况调研

课题组对海南省区域的既有桥梁的桥墩受腐蚀情况进行调查，尤其针对既有海西线跨越近海的既有桥墩进行了现场调查和采样，图 4.1-1 为 2007 年建成的既有海西线抱套河桥，图 4.1-2 为 1977 年建成的抱套河既有公路桥。从图片中可看到，随着修建年代的增长，处于水位变动区部位的墩身或承台锈蚀劣化现象也越大。对于这些并未做有效防护的承台墩身混凝土结构，长期与腐蚀介质直接接触，其耐久性问题会逐渐凸显。随着服役时间延长，将会严重影响混凝土的结构安全性。

图 4.1-1　2007 年建成的既有海西线抱套河桥

图 4.1-2　1977 年建成的抱套河既有公路桥

昌八支线卸矿栈桥位于海南省东方市八所港，系八所港专用铁矿石卸矿栈桥。栈桥包括坑道栈桥和高架引桥两部分，其中坑道栈桥分为东线栈桥和西线栈桥，均为 31 孔简支梁桥；高架引桥为四孔一联的连续刚构桥，共计 7 联。栈桥主体结构为 1942 年日本占领时期建成，1969 年西线栈桥由"T 构 + 挂孔"结构更换为简支梁桥，1985 年东线栈桥采用同样方式更换为简支梁桥，90 年代对坑道栈桥部分桥墩进行外包钢板或喷锚混凝土、高架引桥梁部外喷混凝土修补。2014 年铁科院对昌八支线卸矿栈桥进行调研，调研结果如下：

（1）连续刚构桥墩外侧涂有白色涂料，涂料层有不同程度开裂或剥落，如图 4.1-3 所示。

图 4.1-3　高架引桥涂料层剥落

（2）东线栈桥 32#墩：东侧墩墩底外露竖向主筋基本锈断，如图 4.1-4 所示。

图 4.1-4　东线栈桥 32# 墩钢筋锈断

（3）东西线栈桥 54# 墩：东侧墩柱局部混凝土破损、钢筋裸露，表层涂有涂料，未见明显锈蚀。现场量测纵、横向钢筋保护层厚度均为 8cm，如图 4.1-5。

图 4.1-5　高架引桥东西线栈桥 54# 墩墩身混凝土掉块、钢筋裸露

综上所述，框构桥桥墩的整体使用状况良好，表面涂刷的保护涂层对桥墩起到了一定的防护作用，但由于使用年限已久，涂层已经局部开裂、脱落，逐渐失效；桥墩局部区域混凝土破损，钢筋外露、锈蚀严重。

4.1.2 多种腐蚀离子共存海洋环境混凝土结构腐蚀机理

4.1.2.1 离子在混凝土中的传输机理

离子渗入混凝土是一个缓慢的过程，但是相对于钢筋混凝土结构设计使用寿命，其渗入速率就显得非常快。通常离子通过混凝土内部的孔隙和微裂缝从周围环境向混凝土内部传递。离子侵入混凝土的方式有以下几种：

（1）扩散作用：从浓度高的地方向浓度低的地方转移。

（2）毛细管作用：离子向混凝土内部干燥部分移动。

（3）渗透作用：在水压力作用下，离子向压力较低的方向移动。

（4）电化学迁移：离子向电位较高的方向移动。

离子侵蚀往往是上述几种方式的共同作用，此外还会受到离子与混凝土材料之间的化学结合、物理黏结、吸附等作用的影响。在许多情况下，扩散过程被认为是最主要的传输方式之一。

大量检测结果表明，混凝土中的离子传输过程可以认为是一个线性的扩散过程，可以用 Fick 第二定理来描述：

$$\frac{\partial C}{\partial t} = \frac{\partial}{\partial x}\left(D\frac{\partial C}{\partial x}\right) \tag{4.1-1}$$

式中：C——经时间 t 后距混凝土表面 x 处的氯离子浓度；

D——离子扩散系数；

x——距离混凝土表面的深度；

t——扩散时间。

在稳定的使用环境中，假定混凝土结构在相当长的使用时间后其表面的离子浓度恒定不变，那么相应的边界条件和初始条件分别为 $C=(0, t)=C_s$，$C(x, 0)=C_0$，从而解得：

$$C(x,t) = C_0 + (C_{sa} - C_0) \cdot \left[1 - \mathrm{erf}\left(\frac{x}{2\sqrt{D_a \cdot t}}\right)\right] \tag{4.1-2}$$

其中 erf 为误差函数，其数学意义为：

$$\mathrm{erf}(x) = \frac{2}{\sqrt{\pi}} \int_0^x e^{-t^2} dt \tag{4.1-3}$$

各技术参数按下述规则取值：

（1）混凝土表面离子浓度 C_s：可由现场测得。

（2）初始离子浓度 C_0：由原材料带入的混凝土中的原始离子含量，由试验测得。

（3）混凝土保护层厚度：为固定数值，可由现场测得。

（4）离子扩散系数 D：离子扩散系数 D 反映了离子在混凝土中的扩散渗透能力，与混凝土的养护龄期有很大关系。

鉴于 Fick 第二定律的使用条件包括三个：

① 材料必须是均质的；② 离子不与材料发生反应；③ 材料的离子扩散系数必须恒定。

4.1.2.2 氯盐诱发的电化学反应

氯盐对混凝土的侵蚀主要体现在对钢筋的侵蚀上。氯离子扩散到钢筋表面，吸附于局部钝化膜处，可以使该处的 pH 值迅速降低，当 pH 值≤11.5 时，钝化膜处于不稳定状态，当 pH 值≤9.88 时，钝化膜逐渐遭到破坏。

钢筋锈蚀过程的主要反应如下式：

$$Fe \longrightarrow Fe^{2+} + 2e^- \tag{4.1-4}$$

$$Fe^{2+} + 2Cl^- + 4H_2O \longrightarrow FeCl_2 \cdot 4H_2O \tag{4.1-5}$$

$$FeCl_2 \cdot 4H_2O \longrightarrow Fe(OH)_2 \downarrow + 2Cl^- + 2H^+ + 2H_2O \tag{4.1-6}$$

$$4Fe(OH)_2 + O_2 + 2H_2O \longrightarrow 4Fe(OH)_3 \downarrow \tag{4.1-7}$$

其中式（4.1-4）和（4.1-5）是钢筋表面的钝化膜破坏、钢筋锈蚀的过程；式（4.1-6）和（4.1-7）是阳极表面二次化学反应过程。从以上反应可以看出，氯离子本身不构成腐蚀产物，在整个腐蚀过程中也不会消耗，只起加速催化的作用。另外，由氯离子所引起的钢筋腐蚀比较常见的是混凝土结构中的局部坑蚀，因为一般情况下，氯离子首先在较小区域破坏钢筋表面钝化膜，形成小阳极，与大部分表面钝化膜完好的钢筋区域（大阴极）之间形成腐蚀电偶，使坑蚀的迅速发展。

此外，当钢筋跨越含不同 Cl^- 浓度的不同区域混凝土时，会形成浓差电池，发生钢筋自极化现象，造成钢筋钝化膜的加速破坏。事实上，在水化作用之前，混凝土中的部分氯盐能够与混凝土中的某些组分化合成难溶于水的 $3CaO \cdot Al_2O_3 \cdot 3CaCl_2 \cdot 10H_2O$ 和 $3CaO \cdot Al_2O_3 \cdot 3CaCl_2 \cdot 13H_2O$，在这种状态下的 Cl^- 不会对钢筋起作用，同时氯盐还可以被混凝土物理吸附。因此，只有游离的 Cl^- 才能够对钢筋起锈蚀作用。而游离 Cl^- 主要是通过扩散过程进入混凝土而到达钢筋表面，其扩散过程与周围介质中 Cl^- 浓度及混凝土的渗透性有关。

4.1.2.3 硫酸盐引起的侵蚀破坏

硫酸盐对胶凝材料的侵蚀过程是一个缓慢的过程，构件表面的现象开始为表面泛白，随着时间的增加表面出现开裂、剥落破坏现象。硫酸盐侵蚀破坏的实质是外界环境中的 SO_4^{2-} 传输到混凝土内部与一些水化产物发生化学反应，生成一些难溶的盐类矿物。这些矿物一方面在混凝土内部可形成具有膨胀性的产物（石膏、钙矾石），从而在混凝土内部产生膨胀应力，引起混凝土结构的开裂、膨胀、剥落等现象，进而导致整个混凝土结构失去承载能力；另一方面可以使混凝土的水化产物 C-S-H 与 $Ca(OH)_2$ 等组分溶出或分解，破坏了混凝土结构的黏结性能，混凝土就会失去强度。如果混凝土构件所处位置为流动的地下水中，形成的腐蚀产物会被带走，同时新鲜的硫酸盐就会得到充足的补充，使混凝土的损伤程度更加严重。根据上述分析的硫酸盐侵蚀结晶产物和不同的破坏形式，其侵蚀破坏可分为以下几种类型。

1. 钙矾石结晶

外界环境中的 SO_4^{2-} 与水泥石中的 $Ca(OH)_2$ 反应生成大量的 $CaSO_4$，$CaSO_4$ 与水泥石中的水化铝酸钙反应生成三硫型水化硫铝酸钙（称钙矾石）。以 Na_2SO_4 为例，反应化学方程式为：

$$Ca(OH)_2 + Na_2SO_4 \cdot 10H_2O \longrightarrow CaSO_4 \cdot 2H_2O + 2NaOH + 8H_2O \quad (4.1\text{-}8)$$

$$3(CaSO_4 \cdot 2H_2O) + 4CaSO_4 \cdot Al_2O_3 \cdot 12H_2O + 14H_2O \longrightarrow$$
$$3CaO \cdot Al_2O_3 \cdot 3CaSO_4 \cdot 32H_2O + Ca(OH)_2 \quad (4.1\text{-}9)$$

钙矾石是一种溶解度极小的盐类矿物，在化学结构上结合了大量的结晶水（结晶水为 30~32 个），其体积约为原水化铝酸钙的 2.5 倍，使固相体积明显增大。有关研究表明：钙矾石对混凝土产生的膨胀压力的大小与钙矾石的晶体形貌和大小有很大关系，当混凝土中液相碱度较高时，比如纯硅酸盐水泥基材料，生成的腐蚀产物钙矾石一般为针状或片状，这类钙矾石吸附力能力强，可产生很大的吸水肿胀作用，对混凝土产生极大的膨胀应力；当液相碱度较小时，钙矾石往往表现为大的板条状晶体，一般不会对混凝土带来有害的膨胀。

2. 石膏结晶

当侵蚀液中 SO_4^{2-} 浓度高于 1 000 mg/L 时，饱和石灰溶液填充水泥石的毛细孔时，不仅会形成钙矾石腐蚀产物，而且会在水泥石内部有二水石膏析出，反应化学方程式为：

$$Ca(OH)_2 + Na_2SO_4 \cdot 10H_2O \longrightarrow CaSO_4 \cdot 2H_2O + 2NaOH + 8H_2O \quad (4.1\text{-}10)$$

从 $Ca(OH)_2$ 生成为 $CaSO_4 \cdot 2H_2O$ 的过程中，其体积为原来的两倍，将会导致水泥基材料因内应力过大超过临界值而发生膨胀、开裂破坏。在生成石膏的同时不断消耗 $Ca(OH)_2$，也会导致混凝土强度的降低和耐久性的下降。石膏发生膨胀破坏的特点是在试件表面没有明显的裂纹但遍体溃散。当腐蚀溶液中 SO_4^{2-} 的浓度 $\leq$ 1 000 mg/L 时，只有钙矾石结晶形成；当 SO_4^{2-} 浓度 > 1 000 mg/L 时，会同时产生钙矾石-石膏复合结晶，SO_4^{2-} 浓度在很大范围内，石膏结晶侵蚀只起到从属作用；石膏结晶侵蚀在 SO_4^{2-} 浓度非常高时，才起到主导作用。但在实际工程中，若水泥基材料处于干湿交替的条件下，即使外界环境中的 SO_4^{2-} 浓度不高，石膏结晶侵蚀也往往起着主导作用。因为伴随着水分蒸发，侵蚀溶液浓度不断升高，从而导致石膏结晶成为主导因素。

3. $MgSO_4$ 溶蚀-结晶

硫酸镁侵蚀是所有硫酸盐侵蚀类型中破坏性最大的一种盐类。这主要是因为在硫酸镁中 SO_4^{2-} 与 Mg^{2+} 同为侵蚀源，两者相互促进，对混凝土构成双重腐蚀作用。在侵蚀反应生成的钙矾石晶体和石膏晶体均会引起水泥基材料的体积膨胀，对混凝土产生内应力；并且在反应过程中将 $Ca(OH)_2$ 转化成疏松而无黏结性能的 $Mg(OH)_2$，降低了水泥石体系的碱度，破坏了 C-S-H 凝胶稳定存在的条件，造成水泥基材料黏结性能的降低甚至使水泥石变成完全没有黏结性能的松散状，降低混凝土本身的密实性和强度。其反应化学方程式为：

$$Ca(OH)_2 + MgSO_4 + 2H_2O \longrightarrow CaSO_4 \cdot 2H_2O + Mg(OH)_2 \quad (4.1\text{-}11)$$

$$3MgSO_4 + 3CaO \cdot 2SiO_2 \cdot 3H_2O + 8H_2O \longrightarrow 3(CaSO_4 \cdot 2H_2O) +$$
$$2Mg(OH)_2 + 2SiO_2 \cdot H_2O \quad (4.1\text{-}12)$$

4．碱金属硫酸盐结晶

该种结晶类型就是所谓的物理盐类结晶破坏。水泥基材料的膨胀开裂破坏的原因是其中含有浓度非常高的Na_2SO_4，在反应析出时主要析出$Na_2SO_4 \cdot 10H_2O$，该晶体含有结晶水，会产生很大的结晶压力。当混凝土构件半浸泡于盐水时极易发生盐结晶作用。在日温差变化很大的地带或干旱以及半干旱地区，混凝土孔隙中的水分极易蒸发并导致发生盐结晶。对于半浸泡的混凝土构件，溶液中的水分以及腐蚀离子会在毛细吸收的作用下向混凝土内部迁移，当上升到空气中时，因为水分的不断蒸发而产生盐结晶现象。

4.1.2.4 氯盐和硫酸盐共存环境下的混凝土腐蚀机制

选用浸泡在15%NaCl溶液和12%Na_2SO_4+15%NaCl复合溶液中的试件进行试验，并对其试验结果进行对比。选用的试件水灰比为0.4，取用试件做滴定的时间分别为45 d、90 d、150 d，其氯离子浓度测试点深度为3 mm、8 mm、13 mm、18 mm，关系曲线如图4.1-6所示：

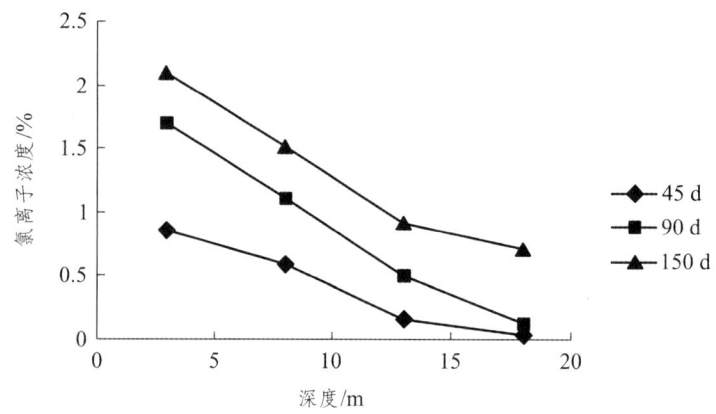

浸泡环境为15%NaCl溶液

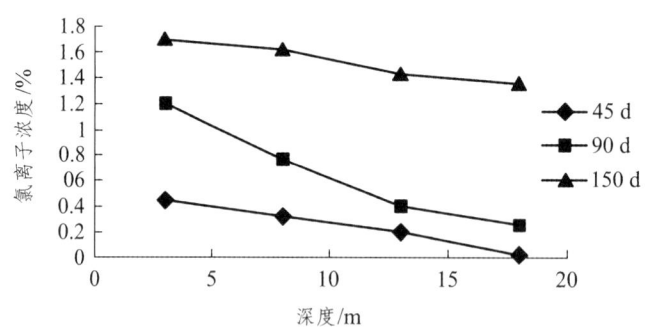

浸泡环境为15%NaCl溶液+12%Na_2SO_4溶液

图4.1-6　试件在15%NaCl溶液和复合溶液中浸烘循环下的氯离子浓度

由图可知，45 d和90 d的曲线走势基本一致，都是随着深度的增加而氯离子浓度逐渐降低，可以发现在第45 d时其扩散深度还未达到18 mm，虽然在第18 mm的位置也检测到氯离子，但是考虑到原材料本身也含有少量氯离子，所以通过扩散进入到这个部位的氯离子基本可以忽略。在第 150 d 时的曲线走势与前两段稍有不同，随着深度的增加其氯离子含量逐渐趋于平缓，说明随着浸烘循环龄期的增加，试件在 8~20 mm 深度处氯离子浓度越来越大，随着时间的推移，试件表面氯离子浓度与其周围所处的腐蚀溶液趋于平衡，最后达到稳定。

与单一腐蚀因素（15%NaCl）作用下的试件相比，在同一深度处复合腐蚀溶液（12%Na_2SO_4 + 15%NaCl）下的氯离子浓度下降了 24%~47%，例如在 5~10 mm 范围内，试件在 15%NaCl 溶液中腐蚀 45 d、90 d 的情况下，测定的氯离子含量分别为 0.6%、1.1%；而在 12%Na_2SO_4 + 15%NaCl 溶液中测定的含量为 0.32%、0.78%。而在 150 d 时离子浓度的走势曲线要平缓得多，说明在腐蚀后期，试件内部已经有了一定程度的损伤，此时硫酸根离子的存在对于氯离子在砂浆内部的扩散起到了促进作用；而在 90 d 前，在复合腐蚀溶液的侵蚀作用下，试件内部的氯离子浓度要比单一氯盐作用下的离子浓度低，说明在前期的腐蚀作用下，硫酸根离子与水泥的水化产物进行的一系列化学反应所产生的生成物堵塞了扩散通道，导致氯离子浓度偏小。

选用浸泡在 10% Na_2SO_4 溶液和 10% Na_2SO_4 + 7% NaCl 以及 10%Na_2SO_4 + 13%NaCl 复合溶液中的试件进行浸烘循环试验，结果如图 4.1-7 所示。

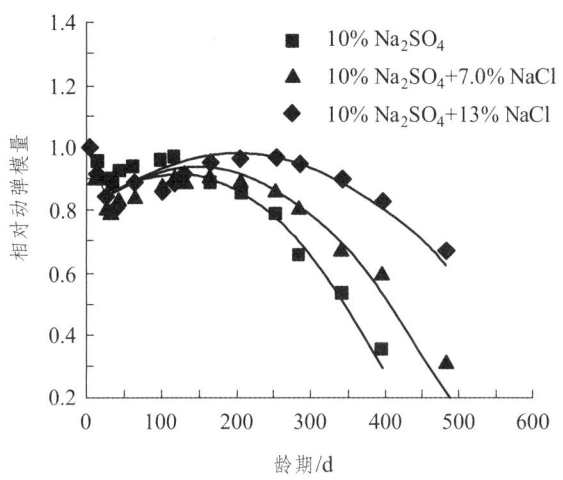

图 4.1-7　试件在三种复合溶液中浸烘循环后的相对动弹模量

在腐蚀开始时，硫酸钠腐蚀溶液中动弹性模量下降加速度明显大于复合溶液。可知，氯化钠能减缓硫酸盐对混凝土的腐蚀速度。其原因在于氯离子扩散系数一般高于硫酸根离子两个数量级，这样就更容易与混凝土的铝相生成一种比较稳定的 Frield 结合盐，从而降低硫酸根离子与铝相反应生成钙矾石和石膏的机会，减缓了混凝土的损伤速度。在相对动弹性模量的测定上，表现为其相对动弹性模量下降趋势减缓。

氯盐的存在会延缓硫酸盐对混凝土的损伤速度。混凝土在多离子共存的干湿循环中，其相对动弹性模量变化包括 4 个阶段：下降段、线性增加段、缓慢下降段和加速下降段。与 5% 的 Na_2SO_4 腐蚀相比，氯盐的存在对第一下降段没有影响，但明显拉长了其他 3 个阶段的时间，延缓了硫酸盐对混凝土的损伤速度。

4.2 高温高湿海洋环境桥梁混凝土制备技术研究

4.2.1 灌注桩混凝土制备技术

4.2.1.1 灌注桩混凝土性能评价指标

1．工作性能

高速铁路轨道结构的高平顺性和高稳定性对轨下基础提出了极高的要求。灌注桩鉴于承载力高、沉降量小而均匀、沉降速度慢、能承受较大的各向荷载和施工速度快等特点，被广泛应用于高速铁路的桥梁中。灌注桩属于隐蔽工程，出现问题不易监测，且施工时无法振捣，这对灌注桩混凝土及其施工工艺提出了严格要求。国内外学者对灌注桩施工工艺研究较多，而对灌注桩混凝土，尤其是灌注桩混凝土工作性能评价技术研究较少。《铁路混凝土》（TB/T 3275）规定，新拌混凝土工作性应根据混凝土结构类型和成型方式确定，并提出了如表4.2-1所示不同结构混凝土的工作性能要求。对于桩而言，由于其成型方式为自密实成型，可同时采用坍落度和扩展度来评价其工作性能，坍落度≤220 mm、扩展度≤600 mm。

表 4.2-1 混凝土的工作性能

结构/构件类型	成型方式	工作性能（入模时）	
		评价方法	指 标
轨枕	振动台	增实因数法	1.05～1.40
接触网支柱（方）		维勃稠度	≥20 s
Ⅰ型轨道板	附着式振动	坍落度法	≤120 mm
Ⅱ型轨道板		坍落度法	≤160 mm
Ⅲ型轨道板		坍落度法	≤120 mm
电杆	离心机	坍落度法	≤100 mm
接触网支柱（圆）		坍落度法	≤100 mm
桩、墩台、承台、T梁、道床板、底座，涵洞，隧道衬砌，仰拱，路基支挡等	振捣棒（斗送）	坍落度法	≤140 mm
桩、墩台、承台、箱梁，道床板、底座，涵洞，隧道衬砌，仰拱，路基支挡等	振捣棒（泵送）	坍落度法	≤200 mm
桩	自密实	坍落度法	≤220 mm
		扩展度法	≤600 mm
充填层		扩展度法	≤750 mm

2．耐久性能

根据《铁路混凝土结构耐久性设计规范》（TB 10005—2010）和我国其他相关耐久性设

计规范，灌注桩混凝结构面临的作用环境以及不同环境下混凝土耐久性评价指标如表 4.2-2 所示。

表 4.2-2　混凝土结构可能面临的环境及其耐久性评价指标

序号	结构部位	可能面临的环境	耐久性指标	实体结构
1	灌注桩	总体要求	电通量	《铁路工程基桩无损检测规程》（铁建设〔2008〕85号）
2		化学侵蚀（H1、H2、H3和H4）	胶凝材料耐蚀系数	
3		氯盐侵蚀（L1）	氯离子扩散系数	

3．灌注桩混凝土评价指标

针对灌注桩施工情况，结合我国《铁路混凝土结构耐久性设计规范》以及海南西环铁路桥梁勘测设计资料，课题组提出了包括工作性能、力学性能和耐久性能的灌注桩混凝土性能评价指标，如表 4.2-3 所示。

表 4.2-3　灌注混凝土性能评价体系

序号	项目名称	评价体系		
		评价方法		指　标
1	工作性能	扩展度法		≥450mm，≤600 mm/h
		扩展度损失值		≤30 mm/h
		倒坍落度筒流出时间		≤19 s
		Ormit 仪流出时时间		≤13 s
		泌水率		0
2	力学性能（56 d 或 90 d）	抗压强度		C45（L1/H4 环境）C50（L3）
3	耐久性能（56d）	化学侵蚀	胶凝材料耐蚀系数	>0.8
		氯盐环境	电通量	≤1 000 C
			氯离子扩散系数	≤3×10^{-12} m^2/s

4.2.1.2　灌注桩混凝土制备技术

1．工作性能评价

目前常用坍落度来评价灌注桩混凝土的工作性能，但由于灌注桩混凝土无法振捣，要靠其自身的工作性能来实现充填，这要求用于灌注桩的混凝土必须具有很好的工作性能，仅用坍落度无法表征其工作性能，必须基于灌注桩混凝土施工过程流动状态来研究混凝土工作性能的评价指标。

（1）灌注桩混凝土工作性能评价方法选择。

图 4.2-1 为灌注桩混凝土灌注过程的流动状态，由图可知，从左至右为灌注桩混凝土灌注过程。灌注桩混凝土加入料斗或直接泵送，经过导管下落至桩孔底部，利用自身重力流平

并充填于桩孔中。其流动过程可分为混凝土在垂直导管中自由下落以及在桩孔底部自由扩展。影响灌注桩混凝土流动的两个因素为混凝土在导管中的流出时间以及在桩孔底部的扩展度。而在评价混凝土工作性能的所有仪器中，Ormit 仪的测试原理与灌注桩混凝土流动行为相近，即 Ormit 仪的浇筑管相当于导管。因此，本书选用 Ormit 仪来研究灌注桩混凝土工作性能。鉴于坍落度筒应用较为广泛，倒坍落度筒也可作为灌注桩混凝土工作性能检测工具，如图 4.2-2 所示。

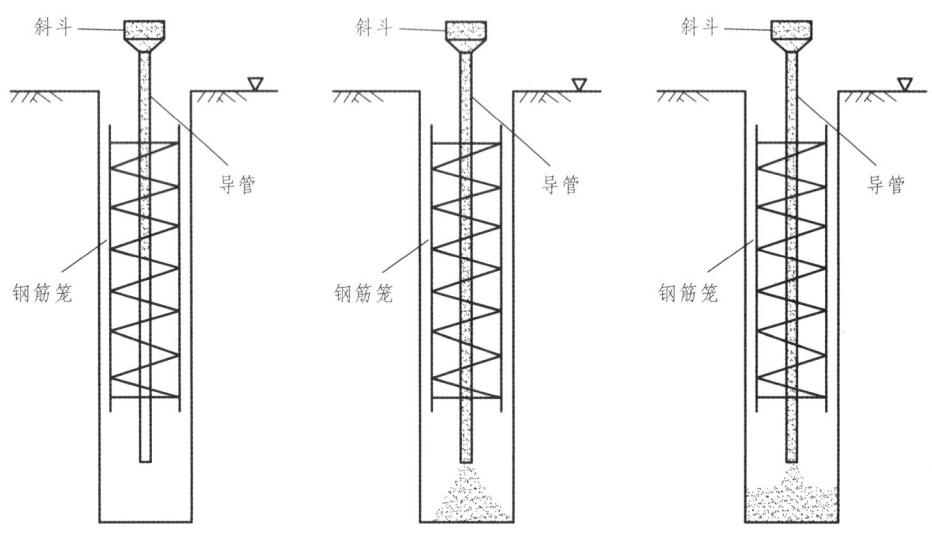

图 4.2-1 灌注过程的流动状态

图 4.2-2 Orimet 仪

（2）灌注桩混凝土坍落度与扩展度的关系。

图 4.2-3 为混凝土坍落度和扩展度关系。由图可知，当坍落度大于 200 mm 时，同一坍落度的混凝土拌合物扩展度相差很大，如坍落度为 210 mm 时，扩展度可以在 380~540 mm 范围内变化。这是由于坍落度只能表征混凝土拌合物的屈服应力，而不能表征混凝土拌合物的塑性黏度，坍落度相同时混凝土拌合物的塑性黏度不尽相同。塑性黏度影响混凝土的扩展度与流动速度，即使混凝土坍落度很大扩展度也可能较小，灌注桩混凝土在桩孔中很难扩展开，即难以填满整个灌注桩。因此，仅用坍落度很难反映灌注桩混凝土的工作性能，用扩展度评价灌注桩混凝土工作性能更为准确。灌注桩混凝土灌注时无法振捣，必须依靠自重流平与充

填。灌注桩混凝土必须具有足够的扩展度,并且要确保良好的和易性,不能出现离析、泌水现象。吴中伟院士提出当坍落度与扩展度比在 0.4~0.45 左右时工作性能较好;太小时,混凝土易离析;太大时,混凝土则太黏稠;太小或太大均不利于混凝土灌注。目前灌注桩混凝土施工质量控制时,通常要求坍落度大于 200 mm,按照"坍落度/扩展度≈0.45"计算混凝土扩展度宜大于 450 mm。

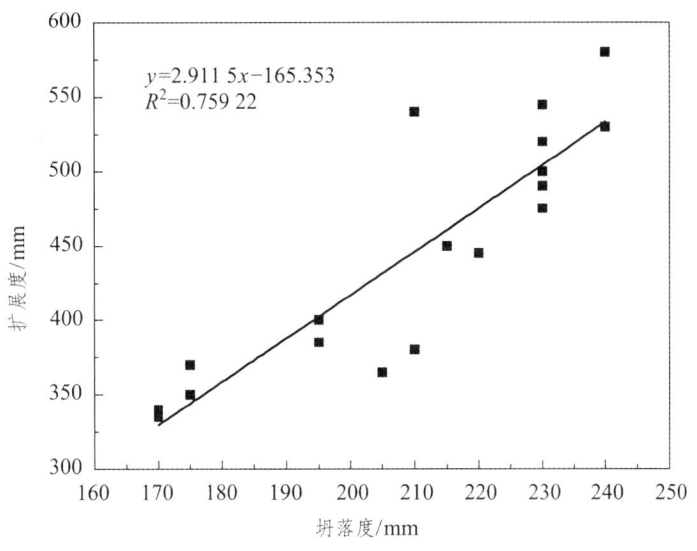

图 4.2-3 坍落度与扩展度的关系

(3)灌注桩混凝土扩展度、含气量与 Ormit 流出时间的关系。

图 4.2-4 为混凝土含气量为 4% 左右时,扩展度与 Ormit 流出时间的关系。由图可知,随着混凝土扩展度增加,Ormit 流出时间逐渐减小。究其原因为混凝土扩展度的增加是通过增加减水剂掺量来实现的,减水剂的增加使体系胶材中絮凝的水进一步释放,降低了体系的内摩擦力,混凝土体系黏度的降低使 Ormit 流出时间减小。由曲线拟合方程及方差可知,扩展度与 Ormit 流出时间具有较好的线性相关性,相关系数为 0.710 08。以扩展度 450 mm 为基准,根据扩展度与 Ormit 流出时间的关系可得灌注桩混凝土 Ormit 流出时间宜小于 13.144 s,取整数为 14 s。

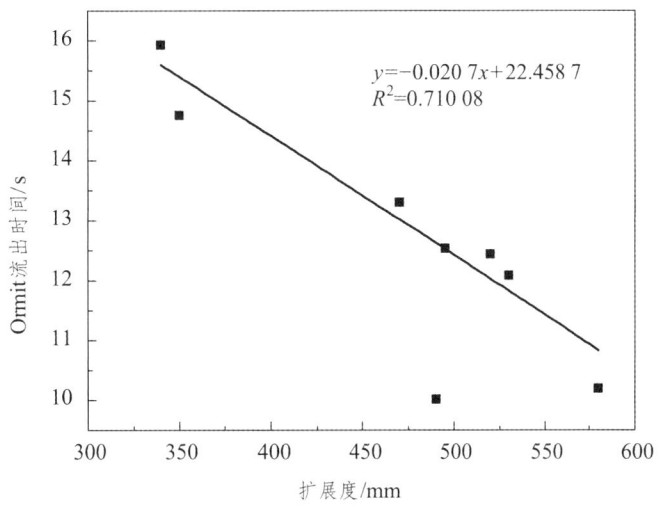

图 4.2-4 扩展度与 Ormit 流出时间的关系

图 4.2-5 为混凝土坍落度为 500 mm 左右时,含气量与 Ormit 流出时间的关系。由图可知,随着混凝土含气量的增加,Ormit 流出时间逐渐减小。其原因是含气量的增加在混凝土拌合物中引入微小气泡,这些气泡起到滚珠效应,降低体系的内摩擦力,使拌合物更容易从 Ormit 仪中流出,Ormit 流出时间减小。当含气量大于 4% 时,Ormit 流出时间小于 10 s,尽管灌注桩混凝土没有抗冻要求,考虑到引气有利于混凝土灌注,灌注桩混凝土可适当引气。

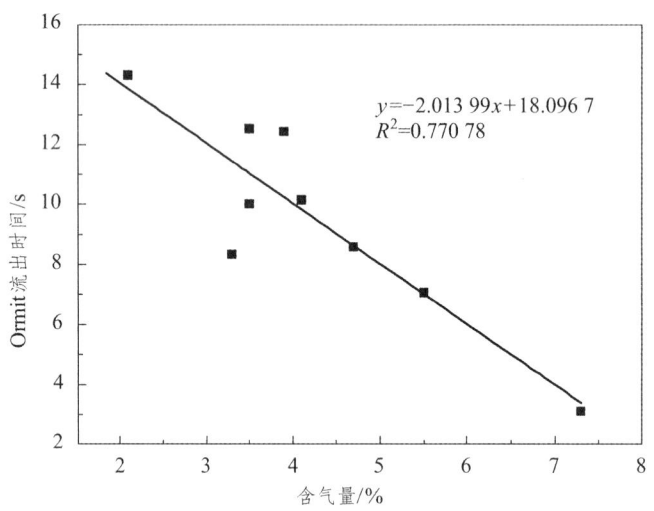

图 4.2-5 含气量与 Ormit 流出时间的关系

(4) 灌注桩混凝土 Ormit 流出时间与倒坍落度筒流出时间的关系。

图 4.2-6 为 ormit 流出时间与倒坍落度筒流出时间的关系。由图可知,Ormit 流出时间与倒坍落度筒流出时间具有良好的正线性相关性,相关系数为 0.891 52。因此,当没有 Ormit 仪时,可采用倒坍落度筒来评价灌注桩混凝土的工作性能。以 Ormit 流出时间 13.144 s 为基准,根据 Ormit 流出时间与倒坍落度筒流出时间的关系可得灌注桩混凝土倒坍落度筒流出时间宜小于 18.669 s,取整数为 19 s。

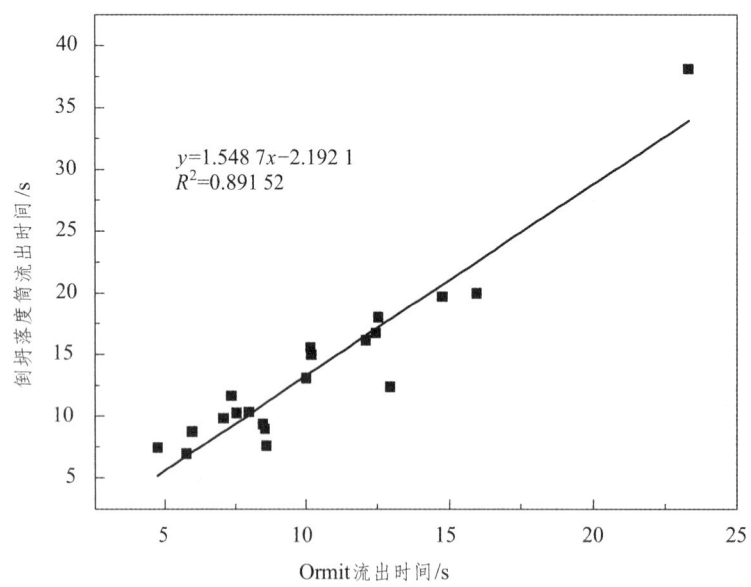

图 4.2-6 Ormit 流出时间与倒坍落度筒流出时间关系

（5）灌注桩混凝土扩展度与倒坍落度筒流出时间的关系。

图 4.2-7 为含气量为 4% 左右时，扩展度与倒坍落度筒流出时间的关系。由图可知，随着扩展度的增加，倒坍落度筒流出时间逐渐减小，扩展度与倒坍落度筒流出时间具有良好的线性相关性，相关系数为 0.829 07。综合可知，扩展度、Ormit 流出时间与倒坍落度筒流出时间具有很好的线性相关性，三者都可作为灌注桩混凝土工作性能的评价指标。

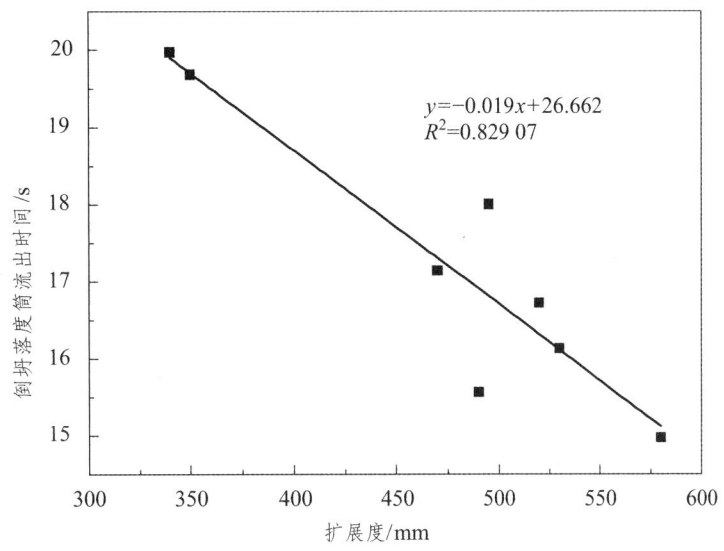

图 4.2-7　扩展度与倒坍落度筒流出时间的关系

混凝土工作性能保持是确保灌注桩质量的关键。根据《混凝土泵送施工技术规程》（JGJ/T 10—2011）和《混凝土质量控制标准》（GB/T 50164—2011）的规定，泵送混凝土拌合物坍落度经时损失不宜大于 30 mm/h。考虑到灌注桩混凝土施工难度，提出灌注桩混凝土扩展度损失不宜大于 30 mm/h。根据以上分析，提出灌注桩混凝土的工作性能，如表 4.2-4 所示。

表 4.2-4　灌注桩混凝土的工作性能评价指标

结构/构件类型	成型方式	工作性能	
		评价方法	指　标
灌注桩	自密实	扩展度	≥450 mm
		扩展度损失值	≤30 mm/h
		倒坍落度筒流出时间	≤19 s
		Ormit 仪流出时间	≤13 s
		泌水率	0

2．胶凝材料抗蚀系数

由于灌注桩所处海洋环境中各种腐蚀盐类的浓度比较高，特别是氯盐浓度很高，对原材料的抗腐蚀能力必须严格要求。通过测定浸泡在硫酸钠溶液及自配海水溶液中的胶凝材料胶砂试体的抗折强度，与浸泡在洁净饮用水中的同龄期试体抗折强度，计算抗蚀系数，以比较胶凝材料抗盐类侵蚀的能力。

图 4.2-8 所示为不同粉煤灰掺量（20%、30%、40%、50%、60%、70%）对 28 d 和 56 d

胶材耐蚀系数的影响。由图可知，粉煤灰的掺入大大提高了胶材的耐腐蚀系数；随着粉煤灰掺量的增加，胶材耐蚀系数先增大后减小。这是由于掺入的粉煤灰作为一种活性矿物掺合料，其在胶砂试件中发生二次水化反应，与水泥水化生成的 $Ca(OH)_2$ 与溶液中的 OH^- 反应，消耗了胶材中的 $Ca(OH)_2$ 并形成 C-S-H 凝胶，改善了内部结构，提高了胶砂试件的密实度。随着粉煤灰掺量的增加，当水泥水化提供的碱不足以使粉煤灰二次水化时，过量的粉煤灰会使胶砂出现比较多的孔隙，降低试件的密实度。由于海水溶液中的腐蚀性离子种类较多，含有大量的 SO_4^{2-}、Mg^{2+}，在盐类侵蚀耦合作用下，导致海水溶液中的胶砂试件抗折强度低于 Na_2SO_4 溶液中的胶砂试件抗折强度。

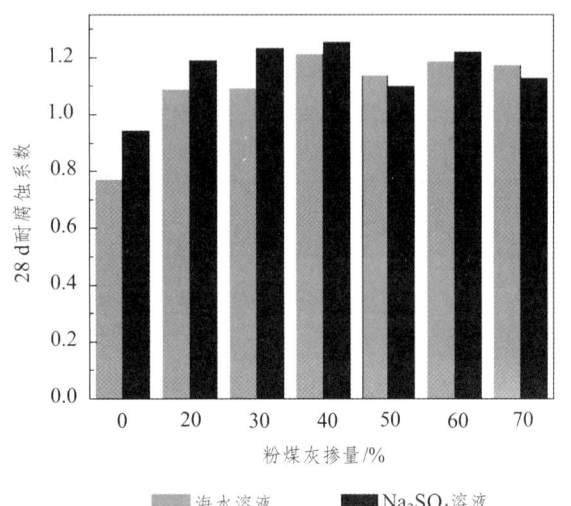 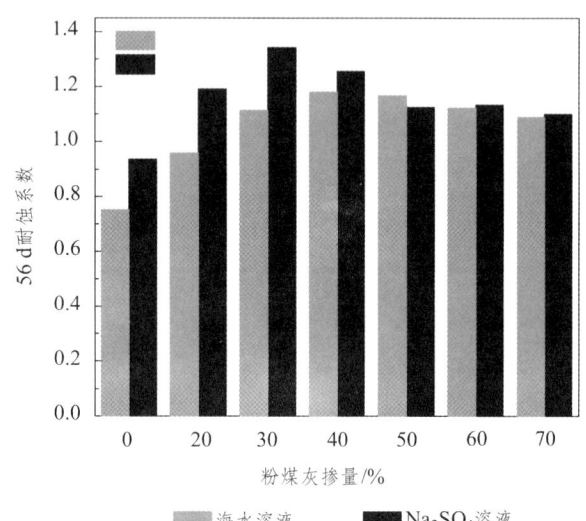

图 4.2-8　粉煤灰掺量对胶材耐蚀系数的影响

3．配合比参数对混凝土性能的影响

（1）配合比设计。

氯盐环境和化学侵蚀环境下灌注桩混凝土配合比参数多规定最低水胶比、最低胶凝材料用量、矿物掺合料掺量、含气量等。不同标准相关规定如表 4.2-5 所示。

《混凝土结构耐久性设计与施工指南》（CCES 01—2004）中规定环境作用等级为 E 或 F 的重要工程，其混凝土材料的拌合水量应予限制，一般不宜高于 150 kg/m^3。

表 4.2-5　氯盐环境下混凝土配合比参数限值

环境条件		最大水胶比	胶凝材料用量/（kg/m^3）		矿物掺合料掺量/%			含气量/%
			最低用量	最高用量	粉煤灰	磨细矿渣粉	硅灰	
铁路	L1/H2	0.45	320	400	30~50	40~60		—
	L2/H3	0.40	340	450	30~50	40~60		
	L3/H4	0.36	360	480/450	>30	>50		
国家	D	0.40	340	450	>25	>50	3~5	—
	E	0.36	360	450				
	F	0.36	380	480				

（2）水胶比对混凝土抗氯离子渗透性能的影响。

不加掺合料不引气基准混凝土电通量和氯离子扩散系数如图 4.2-9 所示，混凝土的设计强度等级分别为 C30、C40、C50，对应水胶比为 0.45、0.38、0.33。电通量和氯离子扩散系数变化趋势基本相同，水胶比降低，混凝土电通量和氯离子扩散系数均下降，即混凝土抗氯离子渗透能力随之增强。另外，随着养护龄期的延长，电通量和氯离子扩散系数有所下降，混凝土抗氯离子渗透的能力逐渐增强。总体来看，这几组不加掺合料混凝土的电通量均 > 2000C，氯离子扩散系数 > 7.0×10^{-12} m/s，表明基准混凝土抗氯离子渗透能力不强。即使是水胶比很低（仅为 0.33）的混凝土，也不适宜用于氯盐环境下的铁路混凝土工程。

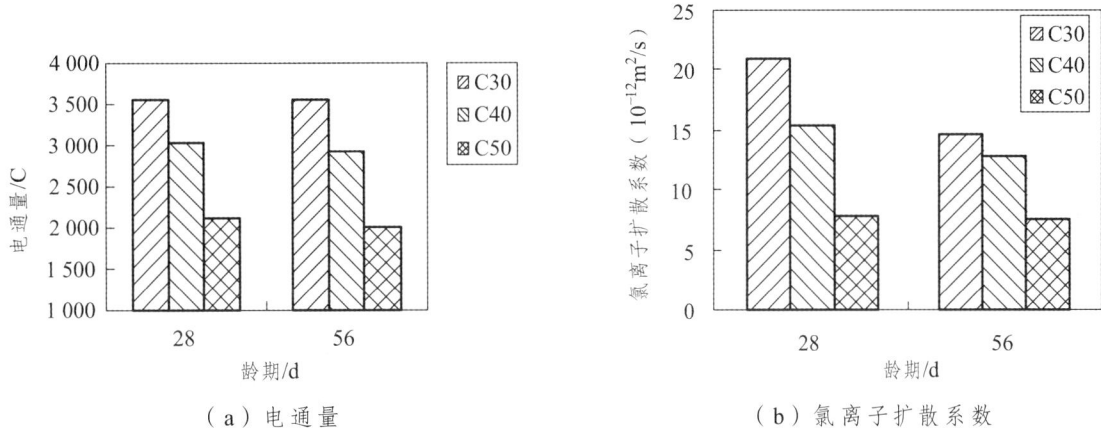

图 4.2-9　水胶比（强度等级）对混凝土抗氯离子渗透性能的影响

（3）矿物掺合料对混凝土抗氯离子渗透性能的影响。

强度等级为 C40，不掺加引气剂，不同掺合料对混凝土电通量和氯离子扩散系数的影响如图 4.2-10 所示。在基准混凝土中用一定量的掺合料等量取代水泥后，混凝土电通量和氯离子扩散系数大幅下降，混凝土抗氯离子渗透性能显著改善，基准混凝土 28 d 电通量为 3 042 C，30% 粉煤灰（FA）等量取代水泥后，混凝土电通量下降到 1 087 C；30% 矿渣（SA）等量取代后，混凝土 28 d 电通量下降到 915 C；掺 5% 硅灰（SF）后，混凝土 28 d 电通量下降到 632 C；掺入 10% 的偏高岭土（MK），混凝土 28 d 电通量降低到 1 600 C。因此，无论掺粉煤灰、矿渣、硅灰和偏高岭土都可以提高混凝土的抗氯离子渗透性能。下面以粉煤灰为例来论证氯盐环境下单掺粉煤灰的合适掺量，试验结果如图 4.2-11 所示。

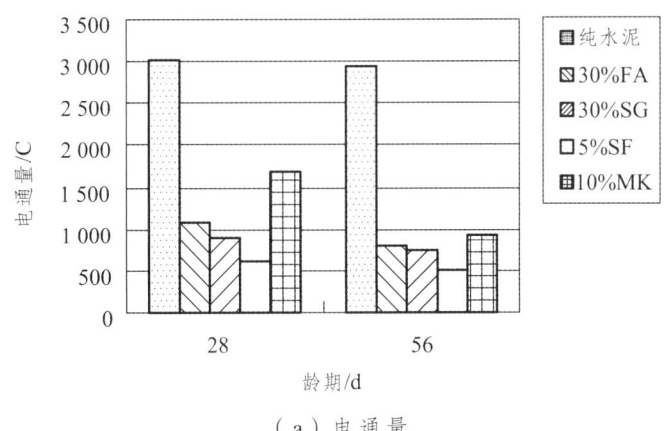

（a）电通量

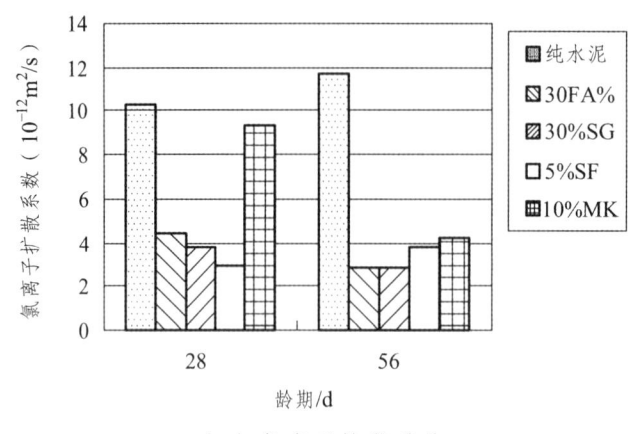

（b）氯离子扩散系数

图 4.2-10　单掺对混凝土抗氯离子渗透性能的影响

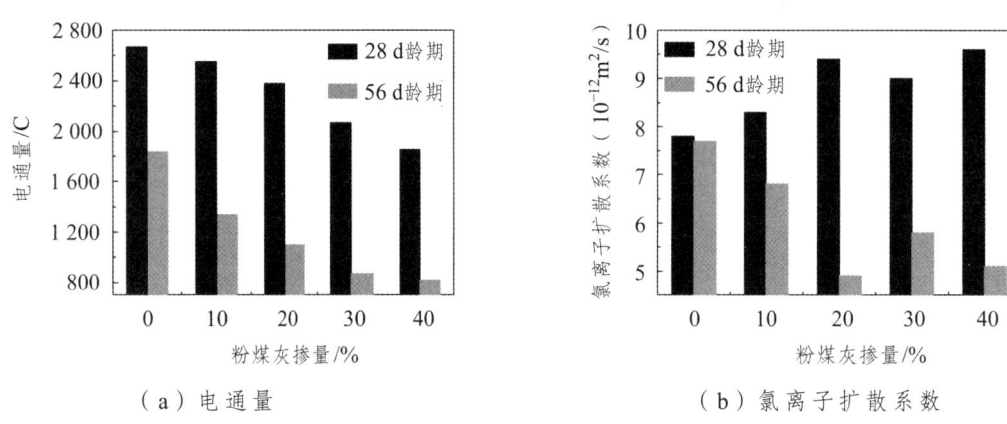

（a）电通量　　　　　　　　　　　　　　（b）氯离子扩散系数

图 4.2-11　粉煤灰掺量对 0.40 水胶比混凝土的电通量和氯离子扩散系数的影响

在 0.4 水胶比和 360 kg/m³ 胶凝材料的情况下，粉煤灰掺量 30% 以上，混凝土 56 d 电通量小于 1 000 C，氯离子扩散系数小于 $7 \times 10^{-12} m^2/s$。氯盐环境下钢筋混凝土的最小强度等级应为 C35，考虑到粉煤灰对混凝土强度的影响，粉煤灰掺量不宜大于 50%。用同样的方法可证明矿渣掺量的适宜范围为 40%～60%。

图 4.2-12 为掺合料双掺混凝土的电通量和氯离子扩散系数随矿物掺合料掺量的变化趋

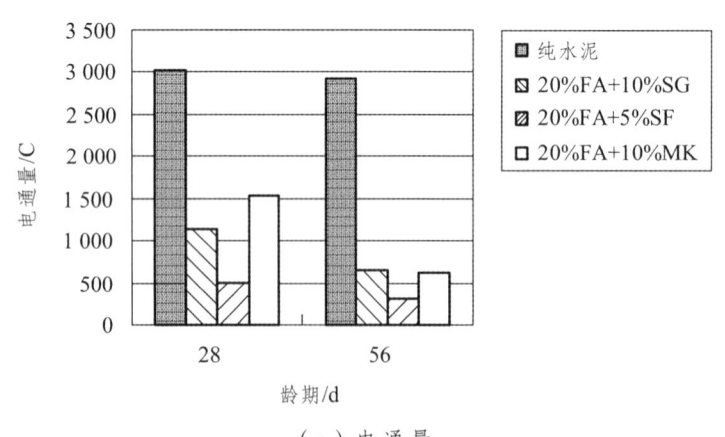

（a）电通量

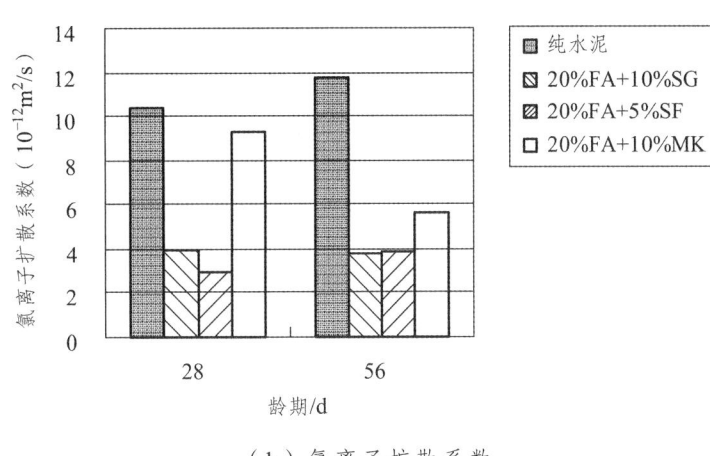

(b) 氯离子扩散系数

图 4.2-12 双掺对混凝土抗氯离子渗透性能的影响

势。双掺混凝土的抗氯离子渗透性能呈现大幅度提高，20% 粉煤灰和 5% 硅灰复掺后，混凝土 28 d 电通量下降到 514 C，56 d 电通量下降到 327 C，28 d 和 56 d 氯离子扩散系数均小于 $3 \times 10^{-12} m^2/s$，能够满足严重氯盐腐蚀环境下设计使用年限为 100 年的铁路混凝土要求。

由此可见，氯盐环境下铁路混凝土必需掺加矿物掺合料，以复掺效果最好。综合混凝土耐久性和强度要求，氯盐环境下混凝土的粉煤灰掺量宜在 30% 以上，但不宜超过 50%；矿渣的适宜掺量为 40%~60%。矿物掺合料的掺量与混凝土的强度等级、水胶比以及混凝土施工要求等有关。通常而言，强度等级越高，胶凝材料中矿物掺合料越低；水胶比越大，胶凝材料中矿物掺合料越低。鉴于硅灰与粉煤灰的复掺可以大幅度提高混凝土的抗氯离子渗透性能，对于处于严重腐蚀的混凝土结构，其混凝土中应适当掺加硅灰。矿物掺合料降低混凝土的电通量或氯离子扩散系数原因有两方面：一方面，在混凝土中掺加粒径比水泥还小的矿物掺合料因微集料效应，能够起到细化水泥石的孔结构的作用，改善水泥石中孔隙率分布，降低水泥石中有害孔的数量，从而起到了阻碍氯离子向混凝土内部扩散、毛细吸附和渗透的功效；另一方面，部分矿物掺合料在水泥水化过程中与氯离子等一起发生物理或化学反应，物理反应主要为物理吸附，即矿物掺合料对氯盐的初次固化，化学作用是指矿物掺合料的二次反应，与氯盐生成低溶性的"Friedel 盐"[单氯水化铝酸钙（$3CaO \cdot Al_2O_3 \cdot 10H_2O$）和三氯水化铝酸钙（$3CaO \cdot Al_2O_3 \cdot 3CaCl_2 \cdot 32H_2O$）]，减少了引发钢筋锈蚀的自由氯离子的含量。

（4）含气量对混凝土抗氯离子渗透性能的影响。

含气量对混凝土氯离子渗透性能的影响如图 4.2-13 所示。对于不加掺合料的混凝土，强度等级为 C30 和 C40 时，随含气量增大，混凝土的电通量和氯离子扩散系数均有所降低，即混凝土抗氯离子渗透性能增强；而强度等级为 C50 的混凝土随含气量增大，其电通量变化不大。

对于加入不同掺合料的混凝土，含气量的变化对其电通量和氯离子扩散系数影响不大，如图 4.2-14 所示。在其他配比条件不变时，含气量越大，混凝土抗压强度越低，但混凝土抗氯离子渗透性能没有降低；而当混凝土强度相同时，引气混凝土抗氯离子渗透性能优于非引气混凝土。

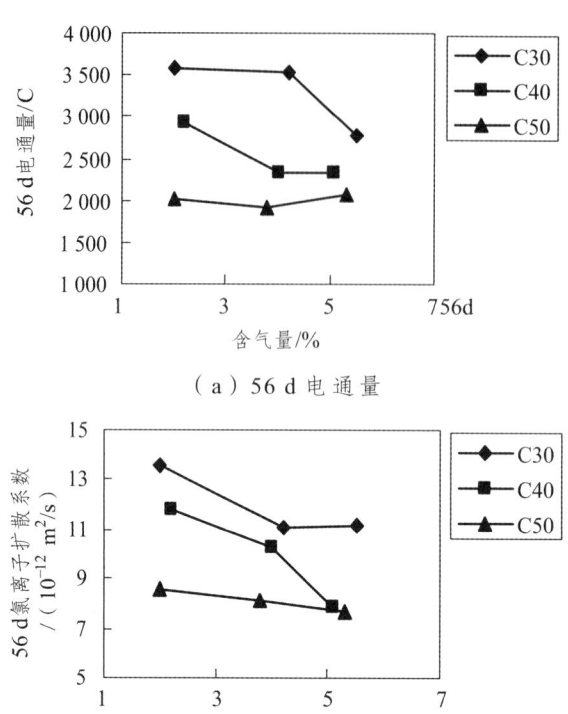

(a) 56 d 电通量

(b) 56 d 氯离子扩散系数

图 4.2-13　含气量对不加掺合料混凝土抗氯离子渗透性能的影响

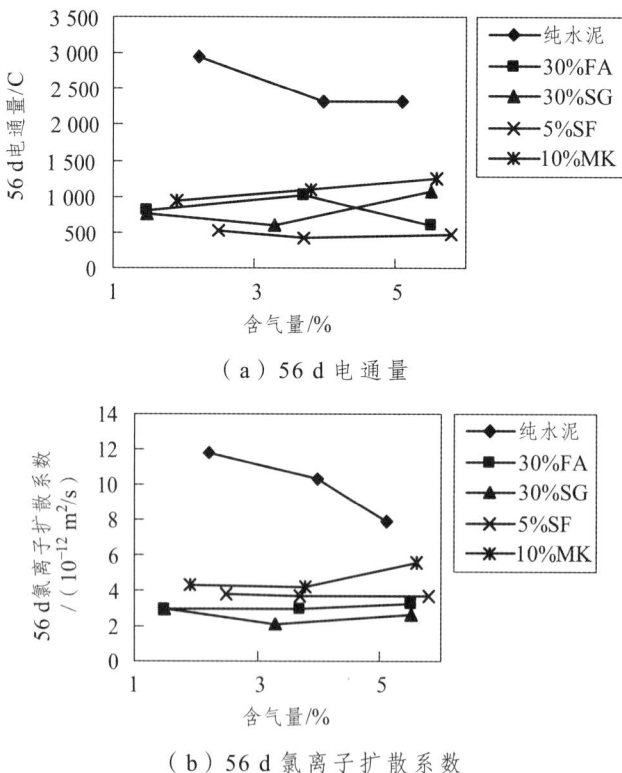

(a) 56 d 电通量

(b) 56 d 氯离子扩散系数

图 4.2-14　含气量对加掺合料混凝土抗氯离子渗透性能的影响：

含气量影响混凝土氯离子渗透性能有两方面原因：一是混凝土渗透性能与孔结构有紧密关系，孔径大于 100 μm 的大孔在很大程度上决定了混凝土渗透性，混凝土中引入大量微米级气泡，可以降低混凝土的抗氯离子渗透性能。二是引气后改善硬化浆体的毛细孔结构，形成大量封闭孔，切断空隙的连通性，增加了空隙的曲折度，同时在水泥颗粒表面形成憎水膜，显著降低毛细孔的抽吸作用，有利于引气混凝土的抗氯离子渗透性能的提高。因此，氯盐环境下可以采用掺掺合料引气混凝土，通常而言，混凝土含气量增加 1%，其抗压强度约降低 5 MPa，综合考虑混凝土的力学性能及其抗氯离子渗透性能，氯盐环境下混凝土的含气量宜为 4%～6%。在氯盐和冻融破坏环境耦合作用下，采取掺加矿物掺合料和适当引气的技术措施则是提高混凝土耐久性最有效的技术途径，其最佳含气量宜通过试验确定，并应满足《铁路混凝土结构耐久性设计规范》（TB 10005—2010）冻融环境下混凝土含气量的规定。

（5）混凝土配合比优化。

针对新建海南西环铁路 C50 灌注桩混凝土耐久性要求和施工特点，结合原材料性能，课题组开展了灌注桩混凝土的配合比设计和比选工作，主要配合比如表 4.2-6 所示，拌合物性能测试结果见表 4.2-7。

表 4.2-6　试验配合比　　　　　　　　　　　　　　　　　　单位：kg/m³

编号	水泥	粉煤灰	矿渣粉	砂	碎石		水	减水剂
					5～16 mm	16～31.5 mm		
HNZ-0	321	0	173	722	485	594	153	1.5%
HNZ-1	307	64	123	722	485	594	153	1.4%
HNZ-2	321	0	173	722	485	594	153	1.45%
HNZ-3	307	123	64	722	485	594	153	1.2%
HNZ-4	321	49	124	722	485	594	153	1.25%

表 4.2-7　试配混凝土拌合物性能

编号	坍落度/mm	扩展度/mm	含气量/%	状态描述
HNZ-0	255	650	4.5	损失快，比双掺黏
HNZ-1	250	650	3.2	减水剂掺量偏高，略泌浆，但不抓底，坍损快
HNZ-2	235	590	4.8	减水剂偏多，略离析，骨料略有堆积
HNZ-3	200	300	—	出机目测 SF 大于 550 mm，测试时只有 300 mm，坍损很快，0.5 h 后丧失流动性
HNZ-4	220	550/510	4.6	出机流动性好，不黏沉

由拌合物性能测试结果可得出以下结论：

① 采用现场送原材料可制备出初始性能满足施工要求的灌注桩混凝土。

② 粉煤灰细度偏粗，对减水剂的吸附量强，掺量过高会导致混凝土拌合物坍落度短时间内快速损失，并影响混凝土流动能力。编号 HNZ-1 和 HNZ-3 以及 HND-0 和 HND-1 混凝土拌合物对比测试结果均表明，当粉煤灰掺量由 15% 左右增加到 25% 时，混凝土拌合物出机目测扩展度超过 500 mm，但在测试完成后即损失到仅有 300 mm，0.5 h 后彻底失去工作性。

③ 单掺矿渣粉混凝土拌合物黏度则略高于双掺情况,减水剂掺量有所增加。

④ 考虑到混凝土水化温升控制,建议采用双掺矿粉和粉煤灰方式,粉煤灰掺量不超过15%。

⑤ 减水剂保坍能力不足,混凝土普遍表现出坍落度损失过快的问题,需对减水剂保坍组分进行调整。

图 4.2-15 所示是经试配试验选出的具有代表性的 4 组混凝土强度发展情况,分别是灌注桩混凝土配合比两组和墩承台混凝土配合比两组。由图可知:① 四组混凝土 28 d 抗压强度均超过 50 MPa,其中灌注桩混凝土 28 d 抗压强度超过 60 MPa,由此可推断各组混凝土 56 d 强度能满足 C50 强度等级混凝土试配强度要求;② 单掺矿渣粉混凝土配合比 28 d 抗压强度比矿渣粉 + 粉煤灰双掺高出约 5 MPa。

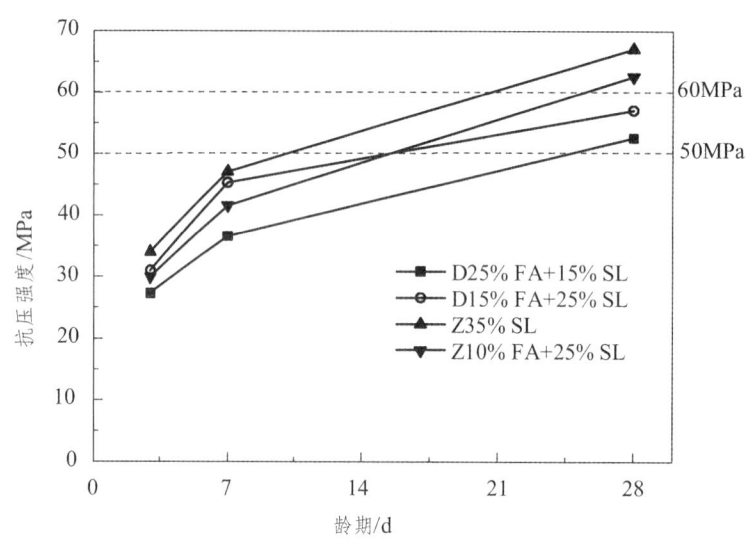

图 4.2-15 试配混凝土抗压强度

4．阻锈剂对混凝土性能的影响

在确定灌注桩基本配合比的情况下,课题组考察了阻锈剂的掺加对混凝土工作性能和力学性能的影响。根据砂、石原材料质量情况和混凝土容重情况,对所选定的混凝土试验配合比进行了优化。试验配合比如表 4.2-8 所示,其中编号 HNZ-4 采用液体型阻锈剂,HNZ-5 采用粉体型阻锈剂。

表 4.2-8 试验配合比 单位:kg/m³

编号	水泥	粉煤灰	矿渣粉	砂	碎 石		水	阻锈剂	减水剂
					5~16 mm	16~31.5 mm			
HNZ-3	312	48	120	710	479	586	149	0	1.25%
HNZ-4	312	48	120	710	479	586	139	9.88	1.25%
HNZ-5	312	28	120	710	479	586	149	20	1.25%

(1) 抗氯离子渗透性。

表 4.2-9 是含阻锈剂灌注桩混凝土的电通量与氯离子扩散系数测试数据。由数据可知,

随阻锈剂掺量提高，28 d 的电通量与氯离子扩散系数均呈明显下降趋势，说明其抗氯离子渗透性随阻锈剂掺量提高而增加。但 56 d 龄期不同阻锈剂掺量混凝土的电通量与氯离子扩散系数差别不明显。

表 4.2-9　抗氯离子渗透能力

编　号	电通量/C		氯离子扩散系数/（10^{-12} m²/s）	
	28 d	56 d	28 d	56 d
HNZ-3	1 426	1 296	6.3	3.8
HNZ-4	1 688	1 239	5.2	3.9
HNZ-5	1 315	1 249	4.8	4.0

（2）抗硫酸盐侵蚀。

表 4.2-10 给出了含阻锈剂灌注桩混凝土经历 30 次硫酸盐溶液干湿循环后的抗压强度。表 4.2-11 给出了含阻锈剂灌注桩混凝土经历 150 次硫酸盐溶液干湿循环后表面杨氏弹性模量的变化。

表 4.2-10　抗硫酸盐侵蚀

编　号	30 次循环抗压强度/MPa	
	标养	泡溶液
HNZ-3	50.4	44.4
HNZ-4	59.5	54.6
HNZ-5	46.3	43.4

表 4.2-11　硫酸盐干湿循环作用下表面杨氏弹性模量变化　　　　单位：GPa

循环次数	HNZ-3	HNZ-4	HNZ-5
0	50.0	49.2	50.0
15	48.8	50.5	47.8
30	46.9	49.5	47.9
45	45.9	49.0	48.5
60	47.6	49.9	49.1
75	49.2	49.1	49.4
150	48.0	48.1	48.2

结果显示，硫酸盐干湿循环作用对混凝土表面杨氏弹性模量的影响较小，但对抗压强度却有明显影响。

4.2.1.3 小　结

（1）提出了采用倒坍落度筒流出时间、坍落度保留值等新指标来评价灌注桩混凝土的工作性能，建立了包括工作性能、力学性能和耐久性能的灌注桩混凝土性能评价指标体系。

（2）采取了降低混凝土单方用水量、粉煤灰与矿渣粉复掺合适当引气的混凝土制备技术途径，制备出高工作性能（坍落扩展度550 mm）、高抗腐蚀性能的大掺量矿物掺合料灌注桩混凝土。

（3）在灌注桩混凝土中可以适当添加高效阻锈剂作为防腐蚀强化措施，选择阻锈剂时应考虑阻锈剂对混凝土工作性能、力学性能以及对钢筋保护性能的影响。

4.2.2 承台墩身混凝土制备技术

4.2.2.1 承台墩身混凝土性能指标

在所有的铁路工程结构中，墩身混凝土结构所面临的环境最为复杂。对于高承台而言，其混凝土结构与墩台面临的环境作用级别基本相同，表4.2-12中列举了墩身和承台可能面临的环境类别。

表4.2-12 承台墩身混凝土结构所处环境类别

结　构	环境类别	作用等级
承　台	碳化环境	T1
	化学腐蚀环境	H1~H4
	氯盐环境	L1
超高承台（较少）	碳化环境	T3
	氯盐环境	L2、L3
	盐类结晶破坏环境	Y1~Y4
	冻融破坏环境	D1~D4
墩　身	碳化环境	T1~T3
	氯盐环境	L1~L3
	化学侵蚀环境	H1~H4
	盐类结晶破坏环境	Y1~Y4
	冻融破坏环境	D1~D4
	磨蚀环境	M1~M3

海南西环铁路承台墩身可能面临的严重腐蚀环境作用为L3和Y4。根据承台墩身的施工条件，结合海南西环铁路承台墩身可能面临的环境作用等级，课题组提出了如表4.2-13所示的评价指标。

表 4.2-13 承台墩身混凝土评价指标

序 号	项目名称	评价体系	
		评价方法	指　标
1	工作性能	斗送＋振捣　　坍落度	≤100mm
		泵送＋振捣　　坍落度	≤180mm
		坍落度经时损失	≤20mm/h
		泌水率	0
		含气量	≥4.0%
2	力学性能（56 d 或 90 d）	抗压强度	L3/Y4, C50
3	耐久性能	盐类结晶破坏　56 d 抗硫酸盐结晶破坏等级	≥KS150
		氯盐环境　　56 d 电通量	≤1 000 C
		56 d 氯离子扩散系数	≤3×10^{-12} m^2/s
		56 d 表面电阻率	≥35 kΩ·cm
		氯离子含量	≤胶凝材料 0.08%
		SO$_3$ 含量	≤胶凝材料 3%
		碱含量	≤3.0 kg/m^3

4.2.2.2　承台墩身混凝土配合比参数

（1）单方用水量不宜大于 140 kg/m^3。

（2）水胶比小于 0.36。

（3）矿物掺合料：采用矿渣粉与粉煤灰复掺技术，矿渣粉＋粉煤灰的掺量不小于 45%。

（4）胶凝材料用量不大于 470 kg/m^3。

（5）含气量大于 4.0%。

在海南地区湿热海洋环境中，针对承台墩身体积大、易造成混凝土温度裂缝的现象，建议选择"水泥＋功能性矿物掺合料"的技术途径来制备低胶凝材料用量的墩承台混凝土。

4.2.2.3　承台墩身混凝土性能

针对海南西环铁路所处海洋环境下高速铁路桥梁所处环境结构特点和不同结构部位对混凝土性能要求的不同，选择出三种具有较广泛代表性的强度等级混凝土 C40、C50、C55，以研究不同强度等级混凝土的基本性能。

1．工作性能

拌合物工作性能见表 4.2-14。

表 4.2-14　混凝土拌合物工作性能

编号	坍落度/mm	扩展度/mm	含气量/%
C40	195	360	4.9
C50	185	380	4.2
C55	170	250	5.2

2．力学性能

不同强度等级混凝土强度发展规律如图4.2-16和图4.2-17所示。试验结果表明，随着强度等级的提高，混凝土抗压强度增长幅度显著，3 d龄期C50强度等级混凝土抗压强度较C40增长64%，C55强度等级混凝土则较C50增长23%。虽然混凝土抗压强度随强度等级提高增大明显，但其抗折强度增长幅度却远低于抗压强度增长幅度，即随强度等级的提高，混凝土折压比呈降低趋势，说明混凝土脆性增加，开裂趋势增大。

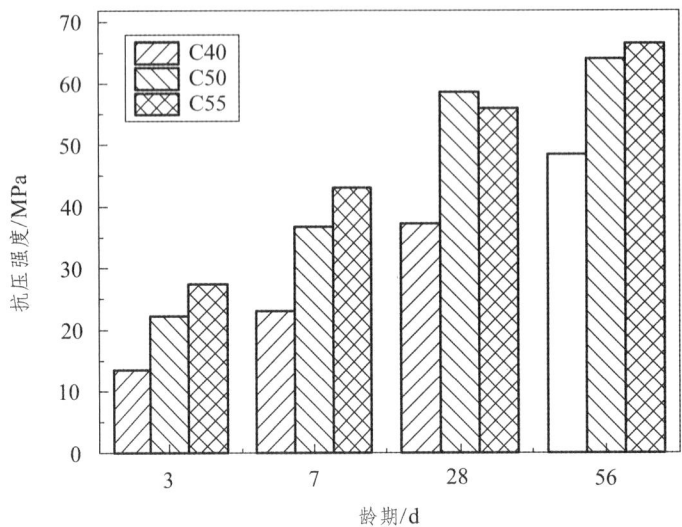

图4.2-16 不同强度等级混凝土抗压强度发展规律

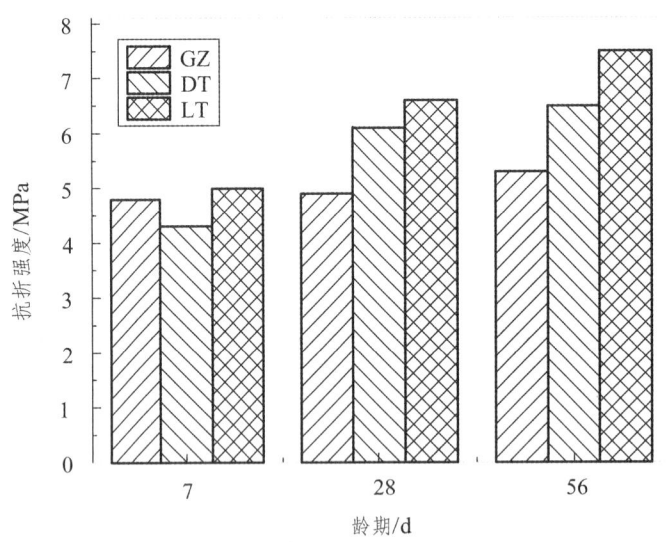

图4.2-17 不同强度等级混凝土抗折强度发展规律

3．耐久性能

图4.2-18为混凝土电通量。由图可知，不同强度水平高低含气量混凝土电通量均小于1 000 C，满足《铁路混凝土结构耐久性设计规范》要求。图4.2-19为混凝土氯离子扩散系数。由图可知，28 d和56 d的C50混凝土氯离子扩散系数均小于$3 \times 10^{-12} \, m^2/s$，满足《铁路混凝土结构耐久性设计规范》要求。

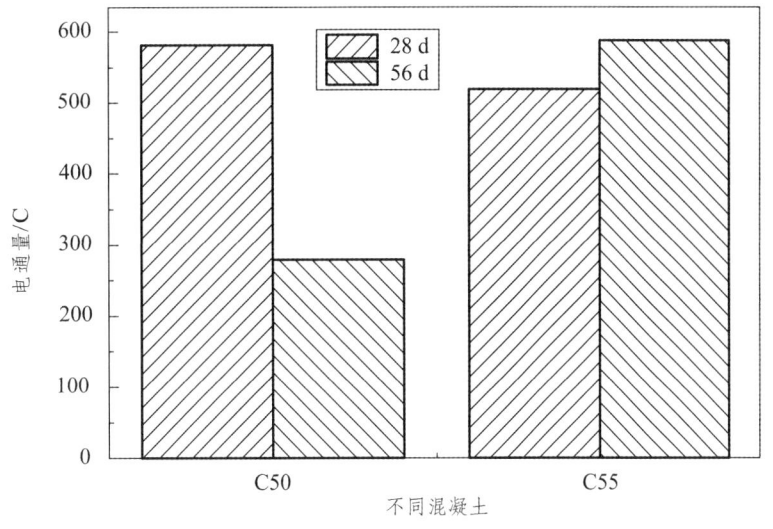

图 4.2-18 承台墩身混凝土电通量

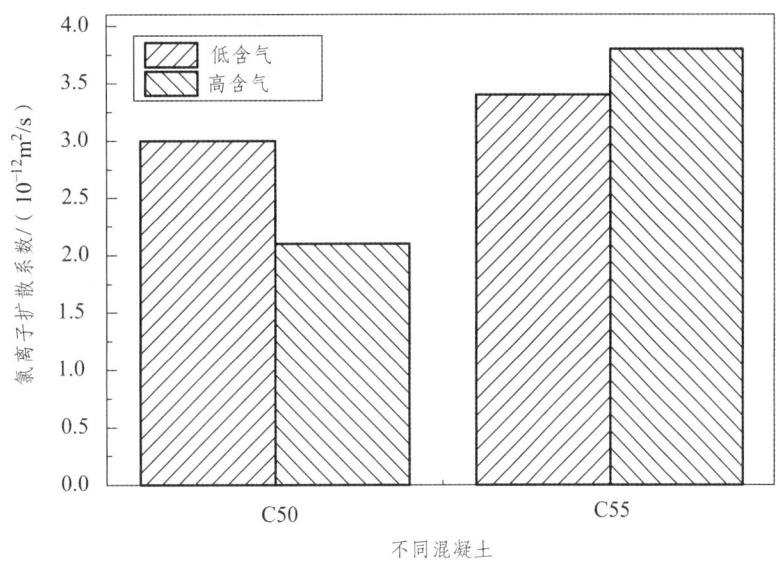

图 4.2-19 承台墩身混凝土氯离子扩散系数

4.2.2.4 低胶凝材料承台墩身混凝土性能

在工程应用过程中，为了追求混凝土的高强度，多采用降低水胶比、提高胶凝材料用量来实现。如 C60 混凝土胶凝材料用量一般在 450~480 kg/m³ 之间，且矿物掺合料用量少，一般占胶凝材料总量的 10%~20%；水胶比低，一般在 0.27~0.31 之间，单方用水量在 130~140 kg 之间。水泥浆是一种以胶凝材料为分散质，水为分散剂的体系，较低的单方用水量导致胶凝材料浓度过大，显著增加了水泥浆体的黏度。水泥浆体黏度的增加是导致混凝土发黏的主要原因，最终导致人工布料和清理困难，无法保证施工质量。混凝土的低水胶比和高胶凝材料用量导致混凝土早期水化热高，升温速度快，温度应力大，且混凝土干燥收缩和化学收缩较大，混凝土开裂敏感性大大提高。为解决以上问题，课题组采用基于最小浆体用量的配合比设计方法，在水胶比适当的条件下，通过掺加功能性复合掺合料来实现灌注桩混凝土的低胶凝材料用量和高工作性能。

1．工作性能

根据绝对体积法计算纯水泥混凝土配合比，其组成见表 4.2-15。根据其工作状态确定混凝土最小浆体用量。调整混凝土含气量为 2.0% 左右。

表 4.2-15　混凝土配合比　　　　　　　　　单位：kg/m³

编号	胶凝材料	砂	石	水	备注	
					浆体体积/L	含气量/%
1#	340	761	1241	120	250	1.9
2#	355	751	1224	125	260	2.3
3#	370	741	1209	130	270	2.0
4#	385	731	1194	135	280	1.9
5#	400	721	1178	140	290	2.1

图 4.2-20 为不同浆体用量混凝土工作性能。由图可知，随着浆体用量的增加，混凝土坍落度增加，维勃稠度降低。这主要是由于随着浆体用量的增加，骨料包裹浆体厚度增加，有利于混凝土中骨料的相对运动。从混凝土工作性能而言，灌注桩混凝土所需最低浆体量为 270 L。

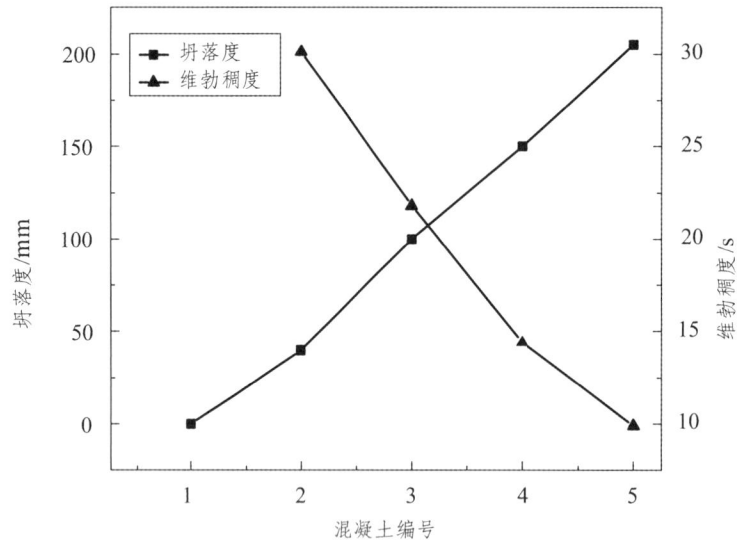

图 4.2-20　不同浆体用量混凝土工作性能

2．力学性能

保持浆体用量为 270 L，改变胶凝材料组成来研究功能性矿物掺合料对混凝土力学性能的影响。图 4.2-21 为不同混凝土 3 d 的抗压强度，由图可知胶凝材料用量为 360～400 kg/m³，混凝土 3 d 的抗压强度可达到 50 MPa，满足承台墩身混凝土的施工要求。

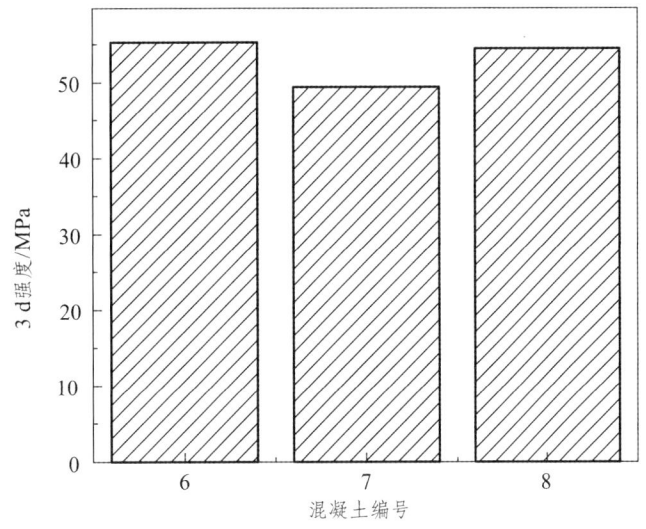

图 4.2-21 不同矿物掺合料混凝土强度

3．绝热温升

图 4.2-22 为不同胶凝材料用量混凝土的绝热温升。胶材用量为 480 kg/m³ 时，试件绝热温升值为 52 ℃。胶材用量为 420 kg/m³ 时，试件绝热温升值为 43 ℃。降低胶凝材料用量可以显著降低混凝土的绝热温升，减少由温度应力而引起的混凝土开裂。

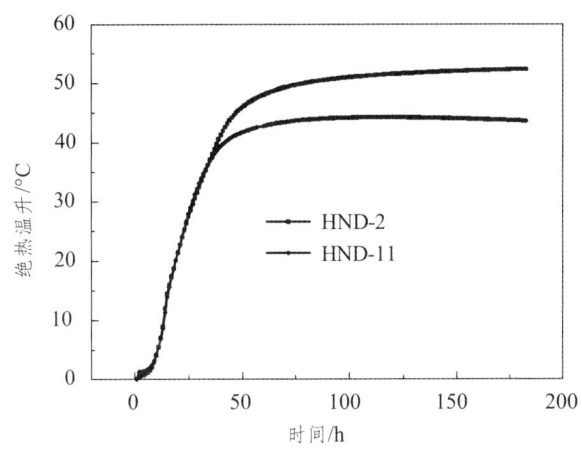

图 4.2-22 不同胶材用量的混凝土绝热温升比较

4.2.2.5 小　结

（1）针对承台墩身所面临的作用环境复杂恶劣（L3 和 Y4 严重腐蚀环境）、承台墩身体积大易产生由水化温升而造成的裂缝，结合我国《铁路混凝土结构耐久性设计规范》以及海南西环铁路桥梁勘测设计资料，建立了包括工作性能、力学性能和耐久性能的承台墩身混凝土性能评价指标体系。

（2）研究提出了处于严重腐蚀环境的低水化热承台墩身混凝土制备原则和配合比参数，采用降低胶凝材料用量来降低水化热和水化温升、用低坍落度来减少混凝土用水量、适当引气来提升混凝土工作性能的技术途径，研制出低胶凝材料用量（430 kg/m³）、低坍落度、适当含气量的承台墩身混凝土。

4.3 混凝土结构强化防腐蚀措施的适用性研究

本节从现有混凝土防腐蚀强化措施的开发与应用现状分析开始,结合海南环岛铁路所处特殊地理环境,对相关标准和不同措施之间的技术经济性进行详细分析与对比,以求对其适用性做出客观评价。

4.3.1 防腐蚀强化措施研究及应用现状

随着海洋开发的规模不断扩大,各类码头、跨海大桥以及人工岛等海洋工程基础设施的建设数量正在逐渐增加。钢筋混凝土由于其具有易浇筑、耐冲击、耐磨等优良性能以及较低的工程造价,成为进行此类设施建设的首选形式。但钢筋混凝土在海洋环境下服役时面临着较严重的混凝土开裂、钢筋锈蚀等腐蚀问题,易导致结构失效并耗费巨大的修复资金。我国海洋腐蚀与防护专家侯保荣院士于2013年指出,我国海洋腐蚀一年损失为1.6万亿元人民币,约占国民生产总值的3%。诸多已建和在建的钢筋混凝土设施均亟须良好的防护措施以进行腐蚀控制并提高其结构耐久性。这已不仅是技术问题,而且是关系到长期公共安全以及国家长远经济发展的问题。

按照国内外相关规程、规范的规定,保护钢筋混凝土的措施一般划分为两大类,即"基本措施"和"强化措施"。其中,"基本措施"即使用优质的混凝土保护层,包括控制混凝土原材料中的氯化物含量、优化混凝土配合比以及增加混凝土保护层的厚度等。其根本防护原则是提高混凝土自身对钢筋的保护能力,改善和提高混凝土的密实性,减少裂纹的发生等。然而,混凝土是一种典型的多孔材料,即使在高密实混凝土中也存在一定孔隙。尤其是对处于重度腐蚀海洋环境下的钢筋混凝土结构,仅仅依靠混凝土自身性能的提高已不足以保证其耐久性,"强化措施"仍不可或缺。所谓"强化措施"主要包括使用钢筋表面涂层、钢筋阻锈剂、阴极保护材料和混凝土表面防腐处理等四种类型。

研究和实践结果已经表明,对混凝土表面进行防腐蚀"强化措施"处理是各类防腐蚀手段中最为简单有效的措施。这种措施不仅可以运用到新建结构中,还可以运用到已有建筑的修复中。此类措施主要包括三种手段:一是使用混凝土表面防腐蚀涂料,二是使用混凝土表面硅烷浸渍材料,三是使用渗透结晶材料。从海工混凝土的实际防护应用情况来看,上述防护材料耐温度交变性、耐腐蚀介质侵蚀性、耐盐雾老化性以及施工性能和使用寿命等方面还不能完全满足海洋结构防护工程技术的要求,尤其是在防腐蚀体系的研发和选用过程中的评价标准还不完善。为确保海洋环境下铁路混凝土结构防腐蚀涂层的长期有效性,必须对该环境下铁路混凝土防腐蚀体系的关键技术及性能评价方法进行系统研究。

4.3.1.1 混凝土表面防护

1. 涂层材料

在混凝土基底表面涂覆防腐蚀涂料,待涂料中的溶剂挥发后,各组分之间通过化学反应,在基底表面形成一层具有一定弹性的防水、防潮、防渗的连续薄膜,可隔离环境中的腐蚀物质并弥补混凝土多孔性的缺陷,特别适用于混凝土结构中形状不规则的复杂表面。

（1）主要分类。

① 丙烯酸。

丙烯酸树脂（acrylicresin）系丙烯酸、甲基丙烯酸及其酯或其衍生物的均聚和共聚物的总称。其化学结构为：

$$\left[CH_2 - \underset{\underset{O=C}{\underset{|}{R'-O}}}{\overset{R}{\underset{|}{C}}} \right]_n$$

其中：R 为 —H、—CN、烷基、芳基和卤素等；R′为 —H、烷基、芳基、羟烷基；其中 —COOR′也可被 —CN、—CONH$_2$、—CHO 等基团取代。通过侧链基团的选择，可以调节丙烯酸树脂的力学性能、与其他树脂的混溶性及交联性等。作为涂料用的丙烯酸树脂则主要是丙烯酸、甲基丙烯酸及其酯与苯乙烯经共聚而得到的热塑性或热固性丙烯酸类树脂，以及经其他树脂（如醇酸树脂、环氧树脂、聚氨酯树脂、聚酯树脂等）改性的丙烯酸树脂。

丙烯酸单体和树脂的研究最早由 Otto Rohm 始于 1805 年，但由于条件限制，直到 1927 年才由 Rohm＆Haas 公司工业化生产，而真正在涂料上应用则是在 1953 年以后。丙烯酸树脂涂料发展到今天，已是类型最多、综合性能最全、通用性最强的一类合成树脂涂料。与其他合成高分子树脂相比，丙烯酸树脂涂料具有许多突出的优点，如：优异的耐光、耐候性，户外曝晒耐久性强，紫外光照射不易分解和变黄，能长期保持原有的光泽和色泽，耐热性好；耐腐蚀，有较好的耐酸、碱、盐、油脂、洗涤剂等化学品沾污及腐蚀性能。丙烯酸树脂涂料既有优越的装饰性能，又有良好的保护性能；既可制成溶剂型涂料，又可制成水性涂料，还可制成无溶剂型涂料。因此，丙烯酸树脂涂料已成为最受关注、最受青睐的一大类涂料。

丙烯酸清漆、丙烯酸磁漆是以丙烯酸树脂溶液为漆料的常温干燥涂料，这种丙烯酸系树脂以甲基丙烯酸甲酯为主体以保持涂层硬度，以适量的丙烯酸乙酯、丙烯酸丁酯等与之共聚以使涂层得到柔韧性。涂层性能与其分子量有关。分子量一般在 75 000～120 000 之间。分子量一低就得不到有耐久性的坚韧涂膜。在可能的情况下，分子量以高者为好。热塑性丙烯酸树脂涂料具有如下优点：

a. 与硝基清漆、醇酸树脂涂料相比，它的耐候性优良；

b. 保光性优良，具有深邃的光泽和透明性；

c. 耐水性优良，耐酸、耐碱性优良，对洗涤剂有较强的抗性；

d. 只要底漆选择适当，附着力就良好；

e. 抛光性良好。

但热塑性丙烯酸树脂涂料也具有一些缺点：

a. 施工性能不好，流动展平性不良，透干性不好，涂料易流挂；

b. 耐溶剂性差，当遇到溶剂时会发生再溶解，容易溶胀；

c. 相容性差，难以与其他树脂并用；

d. 热敏感性差，研磨性不好，糊砂纸。

热固性丙烯酸树脂（TSA）是目前丙烯酸树脂涂料的主要基料，其重要特点是优良的耐候性和抗水解作用、良好的耐溶剂性和耐腐蚀性。因为交联使漆膜由线形变成网状结构，提高了多方面的物理性能和防腐蚀及耐化学药品性能。

丙烯酸酸酯乳液原料成本较低、涂膜柔性好、透气性大、具有较好的耐光性及耐户外老化性能，同时对水有阻隔作用。通过调节软硬单体的比例可以控制漆膜的硬度，成膜过程可以少用或不用外增塑剂，避免了增塑剂迁移带来的涂膜变脆问题，因而特别适合于混凝土表面。丙烯酸树脂虽然具有上述优势，但由于丙烯酸酯树脂一般为链状线形结构，因此它属于热塑性材料，对温度极为敏感，随着温度上升就会逐渐变软、变黏；温度降到一定程度，又会逐渐变脆，即所谓的"热黏冷脆"现象，因此，涂层经不起冬夏季节的气候变化。另外，丙烯酸酯树脂所形成的涂膜耐有机溶剂的作用较弱，涂膜在有机溶剂的作用下会发生溶胀现象，造成涂层脱落。因此在使用时往往需要对丙烯酸酯树脂进行改性。

② 聚氨酯。

聚氨酯类防腐蚀涂料品种很多，得到广泛应用的是双组分聚氨酯防腐蚀涂料。聚氨酯作为涂料基料，本身具有很多优异的性能，再根据防腐蚀涂料的特征加入具有防腐蚀特性的材料组分就可以能够得到性能优良的防腐蚀涂料。其具有可调节的综合性能，既可以制成刚性，也可以制成弹性的防腐蚀涂料，还有优良的韧性、耐磨性及低温固化性能等。聚氨酯类的防腐蚀性能突出，能够耐大部分溶剂、油类、气体和化学品的腐蚀；适用性广，可根据防腐蚀性能的不同要求，配制所需要防腐蚀性能的涂料，应用于不同的场合。除防腐蚀性能外，聚氨酯类涂料还具有优良的耐光和耐候性。不过这类涂料也存在一定缺点，如成本较高、溶剂挥发造成污染、某些涂料储存性较差等。

③ 氟碳。

氟树脂涂料具有超常的耐候性、突出的耐腐蚀性、优异的耐化学药品性、良好的耐沾污性。由于C—F原子是由比紫外线能量大的键合强度连接着的，所以不易受紫外线照射而断裂。在其分子链中，每个C—C键都被螺旋式的三维排列的氟原子紧紧地包围着。这种结构能保护其免受紫外线、热或其他介质侵害。共聚物含氟涂料主要有氟乙烯-乙烯基醚共聚物涂料（FEVE）等。这类涂料涂膜表面坚硬且柔韧；涂膜柔和典雅，具有高装饰性；表面能低，手感光滑，因此耐沾污性好，易于用水冲洗保洁；涂膜还具有防霉阻燃、耐热的特点，是海洋环境工钢筋混凝土涂料面漆的首选。

FEVE树脂是氟烯烃单体如四氟乙烯（TFE）或三氟乙烯（CTFE）与各种功能的乙烯基醚的共聚物。其典型结构如图4.3-1所示。

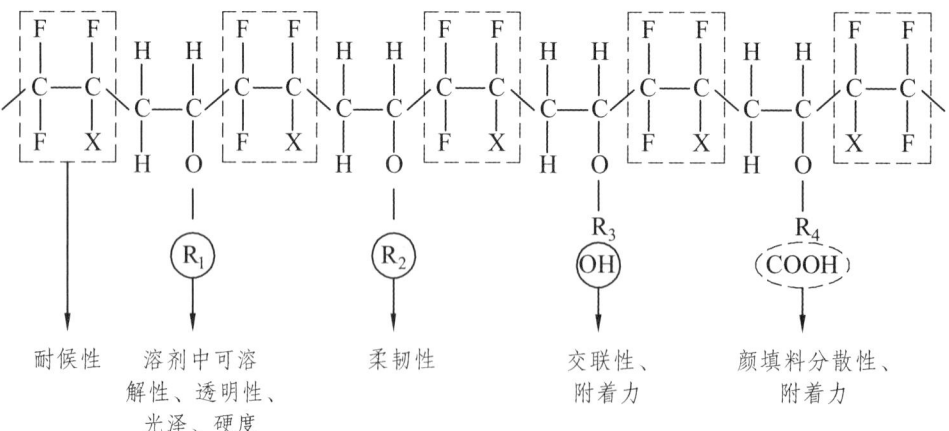

图 4.3-1 氟碳树脂结构示意

由于 F 原子电负性大，带有较多的负电荷，相邻的 F 原子相互排斥，含氟烃链上的 F 原子沿锯齿状的 C—C 链呈螺旋状分布，一系列带负电的 F 原子包围在 C—C 主链四周，形成高度立体屏蔽。FEVE 氟树脂的分子主链上连接的氟原子彼此间的范德瓦尔斯半径之和为 0.278 nm，能完全填满分子主链上容易被进攻的两个碳原子之间的空隙，因此大部分破坏性基团难以进入，即 FEVE 树脂具有优异的稳定性。

按照选用含氟单体的不同，FEVE 涂料可分为三氟乙烯型（3F 型）和四氟乙烯型（4F 型）。4F 型 FEVE 氟碳树脂和 3F 型氟碳树脂的不同点就是以四氟乙烯代替了三氟氯乙烯。从理论角度分析两者分子结构的变化主要有以下三点：

a. F 含量由原来的 25% 提高到了 35%～40%；

b. 键能为 326.15 kJ 的 C—Cl 键被键能更高（486.15 kJ）的 C—F 键所代替；

c. 围绕 C—C 键周围高能 C—F 键的增多，使 C—C 键得到更进一步的保护。

以上三点变化从理论上讲均有利于共聚树脂的耐化学品性、耐候性、耐污染性以及耐盐雾性的提高。通常在使用中，根据 FEVE 涂料使用的介质及形态可将其分为水性 FEVE、溶剂型 FEVE 以及粉末型三种类型。水性氟碳涂料漆膜干燥慢、涂料贮存稳定期短、使用环境温度较高时涂膜消泡难，且价格较高，而粉末型氟碳涂料不便于现场涂刷使用。综上所述，新建海南西环铁路桥墩混凝土防腐面漆应选择溶剂型四氟乙烯型氟碳涂料。

（2）混凝土防腐蚀涂料的发展趋势及研究进展。

随着世界经济快速发展和人们生活品质的不断提高，保护环境和节约能源越来越受到各界人士的重视，涂料行业也正在朝着无公害化和高性能化方向发展，相继出现了水性涂料、粉末涂料、辐射固化涂料和高固体分涂料等产品。

防腐涂料技术的无公害化是指研究开发防腐涂料时除考虑到涂料自身的各个组成部分的无公害化外，还要考虑原材料的合成及涂料的生产过程、基材预处理过程、施工过程等整体的无公害性。随着整个社会对环境保护和劳动保护意识的加强，世界各国相继制定了限制 VOC（挥发性有机化合物）排放的法律法规。研究开发资源利用率高、环保无公害防腐涂料（如水性防腐涂料、高固体分涂料等）以代替传统溶剂型防腐涂料，以低毒或无毒的长效防锈颜料（如磷酸盐、铁酸盐、偏硼酸盐、铝酸盐、硅酸盐等）代替红丹、铬酸盐等高毒防锈颜料已成为防腐涂料的发展趋势。

防腐涂料技术的高性能化是指通过对现有涂料树脂进行物理或化学改性、合成新的高性能树脂、高聚物的合金化、研究开发新型颜填料等途径使防腐涂料高性能化。有统计，采用涂层防腐时，防腐涂料所占成本不到总成本的 10%，而涂装施工费用则在 90% 以上。随着国民经济的发展，工程设施趋向于大型化、永久化，工程造价提高、维修难度加大，采用高防腐效果的半永久性或永久性的保护措施，可以大大降低因维修、重涂所造成的施工费用。因此，以高性能的高档涂料代替低档涂料不但具有性能上的优势，而且具有经济上的优势。

① 水性混凝土防腐涂料。

美国从 20 世纪 60 年代开始推广使用水性涂料，主要的推动原因是美国法律明确规定截止到 2000 年要减少 30% 的 VOC 使用。水性涂料不仅不易燃、毒性低，而且易于使用。水性环氧树脂是一种环境友好型产品，无 VOC 或低 VOC，而且施工操作简单，对设备要求低，可用水直接冲洗，黏结性和渗透性能优异，固化时对环境、材料的表面处理要求低。翰森（Hexion）特种化学品公司的 New Gen 水性环氧产品是一种低 VOC 氨基环氧分散体，由双酚 A 型固体环氧树脂和疏水型有机胺固化剂先通过特殊表面活性剂预反应，再分散到水中制得。其涂膜性能特别是干燥性能、耐腐蚀性能以及对基材的附着力等明显优于溶剂型产品。氰特公司（Cytec）的 Grasbock 博士等人的研究成果显示，采用水性环氧技术的无锌防腐底漆也可以达到和溶剂型产品相类似的性能。他们采用新型水性环氧分散体和新型的胺固化剂，通过适当的基料、颜料和填料的配比，获得了高性能的防腐底漆。这项研究的重点是柔性环氧树脂技术，不同于采用高沸点溶剂或聚结剂从外部改性制得的柔性环氧分子，他们直接将柔性链段引入到了分子链中。Dias 等人对于水性环氧树脂的微观结构进行分析后指出，涂层表面的平均微孔大小与氯化物的渗透性有很好的相关性。这为防腐涂层抗氯离子渗透性的提高提供了微观理论基础。不过这类涂料也存在一些缺点：一是固含量较低，这意味着需要更多的涂料才能完成较好的涂覆；二是体系中存在大量水，易与钢、铁等金属材料发生电化学腐蚀，因此施工设备需经过防腐处理；三是干燥、固化成膜的过程比较缓慢，主要受到水蒸发速度的控制。此外还存在一些储存稳定性有待提高以及使用不当时表面易发皱等问题。

② 高固体分混凝土防腐涂料。

早在 1973 年，美国密西西比大学就已经召开了关于高固体分涂料和水性涂料的座谈会。当时指出，高固体分涂料和水性涂料将成为涂料市场的重要组成部分。

一般固体成分含量在 65%～85% 的涂料均可称为高固体分涂料。随着高固体分涂料的发展，其固含量和性能也在逐渐提高。最早使用的干性油或一些油性涂料便是高固体分涂料。它们不加或只加很少的溶剂，但是品质不高。经过近几十年的研究发展，高固体分涂料已经能够很好地解决黏度大、干燥慢以及对温度依赖性强等缺点。不过针对海洋恶劣的腐蚀环境，新型高固体分涂料的研制与应用还有很大的发展空间。

③ 无溶剂混凝土防腐涂料。

无溶剂防腐涂料也就是高固体分涂料发展到极致的结果，即固体含量达到了 100%。无溶剂涂料弥补了溶剂涂料漆膜在基材表面微孔中存留的溶剂所引发的涂层缺陷，克服了溶剂涂料漆膜在固化过程中，由于溶剂挥发造成漆膜表面产生针孔而破坏涂层的屏蔽性等缺点。目前，无溶剂涂料已在国内外重防腐工程中得到广泛使用。近几年迅速崛起的聚脲弹性体涂料就是一个很好的说明。

最近研制的聚氨酯重防腐涂料是一种固含量 100% 的长效刚性聚氨酯防腐涂料（RPU）。RPU 具有多种优异的性能，如优良的物理机械性能，涂膜坚硬而光亮，尤其是耐磨性、黏附力特别好；其水解稳定性及耐生物污损性也相当优异；其耐温性能好，既可制成高温材料，也可制成 -70 ℃ 下使用的低温材料。此外还有耐腐蚀、寿命长、施工方便等优点。最近 Yang 等研制出一种新型无溶剂环氧涂料，并通过海洋仿真模拟设备检验了这种涂料的性能。结果表明，此涂料不仅没有污染而且比常用的同类涂料性能要好很多，尤其适合用在浪溅区和潮差区，是海洋腐蚀环境下的理想防腐涂料。

④ 超厚膜耐久型混凝土防腐涂料。

涂层厚度对于涂料的密闭性和使用寿命都起着十分重要的作用。目前日本生产的厚浆型环氧树脂沥青涂料内掺膨润土作为增稠剂，涂一道即可达 200 μm，用高压无空气喷涂 2～3 次，总膜厚 400～600 μm，在海洋环境中的有效使用期达 10 年。而无溶剂超厚膜环氧涂料一次涂装甚至就能达到 1 200 μm。因此，使用这类涂料不仅减少了施工涂装道数，缩短了工期，也减少了对环境的污染。这类涂料所形成的涂层干燥后收缩率低，抗渗性、附着力、机械性能、耐腐蚀性能都很优异。

我国相关科研机构在这方面的研究也取得了较大的进展。青岛科技大学与中国科学院海洋研究所研制出的无溶剂超厚膜型环氧重防腐涂料，一次涂抹可达 1 250 μm，附着力高，耐冲击性、耐渗透性能优越。针对这种涂料进行电化学阻抗谱试验，结果显示在经过 180 d 浸泡后，涂料还能保持较高的电阻值，腐蚀介质仍未达到金属与涂层界面，是一种综合性能优异、应用前景广阔的海洋重防腐涂料。

⑤ 纳米复合涂料。

将纳米粒子加入涂料中也可以显著改善涂料的性能。Chattopadhyay 等人的研究证实了将具有一定功能的纳米复合材料加入聚氨酯涂料后，涂料的耐候性、抗污性能得到很大提高。中科院金属研究所的史洪微等人将纳米 SiO_2 或 TiO_2 加入环氧树脂涂料中，通过电化学阻抗谱试验和盐雾试验证明了复合涂料的耐腐蚀性和硬度都得到了很大提高。许多研究结果表明，纳米复合涂料可以大幅度提高原有涂料的性能，理论上可满足海洋环境所要求的重防腐蚀性和耐候性。但目前对于纳米复合涂料的大部分研究仍在实验室阶段。虽然其性能优越，但是较高的成本和尚未完善的技术使其的推广应用还有待一些时日。

⑥ 其他相关研究。

沙特阿拉伯法赫得国王大学的学者 Almusullam 等人系统研究了丙烯酸酯、聚合物乳液、环氧树脂、聚氨酯和氯化橡胶等 5 类表面涂层对改进混凝土耐久性的影响。他们对 Cl^{-1} 渗透性和水的吸收率数值进行测定，试验结果表明聚氨酯涂层在降低混凝土电阻方面十分有效，环氧和氯化橡胶涂层同样具有极低的电通性，丙烯酸和聚合物乳液涂层的氯离子渗透率也很低。另外，结果显示丙烯酸和聚氨酯涂层在降低混凝土吸水率方面极为有效。在 2.5% 的硫酸溶液中浸泡 60 d 后，环氧类和聚氨酯涂层除边角处破坏外，其他部分相对完整，而其他三类涂层则已完全破坏，聚合物乳液涂层在酸中溶解，氯化橡胶涂层在短期内即从底层剥落。氯离子扩散系数最小的是聚氨酯涂层，其次是环氧类和丙烯酸涂层。聚合物乳液和氯化橡胶在混凝土上的防氯离子扩散效果相对较差。测试结果显示，在无保护层的混凝土中，大约 1 年后腐蚀即开始加速，但在有聚氨酯涂层的混凝土中，钢筋大约在 11～30 年内才会开始腐蚀。该研究表明，聚氨酯和环氧类涂层在防腐蚀方面要优于其他三类涂层。不过，同一类型的涂层，其性能也有较大的差别。根据研究结果，他们对于一些环境中涂层的选择做出如表 4.3-1 所列建议（水位变动区也可以使用聚氨酯类涂层，《混凝土桥梁结构表面涂层防腐技术条件》中对水位变动区的面漆推荐涂层中包含丙烯酸聚氨酯漆）：

表 4.3-1　不同服役环境下的推荐涂层体系

服役环境	推荐涂层（以优先推荐为序）
化学侵蚀	环氧类，聚氨酯，丙烯酸
氯离子	聚氨酯，环氧类，氯化橡胶
潮　湿	环氧类，丙烯酸，氯化橡胶

浙江大学的王胜先等人用电化学阻抗谱研究了丙烯酸系乳胶作为混凝土添加剂和钢筋表面涂层时对钢筋腐蚀行为的影响。他们将截取的钢筋垂直装在圆柱形模具中间，并注入水泥砂浆，捣实后经 24 h 脱模，然后在潮湿环境下室温养护 28 d，最后移至 3% NaCl 溶液中做加速腐蚀试验。其中所用乳胶为甲基丙烯酸甲酯/甲基丙烯酸丁酯/丙烯酸三元共聚物。加速腐蚀试验结果表明混凝土中添加乳胶后能够延缓钢筋表面钝化层的破坏，而对混凝土的渗透性能影响不大；乳胶涂层能够显著减小钢筋腐蚀速率，涂层的存在改变了钢筋表面的腐蚀状

态。他们在此基础上提出了进一步改善钢筋混凝土抗蚀能力的措施，即在乳胶涂层中掺入有钝化作用的颜料，借其强氧化作用使得水分通过涂层后钢筋表面得以发生阳极钝化，或者对乳胶进行改性而获得结合力更为优异的乳胶/涂层界面，提高乳胶涂层钢筋的耐蚀性。

Ibrahim 等人用丙烯酸树脂涂料对混凝土表面进行涂膜处理以抑制氯离子的加速锈蚀现象。结果表明，相比于未经表面处理的混凝土，当丙烯酸树脂使用量为 $2.5\ kg/m^2$ 时，检测到加速锈蚀现象出现的时间从 10 d 延长到了 225 d；在 360 d 时测定的锈蚀电流密度也从 $0.328\ \mu A/cm^2$ 降低到了 $0.0108\ \mu A/cm^2$。

2．渗透结晶材料

微晶防水砂浆又叫水泥基渗透结晶型防水材料（Cementitious Capillary Crystalline WaterproofingMaterials），简称 CCCW，是由硅酸盐水泥或普通硅酸盐水泥、石英砂、特殊的活性化学物质以及各种添加助剂组成的一种新型刚性无机防水材料。该材料与水作用后，材料中含有的活性化学物质以水为载体在混凝土中渗透，与水泥水化产物生成不溶于水的针状结晶体，填塞毛细孔道和微细缝隙，从而提高混凝土致密性与防水性。水泥基渗透结晶型防水材料按使用方法可分为水泥基渗透结晶型防水剂（A）和水泥基渗透结晶型防水涂料（C）两类。CCCW（A）是一种粉状材料，直接掺入混凝土内部使用，以提高混凝土的防水性能；CCCW（C）也为粉状，使用时用水拌合，调配成可涂刷在水泥混凝土表面的浆料，亦可将其干粉撒覆并压入未完全凝固的水泥混凝土表面。

渗透结晶材料：《水泥基渗透结晶型防水材料》（GB 18445—2012）给出的定义是以硅酸盐水泥为主要成分，掺入一定量的活性化学物质制成的粉状水泥基渗透结晶防水材料，用于水泥混凝土结构防水工程，分为防水涂料和防水剂。《公路工程混凝土结构防腐蚀技术规范》（JTG/T B07-01—2006）防腐蚀强化措施中涉及了水泥基渗透结晶防水剂，并指出该材料适用于混凝土结构表面防水技术，特别是渗水裂缝宽度不大于 1 mm 的混凝土。《水性渗透型无机防水剂》（JC/T 1018—2006）给出的定义是以碱金属硅酸盐溶液为基料，加入催化剂、助剂，经混合反应而成，具有渗透性、可封闭水泥砂浆与混凝土毛细孔通道和裂纹功能的防水剂，分为 I 型（以碱金属硅酸盐溶液为主要原料）和 II 型（以碱金属硅酸盐溶液及惰性材料为主要原料）。《铁路混凝土结构耐久性修补及防护》（TB/T 3228—2010）中所涉及的无机溶剂型渗透结晶涂料应该指的是水性渗透性无机防水剂，并给出使用环境类别，包括 L3、H3、H4、D3、D4、M2、M3 及 T3 环境的水线及水上无裂缝变形部位，在涂装技术方面又指出该方法不适合严寒地区水线。

（1）性能特点。

① 独特的自动修复性。

当混凝土结构在使用的过程中因各种原因而在内部产生微细裂缝发生渗漏时，水泥基渗透结晶型防水材料中的活性物质在遇到水后能够在基层的裂缝缺陷处产生二次结晶，堵塞裂缝而起到防水作用，即达到自动修复微裂缝的功能。

② 渗透深度大，整体防水性。

水泥基渗透结晶型防水材料能长期承受强水压，在 50 mm 厚的 138 MPa 混凝土试件上涂刷二层该材料，即可承受高达 123.4 m 的水头压力（1.2 MPa）。在混凝土试件表面涂刷水泥基渗透结晶型防水涂料后，所产生的物化反应，逐步向混凝土结构内部渗透，将其试件放置在室外半年，其渗透深度可达 10~15 cm，且渗透深度会随时间逐渐增大。

③ 防水作用的永久性。

此类材料形成的结晶体不溶于水，而且性能稳定、不老化，即使防水涂层被破坏，也不会影响其防水抗渗效果，主要是因为活性物质已经渗透到混凝土内部形成结晶体，只要结晶体没有变化，其防水作用就是永久性的。

④ 能够耐化学腐蚀，对钢筋起到防锈作用。

混凝土的化学腐蚀和钢筋的锈蚀都与其渗透性（透水、透气性）密切相关。水泥基渗透结晶型防水材料对混凝土中裂缝和孔隙的填充与自修复作用，使得混凝土更加密实，但不影响混凝土的呼吸能力，能保持混凝土结构的正常透气性，却隔断了腐蚀性物质与水等进入混凝土结构内部的通道，防止混凝土结构与钢筋受到腐蚀。

⑤ 环保、无毒害。

在水泥基渗透结晶型防水材料中，各组成原料都是无毒无害物质，不会对环境产生污染。国外的有些产品已经在饮用水项目上得到安全应用。

⑥ 与其他建筑材料兼容性好。

经过水泥基渗透结晶型防水材料处理过的混凝土结构在凝固后，其表面可以随意刷涂环氧树脂、水泥砂浆、石灰膏、油漆、砂浆等材料。

⑦ 施工方法简单。

涂料对复杂混凝土基面的适应性好，对基面的要求简单，混凝土基面不需要做找平层，也不需要做保护层，只需刷涂或喷涂在水泥混凝土表面养护即可。而掺加型防水剂只需在配制混凝土时掺入到混凝土中即可。由于水泥基渗透结晶型防水材料具有以上优秀的特征，它在防水工程中得到了广泛应用。

（2）作用原理。

当水泥基渗透结晶型防水涂料施用在混凝土表面上时，由于涂料中有活性化学物质的组分，在化学势梯度（浓度差）与压力差共同作用下，活性化学物质会借助混凝土孔隙中存在的水（包括侵入的外来水），渗透到混凝土结构内部，与孔隙中的游离钙离子与氧化物发生结晶沉淀反应，生成不溶于水的结晶物，封堵混凝土中的毛细管孔隙网、微细孔及微裂缝，起到防水、阻水、抗渗作用。同时活性化学物质又能与钢筋表面的氧化物反应，形成一层稳定的薄膜，阻止 CO_2 侵入混凝土结构造成的酸性侵蚀，防止混凝土中 pH 值下降，保护钢筋不受侵蚀。

如果基体混凝土的孔隙率较高，密实度较低，水容易渗入，涂料中的活性化学物质渗透深度就会较大。如果基体混凝土的孔隙率较低，密实度较高，水很难渗入，则涂料中的活性化学物质仍会留在表面的涂层中，处于休眠状态。但是，一旦基体混凝土有较大孔隙，此时要是有水渗入，涂料中的活性化学物质将会被激活，继续进行渗透结晶反应，提高基体混凝土密实度，降低其孔隙率，再次达到抗渗防水目的。

（3）研究现状。

① 发展现状。

1942 年德国化学家 Lauritz Jensen（路易斯-杰逊）发明了水泥基渗透结晶型防水涂料。当时，正值第二次世界大战期间，钢铁紧张的德国采用水泥造船，为了解决水泥船渗漏水的问题而发明了该种材料。20 世纪 60 年代中期，水泥基渗透结晶型防水材料从欧洲引入北美，在欧、美、日本、新加坡等国家与地区得到了推广应用和进一步的发展，出现了如加拿大的 XYPEX（赛柏斯）、KRYSTOL、PERMAQUIK，德国的 FORMDEX（防挡水系列）、KOESTER，瑞士的 VANDEX（稳挡水系列），法国的 DIPSEC，新加坡的 FORMDEX（防挡水），美国的 PENETRON（膨内传），澳大利亚的 CRYSTAL，日本的 DIPSEC 等数十个品牌。

② 研究及应用现状。

20 世纪 80 年代我国开始引用国外的水泥基渗透结晶型防水材料产品，上海地铁工程中最先开始使用，90 年代中期开始在国内生产，并开始在许多重大的工程中进行了广泛的应用，如地下工程、水利工程、桥面、污水处理设施和核电站等工程领域，防水效果显著，受到工程界的重视。但至今为止，早期应用的这类产品多靠国外进口成品，今天则多为进口国外的核心母料然后国内进行半加工。而且对水泥基渗透结晶型防水材料的研究与研制也处于落后状态。

匡亚川等通过试验研究了渗透结晶材料（XYPEX 掺合剂）的掺量对混凝土性能的影响，结果表明在混凝土中掺入水泥基渗透结晶材料能够增加混凝土的密实度，提高混凝土的性能；混凝土开裂后，在一定养护条件下，其性能可得到较好的恢复。张道真等探讨了水泥基渗透结晶型防水剂掺在水泥砂浆中的新用法。将水泥基渗透结晶型防水剂掺在水泥砂浆中代替传统涂层可使混凝土表面处理及养护方便、易操作，也给施工缝、桩头、后浇带的防水带来更简洁的节点设计。刘行等在试验室研究了添加新型水泥基渗透结晶型本体防水添加剂（PenetronAdmix）后对混凝土性能的影响。掺入 PenetronAdmix 的混凝土试件在水或潮湿条件下具有裂缝自修复功能，并在裂缝处生成了较多水化硅酸钙及碳酸钙结晶体。王丹等对水泥基渗透结晶型防水剂的性能进行研究和微观分析，利用扫描电子显微镜、XRD 对掺有水泥基渗透结晶型防水剂的水泥净浆样品进行观察，结果显示掺防水剂的水泥净浆中水化凝胶晶体更多，水泥水化程度加大，混凝土密实度提高，改善了混凝土的抗渗透性能。

3．硅烷浸渍

有机硅化合物诞生于 19 世纪中叶，到 20 世纪中期，美国和欧洲等国家和地区将硅烷技术成功应用于道桥、码头、机场等混凝土结构的防水防腐。从 20 世纪 70 年代起，硅烷浸渍技术已大量应用于工程实践，是美国公路路桥防护中最广泛采用的防腐方案。据 1994 年《美国高速公路研究设计计划（NCHRP）》第 209 号论坛中的调查资料显示，美国高速公路路桥防护材料中 33% 以上采用的是硅烷。在欧洲路桥设计手册中，所提出的憎水型浸渍剂技术要求就是按硅烷的技术要求所提出的，硅烷被认为先保护混凝土建筑的唯一材料。硅烷在防止除冰盐侵蚀混凝土方面也有 25 年的历史。我国于 2000 年将硅烷浸渍处理技术纳入《海港工程混凝土结构防腐蚀技术规范》（JTJ 275）行业标准，随后的《混凝土结构耐久性设计与施工指南》《公路工程混凝土结构防腐蚀技术规范》《铁路混凝土结构耐久性设计规范》以及《铁路混凝土结构耐久性修补及防护》等规范也将硅烷浸渍处理作为防腐蚀强化措施的技术途径。

（1）硅烷浸渍技术作用机理。

硅烷浸渍处理技术的防护机理包括两个方面，即化学结合机理和物理憎水机理。

① 化学结合机理。

混凝土硅烷浸渍处理技术作用原理是利用硅烷特殊的小分子结构，穿透混凝土的表层，渗透到混凝土内部几个到十几个毫米，分布在混凝土毛细孔内壁，甚至到达最小的毛细孔壁上，在毛细孔中空气、水的作用下，硅烷水解形成硅醇，新生成的硅醇与硅酸盐中羟基反应形成末端带有—Si—R*基的硅氧烷链，并相互缩合在基材表面形成一层坚固、刚柔的斥水层网状硅氧烷憎水层。化学结合原理可以用图 4.3-2 来表达。硅烷浸渍处理后的基材形成了远低于水的表面张力,并产生毛细逆气压现象,且不堵塞毛细孔,既防水又能保持混凝土结构的"呼吸"。另外,因化学反应形成的硅烷高分子憎水层与混凝土有机结合为一整体,使基材具有了一定的韧性,能够防止基材开裂且能弥补 0.2 mm 以下的裂缝。

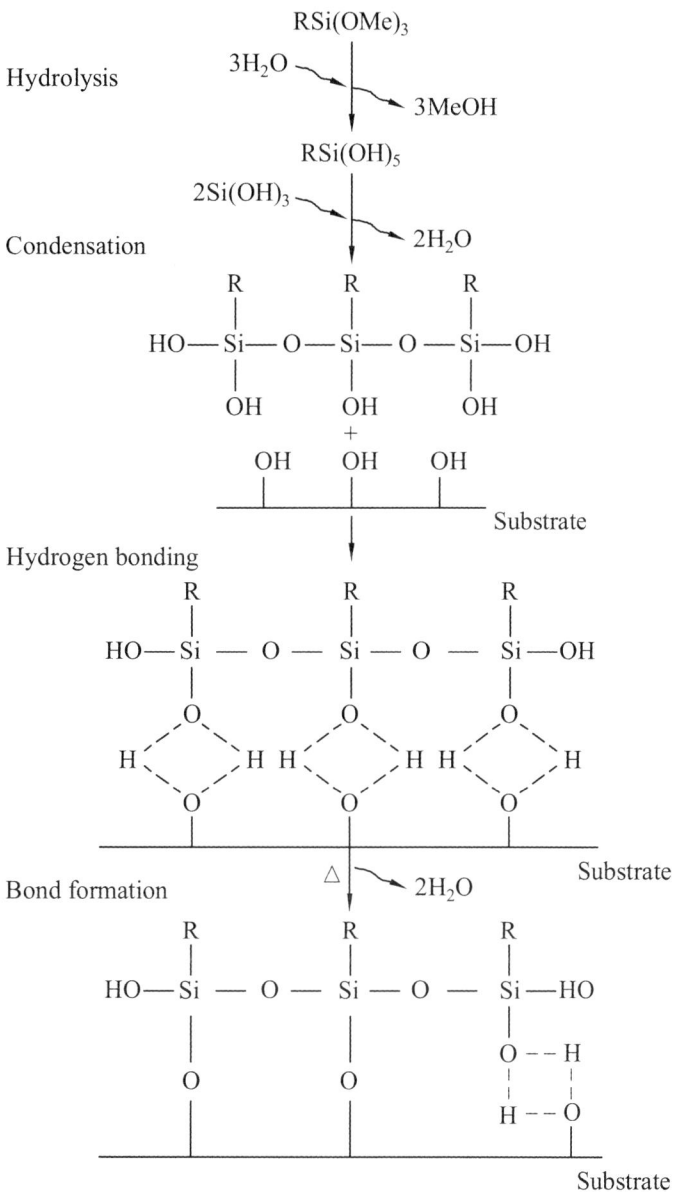

图 4.3-2 硅烷与混凝土基体的结合机理

② 憎水作用机理。

液体能在固体表面铺展,就能够对固体表面润湿,也能对固体表面黏附。硅烷浸渍处理后的混凝土结构,空气-硅烷界面将替代空气-混凝土界面,将固气界面转变为固液界面,表面张力将发生改变。研究表明,当表面浸渍处理材料的表面能小于 25 mN/m,即其与水的接触角大于 98°,就具有优良的憎水效果。由于硅烷的表面张力较小,远小于水的表面张力 72 mN/m,当水与此新界面接触时,其润湿角大于 90°,表现出憎水特性,水无法润湿混凝土。

（2）硅烷浸渍材料的分类。

按硅烷的主要成分分类，可将硅烷浸渍材料分为烷基烷氧基硅烷和烯烃基烷氧基硅烷。烷基烷氧基的分子式如图4.3-3中的（a）和（b）所示，烯基烷氧基的分子式如图（c）和（d）所示。烷基烷氧基硅烷类应用较多，其主要产品有异丁基三甲氧基硅烷、异丁基三乙氧基硅烷、异辛基烯三甲氧基硅烷、异辛基烯三乙氧基硅烷。烯烃基烷氧基材料主要有乙烯基三甲氧基硅烷、乙烯基三乙氧基硅烷、3-甲基丙烯酰氧基丙基三甲氧基硅烷、异丁烯三乙氧基硅烷等。关于异丁基与异辛基硅烷的优劣争议仍较大，有人认为异丁基三乙氧基硅烷或正丁基三乙氧基硅烷性能更好，因为它具有优异的憎水性，在抗碱性条件下可达到最大渗透深度（DOP）；相比之下，带较长基团（辛基）的硅烷表面凝珠效果虽然良好，但在非常致密的高强混凝土中的DOP较小。但是异辛基硅烷的粒径也仅仅为1～10 nm，完全能满足渗透效果，而且由于异辛基硅烷具有较长的基团，其稳定性更好，经反应缩合后的有效成分含量应该高于异丁基硅烷。

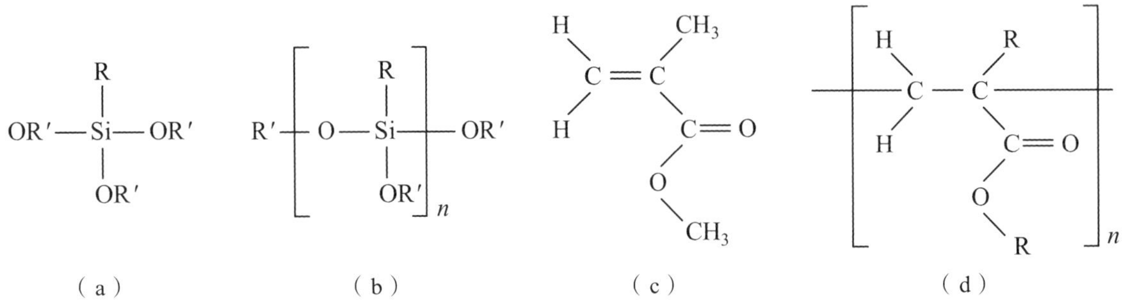

图4.3-3 硅烷的分子结构

按照形态的不同，硅烷浸渍材料可以分为溶液状、乳液状、膏体、凝胶和干粉状等多种形态，目前常用的为液体硅烷和膏体硅烷。针对液体硅烷在高处作业时乳液易于滴落，对垂直表面处理时必须多次涂刷造成的浪费和喷涂时形成气溶胶等问题，瓦克公司以C1-C20烷基/C2-C6烷氧基硅烷、含烷氧基的有机聚硅氧烷和适当的乳化剂为材料，用高速定子-转子搅拌器，开发出了一种黏稠的水乳剂，即膏体硅烷，并申请了中国专利。最早使用新型硅烷膏体技术修复混凝土的工程之一是瑞士St Gallen的Fürstenland大桥。该大桥建造于20世纪30年代，采用钢筋增强混凝土建造，但因碳化和除冰盐破坏而严重受损。膏体浸渍剂的用量为200 g/m^2，活性组分平均渗透深度可达到3 mm，对水分的吸收可减少80%。

（3）硅烷浸渍技术的特点。

① 憎水透气性。

硅烷与混凝土基体所形成的硅氧烷憎水层具有很低的表面张力，具有很高的斥水性，水和硅氧烷憎水层的接触角大于90°，水无法浸润，可用图4.3-4来表示。硅烷浸渍与成膜涂层、毛细孔堵塞等机理所不同，硅烷浸渍是靠其很小的硅烷颗粒，渗透到混凝土毛细孔中，在毛细孔壁形成一种憎水层，如图4.3-5所示，并未封闭混凝土基材的毛细孔通道，对混凝土基材内部水气向外扩散影响不大。水气透过试验表明，硅烷浸渍后混凝土的透气性仅降低5%左右；有研究者通过空气渗透性试验与表层水吸附试验（ISAT）分别研究了有机硅烷、透水衬里模板单独使用时，以及有机硅烷与透水衬里模板共同使用时对混凝土表面渗透性的影响。有机硅烷能有效降低普通混凝土表层水吸附作用但对空气渗透性没有明显影响，透水衬里模板对普通混凝土表层的空气渗透性与水吸附作用都有明显降低作用。这也证明了硅烷浸渍处理技术能够降低混凝土抗水渗性能，却能保留混凝土的呼吸功能。透气性好的浸渍处理表面，有利于基层混凝土的抗冻性。

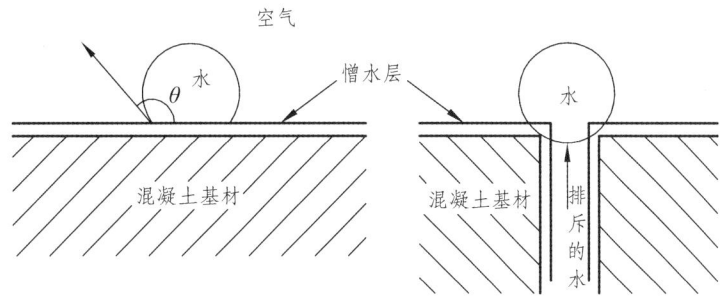

图 4.3-4　硅烷浸渍憎水效果

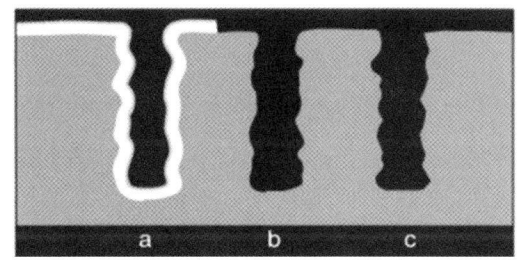

a—毛细孔内壁成膜；b—堵塞毛细孔；c—表面成膜。

图 4.3-5　毛细孔封闭示意

② 耐久稳定性。

与其他有机物防腐材料相比，硅烷中有机硅聚合物以 Si—O 键结构为主链，Si 和 O 的电负性差异大（Si 为 1.74，O 为 3.50），Si—O 键键能高（443.5 kJ/m），接近于离子键，与混凝土基体交联产生的硅氧烷憎水层可以形成稳定的共价键。硅烷自身硅氧键键能高，具有较高的耐紫外线、耐候性等。硅烷与混凝土结构之间能够形成化学键，能够增强界面的黏结力，因此，硅烷浸渍混凝土结构具有较长的使用寿命。

4.3.1.2　钢筋防护

1．不锈钢筋

普通钢筋混凝土在建筑工程、桥梁与交通工程、水利与港口工程以及地下工程等领域中取得了广泛的应用。大部分混凝土结构在正常环境条件，且基本无须维护的情况下，能够长期保持良好的工作性能。但是也有部分结构建成后在非正常使用环境下，在远未达到设计使用年限之前，就出现了不同程度的损伤和局部破坏现象，妨碍结构的正常使用并且会埋下安全隐患。用不锈钢筋替换普通混凝土中的碳素钢筋，是增强混凝土耐久性的一个有效措施。我国《混凝土结构耐久性设计与施工指南》（CCES01—2004）规定：在特别严重的腐蚀环境下，要求确保百年以上使用年限的特殊重要工程，可选用不锈钢钢筋。英美等国家已经将不锈钢筋混凝土运用于实际建筑工程中，而且已有专门的设计手册供参考。

（1）不锈钢筋特点。

不锈钢是指以不锈、耐腐蚀为主要特性，且铬（Cr）含量至少为 10.5%，碳含量最大不超过 1.2% 的钢。不锈钢材料根据金相组织的不同可以分为五大类：奥氏体型、奥氏体—碳素体型，铁素体型、马氏体型和沉淀硬化型。由于造型美观、耐腐蚀性好、易于维护和全生命周期成本低等优点，不锈钢结构在建筑结构中具有广阔的适用性。相对于普通的碳素钢，不锈钢的化学成分主要增加了合金元素铬（Cr）、镍（Ni）、锰（Mn）和钼（Mo）等，使二者的材料特性存在很大的不同。不锈钢的耐腐蚀性能主要取决于Cr含量，Mo和Ni也可以加强其耐腐蚀性能；Ni主要用来保证不锈钢的微结构和力学性能。

相对于现阶段在建筑结构中普遍采用的普通碳素钢、低钛合金钢，不锈钢具有以下鲜明的特点：

① 优越的耐腐蚀性与耐久性。应用不锈钢可以延长结构的使用寿命，是克服普通碳素钢、低合金钢锈蚀问题的理想选择。

② 良好的加工性能、抗冲击性能。材料的塑性和韧性良好，便于加工成型，通过冷加工还可以得到强化。而在受到冲击时，材料良好的延性可以吸收大量的能量。

③ 优良的耐高温性能。不锈钢材料在高温下的强度和刚度的折减都比普通碳钢小，可以延长结构的防火寿命。

④ 可以循环利用，有利于可持续发展。容易符合建筑和美学的要求，使建筑美学与结构体系完美结合。

⑤ 初期成本较高。不锈钢结构的初期成本约为相同普通碳素钢结构的4~6倍，但是如果计入初期材料成本、后期维护费用、结构的防锈处理和防火处理费用，即计算结构的全寿命周期成本时，不锈钢结构反而具有较大的优势。与碳素钢不同，不锈钢是典型的非线性材料，其应力-应变曲线上不存在明显的屈服平台，通常在曲线上取塑性应变为0.2%时对应的应力作为材料屈服强度。材料在拉伸和压缩时应力-应变曲线不对称，存在一定程度的各向异性。不锈钢筋与典型的碳素钢筋的拉伸应力-应变曲线对比如图4.3-6所示。

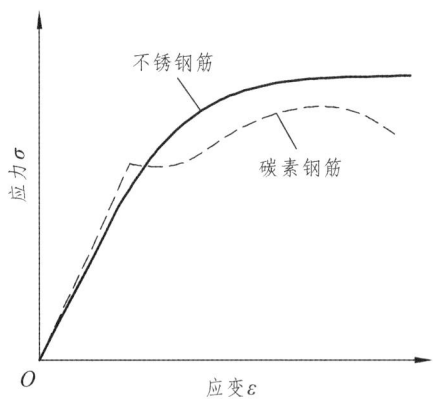

图4.3-6 不锈钢筋与碳素钢筋拉伸应力-应变曲线比较示意

（2）不锈钢筋混凝土特性。

为了保证较好的抗腐蚀性能，同时工程造价不至于过高，可以将不锈钢筋与碳素钢筋结合使用。不锈钢筋取代普通碳素钢筋用于混凝土结构中的一个关键问题是保证不锈钢筋与混凝土的黏结，使二者能共同工作。国内外的相关研究主要集中在普通碳素钢筋和混凝土的黏结上，对于不锈钢筋与混凝土的黏结研究较少。目前，关于不锈钢筋、碳素钢筋与混凝土的黏结强度比较的研究需要进一步开展。如果不锈钢筋与混凝土的黏结强度偏低，则其需要更长的黏结锚固长度。

在侵蚀性介质环境中，为了保证普通钢筋混凝土的耐久性，往往需要增加混凝土保护层的厚度。当保护层厚度超过 40 mm 时，由于表层混凝土抗拉能力不足，保护层容易产生裂缝，而且裂缝扩展无法得到钢筋的有效控制。在采用不锈钢筋以后，由于不锈钢筋本身良好的耐腐蚀性，混凝土的保护层要求可以适当降低，避免了附加的保护层防裂措施以及特殊防护覆盖层。

根据结构的外观要求和耐久性要求，需要限制混凝土结构的最大裂缝宽度，属于正常使用极限状态。在侵蚀性环境条件下，普通碳素钢筋混凝土结构的裂缝宽度控制十分严格，一般为 0.1~0.2 mm；对不锈钢筋混凝土，可以适当放宽裂缝宽度限制到 0.3mm，而且不会影响构件承载力及正常使用。不锈钢筋混凝土所具备的耐腐蚀性能够放宽普通碳素钢筋混凝土结构的耐久性要求，所节省的费用可以用来补偿不锈钢筋价格偏高的偏差。

（3）应用现状。

随着对不锈钢筋性能了解的进一步深入，其优良的性能得以揭示，展示了良好的应用前景。不锈钢筋混凝土已经在公路桥、停车场、海岸设施及其他结构中取得了应用。除了增强耐腐蚀性能以外，奥氏体型不锈钢筋适用于无磁环境，可以应用于军事、医学和科学研究等特殊领域。

最早的关于不锈钢筋混凝土的应用始于 20 世纪 40 年代，Progreso Pier 使用了 200t AISI 304 级不锈钢筋，至今尚未出现锈蚀现象，充分体现出了良好的耐腐蚀性和耐久性。近年来，不锈钢筋在桥梁中的应用也很多，在阿联酋 Ahu Dhabi 建造的 Sheik Zayed Bridge 在桥的下部支撑中采用了 EN 1.4462 级不锈钢筋。而且作为构件截面的外层钢筋布置，在内层设置普通碳素钢筋。2009 年 12 月竣工的我国香港 Stonecutte Bridge 全长 1 596 m，是一座双层三线高架斜拉桥。在大桥桥塔的上部 175~290 m 采用不锈钢外壳（EN10088 1.4462 级），内浇混凝土，在桥塔基础上采用了一等级的不锈钢筋，布置在多联钢筋的最外层以获得良好的抗腐蚀性能。

（4）存在问题。

目前关于不锈钢筋混凝土的研究主要侧重于其耐腐蚀性方面，对于其他各个方面的研究尚未深入开展，缺少必要的试验研究和数据。为了促进不锈钢筋混凝土的工程应用，需要在以下几个方向进行相关研究：

① 不锈钢筋混凝土的耐腐蚀性研究；
② 不锈钢筋与混凝土的黏结性能研究；
③ 不锈钢筋混凝土结构的动力特性（抗疲劳、抗震等）研究；
④ 各种不同牌号的不锈钢筋性能比较与选用；
⑤ 不锈钢筋与混凝土温度变形差研究；
⑥ 不锈钢筋与碳素钢筋结合使用时的相互作用研究等。

不锈钢筋混凝土在国内缺少相关设计规范以及工程实例，设计人员缺少相关指导，即使是在近海结构等侵蚀性较强的环境条件下也更倾向于设计常规的碳素钢筋混凝土结构。相关研究的欠缺、设计规范与设计建议的滞后，阻碍了不锈钢筋混凝土的应用。不锈钢筋价格偏高，使不锈钢筋混凝土的初期造价较高，这是目前推广其应用的主要障碍。但是如果考虑结构全寿命周期成本，即结构建造，设计使用年限内的维护、加固等工作的总费用，加之具备优良的耐久性能，不锈钢筋混凝土相对于碳素钢筋混凝土具有可观的优势。

2．合金耐蚀钢筋。

（1）合金耐蚀钢筋的性能特点。

合金耐蚀钢筋以先进的熔炼、轧制工艺为基础，在普通螺纹钢成分基础上添加 Cr、Ni、Cu、Ti 等多种耐蚀合金元素并优化配比，可显著提高钢筋在混凝土碱性环境中的钝化性能和抗氯离子侵蚀能力，大幅度提升严酷环境下钢筋混凝土结构的设计和使用寿命。由于合金耐蚀钢筋的合金元素总体较低（远低于不锈钢筋 13% 的 Cr 含量），与普通螺纹钢相比成本增量可控。合金耐蚀钢筋的施工工艺流程简单，采用热轧态交货，无须任何后续热处理工序，可直接用于混凝土结构中。由于无保护层涂镀，可避免涂层脱落以及与混凝土握裹力低的缺陷。鉴于合金钢筋优异的耐蚀性和良好的工艺性能，它有望替代环氧涂层钢筋和不锈钢筋使用在海洋和西部盐湖等严酷环境下的钢筋混凝土结构中。

（2）合金耐蚀钢筋的耐蚀原理。

在耐蚀原理上，合金耐蚀钢筋可借助合金元素的不同耐蚀机理，实现钢筋全寿命周期内的连续耐蚀。在钢筋锈蚀的第一阶段（维钝-脱钝阶段），通过改善钝化膜结构性能和钢筋基体耐蚀性，提高钢筋钝化性能和抗氯离子侵蚀能力。一方面，合金耐蚀钢筋在混凝土碱性环境中表面可快速形成稳定的钝化膜，该钝化膜具有碳素钢筋钝化膜和不锈钢筋钝化膜的双重特性，即钝化膜外层为类似于碳素钢筋钝化膜 FeOOH，内层为类似于不锈钢筋钝化膜的 Cr_2O_3-CrOOH 结构，实现合金化耐蚀钢筋钝化膜双重耐蚀；另一方面，合金元素的加入提高了钢筋基体的腐蚀电位，促进阳极钝化。因此，合金耐蚀钢筋通过合金元素的配比，可协调控制其双层钝化膜的结构和性能，同时降低其基体腐蚀活动，可实现其腐蚀临界氯离子浓度值较普通钢筋提高 3~5 倍，显著提高钢筋混凝土结构的设计寿命。在钢筋锈蚀的第二阶段（脱钝-腐蚀扩展阶段），通过 Cr 元素在钢筋基体/腐蚀产物界面处的富集，并取代铁锈中铁元素的位置形成 α-$Cr_xFe-xOOH$，生成一层普通碳素钢筋所不具备的高致密性和黏附性的非晶态尖晶石型氧化物内锈层。一方面，合金元素在腐蚀产物中的富集可起到物理阻挡作用：合金元素沉淀在锈层微裂纹和晶界处，提高锈层的致密性和连续性，增强锈层对钢的附着力；细化锈层颗粒，生成纳米网状结构，隔绝水和空气，抑制氧气和水的供给。另一方面，合金元素可使锈层具有阳离子选择性，提高锈层电阻抑制 Cl^- 和 SO_4^{2-} 离子的侵入，从而阻滞氯离子对钢筋基体的进一步腐蚀。同时，耐蚀合金元素进入腐蚀产物后，可降低腐蚀产物的膨胀系数，进一步延长钢筋锈胀引起混凝土保护层开裂的时间，使得钢筋混凝土结构剩余寿命提升 2~3 倍。

（3）应用进展。

目前，国内外对耐蚀钢筋的研究正处于起步阶段。鉴于合金耐蚀钢筋在耐蚀性和工艺性能上的明显优势，可以预期合金耐蚀钢筋将具有广阔的应用前景和市场潜力。国内耐蚀钢筋的大规模工程应用尚是空白，但研发工作已形成了一个良好开端。钢铁研究总院研制了 Cu-P 系和 Cu-Cr-Ni 系钢筋，其材料成本均比环氧涂层低，并且依据实验室实验验证了该钢筋可以满足海洋工程混凝土结构 30~50 年的设计寿命要求。广西盛隆冶金有限公司、钢铁研究总院、北京科技大学等单位合作，利用广西的丰富的镍矿资源，研发了镍铬型耐蚀钢筋。东南大学、沙钢集团和江苏省建筑科学研究院，针对海洋和盐湖等不同侵蚀程度的严酷环境，研发了不同 Cr、Ni 含量的多等级合金耐蚀钢筋，部分产品已在江苏沿海公路桥梁中得到试应用，效果良好。

3．涂/镀层钢筋

（1）涂/镀层钢筋耐蚀原理。

涂/镀层钢筋的耐蚀原理在于以致密覆盖的涂/镀层隔绝钢筋与侵蚀介质的直接接触，从而提升钢筋混凝土结构耐久性和服役寿命。涂/镀层的完整性和自身耐久性对于此类钢筋尤为关键。常见的涂/镀涂层钢筋主要有环氧涂层钢筋和热浸镀锌钢筋，其中环氧涂层钢筋应用较为广泛。

（2）环氧涂层钢筋。

对混凝土中的钢筋可采用防腐涂层，但是混凝土中的钢筋防腐涂层要考虑与钢筋的黏结力的因素，国外使用较多的是环氧树脂涂层和聚乙烯缩丁醛涂层。钢筋涂覆层防蚀的性价比较高，但是在施工时很难保证钢筋不受机械损伤、在钢筋涂覆膜时不出现遗漏或者涂覆不好的地方，而这些将留下巨大的隐患。国外应用中出现多起因涂层钢筋受到破坏而导致结构破坏的情况。

环氧树脂于钢筋表面能隔离钢筋与混凝土环境的直接接触，从而起到防治钢筋锈蚀的目的，因而环氧涂层钢筋在一段时间内成为研究的热点，也得到了较为广泛的工程应用。1973年美国的宾夕法尼亚大桥首先使用了环氧涂层钢筋，至2000年全美国的总用量达到80万吨。近年来，环氧涂层钢筋占桥梁钢筋总用量的70%～80%。国内，随着海工混凝土结构工程数量的日益增多，环氧涂层钢筋的工程应用量也在逐渐增大，著名的杭州湾跨海大桥也部分采用了环氧涂层钢筋。但在工程应用中，环氧涂层钢筋也暴露出了众多问题。实践中发现，涂层钢筋在运输、搬运、绑扎以及混凝土浇筑施工中涂覆膜经常出现严重破坏，钢筋的点蚀将更为严重，反而会导致钢筋混凝土整体耐久性的下降。有研究表明，若膜层损伤大于5%，就等同于未涂钢筋的耐腐蚀性能。同时，钢筋与环氧涂层的物理、化学特性相差较大，两者在温度、应力等作用下变形不一致，可能导致环氧涂覆层与钢筋基体脱黏。黏结力除了与涂层质量有关外，还与环境的潮湿度有关，因为在潮湿条件下，环氧涂层与内部钢筋之间的黏结力容易丧失。另外，环氧树脂涂层钢筋的环氧涂层使用年限为20～30年左右，因此使用这类材料时应考虑环氧涂层达到使用寿命后的混凝土结构的服役寿命如何得到保障。据此，在极端严酷环境下，环氧涂层钢筋对结构安全性和耐久性能的提升效果难以保障。

（3）热浸镀锌钢筋。

国内外用得较多的镀层钢筋是热浸镀锌钢筋。此种钢筋以镀锌层隔绝钢筋与侵蚀介质的直接接触，同时通过牺牲镀锌层从而给钢筋提供阴极保护。由于镀锌层并不耐蚀，在服役过程中镀层易出现溶解和消蚀，经40年侵蚀后其表层镀锌将消融殆尽，其对钢筋的腐蚀保护作用也将消失，无法保证混凝土结构长寿命。另外，镀锌层在一定程度上造成钢筋与混凝土黏结力下降，且在焊接连接、施工过程中容易造成表面镀锌层的破坏，从而加重了局部点蚀发生的概率。

4．阴极保护技术

由于混凝土中的钢筋腐蚀从根本上来说都是电化学腐蚀，因此，可通过电化学的方式来延缓或制止钢筋的腐蚀。所谓电化学方式，就是根据钢筋腐蚀的电化学机理，抓住阳极反应（钢筋腐蚀）必须同时放出自由电子的电化学本质，不让钢筋表面任何地方再放出自由电子，使其电位等于或低于腐蚀电位，就可使钢筋不能再进行阳极反应（腐蚀）。目前电化学保护技术中应用较多的是阴极保护技术，即钢筋整体成为阴极而被保护。阴极保护对水下区和潮差区的结构物保护效果较好,但对大气区的保护效果较差。

阴极保护法能直接抑制钢筋自身的电化学腐蚀过程,有效保护钢筋,被认为是最有效且经济的方法之一,尤其适用于受氯化物污染的钢筋混凝土构筑物。近20多年来,阴极保护技术在发达国家得到迅速发展,日益受到重视的研究和开发,阴极保护技术日趋成熟,越来越广泛应用于混凝土中钢筋的保护。外加电流阴极保护就是以直流电源的负极与被保护的钢筋相接,正极与难溶性辅助阳极相接,提供保护电流。电流通过连续的混凝土介质,到达钢筋表面使钢筋发生阴极极化而受到保护。这种外加电流法的优点之一是系统可通过调节控制电源的电流(或电压)使钢筋处于一定的保护电位(或电流)之下。外加电流阴极保护法用于受污染的钢筋混凝土结构已有20多年,而应用于新的钢筋混凝土结构则是近10年来才发展起来的。施加阴极保护时,直流电由辅助阳极流向钢筋,抵消或改变自然腐蚀电流方向,可产生钢筋电位向负方向偏移,发生阴极极化,使钢筋产生氢氧根离子,提高碱性,帮助钢筋生成钝化膜,氯离子从阴极流向阳极,减少钢筋表面氯化物含量的结果。这些特点是其他措施难以达到的。

因此,外加电流阴极保护用于受氯化物污染引起钢筋腐蚀的旧混凝土结构的修复或新结构中钢筋的保护都是一种好方法。外加电流阴极保护法可用于水和土壤中,也可用于暴露于大气中的钢筋混凝土结构。自1973年美国在其50号国道位于加州斯莱公园的钢筋混凝土公路桥上成功安装外加电流阴极保护系统后,这种方法在国外得到迅速发展,在当今许多发达国家已有较广泛的应用。对已有的应用阴极保护的钢筋混凝土的调查表明,其中大多数可长期可靠地抑制钢筋的腐蚀,大大降低了维修成本。对钢筋混凝土结构采用外加电流阴极保护技术自20世纪90年代开始报道以来,目前研究和应用这种技术者还很少。在我国台湾,由于四面环海,钢筋混凝土受氯化物的侵蚀较普遍,因此,对钢筋混凝土结构的保护技术较为重视,对新旧钢筋混凝土结构均有采用外加电流阴极保护的例子。

(1)系统的基本组成。

应用于钢筋混凝土结构的外加电流阴极保护系统主要由下列部分组成,与应用于水和土壤中钢结构的基本构成相同,但有不同特点和一些特殊要求。

① 直流电源在外加电流阴极保护系统中,要求适应现场工作环境,能长期运行,利用稳定可靠的直流电源提供保护电流。电源设备主要是整流器和恒电位仪。为安全起见,最高输出电压一般为 12~24 V。

② 阳极系统混凝土结构的电阻率高且分布不均匀,并且受环境的影响大。因此,采用均匀分布于整个被保护的钢筋表面的阳极系统,使得电流均匀分布,才能使钢筋获得阴极保护。阳极系统是钢筋混凝土结构阴极保护的关键,要求具有电化学惰性、使用寿命长、安装方便并且成本低、能够提供电流均匀分布于被保护的构件。

③ 阴极系统即被保护的钢筋。实施阴极保护的混凝土中所有钢筋都必须是电连接的,以使所有钢筋都成为阴极得到保护,否则会产生杂散电流,造成杂散电流腐蚀。

④ 其他系统钢筋与阳极之间要有连续混凝土,以保证保护电流的流通,但不允许钢筋与阳极短路。直流电源与阴、阳极系统靠引线(电缆)来连接,要保证引线的电连续性,引线接头应接触良好,注意保护,使之不会腐蚀。为获得良好的阴极保护效果,必须建立合适的控制系统和检测系统。

(2)阳极系统的应用。

钢筋混凝土结构为复杂的多相体系,混凝土中电阻率高,并且分布不均匀还受环境和季节的影响。钢筋外混凝土覆盖层较薄（一般为 2～6 cm），与埋在土壤中的情况不同。用在桥面上的阳极系统还要耐压和耐磨。这些是钢筋混凝土的特殊性，一些结构（如在土壤中的钢结构）选用的阳极材料有些就不能适合于钢筋混凝土结构。因此，如何选择阳极材料和安装阳极系统，使保护电流能均匀分布于钢筋表面是钢筋混凝土结构阴极保护的关键技术问题及其进展的重要标志。自外加电流阴极保护法应用于钢筋混凝土结构以来，人们致力于研究开发阳极系统，不断有新的阳极材料被开发和应用。

① 主阳极块 + 导电覆盖层。这种阳极系统是把与直流电源相连接的硅铁阳极块（称为主阳极）安置在混凝土结构表面，再覆盖一层导电沥青或导电混凝土（覆盖层称为阳极系统的次阳极）。这种系统的电阻率、极化率低，电流分布好，价廉实用，但覆盖层强度低，不耐磨，还增加了构件的自重，另外，在一些最需要阴极保护的海上混凝土构筑物的侧、底面敷设这种阳极系统是比较困难的，因此，其应用受到了限制。

② 主阳极丝 + 导电聚合物。这是为克服上述导电覆盖层的缺点而开发的阳极系统。这种系统是在混凝土表面每隔一定距离凿开沟槽，内埋铜芯包铌镀铂丝作为主阳极丝，再填以掺石墨粉的导电聚合物胶泥或浇入导电混凝土作为次阳极。这种系统在 20 世纪 80 年代初开发后在美国和加拿大应用约 100 套，因主阳极的酸化会腐蚀胶泥和混凝土，后来已不再推广应用。

③ 喷涂金属层（喷涂锌层）。这是在混凝土表面（主要是非摩擦面）热喷涂一层厚约 200～500 μm 锌层作为辅助阳极。这种系统中阳极重量轻，电流分散性好。喷锌层还可用作牺牲阳极。这种阳极材料在外加电流阴极保护中用作次阳极，实际上还需敷设活化钛丝等主阳极。涂 200 μm 厚的锌层使用寿命约 10 年。由于这种涂层不耐水、不耐磨，成本较高，因此，其应用有限。除喷涂锌外，还有喷涂钛等金属层的。

④ 导电涂层（或导电油漆）用作次阳极，主阳极为铜芯包铌镀铂丝或活化钛丝。这种涂层成本较低，寿命约为 10～15 年，可在钢筋混凝土构筑物的底面和侧面等复杂表面涂覆。这种涂层对于许多结构是一种合适的阳极系统，应用于海洋浪溅区的结构表面时，涂层不耐磨和冲刷，易破损，但较容易修补。这种系统至 1995 年在全世界应用于阴极保护混凝土结构面积约达 75 hm^2。中国科学院福建物质结构研究所的许世力等人年研制了 3 种导电油漆，作为次阳极在模拟潮差区环境中用于钢筋混凝土的阴极保护，效果良好。

⑤ 电缆阳极。这是美国于 20 世纪 80 年代开发的掺炭黑填料的导电塑料包裹铜芯线制成的电缆线，塑料电线绕成固定形状于混凝土表面作为阳极，再覆盖一层水泥砂浆。这种阳极材料已应用 50 多处，因其受最大额定电流密度的限制，且有较大阳极极化率，因而目前已不再应用。

⑥ 金属氧化物钛网阳极，也叫活化钛板网阳极或催化带状钛网阳极。这是钛表面覆盖一层钛、铂、铱、钽或钌氧化物的混合物制成的带状钛网。它是 20 世纪 80 年代中期开发应用于钢筋混凝土结构阴极保护的新型阳极，随后得到了广泛的应用。自 1985 年首次安装应用于加拿大 Ontarie 一座大桥上后，至 1998 年全世界已超过 1×10^6 m^2 的混凝土结构应用了这种阳极。这种网状阳极网丝线径 1 mm，网孔一般为 100 mm×150 mm 或 200 mm×300 mm 等规格。这种带状钛网可应用于桥梁、隧道、码头和房屋等钢筋混凝土结构上。这种阳极安装后覆盖一层 25～30 mm 水泥砂浆。最大允许电流密度可达 10^8 mA/m^2。加速寿命试验表明，这种材料的使用寿命可达 75 年。这种材料耐蚀性好，就是露出钛材，仍有良好的钝性。钛表面氧化物一方面使钛网表面活化；另一方面在高阳极电流密度下，在含氯化物环境中应用

时析氧而不析氯，也不会因阳极酸化反应而侵蚀周围混凝土，是极好的阳极材料。虽然材料较昂贵，但金属氧化物钛网阳极是当今在钢筋混凝土阴极保护中应用最广泛和最成功的阳极材料。这种材料不但可用于受盐污染的旧构筑物上，也很适合应用于新钢筋混凝土结构中的阴极保护，如用于侵蚀性环境中新钢筋混凝土结构上，施工方便，经济合算，长期效益好，并可在混凝土浇灌前直接安装（即预埋）在结构上。

⑦ 埋入型阳极。这种阳极系统是在钢筋混凝土构件上钻一些小孔，分别埋入一定长度的镀铂钛丝，再填以石墨浆体，或埋入活化钛条作为阳极，再灌入水泥砂浆。这种系统可根据具体构件的配筋情况选择合适阳极埋置方案，使保护电流均布于钢筋表面。这种系统可适用于任何表面，施工方便，寿命较长，是一种经济长效的保护系统。

⑧ 其他阳极材料。由于钢筋混凝土结构的复杂性和特殊性，在外加电流阴极保护中，阳极系统也有相应特殊要求，其材料的研制仍是当今钢筋阴极保护技术开发的主要工作。

至今，新的阳极材料仍在不断地开发。除上述几种常见阳极材料外，还有一些不常用或新研制的阳极材料，这些大都尚未得到推广应用。这方面的阳极材料主要有磁性氧化铁、导电橡胶、导电陶瓷、碳纤维带状阳极等，也有采用新方法制备已开发阳极材料的。

（3）阴极保护准则。

目前还没有钢筋混凝土保护的统一标准。必须根据构筑物的具体情况选择合适的保护准则。

① 保护电位保护。电位一般有 -770 mV 和 -850 mV（相对于 $Cu/CuSO_4$ 参比电极，即 CSE），但实际上应根据不同情况，选用不同的阴极保护电位。一般是把钢筋自然腐蚀电位负移 $300 \sim 500$ mV 即可。对于新的构筑物，钢筋保护电位取 -500 mV（vs CSE）或更负即可，只有对于钢筋外露的混凝土结构保护电位才能至 -850 mV（vs CSE）或更负。为避免"氢脆"的发生，保护电位不能低于 $-1\,100$ mV（相对于饱和甘汞电极，SCE）。对于预应力钢筋混凝土，更应避免电位负移过多引起"氢脆"发生（不能低于 -900 mV vs SCE）。在检测方面，比较公认的方法是 1990 年美国腐蚀工程师协会（NACE）制定的标准方法，即"电位衰减 100 mV"，可作为长期保护标准。这种方法指的是在阴极保护过程中突然中断 4 h 的电位衰退不小于 100 mV，即为阴极保护合理。实践证明，此准则是有效的。

② 保护电流密度。保护电流密度与混凝土中钢筋的表面状态、构件的完整性以及环境因素（温度、湿度和氯离子浓度等）都有很大的关系。不同结构差别可达 $2 \sim 3$ 个数量级（$0.15 \sim 20.00$ mA/m^2）。根据室内试验和实践经验，一般阴极保护电流密度为 $2 \sim 20$ mA/m^2，对于新结构物或保护电流层完好的，保护电流密度较小，一般小于 10 mA/m^2。

5. 迁移型阻锈剂

迁移型阻锈剂（MCI：migrating corrosioninhibitor）即表面适用型的混凝土阻锈剂，可施于混凝土表面，以气相和液相向混凝土的孔隙内扩散，并达到钢筋周围，在钢筋表面形成单分子层，同时保护钢筋阳极区和阴极区。一般提到的迁移型阻锈剂是指表面应用的链烷醇胺（AMA：alkanolamine）基的有机阻锈剂。目前的产品主要有美国 Cortec 公司开发的 MCI 系列、瑞士西卡公司开发的 Sika FerroGard 系列等。基于多年的研究工作和在美国、欧洲等地的工程应用实践，迁移型阻锈剂已经被欧洲标准化委员会确认为一种有效的腐蚀控制方法。此外，MCI 在美国公路发展战略研究项目中的阻锈剂对比研究中表现出色，并且在美国、日本、意大利和中东等地区进行的实验室和工程应用研究中也通过了测试。已经完成的对于迁移型阻锈剂的研究和测试主要集中于以下几点：迁移型阻锈剂的阻锈机理、迁移型阻锈剂的阻锈性能、迁移型阻锈剂的渗透性能、使用迁移型阻锈剂对于混凝土性能的影响。

（1）阻锈机理。

迁移型阻锈剂的主要部分是挥发性的，由氨基乙醇等成分构成，能够利用压力差通过混凝土毛细孔向内扩散，并起到搬运作用；另一部分是渗透能力较弱的酸性物质，能够和氨基乙醇生成盐。两种组分共同作用于钢筋时，才能起到较明显的阻锈效果。MCI 通过扩散达到钢筋表面后，含氮的极性基团通过物理或化学吸附排除水分子和氯离子，紧贴于钢筋表面，形成单分子保护膜；其非极性基团在表面定向排布形成疏水层。这层保护层的厚度和组成成分取决于阻锈剂的浓度，该保护层能够阻碍金属离子和腐蚀介质、水分子和氧向金属表面渗透，从而起到阻锈作用，如图 4.3-7 所示。也有观点认为有机阻锈剂是一种螯合剂，能够吸附在钢筋表面，与亚铁离子形成螯合环（由两个或两个以上非金属离子/官能团构成配位键紧扣在中央金属离子上形成的杂环化学复合物），取代原本吸附在钢筋表面的 OH^-、Cl^- 以及其他阴离子，这层螯合物完全覆盖了钢筋表面的阳极区和阴极区，终止了腐蚀反应的进行。

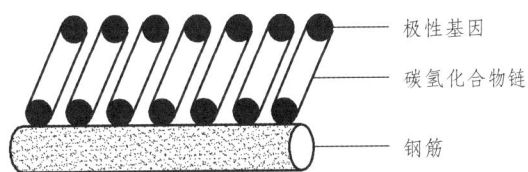

图 4.3-7　成膜组分在混凝土表面的吸附

总之，无论单分子薄膜保护层或是螯合物层，其作用在于它能够完全覆盖电化学反应的阳极和阴极反应区，阻止钢筋腐蚀电化学反应的发生，因此 MCI 被归类为复合型阻锈剂。但是，也有学者认为 MCI 主要作用于阳极区域，并导致腐蚀电压的缓慢增加。英国建筑研究院发表的测试数据表明，由于 MCI 的加入，钢筋表面阳极活性区不仅被重新钝化，而且随着时间延长阻抗值进一步增大，说明吸附膜的阻锈性能在逐渐提高。

（2）阻锈性能。

已知的对于 MCI 阻锈效果的阐述都是基于试验研究。这类研究结果很多，往往在某种特定条件下，几位研究者得出的结论不尽相同，但是主流研究对 MCI 阻锈效果是肯定的。这里归结了一些主要研究成果。

① 在氯污染混凝土中。

在受到氯离子侵蚀的混凝土中，MCI 能数倍地延缓钢筋在混凝土中腐蚀开始的时间，并能有效降低腐蚀速率。图 4.3-8 为按 ASTM G-109 标准试验方法测试的宏观腐蚀电池电流。该结果表明当混凝土阻锈剂掺入使用时，在氯离子渗入混凝土的条件下，钢筋在掺亚硝酸钙和迁移性阻锈剂的混凝土中腐蚀开始的时间比不掺的长 5~6 倍。随着氯离子不断渗透进入，在测试期内掺有阻锈剂的腐蚀电流几乎没有变化，而没有掺加阻锈剂的试件中腐蚀电流持续增大，表明了阻锈剂对钢筋的保护效果。在氯离子侵蚀条件下，MCI 不仅能够延缓腐蚀开始时间，降低腐蚀速率，从而保护未锈蚀钢筋；对于已经被氯离子侵蚀的钢筋，MCI 还有能力降低钢筋的腐蚀比率。由于其强还原性，MCI 能够从氧化铁表面置换出部分离子，特别是氯离子，并使钢筋表面形成钝化膜。MCI 应用于混凝土表面时，混凝土中氯盐浓度对于 MCI 阻锈效果有巨大影响。初始氯盐侵入量小于 0.2%（对水泥质量比）时，即使混凝土暴露在不利的环境下，MCI 也有明显阻锈效果。但是，当最初氯盐侵入量大于 0.43% 时，MCI 阻锈效果可以忽略不计。

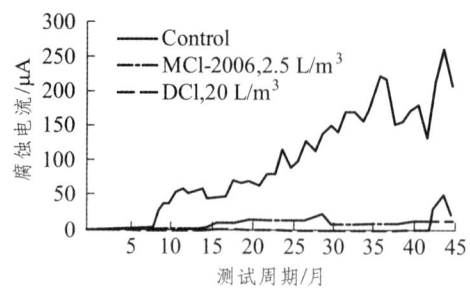

图 4.3-8 阻锈剂对宏观腐蚀电池电流的影响

掺入 MCI 的含氯盐砂浆混凝土试件在 20 ℃和相对湿度 95% 的条件下养护长达 15 个月龄期后，对钢筋的保护性能没有改变。

② 在碳化混凝土中。

最初开发的 MCI 针对的是氯污染条件下混凝土中钢筋的腐蚀防护，因此在碳化条件下对 MCI 阻锈性能的试验研究开展得较少。已有研究对碳化混凝土中 MCI 的阻锈效果给予一定肯定，但叙述比较简略。碳化钢筋混凝土中 10% 浓度的有机阻锈剂能够使钢筋腐蚀率维持在低水平上。但有研究认为此效果是由于阻锈剂引入了碱性离子，导致钢筋附近环境 pH 值的上升。

（3）渗透性。

① 渗透性能。

MCI 的渗透性受到使用时间长度、使用环境及混凝土成分等因素影响，但在适当的条件下，MCI 总可以渗透进入可观的深度，满足覆盖钢筋表面需要的条件，有时甚至远远超过要求深度。俄罗斯腐蚀与保护研究所采用同位素示踪技术，用放射性氚离子取代 MCI 分子结构中的氢离子，检测 MCI 在混凝土中的扩散性能，结果显示 MCI 在混凝土表面浸渍 24 d 扩散深度超过 3 cm；作为外加剂掺入表面修补砂浆 24 d 时有 30% 扩散进入老混凝土中 4 cm。此外根据含氮量测试，保护层厚度为 25 mm 时，MCI 可于 30 d 内覆盖钢筋表面；保护层 50 mm 时，MCI 于 120 d 内覆盖钢筋表面。X 射线光电子能谱仪测试显示，MCI 在 2 d 内即可以渗透到混凝土内部，并达到稳定，随后其浓度不再随时间继续增加，也不会由于挥发等而下降，因此能够提供对钢筋长期有效的保护。对于海洋混凝土结构，MCI 渗入深度达到 50 mm 时需要几乎一年时间。不过在一些直接暴露在海水中被海盐严重污染的混凝土结构中，XPS 测试表明 MCI 迁移进入 25 mm 深度（水灰比 0.65）大约需要 450 d。

② 渗透机理。

根据制造商提供的说明，MCI 在渗透性方面有如下特点：

a. 在混凝土表面使用 MCI 时，活性介质能够通过毛细孔作用向内渗透。

b. MCI 既可以被可渗透的蒸汽携带渗入混凝土，同时又可以借助其质量梯度分布带来的压力差进入混凝土。

c. MCI 也可以呈气相向内渗入，进而达到高度的渗透性。当混凝土处于干燥状态时，MCI 通过毛细孔渗透作用渗透更快。在碳化和氯离子污染的混凝土中，MCI 主要通过扩散的形式而不是毛细孔作用向内渗透。MCI 渗透性能受到混凝土孔隙率的影响，孔隙率越小，MCI 的渗入越困难，因此它的阻锈效果较差。湿度对 MCI 渗透性能也有一定影响，干燥条件下，

MCI 有更好的渗透性，但 50%～95% 相对湿度时 MCI 渗入的速度无明显变化。此外，MCI 渗透速度与渗透方向无关，这表明重力作用对 MCI 的迁移特性并无明显影响。

③ 关于渗透性的其他问题。

首先，该阻锈剂的非挥发部分是酸性物质，它能够和氨基乙醇反应，生成不可溶解的钙盐，削弱了迁移作用。但是当两种成分不同作用时，阻锈效果又会明显降低。其次，MCI 中的磷组分与钙反应生成不可溶的混合物，该混合物吸水形成凝胶后阻塞混凝土的孔隙，阻碍了 MCI 的迁移作用。但在碳化混凝土中，由于 pH 值较低，磷组分有更高的可溶性（在碳化和非碳化混凝土中，氨基乙醇的可溶性均较好），不会形成阻塞凝胶，因此氨基乙醇的迁移并未受到削弱。此外，阻锈剂挥发部分的自然挥发有可能导致真实条件下阻锈剂的失效。目前市售的 MCI 已经被认定为环保产品，对人或环境没有毒害作用。

（4）对混凝土性能的影响。

合格的阻锈剂不应该导致混凝土性能的过多衰退，也不应该加速其衰退。使用阻锈剂后，混凝土的抗弯抗压强度不应该低于原混凝土的 90%，在寒冷地区混凝土的冻融抵抗力也应该维持在一个正常的水平上。阻锈剂对于混凝土性能的影响，主要集中在阻锈剂直接拌合在混凝土中的情况。对于既有结构，当维护作用的阻锈剂施用于混凝土表面时，由于混凝土各项性能已经稳定，因此表面施用的 MCI 对于混凝土性能并无太大影响。

（5）应用实例。

MCI 在世界范围内的上千个工程中得到了应用，如加拿大 Sudbury（Ontario）的 Ellis 水库、英国 Peterborough 的 Queensgate Centre 多层停车场、南非的 Vaal 拦河大坝等。我国也有部分工程使用了 MCI，如 2004 年烟台高速公路金山港大桥耐久性维护工程等。

4.3.1.3 隔离技术

1．钢护筒

目前，大跨度深水桥梁基础多采用承台加群桩基础结构，施工期间采用插打钢护筒形成施工平台进而施工桩基础、承台等施工工艺，很多桥梁在桥梁桩基础等施工完成后保留钢护筒作为桥梁结构的永久构件并使钢护筒全部或部分参与桩基础结构受力。

（1）钢护筒拉条法。

桥梁桩基础施工钢护筒材料一般采用 Q235 或 Q345 钢板卷制而成，钢板厚度在 10～25 mm 之间。钢护筒拉条法一般是在适当时机如施工承台之前把钢护筒切割成宽度为 50～150 mm 的钢板条，各个钢板条之间间距 0～150 mm，然后适当向半径外径向弯曲并伸入承台内部一定高度，以便与承台混凝土形成锚固连接，作为一个整体结构，参与受力，也有的桥梁在钢护筒拉条之上附焊大直径钢筋形成复合结构。钢板工地切割一般采用手工电焊切割，质量很差，宽度大小不一，拉条切割的周边侧面钢板呈锯齿状，存在应力集中；切割后需要沿钢护筒半径径向外弯，反半径外弯非常困难，容易形成应力集中裂缝；同时，混凝土承台钢筋一般正交垂直布置，对于较大跨度桥梁，承台钢筋往往需要多层设置，拉条筋竖直方向略倾斜，承台钢筋围成的缝隙空间为垂直方向，钢护筒拉条和钢筋束同时穿过承台底层多层普通钢筋很困难；同时，为防止钢板拉条不妨碍承台钢筋布置，往往把钢板拉条成束穿过承台底层钢筋，既达不到设计意图，钢护筒拉条与混凝土锚固力效果大打折扣，也很难保证钢护筒和承台连接效果和连接强度。

（2）钢护筒设置附加连接件法。

钢护筒设置附加连接件法一般是在钢护筒外表面设置牛腿等构件，既作为前期施工平台临时支撑构件，又作为后期结构永久连接件使用，同时，在承台底面沿钢护筒圆周方向设置预埋钢筋或钢板，施工承台时二者焊接连接。此法具有连接强度大的特点，问题是可能存在水下焊接作业，拉条法中污染、焊接质量等问题依然存在。在接近充分利用钢护筒钢板强度的情况下，可能需要对钢护筒进行局部加劲或加强。但相比拉条法等此方法对结构受力应更有可靠度保证。

2．换填土

污染土指建筑场地由于生产或自然环境等综合原因污染的地基土。污染土对基础的腐蚀，具有鲜明的地域性，我国主要土壤类型可分为中碱性土壤、酸性土壤、内陆盐土和滨海盐土四大类。

4.3.2 相关标准分析

目前主要执行的国内外有关混凝土结构表面涂层防腐技术标准主要如下：

（1）欧洲标准 EN1062《色漆和清漆——外部砖石和混凝土结构用涂料和涂层系统》。
（2）日本道路协会《道路桥梁氯离子对策指南·解释》。
（3）《海港工程混凝土结构防腐蚀技术规范》（JTJ 275—2000）。
（4）《公路工程混凝土结构防腐蚀技术规范》（JTJ/T B07-01—2006）。
（5）《混凝土桥梁结构表面涂层防腐技术条件》（JT/T 695—2007）。
（6）《混凝土结构用成膜型防护涂料》（JG/T 335—2011）。

标准通常规定了水蒸气渗透性、液态水渗透性、二氧化碳透过率和裂缝桥接性能的测试方法，并对这些性能进行了分级。具体使用时可根据具体使用环境和基面状况选择合适的涂料品种和涂层配套体系。下面对前三个应用最广泛的标准进行分析。

4.3.2.1 日本道路协会《道路桥梁氯离子对策指南·解释》

根据混凝土防腐材料的种类和使用条件，混凝土防腐涂装体系可分为 A、B、C 三种类型：

1．A 防腐涂装体系：一般型

在沿海地区裂痕发生频率相对较少的情况下，该体系所使用的材料为一般防腐材料。其防腐涂装体系为：环氧树脂底漆 + 环氧树脂腻子 + 环氧树脂中涂 + 聚氨酯面涂。

2．B 防腐涂装体系：柔韧型

该体系适用于钢筋混凝土材料发生裂缝频率较高的情况，要求涂膜具有柔韧性。其涂装体系为：环氧树脂或聚氨酯底涂 + 环氧树脂腻子 + 柔韧型环氧树脂或柔韧型聚氨酯中涂 + 柔韧型聚氨酯面涂。

3．C 防腐涂装体系：长期防护型

该体系适用于因涂装设备等客观因素、重涂条件困难或氯害严重的地区。其涂装体系为：环氧树脂或聚氨酯底涂 + 环氧树脂或乙烯基树脂腻子 + 厚膜型环氧树脂或乙烯基树脂中涂 + 聚氨酯面涂或氟碳面漆。

4.3.2.2 《海港工程混凝土结构防腐蚀技术规范》(JTJ 275—2000)

该标准"7.1 混凝土表面涂层"部分对海港工程混凝土结构防腐蚀涂层体系及涂层性能提出了比较具体的要求,对海洋大气腐蚀环境下的钢筋混凝土结构防腐具有重要指导意义。

JTJ 275 推荐的涂层体系如表 4.3-2 所示。

表 4.3-2　JTJ 275 推荐的涂层体系

设计使用年限/a	配套涂料名称			涂层干膜最小均厚/μm	
				表湿区	表干区
20	1	底　层		环氧树脂封闭漆	无要求	无要求
		中间层		环氧树脂漆	300	250
		面层	Ⅰ	丙烯酸树脂漆或氯化橡胶漆	200	200
			Ⅱ	聚氨酯磁漆	90	90
			Ⅲ	乙烯树脂漆	200	200
	2	底　层		丙烯酸树脂封闭漆	15	15
		面　层		丙烯酸树脂漆或氯化橡胶漆	500	450
	3	底　层		环氧树脂封闭漆	无要求	无要求
		面　层		环氧树脂或聚氨酯煤焦油沥青漆	500	500

JTJ 275 规定的涂层性能如表 4.3-3 所示。

表 4.3-3　JTJ 275 规定的涂层性能

项　目	试验条件	标　准
涂层外观	耐老化试验 1 000 h 后	不粉化、不起泡、不龟裂、不剥落
	耐碱实验 30 d 后	不起泡、不龟裂、不剥落
	标准养护	均匀、无流挂、无斑点、不起泡、不龟裂、不剥落等
抗氯离子渗透性	活动涂层片抗氯离子渗透试验 30 d 后	氯离子穿过涂层片的渗透量在 5.0×10^{-3}

4.3.2.3 《公路工程混凝土结构防腐蚀技术规范》(JTG/T B07-01—2006)

JTG/T B07-01—2006 规定了普通环境和湿热环境下配套涂层体系的性能要求,其中规定的涂层性能要求如表 4.3-4 所示。

表 4.3-4　JTG/T B07-01—2006 规定的涂层性能要求

项　目	使用年限和环境	试验条件	标　准
涂层外观	8～10 年	抗老化试验 1 000 h 后	不粉化、不起泡、不龟裂、不剥落
	8～10 年，湿热	抗老化试验 1 500 h 后	
	15～20 年	抗老化试验 3 000 h 后	
	15～20 年，湿热	抗老化试验 4 000 h 后	
		耐碱性试验 30 d 后	不起泡、不龟裂、不剥落
		标准养护后	均匀、无流挂、无斑点、不起泡、不龟裂、不剥落等
抗氯离子侵入性		活动涂层片抗氯离子侵入试验 30 d 后	氯离子穿过涂层片的透过量在 5.0×10^{-3} mg/(cm^2·d) 以下

4.3.2.4　其他标准

JT/T 695—2007《混凝土桥梁结构表面涂层防腐技术条件》是专门针对混凝土桥梁表面涂层的标准，它系统地介绍了混凝土桥梁的腐蚀环境、防腐涂层设计和施工维护等内容。

JG/T 335—2011《混凝土结构用成膜型防护涂料》规定了混凝土结构防护用成膜型涂料的术语和定义、分类和标记、要求、实验方法、检验规则以及标志、包装、运输和贮存。

其他相关标准及规范还有：《铁路混凝土结构耐久性修补及防护》(TB/T 3228—2010)、《工业建筑防腐蚀设计规范》(GB 50046—95)、《建筑防腐施工及验收规范》(GB 50212—2002)、《水工混凝土施工规范》(SD-207—82)、《混凝土结构耐久性设计与施工指南》、《铁路混凝土结构耐久性设计规范》、《公路工程混凝土结构防腐蚀技术规范》等。

4.3.3　案例分析

跨海大桥主要由钢结构或混凝土结构组成，其中钢结构主要通过防腐涂层达到长时间使用目的；在混凝土防腐蚀方面，跨海大桥混凝土结构耐久性的提升主要是立足于混凝土材质本身的性能，如采用高性能海工混凝土以提高混凝土结构抗氯离子渗透的能力等。同时，依据混凝土所处结构部位及使用环境条件，需要采用必要的防腐强化措施，如采用涂层或硅烷浸渍等方式进行处理等。工程实践证明，混凝土防腐涂层和硅烷浸渍处理均能有效抵抗氯盐向混凝土的渗透，对钢筋混凝土结构具有明显的保护效果。

目前，国内跨海大桥以东海大桥、杭州湾大桥、青岛胶州湾大桥、港珠澳大桥以及香港的青马大桥等为典型代表，国外混凝土大桥以葡萄牙 LUIZI 大桥和瑞士 Forstenland 大桥为代表，具体信息如下所述。

4.3.3.1　港珠澳大桥

港珠澳大桥是连接香港特别行政区、广东省珠海市、澳门特别行政区的大型跨海通道，设计全长约 29 km，总投资额约 129 亿元人民币。项目建设内容包括：海中主体工程（粤港分界线至珠海澳门口岸段）、香港口岸、珠海澳门口岸、香港连接线、珠海连接线及澳门连接桥。海中主体工程采用桥隧组合方案，长约 29.6 km，其中海中桥梁长约 23 km，海底隧道长约 6 km，两个隧道人工岛共长约 1.25 km，人工岛上桥隧过渡段共长约 0.6 km。主体工程按 6 车道高速公路标准设计，主要结构构件为钢箱梁，设计使用寿命 120 年。

港珠澳大桥位于南亚热带海洋性季风气候区，年平均气温在 22.4～23 ℃ 之间。桥址区域年盛行风向以东南偏东和东风为主，热带气旋影响十分频繁，平均每年约有 2 个，最多时每年可达 6 个，4—12 月均有可能发生，主要集中在 6—10 月。大桥所处环境为严重腐蚀级别。据中交公路规划设计院的信息，其混凝土构件的防腐蚀措施分别列入表 4.3-5。

表 4.3-5　港珠澳大桥混凝土构件防腐蚀设计方案

结构物	所处环境类别	需外加防腐蚀措施的部位
上部面板	大气区	可不采用
主　梁	浪溅区	箱梁外底面、侧面
主　塔	大气区、浪溅区	塔座及其附近的下塔柱
承　台	浪溅区、水位变动区、泥下区	海中陆地、泥下区不需采用，其余需采用
桥　墩	大气区、浪溅区、水位变动区	结构处于浪溅区、水位变动区的部位，靠近浪溅区的大气区部分
钢管复合桩	水下区以及泥下区	需采用
钻孔灌注桩	水下区以及泥下区	可不采用

对于混凝土构件，应针对结构所处的不同海洋环境区域，结合混凝土结构的耐久性以及经济效应，综合考虑结构主要受力区以及结构不能更换的部位，采用相应的防腐蚀措施，主要包括涂层、硅烷浸渍和外加电流阴极保护。

4.3.3.2　香港青马大桥

香港青马大桥建造于 1992 年至 1997 年，横跨青衣岛及马湾之间的马湾海峡，为公铁两用桥，主跨 1 377 m，但 300 m 边跨侧主缆不设吊杆，实际上只有 2 跨加劲桁。设计寿命为 120 年。在混凝土防腐蚀方面主要考虑的耐久性因素是氯离子渗透引起钢筋锈蚀、碱集料反应和热应力裂缝。对混凝土的要求为：良好泵送性能、低水化热、高早强、非常高的抗氯离子渗透性能以及不发生碱-硅酸反应等。混凝土要求及其具体配合比如表 4.3-6 和表 4.3-7 所示。

表 4.3-6　香港青马大桥对混凝土的要求

项　目	要　求
28 d 立方体试件抗压强度	> 50 MPa
水泥种类	普通水泥/25%～35% 粉煤灰 普通水泥/65%～75% 矿渣
水泥用量	> 350 kg/m^3 < 550 kg/m^3
水胶比	< 0.4
氯离子含量	< 胶凝材料的 0.06%
最大碱含量（当量 Na$_2$O）	< 3 kg/m^3

表 4.3-7 香港青马大桥混凝土具体配比

材　料	主桥塔混凝土配比	桥墩混凝土配比
普通水泥	135 kg/m³	占胶凝材料的70%
磨细矿渣/粉煤灰	290 kg/m³（矿渣）	占胶凝材料的25%（粉煤灰）
硅　灰	25 kg/m³	占胶凝材料的5%
20 mm 单尺寸骨料	670 kg/m³	
10 mm 单尺寸骨料	310 kg/m³	
专门破碎细骨料	710 kg/m³	
总加水量	175 kg/m³	
高效减水剂	适量	
缓凝剂	0.3%～0.6%	

此外，该桥还采用了环氧涂层钢筋和对混凝土结构采用硅烷浸渍处理作为钢筋防锈的双重保险。在采用膏体硅烷进行防护处理的区域，目前仍具备良好的防护效果。

4.3.3.3　杭州湾跨海大桥

杭州湾是世界三大强潮湾之一，风浪大、潮差高、海流急（平均 3 m/s、最大 5 m/s）；海水溶解氧含量大（6.21～8.89 mg/L），氯离子含量变化大（5.94～15.91 g/L），含砂量大（0.041～9.6 kg/m³），海域中还富含海蛎子等海生物。杭州湾海域属亚热带季风气候，冬冷而干燥，夏暖热湿润，雨量充沛，最低 -11 ℃、最高 39.7 ℃，年均日照 2 000 h，年日辐射量 4 500 mJ/m²，相对湿度平均 80%，处于工业性中等酸度、高盐度的大气环境中。

杭州湾大桥的设计基准期为 100 年，杭州湾跨海大桥全长 36 km。主体结构除南、北航道桥为钢箱梁外，其余均为混凝土结构，全桥混凝土用量近 250 万立方米。为了使大桥达到 100 年的设计寿命，大桥工程部根据大桥所处环境和腐蚀特点，采取了多种混凝土防腐蚀产品技术和腐蚀监测方法，主要包括：海工混凝土、衬板、塑料波纹管、耐腐蚀钢筋、钢筋阻锈剂、热熔结环氧粉末涂层、牺牲阳极阴极保护、防腐蚀涂层、渗透性控制模板等。杭州湾大桥对混凝土配合比参数以及 12 周抗氯离子渗透性的规定如表 4.3-8 和表 4.3-9 所示。

表 4.3-8 最大水胶比和胶凝材料最小用量

工程部位	最大水胶比 W/B	胶凝材料最低用量/（kg/m³）
基桩、承台、现浇桥墩、桥台及索塔	0.40	400
预制箱梁、预制桥墩	0.33	450
现浇梁及其他部位混凝土	0.35	450

表 4.3-9　混凝土抗氯离子渗透性要求（12 周龄期）

结构部位		混凝土氯离子扩散系数/(10^{-12} m²/s)
钻孔灌注桩	陆上部分	≤3.5
	海上部分（含滩涂）	≤3.0
承台	陆上部分	≤3.5
	海上部分	≤2.5
墩身	陆上部分（现浇）	≤2.5
	海上部分（现浇含滩涂）	≤2.5
	海上部分（预制）	≤1.5
箱梁	现浇	≤1.5
	预制	≤1.5
桥塔		≤1.5

为了保证大桥混凝土结构的耐久性，在大桥的混凝土箱梁、桥墩、承台等多处部位使用了防腐蚀涂料附加措施，其混凝土防腐涂料涂装总面积约为 80 hm²，其中表干区约 60 hm²，表湿区约 17 hm²，索塔区约 3 hm²。所用涂料配套方案见表 4.3-10。

表 4.3-10　杭州湾大桥混凝土表面涂层配套方案

涂料名称	表湿区涂层厚度/μm			表干区涂层厚度/μm			索塔区涂层厚度/μm		
	底	中	面	底	中	面	底	中	面
湿固化环氧树脂封闭漆	≤50								
湿固化环氧树脂漆		<310							
聚氨酯面漆			90			90			
环氧树脂封闭漆				≤50			≤50		
环氧树脂漆					<260			≤280	
氟碳面漆									70
涂层总干膜平均厚度		400			350			350	
底层中间层干膜平均厚度					260			280	
底层干膜平均厚度	50			50			50		

4.3.3.4　上海东海大桥

东海大桥是上海国际航运中心集装箱深水枢纽港的三大重要配套工程之一，全长约 32.5 km，主通航孔采用主跨 420 m 双塔单索面叠合梁斜拉桥；三个副通航孔采用主跨 120 m、140 m、160 m 预应力混凝土连续梁桥及刚构桥；港桥连接段的颗珠山大桥主桥采用主跨 332 m 双塔双索面的叠合梁斜拉桥。东海大桥桩基础主要采用钻孔桩、PHC（预应力高强混凝土）桩和钢管桩。

东海大桥的设计基准期为 100 年，这是在我国桥梁建筑中首次提出 100 年的概念。针对东海大桥所处海洋环境特点和设计寿命要求，混凝土结构耐久性综合防腐策略（表4.3-11）为：尽量避免结构形成锈蚀通道；使用高性能海工混凝土，提高混凝土密实度，改善工作性能；根据不同的环境，选择合适的混凝土保护层厚度；预留钢结构腐蚀厚度；在结构表面采用防腐涂层。

表4.3-11 东海大桥海上段混凝土结构耐久性技术对策

结构部位	环境分类	保护层厚度/mm	混凝土强度等级	混凝土品种	辅助措施
钻孔灌注桩	水下区、水位变动区	70	C30	大掺量掺合料混凝土	上部为钢套筒
承台	水位变动区、浪溅区	90	C40	高性能混凝土	水位变动区、浪溅区部位涂腐蚀涂层
墩柱	水位变动区、浪溅区	70	C40	高性能混凝土	水位变动区、浪溅区部位涂腐蚀涂层
箱梁	大气区	40	C50	高性能混凝土	
桥面板	大气区	40	C60	高性能混凝土	
塔柱	水位变动区、浪溅区、大气区	70	C50	高性能混凝土	水位变动区、浪溅区部位涂腐蚀涂层

4.3.3.5 青岛海湾大桥

青岛海湾大桥是我国北方寒冷冰冻海域修建的第一座特大型桥梁集群工程。大桥全长28.880 km，其中跨海大桥长约27.089 km，三座通航孔桥采用钢箱梁结构，分别为：沧口航道桥采用主跨260 m钢箱梁双索面五跨连续稀索斜拉桥，红岛航道桥采用主跨120 m钢箱梁双索面四跨连续稀索斜拉桥，大沽河航道桥采用主跨260 m独塔自锚式悬索桥。

大桥所在区域年平均气温12.3 ℃，历年极端最低气温-16.9 ℃，历年极端最高气温38.9 ℃。大桥面临盐害、冻融、海雾、台风、暴雨、工业排放物等多重腐蚀环境的综合作用，腐蚀环境恶劣，大桥所处海域海水含盐度高达2.94‰~3.29‰，胶州湾海域有比较严重的冰期（12月下旬—2月中旬）和重冰期（1月上旬~2月上旬），平均每年冻融循环次数为47~52次。为确保混凝土结构耐久性，应遵循的原则为：选用质量稳定并有利于改善混凝土抗裂性能的水泥、集料等原材料，在混凝土组成中掺入活性矿物掺合料，适当降低混凝土的水胶比，在混凝土中添加引气剂和减水剂，确保钢筋的混凝土保护层厚度和使用定制的保护层定位块，使用时保证新拌混凝土能及时养护并有适当的养护时间，选择合理的粗骨料最大粒径和粒径范围。混凝土气泡间距系数小于250 μm，氯离子扩散系数与杭州湾大桥相似。在防腐蚀强化措施上，青岛海湾大桥工程的海上桩基采用了钢护筒保护，因此对桩基不用采取涂层防腐蚀保护。而只对暴露于腐蚀环境之中的严重或很严重的墩柱（高程5 191 m以下）、承台等下部结构的混凝土表面采用涂层防腐蚀的措施加以保护，表湿区混凝土表面涂层配套体系见表4.3-12。

表 4.3-12　表湿区混凝土表面涂层配套体系设计

涂层名称	涂层配套名称	涂层干膜平均厚度/μm
底层	湿固化环氧树脂封闭漆	不计厚度
中间层	湿固化环氧树脂中间漆	300
面层	丙烯酸聚氨酯面漆/氟碳面漆	90/70
涂层总干膜平均厚度		390/370

4.3.3.6　葡萄牙 LUIZI 大桥

葡萄牙 LUIZI 大桥于 2004 年涂装面积 6 hm², 大桥混凝土表面处理用高压喷射清洗，35 MPa 压力，流量 214 m³/h。表面含盐量 < 7 μg/m²。应用葡萄牙 EURONAVY 公司的涂装方案见表 4.3-13。

表 4.3-13　葡萄牙 EURONAVY 公司的涂装方案

涂料名称	表湿区涂层厚度/μm			表干区涂层厚度/μm			索塔区涂层厚度/μm		
	底	中	面	底	中	面	底	中	面
无溶剂潮湿混凝土底漆	50			50			50		
无溶剂耐潮湿环氧涂料		150			200			200	
无溶剂耐潮湿环氧涂料		150							
改性聚氨酯面漆			83			83			
改性聚氨酯面漆						83			
氟碳防腐面漆									182
涂层总干膜平均厚度			450			350			350

4.3.3.7　瑞士 Forstenland 大桥

硅烷/硅氧烷作为混凝土浸渍剂的保护在欧洲已有 30 多年的历史，如瑞士的 Meggenhus 大桥和 Furstenland 大桥、瑞典 Tranebergs 大桥、日本 Asai Okumiomote 大坝等。

瑞士的 Furstenland 大桥建于 20 世纪 30 年代，位于交通主干道上。20 世纪 90 年代后，大桥已不堪重负，瑞士政府决定采用全面的维护加固以延长其使用寿命。瑞士的 LPMAG 公司经过考察、试验发现，大桥主要受除雪盐和碳化危害，一些地方腐蚀已达到钢筋。他们决定用新混凝土替换碳化腐蚀较严重的老混凝土，并对锈蚀钢筋进行防锈处理，对裂缝进行修补，然后在 1997 年对整个大桥用瓦克公司的硅烷膏体进行浸渍保护。图 4.3-9 为 LPMAG 公司对 Furstenland 大桥上的新、老混凝土试验结果。为了更好地比较浸渍过硅烷膏体的混凝土

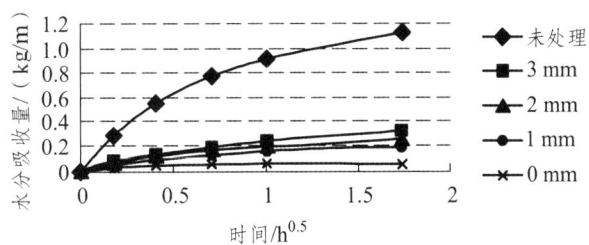

（a）涂刷 200 g/m² SILRES BS Creme C

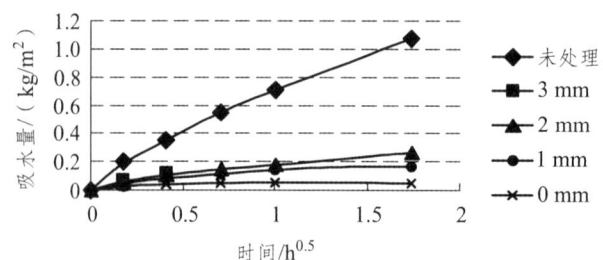

(b)涂刷 300 g/m² SILRES BS Creme C

图 4.3-9　Furstenland 大桥硅烷浸渍新老混凝土试验结果

增水性能，通过逐层打磨，分别测试了表面和 1 mm、2 mm、3 mm、4 mm 深度处的吸水性数据。从图中可以看出，新混凝土在距离表面 4 mm 处的吸水率只是未处理混凝土的 26%，老混凝土在距离表面 3 mm 处的吸水率也只是未处理混凝土的 26%。最近进行的检查发现，硅烷的防水性能仍旧很好。

4.3.3.8　其他相关案例

洋山深水港区三期工程水工 I 标段码头为高桩梁板式结构，码头岸线长 492 m。码头处于典型的亚热带季风性海洋环境，混凝土构件在这样的环境中腐蚀严重，必须采取适当的防护措施以保证混凝土构件的耐久性。根据设计要求，混凝土均采用 C45 高性能混凝土，且工程所有预制构件混凝土外露表面均作硅烷浸渍二度防腐蚀处理，防腐蚀涂层总面积 32 146 m²。

深圳大铲湾集装箱码头一期工程预制沉箱采用硅烷防腐。从 2004 年开始，连云港对新建的 27#、28#、29#、59#泊位进行了硅烷浸渍工艺的防腐处理，施工总面积近 10 hm²。涂层技术指标均达到设计要求，根据现场跟踪调查，防腐效果良好。

黄海大桥是洋口港陆岛跨海通道，建设总长度 10.05 km，桥梁全宽 11.5 m。大桥一头连着大陆，一头通向人工岛。为了提高桥梁的使用寿命，对位于浪溅区和水位区的混凝土表面及预应力混凝土梁、湿接缝、边梁端部锚头区等部位要进行防腐处理，处理面积约 50 000 m²。

4.3.4　不同防腐蚀强化措施的适用性

4.3.4.1　现有标准对不同防腐蚀强化措施适用性规定

现有标准对防腐蚀强化措施的规定有两种形式，以《海港工程混凝土结构防腐蚀技术规范》（JTJ 275—2000）、《混凝土结构耐久性设计与施工指南》（CCES 01—2004）、《公路工程混凝土结构防腐蚀技术规范》（JTG/T B07-01—2006）等为代表的规范直接列举出几类防腐蚀强化，以《铁路混凝土结构耐久性设计规范》（TB 10005—2010）、《铁路混凝土结构耐久性修补及防护》（TB/T 3228—2010）等为代表的标准给出了防腐蚀强化措施的适用环境。

1．现有防腐蚀强化措施的汇总

现有防腐蚀强化措施可分为混凝土表面防护、钢筋防护以及隔离技术等，不同种类防腐蚀强化措施又包括不同类型措施，具体如表 4.3-14 所示。

表 4.3-14 混凝土结构防腐蚀强化措施

类别	强化措施	性能特点	相关标准
混凝土表面防护	表面强化	采用透水模板布贴在模板内侧,可兼顾养护功效、施工简便	《混凝土工程用透水模板布》(JT/T 736—2009)
	表面涂装	最常用的措施之一,施工时混凝土表面处理要求高;氟碳的耐老化性能较好	铁路、公路、港工、建筑等标准
	憎水处理	施工简便,立面宜采用膏体硅烷,工程案例应用较多	
	渗透结晶	包括水泥基渗透结晶材料、无机溶剂型渗透结晶涂料,需要一定水分来保证结晶,且不适合严寒地区	建材、公路标准
钢筋防护	不锈钢筋	能从本质上解决普通钢筋的锈蚀问题,但成本高,且缺少结构设计相关标准	国内外正在编制相关标准
	耐蚀钢筋	针对不锈钢筋价格高而开发的耐蚀钢筋,缺少结构设计相关标准	
	涂层钢筋	涂层钢筋以环氧涂层钢筋为主,已有应用,但存在施工较为困难、涂层容易剥落等问题	《钢筋混凝土用环氧涂层钢筋》(GB/T 25826—2010)
	内掺型阻锈剂	内掺型阻锈剂包括有机阻锈剂和无机阻锈剂,无机阻锈剂对混凝土施工性能影响较大。阻锈剂的长效型有待验证	《钢筋混凝土阻锈剂》(JT/T 537—2007),《钢筋阻锈剂应用技术规程》(JGJ/T 192—2009,YB/T 9231—2009),其他行业标准也有引用
	迁移型阻锈剂	迁移型阻锈剂可以涂覆在混凝土结构表面,其渗透深度和长效型有待验证	
	阴极保护	阴极保护是新发展的一种基于电化学的钢筋防护技术,包括外加电流阴极保护和牺牲阳极阴极保护。施工复杂需要专门机构,阴极保护相关设备自身的耐久性待验证	《海港工程钢筋混凝土结构电化学防腐蚀技术规范》(JTS 153-2—2012)
隔离技术	钢护筒	适合于桩基础等埋在水下、土下无法进行再防护的部位,施工难度大,无法进行再防护	尚且没有专门标准,在铁路施工技术指南中涉及
	换填土	适合于处于含有腐蚀离子的土中,工程量较大	
	降低工程水位	适合于处于含有腐蚀离子的土或水中,工程量较大	

2．防腐蚀强化措施的环境适用性

不同防腐蚀强化措施适用于不同的环境条件,设计防腐蚀强化措施时,需要专业人员根据环境条件、工程部位等确定。《铁路混凝土结构耐久性设计规范》给出了不同环境下防腐蚀强化措施适用的环境条件，如表 4.3-15 所示。

表 4.3.15　不同环境下混凝土的防腐蚀强化措施

强化措施		外包钢板	表面涂层	表面浸渍	防水卷材	涂层钢筋	钢筋阴极保护	降低地下水位	换填土
环境作用等级	L3	√	√	√	√	√	√		
	H4	√	√	√	√			√	√
	Y4	√	√	√				√	√
	D4	√	√	√					
	M3	√	√	√					

注：① "√" 表示在该环境条件下可以选择该项防腐蚀强化措施。
② 表面涂层包括防腐蚀涂层和防水涂层等。

孙红尧等在"混凝土结构桥梁的防腐蚀设计研究"中研究了适用于不同环境下的防腐蚀强化措施，给出了如表 4.3-16 所示不同环境下可采用的防腐蚀材料和技术。

表 4.3-16　不同环境下可采用的防腐蚀材料和技术

环境		防护涂料	涂层钢筋	憎水处理	水泥基渗透结晶	阻锈剂	聚合物水泥砂浆	防护层[5]	电化学[6]
大气	一般[1]	√	√	√	√	√	√	√	×
	酸性[2]	√	√	√	×	√	×	√	×
	海洋	√	√	√	√	√	√	√	√
除冰盐	新建	√	√	√	√	√	√	×	√
	已建	√	×	×	√	×	√	×	√
盐结晶	新建	√	√	×	√	√	√	√	×
	已建	√	×	×	√	×	√	√	×
冻融	无盐	√	√	√	√	√	√	×	×
	含盐	√	√	√	√	√	√	×	×
水位变动区	淡水	√	√	√	√	√	√	√	√
	海水[3]	√	√	×	√	×	×	√	√
水下	淡水	√	√	√	√	√	√	√	√
	海水	√	√	√	√	√	√	√	√
土中	一般	√	√	×	√	√	√	√	√
	含盐[4]	√	√	×	√	√	√	√	√

注：① 表示主要是碳化、紫外光辐照、雨水的影响；② 表示酸性环境，主要指由于化工环境或汽车尾气造成的酸雨腐蚀；③ 表示水位变动区（海水），包括潮位涨落、浪溅区；④ 表示土中（含盐）为含盐或硫酸盐碱地土壤；⑤ 表示防护层，包括玻璃钢等覆盖型的材料；⑥ 表示电化学，包括电化学脱盐、阴极保护和电化学沉积等；"√"表示可用，"×"表示不可用。"新建"代表新建工程；"已建"代表维修工程；"涂层钢筋"和"阻锈剂"仅适用于新建工程"电化学"保护中，不同的保护方法适用的环境也可能有差异，其中电化学脱盐仅适用于修补维护工程。

《铁路混凝土结构耐久性修补及防护》（TB/T 3228—2010）按照《铁路混凝土结构耐久性设计暂行规定》对混凝土结构防护体系适用环境进行总结，具体如表 4.3-17 所示。标准中对于无机溶胶型渗透结晶涂料涂装不适合于严寒地区水线，主要适用于 C40 以下或存在抗渗性不良的混凝土结构，这与表格中适用于 D3/D4 环境矛盾。另外，该标准中的水线的意思不明确。

表 4.3-17 铁路混凝土结构防护体系环境适用范围

涂料（涂层）名称	每道干膜厚度 μm	涂装道数	总干膜厚度 μm	单位面积用量 kg/m²	适用的环境类型和级别
湿面环氧涂料	150	≥2	300	0.6	L3、H3、H4、M2、M3 环境的水下部位
湿面环氧涂料 喷涂聚脲弹性体	150 1000	≥2 ≥2	300 2000	0.6 0.2	L3、H3、H4、D3、D4、D4、M3 及 T3 的水线部位
无机溶剂型渗透结晶涂料		1~2		0.10~0.13	L3、H3、H4、D3、D4、M2、M3 及 T3 的水线及水上无裂缝变形部位
硅烷浸渍		2		0.20~0.33	L3、H3、H4、D3、D4 及 T3 环境的水上无裂缝变形部位
聚氨酯封闭底层涂料或溶剂性环氧封闭底层涂料或水性环氧封闭底层涂料		1		0.12	L3、H3、H4、D3、D4、M2、M3 及 T3 环境的水上有裂缝变形部位
喷涂聚脲弹性体	1 000	1	1 000	1.1	
溶剂性环氧封闭底层涂料或水性环氧封闭底层涂料		1		0.12	L3、H3、H4、D3、D4 及 T3 环境的水上有裂缝变形、装饰性、耐久性要求高的部位
柔性氟碳面层涂料	30	2	60	0.33	

4.3.4.2 适用于高温高湿海洋环境混凝土结构防腐蚀强化措施的选择

1. 海南环岛铁路混凝土桥梁环境作用等级的划分

气候条件：海南西环铁路的位置在北回归线以南，为热带气候，日照时间长、平均气温高、蒸发量大、平均风速大、旱季较长、全年无霜。

夏秋炎热多雨，冬春温暖干旱偶有阵寒。全岛多年平均气温 24.1 °C，北部海口市为 23.8 °C，西部东方市为 24.0 °C，南部三亚市 25.5 °C；四季温差变化不大，最低为 1 月份，最高为 7 月份，极端最高气温 41.5 °C，出现于昌江地区；昼夜温差也较小，一般小于 10 °C，最大温差 20 °C。以季风为主，强热带风暴和台风多出现在夏秋季，热带风暴影响本区，台风最大风力在 12 级以上，但较少出现，一般在 12 级以下。年平均风速 3.2m/s，最大风速 25.3 m/s。5—11 月均有台风侵袭，尤其 8—9 月最多。台风常伴有雷击、暴雨，全年雷暴多达 130 d。海南岛降雨量充沛，多年平均降雨量为 1 759.8 mm，北部海口市降雨量为 1 639 mm，西部东方市降雨量为 950 mm，南部三亚市降雨量为 1 317.9 mm，日最大降雨量达 518 mm（叉河）；一般 5—10 月为雨季，占全年降雨量 80%~90%。11 月至次年 4 月为旱季，降雨量占全年降雨量的 10%～20%。海南西环铁路沿线气象资料汇总如表 4.3-18。

表 4.3-18　海南西环铁路沿线气象特征值

项　目	单位	海口	澄迈	临高	儋州	昌江	乐东	三亚
历年平均降雨量	mm	1 651.9	1 786.1	2 274.2	1 815	1 646.9	1 600	1 280.6
≥0.1 年平均降水日数	d	145.1	162	135.9		100		113.7
历年平均气温	°C	24.1	23.8	23～25	23.5	24.6	25.5	25.6
历年极端最高气温	°C	38.7	41.1	41.9	40	41.5	36	35.9
历年极端最低气温	°C	4.9	1.1	2.7	0.4	0	−3.0	5.1
月平均最高气温	°C	28.0	28.4	28.3	27.5	29.5	29	28.4
月平均最低气温	°C	21.5	17.5	16.9	16.7	17.1	17	21.1
年平均相对湿度		84%	85%	85%	85%	86%	82%	79%
年平均蒸发量	mm	1 734.3	1 823.5	1 813.7	1 628	2 244	2 300	2 339
历年平均风速	m/s	2.5	2.0	3.5	2.5	2.7	3.9	2.5
极大风速	m/s	42.8	25			33		40
年最多雷暴日数	D	124	105	107		91		100

水质条件：海南西环铁路桥梁大部分的河水、沟水和地下潜水的化学类型以 $HCO_3^- \cdot Cl^-$ — $Ca^{2+} \cdot Na^+$ 和 HCO_3^- — $Ca^{2+} \cdot Na^+$ 型为主，其次为 $Cl^- \cdot HCl_3^-$ — $Na^+ \cdot Ca^{2+}$、Cl^- — $Na^+ \cdot Ca^{2+}$ 型，pH 值一般较低，多为 5.7～7.1，偏酸性，按《铁路混凝土结构耐久性设计规范》(TB 10005—2010)判定：全线水质普遍在环境作用类别为化学侵蚀环境时，水中 SO_4^{2-}、Mg^{2+} 对混凝土结构无侵蚀性，酸性侵蚀性等级为 H1，CO_2 侵蚀等级为 H1～H2，有部分地段如 DK148+210 珠碧江特大桥、D1K302+704 抱套河大桥等段受海水影响，水质还有硫酸盐侵蚀 H1～H4 级、镁盐侵蚀 H1～H2 级；全线大部分地段水质无氯盐环境作用，仅有部分地段如 DK148+210 珠碧江特大桥、D1K302+704 抱套河大桥等段，氯盐环境作用等级为 L1～L3 级。同时，在局部海水影响地段如 DK148+210 珠碧江特大桥、D1K302+704 抱套河大桥有盐类结晶作用 Y2～Y3 等级。侵蚀离子含量见表 4.3-19。

表 4.3-19　侵蚀离子含量

侵蚀离子含量					环境类别
单位			mmol/L	mg/L	
化学成分 CO_3^{2-}	阳离子	Ca^{2+}	9～14.5	360.7～581.16	
		Mg^{2+}	49.5～58.5	1 203.8～1 422.72	H2
		$Na^+ + K^+$	363.2～716.52	9 080～17 913	
	阴离子	CO_3^{2-}	0.24～0.64	14.4～38.4	H4、L3、Y4、>Y4
		HCO_3^-	0.96～3.2	58.6～195.264	
		Cl^-	437～781	15 491.65～27 686.45	L3
		SO_4^{2-}	22～174	2 113.3～16 714.4	H4，Y4、>Y4
		OH^-	0	0	

续表

侵蚀离子含量				环境类别	
单位		mmol/L	mg/L		
硬度	总碱度	1.52~3.2			
	总硬度	60~73			
	暂时硬度	0.76~1.6			
	永久硬度	59.24~71.86			
其他	游离 CO_2				
	侵蚀 CO_2				
	pH值	>8.4			
	总矿化度	30 405.2~53 562.4			

《混凝土桥梁结构表面涂层防腐技术条件》（JT/T 695—2007）中对防护环境进行分类，腐蚀环境分为大气区和浸水区，根据大气相对湿度和大气污染类型将大气腐蚀环境分为弱腐蚀（Ⅰ）、中腐蚀（Ⅱ）、强腐蚀（Ⅲ-1）和强腐蚀（Ⅲ-2）四种。大气腐蚀环境中海洋大气环境下，随湿度、温度的增大，腐蚀加剧。浸水区按照水的类型分为淡水（Ⅰm1）和海水或盐水（Ⅰm2），按照浸水部位的位置和状态分为水下区、水位变动区和浪溅区。根据该标准，海南西环铁路混凝土桥梁结构属于大气区的强腐蚀（Ⅲ-2）以及浸水区的（Ⅰm2）。

2．海南环岛铁路混凝土桥梁防腐蚀强化措施的选择

从环境适应性、施工便捷性、可维修性以及技术经济性等方面考虑，海南西环铁路混凝土桥梁防腐蚀强化措施拟按表4.3-20进行选择。

表4.3-20 高温高湿强腐蚀海洋环境混凝土结构防腐蚀强化措施选择

结构部位	所处位置	防腐蚀强化措施	考虑因素
桩基础	水　中	阻锈剂、钢护筒、增加保护层厚度	不具再防护性
	土　中		
墩身承台	水　下	表面强化、涂装	不具再防护性
	水位变动区/浪溅区	表面强化、涂装技术或憎水处理	再防护困难
	大气区		再防护容易

4.3.5 小　结

（1）不同防腐蚀强化措施适用于不同结构部位、不同环境条件，选择防腐蚀强化措施时，应考虑不同结构部位施工可行性以及不同气候环境的适应性。

（2）根据海南西环铁路高温、高湿海洋环境特点，针对海南西环铁路桥梁混凝土结构，拟选择表面涂装技术以及表面憎水技术进行研究。

4.4 适于湿热海洋环境的桥梁混凝土防腐蚀强化材料制备

高性能混凝土是以环境作用和工程结构特点为前提、以耐久性设计为主要目标的混凝土。作为条形结构的高速铁路，要穿越不同环境区域，客观上具有环境作用的多样性和复杂性；同时，不同地域原材料性能差异大与就地取材，对铁路混凝土的耐久性影响显著。铁路混凝土作用环境分为常见环境和极端恶劣环境。常见环境是指铁路工程会经常遇到的，且能够形成区域性的气候、土壤以及环境水等。普通混凝土结构很难抵抗极端恶劣自然环境（如盐湖、酸池等）腐蚀作用，要保证其结构的安全性，需要特殊的胶凝材料或防护技术措施。如新建运三铁路部分路段氯离子与硫酸根离子浓度分别为L3和H4严重腐蚀环境最低限值的20倍之多，且该盐池地区无交通工程实例资料可以参考。在现有的高性能混凝土技术水平下，采用传统胶凝材料制备的混凝土很难长时间承受这种腐蚀破坏，尤其对于无法采用防腐蚀措施的桩基础结构。在严重腐蚀环境下，仅靠提高混凝土保护层材料的质量与厚度，是无法保证混凝土结构在设计使用年限内安全服役的，必须采取一种或多种防腐蚀强化措施。

研究和实践结果已经表明，在混凝土表面进行涂装是各类防腐蚀手段中最为简单有效的措施，包括涂层防护措施和浸渍防护措施。这些措施不仅可以运用到新建结构中，还可以运用到已有建筑的修复中。

4.4.1 氟碳涂层材料制备及耐老化研究

涂层防护技术有两个核心命题：一是涂层材料的制备与适配技术，二是涂层材料的施工技术。其中前者立足于技术研发，后者则侧重于施工经验的积累和总结。

如前所述，目前混凝土防护涂料基本沿用的还是金属防护涂料，主要包括环氧涂料、聚氨酯涂料、氟树脂涂料、丙烯酸乳胶漆等。从海工混凝土的实际防护应用情况来看，上述防护材料耐温度交变性、耐腐蚀介质侵蚀性、耐盐雾老化性以及施工性能和使用寿命等方面还不能完全满足海洋结构防护工程技术的要求，尤其是在防腐涂层体系的研发和选用过程中的评价标准还不完善。为确保海洋环境下铁路混凝土结构防腐蚀涂层的长期有效性，必须对该环境下铁路混凝土防腐蚀涂层的关键技术及性能评价方法进行系统研究。

4.4.1.1 技术要求

为实现较好的防腐蚀效果，防腐涂层体系需要与混凝土基面具有很好的适应性，并维持一定的使用寿命。涂层体系一般由底漆+面漆或底漆+中间漆+面漆组成，各涂层分别承担相应功能并产生协同作用，可有效保护混凝土结构，避免外来腐蚀介质的破坏。其中：封闭漆对混凝土基材应具有很好的润湿性、渗透性、耐碱性和优异的附着力；中间漆应具有良好的屏蔽性能；面漆应具有相应耐候性；配套涂层体系应具有很好的相容性。

针对暴露于不同环境下的钢筋混凝土结构，应设计并选择适用的防腐涂层体系。海洋工程混凝土结构的特殊性主要在于其结构表面处于周期性的干湿交替状态，而且潮汐的影响导致部分混凝土结构只有很短的时间位于水面之上。这就对涂层体系提出了特殊的性能和涂装要求，特别是封闭底漆要求能够在潮湿的混凝土表面涂装，需要采用对潮湿混凝土基面具有很好适应性的涂料，即对潮湿混凝土基面具有良好的润湿性、渗透性、耐碱性和优异的附着力。同时，涂料固化应该控制在一定时间内或可湿固化。此外，鉴于海洋环境腐蚀的严重性，涂料应有良好的复涂性，当发生严重腐蚀需要进行修补时，与后继防腐技术措施匹配性要好。整体而言，海洋环境下混凝土表面的防护体系，应该具有以下特点：憎水、耐水；防止水的渗透；抑制水蒸气的扩散；耐常用化学和生物制剂；在宽广的温度范围内具有良好的柔韧性等。

综合《混凝土桥梁结构表面涂层防腐技术条件》（JT/T 695—2007）和《铁路混凝土结构耐久性修补及防护》（TB/T 3228—2010）中的要求，对本课题氟碳类涂料及相应涂层的性能指标做出如下规定，见表 4.4-1。

表 4.4-1 混凝土表面防腐蚀氟碳涂料及相应涂层技术指标要求

检验项目	标　准	检验依据
涂料及漆膜外观	满足标准色卡及其色差范围	《漆膜颜色标准》（GB/T 3181—2008）
固体含量	≥55%	《涂料固体含量测定法》（GB 1725—1979）
可溶物含氟量	≥24%	《交联型氟树脂涂料》（HG/T 3792—2005）
附着力（拉开法）	≥6 MPa	《色漆和清漆拉开法附着力试验》（GB/T 5210—2006）
表干时间（25 ℃）	≤4 h	《漆膜、腻子膜干燥时间测定法》（GB 1728—1979）
实干时间（25 ℃）	≤24 h	
细度	≤35 μm	《涂料细度测定法》（GB 1724—1979）
柔韧性	1 mm	《涂料流平性测定法》（GB 1750—1979）
冲击强度	≥50 cm	《漆膜耐冲击测定法》（GB/T 1732—1993）
耐酸性（10% H_2SO_4）	240 h 无异常	《色漆和清漆耐液体介质的测定》（GB/T 9274—1988）
耐碱性（10%NaOH）	240 h 无异常	
抗氯离子渗透性（活动涂层片抗氯离子的渗透性试验 30 d）	≤5.0×10^{-3} mg/(cm^2·d)	《混凝土桥梁结构表面涂层防腐技术条件》（JT/T 695—2007）
耐磨性（1 kg·500 r）	≤0.05 g	《漆膜耐磨性测定法》（GB 1768—1979）
抗拉强度	≥10 MPa	《硫化橡胶或热塑性橡胶拉伸应力应变性能的测定》（GB/T 528—2009）
断裂伸长率	≥100%	
耐紫外老化保光率（6 000 h）	≥70%	《机械工业产品用塑料、涂料、橡胶材料人工气候老化试验方法荧光紫外灯》（GBT 14522—2008）

4.4.1.2　实验部分

经过近几十年的研究发展，高固体分涂料已经能够很好地解决黏度大、干燥慢以及对温度依赖性强等缺点。不过针对海洋恶劣的腐蚀环境，新型高固体分涂料的研制与应用还有很大的发展空间。

根据前述研究结果，本涂层体系选择渗透性环氧封闭底漆—环氧云铁中间漆—氟碳面漆，本节所述为氟碳树脂面漆材料的研制开发。

1. 原　料

氟碳树脂主剂：GK570（固含量65%），购于大金公司。

固化剂：IPDI（异佛尔酮二异氰酸酯，无溶剂），来自林氏公司；Basonat®HB100（HDI缩二脲，无溶剂）、Basonat®HI100（HDI三聚体，无溶剂）、Basonat®HI190B/S（HDI三聚体，固含量90%），来自巴斯夫公司；N3390（HDI三聚体，固含量90%），来自拜耳公司。

填料：钛白粉（Tipaque，R930），购自日本石原；白炭黑（Aerosil R974），购于Evonik；石墨。

溶剂：醋酸丁酯（BA）、二甲苯。

催化剂：二月桂酸二丁基锡（DBTDL）。

消泡剂：BYK 065、BYK 066、BYK 052、BYK 063。

润湿分散剂：BYK 110、BYK 163、BYK 180、BYK 2025、BYK 2155。

流平剂：BYK 170、BYK 171、BYK 174、BYK 306、BYK 354、BYK 355、BYK 358N。

2. 氟碳涂料制备

树脂组分（A组分）制备方法：将定量的树脂、溶剂、填料及助剂加入高速分散釜中，以6 000 r/min的速率高速分散3 min，得到A组分。设定$R=1.05$，根据所定制备工艺，选择A组分的两个基础配方开展相应试验，具体信息如表4.4-2所示。

表4.4-2　A组分基础配方

成　　分	GK570	BA	钛白粉	白炭黑	BYK110	BYK052	BYK355
基础配方	59.5	7	30.5	1	0.5	0.5	1

固化剂组分（B组分）制备方法：将精确称量的固化剂溶于一定量溶剂中，制得B组分。将一定比例的A组分和B组分搅拌混合均匀后即可进行涂装作业。

每次测试用5个样品做平行试验。

3. 涂层基本性能测试

（1）漆膜拉伸强度测试。

漆膜拉伸强度严格按照《建筑防水涂料试验方法》（GB/T 16777—2008）第9部分内容进行测试。测试内容包括无处理拉伸性能、热处理拉伸性能、碱处理拉伸性能、酸处理拉伸性能、紫外线处理拉伸性能、人工气候老化处理拉伸性能。

（2）附着力测试。

附着力试验参照《混凝土桥梁结构表面涂层防腐技术条件》（JT/T 695—2007）附录B中的B.3进行。

试验原理如下：

涂层附着力采用直接拉脱试验方法测定涂层与被涂物体之间的黏结力。

试验仪器如下：
① 拉脱式涂层黏结力测试仪；
② 湿膜厚度规；
③ 干膜测厚仪。

试验步骤如下：

制作 250 mm×250 mm×100 mm 的 C30 混凝土试件 6 件，标准条件下养护 28 d。

按要求对每件试件的 250 mm×250 mm 的非浇筑面进行表面处理。

需要进行湿固化涂料附着力试验的 3 件表湿试件，表面处理后浸泡在清水中 24 h 后捞出，其他 3 件表干试件则放置在室内阴干。

对处理后的 250 mm×250 mm 非浇筑面的涂装，按涉及的涂层系统和涂料产品使用说明书的要求，依次按封闭底漆、中间漆和面漆涂装。对表干试件，先将涂装面的灰尘吹干净；而表湿试件，从水中捞起后，用湿布抹除涂装面的水滴，在标准条件下自然停放 20 min，然后进行涂装。表湿试件，每涂一道涂层，在空气中停放 3 h 后，浸没于 3% NaCl 水溶液中，12 h 后取出，在标准条件下，停放 9 h，再涂下一道涂层。如此循环，直到完成整个涂装。

涂装完成以后的试件，在标准条件下养护 7 d。

取养护好的表干或表湿试件各 3 件，在每一试件的涂层面上随机找 3 个点，每点约 30 mm×30 mm 大小的面积，用零号砂纸将每一点的涂层轻轻打磨粗糙，并用丙酮或酒精擦拭干净。同时，也对黏结力测试仪的铝合金铆钉头型圆盘座作同样处理。最后用结构黏结剂把铝圆盘座粘到处理好的涂层上。

待黏结剂硬化 24 h 后，用割刀将圆盘座的周边涂层切除，使其与周边外围的涂层分开。

按照黏结力仪的使用规程组装仪器后，将仪器示数归零，并顺时针方向旋紧手轮，一直持续到涂层或混凝土断裂为止，记录读数。按本步骤重复试验，将每一个铝合金铆钉头型圆盘座拔下来，并记录每一次拉拔试验的读数。

试验结果按如下方法评定：

试验后立即观察铝合金铆钉头型圆盘座的底面黏结物情况，如果底面有 75% 以上的面积黏附着涂层或混凝土等物体，则试验数据有效。

如果底面只有 75% 以下的面积粘有涂层或混凝土等物体，而且拉力小于规定值，则可在该测点的附近涂层面重做黏结力试验。

表干或表湿试件各取 9 个试验点的实测数据，分别计算其算术平均值，代表涂层的黏结力。

4．涂层耐老化性能测试

（1）耐碱性测试。

耐碱性试验参照《混凝土桥梁结构表面涂层防腐技术条件》(JT/T 695—2007) 附录 B 中的 B.1 进行，涂层试验后应不起泡、不开裂、不剥落。

试验仪器如下：
① 试模，尺寸为 100 mm×100 mm×100 mm；
② 涂层湿膜厚度规，量程为 0~500 μm；
③ 干膜测厚仪。

试验步骤如下：

试验用混凝土块应采用不低于C30的混凝土，采用100 mm×100 mm×100 mm试模成型三个混凝土块，并养护28 d。

每个混凝土块的任一个非成型面，用砂纸打磨并清理干净。如有气孔，刷涂封闭漆后用无溶剂环氧腻子或聚合物水泥砂浆填补，24 h后用砂纸打磨平整并清理干净。将试验的配套涂层，依照使用要求，按封闭底漆、中间漆、面漆的顺序分别涂装，控制涂层的干膜总厚度为250~300 μm。试件完成后，自然养护7 d。

在混凝土试块涂装涂料的同时，在聚四氟乙烯板上按照每道漆的相同用量和相同工艺涂装。用干膜测厚仪测定聚四氟乙烯板上的漆膜厚度，即可视为混凝土试块上的涂层厚度。

将试件涂层面朝上半浸于水或饱和氢氧化钙溶液中，涂层面在液面上5 mm。试验过程中，每隔2 d检查涂层是否有起泡、开裂或剥离等现象。

（2）耐酸性测试。

耐酸性试验参照《混凝土结构防护用成膜型涂料》（JG/T 335—2011）中6.3.3条内容进行。

① 试验采用3块100 mm×100 mm×100 mm的混凝土试件，将涂料按照使用要求涂装试件侧面，养护7 d后进行试验。

② 将试件放入pH值为3的硫酸溶液中，涂料涂层面朝上，其中试块约95 mm浸泡在pH值为3的硫酸溶液中，5 mm在大气中，浸泡30 d。

③ 试件取出晾干后应观察有无起泡、剥落、粉化等现象。

④ 试件的气泡、剥落、粉化等级应按《色漆和清漆 涂层老化的评级方法》（GB/T 1766）的规定进行评定。

（3）耐盐水性测试。

耐盐水性试验参照《化学试剂 pH值测定通则》（GB/T 9274—2007）的规定检测，采用浸泡试验法进行试验。

① 试验采用3块100 mm×100 mm×100 mm的混凝土试件，将涂料按照使用要求涂装试件侧面，养护7 d后进行试验。

② 将试件放入浓度为5%的NaCl溶液中，涂料涂层面朝上，其中试块约95 mm浸泡在pH值为3的硫酸溶液中，5 mm在大气中，浸泡30 d。

③ 试件取出晾干后应观察有无起泡、剥落、粉化等现象。

④ 试件的气泡、剥落、粉化等级应按《色漆和清漆 涂层老化的评级方法》（GB/T 1766）的规定进行评定。

（4）耐化学品性测试。

涂层耐化学品性测试按《化学试剂 pH值测定通则》（GB/T 9274—2007）的规定进行，使用溶液为10% NaOH和10% H_2SO_4水溶液。以混凝土为基体制备漆膜试件，采用点滴试验法进行试验。

（5）漆膜耐候性测试。

耐候性试验严格按照《色漆和清漆 人工气候老化和人工辐射曝露滤过的氙弧辐射》（GB/T 1865—2009）的规定进行，结果按照《色漆和清漆 涂层老化的评级方法》（GB/T 1766）的规定进行评定。

（6）漆膜抗氯离子渗透性测试。

抗氯离子渗透性试验参照《混凝土桥梁结构表面涂层防腐技术条件》(JT/T 695—2007)附录 B 中 B.2 的规定检测。

试验仪器如下：

① 试验应采用内径为 40～50 mm 的有机玻璃试验槽；

② 湿膜厚度规；

③ 磁性测厚仪。

试验步骤如下：

试验用活动涂层片的制作。采用 150 mm×150 mm 的涂料细度纸作增强材料，将其平铺于玻璃板上，依照配套涂料使用要求进行涂装。每一道涂膜施涂后，应立即将细度纸掀离玻璃板并悬挂在绳子上，经 24 h 再涂下一道，如此反复施涂，用湿膜规控制涂料形成的涂层干膜总厚度为 250～300 μm。按此方法共制作三张活动涂层片。制成后，悬挂在室内自然养护 7 d。

将制得的活动涂层片剪成直径为 60～70 mm 的试件，按图 4.4-1 所示方法进行抗氯离子渗透性试验。使试件涂漆的一面朝向 3% NaCl 水溶液，细度纸的另一面朝向蒸馏水。共用三组装置。置于室内常温条件下进行试验，经 30 d 试验终结后，测定蒸馏水中的氯离子含量。

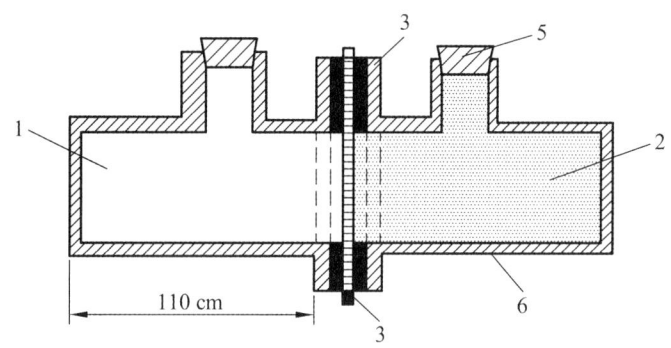

1—3%NaCl 水溶液；2—蒸馏水；3—试件（活动涂层片）；4—硅橡胶填料；
5—硅橡胶塞；6—内径为 40～50 mm 试验槽。

图 4.4-1　涂层抗氯离子渗透性试验装置示意

（7）耐热性测试。

试验采用 3 块 100 mm×100 mm×100 mm 的混凝土试件，将涂料按照使用要求进行涂装，养护 7 d 后放入（80±2）℃的电热鼓风箱中，每隔 2 d 检查涂层是否有气泡、开裂或剥落等现象。

（8）耐干湿循环测试。

试验采用 3 块 100 mm×100 mm×100 mm 的混凝土试件，将涂料按照使用要求进行涂装，养护 7 d 后放入浓度为 5% 的 NaCl 溶液中，液面应高出试件表面 10 mm，24 h 后取出，置于室温下干燥 24 h，后再次放入上述 NaCl 溶液中，如此反复。每隔 1 d 检查涂层是否气泡、开裂或剥落等现象。

（9）耐温变性。

涂层耐温变性测试参照《建筑涂料涂层耐冻融循环性测定法》（JG/T 25—1999）的规定进行。

试验采用 4 块 100 mm×100 mm×100 mm 的混凝土试件,将试件置于水温为(23±2)℃的恒温水槽中,浸泡 18 h。浸泡时试件间距不小于 10 mm。

取出试件,侧放于试架上,试件间距不小于 10 mm。然后,将装有试件的试架放入预先降温至(-20±2)℃的低温箱中,自箱内温度达到 -18 ℃时起,冷冻 3 h。

从低温箱中取出试件,立即放入(50±2)℃的烘箱中,恒温 3 h。

取出试件,再按照上述规定条件将试件立即放入水中浸泡 18 h。循环次数按照规定进行。循环完成后,检查试件涂层有无粉化、开裂、剥落、起泡等现象。

4.4.1.3 结果与讨论

1. 氟碳涂料制备

(1)固化剂种类的影响。

在基础配方下,首先考察了不同固化剂种类对产品性能的影响。其中,R 值计算公式如下:

$$w_{NCO}/w_{OH} = \frac{固化剂质量 \times 17 \times w_{NCO}(\%)}{GK570树脂质量 \times 42 \times w_{OH}(\%)} \quad (4.4\text{-}1)$$

式(4.4-1)中,固化剂质量为固化剂产品质量,GK570 树脂质量为固含量 65% 的清漆质量。GK570 中 $w_{OH}(\%)$ 范围处于 1.07% 至 1.26% 之间,本研究中选择 $w_{OH}(\%)$ 为 1.18% 进行计算。固化剂 N3390 中 NCO 含量为 19.6%,当设定 $w_{NCO}/w_{OH} = 1.05:1$ 时,代入公式可得:100 g GK570 树脂所需的固化剂 N3390 的用量为 15.6 g。其他种类固化剂用量计算与此类似。

设定体系 R 值为 1.05,使用不同种类固化剂所得漆膜的基本产品性能测试数据如表 4.4-3 所示。由结果可知,各类固化剂的干燥时间均可满足要求,表干时间普遍在 1 h 以内,实干时间均在 16 h 以内。在力学性能方面,IPDI、N3390 和 E405 的拉伸强度在 10 MPa 以上,符合指标要求,其余三种固化剂所得漆膜的拉伸强度均低于 10 MPa,这主要是由于不同固化剂的分子结构导致所形成的高分子链结构与聚集形态的差异。在断裂伸长率指标上,各类固化剂所得产品的差别较大,且均达不到 100%,有待进一步优化和提高。

表 4.4-3 不同种类固化剂所得产品基本性能测试表

固化剂	树脂∶固化剂	表干时间/min	实干时间/h	拉伸强度/MPa	断裂伸长率/%
IPDI	100∶8.58	40	<16	12.2	35.10
HB175	100∶14.74	36	<16	4.99	38.87
HI100	100∶15.08	31	<16	3.48	30.12
HI190B/S	100∶16.80	34	2	2.64	25.80
N3390	100∶16.54	29	<16	14.56	47.71
E405	100∶27.33	110	<16	12.41	85.36

基于上述结果,选择 IPDI、N3390 和 E405 三种固化剂进行后续试验。

(2)反应时间及催化剂的影响。

在基础配方下,首先考察了不同固化剂种类对产品性能的影响,结果如表 4.4-4 所示。

表 4.4-4　不同反应时间下漆膜的基本力学性能

熟化时间/d	漆膜平均厚度/mm	拉伸强度/MPa	断裂伸长率/%
3	0.30	2.76	93.00
4	0.30	3.45	107.02
5	0.30	6.32	70.26
6	0.53	7.01	100.01
7	0.30	8.86	76.45
8	0.31	8.88	61.80

由结果可知，随着时间延长，漆膜的拉伸强度在逐渐增加，这是由于漆膜内部的固化交联程度在随着时间延长而逐渐增加。观察数据可发现，熟化 7 d 后的漆膜拉伸强度已基本保持稳定，故在后续试验测试中，均保持熟化时间为 7 d。

漆膜的断裂伸长率数据则未呈现出明显规律，随时间延长其数值略有下降。这是由于漆膜的断裂伸长率与漆膜厚度、制膜温度等过程因素有关，制膜过程中稍有不同，所得漆膜的断裂伸长率数据离散性就会很高。

漆膜的熟化本质上由漆膜的固化反应过程决定，受漆膜中溶剂挥发等因素的影响。这一过程除通过测定不同时期的力学性能进行分析外，一般通过监测涂料的表干时间和实干时间来表征。固化过程所需时间可通过催化剂的添加量进行调节，效果如表 4.4-5 所示。

表 4.4-5　催化剂对漆膜干燥时间的影响

催化剂添加量/%	表干时间/min	实干时间/min
0	40	120
0.3	25	70

由结果可知，微量催化剂的加入可大大提高漆膜固化速率，进而缩短漆膜的干燥时间。然而，为保证涂料有足够的工作性能保持时间，其固化速率不应过快。由于所选固化剂自身反应速率已经满足使用需求，因此在后续试验中尚不准备添加催化剂，仅作为性能调节的备选措施。

（3）润湿分散剂的影响。

由于常温固化氟树脂自身结构的原因，导致其对颜填料的润湿分散性相对一般。这使得在不添加助剂的情况下所配制的氟碳涂料，浮色发花现象较严重。由于本书中氟碳涂料应用于混凝土涂装领域，因此在配方中除了采用遮盖力极佳的钛白粉作为填料外，还需采用无机填料炭黑，将涂料颜色调节至中灰色。引入炭黑后发现，当不加助剂时，涂料搅拌过程中状态良好，但成型 10 min 中后，涂料表面出现"发花"现象。

研究中筛选了 5 种最适宜于氟碳体系的润湿分散剂——BYK 110、BYK 163、BYK 180、BYK 2025、BYK 2155，控制其添加量为总质量的 5% 进行试验。发现 BYK 110 对填料的分散效果最好。添加润湿分散剂后的漆膜状态如图 4.4-2 所示。

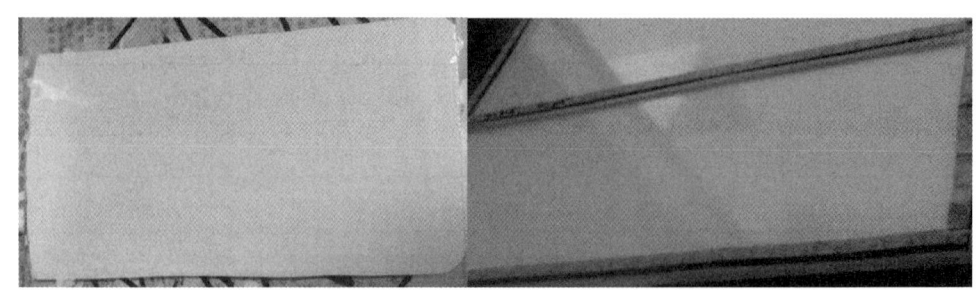

图 4.4-2　添加润湿分散剂后的漆膜状态

（4）消泡剂的影响。

涂料在生产的过程中极易因搅拌作用而在分散体系中产生大量气泡，形成气液非均相体系。若这些气泡不能在使用前较快地消除，就会在涂层中形成较多缺陷，影响涂层外观和使用寿命。涂料中的气泡处于热力学非稳定状态，这是由于破泡之后体系的液体总表面积大为减少，从而导致体系自由能大幅降低。然而，这种热力学非稳态体系仍可能由于某些动力学因素（如体系黏度较大致使气泡难以破碎）等维持较长时间。因此应视情况在涂料中加入一定的消泡剂以加快体系内气泡的破灭。其作用机理一般分为以下几种：气泡局部表面张力降低导致泡沫破灭、破坏膜弹性而导致气泡破灭、促使液膜排液而导致气泡破灭、增溶助泡表面活性剂导致气泡破灭、电解质瓦解双电层而导致气泡破灭。

由于涂料中的气泡自身密度接近于气体，所以涂料密度与体系内气泡含量直接相关，一般将其作为衡量消泡剂效果的指标。在其他原料符合基础配方的条件下，本研究选择了 4 种适用于氟碳树脂体系且性质稳定的聚硅氧烷类消泡剂——BYK052、BYK063、BYK065 和 BYK066 进行对比试验，结果如表 4.4-6 所示。

表 4.4-6　不同种类消泡剂消泡效果测试

消泡剂型号	添加比例/%	涂料密度/（g/mL）
无	0	1.22
063	0.5	1.23
065	0.5	1.22
066	0.5	1.23
052	0.5	1.28

由结果可知，BYK052 在对比试验中对涂料密度的提升最为明显，说明其消泡效果最好。

（5）触变剂的影响。

在涂层体系中添加触变剂的目的是减弱或避免漆膜出现流挂现象。所谓流挂是指漆膜上留有漆液向下流淌痕迹的现象。此种现象多出现于垂直面或棱角处，出现在垂直面的为垂幕状流挂，出现在棱角处的为泪痕状流挂。出现这种现象的原因在于漆膜的固化速度与其流变性不匹配。涂刷的漆膜太厚或油漆调得过稀，都会出现流挂现象。

避免出现流挂现象的手段就是在体系中加入触变剂，提高体系的触变性。所谓触变剂即加入树脂中能使树脂胶液在静止时有较高稠度，在外力作用下又变为低稠度流体的物质。气相白炭黑是较常用的一种触变剂，其最早由 Degussa 公司开发并保持领先地位至今。触变性是液相体系的重要性能，它直接影响到液相体系的外观、施工性能及储存稳定性等。对于油性体系而言，大部分触变剂都是形成氢键而起作用的。表面未处理的气相白炭黑聚集体中含有两类氢键：一是孤立的未受干扰的自由氢键，二是相互链接彼此形成键合作用的键合氢键。气相白炭黑在油性体系中极易形成三维的网状结构，这种结构受机械力影响时会破坏使黏度下降，液相体系恢复良好的流动性；当剪切力消除后三维结构会自行恢复黏度上升。在完全非极性液体中，黏度恢复时间只需几分之一秒；在极性液体中恢复时间较长，这取决于气相白炭黑的浓度及其分散程度，这一特性赋予油性液相体系非常好的储存和施工性能，特别是厚浆形液相体系，既能保证液相体系在一定的施工剪切力下有良好的流动性，又能保证涂膜的一次施工厚度。通常在施工过程中，由于涂层边缘的溶剂挥发较快，导致表面张力不均匀，容易使液体向边缘移动，而白炭黑网络能够有效地阻止液体的移动而形成厚边，同时还防止液体在固化过程中的流挂现象，使涂层均匀。

对于抗流挂性的评定，本节参考标准《色漆和清漆 抗流挂性评定》（GB/T 9264—2012），用不同厚度的涂布器在洁净的平板玻璃试板上涂刷涂料，形成具有不同湿膜厚度的涂层。涂刷均匀后，立即将玻璃板垂直放置（涂抹方向平行于水平面）。涂层基本干燥后，观察是否有涂料成股流下或在底部形成厚边。研究中所选触变剂为气相白炭黑，固定其用量为体系总质量的 0.24%、0.50% 与 1.00%，首先测试了触变剂对 A 组分抗流挂性能和黏度的影响，结果如表 4.4-7 和表 4.4-8 所示。

表 4.4-7　触变剂对涂料 A 组分抗流挂性的影响

A 组分质量/g	外加溶剂质量/g	白炭黑含量/%	最大湿膜厚度/μm
10	0.00	0.24	150
10	0.00	0.50	200
10	0.00	1.00	300
10	2.68	0.24	75
10	4.45	0.24	< 50

表 4.4-8　触变剂对 A 组分黏度的影响

转速/（r/min）	白炭黑含量	黏度/（mPa·s）
6	0	689
12	0	535
30	0	540
6	1.00%	5 450
12	1.00%	4 520
30	1.00%	4 280

由结果可知，白炭黑对 A 组分触变性有明显影响，且最大湿膜厚度随着白炭黑含量的提高而增加。稀释剂的加入使 A 组分触变性有明显降低，当 10 g A 组分里的溶剂外加量达到 4.45 g 时，其最大湿膜厚度已降至 50 μm 以下。

由黏度数据可知，添加 1.00% 的触变剂后，A 组分的黏度提高了一个数量级，且具有明显的剪切变稀特性。由于过高的黏度会增加施工难度，且 1.00% 的触变剂用量足以满足使用要求，故将后续试验中的触变剂用量固定为 1.00%。

固定触变剂用量分别为体系总质量的 0.50% 与 1.00%，课题组进一步测试了不同条件下涂料产品的抗流挂性能，结果如表 4.4-9 所示。

表 4.4-9　触变剂含量对不同溶剂用量下的涂料体系抗流挂性的影响

A 组分质量/g	外加溶剂质量/g	固化剂质量/g	白炭黑含量/%	最大湿膜厚度/μm
10	4.45	0.89	0.50	50～75（轻微流挂）
10	3.56	0.89	0.50	75
10	2.67	0.89	0.50	75～100（轻微流挂）
10	1.78	0.89	0.50	100
10	0.89	0.89	0.50	125～150（轻微流挂）
10	4.45	0.89	1.00	50～75
10	3.56	0.89	1.00	75
10	2.67	0.89	1.00	75～100
10	1.78	0.89	1.00	100
10	0.89	0.89	1.00	125～150

结果显示，1.00% 触变剂添加用量下的涂料最大湿膜厚度要大于 0.50% 用量下的涂料最大湿膜厚度。在同一触变剂用量比例的条件下，当外加溶剂用量逐渐提升时，最大湿膜厚度逐渐减小，这是由于体系内树脂相对含量逐渐降低。

（6）固化剂用量的影响。

当固化剂种类确定以后，另一个关键的技术问题就是确定恰当的 w_{NCO}/w_{OH} 比例。理论上讲，固化剂的 —NCO 基和 FEVE 氟碳树脂的 —OH 基等当量反应时，$w_{NCO} : w_{OH} = 1 : 1$。但是实际上需根据以下三方面的因素具体决定。

当 w_{NCO}/w_{OH} 比例低时，涂膜的耐溶剂性、耐水性、耐化学药品性及硬度会降低，甚至涂膜较软。w_{NCO}/w_{OH} 的比例提高，则会增加涂膜的交联密度，使涂膜的耐溶剂性、耐水性、耐化学药品性提高，且漆液活化期延长。从这个因素考虑，一般控制 $w_{NCO} : w_{OH} = (1.05～1.10) : 1$。

通常 FEVE 氟碳树脂供应商所提供的树脂的羟基含量或羟值系固体树脂的数据。在制造商检测过程中，由于一部分含羟基的低分子单体被蒸发掉了，而在树脂溶液中这部分低分子量含羟基单体还存在，故而造成误差。

所使用的有机溶剂所含的微量水分不同，也会导致 —NCO 的消耗量不同。

综合以上因素，需视具体情况根据试验结果来确定 w_{NCO}/w_{OH} 的实际比例，见表 4.4-10。

表 4.4-10　不同 R 值对漆膜性能的影响

固化剂	R 值	表干时间/min	实干时间/h	7 d 拉伸强度/MPa	7 d 断裂伸长率/%
IPDI	1.00	30~40	<16	13.21	47.77
	1.05	30~40	<16	12.20	35.10
	1.15	30~40	<16	10.09	54.57
	1.25	30~40	<16	10.48	59.70
	1.35	30~40	<16	9.56	80.57
N3390	1.00	20~30	<16	10.28	50.07
	1.05	20~30	<16	14.57	47.71
	1.10	20~30	<16	11.56	49.68
	1.15	20~30	<16	12.14	49.07
	1.25	20~30	<16	11.80	39.03
	1.35	20~30	<16	12.33	40.13

由结果可知，对于 IPDI 与 N3390 两种固化剂而言，漆膜拉伸强度的峰值分别出现在 R 值 = 1.00 处与 R 值 = 1.05 处，当 R 值过高时，漆膜的力学性能反而有所下降。此外，使用 IPDI 与 N3390 所得漆膜的力学性能整体相差较小，基于 IPDI 固化剂成本较高的原因，后续试验中优先选用 N3390 作为固化剂，且 R 值固定为 1.05。

（7）溶剂用量的影响。

溶剂是溶剂型涂料的重要组成部分，不仅用来溶解树脂、降低黏度以改善制造加工性能，还影响着涂料的施工和涂膜性能等。溶剂为涂料的挥发成分，在漆膜干燥过程中逐渐挥发至大气中。在涂料制造中，选择合适的溶剂要考虑两个基本性能，即溶解能力和挥发速度。溶解能力是指用溶剂溶解涂料并降低黏度，达到应用目的的能力。溶剂对涂料的溶解能力依赖于两方面因素：高分子化合物能溶于与它结构相似的低分子溶剂中；内聚能密度相等或相近的液体才能很好地互溶。溶剂按其在涂料中的作用可以分为：主溶剂（活性溶剂）、助溶剂和稀释剂。主溶剂是溶解树脂，制成树脂溶液并用作涂料的漆。助溶剂通常与主溶剂一起使用，使涂料易于施工，控制挥发速率，提高最终涂膜的质量。稀释剂主要用来稀释现成的涂料、降低涂料的黏度以方便施工，一般是多种溶剂组合成的混合溶剂。稀释剂的选用原则包括：对涂料有良好的溶解能力，能随涂料涂膜干燥由涂膜中挥发出去，没有不挥发的残留物质，而且易于同溶剂混合，同时还要考虑稀释剂的毒性、可燃性等因素。此外，溶剂的挥发速度会影响漆膜干燥速率和涂层性能。若溶剂挥发过快，则在涂料涂装时，随着溶剂的快速挥发，就会严重影响流平效果，产生橘皮现象，并容易产生针孔；由于溶剂大量挥发时吸收热量，导致被涂物使漆膜表面温度下降，从而使周围空气中的水汽凝结而产生"发白"现象，湿气还影响涂料的固化性能；如果溶剂挥发过慢，则会导致漆膜干燥慢，引起发软、发黏、流挂、边缘变厚等弊病。

幸运的是，对于氟碳树脂涂料，可选用环保型的醋酸丁酯作为其溶剂使用，并且其具有相对适宜的挥发速率。在此基础上，不同的溶剂用量仍会对产品性能产生影响，测试结果如表 4.4-11 所示。

表 4.4-11　不同溶剂用量对漆膜性能的影响

A 组分质量/g	外加溶剂质量/g	拉伸强度/MPa	断裂伸长率/%
10	4.45	5.13	100.10
10	3.56	7.01	58.80
10	2.67	8.39	67.73
10	1.78	10.06	60.73

可以看出，溶剂使用量的提升降低了漆膜的拉伸强度，却提升了漆膜的断裂伸长率。此外，由于所使用溶剂为同一种，所以当漆膜制备厚度一致时，其表干时间和实干时间相对较接近，分别为 40 min 与 16 h。

（8）固化剂复配的影响。

各种固化剂结构不同，对氟碳涂料性能的影响也不同。由前述研究可知，N3390 固化剂较适宜于氟碳体系，各类性能均较好，但其存在一点不足，即断裂伸长率不够高。而单独使用柔性固化剂 E405 的缺点是其附着力和干燥时间有待提高。为综合提高漆膜的性能，考虑使用 E405 对 N3390 进行复配以提高漆膜全面性能，结果如表 4.4-12 所示。

表 4.4-12　固化剂复配对漆膜性能的影响

N3390 占总固化剂摩尔分数/%	E405 占总固化剂摩尔分数/%	R 值	拉伸强度/MPa	断裂伸长率/%
100	0	1.10	14.56	53.23
50	50	1.10	12.92	74.28
0	100	1.10	12.41	95.36
100	0	1.05	14.57	56.34
50	50	1.05	11.56	102.81
0	100	1.05	12.41	115.47

由结果可知，使用 E405 代替 50% 的 N3390 可使断裂伸长率提高至 100%，满足设计要求。

2. 涂层体系的比选与优化

适合涂装体系的底漆，必须具有以下几个特点：有良好的渗透性能，能有效防止有害物质侵入；具有致密的结构，能有效地阻挡小分子或离子的入侵；具有良好的耐碱性，耐碱性是封闭漆能否长期使用和保持与混凝土良好结合力的重要指标；具有良好的柔韧性；与复合体系的其他部分具有良好的结合力；便于施工。符合上述特征的底漆主要是环氧类和丙烯酸类底涂。

为确定涂层体系的最佳底涂，本节首先对不同的底涂方案进行了比较，其配方和测试结果如表 4.4-13 和表 4.4-14 所示。

表 4.4-13 环氧类底涂与混凝土试件的附着力测试结果

环氧树脂	环氧固化剂	底涂配比	附着力/MPa	破坏形式
E51	腰果酚类	1∶1	6.414	混凝土破坏
E51	腰果酚类	1∶1	6.286	混凝土破坏
E51	腰果酚类	1∶1	6.486	混凝土破坏
E51	腰果酚类	2∶1	5.515	混凝土破坏
E51	腰果酚类	2∶1	6.695	混凝土破坏
E51	腰果酚类	2∶1	7.003	混凝土破坏
E51	腰果酚类	3∶1	5.518	混凝土破坏
E51	腰果酚类	3∶1	5.824	混凝土破坏
E51	腰果酚类	3∶1	8.415	混凝土破坏
E44	腰果酚类	1∶1	5.847	混凝土破坏
E44	腰果酚类	1∶1	7.025	混凝土破坏
E44	腰果酚类	1∶1	6.105	混凝土破坏
E44	腰果酚类	2∶1	6.527	混凝土破坏
E44	腰果酚类	2∶1	6.937	混凝土破坏
E44	腰果酚类	2∶1	6.255	混凝土破坏
E44	腰果酚类	3∶1	6.456	混凝土破坏
E44	腰果酚类	3∶1	6.605	混凝土破坏
E44	腰果酚类	3∶1	2.831	混凝土破坏

表 4.4-14 丙烯酸类底涂与混凝土试件的附着力测试结果

原料1	原料2	底涂配比	附着力/MPa	破坏形式
BA151	BA-MC	1∶0	—	不成膜
BA151	BA-MC	1∶0	—	不成膜
BA151	BA-MC	1∶0	—	不成膜
BA151	BA-MC	1∶1	3.265	混凝土破坏
BA151	BA-MC	1∶1	4.476	混凝土破坏
BA151	BA-MC	1∶1	3.606	混凝土破坏
BA151	BA-MC	0∶1	1.027	底、面涂界面破坏
BA151	BA-MC	0∶1	1.134	底、面涂界面破坏
BA151	BA-MC	0∶1	1.141	底、面涂界面破坏

可以看出，对于环氧类底涂，其与混凝土基底的结合力均非常强，考虑到后续涂装需要，故采用 E44 树脂与固化剂比例为 2∶1 的配方进行后续试验。其中，腰果酚类的固化剂相比于其他固化剂的优势在于其分子结构中的芳香环能提供较强的抗化学性，而羟基在快速固化的同时可以提供较强的附着力和良好的反应活性，长侧链则能提供良好的韧性和较低的黏度。

此类丙烯酸底涂本身为水性体系，均匀成膜后，与混凝土的结合力也较强，但其室温成膜性不佳。虽然可以通过调整配比对其成膜性进行调整，但并不适用于水位变动区，可考虑在其分子结构中引入更多的成膜链段后作为大气区防护涂层的备选方案。

在优化底涂的条件下，测试了不同 R 值下氟碳涂层体系在混凝土表面的附着力，结果如表 4.4-15 所示。

表 4.4-15　不同 R 值对涂层体系在混凝土表面附着力的影响

固化剂	R 值	附着力/MPa	破坏形式
N3390	1.00	5.70	混凝土破坏
	1.05	5.27	混凝土破坏
	1.15	5.46	混凝土破坏
	1.25	5.10	混凝土破坏

由附着力数据可知，试验所选用涂层体系的附着力在不同 R 值选择下均高于混凝土本身的拉伸强度，拉拔试验时发生的破坏形式均为混凝土本体破坏。为规避混凝土自身强度的限制，确认氟碳面涂与环氧涂层之间的结合力，我们使用马口铁片作为基底进行了进一步的测试，结果显示其附着力数据在 7 MPa 以上，且发生破坏的界面均为环氧底涂与马口铁片之间的界面。此数据也再次有力证明了本涂层体系优异的附着力。

3．涂层耐老化性对比测试结果

（1）涂层体系耐候性。

分别以氟碳、丙烯酸和聚氨酯类涂料制备试膜，将其置于标准紫外老化试验箱中，设置试验箱内空气温度为（38±3）℃，相对湿度为 40%~60%，按《色漆和清漆　人工气候老化和人工辐射曝露滤过的氙弧辐射》（GB/T 1865—2009）中方法 1 设置平均辐照度，所得检测结果如表 4.4-16 所示。

表 4.4-16　紫外加速老化 28d 试验条件下各涂层外观检测

项　目	丙烯酸试件	聚氨酯试件	氟碳试件
粉化等级	0	0	0
开裂等级	1（S1）	0（S0）	0（S0）
起泡等级	0（S0）	0（S0）	0（S0）
剥落等级	0（S0）	0（S0）	0（S0）

聚氨酯漆膜与氟碳在紫外老化 28d 的条件下均尚未发生粉化、开裂、起泡和剥落现象，但丙烯酸漆膜出现了较轻微的开裂现象。对漆膜外观性能进行测定后，相应龄期下氟碳漆膜的失光率和拉伸断裂强度也得到了表征，结果如表 4.4-17 所示。

表 4.4-17　紫外加速老化试验条件下氟碳涂层性能测试

龄期/d	失光率/%	拉伸断裂强度/MPa
0	0	10.8
7	5.4	26.7
14	8.9	34.8
28	14.2	34.2

在光泽度测试中，氟碳漆膜的失光率在 28 d 紫外处理条件下也仅为 14.2%，说明其具有良好的耐候性。在拉伸性能测试中，氟碳面漆的拉伸断裂强度达到了 30 MPa，说明其在紫外辐照的条件下分子链间的交联程度得到了进一步的加强。

（2）涂层体系耐碱性。

以环氧作为底涂，分别以丙烯酸、聚氨酯和氟碳类涂料作为面涂的涂层体系制备试件，将其置于室温 5% NaOH 溶液中进行处理，所得结果如表 4.4-18 所示。

表 4.4-18　碱处理 28 d 试验条件下各涂层外观检测表

项　目	丙烯酸试件	聚氨酯试件	氟碳试件
粉化等级	0	0	0
开裂等级	0（S0）	0（S0）	0（S0）
起泡等级	1（S3）	0（S0）	0（S0）
剥落等级	0（S0）	0（S0）	0（S0）

涂层外观测试结果显示，在碱溶液处理条件下，丙烯酸试件出现表面泛白与轻微气泡现象，其余两类漆膜均未发生粉化、开裂、起泡和剥落等现象。

（3）涂层体系耐酸性。

以环氧作为底涂，分别以丙烯酸、聚氨酯和氟碳类涂料作为面涂的涂层体系制备试件，将其置于室温 5% H_2SO_4 溶液中进行处理，所得结果如表 4.4-19 所示。

表 4.4-19　酸处理 28 d 试验条件下各涂层外观检测

项　目	丙烯酸试件	聚氨酯试件	氟碳试件
粉化等级	0	0	0
开裂等级	0（S0）	0（S0）	0（S0）
起泡等级	1（S3）	0（S0）	0（S0）
剥落等级	0（S0）	0（S0）	0（S0）

涂层外观测试结果显示，在 5% H_2SO_4 酸溶液处理条件下，丙烯酸试件出现表面泛白与轻微气泡现象，其余两类漆膜均未发生粉化、开裂、起泡和剥落等现象。

（4）涂层体系耐盐水性。

以环氧作为底涂，分别以丙烯酸、聚氨酯和氟碳类涂料作为面涂的涂层体系制备试件，将其置于室温 3% NaCl 溶液中进行处理，所得结果如表 4.4-20 所示。

表 4.4-20 酸处理 28 d 试验条件下各涂层外观检测

项　目	丙烯酸试件	聚氨酯试件	氟碳试件
粉化等级	0	0	0
开裂等级	0（S0）	0（S0）	0（S0）
起泡等级	0（S0）	0（S0）	0（S0）
剥落等级	0（S0）	0（S0）	0（S0）

涂层外观测试结果显示，在 3% NaCl 溶液处理条件下，各类漆膜均未发生粉化、开裂、起泡和剥落等现象。

（5）涂层体系耐化学品性。

以环氧作为底涂，分别以丙烯酸、聚氨酯和氟碳类涂料作为面涂的涂层体系制备试件，采用点滴法对其进行处理，所得结果如表 4.4-21 所示。

表 4.4-21 化学品处理 28 d 试验条件下各涂层外观检测

项　目	丙烯酸试件	聚氨酯试件	氟碳试件
粉化等级	0	0	0
开裂等级	0（S0）	0（S0）	0（S0）
起泡等级	0（S0）	0（S0）	0（S0）
剥落等级	0（S0）	0（S0）	0（S0）

涂层外观测试结果显示，在使用化学品点滴法处理条件下，各类漆膜均未发生粉化、开裂、起泡和剥落等现象。

（6）涂层体系耐干湿循环性。

以环氧作为底涂，分别以丙烯酸、聚氨酯和氟碳类涂料作为面涂的涂层体系制备试件，将其按照前述进行干湿循环处理 20 次，所得结果如表 4.4-22 所示。

表 4.4-22 干湿循环 20 次后各涂层外观检测

项　目	丙烯酸试件	聚氨酯试件	氟碳试件
粉化等级	0	0	0
开裂等级	0（S0）	0（S0）	0（S0）
起泡等级	0（S0）	0（S0）	0（S0）
剥落等级	0（S0）	0（S0）	0（S0）

涂层外观测试结果显示，在干湿循环处理 20 次后，各类漆膜均未发生粉化、开裂、起泡和剥落等现象。

(7)涂层体系耐温变性。

以环氧作为底涂,分别以丙烯酸、聚氨酯和氟碳类涂料作为面涂的涂层体系制备试件,将其按照前述进行冻融循环处理20次,所得结果如表4.4-23所示。

表4.4-23 冻融循环20次后各涂层外观检测

项 目	丙烯酸试件	聚氨酯试件	氟碳试件
粉化等级	0	0	0
开裂等级	0(S0)	0(S0)	0(S0)
起泡等级	0(S0)	0(S0)	0(S0)
剥落等级	0(S0)	0(S0)	0(S0)

涂层外观测试结果显示,在冻融循环处理20次后,各类漆膜均未发生粉化、开裂、起泡和剥落等现象。

4.4.2 硅烷浸渍涂料

4.4.2.1 技术要求

鉴于硅烷浸渍表面处理技术的有效性和成熟性,我国将硅烷浸渍处理技术作为混凝土防腐蚀强化措施纳入了《铁路混凝土结构耐久性设计规范》,另外,《铁路混凝土结构耐久性修复及防护》也将硅烷浸渍涂装作为技术途径之一。国内外标准对硅烷浸渍处理技术的技术要求不尽相同,基准混凝土的要求不同,就造成不同研究者之间的数据不具有可比性。

1. 浸渍材料基本要求

硅烷浸渍处理作为混凝土结构表面防护技术措施的基本功能如图4.4-3所示,这从功能定位决定了硅烷浸渍材料的技术要求,主要包括硅烷自身性能(有效物质含量、可施工性、耐老化性能)、浸渍混凝土的性能以及硅烷与混凝土界面性能等。硅烷浸渍材料的技术要求上升为标准规范源于欧洲路桥设计手册,不同规范对硅烷浸渍材料提出了不同的技术要求,如表4.4-24所示。

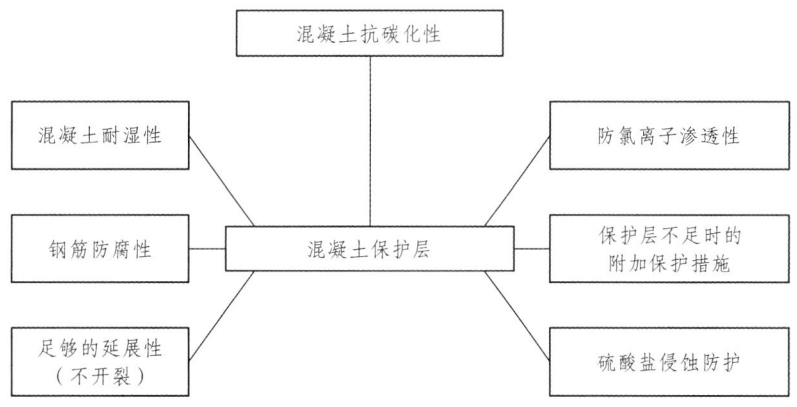

图4.4-3 浸渍处理技术的功能要求

表 4.4-24　硅烷浸渍处理技术要求

序号	项目		技术指标	
			液体	膏体
1	外观		无色透明液体	白色膏体
2	主要成分		异辛基三乙氧基硅烷	无溶剂异辛基三乙氧基硅烷
3	硅氧烷含量		≤0.3	
4	氯化物含量		≤1/10 000	
5	密度		0.88 g/cm^3	
6	活性		100%	
7	干燥系数		≥30%	
8	吸水率比		<7.5%	
9	抗碱性		吸水率比<10%	
10	氯离子吸收降低率		>80%	
11	渗透深度	<C40	4~10 mm	
		≥C40	≥1~4 mm	
12	抗冻融性	$W/C=0.7$	盐溶液中与基准混凝土相比至少多20次循环	

2．国内外标准对硅烷浸渍处理的技术要求

（1）硅烷浸渍处理标准。

美国、德国、英国等都规定了硅烷浸渍处理技术的相关要求，而以硅烷为代表的表面处理技术最早纳入到我国海工规范，即《海港工程混凝土结构防腐蚀技术规范》《混凝土结构耐久性设计及施工指南》《公路工程混凝土结构防腐蚀技术规范》以及《铁路混凝土结构耐久性设计规范》等规范也随即将硅烷浸渍处理技术作为防腐蚀强化的技术措施之一。不同国家关于硅烷浸渍处理技术的标准规范如表 4.4-25 所示。

表 4.4-25　硅烷浸渍处理相关规范

序号	名称	标准号	备注
1	*The Impregnation of Reinforced and Prestressed Concrete Highway Structures Using Hydrophobic Pore-Ling Impregnants*	BD 43—2003	该标准1990年曾出版
2	*Products and systems for the protection and repair of concrete structures*	EN 1504-1—2005	
3	*Concrete Repair Guide* *Guide for the Selection of Materials for the Repair of Concrete*	ACI 546 R ACI 546.3R-06	2004年最新修订
4	*Selecting and Specifying Concrete Surface Preparation for Sealers, Coatings and Polymer Overlays*	ICRI 03732	美国混凝土修复协会（ICRI）
5	海港工程混凝土结构防腐蚀技术规范	JTJ 275—2000	
6	混凝土结构耐久性设计及施工指南	CCES 01—2004	
7	公路工程混凝土结构防腐蚀技术规范	JTG/T B07-01—2006	
8	铁路混凝土结构耐久性设计规范	TB 10005—2010	提出了设计要求
9	铁路混凝土结构耐久性修补及防护	TB/T 3228—2010	给出硅烷浸渍指标
10	建筑表面用有机硅防水剂	JC/T 902—2002	

（2）硅烷浸渍材料技术要求。

硅烷浸渍处理技术要求包括硅烷浸渍材料自身的技术要求与硅烷浸渍处理混凝土结构防护效果的技术要求。下面分硅烷浸渍材料和硅烷浸渍混凝土结构防护效果来分别介绍。

① 硅烷浸渍材料。

硅烷浸渍材料按主要组分可分为烷基烷氧基硅烷和烯烃基烷氧基硅烷两大类，目前使用的以烷基烷氧基硅烷为主，但对异辛基（Isooctyl）或异丁基（Isobutyl）硅烷的作用尚存在争议。有研究表明，异丁基硅烷浸渍剂对C40混凝土的渗透深度与吸水率均小于异辛基硅烷，且硅烷对采用养护剂养护的混凝土的效果（渗透深度）降低。也有研究者认为异丁基硅烷（异丁基三乙氧基硅烷或正丁基三乙氧基硅烷）兼具优异的憎水性和在抗碱性条件下可达到最大的渗透深度；相比之下，带较长基团（辛基）的硅烷表面凝珠效果虽然良好，但在非常致密的高强混凝土中的最大渗透深度较小。BD 43—2003规定硅烷中异丁基三烷氧基硅烷活性物质的含量要不小于92%，也可以使用其他类型的硅烷和硅氧烷，但必须经过试验论证。《海港工程混凝土结构防腐蚀技术规范》规定宜采用异丁基三乙氧基硅烷作为硅烷浸渍材料，且异丁基三乙氧基硅烷应满足下列要求：

a. 异丁基三乙氧基硅烷含量不应小于98.9%；

b. 硅氧烷含量不应大于0.3%；

c. 可水解的氯化物含量不应大于1/10 000；

d. 密度应为0.88g/cm^3；

e. 活性应为100%，不得以溶剂或其他液体稀释。

《铁路混凝土结构耐久性修补与防护》中规定液体硅烷主要成分为异辛基三乙氧基硅烷，而膏体硅烷主要成分宜为无溶剂异辛基三乙氧基硅烷。《公路工程混凝土结构防腐蚀技术规范》中规定宜采用异辛基或异丁基硅烷作为浸渍材料。

② 烷浸渍混凝土结构防护效果。

硅烷浸渍混凝土结构防护效果可从抗水渗透性、抗氯离子渗透、抗冻性、抗磨蚀性以及耐化学腐蚀性等方面来评价。通常选择实验区进行喷涂，然后取样进行相关试验。对于一些无法取芯的试验，采用成型标准试件来检测。硅烷浸渍效果评价要求如表4.4-26所示。

表4.4-26 硅烷浸渍混凝土结构效果评价

序号	项目			技术指标	相应标准
1	抗渗性	干燥系数/%		> 或 ≥30	BD 43，JTG/T B07，TB/T 3228
2		吸水率比/%		<7.5	BD 43，TB/T 3228
		吸水率/(mm/min$^{1/2}$)		≤0.01	JTG/T B07
3		渗透深度	<C45混凝土/mm	3~4	
			≥C45混凝土/mm	2~3	
			$W/C=0.7$混凝土/mm	≥10	
4	抗冻性	抗冻融性	$W/C=0.7$混凝土	盐溶液中与基准混凝土相比至少多20次（15次）循环	JTG/T B07，TB/T 3228
5	耐化学腐蚀性	抗碱性/%		吸水率比<10	BD 43，JTG/T B07，TB/T 3228
		化学腐蚀性		30 d暴露于化学溶液外观无破坏	EN 1504-2
6	抗氯离子渗透性	氯离子吸收降低率/%		>80 或 >90	TB/T 3228
7	耐磨性	磨耗率/%		≥30	EN 1504-2

（3）硅烷浸渍处理技术要求的异同点。

不同标准关于硅烷浸渍处理技术要求规定的异同主要存在于以下几个方面：

① 硅烷组分种类的不同。

有些标准规定只能使用异辛基硅烷或异丁基硅烷，也有标准规定两种硅烷都可以采用。尽管两种硅烷的性能有所差别，原则上异辛基硅烷和异丁基硅烷应该都可以使用。

② 表征混凝土吸水性指标不同。

表征混凝土吸水性指标有吸水率比、吸水率以及毛细吸附与透水性。吸水率比是一个相对值，即硅烷浸渍处理混凝土与未处理混凝土的比值；而吸水率和毛细吸附与透水性是一个绝对值，即硅烷浸渍处理混凝土必须达到某一个等级。除了《海港工程混凝土结构防腐蚀技术规范》中没有给出基准混凝土的要求，其他几个规范都给出了混凝土水胶比要求，即 0.45。

③ 基准混凝土要求不同。

基准混凝土不同，硅烷渗透深度相差很大。规范中是以强度等级和水胶比来分类，基准混凝土强度等级有的采用 C45，也有的采用 C40，水胶比为 0.7。

④ 技术指标要求不同

技术指标的要求相差较大的则是渗透深度、氯离子吸收降低率以及抗冻性等。不同规范对渗透深度规定如表 4.4-27 所示，《铁路混凝土结构耐久性修补及防护》对渗透深度的要求最高，而 *Products and systems for the protection and repair of concrete structures* 则对渗透深度要求不合理，如 I 等级渗透深度小于 10mm，没有下限的规定，就有可能为 0。关于氯离子渗透深度，《铁路混凝土结构耐久性修补及防护》要求较低，不小于 80%，通常应该不小于 90%。在抗冻性方面，《铁路混凝土结构耐久性修补及防护》要求也较低，硅烷浸渍处理混凝土试件比未处理混凝土至少多 15 次，其他规范都是至少多 20 次。

表 4.4-27 硅烷浸渍混凝土结构渗透深度

序号	项目	技术指标	相应标准
1	$W/C = 0.7$ 混凝土/mm	I 级：< 10 II 级：≥ 10	EN 1504-2
2	< C45 混凝土/mm	3 ~ 4	JTG/T B07
2	≥ C45 混凝土/mm	2 ~ 3	JTG/T B07
2	$W/C = 0.7$ 混凝土/mm	≥ 10	JTG/T B07
3	< C40 混凝土/mm	4 ~ 10	TB/T 3228
3	≥ C40 混凝土/mm	≥ 1 ~ 4	TB/T 3228

3．高速铁路混凝土结构硅烷浸渍处理的技术要求

（1）适用范围。

不同防腐蚀强化措施都具有其特殊的适用性。混凝土的破坏与水或多或少都有一定关系，硅烷浸渍特殊的憎水特性，决定了硅烷浸渍可以应用于很多环境中。《铁路混凝土结构耐久性设计规范》将硅烷浸渍防腐蚀强化措施确定为可应用于包括冻融破坏环境（D4）、氯盐环境（L3）、化学侵蚀环境（H4）、盐类结晶破坏环境（Y4）以及磨蚀环境（M3）等在内的所有严重腐蚀环境中。《铁路混凝土结构耐久性修补及防护》中规定硅烷浸渍可以应用于除了磨蚀环境以外的所有环境。

（2）硅烷浸渍材料的设计使用年限。

防腐蚀强化措施使用年限一直困扰着工程界，由于影响防腐蚀强化措施的因素较多，其使用年限很难量化。有研究者曾用混凝土在酸雨环境下的强度损失拟合模型，来预测硅烷浸渍处理混凝土结构的服役寿命。硅烷浸渍可以延长酸雨环境下混凝土结构使用寿命 10 年。*The Impregnation of Reinforced and Prestressed Concrete Highway Structures Using Hydrophobic Pore-Ling Impregnants* 规范中明确规定硅烷浸渍技术设计使用年限应大于 15 年。

《铁路混凝土结构耐久性设计规范》规定，当设计采用防腐蚀强化措施时，应明确防腐蚀强化措施所用主要材料的性能指标、合理的检验方法以及有效防护年限。对于高速铁路混凝土结构，浸渍处理技术措施的设计使用年限应为 15 年以上。

（3）硅烷浸渍处理技术要求。

硅烷浸渍处理技术应根据不同的作用环境选择不同的评价指标，包括硅烷材料技术要求、硅烷浸渍混凝土防护效果以及硅烷浸渍混凝土结构实体检测技术要求。

① 硅烷浸渍材料技术要求。

以 C45 混凝土为基准，课题组对比研究了异丁基硅烷和异辛基硅烷浸渍混凝土后的吸水率和氯离子渗透降低率，如图 4.4-4 和图 4.4-5 所示。两者吸水率均满足不大于 $0.01 \text{ mm/min}^{1/2}$ 的要求，混凝土中氯离子浓度均小于 0.06%，氯离子吸收物降低率小于 90%。因此，异丁基硅烷和异辛基硅烷应该都可以应用于高速铁路工程。混凝土硅烷浸渍材料的技术要求应满足表 4.4-28 的要求。

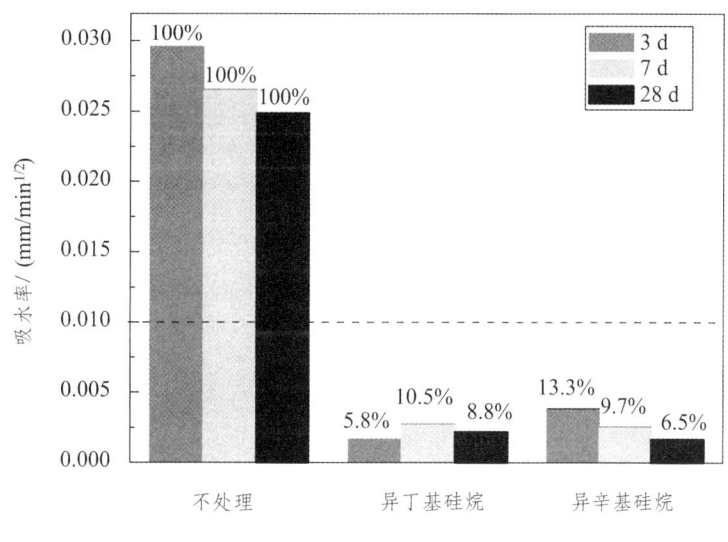

图 4.4-4 不同表面处理方式混凝土的吸水率

② 硅烷浸渍混凝土技术要求。

混凝土的腐蚀破坏大多与水有关，有害离子以水为介质，渗透到混凝土内部与水泥水化产物发生反应，产生体积膨胀物质、降低混凝土碱度等，从而对混凝土结构产生破坏。因此，应将高速铁路吸水性或抗水渗透性应作为硅烷浸渍混凝土的基本要求。而对于硅烷浸渍混凝土其他技术要求则应该根据结构所处环境条件不同而不同。根据已有研究成果，课题组提出高速铁路硅烷浸渍混凝土技术要求如表 4.4-29 所示。

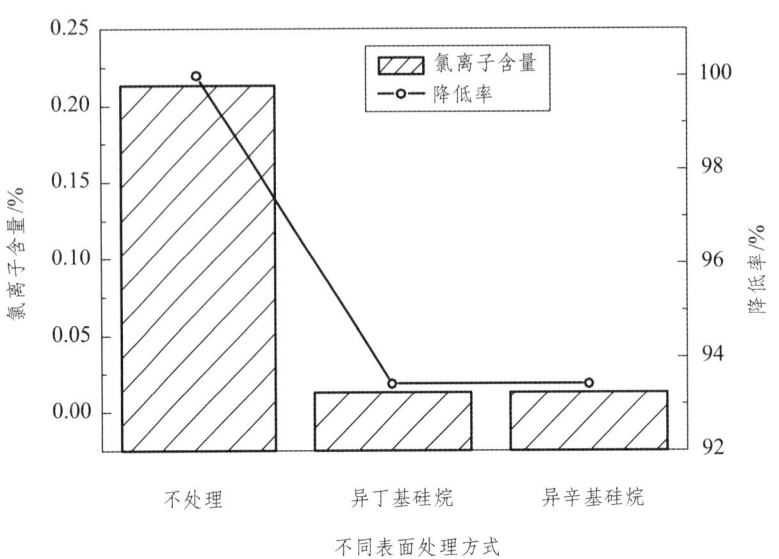

图 4.4-5 不同浸渍处理方式混凝土中氯化物吸收量降低率

表 4.4-28 硅烷浸渍材料技术要求

序号	项 目	技术要求	试验方法
1	主要组分	不应小于 98.9%	
2	活 性	100%	
3	可溶性氯离子含量	$<50\times10^{-6}$	

表 4.4-29 硅烷浸渍混凝土结构技术要求

序号	项 目		技术指标	试验方法	备 注
1	<C45 混凝土/mm		3~4	TB/T 3228	
	≥C45 混凝土/mm		2~3		
2	吸水率比/%		<7.5		
3	抗碱性/mm		<10		
4	氯离子吸收降低率/%		>90		氯盐环境
5	抗冻融性	$W/C=0.7$ 的混凝土	盐溶液中与基准混凝土相比至少多 20 次循环		除冰盐环境
6	化学腐蚀性能		30 d 浸泡无可见缺陷		化学侵蚀环境
7	磨耗率比/%		<70		磨蚀环境

③ 实体结构防护效果技术要求。

实体结构防护效果是对硅烷浸渍处理的整体评价，它不仅是对浸渍材料本身的评价，也是对浸渍材料施工的评价。鉴于实体结构的检测必须基于非破损试验，根据操作可行性和技术可行性，拟从表层混凝土渗透行为进行评价。对于实体结构防护效果评价如表 4.4-30。

表 4.4-30 硅烷浸渍实体结构防护效果评价

序号	项目		技术指标	试验方法	备注
1	抗氯离子渗透性/(10^{-12} m/s)		满足设计要求	TB/T 3228	
2	渗透系数/(10^{-12} m/s)		满足设计要求	Karsten 量瓶	
3	吸水率/(mm/min$^{1/2}$)		≤0.01		
4	渗透深度	<C45 混凝土/mm	3~4		
		≥C45 混凝土/mm	2~3		

4.4.2.2 原材料选择

表面处理用材料为液体硅烷（简称 L-Silane）、膏体硅烷（简称 P-Silane）和渗透结晶材料（简称 CCM），其性能和厂家如表 4.4-31 所示。

表 4.4-31 表面处理材料性能

名称	主要组分	状态	有效含量	密度/(g/cm³)	生产厂家
膏体硅烷	异辛基三乙氧基硅烷	白色膏状	80%	0.895	瓦克
液体硅烷	异丁基三乙氧基硅烷	无色透明液体	99%	0.878	武汉道尔
渗透结晶材料	以碱金属硅酸盐溶液及惰性材料为基料，加入催化剂、助剂混合反应	无色透明液体	—	1.09	施特尔

液体硅烷、膏体硅烷和渗透结晶材料的红外结构如图 4.4-6、图 4.4-7 和图 4.4-8 所示。

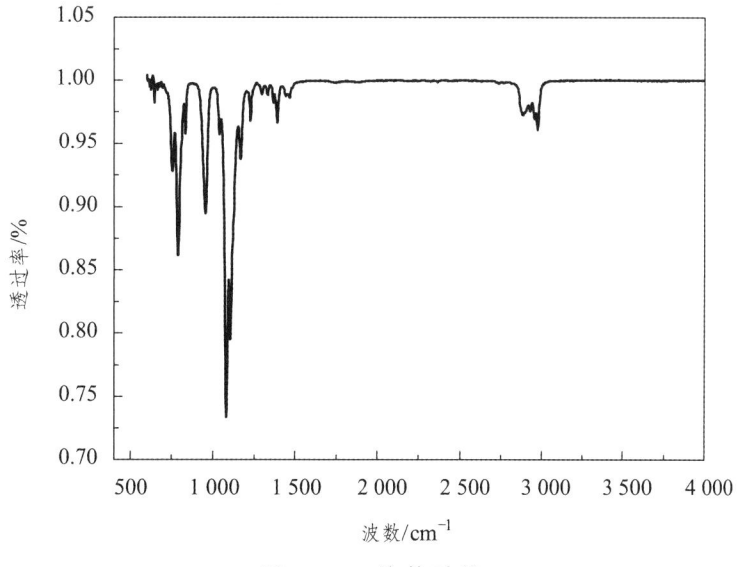

图 4.4-6 液体硅烷

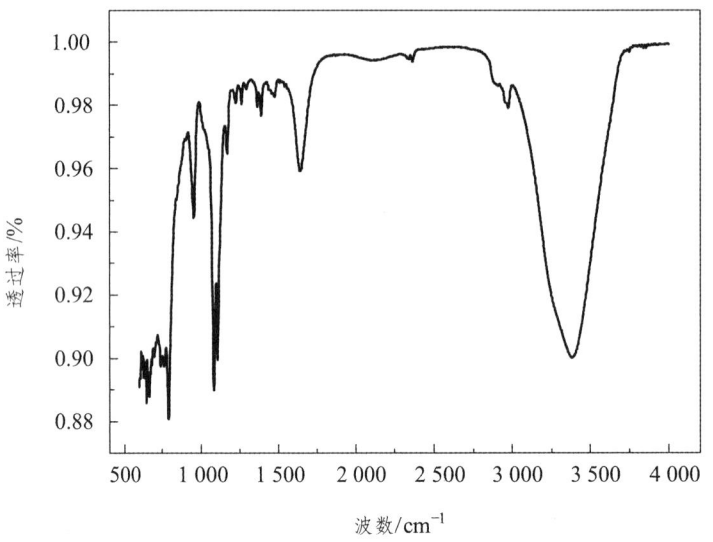

图 4.4-7 膏体硅烷

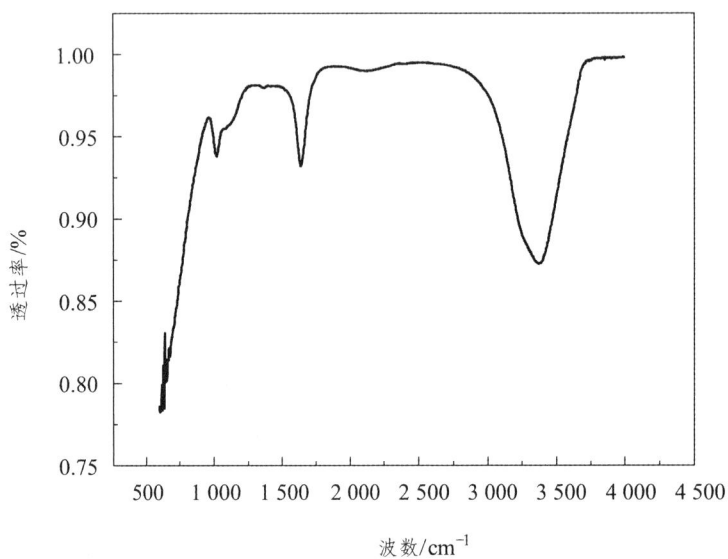

图 4.4-8 渗透结晶材料

4.4.2.3 混凝土试验配比

基体混凝土为 C30 和 C45 混凝土，混凝土配合比如表 4.4-32 所示。

表 4.4-32 试验用混凝土配合比 （单位：kg/m³）

编　号	水泥	粉煤灰	砂	小石	大石	水
GW-1（C30）	252	108	812	377	700	151.2
GW-2（C45）	308	132	779	377	700	154

注：减水剂及引气剂用量根据混凝土状态控制，坍落度 200 mm±20 mm。

4.4.2.4 试验方法

混凝土抗压强度按《普通混凝土力学性能试验方法》(GB 50081) 规定的方法进行；

电通量、氯离子扩散系数和抗冻性按《普通混凝土长期性能和耐久性能试验方法标准》（GB/T 50082）规定的方法进行；

吸水率和氯离子吸收降低率按《海港工程混凝土结构防腐蚀技术规范》（JTJ 275）规定的方法进行。

4.4.2.5 浸渍处理技术研究

1. 浸渍处理对混凝土性能的影响

（1）抗压强度。

表面处理用材料为膏体硅烷（简称 L-Silane）、液体硅烷（简称 P-Silane）和渗透结晶材料（简称 CCM）。图 4.4-9 为不同渗透型表面处理方式对混凝土抗压强度的影响。由图 4.4-9 可知，三种处理方式混凝土的抗压强度都有一定的提高，提高的幅度为 7.7%～9.8%。比较而言，液体硅烷处理与渗透结晶处理对强度提高的幅度相当，而膏体硅烷对混凝土抗压强度提高的幅度略低。三种渗透型表面处理方式对混凝土表面都有一定的硬化作用，其原因是渗透型表面处理材料能够渗透到混凝土的毛细孔道和微细裂隙中，与混凝土的水化产物发生反应，从而起到了强化混凝土表面的作用。

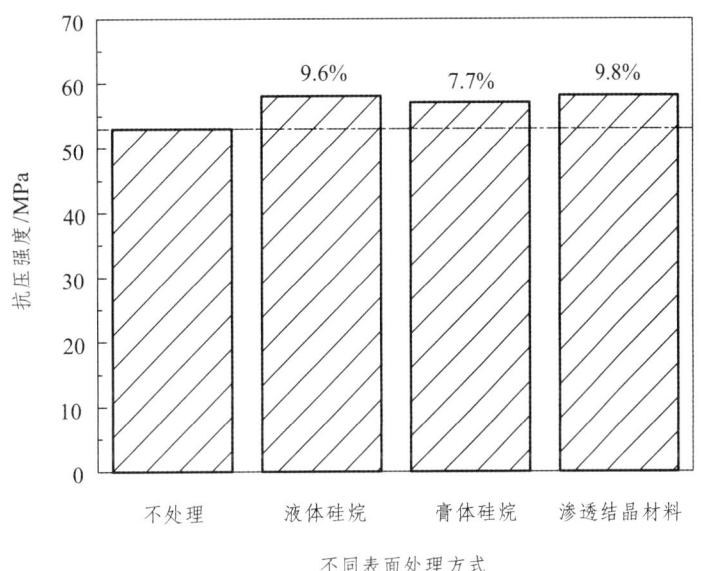

图 4.4-9　不同表面处理方式混凝土抗压强度

（2）吸水率。

图 4.4-10 为不同渗透型表面处理方式混凝土的渗水高度。随着吸收时间的延长，混凝土中吸水高度逐渐增加。液体硅烷和膏体硅烷吸水高度很小，吸水 70 h 混凝土的吸水小于 0.05 mm；在吸水早期，渗透结晶表面处理混凝土的吸水高度低于不处理基准混凝土，但到 70 h 左右，两者吸水高度相当。图 4.4-11 为不同渗透型表面处理方式混凝土的吸水率。表面处理时间推迟（从 3 d 涂刷到 7 d 涂刷再到 28 d 涂刷），即涂刷时间晚，混凝土的吸水率逐渐降低，其原因之一是混凝土本身继续水化，一些毛细孔被水化产物堵塞，混凝土的吸水率降低；原因之二是表面处理所用的硅烷和渗透结晶材料能够与水泥水化产物发生反应形成新的物质，起到减少毛细孔的作用。三种表面处理方式，均能够降低混凝土的吸水率，硅烷浸渍

处理方式对吸水率降低的幅度远大于渗透结晶材料处理。硅烷浸渍材料对混凝土吸水率降低能够满足不大于 0.01 mm/min$^{1/2}$ 的要求，而渗透结晶材料处理方式不满足要求。

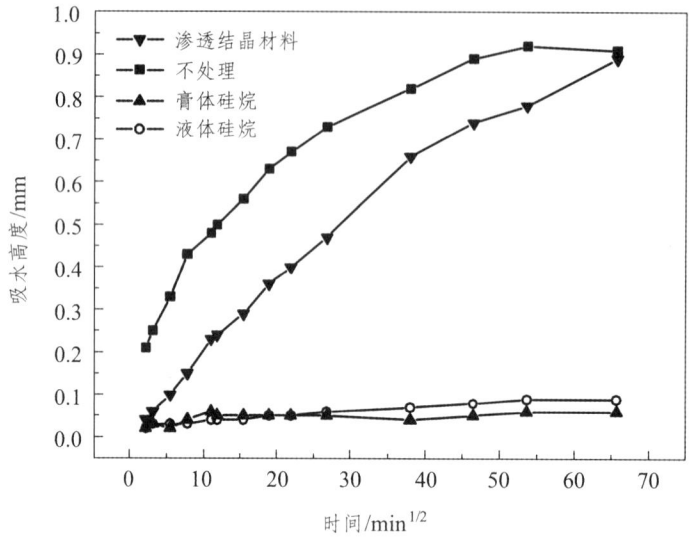

图 4.4-10　不同表面处理方式混凝土的吸水高度

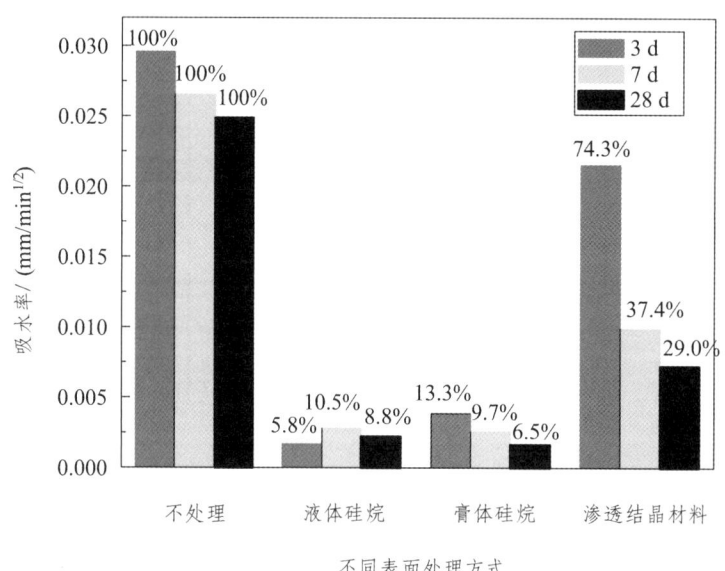

图 4.4-11　不同表面处理方式混凝土的吸水率

硅烷浸渍处理对混凝土的吸水率降低的效果得到公认，但是对水胶比较大的混凝土降低效果好还是对水胶比较小的混凝土降低效果好尚未得到一致的结论。Reinhardardt 和 Massino Sosoro 由吸水试验得出硅烷溶液的吸收量和渗透深度与时间的平方根呈现线性关系，这一关系被称为"时间开方定律"。Geedes 等研究指出水的吸附量在 24 h 之内基本符合"时间开方定律"，而硅烷的吸附时间超过 8 h 时，试验数据与计算值将产生偏差，偏差的程度与防水剂的种类有关。图 4.4-10 为液体硅烷（L-Silane）、膏体硅烷（P-Silane）和渗透结晶材料（CCM）表面处理混凝土和未处理基准混凝土（No）的吸水高度。未进行表面处理和渗透结晶材料处理的混凝土在 10 h 左右吸水高度与时间的开方呈较好的线性关系，之后则呈现变化较为平缓的趋势。对于采用硅烷浸渍处理的混凝土，其吸水高度很低，很难体现出与吸水高度和吸水时间的线性关系。战洪艳等以水灰比为 0.4、0.5 和 0.6 的混凝土进行吸水试验，三种未处理混凝土的毛细吸收系数为 194g/($m^2 \cdot h^{0.5}$)、254 g/($m^2 \cdot h^{0.5}$) 和 261 g/($m^2 \cdot h^{0.5}$)，经过硅烷浸渍处理的混凝土毛细吸收系数分别下降至 16 g/($m^2 \cdot h^{0.5}$)、21 g/($m^2 \cdot h^{0.5}$) 和 15 g/($m^2 \cdot h^{0.5}$)，经过硅烷浸渍处理后的混凝土吸水量仅为未处理混凝土的 1/10 左右。随着水灰比从 0.4 到 0.6 的增大，未处理混凝土的吸水系数是依次增大的，而防水处理后，三种混凝土的毛细吸收系数值都较小，并且相差不大，这也说明硅烷憎水处理对水灰比较大的混凝土依然具有良好的效果。也有研究者认为，如果混凝土水胶比过大的话，内部孔隙过多，可能有部分孔隙没有被憎水膜覆盖，吸水率提高。有研究者通过空气渗透性试验与表层水吸附试验（ISAT）分别研究了有机硅烷、透水衬里模板单独使用时，以及有机硅烷与透水衬里模板共同使用时对混凝土表面渗透性的影响。试验表明有机硅烷能有效降低普通混凝土表层水吸附作用但对空气渗透性没有明显影响，透水衬里模板对普通混凝土表层的空气渗透性与水吸附作用都有明显降低作用，这也证明了硅烷浸渍处理技术能够降低混凝土抗水渗性能，却能保留混凝土的呼吸功能。

（3）氯离子吸收降低率。

氯离子吸收降低率是表征混凝土能否可以应用于氯盐环境下混凝土的主要指标。规范要求氯离子吸收量降低率不应小于 90%，钢筋混凝土中氯离子含量不得大于 0.06%。图 4.4-12 为不同表面处理方式混凝土氯离子含量以及氯离子吸收降低率。三种处理方式，混凝土中氯离子浓度均小于 0.06%，氯离子吸收降低率大于 90%。硅烷表面处理对混凝土起到憎水作用，带有氯盐的腐蚀介质很难渗透到混凝土的毛细孔内，从而降低了混凝土氯离子吸收率。渗透结晶材料在混凝土毛细孔中结晶，腐蚀介质无法渗入，混凝土氯离子吸收率降低。

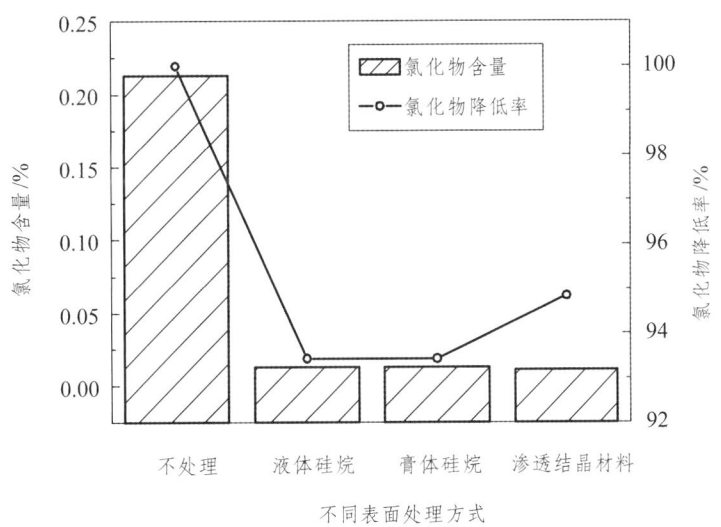

图 4.4-12 不同浸渍处理方式混凝土中氯化物吸收量和降低率

（4）抗氯离子渗透性。

图 4.4-13 为不同表面处理方式混凝土与基准混凝土电通量比例。三种表面处理方式均能够降低混凝土的电通量。表面处理对 C30 基准混凝土电通量降低幅度大于 C45 基准混凝土的

电通量，其原因是C45混凝土的致密度高于C30混凝土，硅烷和渗透结晶材料对C30混凝土渗透能力大，经过处理后的混凝土电通量降低幅度大。渗透结晶材料对混凝土电通量降低幅度小于硅烷浸渍混凝土。图4.4-14为不同表面处理混凝土氯离子扩散系数及氯离子扩散系数比值，由图可知，硅烷浸渍可以降低混凝土的抗氯离子扩散系数，降低为基准混凝土的80%左右。

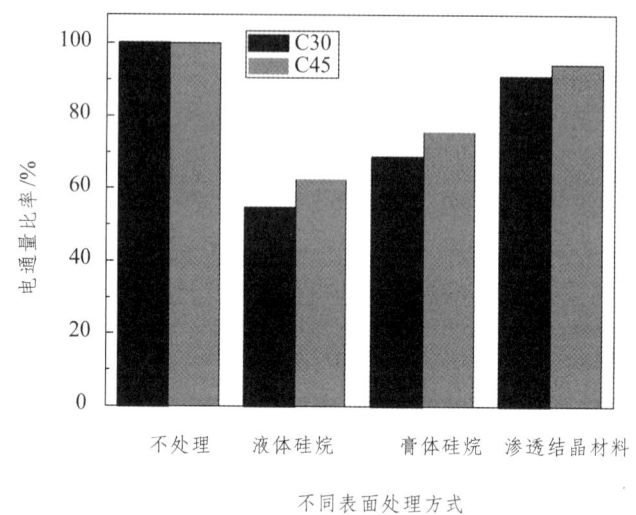

图4.4-13 不同表面处理方式混凝土的电通量

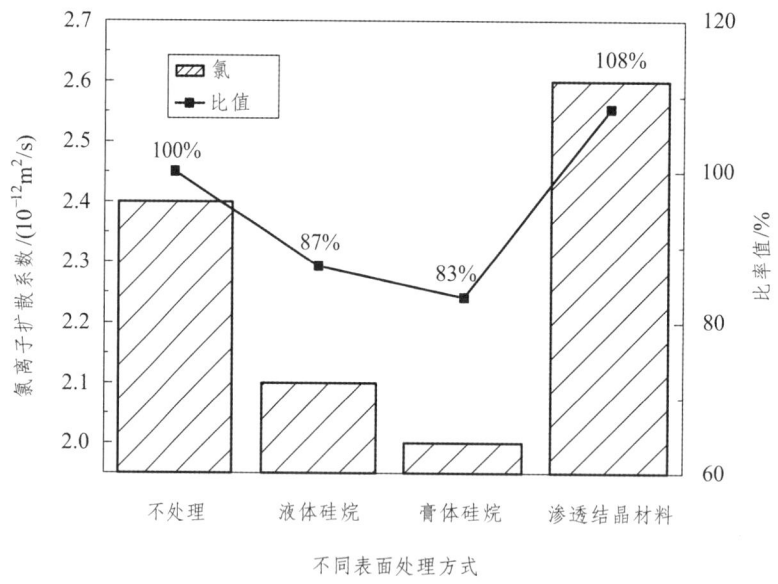

图4.4-14 不同表面处理方式混凝土的氯离子扩散系数及其比率

硅烷浸渍用于海洋工程较多，其主要原因是硅烷浸渍处理可以使混凝土氯离子吸收量大大降低，这被大多数研究者所证实。不同研究者所采用的评价指标不同，采用较多的方法为：测定氯离子吸收量降低率和混凝土电学性能指标（如电通量、氯离子扩散系数、电阻率或交流阻抗值等）。Ricky研究了测定硅烷-黏土纳米复合涂层对混凝土结构表层50 mm内的氯离子含量来评价其抗氯离子渗透性的影响。结果表明，硅烷处理和硅烷-黏土复合涂层处理均能降低混凝土中总氯离子含量，以硅烷浸渍处理效果最好，未进行表面处理的混凝土中氯离子含量占水泥总量的 0.23%，经过硅烷浸渍处理的降低 92%，而经过硅烷-黏土复合涂层处理的则降低 69%。蒋正武等研究了 10 d、28 d、90 d 不同龄期下浸渍硅烷的混凝土氯离子吸收量降低值，结果均达到 94%，硅烷的渗透深度随龄期的增长略有增大。

M. J. Mccarthy 等研究了硅烷-硅氧烷表面处理、透水模板、硬脂酸盐防水剂、亚硝酸盐类阻锈剂等防腐蚀强化措施的抗氯离子渗透性。研究结果表明，硅烷-硅氧烷浸渍处理混凝土氯离子扩散系数仅为基准混凝土的 45%，降低最为显著。作者曾研究了不同表面处理方式混凝土与基准混凝土电通量比例，如图 4.4-13。三种表面处理方式均能够降低混凝土的电通量。表面处理对 C30 基准混凝土电通量降低幅度大于 C45 基准混凝土的电通量，其原因是 C45 混凝土的致密度高于 C30 混凝土，硅烷和渗透结晶材料对 C30 混凝土渗透能力大，经过处理后的混凝土电通量降低幅度大。渗透结晶材料对混凝土电通量降低幅度小于硅烷浸渍混凝土。C. C. Yang 用电通量和氯离子含量来评价硅烷浸渍处理混凝土的传输特性。研究结果表明，当硅烷用量相同时，水胶比越小，混凝土中氯离子含量越小，混凝土的电通量也越小，且水胶比在 0.35~0.55 之间，混凝土抗氯离子渗透性效果一致。牛季收等研究了硅烷浸渍对带裂缝混凝土的防护效果。以带有 0.2 mm 宽裂缝混凝土试件为研究对象，对比研究硅烷溶液、乳液或者凝胶浸渍处理混凝土的抗氯离子侵蚀行为。通过对试件氯离子二维含量的分析，验证了对带裂缝混凝土进行硅烷浸渍防护处理具有非常好的效果。熊建波等的研究表明使用硅烷浸渍剂后的混凝土电通量都有不同程度的降低，普通混凝土使用硅烷浸渍剂后的电通量降低幅度高于高性能混凝土。

（5）抗冻性。

图 4.4-15 为不同处理方式混凝土的抗冻性。膏体硅烷表面处理能够提高混凝土的抗冻性，而渗透结晶材料则对混凝土抗冻性产生不利影响。硅烷浸渍处理能够提高混凝土抗冻性的原因与硅烷的憎水效应以及硅烷显著降低混凝土吸水率有关，这由不同表面处理方式混凝土的吸水率可以证明。硅烷浸渍处理后的混凝土试件饱水程度要低于基准混凝土，因此，可以在一定程度上缓解混凝土的冻融破坏。

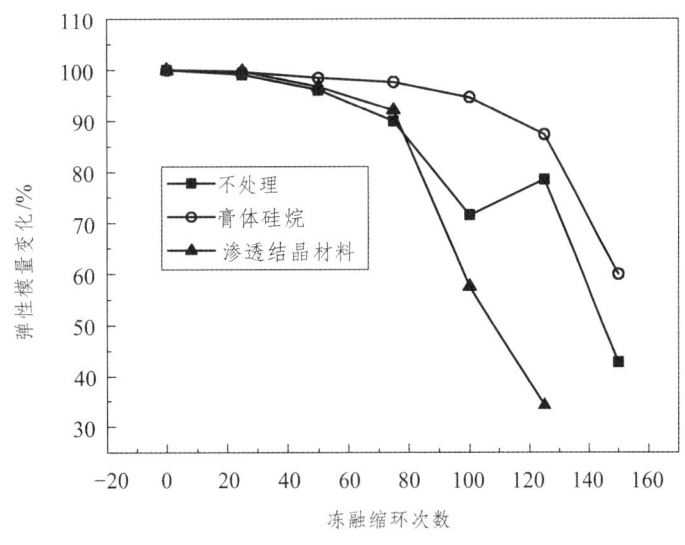

图 4.4-15 不同表面处理方式混凝土的抗冻性

硅烷浸渍处理技术对混凝土抗冻性影响的研究多是针对除冰盐研究。Johansson 在瑞士 Eugenia 隧道内的现场试验表明，硅烷浸渍处理对混凝土氯离子侵蚀的效果较为明显，由于被雨水或车辆溅起来的水冲刷，混凝土结构表面的氯离子浓度降低，称为"冲刷效应"。久保善司等采用快冻法研究了硅烷浸渍处理混凝土弹性模量和质量损失。研究结果表明，经过浸渍处理后混凝土冻弹性模量降低较快，但其质量损失却表现为相反的趋势，也就是说硅烷浸渍处理能够降低冻融后混凝土的质量损失，但无法确保混凝土内部损伤，即弹性模量的降低。赵尚传等以 C30 混凝土（坍落度为 60mm）为基准，研究认为，经过硅烷浸渍处理的混凝土抗冻性大幅度提高，而其混凝土致密性越高则提高的幅度越大。基准混凝土的抗冻等级为 D75 和 D100，硅烷浸渍混凝土的抗冻等级则为 D325 和 D200。作者对比研究了膏体硅烷对混凝土抗冻性的影响，研究表明，硅烷浸渍混凝土的抗冻性略有提高。研究者采用快速冻融的方法来研究硅烷浸渍处理混凝土的抗冻性的结论不一致。揭示硅烷浸渍处理能够提高混凝土抗冻性的原因多为：硅烷渗入混凝土内部，在缝隙内壁形成憎水层，减少对水分的吸附，降低混凝土的吸水率。而揭示硅烷浸渍处理能够对混凝土抗冻性没有提高的原因为：零度以下未结冰的水与冰之间产生非常高的压力差，冻和融的过程对混凝土产生极大的破坏力，而硅烷渗透到混凝土表层，降低了混凝土中可供冻融破坏力释放的空间，因此，并没有从本质上改善混凝土的抗冻性。

（6）抗磨蚀性能。

经过浸渍处理的混凝土表面在一定程度上能够提高混凝土表面的光洁度和强度，对于磨蚀作用来说，会起到一定的作用，但需要验证。加拿大阿尔伯塔州对 6 种渗透型混凝土防护材料进行磨耗性能测试，其中包括硅烷、丙烯酸和环氧树脂等。在测试前，混凝土的抗氯离子渗透有效率均为 90% 左右。当磨掉处理 1 mm 后，丙烯酸和环氧树脂等处理的混凝土表面的耐氯离子渗透有效率下降为 30% 左右，而硅烷处理的混凝土表面仍然为 90% 左右；当磨掉 3~4 mm 后，丙烯酸和环氧树脂等处理的混凝土表面的耐氯离子渗透有效率下降为 0% 左右，而硅烷处理的混凝土表面，低浓度、浅渗透的表面下降为 30%~40%，高浓度、深渗透的表面仍然保持为 90% 左右。这一方面说明硅烷渗透深度较深，另一方面也间接证明硅烷浸渍能够提高混凝土的抗磨蚀性能，即便是磨蚀 3~4 mm 后，混凝土中的毛细孔依然被硅烷渗透。另外，作者曾对不同表面处理方式混凝土的强度进行试验，硅烷浸渍处理能够提高 7%~10% 的抗压强度，这也证明硅烷浸渍能够提高混凝土的抗磨蚀性能。

（7）抗酸雨性能。

蒋正武等采用酸雨模拟试验方法，研究了两种硅烷［硅烷/硅氧烷产品（6689）和异丁基三乙氧基硅烷（6403）］对不同配合比（普通混凝土与矿渣混凝土）的混凝土耐酸雨性能的影响。以硅烷浸渍混凝土的外观、体积、质量、强度及吸水率与碳化深度等为评价指标，建立了硅烷浸渍混凝土的服役寿命预测模型。两种硅烷可有效提高混凝土耐酸雨性能，明显减小酸雨浸渍后的混凝土强度下降、质量损失、体积变化，大大减小混凝土的吸水率值和碳化深度。不涂硅烷的 C0 基准混凝土的耐酸雨寿命约为 11 a，不涂硅烷的掺矿渣粉的 C1 混凝土的耐酸雨寿命约为 12.5 a。喷涂 6689 硅烷的 C0 混凝土耐酸雨寿命约为 21 a，可延长混凝土寿命 10 a；喷涂 6689 硅烷的 C1 混凝土耐酸雨寿命约为 21 a，可延长混凝土寿命 8 a 以上。6689 硅烷浸渍混凝土的各项耐酸雨性能指标略优于 6403 硅烷。

2．黏土改性硅烷浸渍处理技术的研究

（1）改性前后浸渍材料结构。

图4.4-16为采用高岭土和蒙脱石改性硅烷红外结构图。由图可知，黏土改性硅烷和硅烷结构一致，即黏土对硅烷的改性只体现在对硅烷黏度的改性，而没有与硅烷发生反应，形成新的化学键。

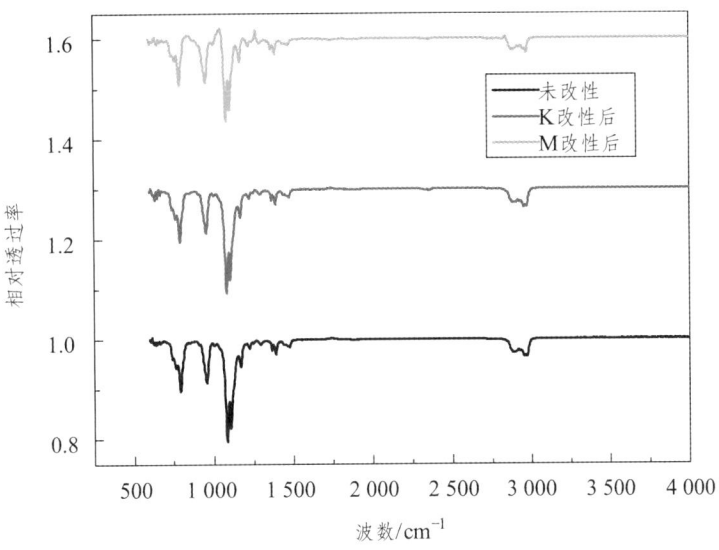

图4.4-16　黏土改性前后硅烷的红外结构

（2）黏土改性前后硅烷渗透深度。

黏土改性硅烷对混凝土渗透深度有一定的改善，从试验结果来看（图4.4-17），3%和5%蒙脱石和5%高岭土对硅烷渗透深度改善最好，渗透深度可以达到4.0 mm，为基准的4倍。添加1%蒙脱石、添加1%高岭土和3%高岭土对基准硅烷改善效果相当，硅烷渗透深度为3.0 mm，约为基准的3倍。

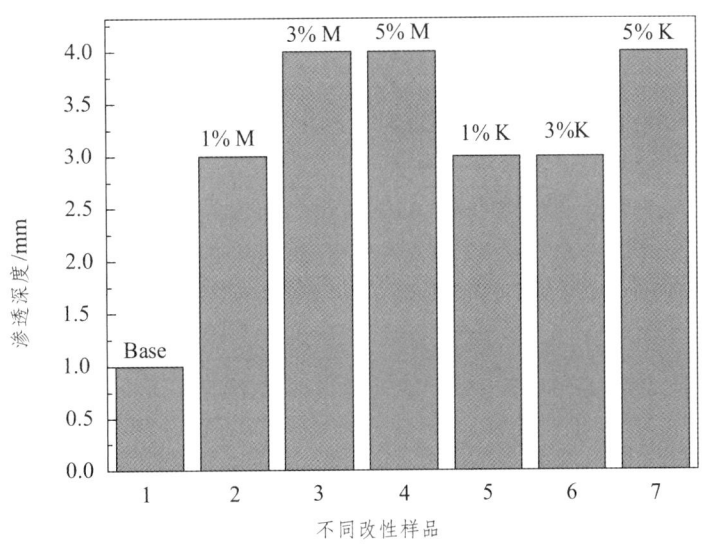

图4.4-17　黏土改性硅烷的浸渍深度

（3）吸水率。

图 4.4-18 为黏土改性硅烷浸渍混凝土的吸水高度。与未浸渍混凝土相比，混凝土吸水高度降低为不到原来的 1/10，且浸渍混凝土吸水高度随吸水时间呈现较大幅度增长，浸渍混凝土与未浸渍混凝土吸水高度在 26 h 后趋于吸水平衡。图 4.4-19 为黏土改性前后硅烷浸渍混凝土的吸水高度。由图可知，基准硅烷吸水高度低于黏土硅烷改性混凝土的吸水高度，其原因可能是因为黏土的引入，增加了硅烷的黏度，提高了硅烷体系的附着性，但对吸水性略有提高。

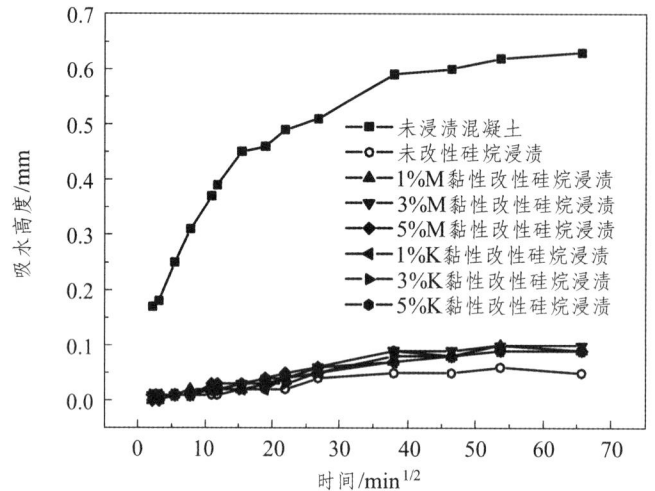

图 4.4-18　硅烷浸渍和未浸渍混凝土吸水高度

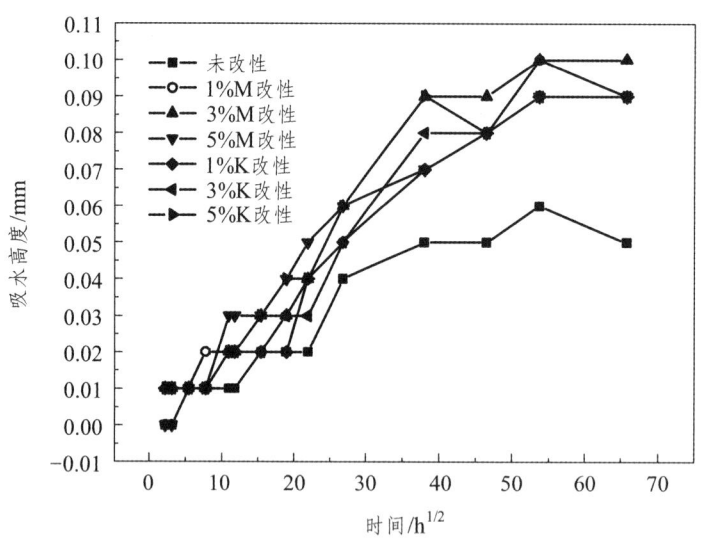

图 4.4-19　黏土改性前后硅烷浸渍混凝土吸水高度

（4）氯离子降低率。

黏土改性硅烷浸渍混凝土氯离子降低率如图 4.4-20 所示。黏土改性硅烷对氯离子降低率与基准硅烷基本一致，变动在 2% 以内，表明黏土改性对硅烷降低氯离子的能力基本没有影响。

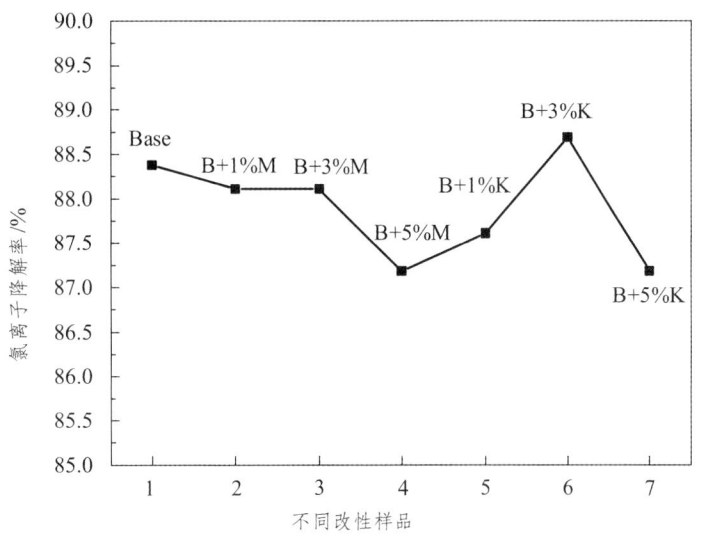

图 4.4-20　氯离子结合降低率

（5）抗氯离子渗透性。

黏土改性对混凝土抗氯离子渗透性影响如图 4.4-21 所示。黏土改性硅烷能够在一定程度上降低混凝土的电通量和氯离子扩散系数，对氯离子扩散系数降低幅度更大，约为基准的 60%，电通量降低为基准的 90% 左右，且 5% 蒙脱石改性硅烷大于基准值。

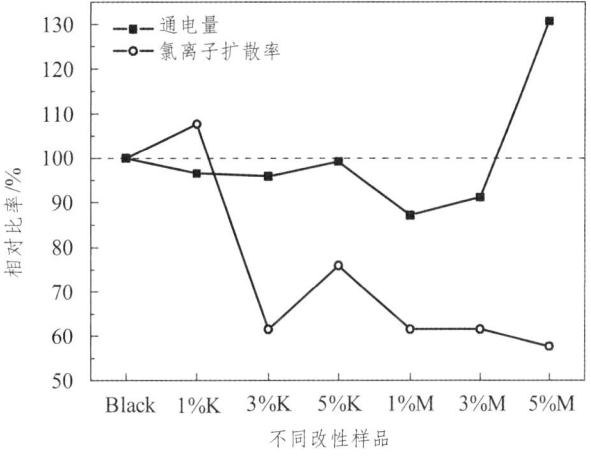

图 4.4-21　黏土改性硅烷抗氯离子渗透性

4.4.3　小　结

（1）所制备氟碳涂层材料断裂伸长率 > 100%，拉伸断裂强度 ≥ 10 MPa，附着力 > 6 MPa，具备优异的耐老化性能，各类性能全面符合各类技术指标，是各类防腐涂层材料中的首选面漆。

（2）所制备硅烷浸渍材料可大幅度降低混凝土吸水率，并提高其抗氯离子渗透性，抗氯离子扩散系数可降低基准混凝土的 80%。

（3）氟碳涂层技术和硅烷浸渍技术均可实现混凝土长效防腐的效果。

4.5 湿热海洋环境桥梁混凝土结构防腐蚀强化措施施工技术

4.5.1 涂层防腐蚀措施施工技术

正确的施工技术是保障涂层体系能最终取得良好防护效果的关键所在。为确保湿热海洋环境下氟碳涂层体系对混凝土结构优异防腐蚀性能的发挥，必须严格按照下列要求进行施工组织和管理。

4.5.1.1 施工要求

1．基底要求

在进行防腐蚀涂层体系涂装作业之前应确保混凝土外表面处于面干状态，混凝土养护龄期应不少于28 d。混凝土基体应保持清洁，可用饮用水对混凝土表面进行清洗，清洗后应自然干燥72 h。当混凝土基体有蜂窝、露石以及大于0.2 mm的裂缝时，应对基体进行修补，修补后混凝土基体的养护龄期不得少于14 d。

2．涂装环境要求

涂装作业时基材表面温度应在4~40 ℃之间，并高于露点温度至少3 ℃；环境相对湿度不宜超过85%；现场不允许有明火，且需保持通风条件；环境温度低于5 ℃或高于40 ℃，风力大于4级或降雨时，不得施工。

3．涂装过程控制要求

涂装可采用刷涂、辊涂或喷涂方式进行作业。涂装过程应满足以下要求：

（1）涂料使用时应严格按照产品说明的组分数和配比进行混合。根据现场施工情况，必要时可使用稀释剂对涂料进行稀释，稀释剂添加比例不得超过原涂料质量的5%。

（2）底涂涂装时应使混凝土表面达到饱和渗透状态，即混凝土表面应能明显观察到底涂材料的液膜残留。

（3）涂装时应控制涂料用量，尽量避免流挂现象出现。

（4）各涂层间的涂装间隔不得超过48 h。

（5）喷涂的空气应干净，无油无水。空气压力控制在0.4~0.6 MPa范围内。

（6）各个工序施工要注意成品保护，下道工序施工时要确保对上道工序的成品无损坏和污染。

（7）各个涂层要涂装到位，不得漏涂。

（8）现场环境不符合要求时须及时停止施工。

4．养 护

为避免涂装效果受到影响，混凝土结构表面涂装完毕后6 h内不得直接与水接触。

5．涂层体系配套方案

适用于湿热海洋环境下的防腐蚀氟碳涂层体系设计配套方案如表4.5-1所示。

表 4.5-1 氟碳涂层设计配套方案

产品类别	涂装道数	厚度/μm	用量/（kg/m²）
渗透性环氧封闭底漆	2	40~60	0.12~0.2
环氧云铁中间漆	1~2	100~150	0.30~0.45
氟碳面漆	2	70~100	0.25~0.35

4.5.1.2 施工工艺

如图 4.5-1 所示，涂层防腐蚀措施基本施工流程为：施工准备→混凝土表面修复→混凝土基面清理→渗透性环氧封闭底漆涂装→环氧云铁中间漆涂装→氟碳面漆涂装→现场清理。

1．施工准备

进行涂装作业前，现场必须按照安全施工措施搭设脚手架，安装吊篮，经安全检查合格后方可进行防腐材料的涂装工作。

2．混凝土表面修复

若混凝土表面呈严重不平整状态，如存在裂缝、蜂窝、露石、缺损等，应及时进行修补。在混凝土表面较平整前提下才可进行后续施工。

3．混凝土基面处理

混凝土的表面状态直接影响涂层与基面的附着力，进而影响涂层的防护效果和寿命。为了确保涂层材料与混凝土表面的良好结合力，满足长效防腐的要求，必须对混凝土进行良好的基面处理。

操作时，宜使用各种动力打磨工具（如角磨机等）或喷砂工艺进行清洁，彻底除去混凝土表面上的残留养护剂、透水模板布织物残留、水泥浆、尖角、碎屑、苔藓、油污等污染物及其他松散附着物；必要时可用适当溶剂抹除油污。

实践经验表明，采用钢丝打磨片进行基面处理的效果最佳，并可增加混凝土表面粗糙度，有利于氟碳涂层体系的施工。桥墩混凝土表面打磨过程如图 4.5-2 所示。

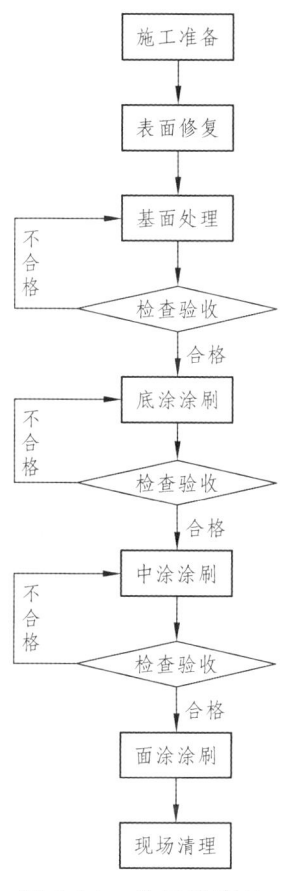

图 4.5-1 涂层防腐蚀措施施工工艺流程

图 4.5-2 桥墩混凝土表面打磨处理

在打磨或喷砂处理后应使用淡水、吹风机或毛刷将混凝土表面灰尘、杂质等清理干净，如图 4.5-3 所示。

图 4.5-3　桥墩混凝土表面打磨后的除尘工序示意

用机械打磨法进行混凝土基面处理的清理效果好，但施工效率较低，当大规模施工时可采用高压淡水枪（压力不小于 20 MPa）冲洗结合铲刀清理的方式进行基面处理。其中，高压水枪主要清理混凝土表面泥土、灰尘和附着力较低的水泥浆碎块与养护剂膜残留，铲刀主要清理局部没有冲洗掉的水泥浆和养护剂膜残留，如图 4.5-4 所示。

图 4.5-4　桥墩混凝土基面淡水冲洗结合铲刀清理示意

需注意的是，混凝土表面在涂装前应处于干燥状态（表面含水量不宜大于 6%），目测混凝土表面应无潮湿痕迹，手触时无潮湿感。使用高压淡水处理混凝土基面后，残留在混凝土表面的水珠和水迹可用棉布、海绵等吸湿工具抹去。待混凝土自然风干或用压缩空气吹干后方可进行后续涂装操作。

4．底涂涂装

（1）渗透性双组分环氧底涂应按照当天涂料的用量及涂料的使用期，现用现配。将底涂按照规定比例配置后，搅拌均匀，配漆用品应分开使用。

（2）当涂料中混入固体颗粒或存在漆皮等杂质时，应将杂质滤去以避免影响漆膜的性能及外观。一般可使用 80～120 目的金属网或尼龙丝筛进行过滤。

（3）使用喷涂机或羊毛辊筒将双组分环氧树脂底涂涂装至混凝土表面，涂层为均匀薄层，两道涂装，涂装间隔不低于 2 h，总干膜厚度不低于 40 μm。

（4）选择辊涂工艺时，2 名施工人员一组，一人在前负责蘸料涂刷，一人在后负责将已涂刷的涂料压薄涂匀，防止流挂。在混凝土表面气孔处应反复涂刷，防止气孔内漏料，同时注意将辊涂时因浸渍过程产生的大气泡压破。

（5）选择喷涂工艺时，应将喷枪尽量接近物面，同时尽可能垂直地进行喷涂。喷涂过程中应保持喷枪移动速度均匀稳定，并保持新喷涂面对旧喷涂面有约 1/3 的覆盖。

（6）双组分环氧树脂底涂实干后，方可涂覆中涂。

（7）在外观方面，底涂涂层表面应均匀一致，不应有剥落、起泡、裂纹、气孔，可有不影响防护性能的轻微橘皮、流挂或刷痕。

5．中涂涂装

（1）将环氧底涂表面杂质、灰尘等清理干净。

（2）环氧云铁中涂应按照当天涂料的用量及涂料的使用期，现用现配。按照规定比例配置后，搅拌均匀，配漆用品应分开使用。

（3）使用喷涂机或羊毛辊筒将双组分环氧树脂中涂涂装至底涂表面，中涂为均匀厚层，涂装一道至两道，两道涂装时涂装间隔不低于 2 h，控制干膜厚度≥100 μm。

（4）选择辊涂工艺时，2 名施工人员一组，一人在前负责蘸料涂刷，一人在后负责将已涂刷的涂料均匀展开，防止流挂，如图 4.5-5 所示。

图 4.5-5　涂刷中涂

（5）选择喷涂工艺时，应将喷枪尽量接近物面，同时尽可能垂直地进行喷涂。喷涂过程中应保持喷枪移动速度均匀稳定，并保持新喷涂面对旧喷涂面有约 1/3 的覆盖。

（6）双组分环氧中涂实干后，方可进行面涂涂装。

（7）在外观方面，底涂涂层表面应均匀一致，不应有剥落、起泡、裂纹、气孔，可有不影响防护性能的轻微橘皮、流挂或刷痕。

6．面涂涂装

（1）将环氧中涂表面杂质、灰尘等清理干净。

（2）双组分氟碳面涂应按照当天涂料的用量及涂料的使用期，现用现配。按照规定比例配置后，搅拌均匀，如图 4.5-6 所示。

图 4.5-6　氟碳面涂搅拌混合示意

（3）使用喷涂机或羊毛辊筒将双组分碳面涂涂装至中涂表面，两道涂装，涂装间隔不低于 2 h，控制干膜厚度 ≥ 70 μm。

（4）选择辊涂工艺时，2 名施工人员一组，一人在前负责蘸料涂刷，一人在后负责将已涂刷的涂料均匀展开，防止流挂。

（5）选择喷涂工艺时，应将喷枪尽量接近物面，同时尽可能垂直地进行喷涂。喷涂过程中应保持喷枪移动速度均匀稳定，并保持新喷涂面对旧喷涂面有约 1/3 的覆盖。

（6）在外观方面，底涂涂层表面应均匀一致，不应有剥落、起泡、裂纹、气孔，可有不影响防护性能的轻微橘皮、流挂或刷痕。

4.5.1.3 养 护

防腐涂层底涂、中涂和面涂实干前不得接触明水。

4.5.1.4 施工机具

氟碳防腐涂层的常用施工机具如表 4.5-2 所示。

表 4.5-2 施工机具

序号	名称	用途
1	铲刀	清理附着的脱模剂、水泥浆等
2	打磨机	清理附着的脱模剂、浮浆等
3	毛刷	清理灰尘杂质
4	吹风机	清理灰尘杂质并加速混凝土表面干燥
5	高压水枪	清洗混凝土表面
6	有气喷涂机	喷涂底涂、中涂和面涂
7	羊毛辊	涂刷底涂、中涂和面涂
8	天平	称量底涂、中涂和面涂原材料
9	搅拌机	搅拌底涂、中涂和面涂
10	发电机	提供电力支持

4.5.1.5 控制要点

氟碳防腐涂层材料应用时应注意如下事宜：

（1）涂刷的混凝土龄期应不少于 28 d，或混凝土修补后应不少于 14 d；使用淡水冲洗后，则应在冲洗后自然干燥 72 h 再施工。

（2）混凝土表面不能被任何油污类物质污染，表面应洁净、干燥，无较大蜂窝或其他孔洞。

（3）涂层所需材料在施工现场应一次备足，材料混合后，4 h 内必须用完，否则应予以废弃，非作业期间应保持漆料容器处于密封状态。

（4）施工现场附近应无明火。操作人员应使用必要的安全保护设施；涂料应按易燃品有关规定贮存和运输，远离热源，杜绝曝晒。

（5）应使用机械式搅拌器搅拌涂料，并保证有足够的搅拌时间，确保涂料完全搅拌均匀。

（6）底漆施工后，如有可见的混凝土表面气孔、缺陷等，可使用氧腻子修补平整，确保涂层的光滑连续。腻子应与涂层层面结合良好，既能与结构物基面牢固地黏合，又能和涂层很好地相容。

（7）底涂、中涂和面涂需要隔夜施工时，需待露点温度3℃以上时，方可施工。

（8）采用喷涂工艺作业时，材料用量不得少于 250 g/m^2。喷涂分两遍进行，每遍喷涂要均匀、无遗漏，两次喷涂之间相隔不少于 12 h。喷出压力和喷嘴孔径应与涂料的黏度相适应，确保涂层均匀、平整、光滑。

（9）涂装作业时气温在 4~40 ℃，有雨或大风天气勿施工。

4.5.2 浸渍防腐蚀措施施工技术

4.5.2.1 施工要求

1．基底要求

在喷涂硅烷之前应确保混凝土外表面处于面干状态，混凝土养护龄期应不少于 28 d。混凝土基体应保持清洁，可以用饮用水对混凝土表面进行清洗，清洗后应自然干燥 72 h。当混凝土基体有蜂窝、露石以及大于 0.2 mm 的裂缝时，应对基体进行修补，喷涂修补后混凝土基体的养护龄期不得少于 14 d。

2．喷涂环境要求

喷涂时混凝土表面温度应在 5~35 ℃ 之间，环境的相对湿度不宜超过 65%，现场不允许有明火，且保持通风条件。施工温度低于 5 ℃、有强烈阳光直射、风力大于 4 级或降雨时，不得施工。

3．喷涂控制要求

混凝土硅烷浸渍材料应连续或多次喷涂/涂刷，使浸渍表面饱和溢流，喷涂的次数至少为 2 次，两次喷涂的时间间隔不宜少于 6 h。水平面施工，喷涂或涂刷至基材表面润湿或至镜面状。立面或仰面施工，宜采用膏体硅烷，应自下而上进行施工，液体硅烷垂流长度宜为 15~20 cm。关于硅烷浸渍喷涂量的控制与基体混凝土的密实性、喷涂结构外形以及硅烷浸渍材料状态等有关，混凝土密实度高，硅烷浸渍用量就大，结构处理立面或仰面，硅烷浸渍材料在施工过程损失就大；对于立面或仰面结构，膏体硅烷应比液体硅烷施工过程损失少。有研究表明，当基体混凝土水胶比较高时，硅烷乳液用量不应少于 300 g/m^2，硅烷凝胶用量不应少于 200 g/m^2；当基体混凝土水胶比较低时，硅烷乳液和硅烷凝胶的用量为 100 g/m^2 即能获得较好的抗氯离子渗透性效果。硅烷浸渍材料用量以 200~300 g/m^2 为宜。

4．养 护

硅烷浸渍 10 h 内自然风干，确保被浸渍混凝土表面 3 d 不得暴露于腐蚀介质中。

4.5.2.2 施工工艺

1. 混凝土基面处理

（1）混凝土表面修复。

硅烷浸渍材料渗入混凝土内部起到防腐作用，故其对混凝土表面状态要求较低。如混凝土表面无较严重裂损，可直接使用，无须修补；如混凝土表面存在较严重缺陷，应采用专用修补材料修补养护后，再进行硅烷浸渍施工。

（2）混凝土表面清理。

① 表面清理方式一：

桥墩混凝土养护时常采用养护剂和透水模板布，拆模时，表面会残留较多养护剂和透水模板布上的织物。同时，桥墩混凝土表面常附着水泥浆、泥土等杂质。桥墩混凝土表面状态如图 4.5-7 所示。

（a）残留养护剂　　　　　　　　　　　（b）透水模板布织物残留

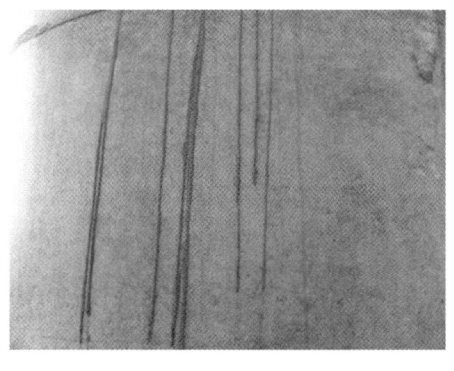 

（c）水泥浆　　　　　　　　　　　　　（d）残留泥土及浮浆

图 4.5-7　桥墩混凝土表面状态

为了确保硅烷浸渍涂料尽快浸入混凝土内部，浸渍深度满足设计要求，需对桥墩混凝土表面进行处理。试验时，采用打磨机打磨的方法进行基体处理，此种方法可以有效地将残留养护剂、透水模板布织物残留、水泥浆和泥土清理干净，80% 以上的浮浆也可较好地清除。桥墩混凝土表面打磨过程如图 4.5-2 所示。同时，对比了砂纸打磨片、切割片、钢打磨片和钢丝打磨片 4 种打磨片的打磨效果，发现钢丝打磨片的打磨效果最佳，打磨速度快且混凝土基体处理干净。

② 表面清理方式二：

为了提高桥墩混凝土表面处理效率，在环境温度高、风力大、混凝土表面水分蒸发速度快的地区可采用高压水枪冲洗和铲刀清理结合的方法进行基面处理，大幅缩短桥墩混凝土基面处理时间，2 人清理 2 m 高的桥墩只需约 10~15 min，无须耗材，施工人员劳动强度大幅降低。高压水枪主要清理混凝土表面泥土、灰尘和附着力较低的水泥浆碎块与养护剂膜残留，铲刀主要清理局部没有冲洗掉的水泥浆和养护剂膜残留，如图 4.5-3 所示。虽然混凝土表面浮浆等杂质无法清理彻底，清理效果低于打磨处理，但是硅烷浸渍涂料在混凝土中的渗透深度一般为 2~4 mm，浮浆等可渗透的薄层遮物对其浸渍效果影响较小，可以忽略。

2．喷涂/涂刷

（1）表面清理。

涂刷前，使用吹风机或毛刷将混凝土表面灰尘吹扫干净，如图 4.5-4 所示。

（2）硅烷浸渍材料涂刷。

硅烷浸渍材料为单组分材料，无须配制，可直接涂刷，且一般情况下按照设计量一次涂刷即可，方便快捷。硅烷浸渍材料涂刷工艺主要包括喷涂与辊涂。硅烷浸渍涂料采用无气喷涂机喷涂，喷涂速度快，便于规模化膏体硅烷浸渍材料施工。但是在无气喷涂机喷涂过程中，材料容易飞溅，浪费量加大，故小规模施工时，建议采用辊涂方式进行硅烷浸渍材料的涂刷。辊涂时，应采用多次均匀涂刷的方法，硅烷浸渍材料渗入混凝土速度较快，混凝土表面"发干"后，应及时补刷，使被涂立面至少保持 10s 以上的湿润状态为宜，将设计量（300 g/m²）的硅烷浸渍材料使用完成后为止。硅烷浸渍材料涂刷过程如图 4.5-8 所示。如在腐蚀较严重的地区建议涂刷两遍硅烷浸渍材料，两遍之间的间隔时间最少为 6 h。

无气喷涂

辊涂

图 4.5-8 硅烷浸渍材料涂刷

3．养 护

硅烷浸渍材料涂刷完成后，24 h 内不得接触明水。如遇下雨或大风时，应采用薄膜覆盖处理。

4.5.2.3 施工机具

硅烷浸渍涂料的施工机具如表 4.5-3 所示。

表 4.5-3 施工机具

序号	名 称	用 途
1	铲 刀	清理附着的脱模剂、水泥浆等
2	打磨机	清理附着的脱模剂、浮浆等
3	毛 刷	清理灰尘杂质
4	吹风机	清理灰尘杂质、并加速混凝土表面干燥
5	高压水枪	清洗混凝土表面
6	无气喷涂机	喷涂硅烷
7	羊毛辊	涂刷硅烷
8	发电机	提供电力支持

4.5.2.4 控制要点

1．施工技术措施

（1）基层处理：基层处理后的轨道板表面应洁净、干燥，无较大蜂窝或其他孔洞。

（2）施工时轨道板混凝土龄期不得小于 28 d，修补好的混凝土龄期不得小于 14 d。使用饮用水冲洗后，应在冲洗后自然干燥 72 h 再施工。

（3）喷涂作业时，材料用量不得少于 250 g/m²。喷涂分两遍进行，每遍喷涂要均匀、无遗漏，两次喷涂之间相隔不少于 12 h。

（4）喷涂作业时气温在 4~40 ℃，有雨或大风天气勿施工。

（5）第二遍喷涂完成后 24 h 不沾水自然风干，72 h 后可泼水实验（冬季固化时间适当延长）。

2．施工质量控制措施

（1）防水涂料应储存在通风、阴凉的专用仓库内。每班作业时只需带当天作业所需数量材料到现场。防水涂料每次使用过后应密封好以免失效，启封后应在 72 h 内用完。

（2）喷涂前设专人检查轨道板表面清理情况，确保轨道板表面清洁、干燥。

（3）应保证称料用电子秤的称量准确性，在校准有效期内使用，保证每平方米轨道板表面材料喷涂用量满足要求。

（4）设专人追踪天气情况，对于隧道外的轨道板，喷涂前 72 h 内接触雨水的轨道板不予施工，待晾晒 72 h 后再施工。如施工后 72 h 内有下雨预报，必须推迟施工，则必须满足施工后 24 h 自然风干。如涂刷后突遇下雨，须用彩条布覆盖已喷涂表面，避免其直接与雨水接触。

3．施工安全保证措施

（1）施工人员施工过程中要按要求穿戴护目镜和防护手套。如不慎吸入，应立即移到有新鲜空气的地方。如接触到皮肤，立即用水清洗15 min；不慎接触到眼睛后，立即用水清洗15 min。

（2）应避免渗透型防水涂料和氯丁橡胶、沥青质密封材料等其他可能腐蚀的材料接触。

（3）远离明火，在通风环境施工；下雨或有强风时不得喷涂渗透型防水涂料。

4.5.3 小　　结

（1）良好的施工质量是保障防腐蚀强化措施有效性的基础。

（2）在施工过程中，应对每一道工序包括混凝土表面处理、各道涂层施工或浸渍处理等进行认真检查并通过验收。

4.6 湿热海洋环境桥梁混凝土结构防腐蚀强化措施检测评定技术

在施工过程中，应对每一道工序包括混凝土表面修补、表面处理、各道涂层施工等进行认真检查并通过验收。其中，基于其不同的防护机理，氟碳涂层体系评价技术与硅烷浸渍处理的检测评定技术是存在差异的，将其分别叙述如下。

4.6.1 适用于氟碳涂层强化措施的检测评价技术

在施工过程中，应按设计要求的涂装道数和涂膜厚度进行施工，涂装时应随时注意涂层湿膜的表面状况，当发现漏涂、流挂、变色、针孔、裂纹等情况时，应及时进行修复处理。每道涂装施工前应对上道涂层进行检查，上道涂层检查合格后才能进行下一道涂层施工。随时用湿膜厚度规检查湿膜厚度，以控制涂层的最终厚度及其均匀性。每道涂装施工前应对上道涂层进行检查。涂装后应进行涂层外观目视检查。涂层表面应厚度和色泽均匀，无气泡、针孔、裂缝等缺陷。

当施工完成后，还应对涂层的厚度、附着力和光泽度进行测定。其中，光泽度的测定目的是衡量涂层在服役期的老化状况，进行厚度和附着力测试的目的则为衡量涂层的施工质量，具体如下所述。

4.6.1.1 涂层光泽度测试

1．原　　理

漆膜光泽是漆膜表面的一种光学特征，以其反射光的能力来表示。漆膜的光泽对于伪装涂料来说是一项很重要的指标。从物理角度来看，光泽被认为是漆膜表面把投射其上的光线向镜面反射出去的能力，反射光量越大，则光泽越高，这称为镜面光泽。镜面反射方向的反射光称镜面反射光，而非镜面方向的反射光称扩散反射光。

影响光泽度的主要因素有以下两点：

（1）涂膜表面的平滑度。

同样材质的表面，如果是镜面，发生的是镜面反射，其反射角方向的反射最强；若表面凹凸不平，则会发生漫反射，这样便削弱了反射角方向的光强。

（2）涂膜分子结构的性质。

当表面具有相同平滑度时，光泽的高低和涂膜分子的性质有关，特别是和成膜物质的分子折光度 R 有关。R 值越高，光泽越高。一般含有不饱和键的分子具有较高的 R 值，而具有共轭体系的 R 值更高。

涂膜分子若在老化过程中发生化学或物理变化，则 R 也会相应发生变化，从而光泽度也会发生改变。因此，光泽度的变化是检验涂膜耐老化性能的重要指标之一，可以通过失光率的计算进行量化测试。

失光率公式如下：

$$H = \frac{H_0 - H_1}{H_0} \times 100\%$$

式中：H_0——初始光泽度（%）；

H_1——老化后光泽度（%）。

2．测试方法

涂层光泽度参照标准《橡胶和塑料软管及软管组合件　验收压力、爆破压力与最大工作压力的比率》（GBT 9754—2007），使用单角度光泽度仪进行测试，测试角度为60°，其测试方法如下所述。

将仪器按使用说明顺利完成"校零"和"校标"后，将仪器测试面紧贴被测表面，按下"测量"按钮，仪器将显示其光泽度数值，记录5次测试后的数值取平均值记为本待测表面的光泽度。

4.6.1.2　涂层厚度测试

涂装完成后 7 d，应进行涂层干膜厚度测定。涂层系统总干膜平均厚度应不小于 210 μm，总干膜最小厚度应不小于 189 μm。当不符合上述要求时，应根据情况进行局部或全面补涂，直至达到要求的厚度。

1．原　理

防腐蚀涂层的厚度与防腐蚀效果有直接的关系，尤以在严酷腐蚀环境下的重防蚀涂料，必须达到一定的干膜厚度。为此往往需要有多道涂层，其主要原因是通常每道涂层不能太厚。若涂料太厚，会使表面发生吸氧皱皮或溶剂不能充分挥发，少量溶胶残留在涂层中而降低耐蚀性。多道涂层系统中，其总厚度为每次涂层厚度的总和，道数越多，整个涂层系统越厚。一般漆膜总难免有若干缺损，如缩孔、针孔、气泡、丝状尘埃埋在漆膜中。在大面积施工中，无法获得完美无缺的漆膜，在缺损薄弱部位首先会发生腐蚀。多道涂层的优点是各层之间互相覆盖缺损部位。因为各道涂层都在同一具体部位发生缺损的概率是极低的，多道涂层保证了整个涂层体系的防蚀功效。但涂层过厚一般会带来较大的内应力，致使涂层在使用过程中，由于外力或温度的变化易发生开裂。

针对所选用的长效性氟碳防腐涂层体系，现场试验结果表明，氟碳面漆的湿膜厚度不应高于 200 μm，干膜厚度应在 70～100 μm 之间。涂层体系整体应在 210～350 μm 之间为宜。

2．测试方法

桥墩混凝土表面防护涂层的干膜厚度和湿膜厚度，可采用湿膜厚度仪和螺旋测微器进行测量。

涂料涂层湿膜厚度测量时，以每个采用同类型防腐蚀涂层混凝土墩承台结构表面区域（每座墩选取 8 个表面）为一测量单元，每个测量单元选取三处基准表面，每一基准表面测量 5 点，取其算术平均值。

涂料涂层湿膜厚度测量采用随炉件法，在同类型区域内（每座墩选取 8 个表面），将 3 块 0.5 mm×50 mm×100 mm 的白铁皮粘贴于混凝土表面，随混凝土涂装一起施工，涂装完 7 d 后测定白铁皮上的干膜厚度，视为混凝土基面的涂装厚度。

长效性氟碳防腐涂层体系涂层厚度应符合"90-10"原则，即允许有 10% 的读数可低于规定值，但每一单独读数不得低于规定值的 90%。

4.6.1.3　涂层附着力测试

涂装完成后 7 d，应使用胶带法或直接拉脱法测定涂层系统的黏结强度。涂层附着力测试完成后，需用相同的涂层系统配套修补测点位置破损的涂层。

1．原　理

涂层的附着力包括两个方面：涂层与基底表面的附着力（adhesion）和涂层本身的内聚力（cohesion）。若涂层不能牢固地附着于混凝土表面，再完好的涂层也起不到作用（adhesion failure）；若涂层本身内聚力差，则漆膜容易开裂（checking、cracking）而失去防护作用；以上两者共同决定涂层的附着力，构成决定涂层保护作用的关键因素。因此，二者共同作用才能更好地阻挡外界腐蚀因子对混凝土的腐蚀，涂层与基底的附着强度越大，涂层本身越坚韧致密，对混凝土的保护效果就越好。

2．测试方法

直接拉脱试验方法采用拉脱式涂层黏结强度测定仪测定涂层与混凝土之间的附着力。涂层系统的黏结强度应不小于 1.5 MPa，最小黏结强度测点值应不小于 1.2 MPa。当涂层黏结强度不能达到 1.5 MPa 时，可在原检测点附近涂层面上，按加倍测点重做涂层黏结强度检测。如仍不合格，涂层施工应返工。

使用胶带法进行涂层附着力检验时，在确保涂层表面清洁的情况下，在涂层表面做两道切口，每道约 40 mm 长，两道切口以 30°至 45°较小的角在其中心附近相交。做切口时，使用直尺并用力均匀透过涂层一直切到底材上。按均匀的速度撕下一段黏结强度为（10±1）N/25 mm 的胶黏带，除去最前面的一段，然后剪下长约 75 mm 的胶黏带。

把该胶黏带的中心点放在切口的交点上，并沿着较小的角向同一方向延伸。用手指将切口区域内的胶黏带弄平。透明胶黏带下的颜色可以用来表示胶黏带与涂层是否已完全粘牢。在贴上胶黏带 5 min 内，拿住胶黏带悬空的一端，并将其翻转到尽可能接近 180° 角的位置上，迅速地将胶黏带撕下。

检查切口区域，涂层从底材或与前一道涂层分离的情况，分离程度在任一边上，不大于 1.6 mm 为合格。

4.6.2 适用于硅烷浸渍强化措施的检测评价技术

桥墩混凝土硅烷浸渍防腐蚀效果的检测评价方法应不伤害混凝土结构，且检测快捷、高效、准确。因此，桥墩混凝土硅烷浸渍强化措施检测评价方法主要采用泼水检测、吸水率检测、表面电阻率检测和抗压强度检测。

4.6.2.1 表面强度测试

浸渍处理前后混凝土的表面强度采用回弹仪进行测试，目的是考察硅烷浸渍涂料对混凝土表面强度的影响。

混凝土回弹仪是用一弹簧驱动弹击锤并通过弹击杆弹击混凝土表面所产生的瞬时弹性变形的恢复力，使弹击锤带动指针弹回并指示出弹回的距离。以回弹值（弹回的距离与冲击前弹击锤与弹击杆的距离之比，按百分比计算）作为混凝土抗压强度相关的指标之一，来推定混凝土的抗压强度。

回弹仪在测试混凝土表面强度时应注意：

（1）检测时，回弹仪的轴线应始终垂直于结构或构件的检测面，缓慢施压，准确读数，快速复位。

（2）测点宜在测区内均匀分布，相邻两点的净距离不宜小于 2 cm；测点距外露钢筋、预埋件的距离不宜小于 3 cm。测点不应分布在气孔或外露石子上，同一点只能弹一次。每一测区记录 16 个回弹值，每一测点的回弹值精确到 1。

4.6.2.2 表面吸水率检测

参照《海港工程混凝土结构防腐蚀技术规范》(JT/T 275—2000)规定的方法，采用 Karsten 量瓶测试浸渍处理 7 d 后混凝土的吸水率值和浸渍前后吸水率变化，检测硅烷浸渍材料的施工质量和防水效果是否达到设计要求。

硅烷浸渍技术的评价技术包括硅烷浸渍材料性能评价、硅烷浸渍混凝土性能评价以及硅烷浸渍混凝土实体结构的评价。目前，规范对硅烷浸渍材料性能和硅烷浸渍混凝土性能的规定较多，而对硅烷浸渍实体结构的检测评价较少。同济大学蒋正武提出采用 Karsten 量瓶测试混凝土表面吸水量的试验方法来评价现场硅烷浸渍混凝土的防水效果。表征防水效果的指标为单位时间内混凝土表面的平均渗透系数，其计算公式为：

$$k = \frac{V}{S \cdot T}$$

式中：k——平均渗透系数（m/s）；

V——混凝土试件在单位内的吸水量（m³）；

S——Karsten 量瓶的吸水表面积（m²）。

4.6.2.3 表面电阻率检测

浸渍处理前后混凝土的表面电阻率采用表面电阻率检测仪进行测试，目的是检验硅烷浸渍涂料的施工质量和防水效果。

混凝土表面电阻率测量仪遵循 Wenner 探头的测量原理，设计用于测量混凝土或岩石的电阻率。对两个外部探头施加电流，并测量两个内部探头之间的潜在差异。电流通过孔液中的离子承载。计算出的电阻率取决于探头的间距。当测量诸如混凝土之类的不均匀材料时，探头间距越宽，提供的读数更一致。然而，如果间距过宽，则受钢筋影响，测量越危险。行业标准的 50 mm 探头间距一直被视为是一个好的折中办法。表面电阻率（SR）测试是一个更加快速且轻松的、可评估混凝土渗透性的测试。它是一种经过实践经验验证且成熟的测试方法，可以取代更加费时费力的快速氯离子渗透性测试，适用于现场快速检测。

4.6.2.4 疏水效果检测

泼水检测的方法可直观地判断硅烷浸渍材料是否涂刷均匀、起到了疏水效果。硅烷浸渍材料进入混凝土内部形成憎水层后，水与混凝土表面接触角应大于 90°，无法浸润。

4.6.2.5 浸渍材料渗透性测试

浸渍材料渗透性主要采用染料指示法和热分解气相色谱法进行测定。

1. 染料指示法

应在最后一次喷涂硅烷后至少 7 d，钻取直径为 50 mm、深度为（40±5）mm 的芯样，用密封袋封好。试验时，芯样在 40 ℃ 下烘 24 h，然后将芯样沿直径方向劈开，在劈开表面上喷涂水基短效染料，测定不吸收染料的区域表面硅烷的渗透深度。

2. 热分解气相色谱法

应在最后一次喷涂硅烷后至少 3 d，钻取直径为 50 mm、深度为（40±5）mm 的芯样。在离原表面的深度为 3~4 mm（强度等级≤C45 的混凝土）或 2~3 mm（强度等级>C45 的混凝土）处，劈开芯样。从该芯样新暴露面的各处，取数份粉样，热分解这些粉样为等离子气体，用气相色谱仪分析，求得其硅烷占水泥浆体粉样的质量百分率的平均值。浸渍区域内的硅烷占水泥浆体粉样质量的百分率应不少于 0.1%。

4.6.3 小　结

（1）氟碳涂层防腐强化措施的施工质量可通过测定涂层厚度以及涂层体系与混凝土基面附着力的方法进行监测，长期防护性能可通过漆膜光泽度的测定进行监测。

（2）硅烷浸渍材料防腐蚀效果可通过混凝土表面吸水率和电阻率的测定进行监测。

5 高架桥梁桥上无砟无缝岔区技术研究

5.1 无砟道岔应用概况

无砟道岔在国外高速铁路上应用较多，德国是无砟道岔应用最成熟的国家。德国近年来除了在本国修建的高速铁路上大量采用无砟道岔外，还为西班牙、中国等多条高速铁路提供无砟道岔。德国无砟道岔主要由 BWG 公司制造，道岔钢轨线形和结构与有砟轨道道岔相同，道岔弹性由弹性基板提供，静刚度为 17.5 kN/mm，道床有长枕埋入式和雷达 2000 型无砟轨道长枕埋入式两种结构。

法国无砟轨道道岔结构主要由 Vossloh-cogifer 公司研制，道岔金属件（钢轨、垫板、扣件等）均与有砟轨道相同，岔枕采用 Stedef 轨枕底座，枕下刚度降低为 20 ~ 30 kN/mm，岔枕具有可更换的可能性。

日本无砟道岔有板式轨道道岔和合成轨枕直接固定道岔，道岔钢轨线形和结构与有砟道岔相同。板式轨道道岔直接铺设在轨道板上，轨道板下设置凹槽并注入树脂，以抵抗水平力，轨下基础的刚度为 50 ~ 70 kN/mm，其缺点是轨道板的种类较多。合成轨枕直接固定道岔采用合成轨枕，将轨枕铺设在基础混凝土层上，在轨枕与混凝土间的间隙中注入合成树脂以保证弹性并调整高度，轨枕两端用预埋螺栓固定在基础混凝土层上承受水平荷载。

国内通过近几年的研究已经取得突破性的成果，大号码的无砟道岔（国内主要为 18 号、42 号）在高速铁路中得到广泛应用，并在桥上无砟道岔技术方面积累了大量经验和数据。在遂渝无砟轨道综合试验段铺设了 12 号无砟、无缝可动心轨辙叉单开道岔，并开展了相关试验研究，但该道岔按照客货共线条件进行设计，国内没有适用于客运专线的 12 号无砟交叉渡线和 12 号无砟单开道岔。

在以无砟轨道作为主型轨道结构的新建铁路中，对于城际铁路及高速铁路车站内到发线上的道岔一般过岔速度要求不高，如成灌线、海南东环线海口东站等；对于过岔速度要求不高的道岔（含交叉渡线、单渡线等）若采用大号码无砟道岔则难免造成投资浪费，若采用小号码有砟道岔又势必造成岔区与区间轨道结构不一致，给养护维修带来困难。研究开发满足功能需求和轨道结构统一（采用无砟轨道）的小号码无砟无缝道岔（12 号道岔）成为必然选择。同时，为满足铁路远期发展需要，部分线路会预留出岔条件，存在近期为区间线路、远期插入道岔的情况，为了避免无砟道床的拆除重建，便于维修管理，研究适应初期区间、远期道岔的道床结构设计方案具有现实价值。

此外，我国客运专线铁路岔区无砟道岔一般均为单开道岔，且规定桥上无砟轨道道岔应铺设于连续桥上。新海口城市高架双线特大桥全长 21.332 km（D1K4 + 837 ~ D1K26 + 170），桥上有长流、秀英、汽车南、海口东 4 个车站，其中只有海口东站为有配线车站。海口东站设计范围为 D1K23 + 200 ~ D1K24 + 500，位于平坡、直线段。根据《关于新建海南东环铁路初步设计的批复》(铁建函〔2007〕765号)的精神,海口特大桥上的海口东站布置了适应于速度目标值 80 km/h 的 2 组 12 号交叉渡线(道岔平面采用专线 7623)和 4 组 12 号固定辙叉单开道岔(道岔平面采用专线 4249),全部为无砟轨道基础。正线轨道按一次铺设跨区间无缝线路设计。上述两种道岔只有在路基上有有砟轨道使用经验,为满足海东线桥上无砟轨道基础上铺设条件,必须对专线 7623 交叉渡线和专线 4249 单开道岔的轨枕和扣件进行优化,采用能与钢筋混凝土道床紧密黏结带桁架钢筋的岔枕和与无砟轨道相匹配的低刚度扣件,满足桥上无砟、无缝道岔的设计要求。海南东环铁路海口东站位于高架桥上,采用无砟轨道及跨区间无缝线路,除一组交叉渡线铺设于(32+48+32)m 连续梁上外,其他道岔均铺设于简支梁上。在简支梁桥上铺设无砟道岔和在连续梁桥上铺设无砟交叉渡线,其结构及梁岔相互作用更加复杂,且交叉渡线无缝线路理论、梁岔相互作用在国内尚未做过系统研究,能否满足平顺性、安全性要求,是课题研究的重点。基于此,中铁二院联合西南交大、中铁山桥等单位积极开展了桥上铺设客专 12 号无砟道岔及交叉渡线等项目的研究。海口东站位于海口市内繁华的南海大道附近,城市用地昂贵且紧张,海口东站设计为高架车站大大减少了车站用地,节省了大量的城市拆迁和建设投资。高架车站采用无砟道岔具有恒载轻、整体性强、稳定性好、坚固耐用、轨道变形小且变形累积缓慢等优点。采用无砟道岔可大大减少养护维修工作量、降低作业强度和改善作业条件。高架车站铺设无砟道岔已成为高速铁路、城际铁路研究和发展的必然趋势。

本课题结合工程实际,主要开展了以下研究:
① 收集、分析、总结国内外桥上无砟轨道无缝道岔相关研究资料;
② 建立桥上无砟轨道"车-岔-桥"动力分析模型,研究车辆、道岔和桥梁的动力相互作用,研究道岔的受力状态,确定梁岔布置及结构设计参数;
③ 桥上无砟道岔道床结构形式及设计参数研究;
④ 桥上 12 号无砟道岔现场测试研究。

通过研究,达到预期目标为:
① 系统地分析国内外无砟轨道无缝道岔的特点及应用情况,建立较为完善的无砟道岔计算理论与方法,建立桥上无缝无砟道岔分析模型,确定合理的设计参数与取值原则;
② 建立桥上无砟轨道"车-岔-桥"动力分析模型,研究车辆、道岔和桥梁的动力相互作用,研究道岔的受力状态,确定结构设计参数;
③ 提出 12 号单开道岔及交叉渡线结构设计方案,满足客运专线铁路的运营要求;
④ 提出桥上无砟道岔布置方案及对基础的设计要求,指导海南东环线桥上无砟道岔设计工作,满足工程建设需要;
⑤ 通过现场实测,对研究结果进行验证,评价 12 号无砟道岔及岔区无砟轨道结构的动力性能及其适应性,为进一步优化岔区无砟轨道结构和道岔结构设计提供依据;
⑥ 为高速铁路设计、制造与铺设 12 号无砟道岔积累经验。

5.2 桥梁地段客运专线 12 号无砟道岔关键技术理论研究

道岔上桥是高铁选线要求、环境要求和土地、空间资源紧张等因素制约下的必然选择。德国、法国、日本、韩国、中国等国家高速铁路都曾在桥上铺设无缝道岔，见图 5.2-1～图 5.2-3。

图 5.2-1　德国高速铁路桥上无缝道岔

图 5.2-2　日本北陆新干线桥上 38 号高速道岔

图 5.2-3　中国台湾高速铁路桥上无缝道岔

5.2.1　国内外桥上无缝道岔研究现状

1．德国桥上无缝道岔

（1）德国桥上无缝道岔结构特点。

德国要求将桥上无砟无缝道岔的所有敏感机械设备设置在同一块道床板上，板下纵向凸台（凸型挡台）减少收缩和温度变形引起的约束；板下横向凸台在道岔板的中心处，数量根据结构计算来确定，具体结构如图 5.2-4～图 5.2-6。

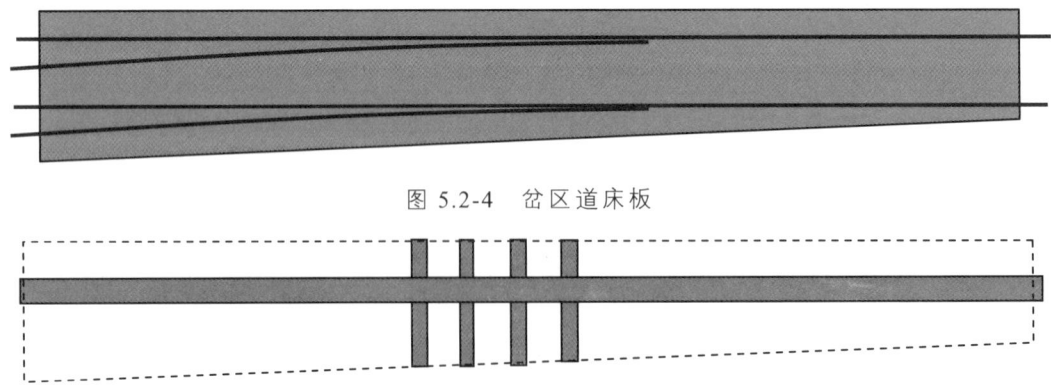

图 5.2-4　岔区道床板

图 5.2-5　纵横向凸台

图 5.2-6　施工后的纵横向凸台

（2）德国桥上无缝道岔相对位移的限值。

德国对道岔各部分相对位移限值都有着严格的规定：

① 心轨基板和轨枕/轨道板的最大移动量需限制在 0.7 mm，主要是由于 BWG 扣件钢制基板与钢锥筒之间的弹性套管的容许变形为 0.7 mm。

② 心轨和基板之间的移动量不超过 ±3 mm，避免锁闭装置被混凝土阻塞。

③ 道岔钢轨和基板的最大移动量不超过 ±20 mm。基板和轨枕/轨道板的最大移动量不超过 ±0.7 mm。

④ 尖轨处的变形有特殊措施时可为 ±20 mm；没有特殊措施时，钢轨和基板的相对移动量不得超过 ±3 mm。

⑤ 为了避免道岔转辙机械卡阻，道岔钢轨和转辙器基座之间相对移动量不超过 ±6 mm。

（3）德国桥上无缝道岔计算理论研究。

德国桥上无缝道岔计算方法分为简单算法和复杂算法。简单算法不考虑道岔作用，按桥上无缝线路计算出桥梁两端单根钢轨温度力，然后用单根钢轨温度力乘以梁端钢轨根数计算梁端总温度力，桥墩附加力等于左、右梁端总温度力的差值。简单算法的相对安全系数较大，一般用于桥上方案设计阶段估算桥墩附加力。复杂算法采用有限元模型计算轨道板-轨下结构之间相互作用，包括支座的纵向反作用力、附加钢轨应力、转辙器与辙叉区域的相对位移。德国桥上无缝道岔有限元计算模型如图 5.2-7 所示。

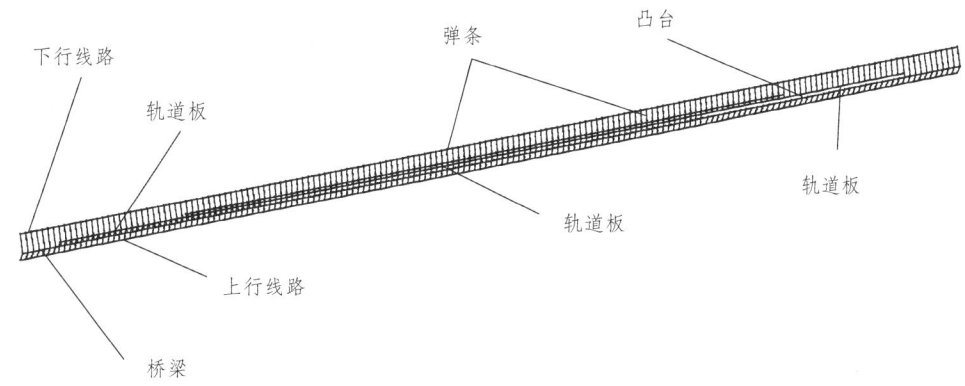

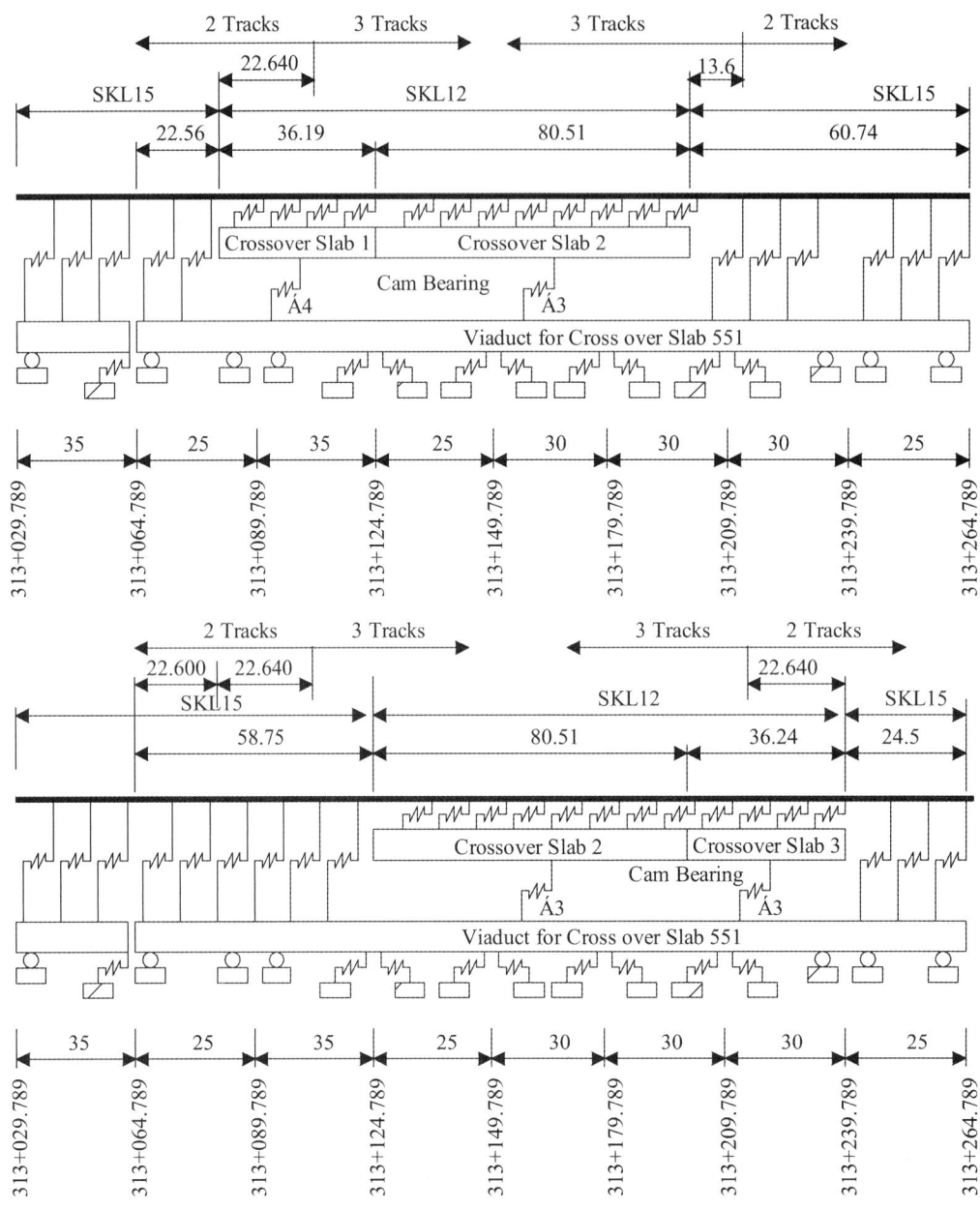

图 5.2-7 德国桥上无缝道岔有限元计算模型（单位：m）

该计算模型中桥梁、渡线、道岔板和钢轨都采用梁单元，无载时扣件采用弹塑性非线性弹簧单元，有载时扣件采用摩擦弹簧单元，桥墩和凸台采用弹性弹簧单元。桥梁、钢轨和凸台的单元网格密度为1m。采用 SOFISTIK 程序进行非线性计算。

2．法国桥上无缝道岔

法国高速铁路规定道岔不得设置于路桥过渡段上，避免因两种结构的沉降差异导致道岔发生不利变形；道岔不得设置在曲线或竖向曲线上；道岔设置于桥梁上时应进行专门的设计研究，其头尾距离桥梁伸缩缝的最小距离应满足表 5.2-1 的要求。

表 5.2-1　伸缩缝和道岔头尾间的最小距离

桥梁总长	最小距离
$L \leqslant 30$ m	20 m
$30 < L \leqslant 90$ m	50 m
$L > 90$ m	活动端设置伸缩调节器，伸缩调节器距离道岔最短距离为 100 m

法国高速铁路为有砟轨道，道岔位于桥梁上时，设计中侧重避免由于桥梁伸缩和道岔里轨伸缩而造成钢轨内积聚很高的温度力；主要限制转辙器和辙叉部分钢轨和轨枕的纵向位移，保持道岔的纵向稳定性。法国计算岔桥纵向相互作用也采用有限单元法，思路与德国相近。

3. 国内桥上无缝道岔研究现状

随着国内铁路大提速和跨区间无缝线路的推广，国内研究人员在路基上无缝道岔计算模型和计算方法方面展开了一系列的研究，对推进无缝道岔设计理论的发展及应用起到了重要作用。铁道科学研究院、西南交通大学、北京交通大学、中南大学等几家单位分别在桥上无缝道岔计算方法和计算理论方面进行了研究，研究成果也陆续公开发表。

2004 年 7 月，铁道科学研究院建立了桥上无缝道岔计算模型，计算模型分成平面模型和立面模型，平面计算模型用于分析无缝道岔导轨和基本轨的纵向相互作用，立面模型用于分析钢轨与桥梁的纵向相互作用。他们根据该模型编制了计算程序，分析了京沪高速铁路新苏州站咽喉区桥上无缝道岔梁轨相互作用。

西南交通大学建立分析了长大连续梁桥上无缝道岔的受力和变形，以 60 kg/m 钢轨 12 号可动心轨道岔为例，分析了长大连续梁桥上铺设无缝道岔及伸缩调节器时，墩台及钢轨的受力及变形规律。

北京交通大学采用有限元分析方法，建立了桥上无缝道岔计算模型，计算了桥上无缝道岔的受力和变形，并分析了桥梁结构、轨温变化幅度、扣件阻力、限位器、间隔铁数量对无缝道岔的影响。

中南大学将道岔、梁和墩台视为一个系统，建立了桥上无缝道岔的有限元模型，根据变分原理和"对号入座"法则建立有限元方程组，研究了支座布置形式、轨温变化幅度、梁温差、扣件阻力、道床阻力、限位器间隙、岔枕刚度、限位器数量、梁跨长度和桥墩刚度对无缝道岔受力和位移的影响。

以上研究成果无一例外地采用了有限元计算方法建模。对桥上无缝道岔这一复杂结构体系，国内外研究者在计算方法的认识上已经趋于一致。

国内最先在浙赣线铺设了桥上无缝道岔，并已经开通运营。浙赣线中国铁路上海局管内 D1K30+000~D1K324+200 正线设计速度为 200 km/h，正线轨道按一次铺设跨区间无缝线路设计。该范围内湄池站两端咽喉区分别位于湄池 1 号和湄池 2 号大桥上，江山站株洲端咽喉区位于黄陈 4 线大桥上。其中：湄池 1 号大桥为 28~32 m 多线特大桥，正线上有 7 组 12 号道岔；湄池 2 号大桥为 14~32 m 多线大桥，正线上有 4 组 12 号道岔；黄陈 4 线大桥为 9~32 m 大桥，正线上有 5 组 12 号道岔。所有道岔均为无缝道岔，道岔采用直向速度 200 km/h、CZ2516 提速型可动心轨混凝土枕道岔。以上工点采用简支梁结构有砟轨道、12 号提速道岔，相关实践经验为客运专线 12 号桥上无砟无缝道岔的研究提供了重要参考。

5.2.2　桥上12号无砟无缝交叉渡线结构研究

1．桥上无缝道岔分析理论与方法

（1）道岔-桥梁相互作用原理。

桥上铺设无缝道岔后，道岔与桥梁之间的相互作用与桥上无缝线路的梁轨相互作用既有共性又存在差异。道岔与桥梁之间的相互作用更加复杂，梁体随温度变化的伸缩、在竖向荷载作用下的挠曲、列车的制动/加速会引起桥梁与道岔的相互作用，另外，道岔里轨由于温度变化引起的伸缩不仅造成里轨与基本轨的相互作用，而且通过扣件、桥面系引起道岔与桥梁的相互作用，道岔-桥梁相互作用是这两种作用相互耦合与相互叠加后的综合效果。道岔-桥梁相互作用原理可以定义如下：在梁体温度变化、列车荷载、列车制动/加速以及道岔里轨随温度变化伸缩的作用下，梁和桥上轨道（包括道岔）之间产生相对位移，桥上轨道（包括道岔）产生钢轨纵向附加力，对桥面系作用大小相等、方向相反的反作用力，此力通过梁、支座传递至墩台，在桥上轨道（包括道岔）与桥梁之间形成一个相互作用的力学平衡体系。道岔-桥梁相互作用原理是桥上无缝道岔纵向力和位移计算的理论基础。道岔与桥梁之间的相互作用如图5.2-8所示。

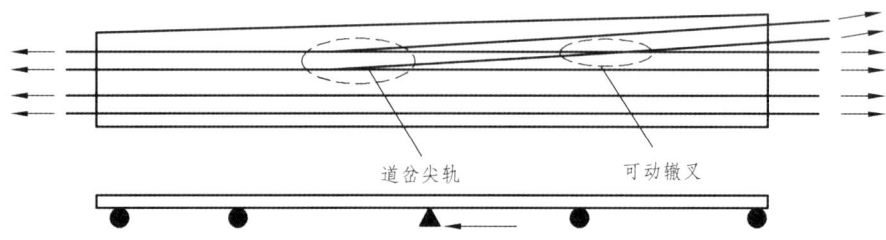

图5.2-8　道岔与桥梁之间的相互作用

道岔与桥梁之间相互作用力包括伸缩力、挠曲力、断轨力和制动力。

（2）道岔-桥梁相互作用非线性有限元模型计算假定：

① 道岔尖轨与可动心轨前端可自由伸缩。尖轨或可动心轨尖端位移为其跟端位移与自由段伸缩位移之和。

② 不考虑辙叉角大小的影响，假设导轨与长轨条平行。

③ 钢轨按支承节点划分有限杆单元，只发生纵向位移；岔枕按钢轨支承点划分有限杆单元，可发生纵向位移和转角。

④ 扣件纵向阻力模拟为纵向弹簧，作用于钢轨节点和岔枕节点上，方向为阻止钢轨相对岔枕位移。扣件阻力可分别按常量和变量输入。

⑤ 不考虑钢轨与岔枕间的相对扭转。桥上无缝道岔若设置有伸缩调节器，假定其纵向约束阻力为零；若设置有普通接头，假设接头阻力为定值；若考虑伸缩调节器的纵向阻力时，视其为普通接头。

⑥ 道床阻力以单位岔枕长度的阻力计，道床阻力沿岔枕长度方向均匀分布。道床阻力可分别按常量和变量输入。

⑦ 考虑间隔铁阻力对钢轨伸缩位移的影响。间隔铁阻力以弹簧单元模拟，可分别按常量和变量输入。岔枕与桥梁、钢轨与路基间的纵向约束阻力均假定为纵向弹簧约束。

⑧ 考虑辙跟限位器在基本轨与导轨间所传递的作用力，设道岔铺设时限位器子母块位置

居中，间隔为 7 mm。当子母块贴靠时，限位器子母块接触刚度按常量和变量输入。桥梁墩台顶纵向刚度假定为线性，包含在支座顶面纵向水平力作用下的墩身弯曲、基础倾斜、基础平移及橡胶支座剪切变形等引起的支座顶面位移。桥梁墩台及基础的竖向刚度即为桥梁支座竖向刚度。

⑨ 假设桥梁固定支座能完全阻止梁的伸缩，活动支座抵抗伸缩的阻力可略而不计，暂不考虑支座本身的纵向变形，固定支座承受的纵向力全部传递至墩台上。梁在支座外的悬出部分，计算伸缩量时不考虑。其他支座形式，需根据其受力特点另外进行数学简化。有砟桥上假设道床所承受的纵向阻力全部传递至桥梁墩台上。

⑩ 在计算伸缩力时，梁的温度变化仅为单纯的升温或降温，不考虑梁温升降的交替变化，一般取一天之内的最大梁温差计算梁的伸缩量。桥上无缝道岔的伸缩力、挠曲力、断轨力均以最大轨温变化幅度作为计算条件；对挠曲力、伸缩力、断轨力、制动力分别计算，不考虑叠加影响。

（3）岔梁墩一体化计算模型。

岔梁墩一体化计算模型如图 5.2-9～图 5.2-11 所示。

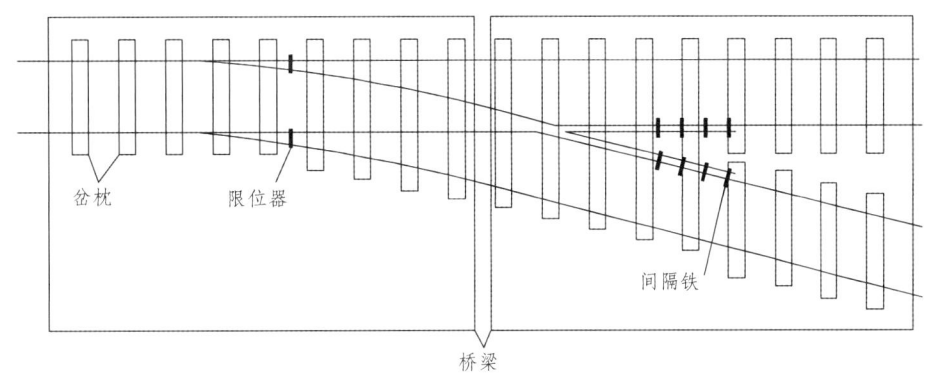

图 5.2-9　桥上无缝道岔模型平面图

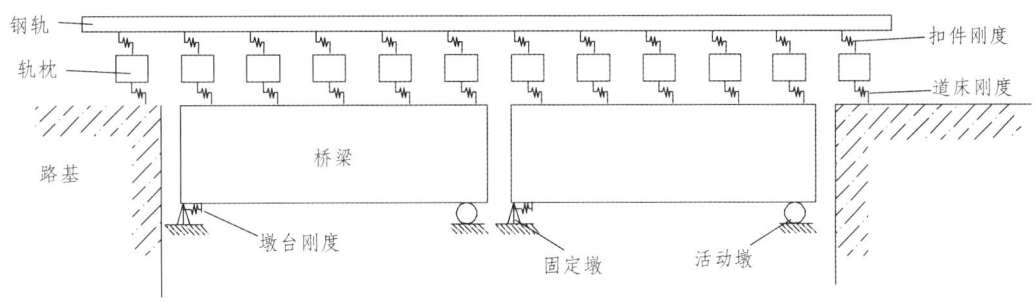

图 5.2-10　有砟桥上无缝道岔模型立面图

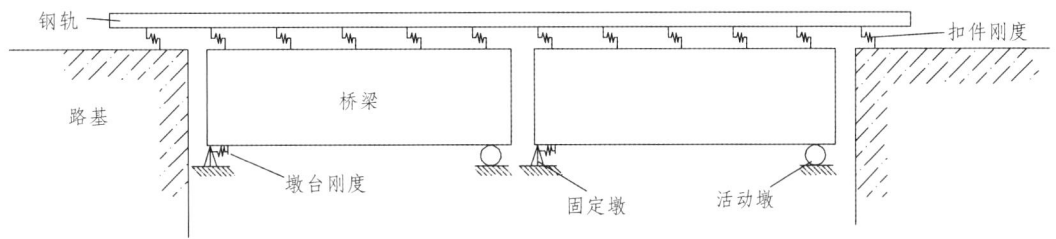

图 5.2-11　无砟桥上无缝道岔模型立面图

在有砟桥上无缝道岔计算模型中，道岔里轨发生伸缩位移后，带动岔枕纵向移动和偏转，一部分作用力通过扣件传递给基本轨，一部分作用力通过岔枕传给道床再传递给桥梁。桥梁因伸缩或挠曲在梁面上产生纵向位移，墩台因道岔上传下来的力在墩顶产生纵向位移，并带动桥梁产生纵向位移。同时，梁的位移通过道床传到道岔上，会导致钢轨中的纵向力重新分布，进而再影响桥梁的受力与变形。

在无砟桥上无缝道岔计算模型中，道岔里轨发生伸缩位移后，通过无砟轨道传递作用力到桥梁上，限位器子母块接触后，一部分作用力通过限位器传递给基本轨，一部分作用力通过无砟轨道再传递给桥梁。桥梁因伸缩或挠曲在梁面上产生纵向位移，墩台因道岔上传下来的力在墩顶产生纵向位移，并带动桥梁产生纵向位移。同时，梁的位移通过无砟轨道传到道岔上，会导致钢轨中的纵向力重新分布，进而再影响桥梁的受力与变形。

（4）程序编制。

通用有限元软件在非线性分析方面技术已非常成熟，计算功能也强大，计算效率和可靠度很高。本节利用通用有限元软件开放的体系结构，基于通用有限元软件二次开发技术编制了梁轨相互作用非线性有限元程序 DCWTB，它采用命令流技术来控制程序流程，自动完成有限元建模、荷载的施加、方程的求解，极大地提高了计算精度和工作效率。图 5.2-12 为通用有限元中建立的桥上无缝道岔有限元模型（一组单渡线）。

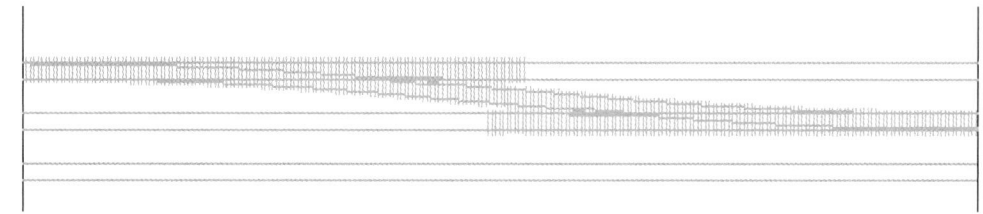

图 5.2-12　桥上无缝道岔有限元模型

2．桥上 12 号无砟无缝交叉渡线纵向受力研究

（1）桥上岔区无砟轨道系统的组成：

① 凸台式结构：台式无砟道岔结构主要以 Rheda 无砟轨道为代表，采用轨枕埋入式结构，轨枕配置外露的桁架筋加强与现浇混凝土道床的联结。预制混凝土枕现场浇筑于道床板内，并通过纵向钢筋和双块式轨枕的桁架筋确保轨枕与道板的可靠联结。现浇道床板较好地保证了结构的整体性，不需要设置专门的调整层，随着道床的施工完成，轨道空间几何状态也就调整就位。桥上岔区 Rheda 轨道结构如图 5.2-13 所示，由道岔、混凝土桁架岔枕、混凝土道床板、隔离层、凸台、保护层等组成。

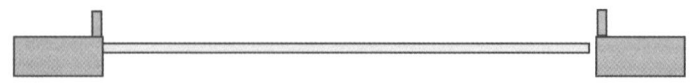

图 5.2-13　无砟桥上岔区轨道结构

② 道岔板：桥上无缝道岔的道岔板被分块浇筑，分块长度是根据道岔要求确定的。道床板之间的接缝还可以用作桥面的排水。轨道板的宽度随着道岔的几何尺寸而有所不同。轨道板的高度由于桥梁横向坡度的不同而有变化，并取决于轨道板的宽度。道岔板典型的构造如图 5.2-14 所示。

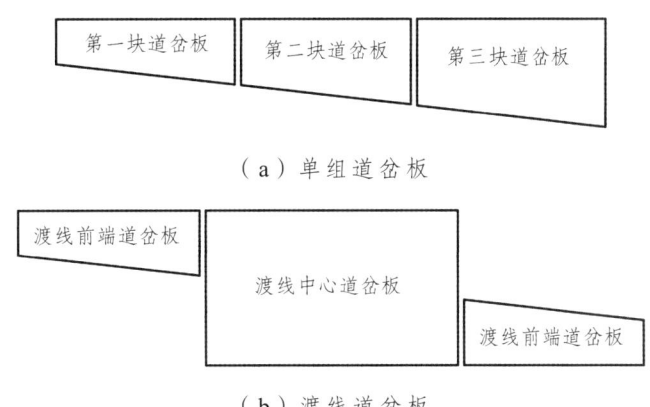

（a）单组道岔板

（b）渡线道岔板

图 5.2-14 道岔板布置示意

③ 凸台：沿着轨道板长度方向保护层上有一个纵向的凸台，而沿着轨道板整个宽度方向上大约有三个横向的凸台固定道岔板。纵横向水平力通过一个纵向的和三个或四个横向凸台从道岔板上传递到保护层。纵向凸台采用钢筋混凝土结构，高 60 mm，宽 800 mm，间距为 13 000 mm；横向凸台采用钢筋混凝土结构，高 60 mm，宽 500 mm，横向凸台的长度则取决于道岔的几何尺寸。凸台的边缘有角钢保护，这些预制的角钢焊接在锚杆和连接筋上。凸台采用箍筋进行加固，道岔板的凸台边缘也采用角钢进行保护。

④ 隔离层：混凝土保护层的水平面和凸台上覆盖着连续隔离层。隔离层旨在把无砟轨道混凝土和保护层混凝土分离开。隔离层由一层厚 1.3 mm 的 EPDM 橡胶垫片和一层 0.4 mm 厚的 PE 垫片组合而成，这种垫片允许由于无砟轨道结构的温度梯度变化等引起的各种伸缩和滑动。为确保转移荷载的安全性，在凸台的垂直面上要安装弹性支座。支座材料为 CalenbergS70 型弹性支座，按不同的弹性要求，分为 D、E、F 等三个规格。有 3 个横向凹台和 4 个横向凸台的两种情况，如图 5.2-15 所示。

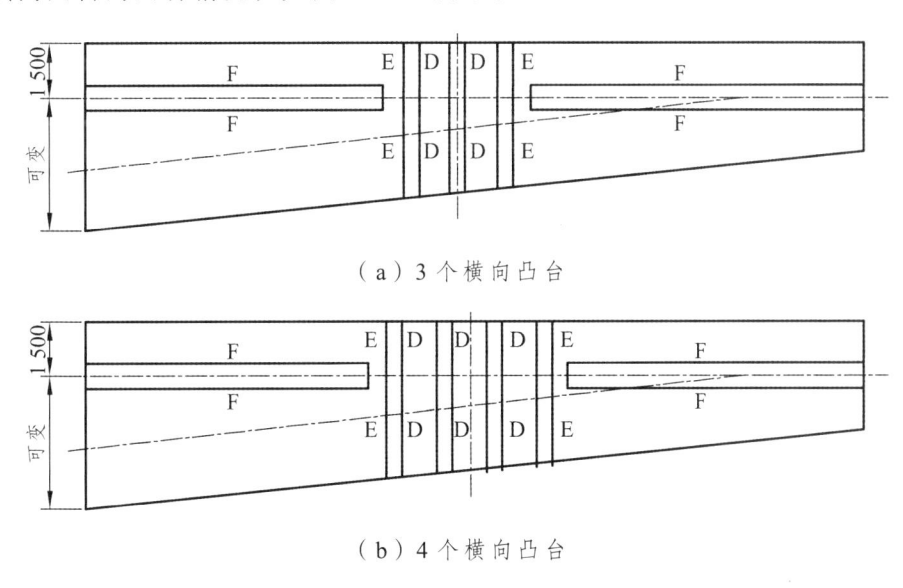

（a）3 个横向凸台

（b）4 个横向凸台

图 5.2-15 横向凸台的弹性支座分布示意图（单位：mm）

⑤ 保护层：保护层是在梁上连续浇筑、覆盖整个梁面的混凝土轨道板，只有在梁缝处保

护层才是断开的。荷载通过防护层与桥面板之间的摩擦以及保护层与脱轨防撞墙之间的连接钢筋传递到梁上。

⑥ 门型钢筋结构：地铁工程中，桥上岔区无砟轨道经常采用钢筋混凝土短岔枕埋入式结构。根据铺设位置不同，短岔枕可分为不同长度，但应尽量减少类型，短岔枕内预埋塑料套管，用螺栓将垫板与短岔枕连接，短岔枕底部伸出钢筋与整体道床相连接。整体道床伸缩缝应尽量避开转辙器、辙叉和护轨部分。道岔整体道床范围应尽量避开结构沉降缝。桥上道岔道床应做好排水处理，并与桥梁本身排水设施相匹配，道床表面适当设排水横坡。通过在桥梁保护层中预埋门型钢筋的形式将道床板和桥梁进行连接，门型钢筋采用$\phi16$HRB335钢筋，沿线路纵向每隔650 mm布置一排，尖轨、里轨和辙叉所在道床每排根数不相同。在门型钢筋两侧设置分布定位钢筋。道床板断面如图5.2-16所示。

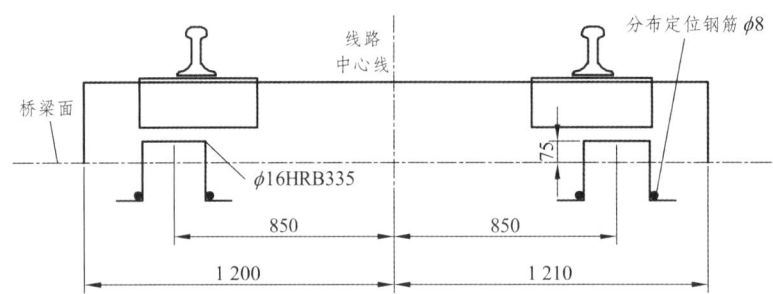

图 5.2-16　地铁道岔区道床板断面图（单位：mm）

（2）计算模型及参数。

桥上无缝道岔和路基无缝道岔的区别主要在基础上：路基上无缝道岔两边都位于固定区，只有道床阻力在纵向上对其产生影响；而桥上无缝道岔存在基础的纵向变形，即使钢轨没有温度变化而桥梁有温度变化也存在温度附加力和位移。但是桥上无缝道岔基础竖向位移比较小，主要包括墩台的沉降和桥梁的挠曲；而路基上无缝道岔基础不发生比较大的沉降，而且沿线路方向沉降差异很大。

为了研究无砟轨道桥上无缝道岔交叉渡线受力和变形情况，课题组从整个线桥系统出发，基于非线性有限单元法建立了"轨-枕-板-桥-墩"空间一体化纵向力计算模型，考虑了线路纵向阻力、桥梁纵向水平刚度以及轨道和桥梁本身变形，如图5.2-17所示。

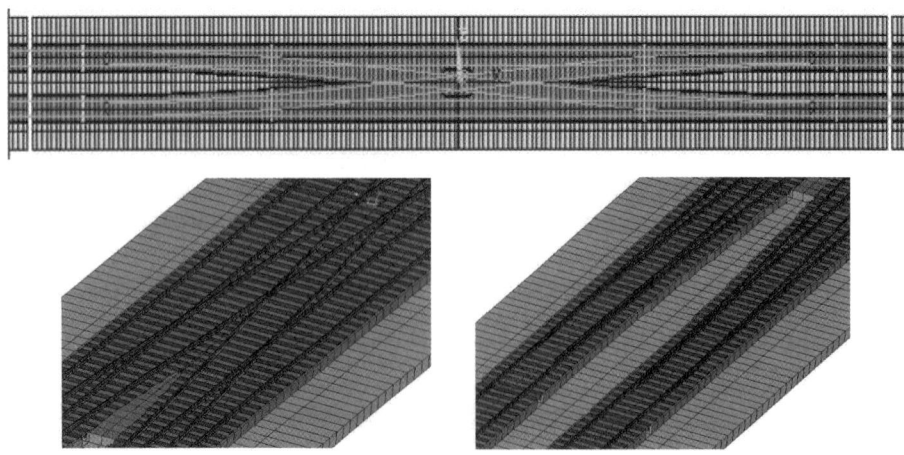

图 5.2-17　有限元计算模型

① 钢轨：交叉渡线（混凝土岔枕、60 kg/m 钢轨、92 改进型 12 号可动心轨辙叉、5 m 间距）的平面示意图及有关说明如图 5.2-18 所示。

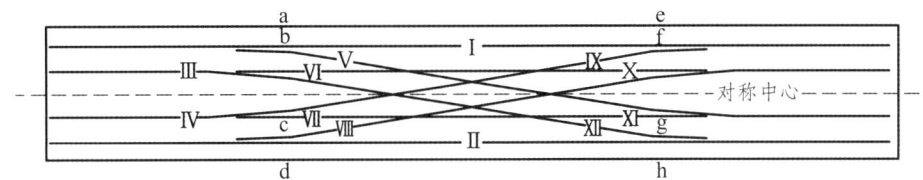

注：图中 a、b、c、d、e、f、g、h 为间隔铁；Ⅰ（或Ⅱ）、Ⅲ（或Ⅳ）、Ⅴ（或Ⅷ、Ⅸ、Ⅻ）、Ⅵ（或Ⅶ、Ⅹ、Ⅺ）分别表示直基本轨、曲基本轨、曲导轨、直导轨。

（a）渡线钢轨分布

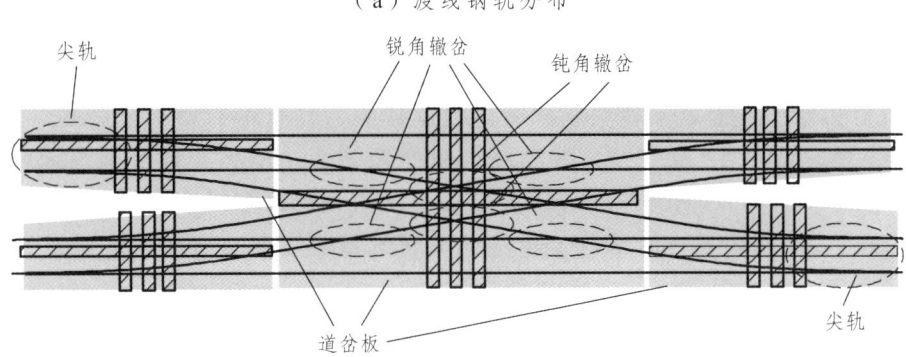

（b）交叉渡线道岔板布置

图 5.2-18 交叉渡线平面示意

混凝土岔枕、60 kg/m 钢轨、92 改进型 12 号可动心轨辙叉、5 m 间距交叉渡线，道岔总长 155 个枕跨，导曲线半径 350.717 m，岔枕间距为 0.6 m。道岔直侧股均焊接。

② 轨枕：轨枕采用梁单元模拟，截面积 $A = 61\,600\ \text{mm}^2$，竖直轴的惯性矩 $I_{zz} = 4.05 \times 10^8\ \text{mm}^4$，横轴的惯性矩 $I_{xx} = 2.48 \times 10^8\ \text{mm}^4$，混凝土岔枕弹性模量 $E = 3.25 \times 10^7\ \text{N/mm}^2$，泊松比 0.2。

③ 区间扣件阻力：扣件纵向阻力由钢轨与垫板之间的摩阻力和扣板与轨底扣着面之间的摩阻力组成，摩擦阻力大小取决于扣压力和摩擦系数的大小。当扣件螺母扭矩一定时，扣件纵向阻力随着钢轨纵向位移增加而增大，当位移达到某一程度之后，钢轨开始滑移，其阻力不再增加。在相同的位移下，扣件螺母扭矩越大，扣件纵向阻力越大。北京交通大学对我国Ⅰ、Ⅱ、Ⅲ型扣件的扣件纵向阻力进行了测试，得出了扣件纵向阻力与位移关系曲线。由测试结果可知，对于小于 1 mm 的位移，有弹性位移的性质，而 1 mm 之后，钢轨开始有滑移趋势。北京交通大学建议，Ⅰ、Ⅱ、Ⅲ型扣件的阻力可采用表 5.2-2 的取值。

表 5.2-2　扣件纵向阻力

扣件阻力		Ⅰ型/（kN/组）	Ⅱ型/（kN/组）	Ⅲ型/（kN/组）
螺母扭矩/（N·m）	80	9.0	9.3	16.0
	150	12	15.0	16.0

④ 岔区扣件阻力：扣件为Ⅲ型，扭矩为 70~90 N·m 时，其纵向阻力是非线性的，故模

拟扣件时采用非线性弹簧单元模拟。由室内试验得出扣件阻力和位移的关系，确定非线性弹簧的参数，Ⅲ型扣件纵向阻力测试值见表 5.2-3，计算中扣件阻力若取为常值，则取为 16 kN。

表 5.2-3 扣件阻力

位移/mm	0	0.25	0.5	0.75	1.0	1.5	2.0
阻力/（kN/组）	0.0	10.6	14.5	16.5	18.2	18.9	19.1

⑤ 桥上小阻力扣件：借鉴桥上无缝线路的经验，桥上部分采用小阻力扣件，桥上小阻力单轨扣件极限阻力值为 66.7 kN/cm，其拟合公式为：

$$r_c = \begin{cases} 128.4 z^{1/3} & (z < 0.14 \text{ cm}) \\ 128.4 \times 0.14^{1/3} & (z \geq 0.14 \text{ cm}) \end{cases}$$

对于小阻力扣件，在混凝土桥梁无砟轨道线路伸缩力计算中，中国"暂规"规定纵向阻力取值以小阻力为准。对无载工况，线路纵向阻力取值为小阻力扣件极限纵向阻力的 0.75 倍；对有载工况，机车、车辆下纵向阻力分别取小阻力扣件极限纵向力的 1 倍和 0.75 倍。

⑥ 限位器、间隔铁阻力：限位器子母块在不同荷载条件下的测试位移如表 5.2-4 所示。

表 5.2-4 限位器子母块位移

荷载/kN	50	100	150	200	250	310	410	510
子块位移/mm	0.03	0.09	0.18	0.58	1.03	1.36	1.89	2.38
母块位移/mm	0.28	0.47	0.73	1.06	1.51	2.12	3.24	4.42

间隔铁阻力计算中采用常量阻力时，可取为 5×10^4 kN/m。

⑦ 凸台及弹性支座参数：凸台与轨道板之间的约束关系用弹簧单元模拟。参考《RHEDA2000 无砟轨道技术转让》的相关内容，推导出支座的刚度。分析得出：10 mm 厚 D 胶垫和 15 mm 厚 E 胶垫刚度在 250～300 kN/mm 成线性变化；5 mm 厚 F 胶垫在 1.74 mm 以内成线性变化，刚度值为 270～300 kN/mm，超出 1.74mm 以后成非线性变化，刚度值为 350 kN/mm～无穷大。如图 5.2-19 所示。

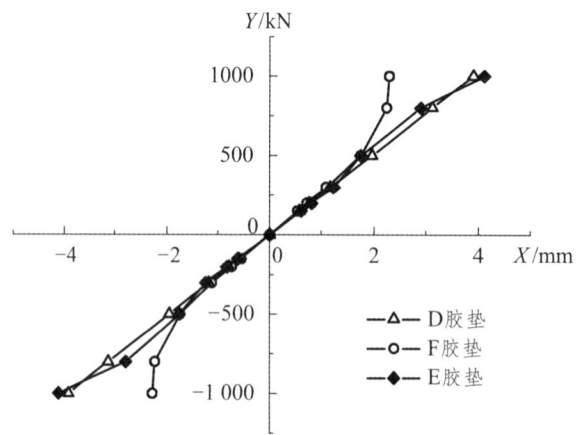

图 5.2-19 凸台胶垫支座刚度变化曲线

⑧ 门型筋：根据国内城市轨道交通桥上道岔建设经验，为了在相同条件下比较两种不同的基础连接形式，在本计算模型中，门型钢筋用线性弹簧单元进行模拟，刚度取为无穷大，如图 5.2-20 所示。

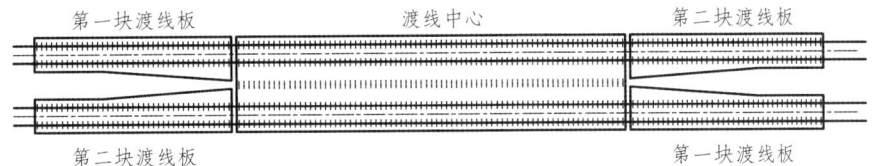

图 5.2-20　道岔板门型钢筋布置

通过在桥梁保护层中预埋门型钢筋的形式将道床板和桥梁进行连接，门型钢筋沿线路纵向布置，纵向间距 600 mm，第一块渡线板、第二块渡线板每排设置两组，渡线中心板每排设置五组，在门型钢筋两边设置定位钢筋。

⑨ 轨道板：轨道板采用实体单元模拟，轨道板高 0.37 m，渡线中心板宽 7.8 m，渡线板宽有 2.8～3.5 m，材料参数按 C40 混凝土取值。

⑩ 保护层和桥梁板：保护层和桥梁板为一体，采用实体单元模拟，保护层和桥梁板高度为 0.5 m，宽为 13.2 m，其余参数取与轨道板参数相同。

（3）岔桥位置及相关参数。

交叉渡线平面如图 5.2-21 所示，铺设在一座（32+48+32）m 的混凝土连续梁上，两边为 32 m 简支梁，桥梁两边各考虑了 65 m 的路基影响范围，道岔菱形对称中心布置在连续梁中间部位，其桥跨长度及支座布置如图 5.2-22 所示。渡线辙跟设两个限位器，间隙值为 7 mm。道岔总长 155 个枕跨，导曲线半径 350.717 m，岔枕间距为 0.6 m。道岔直侧股均焊接。以菱形对称中轴位置表示坐标零点，钢轨及桥墩位移向右为正，向左为负。

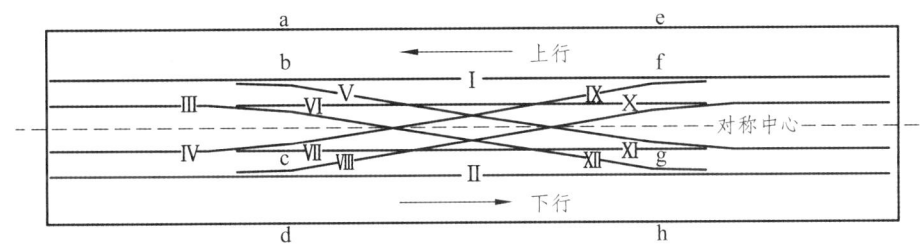

注：图中 a、b、c、d、e、f、g、h 为间隔铁或限位器，同时也代表尖轨编号；Ⅰ（或Ⅱ）、Ⅲ（或Ⅳ）、Ⅴ（或Ⅷ、Ⅸ、Ⅻ）、Ⅵ（或Ⅶ、Ⅹ、Ⅺ）分别表示直基本轨、曲基本轨、曲导轨、直导轨。

图 5.2-21　交叉渡线平面示意

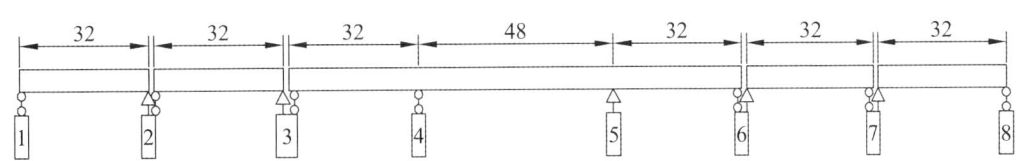

图 5.2-22　桥跨及支座布置（单位：m）

连续梁固定支座纵向刚度 200 kN/mm，简支梁固定支座纵向刚度 100 kN/mm，左右桥台纵向刚度 300 kN/mm。

3．桥上 12 号无砟无缝交叉渡线温度力分析

设钢轨升降温幅度 50 ℃、轨道板升降温幅度 30 ℃、桥梁升降温幅度 15 ℃，进行岔、桥温度力作用分析。计算、分析结果如下：

（1）直基本轨纵向附加力和纵向位移。

图 5.2-23 所示为无砟桥上无缝交叉渡线在伸缩力作用下，直基本轨附加纵向力。直基本轨最大附加温度拉力为 485 kN，出现在：在①菱形对称中轴处，远离对称中轴；在②连续梁上道岔板伸缩缝处附加伸缩力减小；在③一方面是由于限位器处附加伸缩力增大，曲基本轨通过传力部件（限位器），把纵向力传递给了直基本轨，导致在辙跟处附加伸缩力增大，另一方面是由于钢轨和道岔板升降幅度不一致，在道岔板中部受拉；在④连续梁上道岔板与小板的伸缩缝处出现附加温度拉力；在⑤连续梁与简支梁梁缝处出现最大附加温度压力；在⑥简支梁与简支梁梁缝处又出现附加温度压力峰值；在⑦简支梁与路基接壤的墩台处，又再次出现附加温度压力峰值。在简支梁上的单元板，在单元板的伸缩缝处出现小的附加伸缩力。道岔两边以菱形对称中轴对称，左边的变化趋势与右边相同。但左右的峰值却有差异，因为连续梁固定支座布置在菱形对称中轴的右侧，可见固定支座的布置方式对桥上道岔直基本轨的受力影响明显。

直基本轨的伸缩位移见图 5.2-24。直基本轨最大纵向位移 8.12 mm，发生在尖轨尖端后不远处，这是因为：桥梁在伸缩力作用下发生变形，带动轨道板整体移动，轨道板在扣件的作用下带动钢轨伸缩，钢轨因为桥梁的伸缩和其自身在伸缩力作用下伸缩，两种方式其位移的不同主要是由于轨道板和桥梁降温幅度不一致，凸台形式因为降温幅度不同而使轨道板和桥梁之间有相对位移。

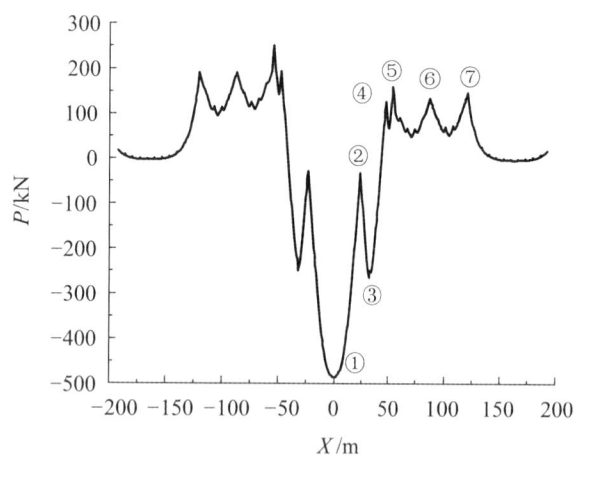

图 5.2-23　直基本轨附加伸缩力

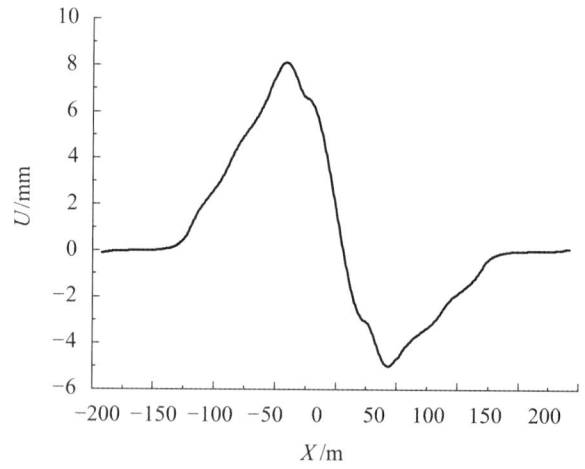

图 5.2-24　直基本轨纵向位移

（2）道岔传力部件纵向力。

道岔传力部件的受力见表 5.2-5 所示。

计算表明，当设置两个限位器时，只有两边的限位器跟基本轨发生相互作用关系，内侧的限位器钢轨还没有贴靠（设置当纵向力为 1kN 时发生贴靠）。

表 5.2-5　传力部件受力

类　型	限位器纵向力/kN					
	位置	编号1	编号2	位置	编号1	编号2
上　行	a	31.311	-0.935	e	-0.932	-23.237
	b	-30.367	-0.934	f	-0.933	23.983
下　行	c	-30.355	-0.934	g	-0.933	23.969
	d	31.302	-0.935	h	-0.932	-23.227

（3）道岔尖轨位移。

在伸缩力作用下，尖轨绝对位移和板轨相对位移见表 5.2-6 所示，从中可以看出，道岔尖轨板轨相对位移均未超出转辙机的允许范围 15 mm，转辙机可以正常运转。

表 5.2-6　尖轨位移

位移	道岔号	尖轨	道岔号	尖轨	位移	道岔号	尖轨	道岔号	尖轨
绝对位移/mm	a	-20.5	e	17.0	梁轨相对位移/mm	a	-12.0	e	12.2
	b	-20.5	f	17.0		b	-12.0	f	12.2
	c	-20.5	g	17.0		c	-12.0	g	12.2
	d	-20.5	h	17.0		d	-12.0	h	12.2

（4）凸台纵向力。

桥梁板与轨道板之间的约束关系是通过凸台来实现的，凸台上的弹性支座可以缓冲单一形式凸台上的荷载，有利于在收缩和温度荷载情况下凸台的受力。其凸台和弹性支座共同作用下的受力情况见图 5.2-25 所示。

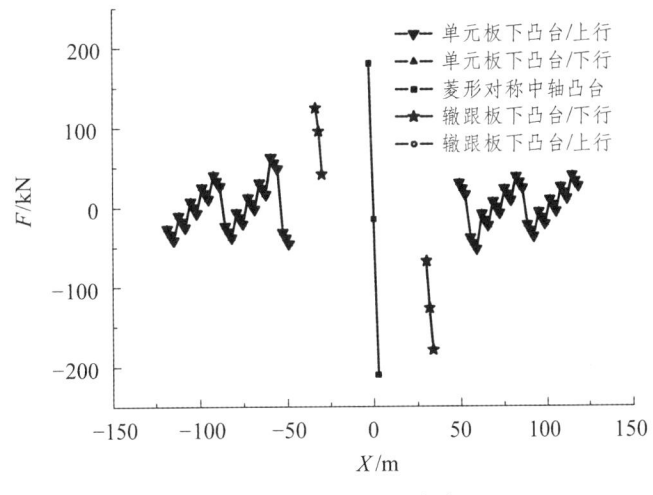

图 5.2-25　凸台纵向力

由图可知，简支梁上的 5 块单元板下凸台纵向力的变化范围为 -52.69～62.808 kN，其中在左边连续梁与简支梁连接处，出现简支梁上凸台的最大值，单个简支梁上的 5 块单元板，以中间单元板为对称中心，两边一边承受压力，一边承受拉力；菱形对称中心板下的凸台的纵向力变化范围为 180.01～-209.81 kN，以中间凸台为中心，一侧承受压力，一侧承受拉力；

辙跟下的凸台纵向力的变化范围，左边为 -41.1~124.45 kN，单边受拉，右边为 -68.13~-178.94 kN，单边受压。可见在右边辙跟下凸台承受的纵向力要比左边的大，原因是连续梁固定支座布置的影响，固定支座限制了连续梁的位移，进而通过凸台限制了轨道板和钢轨的位移，所以在此处凸台与轨道板作用力大。

（5）桥墩纵向力。

桥梁固定支座所在墩台纵向力见表 5.2-7。由表可知，连续梁固定支座的纵向力最大，其值为 365 kN。与连续梁相邻的简支梁固定支座纵向力也较大，尤其是连续梁温度跨度较大一侧的 3 号墩，纵向力达到 242 kN。

表 5.2-7 桥墩纵向力

墩台号	1	2	3	4	5	6	7	8
纵向力/kN	—	-31	-242	—	365	103	-53.6	—

（6）轨道板应力和位移。

① 轨道板应力。

道岔板和单元板的等效应力云图如图 5.2-26 所示。由应力云图可以得知：桥上道岔板和单元板第一主应力的主要变化范围为 -1.15~1.539 MPa，在菱形对称中心和菱形道岔板的中间部分出现部件 6.916 MPa 的应力，是因为该处轨枕的影响，在该处岔枕是断开的；桥上道岔板和单元板的等效应力的变化范围为 1.162~9.226 MPa，其中板上表面的应力变化比较均匀，因为轨枕和混凝土共同作用，而板下的应力变化在凸台的地方应力较没有凸台的地方大，可见凸台对轨道板的受力影响是很明显的。由于整个模型成对称分布，右半部分应力分布同上所述。

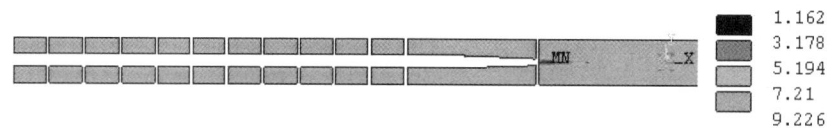

图 5.2-26 道岔板和单元板上表面等效应力云图

② 轨道板纵向位移。

道岔板和单元板的位移云图如图 5.2-27 所示。由位移云图可以得知，道岔板和单元板的纵向位移的变化范围为 -12.403~8.86 mm。在连续梁上，辙跟下道岔板的左端和右端出现最大纵向负位移和最大纵向正位移，因为此处的道岔板和桥梁板的长度最长，受连续梁上固定支座的影响，使左端较右端的伸缩位移大；在简支梁上，在简支梁的两端单元板的纵向位移较简支梁中间部位的道岔板位移大，因为在温度力作用下，简支梁由中间向两边伸缩，通过凸台带动轨道板发生伸缩位移，在两端形成较中间大的纵向伸缩位移。可见相对升降温幅度对道岔板的伸缩位移影响是十分明显的。

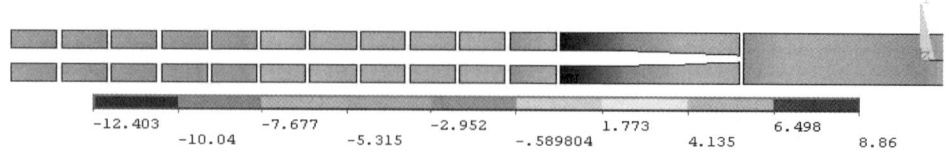

图 5.2-27 道岔板和单元板左边纵向位移云图

4．轨道结构参数影响分析

无缝道岔交叉渡线部件众多，其受力和变形比较复杂，而桥上铺设无缝道岔，桥梁的伸缩对道岔产生作用，而道岔的温度力又反作用于桥梁，这样，无缝道岔的受力和变形就变得更加复杂。弄清各种因素对桥上无缝道岔的影响，是桥上无缝道岔的设计、施工以及养护维修的核心内容。根据理论分析，轨道结构中对桥上无砟轨道无缝道岔受力与变形的影响因素有很多，下面就以下几种关键参数的影响进行分析：轨温变化幅度、扣件阻力、凸台刚度和岔区轨道板分块布置影响。

（1）轨温变化幅度的影响分析。

① 直基本轨附加温度力和位移。

直基本轨附加温度力和位移的变化如图 5.2-28、图 5.2-29 所示。

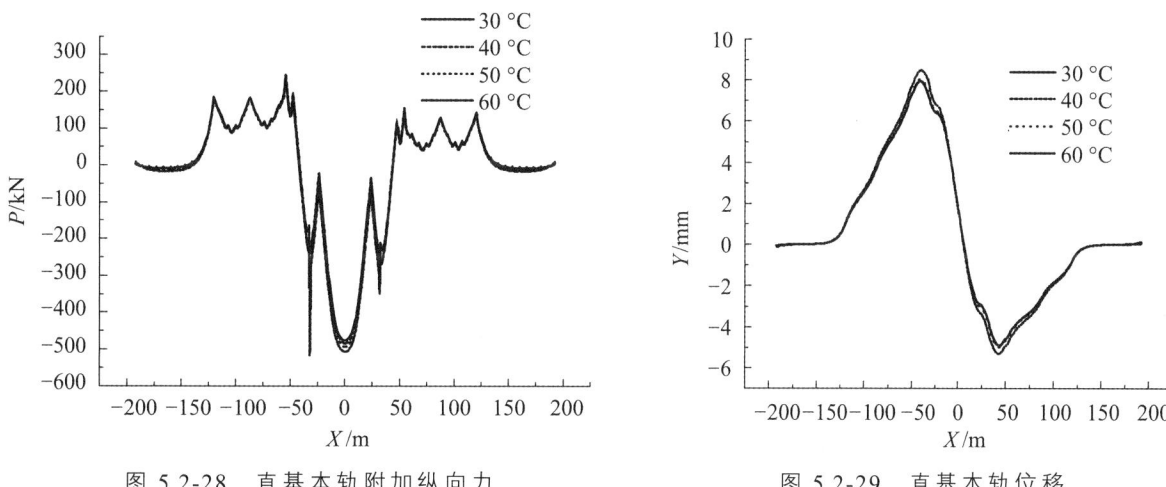

图 5.2-28　直基本轨附加纵向力　　　　　图 5.2-29　直基本轨位移

上图表明：随着轨温变化幅度的增加，基本轨附加温度拉力和位移都逐渐增加，但增幅不大。

② 凸台纵向力。

表 5.2-8 所列为凸台所受纵向力，随着轨温变化幅度的增加，单元板下凸台纵向力增加不是很明显，原因是单元板的长度比较短，轨道板和桥梁板之间通过凸台传递纵向力，凸台上的弹性胶垫能够有效地释放部分纵向力，减小轨道板和梁之间的作用力。辙跟板下凸台受力增加幅度比较明显，因为辙跟板处在梁伸缩位移和钢轨伸缩位移比较大的部位，轨道板和梁的相对位移大，纵向作用力增加幅度就大。菱形对称中心板下，凸台的纵向作用力增幅不大，原因是菱形对称中心部位是轨道板和桥梁板伸缩位移最小的地方，相对位移较小，作用力增幅不大。

表 5.2-8　凸台纵向力

升温/℃		30	40	50	60
单元板下	凸台最大纵向拉力/kN	62.337	62.366	62.603	63.933
	凸台最大纵向压力/kN	−52.373	−52.402	−52.621	−53.924
辙跟板下	凸台最大纵向拉力/kN	134.580	136.002	146.259	199.610
	凸台最大纵向压力/kN	−167.550	−169.033	−179.400	−225.318
菱形对称中心板下	凸台最大纵向拉力/kN	165.260	171.601	176.790	179.449
	凸台最大纵向压力/kN	−200.513	−206.899	−212.877	−233.671

③ 其他。

计算同时表明，当升温 46 ℃ 时，限位器子母块发生贴靠，随着轨温幅度的增加，限位器作用力增幅比较明显，导致基本轨纵向力增加幅度比较大，见表 5.2-9。

表 5.2-9 不同升温幅度下有关部件计算结果

升温/℃		30	40	50	60
尖轨尖端位移/mm	负向最大值	−14.397	−17.714	−20.548	−22.305
	正向最大值	10.785	14.1	16.98	19.3
梁轨相对位移/mm	负向位移	−5.922	−9.238	−12.063	−13.782
	正向位移	5.984	9.297	12.169	14.448
限位器最大纵向力/kN		0.503	0.818	101.327	243.885
墩台纵向力/kN	2 号墩	−54.41	−54.99	−40.63	−17.80
	3 号墩	−234.9	−235.25	−238.71	−255.66
	5 号墩	358.49	358.69	359.83	366.08
	6 号墩	98.76	99.114	102.06	116.60
	7 号墩	55.157	55.052	53.932	48.782

随着轨温幅度的增加，尖轨尖端的位移不断增大，梁轨的温差为 45℃ 时，梁轨相对位移仍然没有超出 15 mm 转辙器要求的检算范围，可见转辙器放在桥上可以正常运转。

随着轨温变化幅度的增加，连续梁固定支座纵向力变化不大，对简支梁固定支座纵向力影响也不大。

从以上分析可知：轨温变化幅度的增加，对直基本轨附加温度拉力、道岔传力部件纵向力、道岔尖轨位移、梁轨相对位移和辙跟板下凸台纵向力影响明显，而对直基本轨附加温度压力、单元板下凸台纵向力、菱形对称中轴板下凸台纵向力和桥墩纵向力影响不大。可见，在轨道板和桥梁温差保持不变的条件下，随着轨温变化幅度的增加，虽然梁、轨温差不断增加，但梁轨相互影响并不大，所以对直基本股附加温度压力的影响也不大。由此可见，由于交叉渡线和梁跨均为对称布置，仅固定支座偏离对称中心，因此，在只有钢轨温度变化的条件下，桥梁和轨道结构受影响不大，钢轨和传力部件受影响较大。

（2）扣件阻力影响。

扣件是梁轨之间作用的重要传力部件，其阻力值对轨道结构的受力和位移影响很大，下面就改变扣件阻力参数进行比较分析。

荷载工况：钢轨升降温幅度 50 ℃、轨道板升降温幅度 30 ℃、桥梁升降温幅度 15 ℃。

① 简支梁桥上扣件阻力影响。

改变简支梁上轨道扣件阻力，选取三种扣件作研究：弹条 I 型扣件，滑移阻力为 5 kN/mm；弹条 II 型扣件，滑移阻力为 16.1 kN/mm；弹条 III 型扣件，滑移阻力为 23 kN/mm。岔区仍然采用非线性扣件阻力，对轨道结构进行对比分析，计算结果见表 5.2-10。

表 5.2-10 简支梁扣件阻力变化的计算结果

扣件类型		弹条Ⅰ型	弹条Ⅱ型	弹条Ⅲ型
直基本轨最大附加温度拉力/kN		485	484	484
直基本轨最大附加温度压力/kN		258	282	292
直基本轨最大正向位移/mm		4.99	4.87	4.82
直基本轨最大负向位移/mm		-8.04	-7.81	-7.75
限位器最大纵向力/kN		32.918	103.073	104.59
单元板下	凸台最大纵向拉力/kN	64.317	70.084	70.576
	凸台最大纵向压力/kN	-49.266	-61.57	-63.336
辙跟板下	凸台最大纵向拉力/kN	122.04	108.04	104.836
	凸台最大纵向压力/kN	-177.58	-171.26	-168.81
菱形对称中心板下	凸台最大纵向拉力/kN	179.23	185.87	185.12
	凸台最大纵向压力/kN	-210.611	-204.428	-205.15
尖轨尖端位移/mm	负向最大值	-20.459	-20.459	-20.43
	正向最大值	17.024	17.009	17.003
梁轨相对位移/mm	负向位移	-12.036	-12.085	-12.07
	正向位移	12.146	12.117	12.104
墩台纵向力/kN	2号墩	47.00	50.39	47.63
	3号墩	229.32	207.08	197.85
	5号墩	371.01	376.47	378.16
	6号墩	92.78	69.66	61.18
	7号墩	56.95	58.27	58.07

由计算结果可知：随着简支梁上轨道扣件阻力增加，连续梁上钢轨纵向力和钢轨位移变化不大，简支梁上在单元板伸缩缝处钢轨纵向力增加明显，钢轨纵向位移变化不大。直基本轨最大附加温度拉力变化不大，梁端附加温度压力增加明显，基本轨位移逐渐减小。

随着简支梁上轨道扣件阻力增加，道岔传力部件作用力增加，尖轨尖端位移和梁轨相对位移有所减小，连续梁上岔板下的凸台纵向力有所减小，简支梁上单元板下凸台影响比较明显。墩台纵向力受影响较小。

② 连续梁桥上扣件阻力影响。

改变连续梁上轨道扣件阻力，选取三种扣件刚度作研究：刚度一为 5 kN/mm，刚度二为 16 kN/mm，刚度三为滑移阻力 30 kN/mm。简支梁上仍采用非线性扣件阻力，对轨道结构进行对比分析，计算结果见表 5.2-11。

表 5.2-11　连续梁上扣件阻力变化的计算结果

扣件类型		阻力一	阻力二	阻力三
直基本轨最大附加温度拉力/kN		378	460	476
直基本轨最大附加温度压力/kN		225	302	350
直基本轨最大正向位移/mm		4.36	6.26	7.23
直基本轨最大负向位移/mm		−7.44	−9.49	−10.5
限位器最大纵向力/kN		110.1	0.453	0.275
单元板下	凸台最大纵向拉力/kN	54.573	77.458	91.815
	凸台最大纵向压力/kN	−40.608	−40.981	−41.208
辙跟板下	凸台最大纵向拉力/kN	136.361	284.25	366.047
	凸台最大纵向压力/kN	−194.00	−310.71	−375.19
菱形对称中心板下	凸台最大纵向拉力/kN	184.12	191.46	194.45
	凸台最大纵向压力/kN	−214.02	−175.08	−154.28
尖轨尖端位移/mm	负向最大值	−19.952	−17.913	−17.301
	正向最大值	16.508	14.418	13.808
梁轨相对位移/mm	负向位移	−11.517	9.462	−8.834
	正向位移	11.638	9.368	8.663
墩台纵向力/kN	2号墩	16.253	22.348	42.452
	3号墩	197.44	328.38	403.23
	5号墩	371.34	401.18	416.2
	6号墩	55.783	171.05	237.8
	7号墩	67.664	31.291	11.595

由上表可知：随着连续梁上轨道扣件阻力增加，直基本轨附加纵向力和钢轨位移逐渐增加，其中在轨道板伸缩缝处影响最明显。可见，连续梁上岔区的扣件阻力对钢轨附加纵向力和位移影响很大。

随着连续梁上轨道扣件阻力增加，直基本轨最大附加温度力和位移逐渐增大；限位器纵向力逐渐减小，大部分的纵向力由扣件传递给轨道板，轨道板传递给桥梁，在梁端桥梁把大部分的纵向力传递给钢轨，导致梁端钢轨纵向力增加，限位器纵向力减小；尖轨尖端位移和梁轨相对位移逐渐减小；单元板和辙跟板下凸台的纵向力增加明显，菱形对称中心板下凸台纵向力受影响不大。

随着连续梁上轨道扣件阻力增加，连续梁桥墩纵向力和连续梁相邻的简支梁桥墩纵向力逐渐增加，左边第一跨简支梁固定支座纵向力逐渐增加，右边第5跨简支梁固定支座纵向力逐渐减小。随着连续梁上轨道扣件阻力增加，大部分的纵向力由扣件传递给轨道板，再由轨道板传递给桥梁固定支座，导致桥梁固定支座纵向力增加，其中由于连续梁固定支座布置的影响，左边桥梁固定支座所承受的纵向力较右边的大。

从上述分析可知：改变简支梁上轨道扣件阻力，对简支梁上轨道结构影响明显，而对连续梁上轨道结构影响不大。改变连续梁上轨道扣件阻力，随着连续梁上轨道扣件阻力增加，限位器纵向力逐渐减小，大部分的纵向力由扣件传递给轨道板，再由轨道板传递给桥梁，桥梁把大部分的纵向力传递给钢轨，把小部分的力传递给固定支座，导致梁端钢轨纵向力增加，限位器纵向力减小，固定支座作用力增加。

（3）凸台刚度影响分析。

凸台在德国的无砟轨道技术中得到了广泛的应用。本节改变凸台的纵向阻力，选取 4 种凸台刚度作研究：刚度一为 150 kN/mm，刚度二为 250 kN/mm，刚度三为 600 kN/mm，刚度四为 1 000 kN/mm。其他参数不变，对轨道结构进行对比分析，计算结果见表 5.2-12。

表 5.2-12 凸台刚度变化的计算结果

扣件类型		刚度一	刚度二	刚度三	刚度四
直基本轨最大附加温度拉力/kN		487	484	480	478
直基本轨最大附加温度压力/kN		238	249	263	268
直基本轨最大正向位移/mm		5.09	4.97	4.89	4.91
直基本轨最大负向位移/mm		−8.15	−8.04	−8.05	−8.11
限位器最大纵向力/kN		26.32	101.3	105.7	106.7
单元板下	凸台最大纵向拉力/kN	47.545	61.921	80.767	92.488
	凸台最大纵向压力/kN	−38.655	−46.189	−76.41	−90.516
辙跟板下	凸台最大纵向拉力/kN	76.569	147.02	254.16	354.48
	凸台最大纵向压力/kN	−140.42	−180.54	−281.06	−379.7
菱形对称中心板下	凸台最大纵向拉力/kN	88.66	177.52	437.404	725
	凸台最大纵向压力/kN	−148.67	−214.22	−478.78	−761.4
尖轨尖端位移/mm	负向最大值	−20.563	−20.549	−20.235	−20.406
	正向最大值	17.1	16.98	16.948	16.908
梁轨相对位移/mm	负向位移	−12.025	−12.063	−11.789	−11.969
	正向位移	12.344	12.17	12.101	12.051
墩台纵向力/kN	2 号墩	224.34	237.82	258.58	265.61
	3 号墩	348.91	359.58	367.66	369.89
	5 号墩	97.118	101.6	117.42	123.92
	6 号墩	52.754	54.015	51.373	49.754
	7 号墩	224.34	237.82	258.58	265.61

由计算结果可以看出，凸台刚度变化对道岔和桥梁影响不大，仅对凸台纵向力影响较大。凸台胶垫刚度越大，凸台上的纵向力也越大。因此在满足轨道结构设计和胶垫强度的前提下，凸台上胶垫刚度越小越好。

（4）岔区轨道板分块布置影响分析。

桥上岔区轨道板采用凸台基础连接形式，岔区纵向轨道板长度无疑对轨道和桥梁结构会有很大的影响。岔区轨道板的长度及凸台的布置详见图 5.2-30 和图 5.2-31，荷载工况为钢轨升降温幅度 50 ℃、轨道板升降温幅度 30 ℃、桥梁升降温幅度 20 ℃，其他参数不变，对轨道结构进行对比分析。

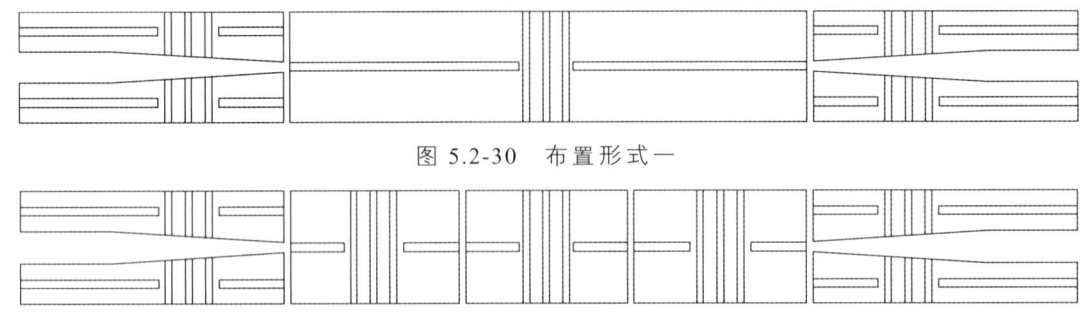

图 5.2-30 布置形式一

图 5.2-31 布置形式二

① 直基本轨附加纵向力和位移。

由图 5.2-32、图 5.2-33 可以得知，简支梁上钢轨附加温度力变化不大；连续梁和简支梁的梁缝处，附加温度压力布置形式一较布置形式二大，可见连续梁桥上轨道板长度直接影响钢轨附加温度力和位移的大小，轨道板的长度越长，在轨道板的中部钢轨附加纵向力越大，对钢轨的受力越不利，减小轨道板的长度能有效地增加轨道的稳定性，减小轨道板上钢轨附加力并减小力钢轨位移。

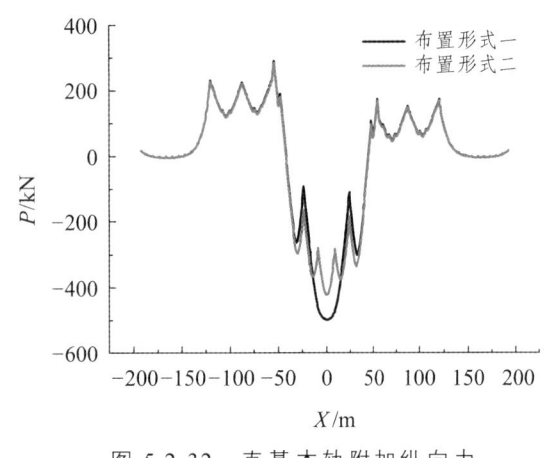 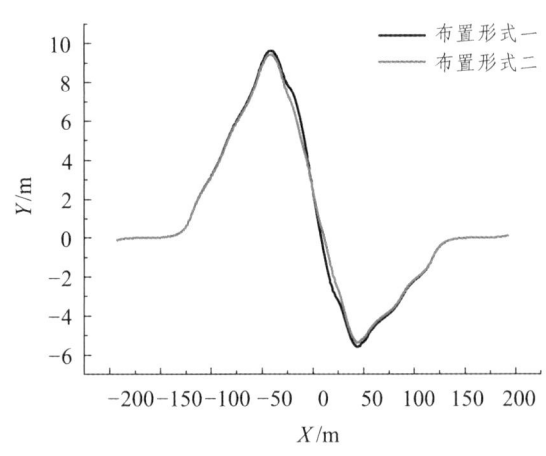

图 5.2-32 直基本轨附加纵向力　　　图 5.2-33 直基本轨纵向位移

② 道岔传力部件纵向力及可动部分位移。

道岔传力部件纵向力和可动部分位移见表 5.2-13。由表可知，布置形式一的道岔传力部件纵向力和道岔可动部分位移较大。可见布置形式二对转辙器更有利。

表 5.2-13　尖轨尖端位移和梁轨相对位移

布置形式		一	二
尖轨尖端位移	负向最大值/mm	-21.456	-20.217
	正向最大值/mm	16.618	15.317
梁轨相对位移	负向位移/mm	-10.216	-8.965
	正向位移/mm	10.295	8.983
限位器最大纵向力/kN		0.923	0.762

③ 凸台纵向力。

板下凸台纵向力见表 5.2-14，由表可知，改变菱形对称中轴轨道板长度，单元板下凸台纵向力变化不大，菱形对称中心板下凸台纵向力增加明显，辙跟板下凸台纵向力减小。可见，适当减小中轴轨道板的长度，增加中轴轨道板下横向凸台数量，大部分纵向力由中间三块轨道板下凸台承受，能有效减小辙跟板下凸台的受力，减小辙跟轨道板和梁板的相对位移，有利于保证转辙器在桥上正常运转。

表 5.2-14 凸台纵向力

布置形式		一	二
单元板下	凸台最大纵向拉力/kN	67.606	67.34
	凸台最大纵向压力/kN	−72.499	−75.713
辙跟板下	凸台最大纵向拉力/kN	65.810	14.499
	凸台最大纵向压力/kN	−108.29	−63.281
菱形对称中心板下	凸台最大纵向拉力/kN	117.906	351.29
	凸台最大纵向压力/kN	−165.392	−373.71

④ 桥墩纵向力。

两种道岔板分块方式下墩台纵向力见表 5.2-15。由表可知：布置形式一和布置形式二桥墩纵向力相差不大。

表 5.2-15 桥墩纵向力/kN

位置		2号墩	3号墩	5号墩	6号墩	7号墩
布置形式	一	−22.339	−265.88	466.29	89.468	85.142
	二	−24.969	−258.64	470.17	80.34	88.345

从以上的分析可以得出：采用布置形式二时，菱形对称中轴轨道板长度 46.2 m 被平均分为三块（每块约 15 m），一定程度上减小了轨道板长度对钢轨附加温度力的影响；中轴轨道板下横向凸台数目的增加，限制了轨道板的位移，有利于控制钢轨爬行；但凸台最大纵向拉压力将明显增加。采用布置形式一钢轨附加温度力及爬行虽较布置形式二略大，但仍在控制范围内，而凸台受力较小。综合理论分析，两种布置方案均可实施，但综合考虑桥梁支座布置方式及施工的便利性，推荐采用布置形式一作为设计实施方案。

5．桥梁结构参数影响分析

桥梁结构的变化对桥上无砟轨道无缝道岔的影响也相当显著，主要的影响因素有桥墩刚度、支座布置形式和桥跨长度。

（1）桥墩刚度影响分析。

桥墩刚度的变化影响着桥梁的伸缩位移，进而影响着桥上无缝道岔的受力和变形。为研究不同桥墩刚度对桥上无缝道岔受力和变形的影响，对简支梁和连续梁分别改变参数，进而对结构进行对比分析。

① 简支梁桥墩刚度影响。

改变简支梁桥墩纵向水平线刚度，分别取刚度一为 40 kN/mm、刚度二为 100 kN/mm、刚度三为 200 kN/mm 进行分析，计算结果见表 5.2-16。

表 5.2-16　不同简支梁桥墩刚度计算结果

刚度方案		刚度一	刚度二	刚度三
直基本轨最大附加温度拉力/kN		486.0	485.0	485.0
直基本轨最大附加温度压力/kN		−236.0	−251.0	−263.0
直基本轨最大正向位移/mm		4.9	5.0	5.0
直基本轨最大负向位移/mm		−8.3	−8.1	−7.9
限位器最大纵向力/kN		28.3	31.3	99.3
单元板下	凸台最大纵向拉力/kN	58.7	62.8	66.1
	凸台最大纵向压力/kN	−50.6	−52.7	−55.0
辙跟板下	凸台最大纵向拉力/kN	129.5	124.5	117.0
	凸台最大纵向压力/kN	−180.9	−178.9	−176.7
菱形对称中心板下	凸台最大纵向拉力/kN	182.5	180.0	180.4
	凸台最大纵向压力/kN	−207.3	−209.8	−207.7
尖轨尖端位移/mm	负向最大值	−20.7	−20.5	−20.5
	正向最大值	16.9	17.0	17.0
梁轨相对位移/mm	负向位移	−12.1	−12.1	−12.1
	正向位移	12.2	12.2	12.1
墩台纵向力/kN	2号墩	−47.5	−31.4	−22.1
	3号墩	−126.9	−241.5	−348.2
	5号墩	341.0	364.8	382.2
	6号墩	48.9	102.9	161.1
	7号墩	25.7	53.6	85.6

由计算结果可知，随着简支梁桥墩纵向水平线刚度的增加，简支梁固定支座纵向力增加幅度较大，简支梁桥墩纵向水平线刚度增大除对简支梁桥墩纵向力影响较大外，对其他结果影响很小。

② 连续梁桥墩刚度影响。

改变连续梁桥墩纵向水平线刚度，分别取刚度一为 100 kN/mm、刚度二为 200 kN/mm、刚度三为 500 kN/mm 对轨道结构进行对比分析，计算结果见表 5.2-17。

表 5.2-17　不同连续梁桥墩刚度计算结果

刚度方案		刚度一	刚度二	刚度三
直基本轨最大附加温度拉力/kN		−485.0	−485.0	−485.0
直基本轨最大附加温度压力/kN		236.0	251.0	269.0
直基本轨最大正向位移/mm		5.5	5.0	4.3
直基本轨最大负向位移/mm		−7.6	−8.1	−8.8
限位器最大纵向力/kN		28.8	31.3	99.6
单元板下	凸台最大纵向拉力/kN	61.5	62.808	64.7
	凸台最大纵向压力/kN	−54.6	−52.7	−50.5
辙跟板下	凸台最大纵向拉力/kN	130.4	124.5	114.1
	凸台最大纵向压力/kN	−173.6	−178.9	−185.4
菱形对称中心板下	凸台最大纵向拉力/kN	189.1	180.0	172.7
	凸台最大纵向压力/kN	−200.3	−209.8	−217.9
尖轨尖端位移/mm	负向最大值	−19.9	−20.5	−19.7
	正向最大值	17.6	17.0	17.6
梁轨相对位移/mm	负向位移	−12.1	−12.1	−12.0
	正向位移	12.1	12.2	12.2
墩台纵向力/kN	2 号墩	−11.3	−31.4	−66.1
	3 号墩	−219.3	−241.5	−269.1
	5 号墩	245.0	364.8	515.1
	6 号墩	126.4	102.9	73.2
	7 号墩	45.1	53.6	64.6

由计算结果可知，随着连续梁桥墩纵向水平线刚度的增加，连续梁固定支座纵向力增加幅度较大，限位器的纵向阻力也随之增大，对其他计算结果影响很小。

③ 支座布置形式影响分析。

桥跨结构支座布置形式的不同，对桥上无缝道岔各部件受力和位移影响也会有差异。由于整个交叉渡线布置在连续梁桥上，连续梁两边为对称结构，所以在讨论过程中，连续梁固定支座位置不变，只改变简支梁上固定支座的位置，其中固定支座的布置形式如图 5.2-34～图 5.2-37 所示，其他参数不变，对轨道结构进行对比分析。

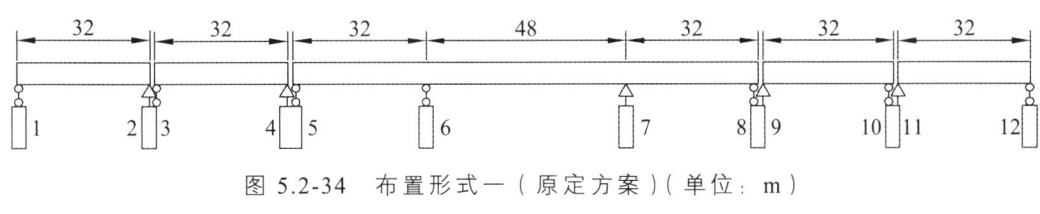

图 5.2-34　布置形式一（原定方案）（单位：m）

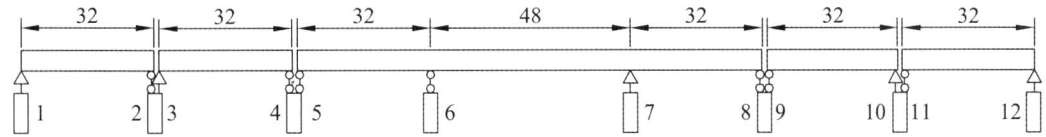

图 5.2-35　布置形式二（单位：m）

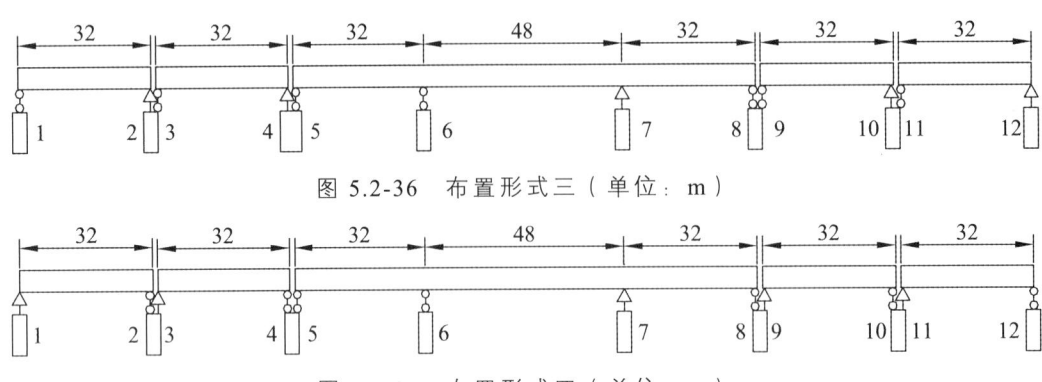

图 5.2-36 布置形式三（单位：m）

图 5.2-37 布置形式四（单位：m）

直基本轨附加纵向力和纵向位移分别见图 5.2-38、图 5.2-39。由图可知，固定支座的布置形式，直接影响直基本轨附加温度力和位移的大小，如布置形式一和布置形式三，布置形式二和布置形式四在连续梁固定支座的左边布置形式是相同的，其附加温度力和位移的变化曲线也是相同的；布置形式二和布置形式三，布置形式一和布置形式四在连续梁固定支座的右边布置形式是相同的，其附加温度力和位移的变化曲线也是相同的。其他计算结果见表 5.2-18。

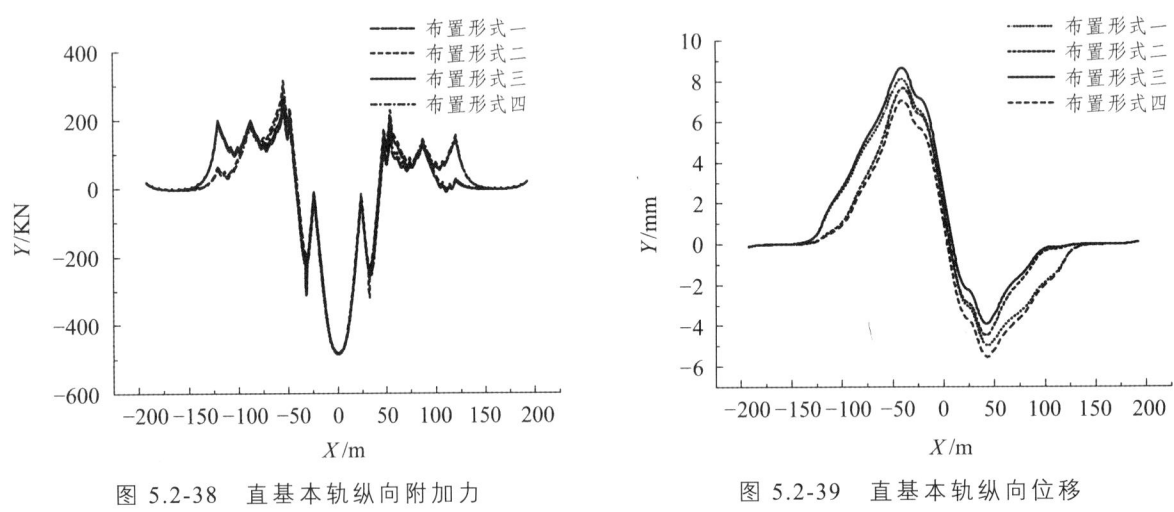

图 5.2-38 直基本轨纵向附加力　　　　图 5.2-39 直基本轨纵向位移

表 5.2-18　不同连续支梁桥墩刚度计算结果

支座布置形式		布置形式一	布置形式二	布置形式三	布置形式四
直基本轨最大附加温度拉力/kN		-485.0	-482.0	-483.0	-483.0
直基本轨最大附加温度压力/kN		251.0	315.0	266.0	295.0
直基本轨最大正向位移/mm		5.0	4.5	3.9	5.9
直基本轨最大负向位移/mm		-8.1	-7.7	-8.7	-6.9
限位器最大纵向力/kN		31.3	110.4	104.2	107.9
单元板下	凸台最大纵向拉力/kN	62.8	71.0	64.4	69.8
	凸台最大纵向压力/kN	-52.7	-64.3	-62.6	-54.7
辙跟板下	凸台最大纵向拉力/kN	124.5	129.1	142.8	133.0
	凸台最大纵向压力/kN	-178.9	-157.4	-164.4	-176.5

续表

支座布置形式		布置形式一	布置形式二	布置形式三	布置形式四
菱形对称中心板下	凸台最大纵向拉力/kN	180.0	168.0	186.4	166.5
	凸台最大纵向压力/kN	−209.8	−222.1	−202.8	−223.7
尖轨尖端位移/mm	负向最大值	−20.5	−20.4	−21.2	−19.6
	正向最大值	17.0	16.9	16.2	17.9
梁轨相对位移/mm	负向位移	−12.1	11.9	−12.0	−11.9
	正向位移	12.2	12.2	12.1	12.2
墩台纵向力/kN	2号墩	−31.4	−499.5	−55.7	−486.3
	3号墩	−241.5	−496.2	−265.2	−472.4
	5号墩	364.8	352.9	220.3	492.2
	6号墩	102.9	368.1	344.0	128.4
	7号墩	53.6	428.4	41.5	44.4

从以上的分析可以得出，改变固定支座的布置方式，对连续梁上道岔尖轨尖端位移、传力部件和凸台受力的影响不大，而对桥墩纵向力影响很大，其中布置方式一和布置方式三的纵向力较布置方式二和布置方式四小很多，而布置方式一较布置方式三整体受力上看更加合理一些。可见选择合理的支座布置方式，对钢轨和桥墩的受力至关重要。

（2）桥跨长度影响分析。

桥梁的伸缩位移随每跨桥梁长度的增加而增加，桥上无缝道岔的受力会产生变化，下面采用两种桥跨布置方式分别进行计算，其桥跨长度和固定支座布置位置如图 5.2-40、图 5.2-41 所示，轨道板升温幅度 20 ℃，其他参数不变，对轨道结构进行对比分析。

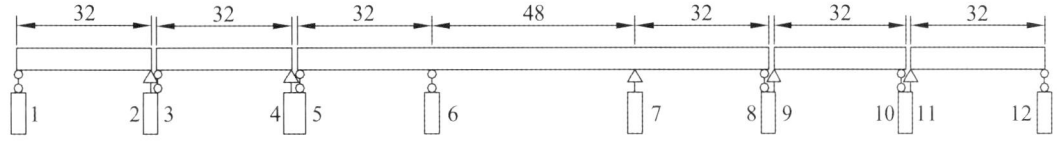

图 5.2-40 布置形式一（原定方案）（单位：m）

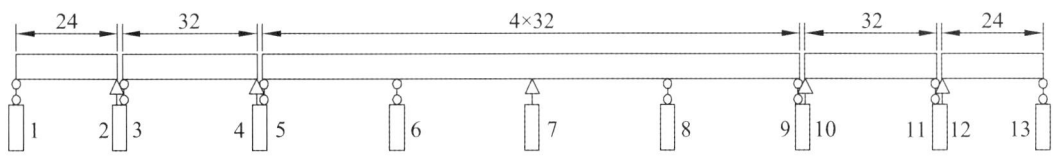

图 5.2-41 布置形式二（单位：m）

直基本轨附加纵向力和位移的变化如图 5.2-42 所示。由图可知，桥跨长度直接影响钢轨附加温度力和位移的大小，在菱形对称轴左端，布置形式一较布置形式二附加纵向力和钢轨位移大，因为布置形式一连续梁上有效跨度长（32+48）m 较布置形式二连续梁上有效跨度（32+32）m 要长，所以钢轨的附加温度力和钢轨位移大；在菱形对称轴右端，布置形式一较布置形式二附加纵向力和钢轨位移小，因为布置形式一连续梁上有效跨度长 32 m 较布置形式二连续梁上有效跨度（32+32）m 要短，所以钢轨的附加温度力和钢轨位移小。由于受固定支座的影响，布置形式一在菱形对称中轴左边，纵向力和钢轨位移较大；布置形式二纵向力和钢轨位移，以菱形对称中轴为中心成对称分布。

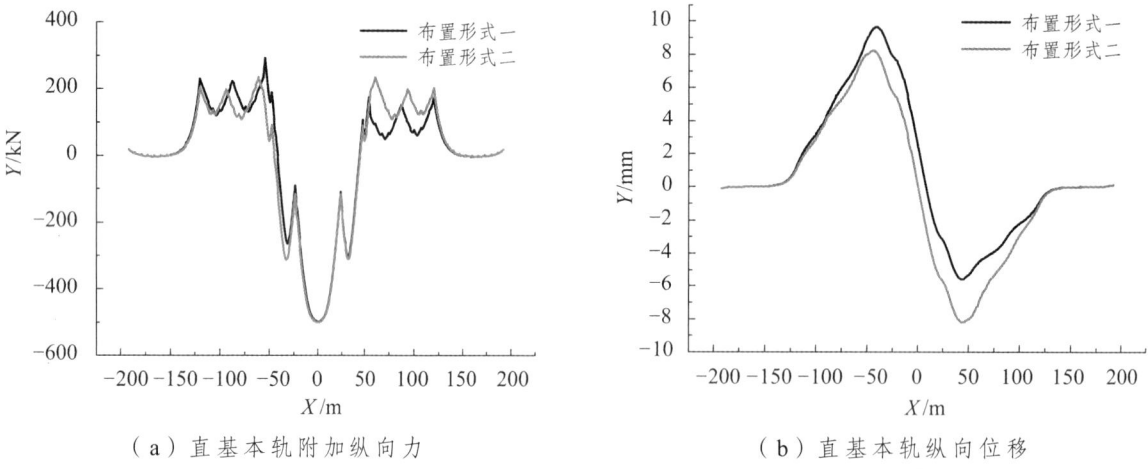

（a）直基本轨附加纵向力　　　　　　　（b）直基本轨纵向位移

图 5.2-42　直基本轨附加纵向力和纵向位移变化

其他计算结果见表 5.2-19。

表 5.2-19　不同桥梁形式计算结果

桥跨布置形式		布置形式一	布置形式二
直基本轨最大附加温度拉力/kN		498.0	501.0
直基本轨最大附加温度压力/kN		291.0	233.0
直基本轨最大正向位移/mm		5.6	8.2
直基本轨最大负向位移/mm		9.6	8.2
限位器最大纵向力/kN		0.9	0.9
单元板下	凸台最大纵向拉力/kN	67.6	60.3
	凸台最大纵向压力/kN	-72.5	-90.3
辙跟板下	凸台最大纵向拉力/kN	65.8	115.1
	凸台最大纵向压力/kN	-108.3	-115.1
菱形对称中心板下	凸台最大纵向拉力/kN	117.9	141.5
	凸台最大纵向压力/kN	-165.4	-141.5
尖轨尖端位移/mm	负向最大值	-21.5	-19.0
	正向最大值	16.6	19.0
梁轨相对位移/mm	负向位移	-10.2	-10.3
	正向位移	10.3	10.3
墩台纵向力/kN	2号墩	-22.3	-17.5
	3号墩	-265.9	-134.5
	5号墩	466.3	0.0
	6号墩	89.5	134.5
	7号墩	85.1	17.5

从以上的分析可以得出，改变桥跨长度和固定支座的布置，由于道岔区结构没有发生变化，所以对基本轨最大拉应力、传力部件、尖轨尖端位移和凸台的影响并不大，而对梁端钢轨附加温度力和钢轨位移、桥墩纵向力和支座处桥梁伸缩位移的影响很大。由于交叉渡线轨道结构比较特殊，呈现一种对称式分布，如果采用对称式布置，桥上无缝道岔交叉渡线整体受力更加均匀，其优点体现如下：

① 桥跨长度加长，延长了尖轨尖端至连续梁梁端的距离。桥跨长度由原来的（32+48+32）m 增加到 4×32 m，尖轨尖端至连续梁梁端的距离由原来的 13.86 m 增加到 20.367 m。

② 有效减小了连续梁上温度跨度的长度。温度跨度由原来的（32+48）m 减小到（32+32）m，能有效减小钢轨的受力和变形。

由于交叉渡线轨道结构比较特殊，合理选择桥跨长度和支座的布置方式，能有效消除温度跨度的影响，使桥上无缝道岔交叉渡线整体受力更加均匀，有利于桥上无缝道岔交叉渡线长时间地运行。

6．不同基础连接形式对比分析

桥上铺设无砟轨道无缝道岔交叉渡线，桥梁与无缝道岔间的基础连接形式会影响桥梁结构形式、支座布置和无缝道岔的结构设计。由于道岔本身是列车限速的关键设备，存在着较大的结构不平顺，车-岔-桥的耦合作用无疑会增大岔区内轮轨动力响应，严重情况下还有可能引起尖轨及心轨强度储备不足、列车运行平稳性与安全性降低，进而引起列车直侧向过岔时限速，这就要求桥梁结构形式和无缝道岔基础连接形式能够保证桥上无缝道岔的安全运转。根据国内城市轨道交通桥上道岔建设经验，在相同条件下，基础连接形式采用门型钢筋布置和凸台布置，分析桥上无缝道岔交叉渡线无砟轨道受力和变形，并对比分析两种基础连接形式优缺点。

建立计算模型，确定各计算参数以后，对两种不同基础形式的计算模型施加温度荷载。荷载工况：钢轨升降温幅度 50 ℃、轨道板升降温幅度 30 ℃、桥梁升降温幅度 20 ℃。经过计算，得出轨道和桥梁各部件受力和位移情况。

（1）基本轨纵向附加力和纵向位移。

两种不同基础连接形式桥上无缝道岔基本轨纵向力如图 5.2-43（a）所示。若采用凸台形式，由于轨道板局部受凸台的约束，大部分可以自由伸缩，基本轨附加力受轨道板的自由伸缩影响比较大。采用门型筋形式，由于轨道板通过门型筋与桥梁牢固地连接在一起，基本轨纵向附加力受桥梁的自由伸缩影响比较大，所以在桥梁板中部呈现一种平缓的变化趋势。由图可知，凸台和门型筋的基本轨最大纵向附加力分别为 309 kN、334 kN。在桥梁的中部，凸台形式钢轨附加纵向力较门型筋形式钢轨附加纵向力大，而在梁端凸台钢轨附加纵向力较门型筋形式钢轨附加纵向力小。从钢轨附加力的角度来看，凸台基础连接形式较门型筋基础连接形式有利。

基本轨纵向位移如图 5.2-43（b）所示。由图可知，当基础连接形式为凸台时，基本轨负向最大纵向位移 10.41 mm，正向最大纵向位移 6.2 mm。当基础连接形式为门型筋时，基本轨负向最大纵向位移 11.56 mm，正向最大纵向位移 6.42 mm。通过比较可以得出，凸台形式钢轨纵向位移较门型筋形式钢轨纵向位移小，所以从钢轨伸缩位移的角度来看，凸台基础连接形式较门型筋基础连接形式有利。

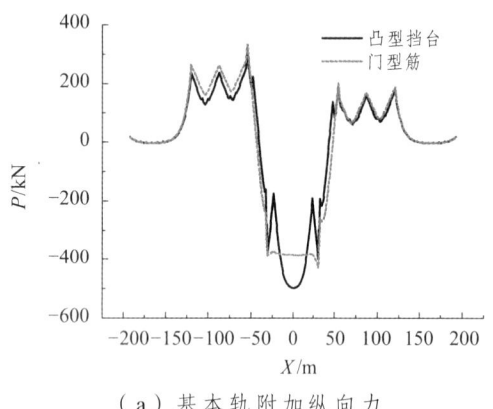
（a）基本轨附加纵向力

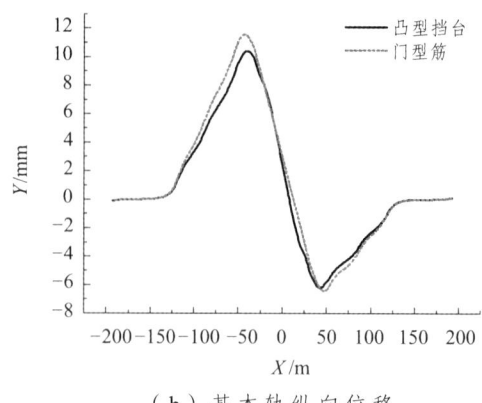
（b）基本轨纵向位移

图 5.2-43 基本轨附加纵向力和纵向位移变化

（2）道岔传力部件纵向力。

道岔传力部件的受力见表 5.2-20 所示。

表 5.2-20 传力部件受力

类型	凸台间隔铁纵向力/kN						门型筋间隔铁纵向力/kN					
	位置	编号 1	编号 2	位置	编号 1	编号 2	位置	编号 1	编号 2	位置	编号 1	编号 2
上行	a	142.65	112.20	e	−119.41	−131.14	a	93.35	62.46	e	−91.84	−103.1
	b	−135.4	−123.15	f	106.66	135.81	b	−105.5	−93.6	f	59.81	89.13
下行	c	−135.4	−123.15	g	106.65	135.80	c	−105.5	−93.6	g	59.81	89.13
	d	142.65	112.19	h	−119.40	−131.14	d	93.35	62.46	h	−91.84	−103.1

由上表可知，当设置两个间隔铁时，凸台形式间隔铁所承受的纵向力较门型筋形式间隔铁所承受的纵向力大。这是因为，凸台形式基础连接形式轨道板受梁约束较门型筋形式基础连接形式轨道板受梁的约束小，轨道板位移较小，导致传力部件的纵向力增加。所以，从传力部件所受纵向力的角度来看，门型筋基础连接形式较凸台基础连接形式有利。

（3）道岔尖轨位移和梁轨相对位移。

尖轨绝对位移和板轨相对位移见表 5.2-21 所示。由表可以看出，凸台形式钢轨尖轨尖端位移较门型筋形式尖轨尖端位移大，凸台形式梁轨相对位移较门型筋形式梁轨相对位移大。在桥上无缝道岔检算过程中，梁轨相对位移是我们所关注的，关系到转辙机在桥上是否能够正常运转。所以，从梁轨相对位移的角度来看，门型筋基础连接形式较凸台基础连接形式有利。

表 5.2-21 尖轨位移和梁轨相对位移

类型	凸台				门型筋			
	道岔号	尖轨	道岔号	尖轨	道岔号	尖轨	道岔号	尖轨
绝对位移/mm	a	−19.231	e	14.463	A	−19.351	e	13.069
	b	−19.204	f	14.526	b	−19.075	f	13.371
	c	−19.204	g	14.526	C	−19.075	g	13.371
	d	−19.231	h	14.463	d	−19.351	h	13.069
梁轨相对位移/mm	a	−7.903	e	8.083	A	−6.141	e	5.87
	b	−7.876	f	8.164	b	−5.865	f	6.172
	c	−7.876	g	8.164	C	−5.865	g	6.172
	d	−7.903	h	8.083	d	−6.141	h	5.87

（4）基础连接纵向力和位移。

凸台纵向力分布如图 5.2-44 所示，当基础连接形式为凸台时，简支梁单元板下凸台纵向力变化范围为 -59.222~68.95 kN，连续梁上菱形对称中轴板下凸台纵向力变化范围为 -165.39~117.903 kN，辙跟板下凸台纵向力变化范围为 -108.29~65.81 kN。单个轨道板下中间凸台纵向力较小，两边凸台所承受纵向力较大。

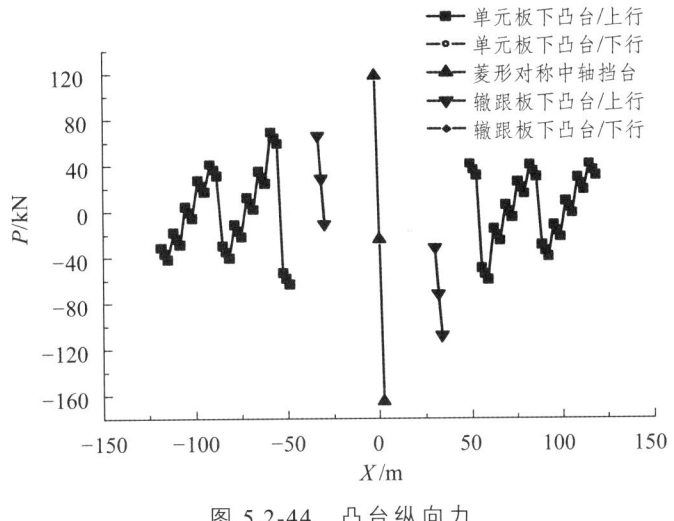

图 5.2-44 凸台纵向力

门型筋纵向力分布如图 5.2-45 所示。当基础连接是门型筋结构时，轨道板下门型筋纵向力变化范围为 -625~625 kN，在温度力作用下，轨道板和梁板共同运动，在连续梁上门型筋所承受纵向力较大值出现在轨道板伸缩缝处，在简支梁梁端伸缩缝处门型筋纵向力较桥上轨道板伸缩缝处门型筋纵向力小。

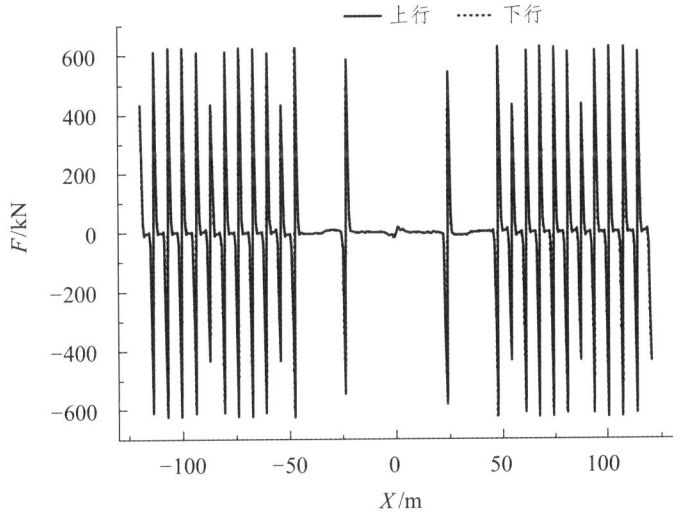

图 5.2-45 门型筋纵向力

由于门型筋形式的基础将轨道和桥梁固结，因此在温度变化时，钢筋约束板的位移，梁、板间的相互作用力较大；凸台形式的轨道板的大部分区域可以在桥梁上自由伸缩，可以缓解轨道板和桥梁之间的作用关系。

(5)桥梁支座纵向力和纵向位移。

不同基础连接形式的桥墩纵向力对比见图 5.2-46。由图可知，凸台基础连接形式的墩台纵向力和墩顶纵向位移为门型筋基础连接形式的墩台纵向力和墩顶纵向位移的 83% 左右。从桥梁墩台固定支座所承受的纵向力和墩顶纵向位移的角度来看，凸台基础连接形式较门型筋基础连接形式有利。

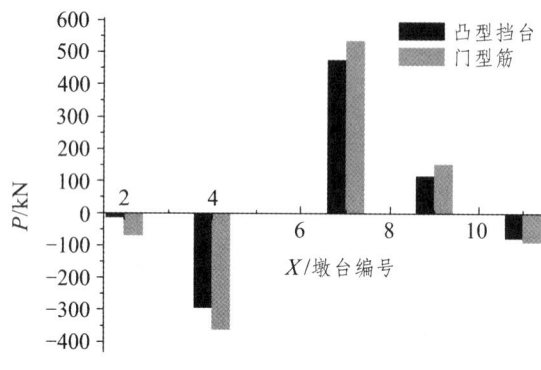

图 5.2-46　墩台纵向力

(6)轨道板应力。

凸台和门型筋结构的轨道板应力分别如图 5.2-47、图 5.2-48 所示。由图可知，凸台基础连接形式道岔板和单元板大部分区域第一主应力变化范围为 −1.152 ~ 1.538 MPa，门型筋基础连接形式道岔板和单元板大部分区域第一主应力变化范围为 −1.06 ~ 1.728 MPa。

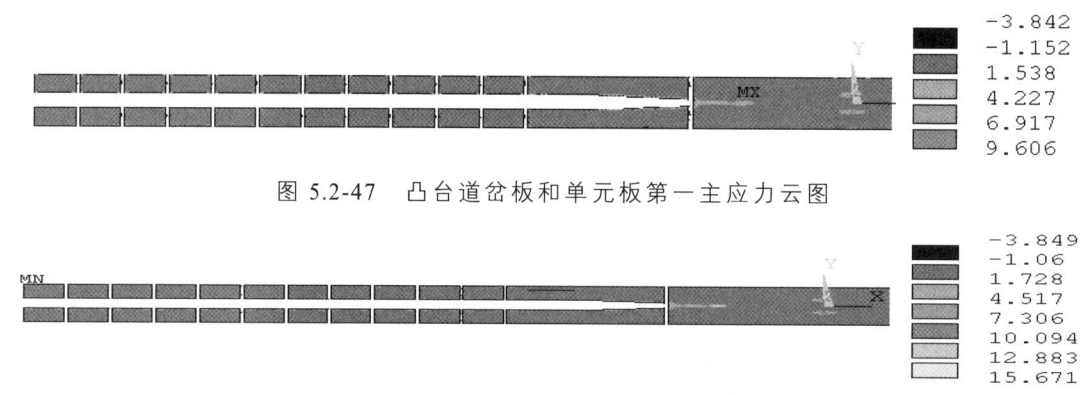

图 5.2-47　凸台道岔板和单元板第一主应力云图

图 5.2-48　门型筋道岔板和单元板第一主应力云图

由计算结果可知：凸台基础连接形式道岔板和单元板大部分区域上表面等效应力变化范围为 7.207 ~ 9.223 MPa，门型筋基础连接形式道岔板和单元板大部分区域上表面应力变化范围为 7.333 ~ 9.737 MPa；凸台基础连接形式道岔板和单元板下表面凸台区域等效应力变化范围为 7.207 ~ 9.223 MPa，门型筋基础连接形式道岔板和单元板大部分区域下表面应力变化范围为 2.526 ~ 9.737 MPa。

由以上的应力云图可以得知，由于凸台基础连接形式道岔板和单元大部分区域可以在桥梁上自由伸缩，门型筋基础连接形式道岔板和单元板与桥梁固结，所以凸台基础连接形式道岔板和单元板第一主应力和等效应力较门型筋基础连接形式道岔板和单元板第一主应力和等效应力略小。从道岔板和单元板应力的角度来看，凸台基础连接形式较门型筋基础连接形式有利。

综上所述，采用凸台的基础连接形式和门型筋基础连接形式各有优点和缺点，有关受力与位移均满足要求，可结合工程接口情况等优选一种方案作为设计方案。

7. 小 结

经计算分析，得到以下结论：

（1）直基本轨最大附加温度力出现在连续梁与简支梁梁缝处，桥上道岔板的伸缩缝处会也会出现纵向力峰值，左右的峰值由于固定支座布置的影响存在差异，固定支座的布置方式、桥梁长度和道岔板长度对钢轨的纵向力影响很大。

（2）轨温变化幅度的增加，对直基本轨附加温度拉力、道岔传力部件纵向力、道岔尖轨位移、梁轨相对位移和辙跟板下凸台纵向力影响明显，而对直基本轨附加温度压力、单元板下凸台纵向力、菱形对称中轴板下凸台纵向力和桥墩纵向力影响不大。其中梁轨的温差 $\Delta T = 45\ ℃$ 时，梁轨相对位移仍然没有超出 15 mm 转辙器要求的检算范围，可见转辙器放在轨温变化幅度比较大的地区，仍可以保证其在桥上正常运转。

（3）改变扣件阻力，对简支梁上轨道结构影响明显，而对连续梁上轨道结构影响不大；增大岔区扣件阻力，会减小限位器纵向力，对其他计算结果影响不大，有利于道岔的受力和位移。

（4）凸台刚度变化对凸台纵向力影响较大，但对其他计算结果影响较小，应根据轨道结构强度和凸台周围橡胶强度确定凸台纵向刚度。

（5）桥梁刚度变化对桥墩纵向力影响较大，对其他计算结果影响较小，应综合制动力的影响，设置合理的桥墩纵向刚度。

（6）桥梁温度跨度越小，越有利于道岔和桥梁受力，因此在布置简支梁和连续梁的固定支座时，应尽量选择较小的温度跨度布置方案。

（7）由于交叉渡线是轴对称结构，因此，桥梁布置也应尽量对称，且两者的对称中心相重合最为有利。

（8）桥上岔区轨道板分块布置，菱形对称中轴轨道板长度 46.2 m 被平均分为三块（每块约 15 m），可一定程度上减小轨道板长度对钢轨附加温度力的影响，但凸台所受纵向力较大，设计中应综合考虑。

（9）桥上无缝道岔无砟轨道采用凸台的基础连接形式和门型筋基础连接形式各有优点和缺点，有关受力与位移均满足要求，可择其一实施。

综合分析，建议设计时重点考虑以下方案：

（1）扣件是梁轨之间作用的重要传力部件，其阻力值对轨道结构受力和位移影响很大。经分析，建议岔区扣件阻力采用Ⅲ型扣件，有利于控制轨道结构位移和传力部件受力。

（2）桥上无砟道岔采用门型筋或凸台均可，可根据需要灵活采用。

（3）由于交叉渡线轨道结构对称性很强，结构采用对称式布置对结构的受力和变形很有优势，所以把整个交叉渡线轨道结构布置在 4×32 m 连续梁上较为有利。

5.2.3 简支梁桥上 12 号无砟道岔 "车-岔-桥" 耦合动力仿真研究

1. 列车-道岔-桥梁耦合系统振动分析理论

（1）列车-道岔-桥梁耦合系统振动模型。

本项目针对高速铁路列车、道岔、桥梁动力相互作用问题，提出了将机车车辆、道岔轨道及桥梁作为一个耦合大系统，以车辆动力学、轨道动力学、道岔动力学、桥梁动力有限元方法为基础，以岔区轮轨关系、线桥关系为联系纽带，应用数值仿真的方法来研究高速行车条件下道岔轨道及桥梁结构的动力特性、行车的安全性和舒适性的研究思路。

根据前面建立的道岔动力学模型，对于无砟轨道，可将钢轨直接与桥面连接，桥轨关系体现为钢轨与桥梁之间的相互作用；有砟轨道则通过轨枕的横向和道床的垂向与桥梁发生相互作用；为了两种无砟轨道模型的统一，可将无砟轨道下支承刚度视为混凝土支承刚度（远大于有砟轨道道床支承刚度）。轨道与桥梁的相互作用离散成一系列点与点之间的相互作用，轨道与桥梁作用点之间由线性弹簧和阻尼连接。因此，只要确定了轨道各部件以及桥梁的振动位移、振动速度，就可以求出轨道与桥梁之间的相互作用力。

图 5.2-49 为车辆-道岔-桥梁动力学模型的端视图。

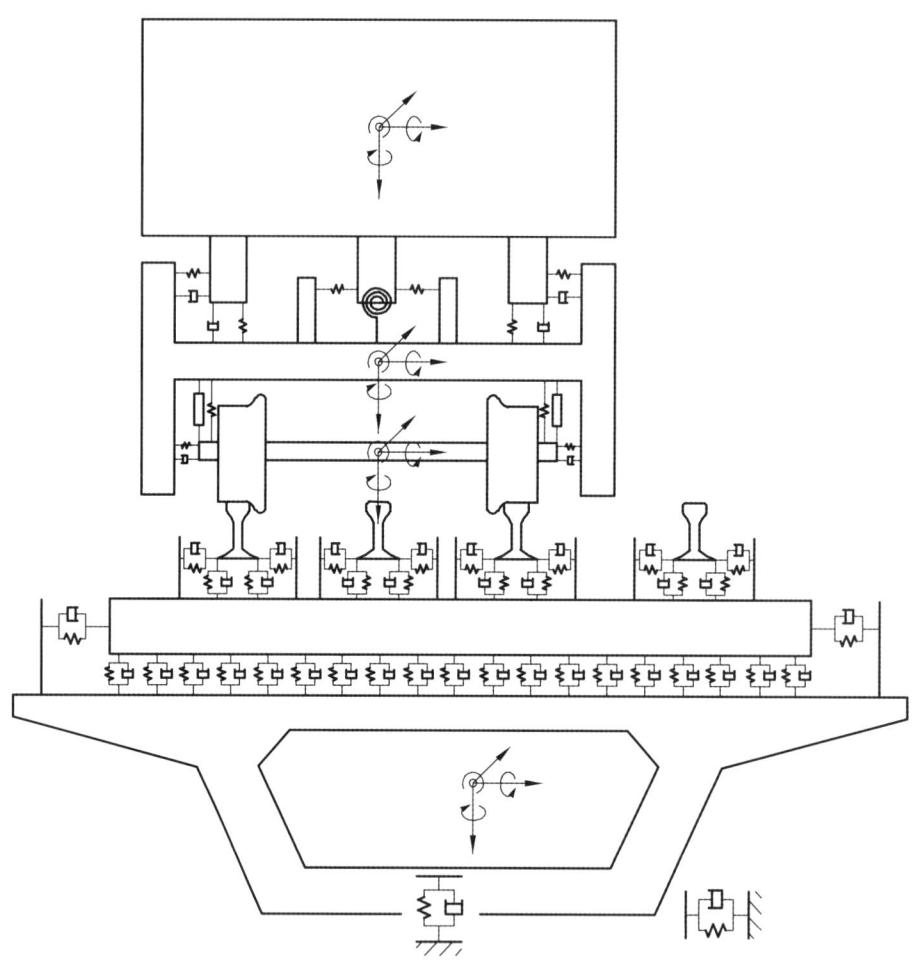

图 5.2-49　车辆-道岔-桥梁动力学模型的端视图

① 列车-道岔模型。

列车-道岔模型（含轮轨关系）与路基地段车辆道岔动力学模型相一致。

② 桥梁模型。

桥梁采用空间二节点梁单元，每个节点有 3 个平动自由度和 3 个转动自由度，每个单元共有 12 个自由度。

由于结构的阻尼机制十分复杂，人们关于结构振动耗能机理的认识还并不十分清楚，一般认为阻尼产生的原因主要有结构材料的黏性阻尼（与速度成正比）、材料的滞后阻尼（与位移成正比）、固体间的摩擦以及结构上的人工耗能装置等。已有的许多材料阻尼的数学模型都有其适用范围和局限性，从实用的角度出发，工程中广泛采用 Rayleigh 阻尼模型，其数学表达式为：

$$C = \alpha_0 M + \alpha_1 K \tag{5.2-1}$$

式中：M、K——桥梁结构的总质量矩阵、总刚度矩阵；

α_0、α_1——Rayleigh 阻尼常数。

若已知任意两阶振型的自振频率和阻尼比，可由下式计算阻尼常数：

$$\alpha_0 = \frac{2(\xi_j \omega_i - \xi_i \omega_j)\omega_i \omega_j}{\omega_i^2 - \omega_j^2}$$
$$\alpha_1 = \frac{2(\xi_i \omega_i - \xi_j \omega_j)}{\omega_i^2 - \omega_j^2} \tag{5.2-2}$$

式中：ω_i、ω_j——桥梁第 i 阶和第 j 阶振型的自振频率；

ξ_i、ξ_j——桥梁第 i 阶和第 j 阶振型的阻尼比。

在桥梁动力分析中，通常取一阶、二阶的自振频率来计算阻尼系数，混凝土桥梁的阻尼比一般在 0.01 ~ 0.05 之间。

（2）岔桥相互作用。

设某时刻第 i 个支承截面处桥梁形心的横向位移、垂向位移、转角分别为 y_{bh}、z_{bv}、ϕ_b，岔枕的横向位移为 y_{si}，岔枕第 j 个支承点的垂向位移为 z_{sij}，则第 i 个支承截面处桥岔横向相互作用力 F_{sHi}、岔枕第 j 个支承点处的桥岔垂向相互作用力 F_{sVij} 可表示为：

$$F_{sHi} = K_{sh}(y_{si} - y_{bh} - \phi_b H_b) + C_{sh}(\dot{y}_{si} - \dot{y}_{bh} - \dot{\phi}_b H_b)$$
$$F_{sVij} = K_{sv}(z_{sij} - z_{bv} + \phi_b x_{sij}) + C_{sv}(\dot{z}_{sij} - \dot{z}_{bv} + \dot{\phi}_b x_{sij}) \tag{5.2-3}$$

式中：K_{sh}、C_{sh}——岔枕的横向约束刚度、阻尼；

K_{sv}、C_{sv}——岔枕下支承刚度、阻尼；

x_{sij}——岔枕下第 j 个支承点与桥梁形心之间的横向距离。

由于桥梁采用的是有限元模型，因此岔枕下的离散支承点不一定就是桥梁的节点。此时，岔枕支承点处桥梁的位移和速度可根据桥梁节点的位移和速度，采用三次样条函数进行插值。若桥面采用板单元，则应在桥梁的长度和宽度两个方向进行插值。

计算出道岔与桥梁之间的相互作用力后，可分别将其作为道岔的支承反力和桥梁的外荷载代入道岔和桥梁的动力学方程。

（3）振动方程的建立。

在建立起列车道岔桥梁系统耦合振动模型之后，还需建立该系统的耦合振动方程组。

下面采用变分形式的最小势能原理来建立道岔区轮轨系统的振动微分方程。以大地为坐标参照系，以轨道车辆均不受外力状态为零点状态，在推导出系统中各种能量的变分表达式及变分形式的位移协调条件后，经计算机对号入座即可形成系统的质量矩阵、刚度矩阵和阻尼矩阵，即可得到列车道岔-桥梁系统的振动微分方程组：

$$[M]\{\ddot{u}(t)\}+[C]\{\dot{u}(t)\}+\{F(t,u)\}=\{P(t,u,\dot{u})\} \tag{5.2-4}$$

在不同时刻，列车处于道岔结构中的不同位置，而且在每一积分时间步长内，轮缘、顶铁的接触状态以及岔枕对尖轨的支承状态都可能与上一个积分步长不同，因此，刚度矩阵、荷载列阵是随时间变化的。

（4）车岔桥动力分析的数值方法。

由于方程（5.2-4）具有非线性时变特性，方程阶数很高，经比较宜采用直接积分方法。根据车-岔-桥动力学方程的特点，采用有较好的低频精度、无超调现象、在非线性问题中无条件稳定的 Park 方法求解，选用 Newmark-β 方法起步。采用 FORTRAN 语言编制列车道岔桥梁系统动力分析程序 DATTBS（Dynamic ansys of the train-turnout-bridge system）。DATTBS 的程序流程如图 5.2-50 所示。

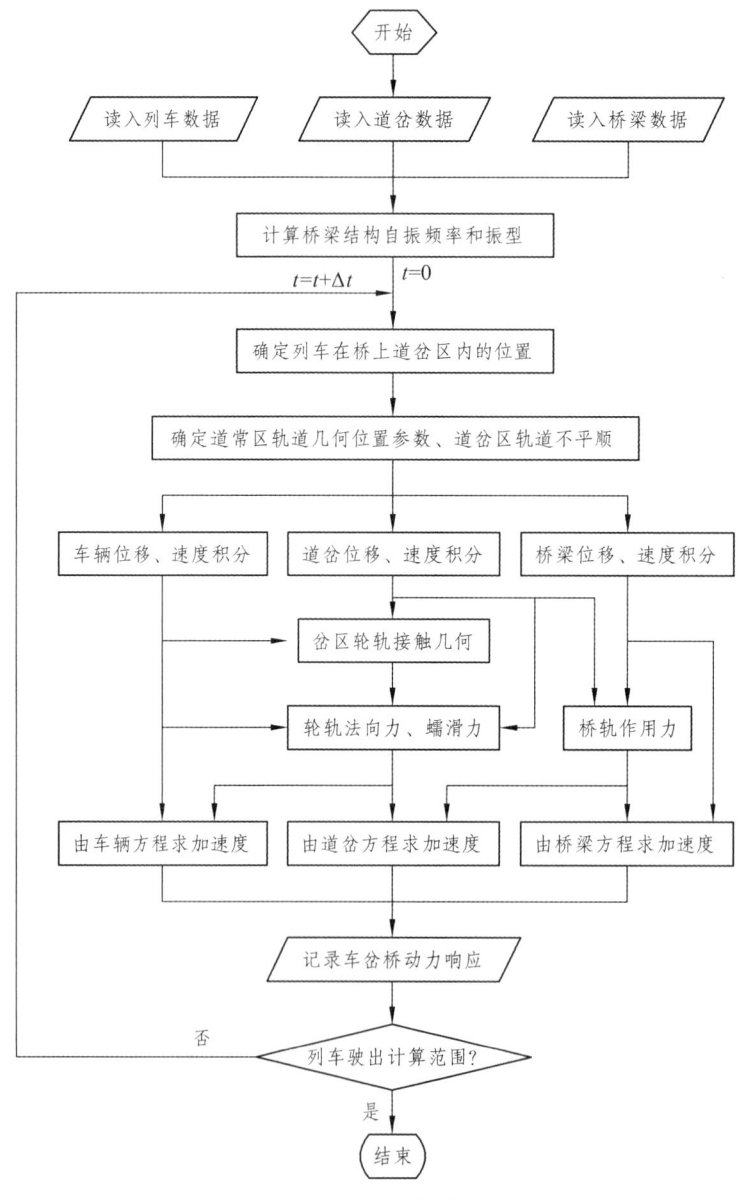

图 5.2-50　程序流程

2．简支梁桥上客运专线 12 号无砟无缝道岔动力仿真分析

（1）计算参数。

① 列车计算参数。

SS_9 型准高速客运电力机车。轴荷重 21 t，固定轴距为 2.150 m，全轴距为 15.870 m，车钩中心线距为 22.216 m。

② 道岔计算参数。

道岔前长为 16.592 m，后长为 26.608 m；全长为 43.2 m。道岔区共 81 枕跨。海口东站正线及配线上共布置 14 组道岔、1 组交叉渡线。根据桥上道岔动力学设计指导原则，经岔桥布置合理性比选，本次分析选取 1#道岔和 5#道岔进行车-岔-桥耦合动力学分析，评估该岔桥结构的适用性。1#道岔岔心里程为 D1k23 + 229.00；5#道岔岔心里程为 D1k23 + 339.184。

③ 桥梁计算参数。

32.0 m 简支梁，桥梁截面为多片梁组合桥面。材料：梁部为 C55 混凝土，弹性模量 3.60×10^4 N/mm²（TB 10002.3—2005《铁路桥涵钢筋混凝土和预应力混凝土结构设计规范》）。梁部混凝土容重为 26.5 kN/m³。各跨梁的竖向惯量、横向惯量、单位长度质量、截面积如表 5.2-22 所示。

表 5.2-22　桥梁梁体特性

梁端墩号	竖向惯量/m⁴	横向惯量/m⁴	单位长度质量/（10⁸ kg/m）	截面积/m²
576#—577#墩	5.64	34.47	16.54	6.24
577#—578#墩	5.64	34.47	16.54	6.24
578#—579#墩	5.64	34.47	16.54	6.24
579#—580#墩	5.64	34.47	16.54	6.24
580#—581#墩	9.02	143.23	26.45	9.98
581#—582#墩	12.41	374.62	36.36	13.72

④ 检算项目与标准。

根据《客运专线道岔暂行技术条件》的规定：

轮轴横向力 H（kN）：$\leq 10 + P_0/3$；

脱轨系数 Q/P：≤ 0.8（瞬间冲击脱轨系数不大于 1.2，持续时间小于 0.01 s）；

减载率 $\Delta P/\bar{P}$：≤ 0.8（瞬间冲击减载率不大于 1.0，持续时间小于 0.01 s）；

横向平稳性指标：≤ 2.5（列车直向和侧向通过道岔及邻近线路）；

垂向平稳性指标：≤ 2.5（列车直向和侧向通过道岔及邻近线路）；

车体垂向加速度：≤ 2.0 m/s²（列车直向和侧向通过道岔）；

车体横向加速度：≤ 1.5 m/s²（列车直向和侧向通过道岔）；

轨道竖向位移：$\leq \pm 3$ mm（列车直向和侧向通过道岔）；

钢轨件横向弹性位移：$\leq \pm 1.5$ mm（指通过道岔直向）；

尖轨动态开口量：不大于 4.0 mm；

尖轨及心轨动应力（U75V 钢轨）：$\leq 3\ 374$ MPa；

护轨横向冲击力：≤ 120 kN；

另参考日本新干线规定，列车动轮载不大于 300 kN。
根据桥梁相关规范要求：

桥梁的竖向振动加速度：≤0.35g；
桥梁的横向振动加速度：≤0.14g；
桥梁的横向振幅：≤L/16 000（mm）；
梁端竖向折角：≤2‰；
梁端水平折角：≤1‰。

⑤ 计算工况。

以下动力学仿真分析中考虑以下计算工况：

a. 无砟轨道，客车直向通过桥上 1#道岔，以容许通过速度加 10% 即 88 km/h 作为计算速度；

b. 有砟轨道，客车直向通过桥上 1#道岔，以容许通过速度加 10% 即 88 km/h 作为计算速度；

c. 无砟轨道，客车直向通过桥上 5#道岔，以容许通过速度加 10% 即 88 km/h 作为计算速度；

d. 有砟轨道，客车直向通过桥上 5#道岔，以容许通过速度加 10% 即 88 km/h 作为计算速度。

（2）计算结果比较。

各计算工况下道岔仿真结果汇总见表 5.2-23 所示。

表 5.2-23 计算结果汇总

道岔位置及编号	简支梁上 1#		简支梁上 5#	
轨道类型	无砟	有砟	无砟	有砟
最大动轮载/kN	106.9	118.0	99.8	113.9
转辙器部分最大轮缘力/kN	28.1	30.5	40.4	42.7
辙叉部分最大轮缘力/kN	69.1	60.8	46.4	40.9
前轴在转辙器部分脱轨系数	0.28	0.27	0.37	0.37
前轴在辙叉部分脱轨系数	0.62	0.73	0.39	0.45
后轴在转辙器部分脱轨系数	0.33	0.38	0.50	0.56
后轴在辙叉部分脱轨系数	0.49	0.63	0.25	0.37
前轴在转辙器部分最大减载率	0.44	0.47	0.48	0.51
前轴在辙叉部分最大减载率	0.63	0.58	0.52	0.50
后轴在转辙器部分最大减载率	0.44	0.45	0.51	0.53
后轴在辙叉部分最大减载率	0.61	0.58	0.52	0.49
车体横向振动加速度/（×g）	0.08	0.018	0.023	0.023
尖轨最大动应力/MPa	152.7	143.8	201.7	186.6
心轨最大动应力/MPa	77.8	72.6	77.1	67.0
尖轨最大开口量/mm	0.58	0.42	0.56	0.39
桥梁竖向最大位移/mm	1.90	1.96	1.86	1.87
桥梁横向最大位移/mm	0.13	0.11	0.13	0.13
中间梁跨支座处竖向转角/‰	0.03	0.0031	0.019	0.019
中间梁跨支座处水平转角/‰	0.006	0.0049	0.0062	0.0057
桥梁竖向振动加速度/（×g）	0.056	0.059	0.10	0.087
桥梁横向振动加速度/（×g）	0.077	0.071	0.067	0.082

从表 5.2-23 中可看出：

① 由于道岔本身存在不可避免的结构不平顺，列车过岔时均会在转辙器和辙叉部分发生较剧烈的竖向及横向振动，导致岔区内各项动力响应较大。

② 因无砟轨下基础抗弯能力较强，可在一定程度上减缓桥梁挠曲变形的影响，因而车-岔-桥系统的各项动力响应均相对较小，无砟道岔方案优于有砟道岔方案，但无砟轨道结构类型的改变对车-岔-桥系统动力响应的影响并不显著。

③ 岔桥相对位置变化，导致轮轨作用下桥梁竖向挠度及其转角不同。对于 32 m 简支梁桥，道岔岔心部分布置于列车运行方向上距离桥墩 1/8～1/4 跨范围时，车-岔-桥系统的各项动力响应相对较小。1#道岔转辙器及辙叉处的桥梁动挠度变化率较大，岔桥相对位置不尽合理，动力响应相对存在一定增幅；而 5#道岔转辙器及辙叉处的桥梁动挠度变化率较小，岔桥相对位置合理。

④ 客车通过桥梁上的道岔时，因速度低且列车轴重较轻，各项动力响应均不高，桥梁竖向及横向刚度可以满足过岔时的要求。

综合来看，海口东站高架桥上铺设 60 kg/m 钢轨 12 号无砟无缝道岔，能够满足客车以 80 km/h 速度直向过岔时的安全性与平稳性要求。

3．无砟道岔岔下基础研究设计

岔区轨道板分块布置影响分析结果表明，缩短菱形交叉所在轨道板的长度可在一定程度上减小轨道板长度对钢轨附加温度力的影响，但凸台所受纵向力较大；不同基础形式对比分析表明，采用凸台的基础连接形式和门型筋基础连接形式各有利弊，在国铁和城市轨道交通中均有应用。综合考虑施工、更换的可行性及梁板间的相互作用等因素，桥上无缝道岔的道岔板采用分块浇筑，而分块长度是根据道岔要求确定的，且需满足桥上无缝道岔岔梁相对位移允许限制的要求。

桥上道岔分板应遵循以下原则：

（1）道岔的灵敏机械设备应在同一块道床板上。

（2）钢轨焊接接头距板缝距离不小于 1.2 m。道床板之间的板缝按 100 mm 设置。道床板宽根据道岔平面布置，按道床板边缘至内外侧轨道中心线 1 600 mm 计算确定。桥上交叉渡线岔区无砟轨道分板示意见图 5.2-51。

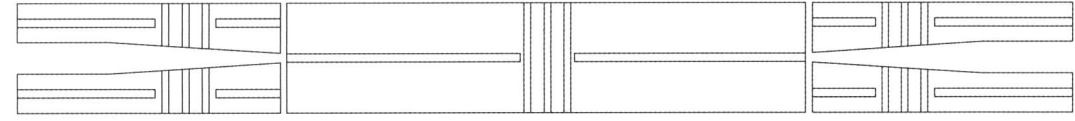

图 5.2-51 桥上交叉渡线岔区无砟轨道分板示意

① 道床。

道床板采用 C40 钢筋混凝土现场浇筑而成，道床板宽度按直股一侧边缘至道岔直股轨道中心的距离为 1 600 mm、另一侧边缘至侧股中心线的距离为 1 600 mm 控制。

② 底座。

桥梁地段岔区轨枕埋入式无砟轨道的道床板下设置 C40 钢筋混凝土底座，底座根据道床板设置伸缩缝，伸缩缝位置及宽度与道床板一致。底座通过门型钢筋与梁面连接。

底座上设置纵、横向凹槽，以对道床板约束定位，凹槽的宽度为 700 mm，深度为 100 mm。

为了缓冲作用在凹槽和凸台上的纵横向力,降低由于温度和收缩而产生的约束应力,在凹槽的四个垂直面安装弹性橡胶垫层,弹性橡胶垫层应符合相关规定。

为降低温升或温降对轨道与桥梁的影响,在道床板与混凝土底座之间设置滑动层。滑动层是为了把道岔板和底座分开,允许由于温度变化或板结构收缩等引起的两层之间的伸缩和滑动。中间层材料应符合相关规定。

桥上无砟道岔轨枕埋入式无砟轨道横断面见图 5.2-52。

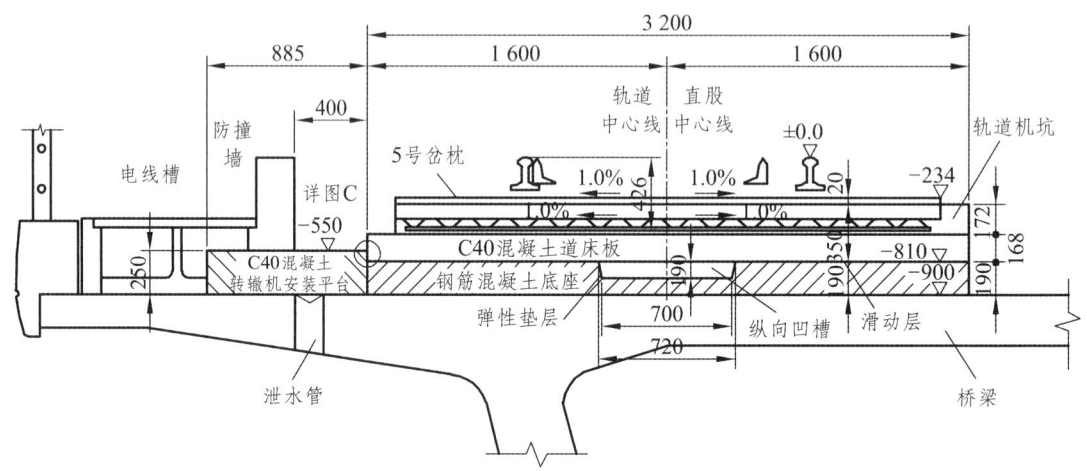

图 5.2-52　桥上无砟道岔轨枕埋入式无砟轨道横断面(单位:mm)

③ 转辙机平台。

转辙机平台顶面距轨顶高度为 550 mm,转辙机平台采用 C40 钢筋混凝土结构,平台在混凝土底座施工完毕后再施工。底座施工时应预埋平台连接钢筋。平台施工后应在与道床板连接位置进行切缝或断开处理,并用热沥青进行填充。

④ 接地设计。

a. 无砟道岔中的接地钢筋可利用道床内结构钢筋,注意接地钢筋不得构成电气环路。接地钢筋的选取参见相关接地设计图纸。

b. 接地单元长度不大于 100 m,每组单开道岔单独设置成一个接地单元,在接地单元中部就近与桥梁防撞墙预留接地端子单点 T 形可靠连接。如道岔梁前或后为有砟轨道时,道岔梁中的轨道板与岔区一同设置成一个接地单元。

c. 除综合接地单元内的纵向接地钢筋搭接处及纵向接地钢筋与横向接地钢筋交叉处进行焊接外,接地钢筋与其他结构钢筋交叉处应进行绝缘处理。

d. 道床板接地端子应预埋在靠信号电缆槽的道床板侧面,并靠近桥梁防撞墙预留接地端子。

⑤ 岔区排水。

道床板顶面和转辙机坑面均设置 1% 的横向人字排水坡,排至桥梁的线间和两侧的泄水孔。

4. 结　论

通过对桥上客专 12 号无砟无缝交叉渡线的纵向力计算和车-岔-桥耦合动力学仿真,对关键部件的设计技术方案进行了优化比选。计算结果表明设计方案可行,行车安全性和平稳性满足要求。

5.3 客运专线 12 号无砟道岔测试

课题组就海东线的相关工地为测试对象,开展了桥上客运专线 12 号无砟道岔(交叉渡线)的现场测试研究。相关测试情况如下。

5.3.1 桥上客专 12 号无砟道岔测试

桥上客专 12 号无砟道岔及桥上 12 号无砟交叉渡线的现场测试以海南东环铁路(即海东线)海口东站的道岔群为对象展开。图 5-3.3 为测试现场平面图。

5.3.1.1 试验目的

(1)进行逐级提速试验,考核动车组直、侧向通过无砟轨道无缝道岔的安全性和平稳性。

(2)验证桥上无缝道岔动力分析理论、设计方法和设计参数的正确性和合理性,为桥上无缝道岔设计、施工提供理论指导和积累实践经验。

(3)为改进和进一步完善桥上无缝道岔设计方法提供科学依据,优化桥上无缝道岔设计方案。

5.3.1.2 试验内容

1. 安全性指标

安全性指标包括转辙器、导曲线、辙叉各部位的轮轨垂直力 P 和轮轨水平力 Q,据此计算机车车辆内外轮脱轨系数 Q/P、轮重减载率 $\Delta P/P$ 及轮轴横向力(Q_1-Q_2),判定试验列车运行的安全性。

2. 道岔部件的变形

道岔部件的变形指标包括尖轨尖端开口量,转辙器、导曲线、辙叉各部位的钢轨垂、横向位移。

3. 道岔部件强度

道岔部件强度指标为尖轨 20 mm 断面应力。

4. 无砟轨道和钢轨的振动特性

(1)心轨一动左右两根枕和钢轨的竖向振动加速度。

(2)导曲线左右两根枕和钢轨的竖向振动加速度。

5. 桥梁结构的振动特性

桥梁结构的振动特性指标包括岔区 2 跨桥梁跨中竖、横向振动加速度。

各指标的测点布置示意见图 5.3-1～图 5.3-4。

图 5.3-1 轮轨力及钢轨位移测点

图 5.3-2 尖轨开口量测点

动态测点详细分布如表 5.3-1 所示。

表 5.3-1 测点分布

序号	交叉渡线			单开道岔		
	测试项目	数目	测点位置	测试项目	数目	测点位置
1	轮轨垂向力	5	A、B、C、D、E	轮轨垂向力	3	A、B、C
2	轮轨横向力	5	A、B、C、D、E	轮轨横向力	3	A、B、C
3	轨底动弯应力	2	G、F	轨底动弯应力	2	D、E
4	钢轨垂向动位移	2	A、B	钢轨垂向动位移	3	A、B、C
5	钢轨横向动位移	2	A、B	钢轨横向动位移	3	A、B、C
6	钢轨垂向加速度	2	A、E	钢轨垂向加速度	2	A、C
7	轨枕垂向加速度	2	A、E	轨枕垂向加速度	2	A、C
8	梁体垂向加速度	1	H	梁体垂向加速度	2	F、G
9	梁体横向加速度	1	H	梁体横向加速度	2	F、G

备注：同一测点位置，轮轨垂向力、轮轨横向力、钢轨垂向动位移、钢轨横向动位移及轨底动弯应力测点原则上应布置在钢轨同一测试断面上。

5.3.1.3 测试标准及依据

脱轨系数 Q/P、轮重减载率 $\Delta P/P$、轮轴横向力 Q_1-Q_2 的评判标准见表 5.3-2，尖轨、心轨开口量等其他参数参考表 5.3-3 进行分析判定。我国《新建时速 300～350 公里客运专线铁路设计暂行规定》第 6.3.6 条规定：强振频率在 20 Hz 及以下的有砟桥面，竖向振动加速度 $a \leqslant 0.35g$，无砟桥面竖向振动加速度 $a \leqslant 0.50g$。

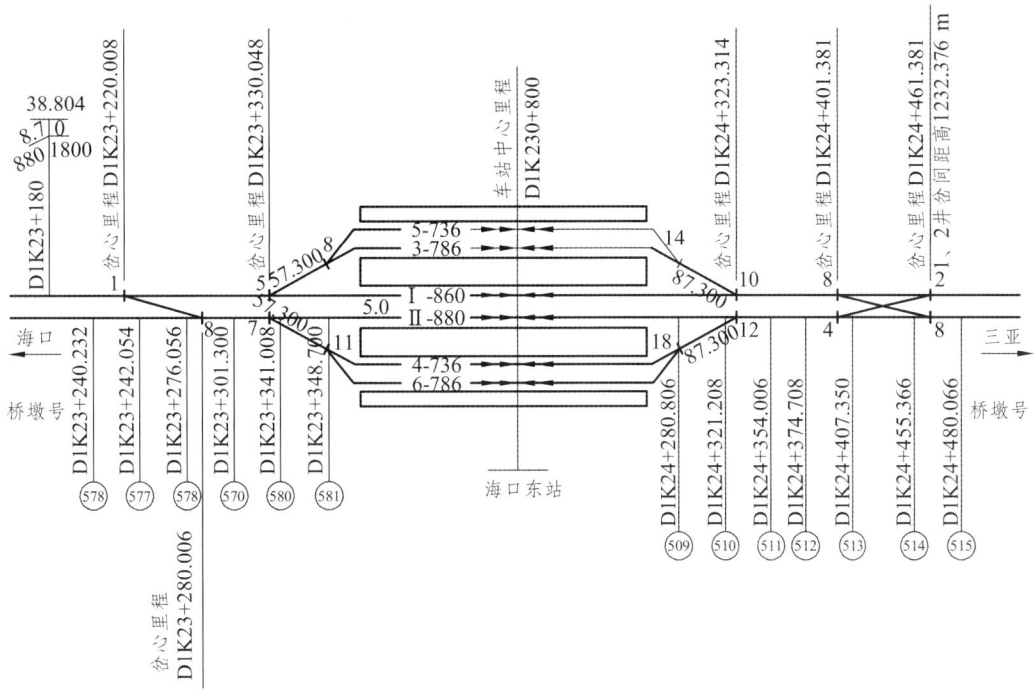

图 5.3-3 海南东环铁路海口东站简支梁桥上无砟无缝道岔布置

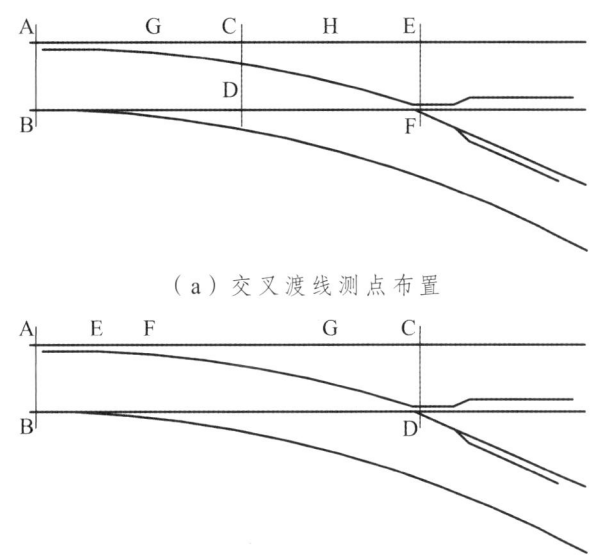

(a) 交叉渡线测点布置

(b) 单开道岔测点布置

图 5.3-4 动测布点示意图

表 5.3-2 安全评价标准

安全参数	评定标准	依 据
脱轨系数 Q/P	< 0.8	《客运专线铁路工程竣工验收动态检测指导意见》
轮重减载率 $\Delta P/P$	$\leqslant 0.80$	
轮轴横向力 Q_1-Q_2/kN	$\leqslant 10 + P_e/3$	

注：表中 P_e 为静轮重。

表 5.3-3　测试参数限值

测试参数	限　值	依　据
轨道竖向位移/mm	±3.0（客车）	《客运专线道岔暂行技术条件》
钢轨件横向弹性位移（通过道岔直向，mm）	≤1.5	
尖轨、心轨开口量/mm	≤4.0	

我国《新建时速 300～350 公里客运专线铁路设计暂行规定》规定，梁部结构在列车竖向静活载作用下，梁体的竖向挠度不应大于表 5.3-4 所列数值。

表 5.3-4　桥梁竖向挠度限值

跨　度	L≤24 m	24 m<L≤80 m	L>80 m
单　跨	L/1 300	L/1 000	L/1 000
多　跨	L/1 800	L/1 500	L/1 000

注：表中 L 为梁的跨度（m）。

5.3.1.4　试验实施情况

本次测试共 48 d，试验准备时间为 2010 年 9 月 16 日—2010 年 9 月 30 日，正式试验时间 2010 年 10 月 16 日—2010 年 11 月 2 日。10 月 15 日对各测点上的垂、横向力和位移进行了标定，10 月 16 日—11 月 2 日进行了直向过岔试验，共取得 26 次动车组直向过岔有效数据。动力测试期间，由于动车组需在海口东站添乘并折返，简支梁桥上单开道岔所采集的动车组经过时的数据较少，因此此处动力分析以轨检车经过时的测设数据为依据。

动车组试验期间，试验工点实际所测动车组最高通过速度如表 5.3-5 所示。图 5.3-5 至图 5.3-7 分别为单开道岔和交叉渡线传感器布置的照片。

表 5.3-5　动车组通过试验工点的最高速度统计

次序	日期	当日趟次	车型	速度/（km/h）
1	10 月 16 日	1	轨检车	30
2		2	CRH2-010A 动车组	40
3	10 月 18 日	1	轨检车	40
4		2	CRH2-010A 动车组	40
5	10 月 25 日	1	轨检车	60
6		2	CRH2-010A 动车组	50
7		3	CRH2-010A 动车组	50
8	10 月 26 日	1	轨检车	40
9		2	CRH2-010A 动车组	60
10		3	CRH2-010A 动车组	50
11	10 月 27 日	1	轨检车	50
12		2	CRH2-010A 动车组	40
13		3	CRH2-010A 动车组	50

续表

次序	日期	当日趟次	车型	速度/（km/h）
14	10月28日	1	轨检车	80
15		2	CRH2-010A 动车组	40
16		3	CRH2-010A 动车组	70
17		4	CRH2-010A 动车组	40
18	10月31日	1	轨检车	70
19		2	CRH2-010A 动车组	60
20		3	CRH2-010A 动车组	40
21	11月1日	1	轨检车	60
22		2	CRH2-010A 动车组	40
23		3	CRH2-010A 动车组	90
24	11月2日	1	轨检车	70
25		2	CRH2-010A 动车组	70
26		3	CRH2-010A 动车组	80

图 5.3-5　桥上单开道岔动测点

图 5.3-6　桥上交叉渡线道岔动测点

图 5.3-7　桥上交叉渡线道岔静测点

299

单开道岔及交叉渡线动测初步结果与动力学仿真分析结果基本吻合：脱轨系数和轮重减载率安全指标的波动区间分别为 0.07~0.80、0.10~0.75；48m 梁跨最大竖向振动加速度约为 0.074g，最大横向振动加速度约为 0.021g（单线行车）。

5.3.2 连续梁桥上交叉渡线道岔试验结果及分析

1．安全性指标

CRH2-010A 动车组直向以最高速度 90 km/h 通过桥上交叉渡线时，地面实测安全性指标最大值列于表 5.3-6。岔前减载率和脱轨系数随速度的变化分别见图 5.3-8、图 5.3-9。

表 5.3-6　直向通过桥上交叉渡线时转辙器前端安全性指标最大值

速度/（km/h）	减载率	脱轨系数	轮轴横向力/kN
40	0.12	0.09	1.44
50	0.16	0.09	1.15
60	0.25	0.08	0.27
70	0.27	0.12	1.57
80	0.18	0.13	1.73
90	0.33	0.15	1.69

注：为便于表述和认识，表中所列速度为速度级，实际动车组速度在该速度级左右略有波动。

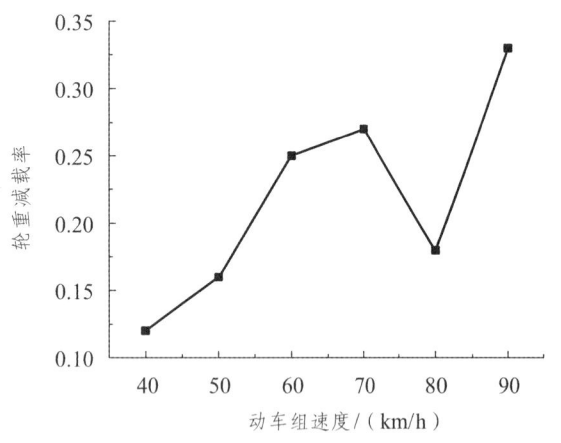
图 5.3-8　岔前减载率随动车组速度的变化

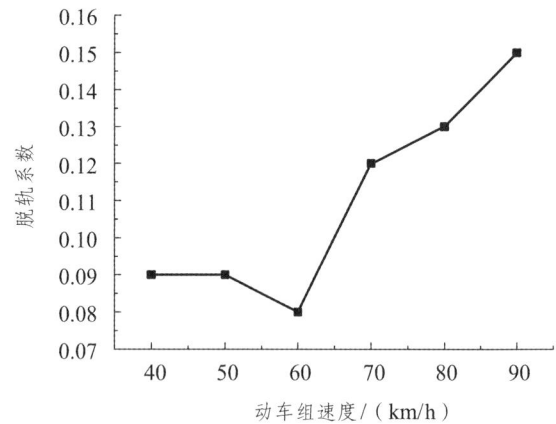
图 5.3-9　岔前脱轨系数随动车组速度的变化

从以上图表可以看出：动车组通过岔前区间时，各项安全指标亦随动车组速度递增呈增大趋势。

直向通过桥上交叉渡线时道岔导曲线部分安全性指标最大值见表 5.3-7，导曲线减载率和脱轨系数随动车组速度变化见图 5.3-10。

表 5.3-7　直向通过桥上交叉渡线时道岔导曲线部分安全性指标最大值

速度/（km/h）	减载率	脱轨系数	轮轴横向力/kN
40	0.17	0.08	2.23
50	0.29	0.09	1.68
60	0.35	0.12	1.85
70	0.32	0.12	2.01
80	0.39	0.11	2.09
90	0.41	0.17	2.14

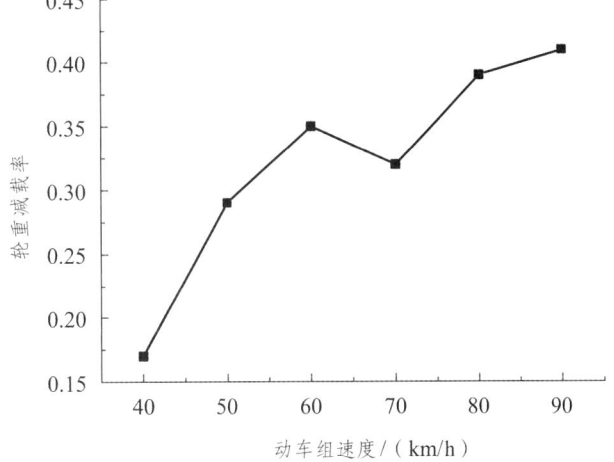

（a）导曲线减载率随动车组速度的变化

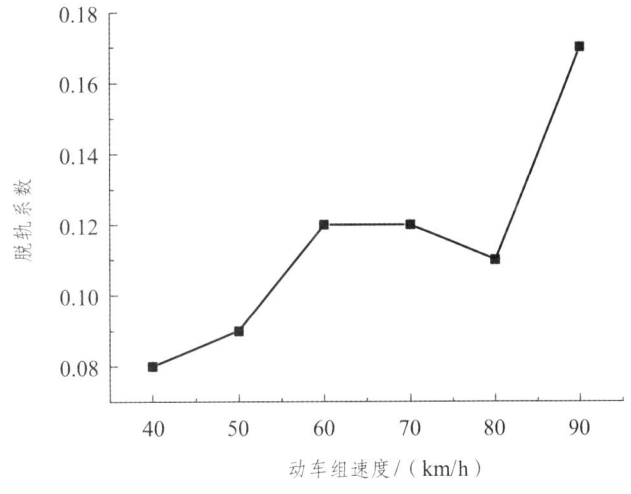

（b）导曲线脱轨系数随动车组速度的变化

图 5.3-10　导曲线减载率和脱轨系数随动车组速度的变化

显然，动车组通过桥上交叉渡线导曲线部分的安全性指标随车速的增大而增大，当动车组以速度 90 km/h 通过交叉渡线导曲线时的最大脱轨系数为 0.17、最大减载率为 0.41、最大轮轴横向力为 2.14 kN，均小于动车组限值 0.8、0.8 和 33.33 kN，表明在该速度条件下动车组安全运行的要求能够满足。

2．主要部件应力

① 尖轨顶面宽 30 mm 处的轨底应力见表 5.3-8、图 5.3-11。

表 5.3-8　尖轨顶面宽 30 mm 处的轨底应力

速度/（km/h）	40	50	60	70	80	90
尖轨轨底应力/MPa	64.61	62.08	66.94	75.95	83.31	96.06

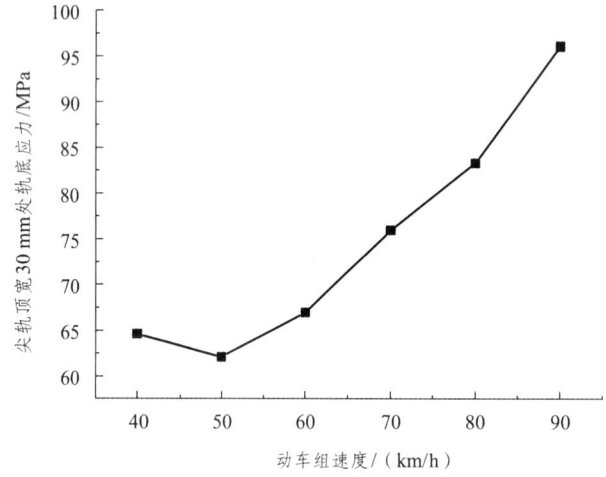

图 5.3-11　道岔尖轨主要部位应力随动车组速度的变化

虽然道岔部件强度主要与列车轴重密切相关，但随着动车组速度的提高，轮对与转辙钢轨间的冲击作用加剧，致使尖轨轨底应力随速度的增大而显著增大。尖轨顶宽 30 mm 处轨底应力实测最大值为 96.06 MPa，对应的平均值的最大值为 75.94 MPa，均远小于 335 MPa 的许用应力限值。表明道岔薄弱环节处部件强度有足够的富余，能够满足动车组安全运行的要求。

② 心轨顶面宽 35mm 处的轨底应力见表 5.3-9、图 5.3-12。

表 5.3-9　心轨顶面宽 35mm 处的轨底应力

速度/（km/h）	40	50	60	70	80	90
心轨轨底应力/MPa	40.08	45.01	39.68	46.73	50.14	56.39

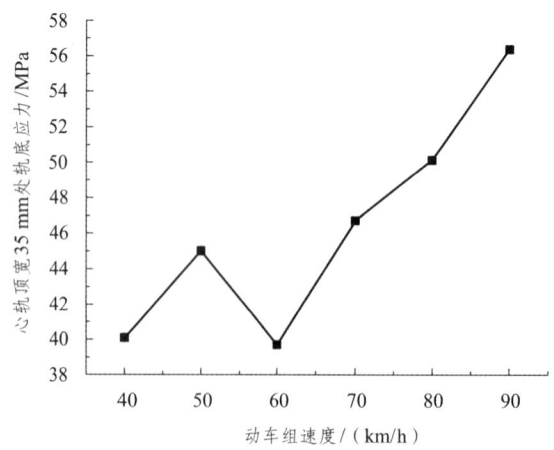

图 5.3-12　道岔心轨主要部位应力随动车组速度的变化

随着动车组速度的提高，轮对与辙叉钢轨间的冲击作用加剧，致使心轨轨底应力随速度的增大而显著增大。心轨顶宽 35 mm 处轨底应力实测最大值为 56.39 MPa，对应的平均值的最大值为 49.71 MPa，均远小于 335 MPa 的许用应力限值。表明道岔薄弱环节处部件强度有足够的富余，能够满足动车组安全运行的要求。

3．钢轨件垂、横向位移

交叉渡线钢轨件动位移测试测点布置在转辙器前端处。列车直向以最高速度 90 km/h 通过时，位移实测最大值列于表 5.3-10，其与动车组速度的关系见图 5.3-13、图 5.3-14。

表 5.3-10　转辙器前端钢轨垂、横向位移最大值　　　　　　　　单位：mm

动车组速度/（km/h）	直基本轨垂向位移	直基本轨横向位移	曲基本轨垂向位移	曲基本轨横向位移
40	0.842	0.411	0.661	0.357
50	0.827	0.519	0.714	0.373
60	0.846	0.345	0.727	0.613
70	0.793	0.538	0.740	0.588
80	0.895	0.559	0.769	0.607
90	0.917	0.626	0.760	0.620

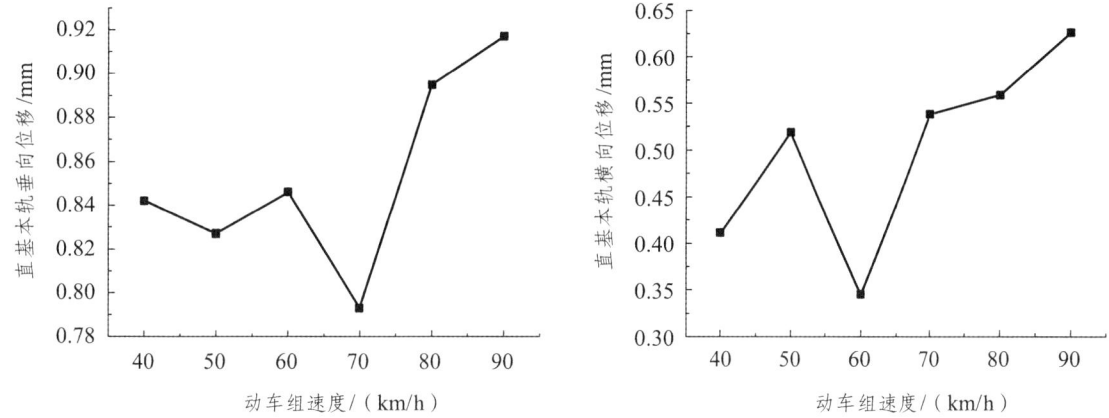

图 5.3-13　转辙器前端直基本轨垂、横向位移与动车组速度的关系

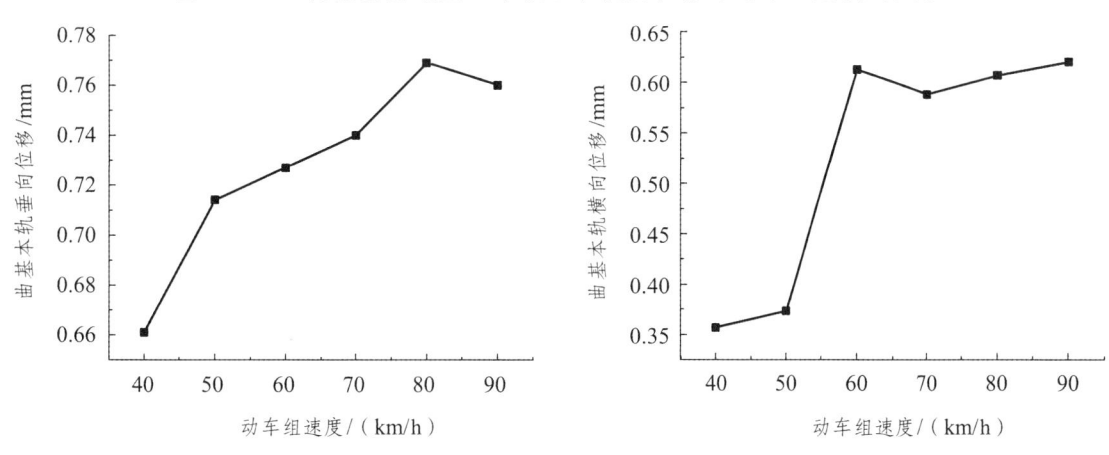

图 5.3-14　转辙器前端曲基本轨垂、横向位移与动车组速度的关系

从以上图表中数据可以看出：当动车组以最高速度 90 km/h 通过桥上道岔时，转辙器前端直基本轨垂向位移实测最大值为 0.917 mm、横向位移实测最大值为 0.626 mm，曲基本轨垂向位移实测最大值为 0.769 mm、横向位移实测最大值为 0.620 mm，均小于《客运专线道岔暂行技术条件》规定的 1.5 mm。

4．桥上交叉渡线钢轨、岔枕振动特性

桥上交叉渡线钢轨、岔枕垂向振动加速度测试结果见表 5.3-11，其动车组速度的关系见图 5.3-15、图 5.3-16。

表 5.3-11　道岔钢轨、岔枕垂向振动加速度最大值（×g）

动车组速度/(km/h)	转辙器前端处直基本轨	转辙器前端处岔枕	辙叉处直基本轨	辙叉处岔枕
40	38.149	0.579	20.692	0.596
50	44.611	0.567	26.918	0.659
60	52.310	0.832	31.008	0.615
70	47.514	0.652	38.149	0.838
80	51.639	0.730	52.310	0.691
90	54.993	0.917	51.639	0.964

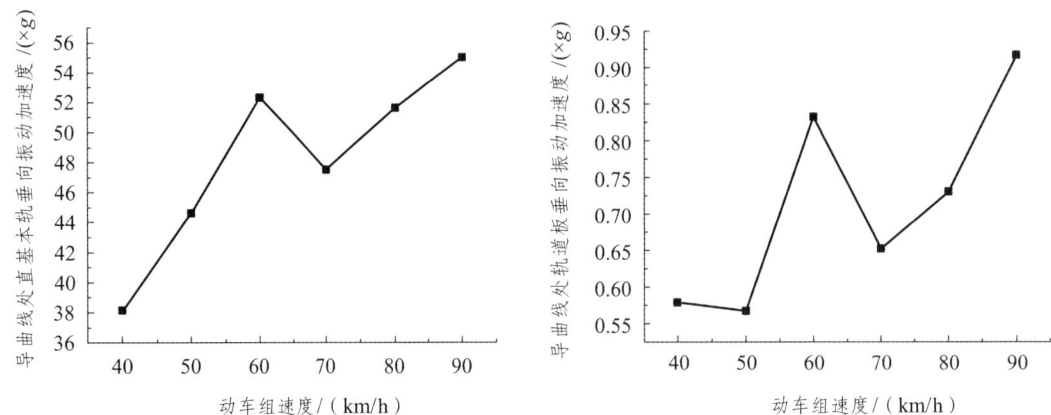

图 5.3-15　转辙器前端处钢轨和岔枕垂向振动加速度与动车组速度的关系

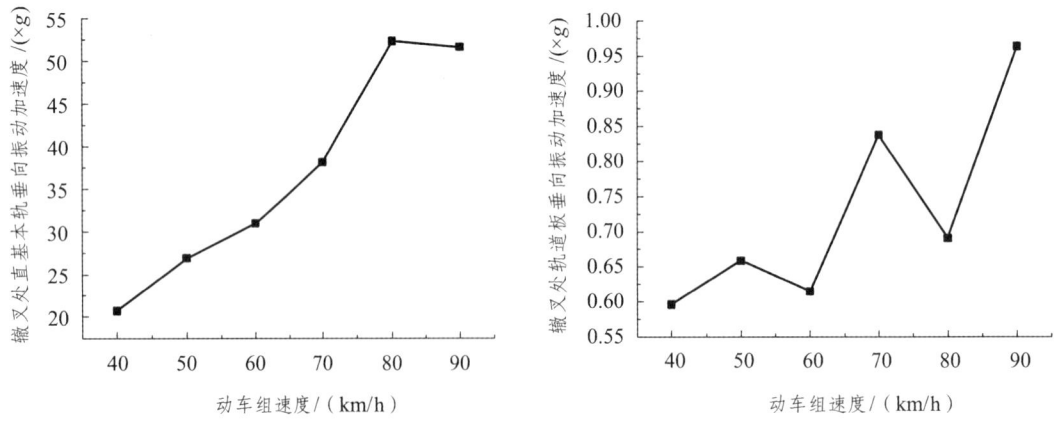

图 5.3-16　辙叉处钢轨和岔枕垂向振动加速度与动车组速度的关系

从以上图表中数据可以看出：当动车组以最高速度 90 km/h 通过桥上道岔时，道岔转辙器前端处直基本轨垂向振动加速度实测最大值为 54.993g、岔枕垂向振动加速度实测最大值为 0.917g，辙叉处直基本轨垂向振动加速度实测最大值为 52.310g、岔枕垂向振动加速度实测最大值为 0.964g，动车组速度对道岔振动影响较为明显。

5．桥梁变形及振动特性

在交叉渡线道岔下连续梁第 2 跨（48 m）跨中布置振动加速度测点。桥梁振动加速度实测最大值列于表 5.3-12，其与动车组速度的关系见图 5.3-17。

表 5.3-12　连续梁第 2 跨跨中垂、横向振动加速度最大值　　　　单位：m/s²

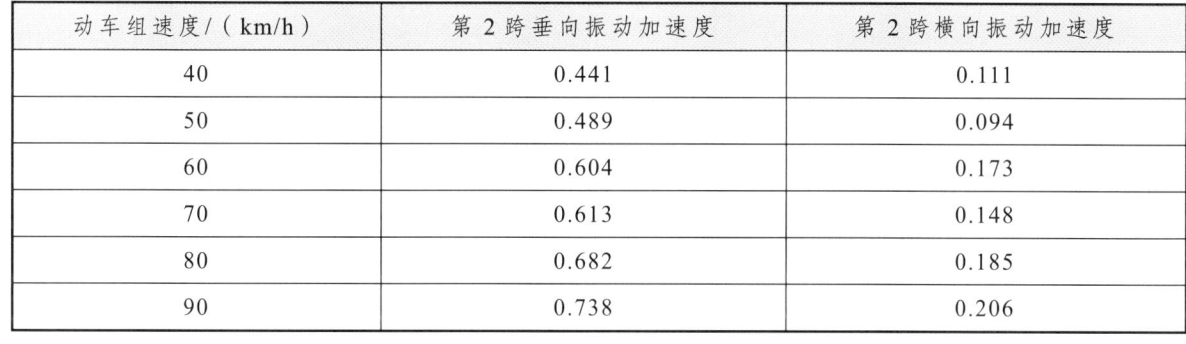

动车组速度/（km/h）	第 2 跨垂向振动加速度	第 2 跨横向振动加速度
40	0.441	0.111
50	0.489	0.094
60	0.604	0.173
70	0.613	0.148
80	0.682	0.185
90	0.738	0.206

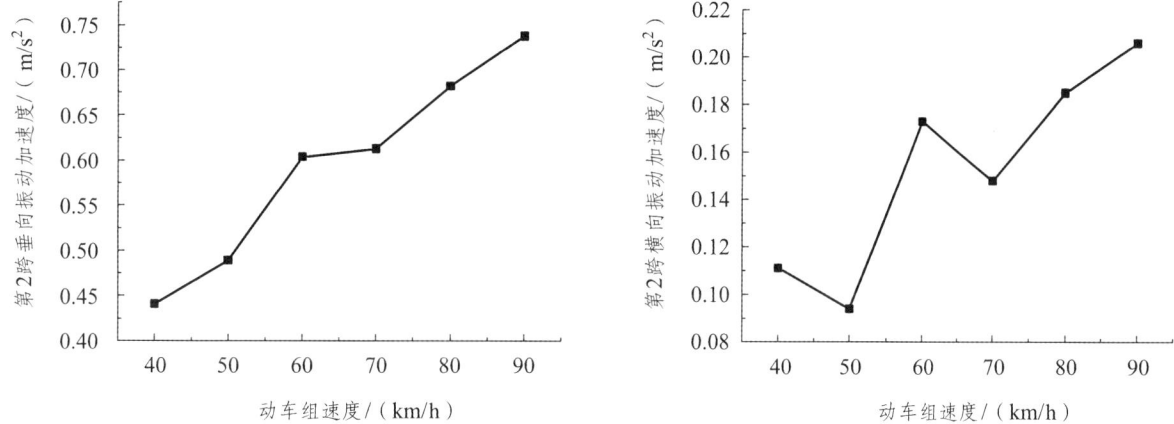

图 5.3-17　连续梁第 2 跨垂、横向振动加速度与动车组速度的关系

由表 5.3-12 和图 5.3-17 中可以看出：连续梁跨中振动加速度随动车组速度的提高而增大，第 2 跨跨中垂向振动加速度实测最大值达到 0.738 m/s²，横向振动加速度实测最大值为 0.206 m/s²，未超过我国《新建时速 200～250 公里客运专线铁路设计暂行规定》中的规定限值。

5.3.3　简支梁桥上单开道岔试验结果及分析

1．安全性指标

DF_{11} 内燃机车 + 接触网检测车（SY998845）+ 轨道检查车（WX999287）+ 电务检查车

（SY998149）+ DF_{11} 内燃机车所组成的轨检车直向以最高速度 80km/h 通过桥上单开道岔时，地面实测安全性指标最大值列于表 5.3-13，其与轨检车速度的关系见图 5.3-18、图 5.3-19。

表 5.3-13 直向通过桥上单开道岔时转辙器前端安全性指标最大值

轨检车速度/（km/h）	减载率	脱轨系数	轮轴横向力/kN
30	0.10	0.07	1.03
40	0.13	0.08	0.99
50	0.27	0.11	1.21
60	0.18	0.16	1.74
70	0.27	0.18	2.62
80	0.38	0.18	3.17

注：为便于表述和认识，表中所列速度为速度级，实际速度在该速度级左右略有波动。

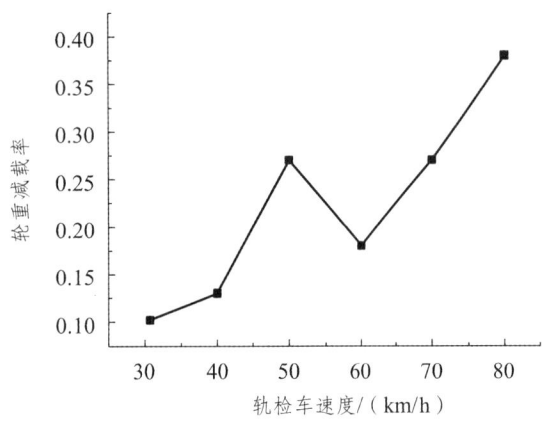 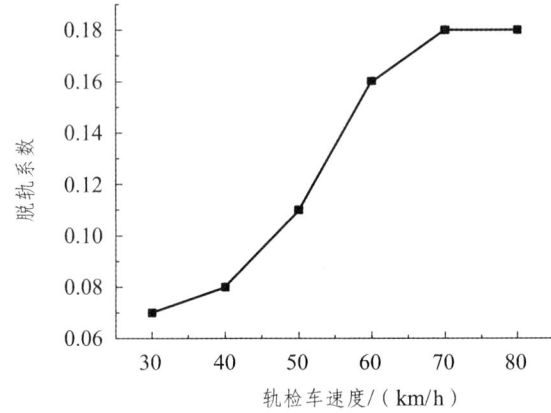

图 5.3-18 岔前减载率随轨检车速度的变化　　图 5.3-19 岔前脱轨系数随轨检车速度的变化

从以上图表可以看出：轨检车通过岔前区间时，各项安全指标亦随轨检车速度递增呈增大趋势。

直向通过桥上单开道岔时辙叉部分安全性指标最大值见表 5.3-14，其与轨检车速度的关系见图 5.3-20、图 5.3-21。

表 5.3-14 直向通过桥上单开道岔时辙叉部分安全性指标最大值

轨检车速度/（km/h）	减载率	脱轨系数
30	0.04	0.13
40	0.09	0.11
50	0.15	0.14
60	0.24	0.14
70	0.22	0.17
80	0.32	0.21

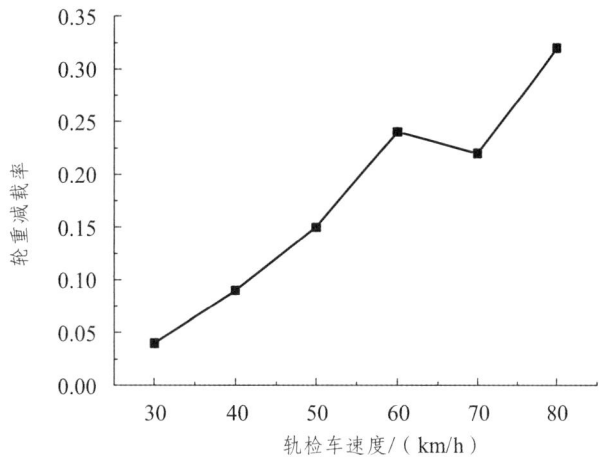

图 5.3-20　导曲线减载率随轨检车速度的变化

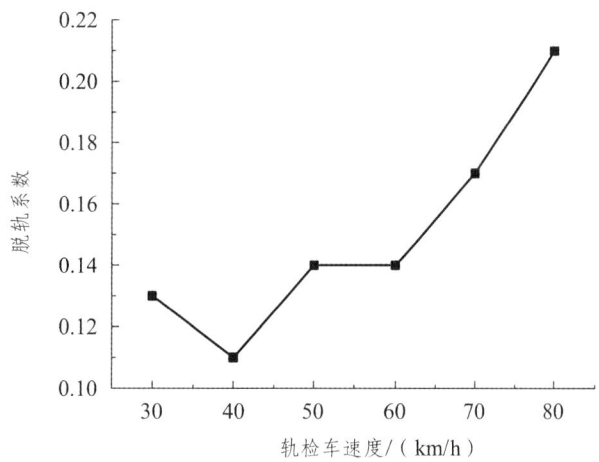

图 5.3-21　导曲线脱轨系数随轨检车速度的变化

轨检车通过桥上单开道岔辙叉部分的安全性指标随车速的增大而增大，当轨检车以速度 80 km/h 通过辙叉时的最大脱轨系数为 0.21，小于轨检车脱轨系数限值 0.8，最大减载率为 0.32，小于轨检车减载率限值 0.8，表明在该速度条件下轨检车安全运行的要求能够满足。

2．主要部件应力

① 尖轨顶面宽 30 mm 处的轨底应力见表 5.3-15、图 5.3-22。

表 5.3-15　尖轨顶面宽 30mm 处的轨底应力

轨检车速度/(km/h)	30	40	50	60	70	80
尖轨轨底应力/MPa	81.84	87.11	65.78	79.23	84.19	92.96

虽然道岔部件强度主要与列车轴重密切相关，但随着轨检车速度的提高，轮对与转辙钢轨间的冲击作用加剧，致使尖轨轨底应力随速度的增大而显著增大。尖轨顶宽 30 mm 处轨底应力实测最大值为 92.96 MPa，对应的平均值的最大值为 81.63 MPa，均远小于 335 MPa 的许用应力限值。表明道岔薄弱环节处部件强度有足够的富余，能够满足轨检车安全运行的要求。

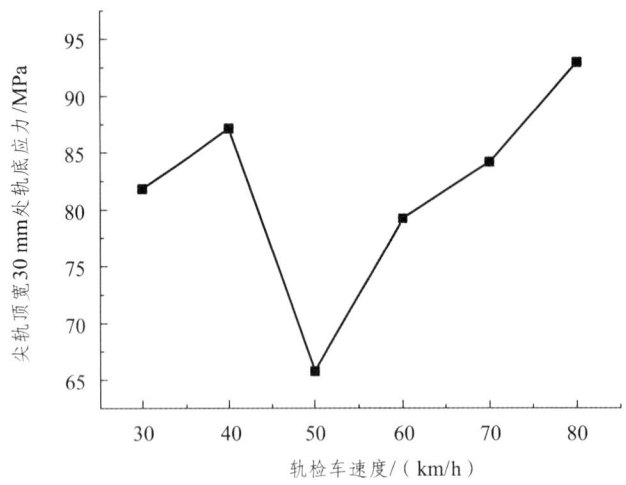

图 5.3-22　道岔尖轨主要部位应力随轨检车速度的变化

② 心轨顶面宽 35mm 处的轨底应力见表 5.3-16、图 5.3-23。

表 5.3-16　心轨顶面宽 35mm 处的轨底应力

轨检车速度/(km/h)	30	40	50	60	70	80
心轨轨底应力/MPa	62.32	66.91	66.71	63.06	68.00	75.60

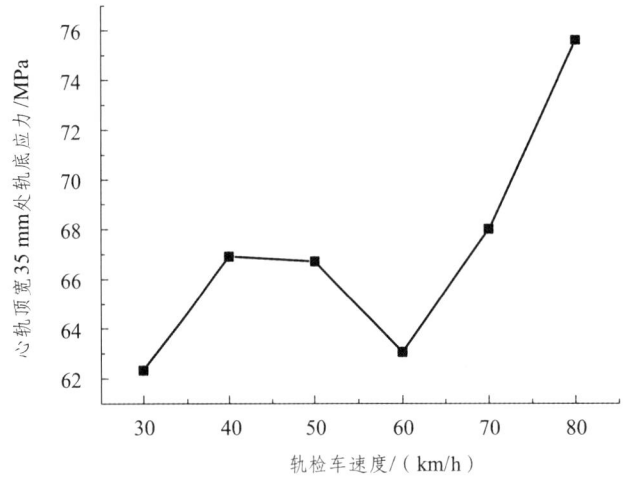

图 5.3-23　道岔心轨主要部位应力随轨检车速度的变化

随着轨检车速度的提高，轮对与辙叉钢轨间的冲击作用加剧，致使心轨轨底应力随速度的增大而显著增大。心轨顶宽 35 mm 处轨底应力实测最大值为 75.60 MPa，对应的平均值的最大值为 55.31 MPa，均远小于 335 MPa 的许用应力限值。表明道岔薄弱环节处部件强度有足够的富余，能够满足轨检车安全运行的要求。

3．钢轨件垂、横向位移

单开道岔钢轨件动位移测试测点布置在转辙器前端及辙叉处。轨检车直向以最高速度 80 km/h 通过时，位移实测最大值列于表 5.3-17、表 5.3-18。图 5.3-24 和图 5.3-25 分别为岔区钢轨垂向位移和横向位移示波图。

表 5.3-17　转辙器前端钢轨垂、横向位移最大值　　　　　　　　　　　　单位：mm

轨检车速度/(km/h)	直基本轨垂向位移	直基本轨横向位移	曲基本轨垂向位移	曲基本轨横向位移
30	0.760	0.403	0.694	0.479
40	0.784	0.425	0.696	0.376
50	0.686	0.397	0.692	0.401
60	0.794	0.597	0.707	0.490
70	0.791	0.608	0.738	0.424
80	0.833	0.727	0.771	0.575

表 5.3-18　道岔辙叉处基本轨垂、横向位移最大值　　　　　　　　　　　单位：mm

轨检车速度/(km/h)	直基本轨垂向位移	直基本轨横向位移
30	0.881	0.418
40	0.886	0.496
50	0.875	0.521
60	0.878	0.469
70	0.893	0.591
80	0.932	0.646

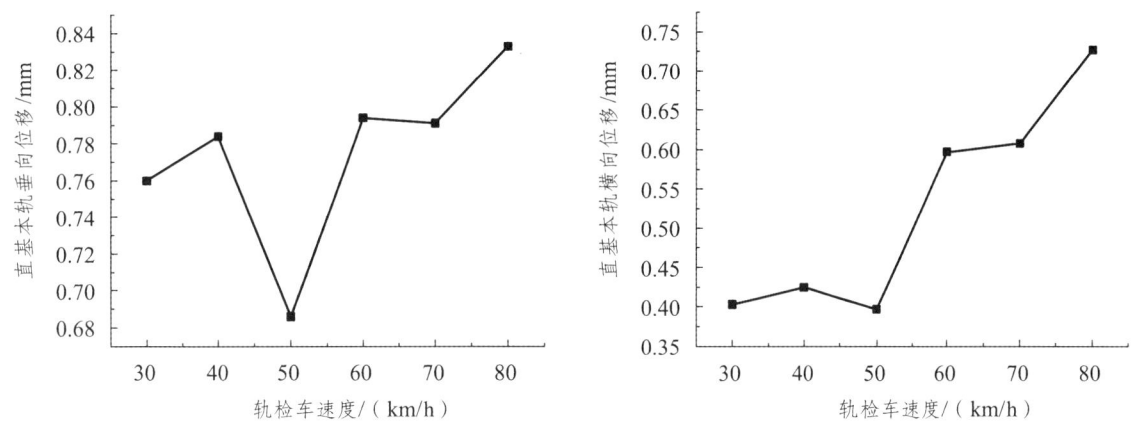

图 5.3-24　转辙器前端直基本轨垂、横向位移与轨检车速度的关系

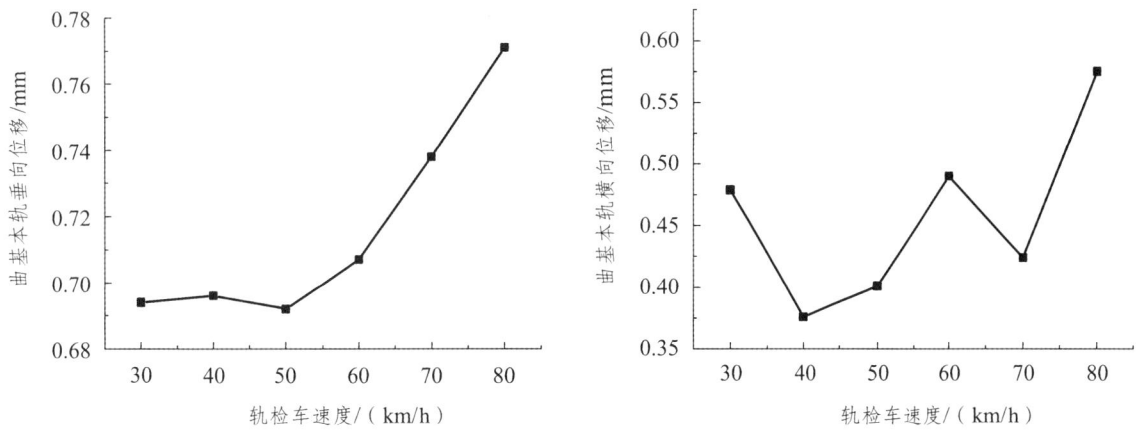

图 5.3-25　转辙器前端曲基本轨垂、横向位移与轨检车速度的关系

从以上图表中数据可以看出：当轨检车以最高速度80 km/h通过桥上道岔时，转辙器前端直基本轨垂向位移实测最大值为0.833 mm、横向位移实测最大值为0.727 mm，曲基本轨垂向位移实测最大值为0.771 mm、横向位移实测最大值为0.575 mm，均小于《客运专线道岔暂行技术条件》规定的1.5 mm。

辙叉处直基本轨垂、横向位移与轨检车速度的关系见图5.3-26。

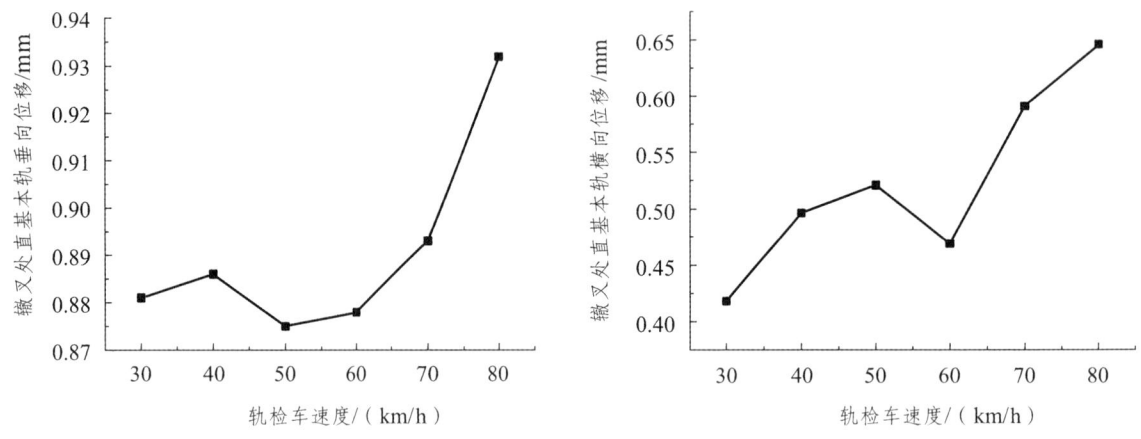

图5.3-26　辙叉处直基本轨垂、横向位移与轨检车速度的关系

从以上图表中数据可以看出，当轨检车以最高速度80 km/h通过桥上道岔时，道岔辙叉处直基本轨垂向位移实测最大值为0.932 mm、横向位移实测最大值为0.646 mm，均小于《客运专线道岔暂行技术条件》规定的1.5 mm。

4．桥上单开道岔钢轨、岔枕振动特性

桥上单开道岔钢轨、岔枕垂向振动加速度测试结果见表5.3-19，其与轨检车速度的关系见图5.3-27、图5.3-28。

表5.3-19　道岔钢轨、岔枕垂向振动加速度最大值（×g）

轨检车速度/(km/h)	转辙器前端处直基本轨	转辙器前端处岔枕	辙叉处直基本轨	辙叉处岔枕
30	21.303	0.376	9.400	0.472
40	17.030	0.406	10.621	0.508
50	18.006	0.555	12.940	0.784
60	25.816	0.667	19.716	0.891
70	26.669	0.663	19.288	0.920
80	32.045	0.843	30.092	0.996

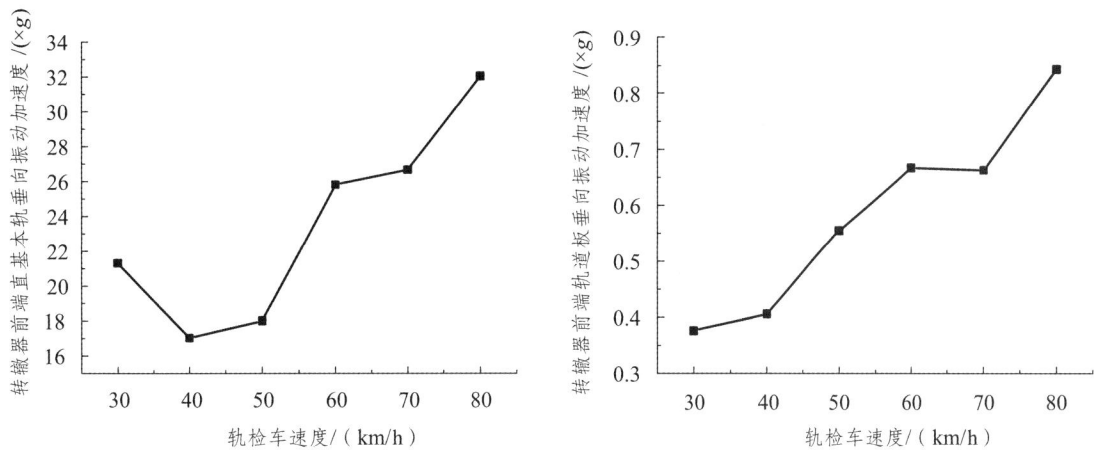

图 5.3-27 转辙器前端处钢轨和岔枕垂向振动加速度与轨检车速度的关系

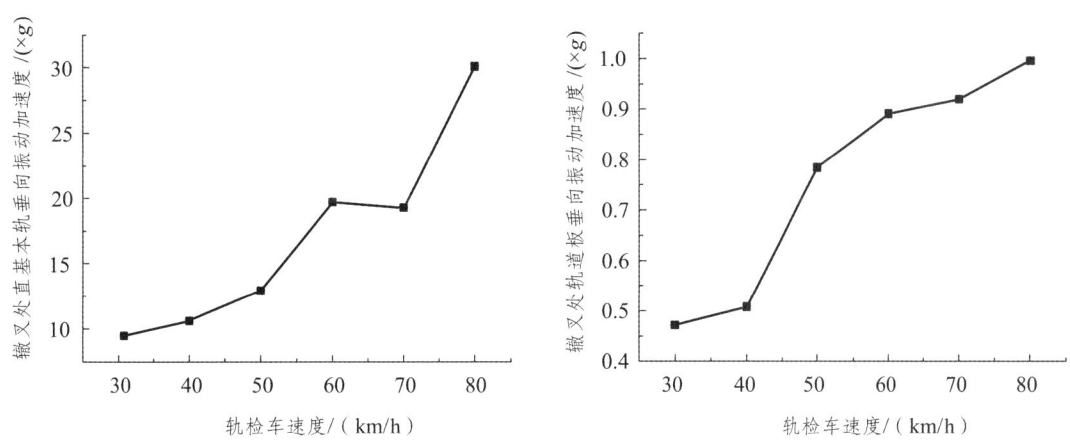

图 5.3-28 辙叉处钢轨与岔枕垂向振动加速度与轨检车速度的关系

从以上图表中数据可以看出：当轨检车以最高速度 80 km/h 通过桥上道岔时，道岔转辙器前端处直基本轨垂向振动加速度实测最大值为 32.045g、岔枕垂向振动加速度实测最大值为 0.843g；辙叉处直基本轨垂向振动加速度实测最大值为 30.092g、岔枕垂向振动加速度实测最大值为 0.996g，轨检车速度对道岔振动影响较为明显。

5．桥梁变形及振动特性

在单开道岔下两简支梁跨中分别布置振动加速度测点。桥梁振动加速度实测最大值列于表 5.3-20，其与轨检车速度的关系见图 5.3-29、图 5.3-30。

表 5.3-20　两简支梁跨中垂、横向振动加速度最大值　　　　　单位：m/s^2

轨检车速度/ （km/h）	尖轨所在简支梁跨 中垂向振动加速度	尖轨所在简支梁跨 中横向振动加速度	心轨所在简支梁跨 中垂向振动加速度	心轨所在简支梁跨 中横向振动加速度
30	0.512	0.108	0.503	0.144
40	0.508	0.106	0.506	0.122
50	0.579	0.143	0.531	0.128
60	0.843	0.139	0.637	0.174
70	0.872	0.185	0.688	0.162
80	0.929	0.292	0.788	0.186

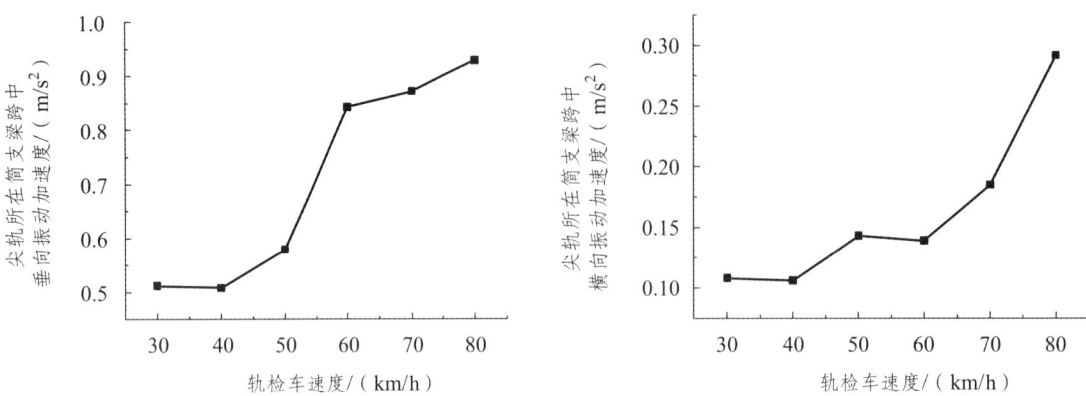

图 5.3-29　尖轨所在简支梁跨中垂、横向振动加速度与轨检车速度的关系

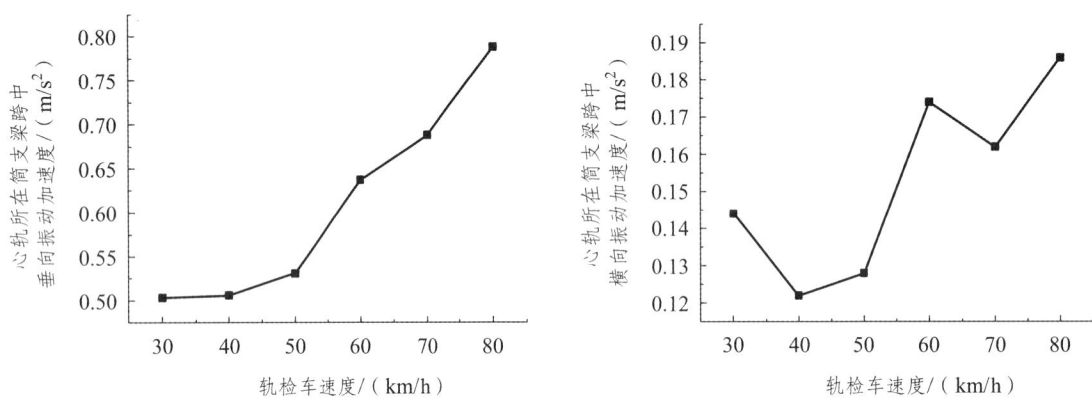

图 5.3-30　心轨所在简支梁跨中垂、横向振动加速度与轨检车速度的关系

由表 5.3-20 和图 5.3-29、图 5.3-30 可以看出：简支梁跨中振动加速度随轨检车速度的提高而增大，尖轨所在简支梁跨中垂向振动加速度实测最大值达到 0.929 m/s²、横向振动加速度实测最大值为 0.292 m/s²，心轨所在简支梁跨中垂向振动加速度实测最大值达到 0.788 m/s²、横向振动加速度实测最大值为 0.186 m/s²，未超过我国《新建时速 200～250 公里客运专线铁路设计暂行规定》中的规定限值。

6．与仿真分析对比

在 5.2 节中对简支梁桥上 12 号单开道岔进行了动力学仿真分析，仿真分析中以容许通过速度加 10% 即 88 km/h 作为计算速度。试验结果与仿真分析结果对比如表 5.3-21 所示。

表 5.3-21　试验结果与仿真分析结果对比

指　　标	仿真分析	单开道岔
转辙器脱轨系数	0.50	0.18
辙叉脱轨系数	0.39	0.21
转辙器减载率	0.51	0.38
辙叉减载率	0.52	0.32
尖轨应力/MPa	201.7	92.96
心轨应力/MPa	77.1	75.60
桥梁横向振动加速度/(×g)	0.067	0.030
桥梁垂向振动加速度/(×g)	0.10	0.095

由表 5.3-21 可以看出：动态试验结果与理论仿真结果基本吻合，验证了桥上无缝道岔动力计算理论的正确性；个别指标仿真分析结果与试验指标稍有差异，这主要是由于仿真分析参数的选取与实际有所差异及现场试验受周围环境等因素的影响；仿真分析中个别指标比试验结果稍大，说明用仿真分析的方法指导设计有一定的安全余量，对运营是有利的。

5.3.4 小　结

（1）当列车直向通过交叉渡线时，在车-岔-桥动态耦合作用下会产生明显大于一般区间线路的减载率、脱轨系数及各部位的竖、横向振动加速度，同时在道岔转辙器及辙叉等关键部位会产生较大的钢轨应力，各项动力指标均较普通路基上道岔有所增大，这主要是受到交叉渡线铺设于连续梁桥上时与桥梁的相互作用及其自身结构不平顺的影响。

（2）动车组轴重比普通客货列车小，当其通过桥上交叉渡线时，造成的岔桥相互作用较轻；但动车组速度快，高速直向通过桥上交叉渡线时，平稳性较路基上道岔或普通线桥结构降低。但测试结果表明，开通动车运行过程中各项指标均在允许的范围以内，可以保证列车运行的安全性和稳定性。

（3）单开道岔本身存在不可避免的结构不平顺，列车直侧向过岔时均会在关键部位发生较剧烈的竖向及横向振动，导致岔区内各项动力响应均会大于一般区间轨道，而当道岔铺设于简支梁桥上时，由于列车、道岔、桥梁三者的耦合作用，上述关键部位振动情况即会加剧，车、岔、桥的各项动力指标等均较一般桥上线路和路基上道岔有所增大，岔桥相对位置对该耦合作用发挥重要影响。

（4）测试结果表明道岔可满足动车组直向、侧向按线路允许速度运行时的安全性与平稳性。

6 沿海强台风强降雨条件下路基边坡加固防护研究

6.1 沿海强台风作用下边坡防护数值模拟研究

6.1.1 骨架结构受力分析

骨架结构在正常使用状态下通常是稳定的,而在强降雨条件下,由于降雨对路基边坡强烈的冲刷作用可能导致骨架结构同边坡土体分离,最终引起骨架结构的破坏。下面以浆砌片石骨架结构为例,讨论骨架结构在正常使用及悬空情况下的受力情况,评估骨架结构的稳定性。

1. 正常使用状态下骨架结构受力分析

计算中主骨架与支骨架横截面尺寸均取为 0.6 m×0.6 m,支骨架净距 3 m,假设骨架仅受自重应力的作用,密度为 2 500 kg/m³,骨架与边坡土体无相对移动。骨架三维模型如图 6.1-1 所示,骨架结构在自重作用下的应力分布见图 6.1-2。

　　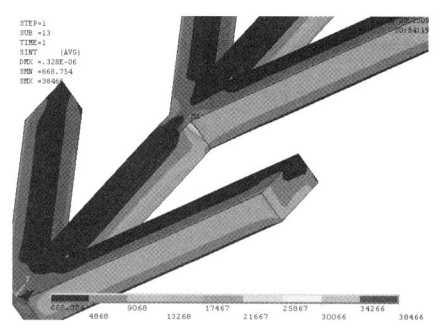

图 6.1-1　骨架模型及网格划分　　　　　　图 6.1-2　骨架的自重应力

从骨架结构的受力图可以看出,在自重应力的作用下,骨架结构应力较小,骨架结构是安全稳定的。

2. 悬空状态下骨架结构受力分析

骨架被悬空多是由于挡水缘受到破坏,失去截水功能,使坡面径流对边坡土体产生强烈冲刷。由于坡面径流在流动过程中速度不断增大,冲蚀能力增强,所以对边坡底部的破坏要比边坡顶部严重,所以骨架结构易在边坡底部产生悬空。在数值分析中,计算了三种悬空情况(悬空面积分别为 1 m²、4 m²、9 m²)下骨架结构的应力。悬空及受力情况见图 6.1-3 至图 6.1-5。

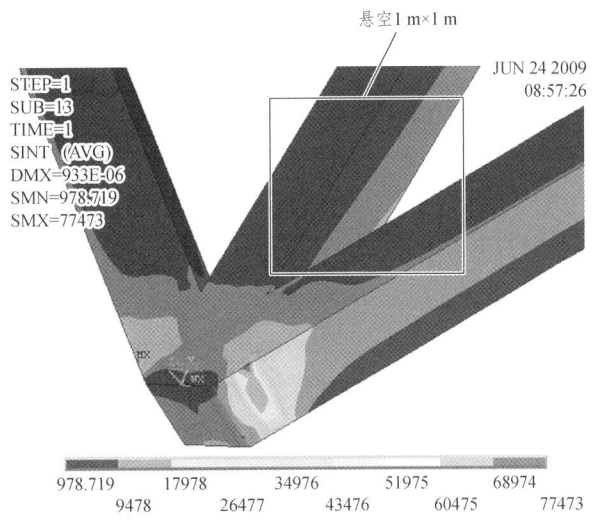

图 6.1-3　骨架悬空情况 1 架下的受力情况（单位：Pa）

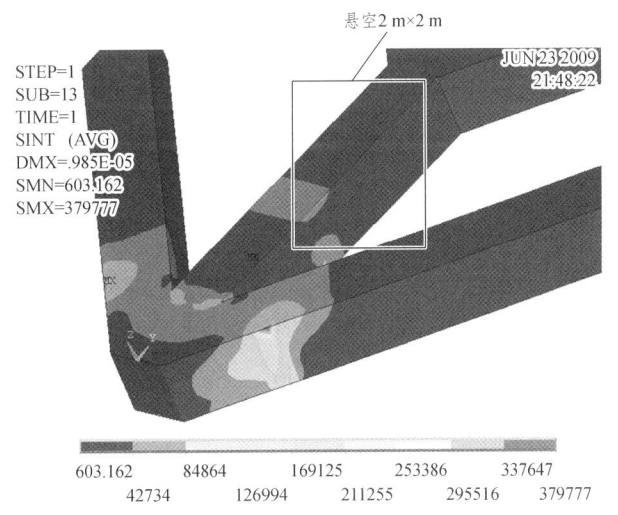

图 6.1-4　骨架悬空情况 2 架下的受力情况（单位：Pa）

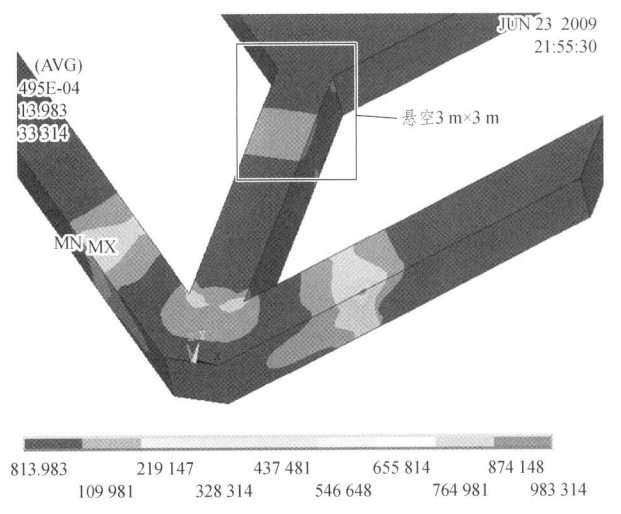

图 6.1-5　骨架悬空情况 3 架下的受力情况（单位：Pa）

由骨架结构的受力分析可知,当骨架结构为悬空情况 1 时,最大拉应力不到 0.1 MPa,骨架结构是比较稳定的;在骨架悬空情况 2 时,最大拉应力近 0.4 MPa,如果施工质量较差的话,骨架结构可能会破坏;在骨架悬空情况 3 时,最大拉应力将近 1 MPa,此时骨架结构极易破坏。

由计算结果分析可知由降雨引起的坡面冲刷将引起骨架悬空,极大地危害骨架结构的稳定性,可能引起骨架结构的破坏,因此在坡面防护设计中,应尽量减小强降雨对坡面的冲刷作用、选择合理的加固形式,保证边坡的稳定。

6.1.2 强台风对路堤边坡和列车行车影响研究

在建筑工程领域,国内外对建筑抗风研究已经非常广泛深入,在铁道工程方面,抗风研究主要集中在桥隧工程,而针对强台风作用下的路堤边坡防护和行车安全保障的研究较少。沿海地区的强台风对路堤边坡的稳定及列车的行车安全造成了极大的危害,因此开展强台风对路堤边坡和列车行车的影响研究具有重要的意义。

1. 自然森林和路堤二维空间风场模拟分析

为了研究铁路沿线自然森林对路堤的防风效果,利用 FLUENT 建立无自然森林和有自然森林两种情况下的路堤风场计算模型。

(1) 沿线无自然森林情况下的路堤二维空间风场模拟分析。

计算中环境温度设为 20 ℃,入口风速取为 30 m/s(普通台风),模型的长和宽尺寸均取较大值,以使流场充分发展并减小风通过路堤时由于模型断面缩小对流场造成的影响。路堤模型高度取为 7 m,坡度为 1∶1.5,路基面宽度为 13.4 m。模型计算简图及计算结果见图 6.1-6 ~ 图 6.1-11。

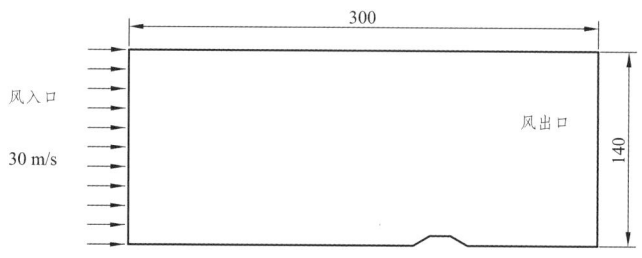

图 6.1-6 无自然森林情况下的计算简图(单位:m)

图 6.1-7 无自然森林情况下路堤边坡的风速分布(单位:m/s)

图 6.1-8　无自然森里情况下路堤边坡的风压分布（单位：Pa）

图 6.1-9　无自然森林情况下路堤迎风坡面的风压分布（单位：Pa）

图 6.1-10　无自然森林情况下迎风坡面路肩附近的风压分布（单位：Pa）

图 6.1-11　无自然森林情况下背风坡面路肩附近的风压分布（单位：Pa）

由计算结果分析可知：风通过 7 m 高的路堤边坡时，在爬坡过程中风速逐渐增大，在迎风面路肩的位置达到最大，最大值约为 47.3m/s，比平均风速提高约 60%，对边坡稳定及行车都会造成很大影响，而背风面风速较小。在迎风面约 2/3 坡高处风压开始变为负压，在路肩附近负压达到最大值，而在背风面风速风压的数值都不大，影响较小。

（2）沿线有自然森林情况下的路堤二维空间风场模拟分析

假设路基附近树林高度为 10 m，其余参数的设置同无自然森林。模型计算简图及计算结果见图 6.1-12 ~ 图 6.1-14。

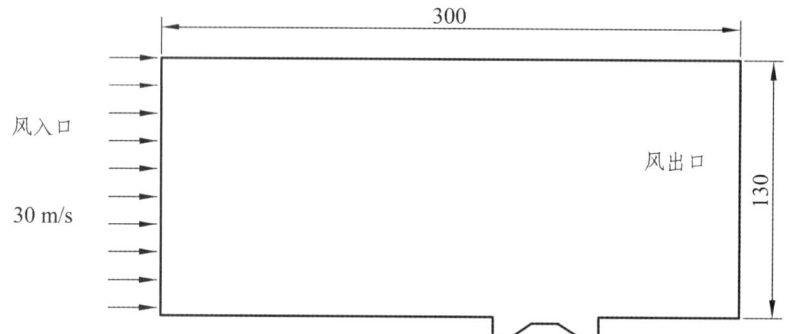

图 6.1-12　有自然森林情况下的计算简图（单位：m）

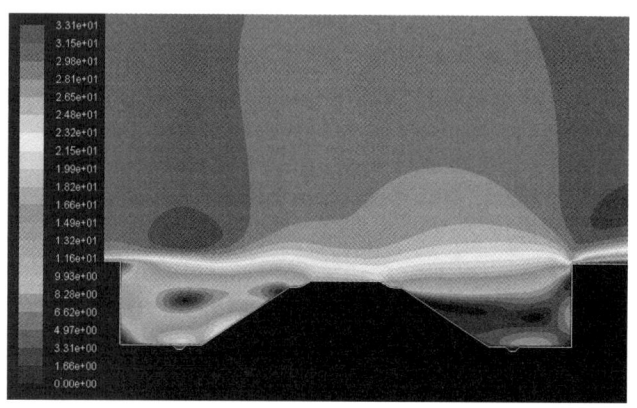

图 6.1-13　有自然森林情况下路堤边坡的风速分布（单位：m/s）

图 6.1-14　有自然森林情况下路堤边坡的风压分布（单位：Pa）

由计算结果可以看出，有自然森林情况下路基边坡的风速与风压比无自然森林时降低很多。因此海南环岛高铁沿线密林众多，树木高度多在10 m以上，可以有效地降低台风对路堤边坡的影响。

2．自然森林、路堤和列车三维空间风场模拟分析

计算中环境温度设为20 ℃，入口风速取为30 m/s，模型的长和宽尺寸均取较大值，以使流场充分发展并减小风通过路堤时由于模型断面缩小对流场造成的影响。路堤模型高度取为7 m，坡度1∶1.5，路基面宽度为13.4 m。路堤左侧10 m外有一宽20 m、高15 m的沿线自然森林林带，模型取线路纵向长度为50m。计算模型对林带做了简化，共布设了5排树，高低树相间布置，尽量使林带趋于紧密，模型网格见图6.1-15。

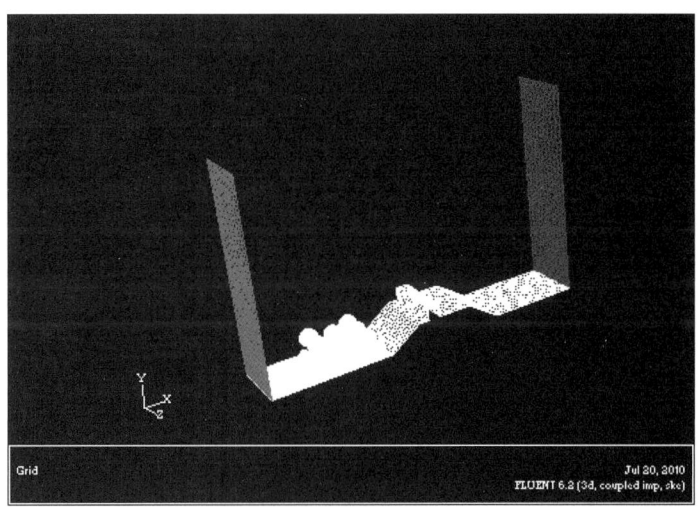

图6.1-15　自然森林、路堤和列车三维空间模型网格

本次计算选择耦合式求解器，使用k-ω双方程模型进行湍流计算，流体设为理想不可压缩气体。迭代次数取20。计算得到的压力等值线、速度等值线和速度矢量图如下：

（1）压力等值线（图6.1-16～图6.1-19）。

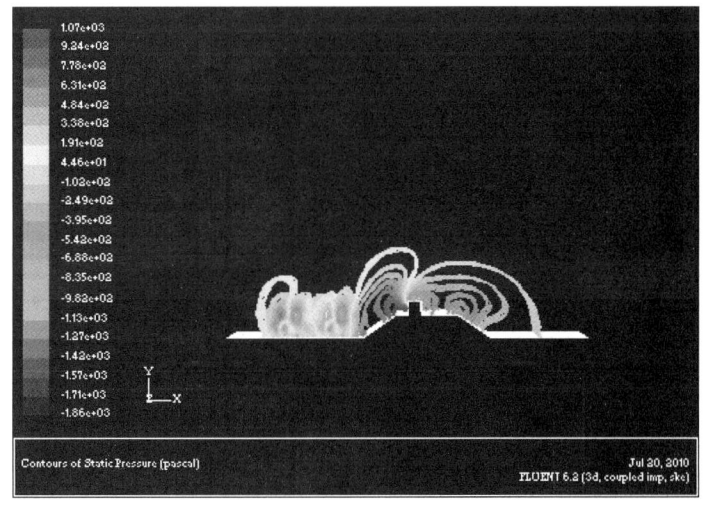

图6.1-16　自然森林、路堤和列车三维空间风场压力等值线图（1）

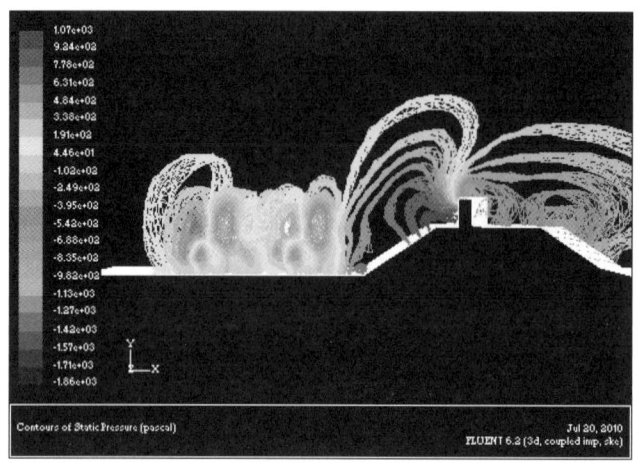

图 6.1-17　自然森林、路堤和列车三维空间风场压力等值线图（2）

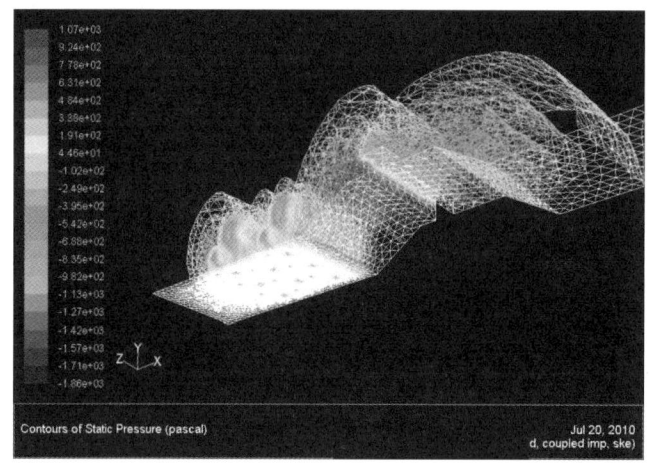

图 6.1-18　自然森林、路堤和列车三维空间风场压力等值线图（3）

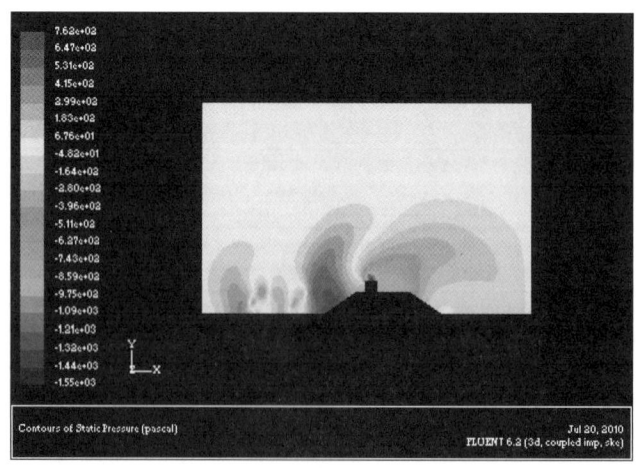

图 6.1-19　自然森林、路堤和列车三维空间风场压力等值线图（4）

（2）速度等值线（图 6.1-20～图 6.1-22）。

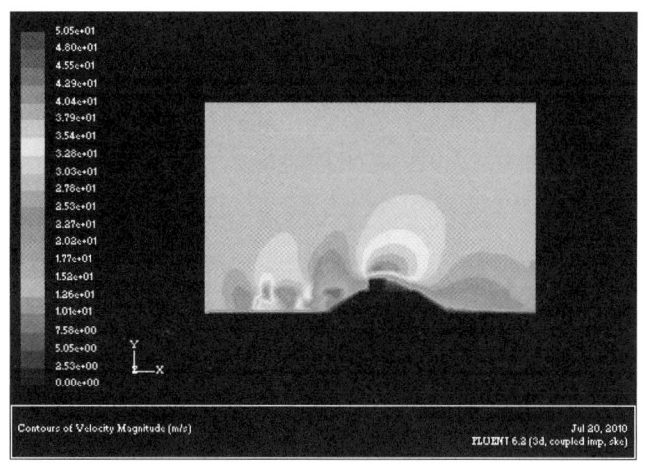

图 6.1-20　自然森林、路堤和列车三维空间风场速度等值线图（1）

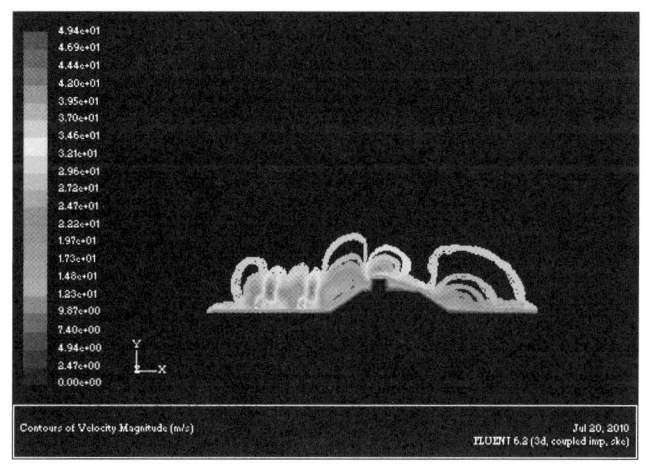

图 6.1-21　自然森林、路堤和列车三维空间风场速度等值线图（2）

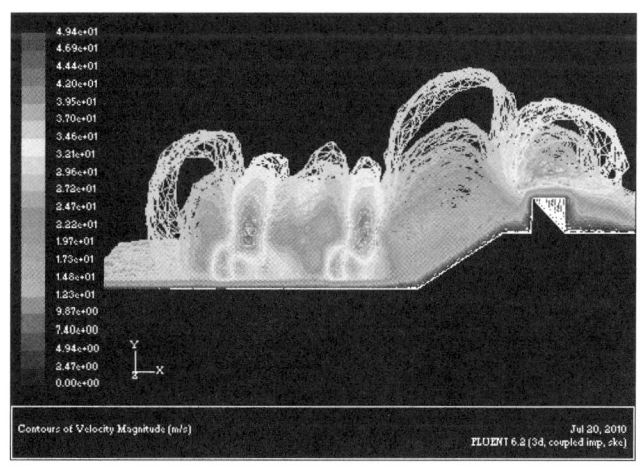

图 6.1-22　自然森林、路堤和列车三维空间风场速度等值线图（3）

（3）速度矢量图（图 6.1-23～图 6.1-25）。

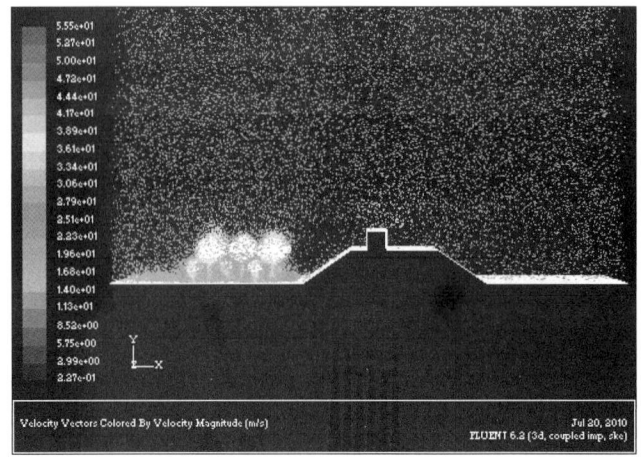

图 6.1-23　自然森林、路堤和列车三维空间风场速度矢量图（1）

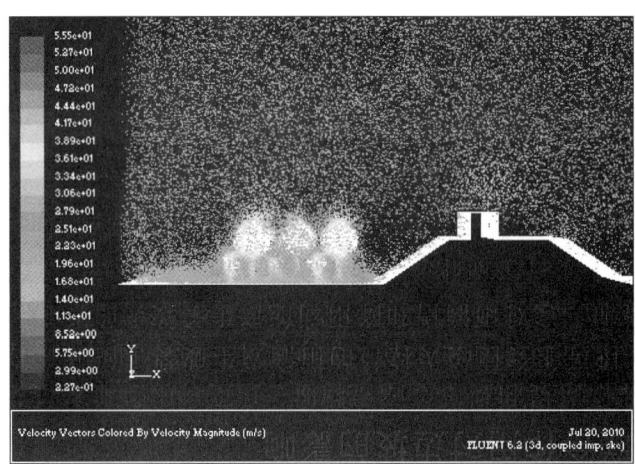

图 6.1-24　自然森林、路堤和列车三维空间风场速度矢量图（2）

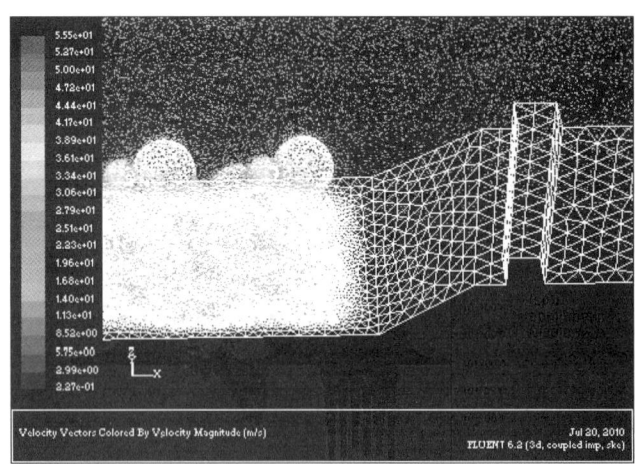

图 6.1-25　自然森林、路堤和列车三维空间风场速度矢量图（3）

（4）结果分析：

① 由压力等值线和速度等值线图可以看出，林带背风侧和列车背风侧风压和风速都明显

减小。由于树林比较高(模型中设为 15 m),风压和风速减小的效果明显,给列车提供了一个缓和区域。

② 风经过树林林带、路堤和列车等障碍物时,速度、压强和方向发生了明显变化。列车通过位置(横坐标 15 m)处风速和风压有大幅度减小。其中风速由假定的 30 m/s 入口风速减弱到接近常规风速的 10 m/s。

③ 本模型对树林分布实行了简化,实际森林的内部结果复杂,对风反作用也极其复杂,因此实际防风效能比本模型计算的结果要好。垂直于线路方向相对风压和风速的分布见图 6.1-26 和图 6.1-27。

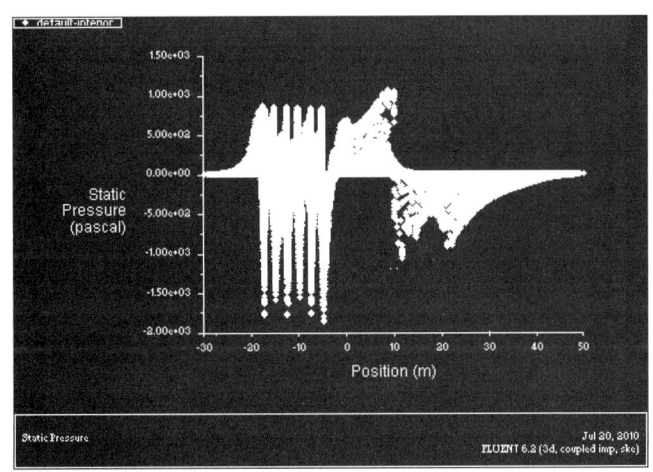

图 6.1-26　垂直于线路方向相对风压分布图

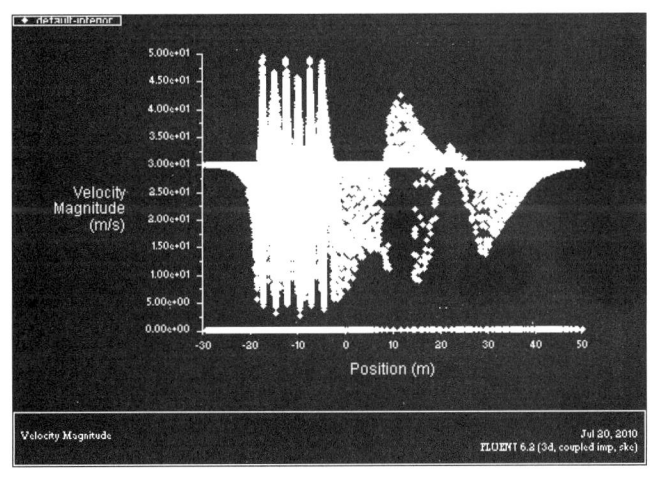

图 6.1-27　垂直于线路方向风速分布图

6.1.3　风和雨联合作用对边坡的影响

在有风的情况下,风可能会使较大粒径的雨滴发生破裂,使雨滴的终落速度及降雨的动能较无风情况下大幅增加。这对雨滴谱和降雨动能产生了较大的影响,而两者在研究降雨对边坡土体溅蚀作用中起着非常关键的作用。目前，涉及风影响降雨动能及坡面冲刷量的研究很少见到，而自然界中风和雨往往又是同时发生的，特别是在东南沿海地区，速度很快的台风伴随着强降雨，短时间内就可以使土质边坡发生严重的侵蚀，甚至出现边坡坍塌等险情。所以有必要加强风雨联合作用对土质边坡作用的分析，下面对该问题进行一些探讨。

1. 风对降雨动能的影响

在有风的情况下，雨滴的终落速度会增大，风改变了雨滴溅击坡面土体的角度，而一般认为只有垂直于坡面的雨滴速度分量决定的降雨动能才是坡面溅蚀的初始动力。由于迎风坡风速明显大于背风坡，因而迎风坡的土壤侵蚀量会大大高于背风坡，坡度愈大，迎风坡与背风坡的降雨动能之差愈大，风速愈大，迎风坡与背风坡的降雨动能之差也愈大。

2. 风对雨滴谱的影响

国内外的许多研究结果表明，降雨的侵蚀力同降雨的动能及雨滴谱的分布关系最为密切。在风速较小时，可以认为这对雨滴谱的影响较小。而在风速较大，特别是在强台风条件下，粒径较大的雨滴很容易在极高的风速下破裂成小雨滴，甚至产生雾化。在这种情况下，降雨的动能虽然增加了，但雨滴谱发生了变化，雨滴的平均直径显著减小，使对强台风条件下降雨对坡面土体的侵蚀的分析变得复杂。

通常，位于稳定气流中的液滴受空气动力、表面张力和黏性力的控制。空气动力会使雨滴发生变形乃至破裂成小雨滴，而表面张力可以控制雨滴的变形。表面张力的主要效应就是通过使体系的表面积最小来最小化自由能，使雨滴作为离散相的液滴在连续相的空气中由于界面收缩使液滴趋向于球形。雨滴的变形主要取决于空气动力（$0.5\rho_A U_R^2$）与表面张力（σ/D）之比。受空气动力与表面张力的作用，如果空气动力大于表面张力，液滴就会产生变形并可能最终破裂成大量的细小液滴，这些细小液滴具有较大的表面张力，可以在新的平衡状态下趋于稳定。在稳定气流中，雨滴破裂的条件为：

$$\frac{C_D}{4} 0.5\rho_A U_R^2 = \frac{\sigma}{D}$$

式中：C_D——取决于破裂条件的常数；

ρ_A——空气密度；

U_R——空气与雨滴的相对速度；

σ——雨滴的表面张力系数；

D——雨滴的直径。

雨滴谱现场实测比较困难，精度不高，单独一两次的测试很难得出有代表性的结论，而多次的测试又需要耗费大量的时间及人力物力。CFD（计算流体动力学）数值模拟分析方法可以有效地克服实际试验的诸多不足，特别在一些以定性分析为主的研究中比实际试验更具有优势。下面采用FLUENT软件对不同粒径的雨滴在强台风条件下的破裂规律进行研究，为在强台风强降雨条件下的路基边坡侵蚀分析提供参考。计算模型如图6.1-28所示，为了加速计算的收敛，计算中将雨滴重力方向设为与风速方向平行。

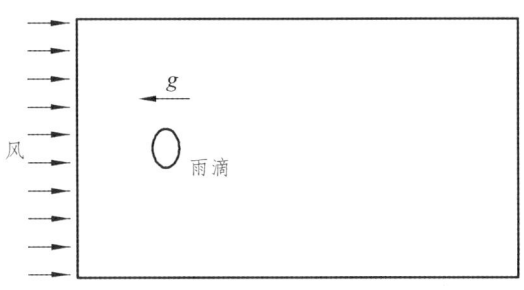

图 6.1-28 计算模型

图 6.1-29 至图 6.1-31 为风速作用下的变形模拟结果图。

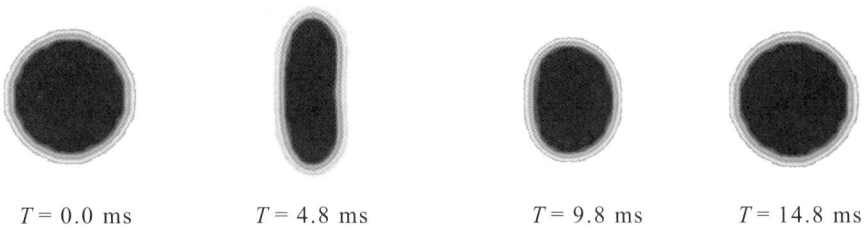

T = 0.0 ms   T = 4.8 ms   T = 9.8 ms   T = 14.8 ms

图 6.1-29 直径为 2 mm 的雨滴在 7.5m/s 风速作用下的变形图

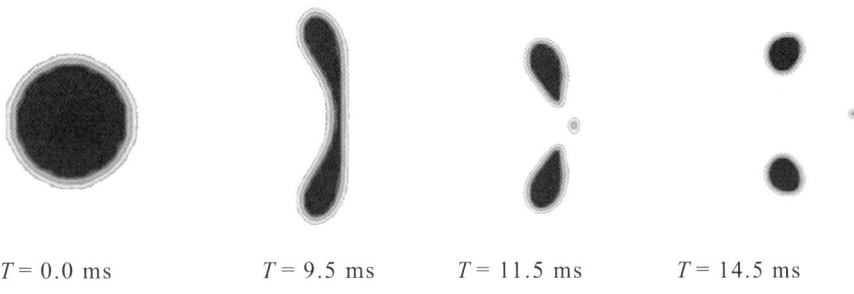

T = 0.0 ms   T = 9.5 ms   T = 11.5 ms   T = 14.5 ms

图 6.1-30 直径为 2 mm 的雨滴在 10.0 m/s 风速作用下的变形图

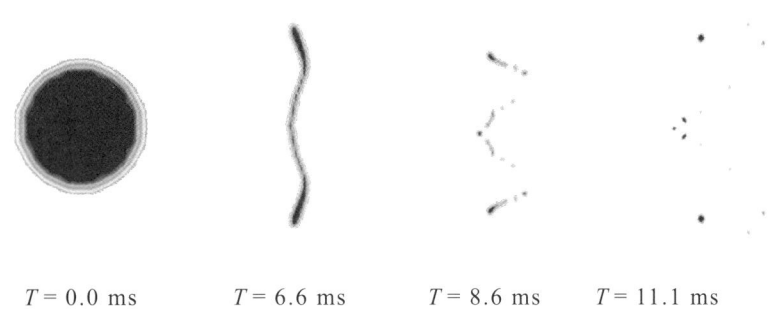

T = 0.0 ms   T = 6.6 ms   T = 8.6 ms   T = 11.1 ms

图 6.1-31 直径为 2 mm 的雨滴在 15.0 m/s 风速作用下的变形图

由数值模拟计算结果可以看出：直径为 2 mm 的雨滴在 7.5 m/s 的相对风速作用下会产生变形，但由于表面张力大于空气动力而使液滴能够最终保持稳定状态而不破裂；而在 15 m/s （7 级风）的相对风速作用下就很难保持稳定状态而破裂成多个小液滴，这些小液滴比原液滴具有更大的表面张力而开始在较高气流中保持稳定状态。上述分析结果是在稳定气流状态下得出的，自然环境中的风对雨的作用则要复杂得多，风的高湍流性等特点会大大增加雨滴的不稳定性而使其更易破裂。粒径很小的雨滴即使最终达到比无风状态下更高的速度也不一定对土体产生更大的破坏力。

数值模拟计算表明,风速较大时,虽雨滴速度增加,但大粒径雨滴将破裂成小粒径雨滴,使得边坡土体侵蚀情况变得更为复杂。在今后的边坡土体侵蚀的研究中应加强相关的力学机理的分析,最终实现通过确定风速、风向、降雨量、降雨强度、边坡土性、压实度及植被覆盖度等参数,对边坡的侵蚀进行定量的分析预测。

6.1.4 模拟降雨试验的数值计算

在模拟降雨试验中,确定雨滴的粒径分布是至关重要的。本课题所采用的模拟降雨装置采用管网式,具体参数见模拟降雨试验部分。经过试验前的调整,模拟降雨装置各个出水孔的流量基本是相等的,可推算出出水孔水流速度为 0.103 m/s,由于流速较大,没有现成的公式可以利用,所以采用数值模拟的方法来计算降落雨滴直径的大小。

数值模拟中水与 PVC 管(聚氯乙烯管)的接触角取为 90°,水的表面张力系数取为 0.072 N/m,水的密度取为 1.0 kg/cm^3,黏度取为 0.001 003 Pa·s,空气的密度取为 1.225 kg/m^3。计算模型如图 6.1-32 所示,计算结果见图 6.1-33。

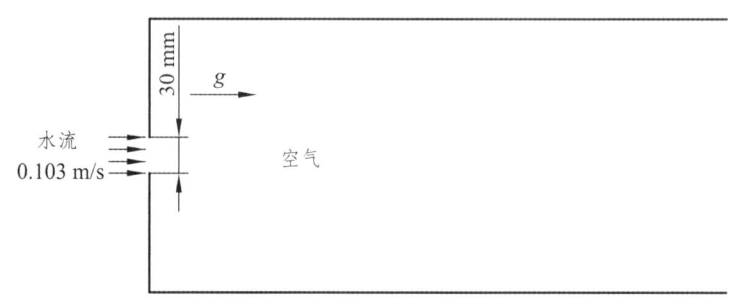

图 6.1-32 水滴直径的计算简图

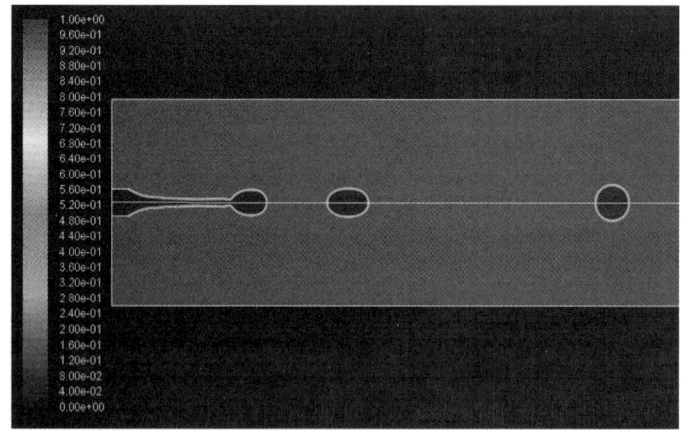

图 6.1-33 计算结果

当开始形成均匀水滴时,可以得出两个水滴形成的时间间隔为 0.039s,由此计算出雨滴的直径为 3.92 mm。

6.2 强降雨对边坡影响模型试验研究

6.2.1 试验模型

本试验模型的制作分为路基边坡模型的制作和人工模拟降雨装置的制作两部分。由于通常情况下降雨主要对普通路基边坡的表层土体侵蚀作用严重,一般情况下不会造成边坡的整体失稳,而本试验主要讨论降雨对边坡表层土体的冲刷状况,不涉及对边坡整体稳定性的分析,所以模型中土体不必取得太厚,本试验为 12 cm,各个试验过程表明该厚度是可以满足试验要求的。边坡模型支架采用砖块砌筑,砂浆材料采用细砂掺少量水泥,有一定的透水性,避免试验过程中土体渗透作用产生的水聚集在土与砌体的交界面,使模型土体产生失稳。

本试验采用管网式人工模拟降雨装置,通过水表控制流量,使装置均匀、稳定地产生水滴。

1. 路基边坡模型的制作

综合考虑试验目的、试验场地限制及降雨装置大小等因素,模型采取的尺寸及样式如图 6.2-1 所示。

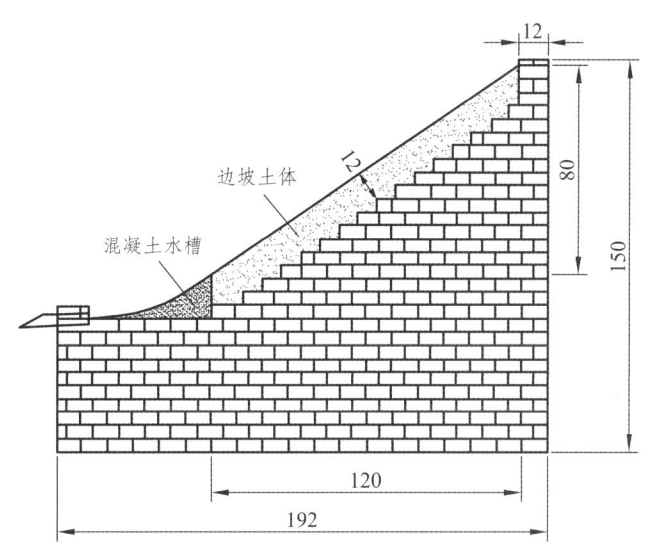

图 6.2-1 边坡模型横断面图(单位:cm)

模型坡率为 1 : 1.5,模型制作过程如下:
(1)清理场地,放线。
(2)用砖和砂浆砌筑边坡模型支架,用混凝土砌筑水槽。
(3)分三层填筑边坡模型土体,填土采用种植土,每填一层用铁铲轻轻拍实,然后用铁刷将该层土体刷出粗糙面,然后填筑下一层。
(4)填筑完成后对边坡土体表面进行修整,使其平整。

2. 人工模拟降雨装置的制作

人工模拟降雨装置采用管网式。降雨装置主要由 PVC 管制作,孔间距 13.0 cm,孔径

3.0 mm,共计 126 个孔(图 6.2-2),由水表控制降雨强度的大小,通过试验前反复测试及调整,该装置能够产生均匀稳定的水滴。由于试验中不可避免地受到微风的影响,所以本试验装置雨线固定的缺点并不明显。

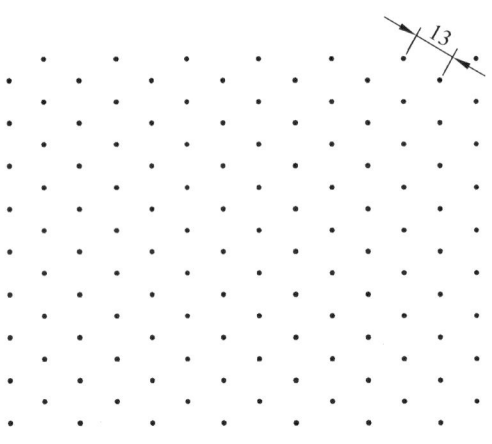

图 6.2-2　出水孔布置(单位:cm)

6.2.2　人工模拟降雨及自然降雨的基本参数

从空中自由下落的雨滴以一定的速度击打坡面,直径与降落速度等参数不同的雨滴对坡面土体的作用也不尽相同。雨滴对坡面土体的影响主要体现在使其产生溅蚀,为后续的径流冲刷提供物质来源。高学田、包忠谟等人研究发现,土体溅蚀量同降雨动能及雨滴中数直径的关系最为密切,所以在模拟降雨中只有确定了降雨的能量及雨滴直径分布规律才有能同自然降雨作比较,由人工模拟降雨试验结果推测出自然降雨对边坡土体侵蚀量的大小。本节自然降雨采用的是仇盛柏、陈京华等于 1992 年 6 月至 10 月利用激光雨滴谱仪测得的广州地区暴雨情况下的雨滴尺寸分布规律,根据相关文献,全国 31 个省会以上城市、60 个地市、14 个县市总计 105 个气象台站 1975—1984 年 10 年间(上海为 1967—1974 年 8 年间)统计的 1 min 最大降雨强度,广州地区有最大雨强的记录,达到 9.009 mm/min,该地区的雨滴尺寸分布基本代表了我国亚热带季风气候区典型的雨滴尺寸分布。通过公式计算及摄影法确定人工模拟降雨的雨滴尺寸分布,在此基础上可以确定降雨能量,最后对自然降雨和本次人工模拟降雨进行对比分析。

1. 自然降雨的基本参数

(1)降雨量和降雨强度。

降雨量和降雨强度是降雨的重要特征。降雨量有月、年、过程降雨量等。降雨强度通常用 I 表示,其单位有 mm/24 h、mm/h、mm/min 等。小雨的降雨强度 $I < 5$ mm/h,广延型中雨 5 mm/h $< I < 25$ mm/h,暴雨 $I > 25$ mm/h。本节模拟的是暴雨。

(2)雨滴的终点速度。

比较常用的计算终点速度的公式有修正的沙玉清公式和修正的牛顿公式。当雨滴直径 $d < 1.99$ mm 时,用修正的沙玉清公式

$$v_{\max} = 0.496 \times 10^{\sqrt{28.320+6.524\lg 0.1d-(\lg 0.1d)^2}-3.665}$$

当雨滴直径 $d \geq 2$ mm 时，用修正的牛顿公式

$$v_{\max} = (17.20 - 0.844d)\sqrt{0.1d}$$

按上式计算的不同直径的雨滴终点速度如图 6.2-3 所示。

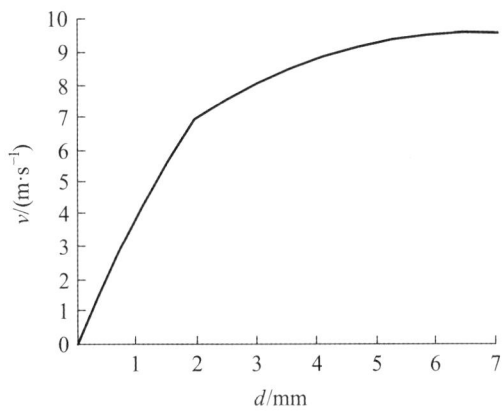

图 6.2-3 不同直径雨滴对应的终点速度

（3）雨滴谱。

雨滴在高空形成后，在重力、空气阻力和浮力共同作用下加速下落，随着速度的增大，阻力也越来越大。当外力达到平衡后，它的速度也就达到了终点速度。不同大小的雨滴具有不同的下降速度，大雨滴下降快，在下降过程中碰撞吸收小雨滴，体积逐渐增大，受空气阻力的影响，底部呈扁平状。当雨滴直径增大到一定程度时，空气阻力超过了使雨滴保持整体的分子内聚力，使其破碎分裂成小雨滴。所以实际降雨中，大小不同的雨滴以不同的速度落至地面，不会出现太大的雨滴。自然降雨的雨滴直径，一般在 0.1～6.5 mm 之间。雨滴谱是指对应于不同半径的雨滴个数的分布。下面参考中国电波科学研究所仇盛柏、陈京华等人于 1992 年在广州地区测得的雨滴尺寸分布，以此次现场实测代表我国东南沿海地区暴雨情况下的雨滴谱的分布。

此次测试从 1992 年 6 月下旬至 10 月中旬，共测试 112 天，测量了 223 场降雨，其中降雨强度 > 25 mm/h 的暴雨 32 场。所测的暴雨中平均降雨强度为 72.0 mm/h，最大为 262.9 mm/h，平均等效中值直径为 2.30 mm，最大为 4.44 mm，最小为 1.50 mm，雨滴尺寸分布如图 6.2-4 所示。将暴雨情况下的实测雨滴尺寸分布，利用下列公式的指数分布形式进行拟合。

$$N(D) = N_0 e^{-\Lambda D}$$

$$\Lambda = \beta R^\gamma$$

式中：$N(D)$ 为雨滴实测值；D 为雨滴直径（mm）；R 为降雨强度（mm/h）；N_0、Λ、β、γ 分别为拟合系数。经过拟合处理后降雨分布参数列于表 6.2-1 中。

表 6.2-1　广州暴雨雨滴尺寸分布参数

雨　型	$N_0/(\text{m}^{-3}\text{mm}^{-1})$	β/mm^{-1}	γ
暴　雨	6 183.9	5.0	-0.26

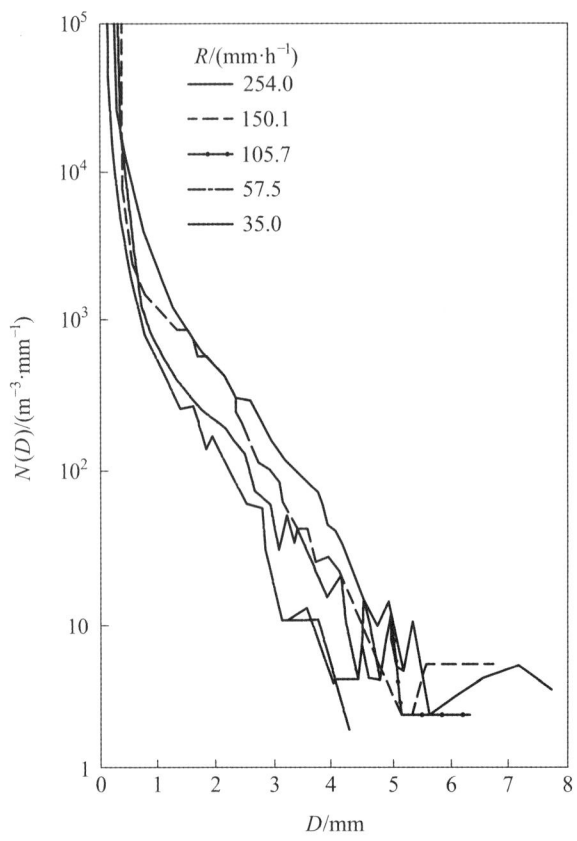

图 6.2-4　广州暴雨雨滴尺寸分布

2．人工模拟降雨的基本参数

（1）降雨量和降雨强度。

本试验降雨强度设为 3 mm/min，达到暴雨的标准，降雨持续时间 20 min，降雨量为 60 mm。

（2）雨滴直径及雨滴的终点速度的确定。

本试验的模拟降雨装置出水口直径在 3.0 mm 左右，雨滴均匀地从出水口滴出。利用数值分析算得降落雨滴的直径为 3.92 mm。

试验中人工模拟降雨装置距离边坡模型顶端 11.4 m，该高度可使雨滴达到终速。下面分别用公式法和摄影法确定雨滴的速度。

① 公式法。

假设雨滴已经达到了终点速度，雨滴直径为 3.92 mm，采用修正的牛顿公式计算。

$$v_{\max} = (17.20 - 0.844d)\sqrt{0.1d}$$

把 d = 3.92 mm 代入得 $v_{\max}$ = 8.70 m/s。

② 摄影法。

摄影法是通过测定雨滴在一定的曝光时间内通过的距离来测定雨滴的降落速度。模拟降雨试验过程中，在靠近边坡模型的适当位置放置一具有尺寸刻度的深色背景，把数码相机的曝光时间设定合适（本试验为 1/200 s），分别在边坡模型的顶端、中部及底部拍摄大量的雨滴照片，从中选取雨滴及背景均清晰的照片，该种照片雨滴与背景距离较近，所得到的结果与真实值误差较小。将选取的照片导入 CAD，通过缩放使实际背景中的尺寸同 CAD 标注的尺寸相等。图 6.2-5 为其中的一张雨滴照片，该照片中两根粗线之间的距离为 100 mm，雨滴轨迹长为 51.51 mm，该长度减去雨滴在降落过程中的高度方向的尺寸即为雨滴在 1/200 s 时间内通过的距离。图 6.2-5 中雨滴照片的宽度为 7.46 mm，远大于 3.92 mm，说明雨滴在降落过程中已经变形，不再保持圆形，但由于雨滴形状变化对速度的计算影响不大，所以在计算中仍近似地按雨滴为圆形计算。

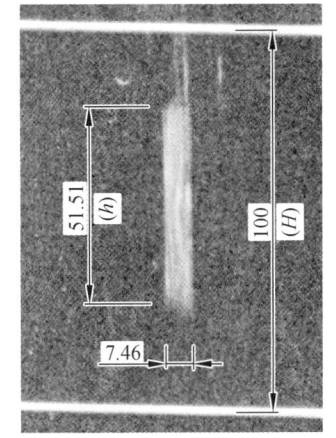

图 6.2-5　雨滴照片（单位：mm）

$$v_{\max} = (h-d)/t = (51.51 - 3.92) \times 10^{-3}/0.005 = 9.52 \text{ m/s}$$

通过计算边坡顶端、中部及底部的雨滴速度，发现在三个位置的雨滴速度并没有明显差别，所以我们认为在落到边坡上时雨滴已不再加速，在边坡的各个位置都达到了雨滴的降落终速。在不考虑仪器误差的情况下，由于试验过程中雨滴与深色背景之间不可避免地会有一小段距离，所以会使测得的速度比实际值偏大。本试验中雨滴速度测试值比理论计算值稍大也主要是这个原因。

本试验通过摄影法确定了雨滴达到了降落终速，雨滴的降落终速采用公式计算值。

6.2.3　各种边坡防护形式的模型试验

模型试验包括裸露边坡、单纯骨架护坡、草本植物结合骨架护坡及灌木结合骨架护坡几种情况下的模拟降雨试验。裸露边坡的试验进行两组，一组边坡土体为种植土，主要目的在于同以后进行的有防护形式的模型试验提供参照，另一组边坡土体为海南路堤试验段实际填土，目的在于考察在施工现场路堤已经填筑，而各种防护措施还没进行的情况下暴雨对路堤表层土体的侵蚀情况。单纯的骨架护坡考察在缩短坡面径流的情况下对路堤表层土体的侵蚀情况。配置有灌木和草本植物的试验考察植物对边坡表层土体的防护作用，确定其护坡机理。

试验过程中用水表控制模拟降雨装置管路中的流速及流量，确保每次试验的降雨强度和降雨量都是基本相等的，产生的径流全部收集起来，用以确定径流量、冲刷量等随降雨过程的变化情况。

1．裸露边坡的模型试验

（1）填土为种植土的边坡的模型试验。

选取一片生长状况良好的草地，将草连根清除干净，选取 20 cm 深度范围内的土作为试验用土。边坡土体填筑完成后每天早晚浇水养护，使土体含水量基本保持不变，并使扰动的土体尽量恢复为原状，养护7 d后开始进行试验。

试验开始前先用塑料薄膜将边坡模型覆盖住，将模拟降雨装置定位，进行调试，当出水量及降水情况达到均匀而稳定时关闭进水阀门，移去塑料薄膜，在边坡的上、中、下三个位置土体的表层、中间及底部分别取样，共计9组土样，用以测定土体的含水量。准备工作完成后，将进水阀门打开，试验正式开始，试验过程中用水桶将径流全部收集起来，每隔2 min换一次水桶，试验完成后立即按前面所述方式取9组土样测定含水量。

试验过程中首先出现的是雨滴对坡面土体的溅蚀，滴落的雨滴可将土粒溅起几十厘米高，近1 m远；随后坡面薄层水流很快形成，流量趋于稳定；紧接着在坡面的中部至底部的位置开始出现数条细沟，随着试验的进行，细沟缓慢增多、加宽和加深。总体来说边坡土体的侵蚀是由坡面层流引起的，整个试验过程雨滴对土体的溅蚀作用都很强烈，为坡面土体的冲刷提供了大量的物质来源，而由于坡面长度有限且坡面较平整，沟蚀作用自始至终都不显著。

（2）填土为海南路堤填土的边坡的模型试验。

从海南运来的土样以强风化的花岗岩为主，试验前先将粒径过大的石块筛除，加水拌合使其与种植土的含水量相当，然后采用与种植土相同的方法填筑并养护（图6.2-6）。

图6.2-6 填土为海南路堤填土的边坡的模型试验

试验过程中土体的侵蚀过程与种植土相似，只是由于粒径较粗，土体的流失量远小于种植土，并且试验过程中基本未出现沟蚀的现象，在层流和雨滴溅击的联合作用下，不仅土体表层的大部分细颗粒被水流带走，而且许多粒径将近1cm的石子被运至边坡底部。

2．单纯骨架护坡的模型试验

填土采用种植土，试验前浇水养护7 d。骨架参考常见的主骨架净距6 m、支骨架净距3.0 m的人字形截水骨架的形式，按1∶5的比例缩小布置在模型上（图6.2-7）。本试验中骨架的布置仅是为了达到截水的目的，并未严格按照实际工程中的形式制作。本试验骨架面积约占整个土体面积的10%。

试验土体的侵蚀过程同裸露边坡差别不大，只是沟蚀情况有所减少。

图 6.2-7　单纯骨架护坡的模型试验

3．草本植物结合骨架护坡的模型试验

本次试验若采用种草的形式可达到最佳的试验效果,但从播种草籽到植物生长茂盛形成对边坡的覆盖所需时间太长,需要一个半月以上,造成试验周期过长,且当时试验时间在盛夏,草种不易成活。本试验采用移栽的形式,在移栽过程中尽量不破坏植物的根系,保持其完整性。定期对移栽的植物采取洒水施肥等养护措施,半个月后植物的根系同边坡土体基本结合在一起,覆盖度达到了 90%,开始进行试验（图 6.2-8）。

同其他组试验相比,本组试验坡面产流缓慢,且流量是逐渐增大的,只是在试验后期才趋于稳定。试验过程中水流比较清澈,携带的是粒径非常小的土颗粒。

图 6.2-8　草本植物结合骨架护坡的模型试验

4．灌木结合骨架护坡的模型试验

考虑到灌木根系对边坡表层土体的作用很小,决定以树枝代替灌木进行本组试验。在养护好的边坡土体上以 20 cm 的间隔插上树枝,覆盖度在 90% 以上,然后可开始试验（图 6.2-9）。

本组试验坡面产流情况同裸露边坡相似,只是径流的泥沙携带量大大减少。

图 6.2-9 灌木结合骨架护坡的模型试验

6.2.4 试验结果分析

1. 人工模拟降雨同自然降雨的对比分析

在降雨过程中，边坡土体的溅蚀最先发生，为后续的径流冲刷提供了丰富的物质来源，降雨溅蚀的能量就是雨滴降落到地面时的动能。有关研究表明，溅蚀量同降雨动能之间具有较好的指数相关关系，而高学田、包忠谟等人的进一步研究发现，如果考虑到雨滴大小变化对溅蚀的影响，用降雨动能与雨滴中值直径的乘积（Ed_{50}）作为综合指标，可由溅蚀量与降雨动能之间的指数关系变为与 Ed_{50} 间的线性关系，而且回归系数也有所提高，回归效果更理想。可以将 Ed_{50} 称作降雨溅蚀力，反映降雨溅蚀潜在能力的大小。

下面进行本次试验降雨同东南沿海地区降雨溅蚀力大小的比较，东南沿海地区降雨以 1992 年在广州地区观测的 32 场暴雨为代表。在 32 场暴雨中，平均等效中值直径为 2.30 mm，最大为 4.44 mm，根据修正的牛顿公式算得直径 2.30 mm 和 4.44 mm 的雨滴降落终速分别为 7.32 m/s 和 8.96 m/s。由于自然降雨雨滴谱分布复杂，而在暴雨情况下大粒径的雨滴所占的比例较大，大粒径雨滴的降落终速差别不大，所以本节在计算单位质量自然降雨动能时简化为计算单位质量的中数直径的乘积，这样简化虽然会造成一些误差，但对于这次以定性分析为主的试验精度足够了。

（1）模拟降雨同普通暴雨溅蚀力的对比。

取单位质量的降雨计算：

$$\frac{(Ed_{50})_{试验}}{(Ed_{50})_{均值}} = \frac{\frac{1}{2} \times 8.70^2 \times 3.92}{\frac{1}{2} \times 7.32^2 \times 2.30} = 2.41$$

（2）模拟降雨同最大暴雨溅蚀力的对比：

$$\frac{(Ed_{50})_{试验}}{(Ed_{50})_{均值}} = \frac{\frac{1}{2} \times 8.70^2 \times 3.92}{\frac{1}{2} \times 8.96^2 \times 4.44} = 0.83$$

可见本次降雨试验的降雨溅蚀力约相当于东南沿海地区普通暴雨的 2.5 倍，而与最大暴雨基本相当。

2．边坡土体含水量变化的对比分析

图 6.2-10 列出了各组模型的边坡土体在试验前后平均含水量的变化，可以看出草本植物结合骨架的护坡形式在试验完成后边坡土体含水量明显高于其他组试验，而灌木结合骨架的护坡形式的含水量明显低于其他组试验。分析其原因，主要是由于草本植物根系遍布于边坡土体表层，与土体结合形成的草-根系复合体具有良好的渗透性能，又由于草根的存在，大大提高了边坡土体的强度，使边坡土体在含水量很高的情况下仍然很稳定。而灌木的枝叶抵消了大部分降雨的动能，使雨滴以接近 0 的速度落到边坡土体上，表层土体的细颗粒一部分被水流冲走，而一部分沉积下来，阻塞土体的空隙，在边坡土体表层形成一层很薄的致密层，即表层结皮，阻止水的下渗，使边坡土体含水量试验前后的变化不大。

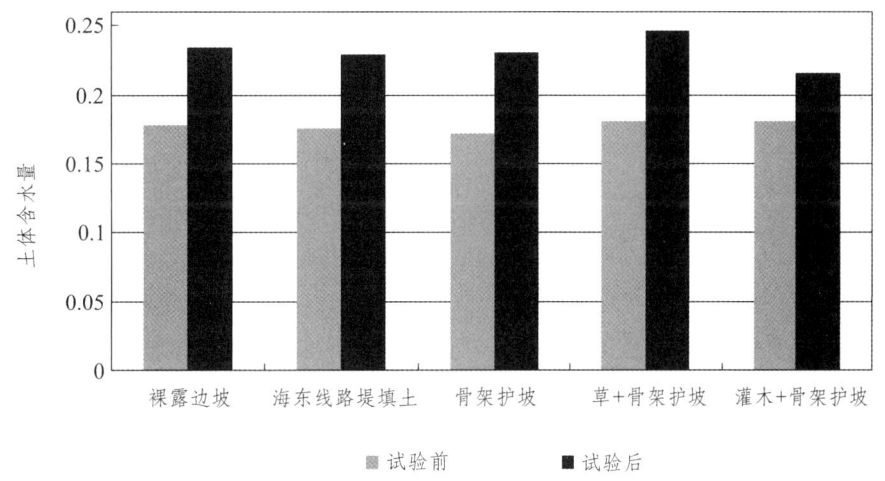

图 6.2-10　各组试验的土体含水量变化

其他三组试验的边坡土体在试验结束后含水量低于有草本植物配置的边坡，而又明显高于有灌木配置的边坡。通过试验现场对这三组试验的观察，发现均产生了致密的结皮，其产生机理不同于配置有灌木的边坡。其形成过程大致为：① 在雨滴击打作用下，表层土体中的团聚体被击碎，发生溅蚀分散和搬运，形成不完整的结皮；② 随着降雨的继续进行，土体表面变得光滑，表土结皮趋于密实；③ 由于土体表面产生径流，溅蚀作用持续，呈现出结皮结构持续破坏而新的结皮结构又不断形成的动态过程。这种情况下表层土体的透水性高于在有灌木配置下表层土体的透水性。

3．边坡径流变化的对比分析

图 6.2-11 所示是各组试验的边坡径流在试验过程中的变化趋势。从图中可以明显看出配置有草本植物的模型坡面径流量随着试验的进行缓慢增加，直到试验的后期才趋于稳定。而其他各组试验径流在试验过程中很快趋于稳定，且径流量在试验初期明显大于配置有草本植物的模型，只是在试验的后期才趋于相等。产生这种情况的主要原因是草地的渗透性能好，在试验的中后期土体含水量达到饱和，径流量趋于稳定，而其他各组试验边坡土体表层的透水性能都不好，使径流量很快趋于稳定。边坡土体冲刷量的对比见图 6.2-12。

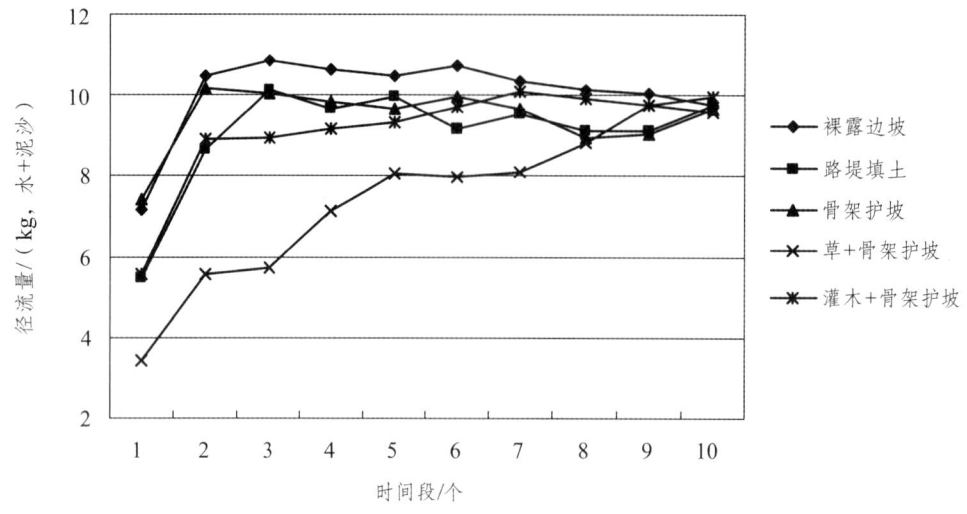

图 6.2-11 边坡径流变化的对比

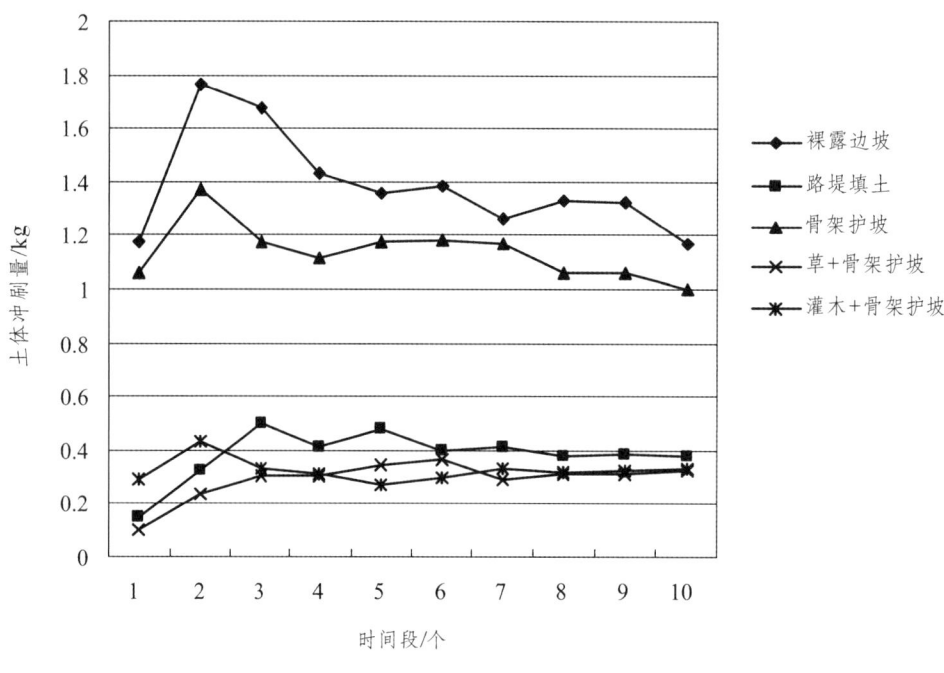

图 6.2-12 边坡土体冲刷量的对比

4．边坡土体冲刷量的对比

（1）海南路堤填土在没有植物覆盖的情况下的冲刷量不大，说明有较好的抵抗降雨侵蚀的能力，主要原因是其粒径较大的土粒含量较高，抵抗溅蚀和冲蚀的能力较好。

（2）没有配置植物的各组试验边坡土体的冲刷强度在试验的前期很快达到最大，而随着试验的进行有逐渐减小的趋势，主要原因是试验的初期溅蚀作用强烈，径流很快产生，而完整的结皮并未形成。随着试验的进行，完整的结皮结构产生，而表层土体的细颗粒含量在逐渐减少，造成溅蚀作用减弱，径流冲刷的物质来源减少。

（3）配置有骨架的模型边坡土体的冲刷量小于裸露边坡模型的冲刷量。除了骨架的配置会使边坡土体的面积减小外，最主要的原因应该是骨架将边坡土体分隔成几块独立的区域，造成坡面径流长度的减小，降低了径流的流速，大大减弱了径流的冲刷能力。

（4）草本植物及灌木均能有效地减弱降雨对边坡土体侵蚀。两组试验中土体的冲刷量大致相等，均远小于采用单纯骨架护坡的试验。本试验中灌木的作用仅为削弱降雨的动能，降低雨滴对边坡土体的溅蚀作用，配置灌木的边坡冲刷量大大降低，这说明雨滴的溅蚀作用是造成本次试验边坡土体侵蚀的主要原因，径流冲刷的物质来源主要是由溅蚀作用产生的。草本植物除了削弱降雨的动能外，草本植被的根茎连接处还能形成天然的微型拦土栅。当水流夹带的土颗粒粒径大于拦土栅的孔隙时，土粒被挡住而形成一个薄的粗粒层；后来的土粒，若大于该粗粒层土的孔隙，则又会被挡住而沉积在该粗粒层的前面，从而形成另一个土粒较细的细粒层；依次类推，从而在根茎连接处形成了微型土堆，拦阻径流，减缓流速，使其土粒搬运能力减小。本试验由于模型坡长较短，而移植的草同边坡土体并没有完全结合为一个整体，所以草本植物特有的减缓流速、拦阻土粒的优点并没有完全发挥出来。

6.3 强台风强降雨对边坡影响现场试验研究

6.3.1 试验段概况

试验区位于海南省文昌市，属波状丘微坡至缓坡地貌，地势开阔，地形起伏不大，丘坡上地形较平缓，自然坡度约 5～20°，地面标高 19～50 m，与丘间沟槽高差约 5～30 m，沿线多被覆土覆盖，零星见有基岩出露。大部分地段多为果林，仅局部有乔木树林，灌丛植被极为发育。丘坡间沟槽内地形平坦，水塘、水田密布，地表水系较发育。

1．试验段设计概况

路基结构及边坡防护形式：主要试验工点位于 DK76+262～DK76+328，路基断面及边坡防护形式如图 6.3-1 和图 6.3-2 所示。

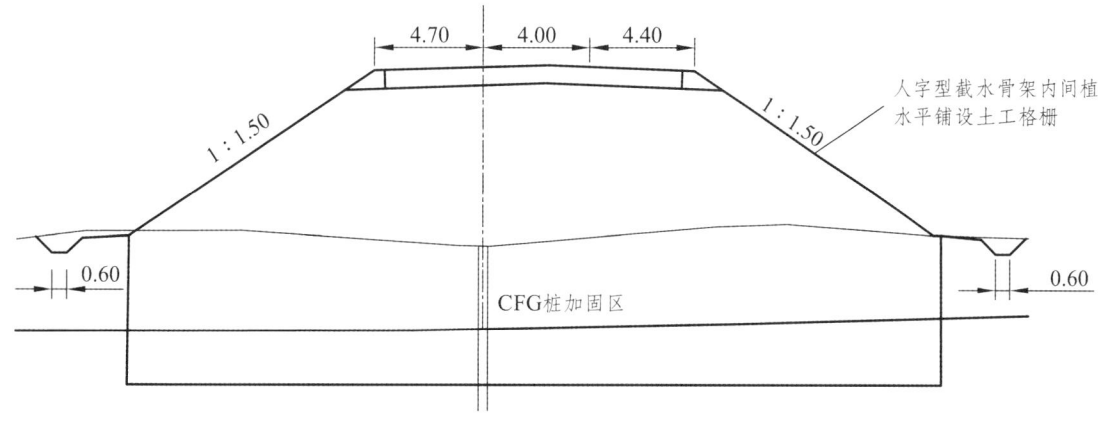

图 6.3-1　试验段路基断面示意（单位：m）

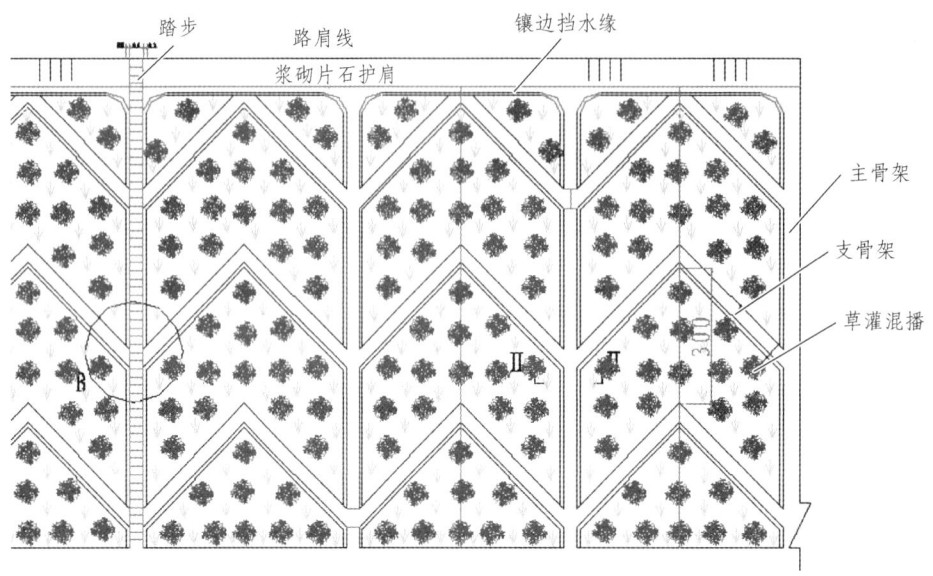

图 6.3-2 路基坡面展示图（单位：cm）

2．边坡防护的技术要求

（1）骨架主要技术要求。

① 截水骨架采用 M7.5 水泥砂浆砌片石砌筑。

② 截水骨架的主骨架做成槽形，支骨架做成 L 形，用以分流排除地表水。

③ 骨架由支骨架和主骨架组成。主骨架和边坡水平线垂直，沟底厚 0.6 m，沟槽宽 0.4 m，深 0.1 m，两侧沟帮厚 0.1 m；支骨架和主骨架成 45°，按人字形铺设，垂直于线路方向的净间距为 3 m。

④ 在骨架底部 1 m 基础和护坡防护起讫点处各 0.5 m 宽度内采用 M7.5 水泥砂浆砌片石镶边加固，厚 0.5 m。浆砌片石镶边下部设置 C20 混凝土挡水缘。

⑤ 单级护坡最大高度 > 6 m（多级护坡其总高度最大值 > 10 m）且连续长度 > 50 m，间距 50 m 左右，沿坡面设浆砌片石踏步一处，以利养护作业。

（2）草灌树种选择及栽植间距：

① 骨架内采用间植灌木护坡。

② 根据当地气候和土壤条件，选用根系发达、枝叶茂盛并能迅速生长的低矮灌木。常用的灌木树种有银合欢、九里香或木豆等。

③ 选栽用的灌木树苗至少要有一年的树龄，冠幅 50~80 cm，高度为 80~100 cm。

④ 灌木栽植的间距：人字骨架路堤边坡灌木间距为 1.0 m。

⑤ 草种应选用适宜于当地气候条件且抗逆性强的混合草种，具体的草种配合比可视栽种季节、气候状况而定，常用的有糖蜜草、狗牙根、柱花草、狗尾草、百喜草或蟛蜞菊等的混合草种。

（3）树坑尺寸及种植土要求：

① 一般栽灌木的树坑采用坑深 0.25 m、直径 0.2 m。每坑内栽银合欢一株。

② 填土必须进行客土改良，客土改良的土壤（加入土壤改良剂、肥料等）能提高苗木的保水力，促进苗木生根及根系的生长，提高成活率。

（4）栽植及施工技术要求：

① 栽植前对灌木苗进行浸泡生根水、保水剂的处理，栽植完毕后压实土壤。

② 灌木栽种后，坑中应及时填土压紧，并经常浇水，使坑内保持湿润一直到灌木发芽成活为止。

③ 施工前应清刷坡面浮土，填补坑凹，使坡面大致平整。

④ 砌筑骨架前，应按设计要求在每条骨架起讫点放控制桩，挂线放样，然后开挖骨架沟槽。

⑤ 施工时应先砌筑骨架衔接处，再砌筑其他部位骨架，两骨架衔接处应处在同一高度。

⑥ 施工时应自下而上逐条砌筑骨架。

⑦ 骨架应与边坡密贴，骨架流水面应平顺。

⑧ 路堑边坡如由地下水露头，应引排入排水系统，不可堵塞。

⑨ 施工季节应选当地植树造林季节，要加强养护，严禁放牧，如发现缺苗应及时补栽。

⑩ 栽种灌木的边坡，在大雨之后应检查边坡是否完整，如发现有局部坍塌开裂应及时采取补救措施，以防病害扩大。

6.3.2 现场测点布置情况

1．元件布置情况

选择 DK76+262、DK76+295 和 DK76+328 三个断面，这三个断面路堤高度均在 6 m 以上。该段路基左右 200 m 范围内均为空旷的耕地，为受强台风、强降雨影响较大的地段。元件布置情况见图 6.3-3~图 6.3-7。

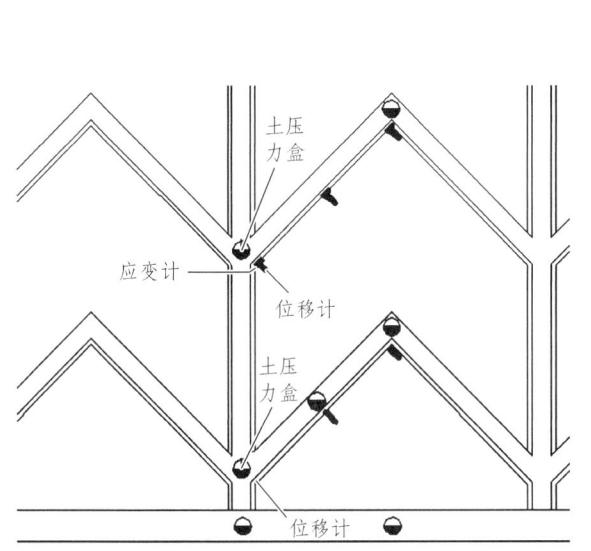

图 6.3-3　DK76+262 迎风面元件平面布置

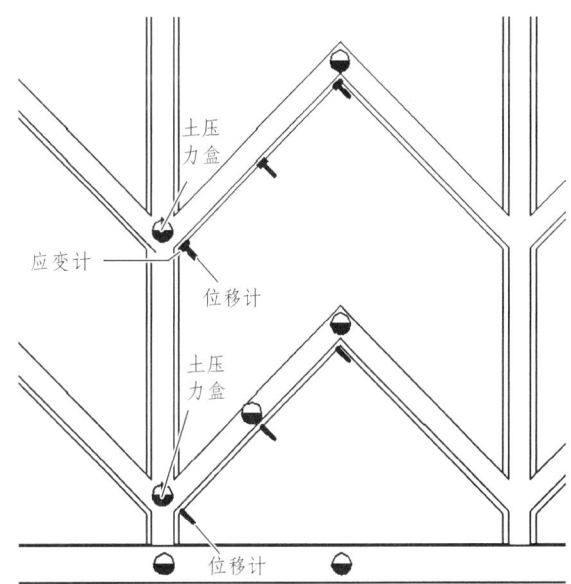

图 6.3-4　DK76+295 迎风面元件平面布置

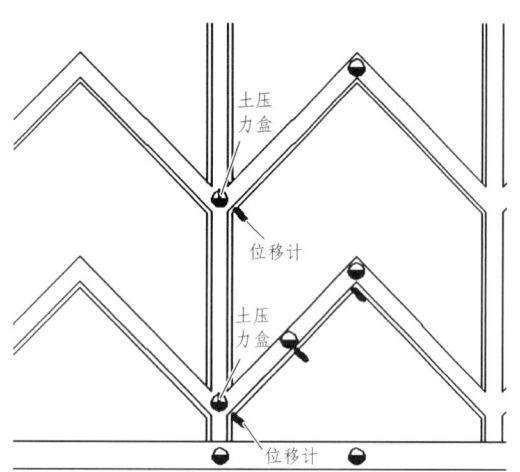
图 6.3-5 DK76+328 迎风面元件平面布置

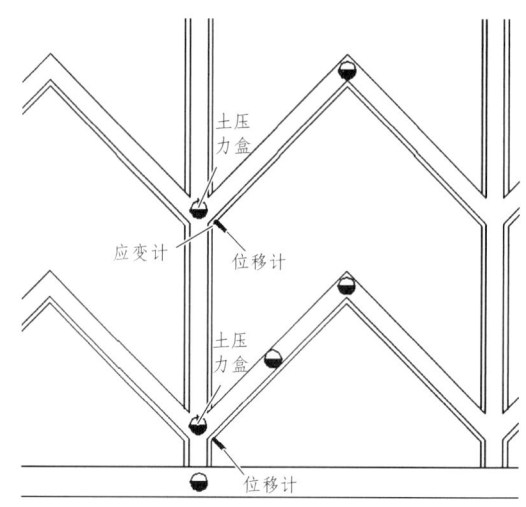
图 6.3-6 背风面元件平面布置图布置

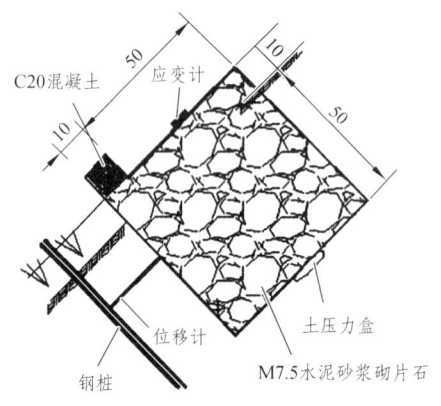
图 6.3-7 元件布置详图

2．观测点的选择

（1）边坡倾角观测点的选择。

选择 DK76+262 和 DK76+295 断面的迎风面和背风面的 4 根主骨架布置测点。每根主骨架从上到下均匀布置 4 个测点。倾角测试采用 LE-30 高精度倾角仪，测试时仪器所用的底座用槽钢加工而成，用水泥砂浆将底座与骨架牢固结合在一起，如图 6.3-8 所示。

图 6.3-8 倾角仪测试时所用的底座

（2）边坡风速风向测点的选择。

在试验段迎风面选择一试验点，从坡脚至路肩均匀布置5个测点，测点内预埋支架，供测量边坡风速风向时使用。

（3）边坡防护植物生长效果测点的选择。

DK70+000至DK80+000段包括了高路堤、高路堑等路基结构形式，从该段内选择有代表性的路堤、路堑断面进行对护坡植物生长的定期观测。

6.3.3 试验结果分析

1. 降雨对边坡表层土体侵蚀的监测及分析

海南降雨频繁，其中很多是台风带来的强降雨，比如9月份在海南登陆的台风"彩虹"，在文昌市境内的最大风速达到13 m/s，仅9月11日零时的降雨量就达到了49.4 mm，具有降雨量大、降雨强度高等特点，对土质路基边坡有较大的破坏力。

试验段及周围的路基边坡防护工程并未严格按照设计的要求进行施工，没有挖指定大小的树坑，灌木规格远未达到设计的要求，也没有采用回填种植土的措施，造成护坡植物尤其是草本植物生长情况不理想、边坡的植被覆盖率很低的状况，这种情况下降雨很容易对边坡产生侵蚀。

通过对现场的多次观测发现，各段路基均存在不同程度的侵蚀现象，通过分析可得出如下结论：

（1）植被覆盖率较高的路段边坡侵蚀现象不明显，这些路段只占所有观测路段的很小一部分。这些边坡松散土层较厚，虽然没有回填种植土，草本植物的生长状况较差，但银合欢生长良好，起到了一定的护坡作用。

（2）降雨对边坡土体的溅蚀作用较弱。这种现象对于路堤边坡尤为明显，原因主要是路堤本体为掺有水泥的改良土，抗雨滴的溅蚀能力强。

（3）边坡土体的侵蚀主要以沟蚀为主，这种现象在边坡防护完工及未完工的路段均有出现。路基的边坡防护采用的是浆砌片石截水骨架护坡的防护形式，即使在强降雨的条件下也不会产生太大的径流。经过现场的调查，发现产生严重沟蚀的水流并不是在边坡上形成的，而是由于路肩施工时不透水土工布和泄水孔没有按照规范施工，经常出现土工布褶皱及破损、泄水孔堵塞的现象，造成路基面上的积水不能通过泄水孔排出，而是通过路肩与基床接触面上的缝隙排出，长期下去就会形成路基面的排水通道，成为边坡沟蚀的源头。多数路段边坡防护工程的施工质量得不到保证，降雨产生的径流不能按设计路径排走是造成边坡土体侵蚀的主要原因。

各类质量问题现场照片见图6.3-9~图6.3-12。

图 6.3-9　个别路段边坡冲刷现象严重

图 6.3-10　边坡沟蚀现象严重

图 6.3-11　施工质量问题引起的坡面侵蚀

图 6.3-12 排水设施施工存在严重质量问题

2．骨架与边坡土体接触应力的测试分析

在长期观测中发现，6个测试断面的坡面沟蚀现象均不严重，骨架结构并未出现明显的变形。由于试验段路堤本体为掺有水泥的改良土，压实度高、透水性差，骨架施工时已填筑完成半年以上，基本上已经处于稳定状态，即使在强降雨条件下边坡侵蚀现象也较小，因此在正常情况下，骨架与边坡土体的接触应力应该没有变化或变化很小。通过测定骨架与边坡土体接触应力的变化可以间接反映出骨架施工质量的优劣。

通过对土压力盒测试发现，除了部分土压力盒读数基本不变外，有相当一部分土压力盒的读数逐渐变小，直至为零。造成这种情况的主要原因可能是骨架的施工质量较差，骨架本身存在大量贯通的孔洞，特别是骨架底部同边坡土体接触的部分有大量的空洞存在，经过几场大的降雨，部分雨水渗入骨架底部，造成骨架同边坡土体接触应力的降低，甚至有部分悬空的现象发生。

6.3.4　骨架结构变形及位移的测试及分析

试验段范围内的路基多为低矮路基，路基填土的抗冲蚀性能很好，骨架对坡面径流具有分割作用。在观测过程中发现强降雨对大多数路基边坡并未造成太大的影响，各个测试断面骨架与土体均未发生脱离，骨架破坏现象并不多见（图 6.3-13）。

图 6.3-13　骨架结构因降雨冲蚀作用而产生破坏

骨架结构在多数情况下仅承受自重的影响，一般情况下在施工完成后的短期内即处于稳定的状态。试验中表面应变计的主要目的测定骨架微小的变形情况，确定骨架何时开始处于稳定状态。测点的骨架结构在施工完成几个月后开始趋于稳定。结构变形测试结果见图6.3-14、图6.3-15。

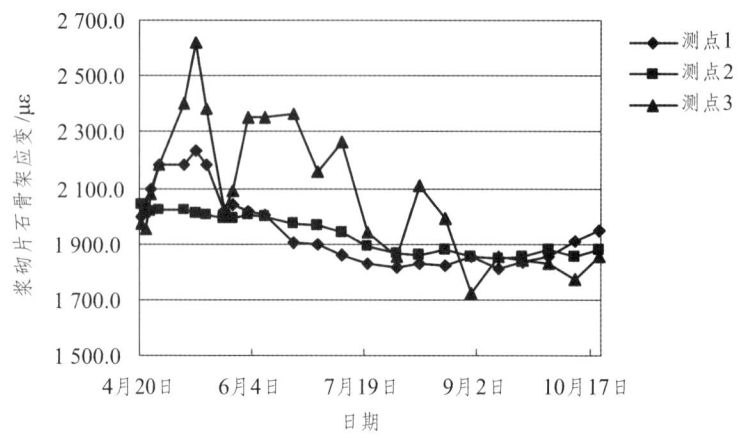

图 6.3-14　DK76+295 迎风面骨架结构变形测试结果

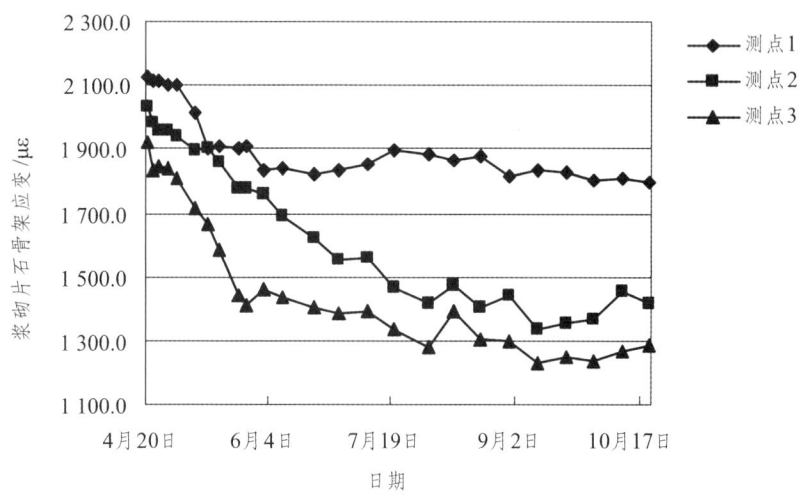

图 6.3-15　DK76+328 迎风面骨架结构变形测试结果

6.3.5　骨架结构相对边坡土体位移的测试及分析

由于路堤填土强度高，压实度大，在强降雨的作用下，骨架结构与边坡土体没有发生脱离，骨架结构相对边坡土体位移基本为0。这说明骨架结构与边坡土体变形协调。

1．边坡倾角变化的测试及分析

通过 20 个测点几个月的测试，边坡倾角未发生明显变化，是稳定的。

2．边坡风速风向的测试及分析

测试期间风速普遍不大，9 月份登陆海南的台风"彩虹"，在文昌市最高风速为 13m/s，从统计图（图 6.3-16）中可以看出台风和降雨有很好的对应关系，强台风和强降雨往往是同时发生的。

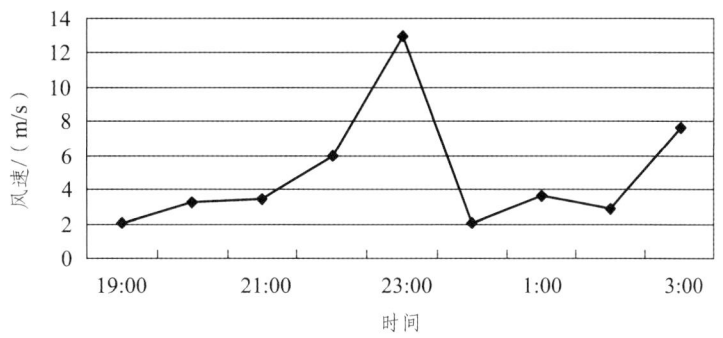

(a) 海南文昌 9 月 11 日—12 日风速记录

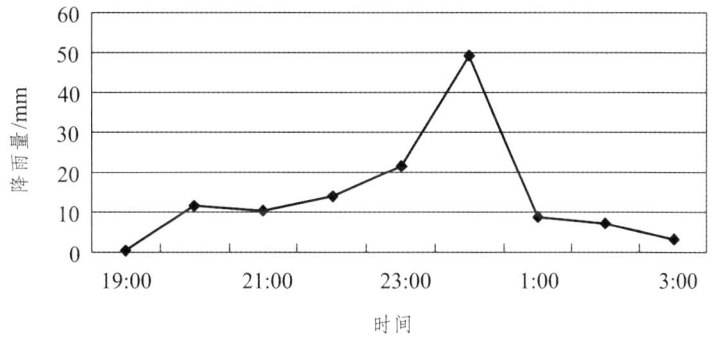

(b) 海南文昌 9 月 11 日—12 日降雨记录

图 6.3-16　试验段风速及降雨记录

风的现场实测进程不易控制，试验周期长且耗费大量的人力物力，这些缺点限制了现场试验的广泛开展。在现场实测的同时如果能辅助以模型试验及数值模拟的方法，能大大加快研究的进程，节省时间及成本。

3．边坡防护植物生长效果的监测及分析

东环铁路是目前海南省最大的基础设施项目，未来的海南东环铁路不仅具有交通功能，还将是一道风景秀丽的热带风光旅游线。要把海南特色的热带森林、田园风光、椰风海韵等展现给岛内外游客，这就要求海南东环线的边坡防护工程不仅要满足工程方面的要求，而且要重视进行绿色防护，使其与周围环境相协调。

海南属热带季风性海洋气候，夏无酷热，冬无严寒，非常适宜植物的生长，如果植物种类配置合理，种植方法得当，不难达到护坡和美化环境的双重效果。而从现场的实际情况来看，远未达到预期的效果，经对施工现场的实地调查，发现主要存在以下几方面的问题：

（1）护坡植物种类单一，多数路段施工中仅使用了银合欢和狗牙根两种护坡植物，这样很难形成稳定的植物群落，容易衰退。

（2）路堤本体的填料为改良土时，并没有回填规定厚度的种植土，而是在改良土上直接种植，直接导致了护坡植物的生长不良。

（3）狗牙根的播种密度控制不合理，在种植过程中体现出了很大的随意性，播种疏密不均，特别是播种密度过高地段的狗牙根不易正常生长，容易枯萎。

（4）选用的银合欢树苗明显达不到设计的规格，多数仅有铅笔粗细，更为严重的是，现场种植银合欢树苗时没有挖指定规格的树坑，也没有进行客土改良，只是将银合欢树苗采用各种方式固定在了边坡上，造成了银合欢的成活率较低，很难起到护坡的作用。

（5）护坡植物种植时间选择不当。护坡植物的种植并没有选在当地的植树造林季节，而是随着工程的进度随时进行施工，比如在春末夏初时候施工的路段由于刚种植完就迎来了炎热的盛夏，造成护坡植物大面积的死亡（图 6.3-17）。

（6）不注意对护坡植物的初期养护工作。海南冬春两季降雨量较小，而边坡土体的保水性能较差，强风又加剧了土壤水分的散失，不注重植物的初期养护易导致护坡植物的枯死。

现场草本植物的衰退非常严重，这种现象几乎出现在所有的植被防护工程中，这就需要我们采取更好的加强日常的养护工作以及多采用更适应当地气候的乡土植物等措施来尽量减少这种现象的出现。

图 6.3-17 没有成活的银合欢

在现场的观察中可以看出，银合欢具有很强的生命力，能够适应海南当地的气候，尤其在表层土体松散的低矮边坡中生长状况良好，能够起到很好的护坡效果。银合欢的侧根在边坡生长较快，对边坡的表层土体能起到很好的加固效果，如图 6.3-18 所示。

路堤边坡植物生长

路堑边坡植物生长

路堑边坡杂草入侵

路堑边坡草本植物开始衰退

护坡及绿化效果较好的某段路基

图 6.3-18 路基绿化情况

7 沿海强台风地区电气化装备适应性研究

7.1 强台风环境电气化装备防风技术研究

风荷载作为电气化铁路结构设计中的主要可变荷载,尤其是在沿海等受极端天气影响较大的地区,风荷载直接影响电气化装备的承载能力以及列车的正常运行。因此,针对海南环岛强台风荷载进行研究,提出适用于电气化装备的风荷载计算方法的参数取值十分必要。

7.1.1 风荷载计算方法

《建筑结构荷载规范》(GB 50009)、《轨道交通地面装置电力牵引架空接触网》(GB/T 32578)、《铁路电力牵引供电设计规范》(TB 10009)中均规定了建筑结构在风荷载作用下的计算方法,规范中规定的计算公式及各参数的含义如表 7.1-1 所示。

表 7.1-1 风荷载计算公式及各参数含义

规范类型	风荷载计算公式	各参数含义
《建筑结构荷载规范》(GB 50009)	$Q_{kt} = \beta_z \times \mu_z \times \omega_0 \times \mu_s \times A$	G_q、β_z—风振系数; G_t、μ_z—高度修正系数; ω_0—基本风压; G_{lat1}、G_{str}—共振系数; C_{lat1}—体型系数; A_{lat1}—受风面有效投影面积; μ_s、C_{str}—体型系数; A、A_{str}—受风面投影面积
《轨道交通地面装置电力牵引架空接触网》(GB/T 32578)	$Q_{kt} = \frac{1}{2} G_q \times G_t \times \rho \times V_R^2 \times G_{lat1} \times C_{lat1} \times A_{lat1}$	
《铁路电力牵引供电设计规范》(TB 10009)	$Q_{kt} = \mu_z \times \omega_0 \times \mu_s \times A$	

从上表可看出,规范对结构风荷载的计算方法基本一致,但是参数取值差异较大,同时该计算方法仅适用于正常工况情况下进行接触网结构设计时承载能力极限状态的风荷载计算。而海南岛地处我国台风高发地区,当发生台风时,接触网结构处于非工作状态,此时接触网结构仅需保证不破坏或倒塌,即当发生强台风时,接触网结构可不考虑安全系数,仅需进行强台风作用下的强度校验即可,校验公式如下:

$$S_{Gk} + S_{Q1k} + \sum_{i=2}^{n} \varphi_{ci} S_{Qik} \leq R(f_k)$$

其中:S_{Gk} 为恒载标准值;S_{Q1k} 为台风校核荷载标准值;φ_{ci} 为第 i 个活载组合值系数;S_{Qik} 为第 i 个活载标准值。

综上，对海南环岛接触网结构在强台风作用下进行设计时需按照极限状态法考虑接触网结构风荷载，同时还应按照历史记录的最大台风进行破坏校核，从而保证接触网结构在强台风下的安全性，因此需通过深入研究确定海南环岛风荷载计算方法中的各输入参数取值，为后一步的分析打下基础。

1. 基本风速

关于基本风速在 IEC 60826 A.4.2、《建筑结构荷载规范》（GB 50009）中有详细的规定，但二者有略有区别，现将二者规定对比如下：

（1）IEC 60826 A.4.2。

风的作用是以基本风速（离地 10 m 高、平均时距 10 min 的平均风速）来评价的。v_R 为重现期 T 年的基本风速（对于不同的可靠性等级 1 级、2 级、3 级，T 分别取 50 年、150 年、500 年）。通常，气象站（除那些沿海岸线或城市区域外）放置于 B 类地形。B 类地形的基准风速为 v_{RB}。然而气象学的风速可能是在 x 类地形离地 10 m 高、平均时距 t 的速度 $v_{x,t}$（如果不是在离地 10 m 高测的数据，该数据应首先调整到 10m 高）。

图 7.1-1 为各种地面粗糙度类型下平均时距 t 下风速的关系 $v_{x,t}/v_{x,10}$：

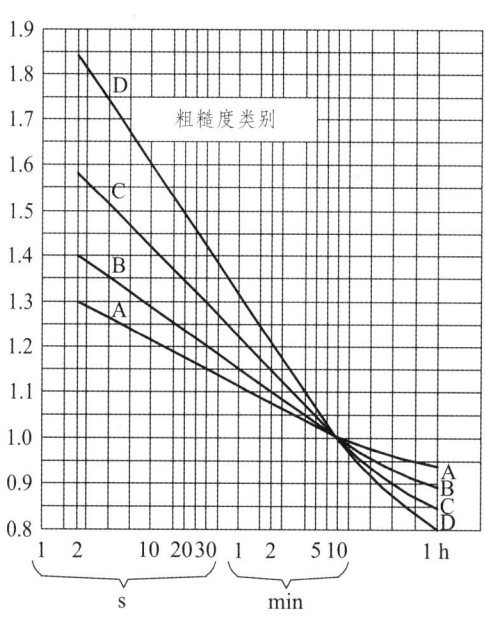

图 7.1-1 不同时距风速关系

在仅有 B 类地形的基本设计风速 v_{RB} 的情况下，其他地形基本风速 v_R 可由公式 $v_R = K_R v_{RB}$ 确定，其中 K_R 为粗糙度系数。

不同高度风速间的关系为：

$$v_z = v_R \left(\frac{z}{10}\right)^\alpha$$

不同地形：

$$v = v_{x,10\,\mathrm{min}}/K_R，x 表示地形类型$$

其中：α 对不同类别地形取值如表 7.1-2。

表 7.1-2 α 的取值

因 素	地形类别			
	A	B	C	D
z_0（粗糙长度）/m	0.01	0.05	0.30	1.00
α	0.10～0.12	0.16	0.22	0.28
K_R	1.08	1.00	0.85	0.67

注：在气象台站观测中，一般是取 2 min 的平均风速；自记仪器是取 10 min 的平均风速。

（2）《建筑结构荷载规范》（GB 50009）。

E.2.4：基本风速 v_0 应按该规范 E.3 中规定的方法进行统计计算，重现期应取 50 年，v_0 取重现期为 50 年的最大风速。

E.3.1：对风速的统计样本均应采用年最大值 x，并采用极值 Ⅰ 型的概率分布，其分布函数为：

$$F(x) = \exp\{-\exp[-\alpha(x-u)]\}$$

分布的参数与均值 μ 和标准差 σ 的关系按下述确定：

$$\alpha = 1.28255/\sigma$$

$$u = \mu - 0.57722/\alpha$$

E.3.2：当由有限样本 n 的均值 $\bar{x}$ 和标准差 σ_1 作为 μ 和 σ 的近似估计时，取

$$\alpha = C_1/\sigma_1 \quad u = \bar{x} - C_2/\alpha$$

系数 C_1、C_2 取值见表 7.1-3。

表 7.1-3 系数 C_1 和 C_2 取值

n	C_1	C_2	n	C_1	C_2
10	0.9497	0.4952	60	1.17465	0.55208
15	1.02057	0.5182	70	1.18536	0.55477
20	1.06283	0.52355	80	1.19385	0.55688
25	1.09145	0.53086	90	1.20649	0.55860
30	1.11238	0.53622	100	1.20649	0.56002
35	1.12847	0.54034	250	1.24092	0.56878
40	1.14132	0.54362	500	1.25880	0.57240
45	1.15185	0.54630	1000	1.26851	0.57450
50	1.16066	0.54853	∞	1.28255	0.57722

2．基本风压

（1）IEC 60826。

基本风压：

$$q_0 = \frac{1}{2}T\mu(K_R v_{RB})^2$$

其中：q_0 为基本风压；T 为空气密度修正系数；μ 为空气密度，在海平面及气压 101.3 kPa 条件下等于 1.225 kg/m³；K_R 为粗糙度系数；v_{RB} 为 B 类地形的粗糙度系数。

（2）美国现行规范 ASCE/SEI 7 *Minimum Design Loads for Building and other Strucrures*（《建筑物和其他结构的最小设计负荷》）中规定基本风速为离地 10 m 高，地面粗糙度为 C，3s 阵风风速，无飓风为地区重现期 50 年，飓风地区为重现期 500 年。其设计风压公式为：

$$q_z = 0.613 K_z K_{zt} K_d v^2 I$$

式中：q_z——速压（N/m²）；

K_z——与高度和地形条件有关的地形影响系数；

K_{zt}——与局部地形条件有关的影响系数；

K_d——风向系数；

v——根据空旷平坦地面上离地高度 10 m 处统计的 50 年一遇的 3 s 阵风风速。

（3）英国现行规范 BS6399 对于风压计算较为复杂，需考虑海拔、方向、季节、概率、地形。其计算公式为：

$$q_z = 0.613 v_0^2$$

式中：q_z 为动态风压。

（4）《建筑结构荷载规范》（GB 50009—2012）。

基本风压：$$\omega_0 = \frac{1}{2}\rho v_0^2$$

其中：ρ——空气密度（t/m³）；

v_0——基本风速，基本风速重现期应取 50 年。

3．基本风速（压）选取

（1）《建筑结构荷载规范》（GB 50009）。

基本风压应按《建筑结构荷载规范》（GB 50009）规定的方法确定的 50 年重现期的风压取值，但不得小于 0.3 kN/m²。对于高层建筑、高耸结构以及对风荷载比较敏感的其他结构，基本风压的取值应适当提高，并应符合有关结构设计规范的规定。

全国各城市的基本风压值应按《建筑结构荷载规范》（GB 50009）附录 E 中表 E.5 重现期 R 为 50 年的值采用。当城市或建设地点的基本风压值在该规范表 E.5 中没有给出时，基本风压值应按该规范附录 E 规定的方法，根据基本风压的定义和当地年最大风速资料，通过统计分析确定，分析时应考虑样本数量的影响。当地没有风速资料时，根据附近地区规定的基本风压或长期资料，通过气象和地形条件的对比分析确定；也可以比照该规范附录 E 中附图 E.6.3 全国基本风压分布图近似确定。

（2）《轨道交通地面装置电力牵引架空接触网》（GB/T 32578）。

计算架空接触网设计用的基本风荷载时，应根据《建筑结构荷载规范》（GB 50009）规定，采用在规定重现期内、相对开阔的地形上、平均 10 min 期间内距离地面 10 m 处测量获得的环境风速作为基本风速。对于支持结构的设计，应采用《建筑结构荷载规范》（GB 50009）规定的 50 年一遇的最大风速。

（3）《高速铁路设计规范》（TB 10621—2014）。

运行基本风速应按正常行车风速确定，无确切资料时应按《铁路电力牵引供电设计规范》（TB 10009）确定。结构基本风速应根据《建筑结构荷载规范》（GB 50009），按 50 年一遇基本风压计算确定。

（4）《铁路电力牵引供电设计规范》（TB 10009—2016）。

接触网设计的气象条件，应根据最近记录年限不少于 20 年的沿线气象资料计算，并结合既有电气化铁路或高压架空送电线路的运行经验确定。

接触网的最大设计风速，应采用空旷地区、离地面 10 m 高处的 10 min 自动记录 15 年发生一次的平均最大值；接触网的结构设计风速，应采用空旷地区、离地面 10 m 高处的 10 min 自动记录 50 年发生一次的平均最大值。如气象台（站）的记录值不满足上述要求，则应按规定进行换算。

4．风压高度变化系数

大气边界层内风速沿高度而增大，变化规律与地面粗糙度和温度垂直梯度及其他风气候有关。风速随着高度的增大逐渐变大，到达一定高度后高度再增加风速也不再增大，这个高度叫梯度风高度，一般为 300～500 m。我国相关规范认为在建筑结构关注的近地面范围，风速剖面基本符合指数律。

$$v_z = v_{10}\left(\frac{z}{10}\right)^{\alpha}$$

我国规范对于风压高度变化系数给出了不同离地面或海平面高度与之对应的地面粗糙度的类别，根据实际的设计情况进行选取。我国规范分为 A、B、C、D 四种类别。《建筑结构荷载规范》（GB 5009—2012）中将风压高度变化系数如下：

$$\mu_z^A = 1.284\left(\frac{z}{10}\right)^{0.24}$$

$$\mu_z^B = 1.000\left(\frac{z}{10}\right)^{0.30}$$

$$\mu_z^C = 0.544\left(\frac{z}{10}\right)^{0.44}$$

$$\mu_z^D = 0.262\left(\frac{z}{10}\right)^{0.60}$$

IEC 规范与 GB 规范对于风压高度变化系数的规定是有区别的，首先对于地面粗糙度都分为 A、B、C、D 四类。GB 规范对于地面粗糙度分类如下：

——A 类指近海海面和海岛、海岸、湖岸及沙漠地区；

——B 类指田野、乡村、丛林、丘陵以及房屋比较稀疏的乡镇和城市郊区；

——C 类指有密集建筑群的城市市区；

——D类指有密集建筑群且房屋较高的城市市区。

IEC对于地面粗糙度分类如下：

——A类指广阔的水域或平坦的沿海地区；

——B类指只有少量障碍物的空旷野外，如机场或少量数目和建筑的耕地；

——C类指有很多低矮障碍物的地区，如围栏、树木、房屋；

——D类指近郊地区或有很多高大树木的地区。

表7.1-4、表7.1-5和图7.1-2所示为IEC规范以及国标规范对于风压高度变化系数的对比。

表7.1-4 风压高度变化系数计算公式对比

标准		GB 50009—2012	IEC
地形类别	A	$\mu_z^A = 1.379\left(\dfrac{z}{10}\right)^{0.24}$	$G_t^A = 10.0002h^2 + 0.0232h + 1.4661$
	B	$\mu_z^B = 1.000\left(\dfrac{z}{10}\right)^{0.32}$	$G_t^B = 10.0002h^2 + 0.0232h + 1.4661$
	C	$\mu_z^C = 0.616\left(\dfrac{z}{10}\right)^{0.44}$	$G_t^C = 10.0002h^2 + 0.0232h + 1.4661$
	D	$\mu_z^D = 0.318\left(\dfrac{z}{10}\right)^{0.60}$	$G_t^D = 10.0002h^2 + 0.0232h + 1.4661$

表7.1-5 风压高度变化系数对比

离地面或海平面高度/m	地面粗糙度类别							
	A		B		C		D	
	GB	IEC	GB	IEC	GB	IEC	GB	IEC
5	1.17	1.58	1.00	1.81	0.74	2.42	0.62	3.12
10	1.38	1.68	1.00	1.94	0.74	2.55	0.62	3.29
15	1.52	1.77	1.14	2.05	0.74	2.68	0.62	3.50
20	1.63	1.85	1.25	2.15	0.84	2.79	0.62	3.62
30	1.80	1.98	1.42	2.32	1.00	2.99	0.62	3.90
40	1.92	2.07	1.56	2.46	1.13	3.15	0.73	4.14
50	2.03	2.13	1.67	2.55	1.25	3.26	0.84	4.35
60	2.12	2.14	1.77	2.61	1.35	3.34	0.93	4.51

注：以上GB代表GB 500019—2012。

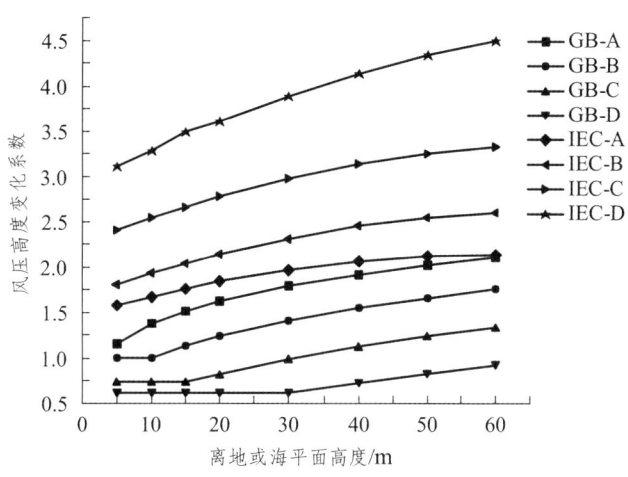

图 7.1-2　GB 规范与 IEC 规范风压高度变化系数对比

从图表中可以看出，随着离地面或海平面高度的增加，在 GB 规范以及 IEC 规范中，风压高度变化系数都是从小增大的。这说明，两个规范对于风速沿高度变化的认知是一样的，即从低到高，风速是逐渐增大的，是呈现梯度分布的。但横向比较，地面粗糙度类别从 A 类到 D 类，GB 规范中风压高度变化系数是逐渐减小的。说明 GB 规范认为，随着地面粗糙度类别的增加，风与地面的摩擦是增大的，相同高度下风速是要减小的。而 IEC 规范中地面粗糙度类别从 A 类到 D 类，风压高度变化系数是增大的。

美国规范对于风压高度变化系数采用的是风速压力暴露系数、风振系数和阵风影响系数。规范中也是规定不同离地面或海平面高度与之对应的地面粗糙度的类别，它们分为三类，与中国 B、C、D 相似，分别为：

（1）对于屋面平均高度小于等于 9.1 m 的建筑，暴露类别 B 适用于地面粗糙类为 B 类的地形应为在迎风方向大于 457 m；对于屋面平均高度大于等于 9.1 m 的建筑，暴露类别 B 适用于地面粗糙类为 B 类的地形应为在迎风方向大于 792 m 或建筑物高度的 20 倍以远处。

（2）暴露类别 C 用于暴露类别 B 或 D 不适用的所有情况。

（3）暴露类别 D 适用于地面粗糙类为 D 类的地形应为在迎风方向大于 1 524 m 或建筑物高度的 20 倍以远处，也适用于在迎风方向先经过之前定义的暴露类别 D 的地形，建筑物场地附近的地形粗糙度类别为 B 或 C，且该地形在 183 m 内或建筑物高度的 20 倍以内，取最大值。

5．风振系数

风振系数反映了结构在脉动风作用下的动力增大效应，一般通过随机振动方法或谱方法求解。对于工程结构，风荷载可采用以下两种方式：

方式一：风荷载 = 平均风压 + 等效风压，后者为脉动风引起的结构风振的等效效应。

方式二：风荷载 = 平均风压 × 风振系数 β_z，通过风振系数来综合考虑结构在风荷载作用下的动力响应。

有关风振系数的相关规定主要有：

（1）《建筑结构荷载规范》（GB 50009）。

风振系数是为了综合考虑结构在风荷载作用下的动力响应，其中包括风速随时间、空间的变异性和结构的阻尼特性等因素。规范规定：对于高度大于 30 m 且高宽比大于 1.5 的房屋，

以及基本自振周期 T_1 大于 0.25 s 的各种高耸结构，应考虑风压脉动对结构产生顺风向风振的影响。采用风振系数法计算顺风向风荷载时，其取值应根据结构的自振周期、高度、基本风压等计算确定。目前常用的接触网钢柱采用 Midas Civil 2015 进行有限元建模分析，得出 Gg220/10.5 的自振周期为 0.5 s，GHT240/10.5 的自振周期为 0.6 s，格构式钢柱 G120/12 的自振周期为 0.35 s，三种支柱的自振周期均大于 0.25 s，根据规范规定均需要考虑风振系数。当取基本风压为 0.45 kN/m² 时计算得到接触网支柱的风振系数约为 1.6～2.2。

（2）《轨道交通 地面装置 电力牵引架空接触网》（GB/T 32578）考虑风振系数，其值取 2.05。

（3）《铁路电力牵引供电设计规范》（TB 10009）不考虑风振系数，其值取 1.0。

综上，《建筑结构荷载规范》（GB 50009）及《轨道交通 地面装置 电力牵引架空接触网》（GB/T 32578）均需考虑风振系数，两本规范计算得到的数值基本接近，其中《建筑结构荷载规范》（GB 50009—2012）的数值偏小。

6．体型系数

（1）规范及规定。

我国《架空输电线路杆塔结构设计技术规定》（DL/T 5154）中对角钢铁塔的阻力系数有明确规定。日本 JEC 规范中，根据角钢输电塔的风洞试验分别给出了不同结构类型阻力系数与挡风系数之间的关系。另根据我国《建筑荷载设计规范》GB 50009 表 8.3.1 第 35 项，方形角钢塔架整体体型系数 μ_s 分别取 2.6（0°）和 2.9（45°）。

《建筑结构荷载规范》（GB 50009）中取格构式钢柱的体型系数为 $\varphi \cdot 1.3 \cdot (1+\eta)$，其中 φ 为挡风系数（$\varphi = A_n / A$，A_n 为受风面有效面积，A 受风面投影面积），因此体型系数与计算面积的乘积为 $\varphi \cdot 1.3 \cdot (1+\eta) \cdot A = 1.3 \cdot (1+\eta) \cdot A_n$，$\eta$ 为根据桁架的挡风面积及宽高比计算确定的参数。

《轨道交通地面装置电力牵引架空接触网》（GB/T 32578）中格构式钢柱体型系数与计算面积的乘积为 $2.8 A_n$。

《铁路电力牵引供电设计规范》（TB 10009）中格构式钢柱的体型系数取值为 0.8 或 $\varphi \cdot 1.3 \cdot (1+\eta)$，具体取值以 $\varphi \cdot 1.3 \cdot (1+\eta)$ 为准，即与《建筑结构荷载规范》（GB 50009）的取值相同。

（2）CFD 数值分析。

接触网格构式桥钢柱属柔性体系，在正常运营阶段易发生多种类型风致振动响应，影响接触网的正常使用和结构安全，因此抗风性能是桥钢柱最重要的控制因素。目前，结构风工程的主要研究手段包括风洞试验、数值模拟和现场测试，其中风洞模型试验是主要研究手段。但随着钝体空气动力学理论和计算机硬件水平的进步，基于计算流体力学（CFD）技术的计算风工程（CWE）已取得令人瞩目的成绩，在桥梁气动选型、风振机理分析和抗风性能评估等研究中发挥着重要作用。

相对于物理风洞试验，数值模拟具有其诸多优点和良好的发展前景，费用低、效率高，便于进行抗风性能参数化分析，而且不受模型尺度影响，可较全面地考虑大气边界层风以及结构局部构造细节等的影响。

接触网支柱气动力数值计算：

① 计算方法。

使用计算流体力学程序 aFLOW 计算接触网角钢格构式钢柱的体型系数，该程序基于高性能的介观流体物理学方法——LatticeBoltzmann 方程开发。

② 计算参数。

建立接触网格构桥钢柱的三维模型，并导入αFLOW前处理程序中，在直腿底部选取一个节段作为代表节段，如图 7.1-3。

该节段高 1.8 m，顶宽 0.52 m，底宽 0.62 m，相应流向宽度为 0.42 m 和 0.465 m。

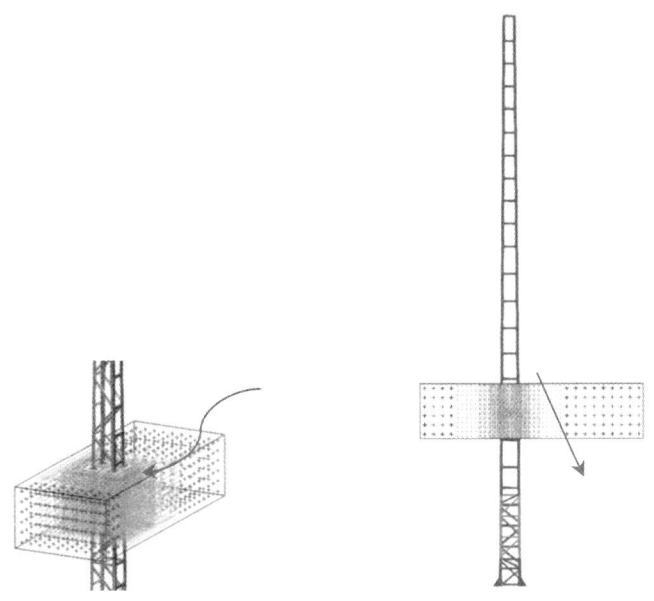

图 7.1-3　角钢格构式钢柱体型系数的数值模拟模型

风偏角 $\alpha = 0°$，顺线路方向。

流场离散最小尺寸：0.001 25 m，远场流场尺寸 0.2 m。

边界条件：

入口：均匀流，流速 40 m/s；

出口：压强边界，流场梯度为 0；

上下左右：为固壁边界，模拟风洞边界墙体。

计算工况：

分别计算 5 个风偏角工况：0°、30°、45°、60°和 90°风偏角下非定常流场。通过对结构节段的表面进行流场压强积分，计算结构所承受的气动合力。

③ 数值计算结果。

a. 0°风偏角工况。

图 7.1-4 是 0°偏角下流场的速度剖面，可见杆件周围最大绕流流速为 69.6 m/s，且由于雷诺数约为 1.7×10^5，故杆件尾流中旋涡尺度很小。

图 7.1-5 为该节段在 0°偏角下的体型系数的数值模拟结果，其时均值：

$$\begin{cases} \mu_s = C_x = 2.04 \\ C_z = 0.191 \\ C_y = 10.03 \end{cases}$$

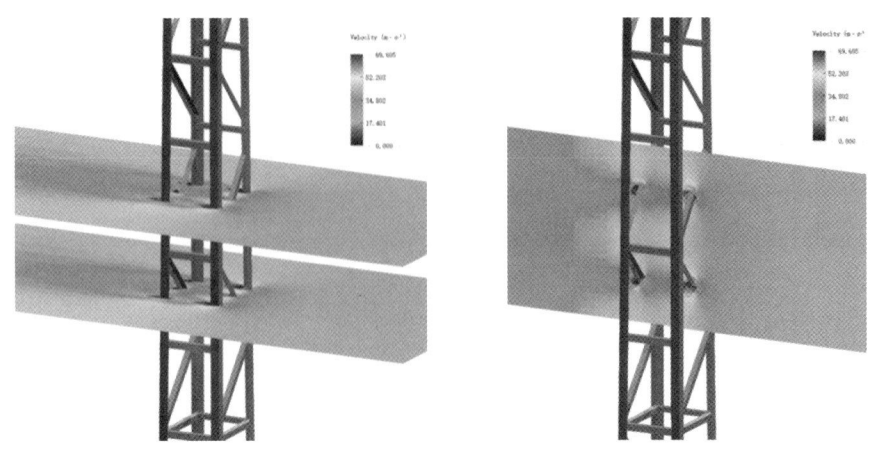

图 7.1-4 流场速度剖面，风偏角 $\alpha=0°$ 顺线路方向

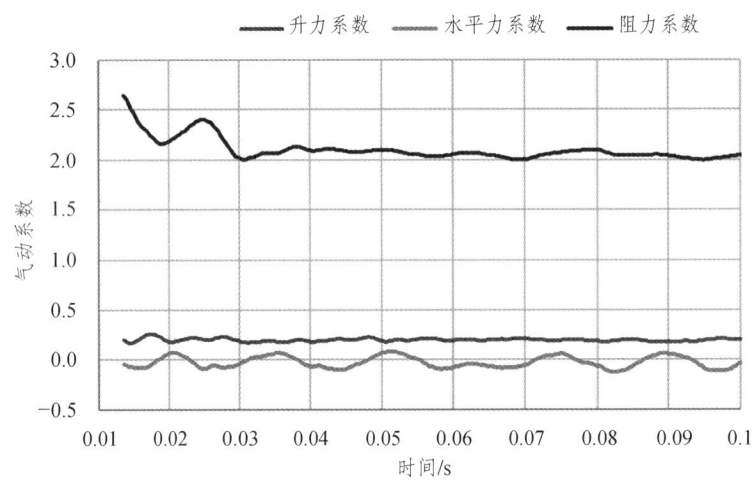

图 7.1-5 角钢格构式钢柱节段体型系数，风偏角 $\alpha=0°$ 顺线路方向

b. 30°风偏角工况。

图 7.1-6、图 7.1-7 和图 7.1-8 是 30°偏角下流场的速度剖面和涡量分布，可见杆件周围最大绕流流速为 73.3 m/s，且由于雷诺数约为 1.7×10^5，故杆件尾流中旋涡尺度很小。

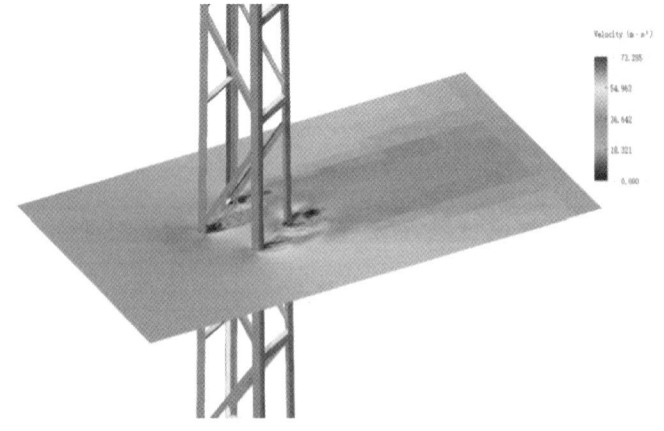

图 7.1-6 30°风偏角流场速度剖面

图 7.1-7　30°风偏角支柱周围流场涡量分布

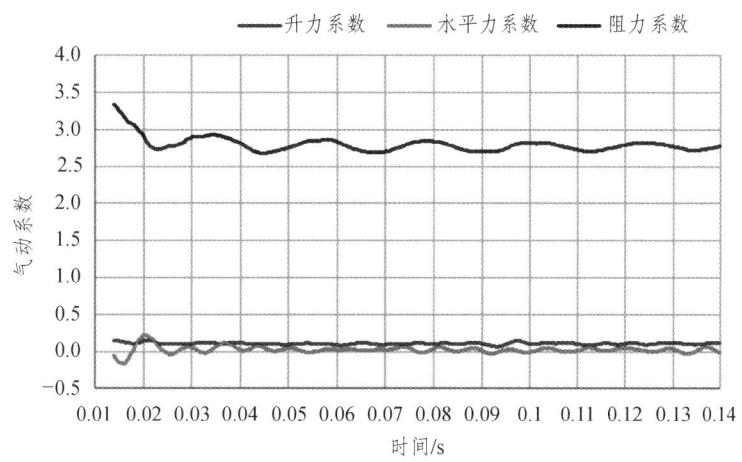

图 7.1-8　30°风偏角气动力数值计算时程

c. 45°风偏角工况。

图 7.1-9 是 45°偏角下流场的速度剖面,此工况阻风面积最大,可见杆件周围最大绕流流速为 73.3 m/s,且由于雷诺数约为 1.7×10^5,故杆件尾流中旋涡尺度很小。

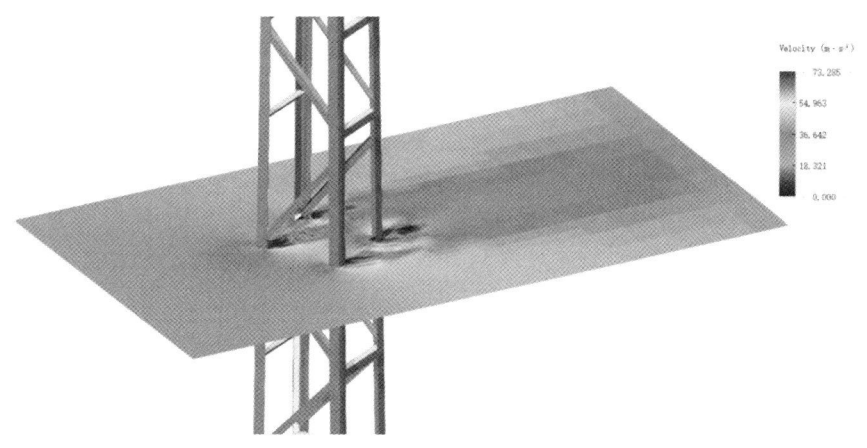

图 7.1-9　45°风偏角流场速度剖面

从气动力时程可见,因为采样时间较短,时程曲线中可见有规律的涡脱波动(图 7.1-10)。

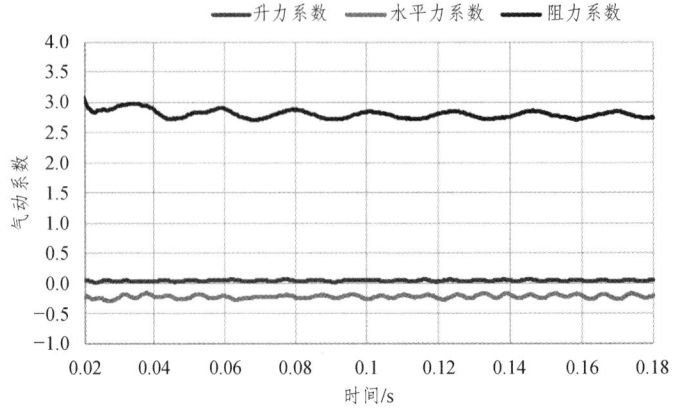

图 7.1-10　45°风偏角气动力数值计算时程

d. 60°风偏角工况。

图 7.1-11 是 60°偏角下流场的速度剖面和涡量分布,可见杆件周围最大绕流流速为 68.7 m/s,且由于雷诺数约为 1.7×10^5,故杆件尾流中旋涡尺度很小。

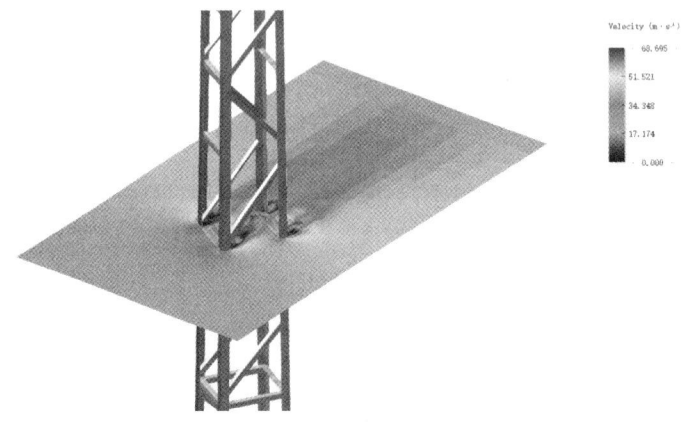

图 7.1-11　60°风偏角流场速度剖面

从气动力时程可见,因为采样时间较短,时程曲线中可见有规律的涡脱波动(图 7.1-12)。

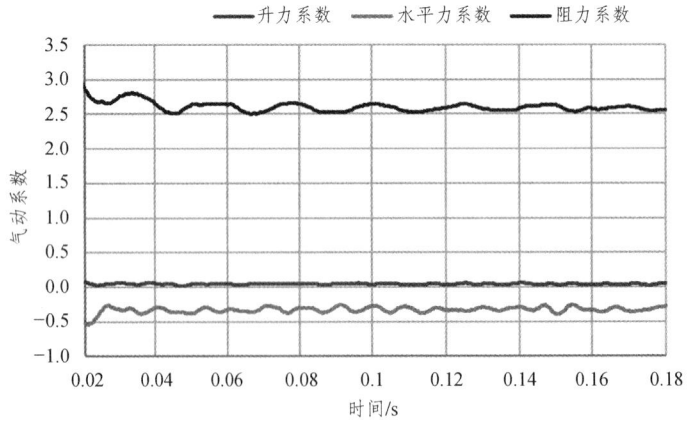

图 7.1-12　60°风偏角气动力数值计算时程

e. 90°风偏角工况。

图 7.1-13 是 90°偏角下流场的速度剖面,可见杆件周围最大绕流流速为 71.6 m/s,且由于雷诺数约为 1.7×10^5,故下游杆件处在上游杆件的尾流中,未见大尺度涡脱。

图 7.1-13 90°风偏角流场速度剖面

从气动力时程可见,由于杆件尺寸小,因此时程曲线包含了丰富的高频小尺度涡脱(图 7.1-14)。

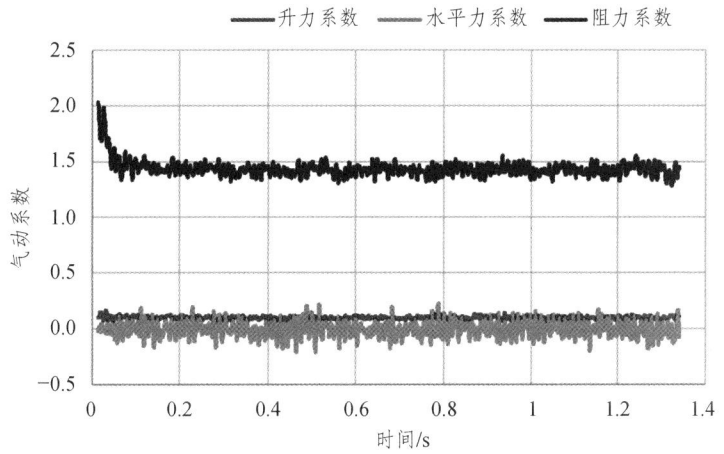

图 7.1-14 90°风偏角气动力数值计算时程

④ 气动力汇总。

不同风偏角气动力系数如表 7.1-6。

表 7.1-6 不同风偏角桥钢柱体型系数

偏 角	$\mu_s = C_x$	C_z	C_y
0°	2.040	0.191	-0.03
30°	2.070	0.014	0.000
45°	2.031	-0.155	0.034
60°	1.967	-0.246	0.032
90°	1.517	-0.004	0.104

从表中可看出，数值模拟水平和竖向气动力的数值均较小，且波动较大。根据《建筑结构荷载规范》（GB 50009—2012）表 8.3.1 第 35 项：角钢塔架体型系数为 2.27，略大于数值计算结果，因此采用规范给出的体型系数偏保守，在设计时可按照规范进行选取。

7．结　论

（1）海南环岛铁路接触网结构在强台风环境下可采用《建筑结构荷载规范》（GB 50009）中的计算方法，其中基本风压应根据海南环岛沿线气象台站重现期最大风速或《建筑结构荷载规范》（GB 50009）中 50 年重现期基本风压综合确定，并相应对海拔、地形、高度、温度、体型等进行修正；同时还应进行历史记录的最大台风风速下强度破坏校核。

（2）海南环岛铁路接触网结构在强台风环境下风荷载计算应考虑风振系数，在设计时可选用《轨道交通地面装置电力牵引架空接触网》（GB/T 32578）中规定的 2.05 进行计算。

7.1.2　强台风环境下接触网腕臂结构

接触网腕臂结构主要由平腕臂、斜腕臂、定位管等构成，在风荷载、机车弓载、自重、线材重量等荷载作用下应处于平衡状态，可以此为基础建立计算模型。

平腕臂、斜腕臂、定位管均为薄壁管，采用壳单元进行模拟，管的端部采用板单元封堵；绝缘子则采用三维实体单元模拟；连接板采用普通板单元模拟；钢绳采用杆单元模拟；而套管抱箍与腕臂管为紧配合，其配合区可视为一体，形成局部区域内的厚壁管；绝缘子与腕臂近似假定为直接连接。

结合海南环岛铁路具体情况以及风荷载输入参数研究，接触网腕臂结构风荷载主要考虑了极限风速（55 m/s）、标准风速（37 m/s）两种。作用于接触网腕臂结构的所有荷载可归纳为 8 组力：线材重量 G_x、结构自重 G_h、承力索风力 F_{vc}、接触线风力 F_{vj}、承力索下锚水平分力 F_{mc}、接触线下锚水平分力 F_{mj}、承力索曲线力 F_{rc} 和接触线曲线力 F_{rj}。对每一种风速，结合直线与曲线通过时作用力大小的不同，根据水平力作用方向的不同，可以组合成 4 组工况，具体组合见各接触网支柱结构分析。

为了全面分析目前采用的接触网腕臂结构在强台风作用下的力学性能，本次选取 11 种接触网腕臂结构形式（A～F 型为整体腕臂形成，G～K 型为三角腕臂形式），在极限风速和标准风速条件下采用有限元建模，施加上述 4 组工况荷载后，进行有限元模型，分析结果如下：

1．A 型接触网腕臂结构

（1）计算模型见图 7.1-15。

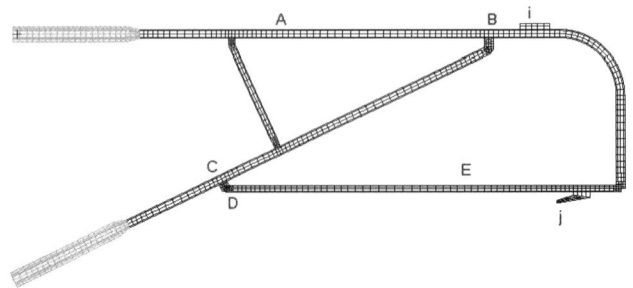

图 7.1-15　A 型接触网支柱结构有限元网格

（2）计算结果见图7.1-16、图7.1-17。

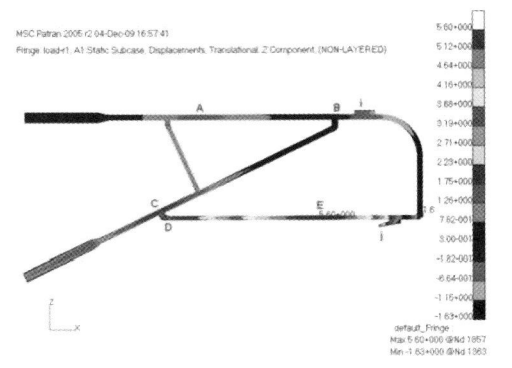 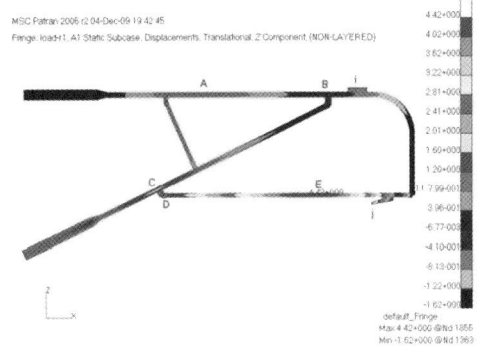

（a）风速 55 m/s　　　　　　　　　　（b）风速 37 m/s

图 7.1-16　A 型接触网支柱结构工况 I 的垂向变形

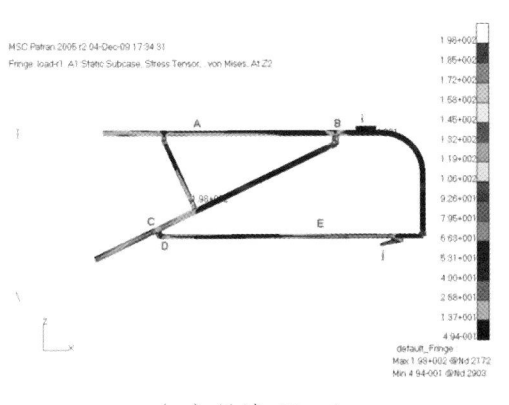 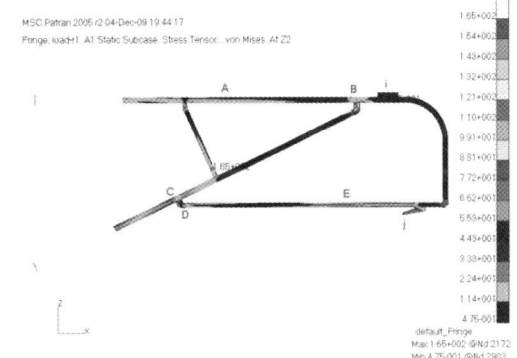

（a）风速 55 m/s　　　　　　　　　　（b）风速 37 m/s

图 7.1-17　A 型接触网支柱结构工况 I 的等效应力

从图中可看出：A 型接触网腕臂结构在极限风速（55 m/s）下，臂管内的最大垂向变形为 5.6 mm，最大等效应力为 129 MPa，远低于材料的屈服强度（235 MPa），满足变形和强度指标；连接板有最大等效应力 198 MPa，位于斜腕臂与连接平腕臂的连接杆之间的连接区；绝缘子的最大应力位于与腕臂的连接区。

2．B 型接触网腕臂结构

（1）计算模型见图 7.1-18。

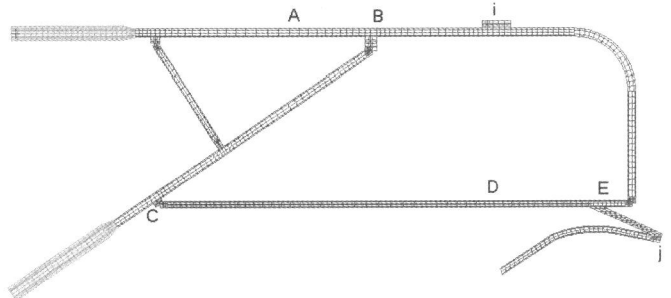

图 7.1-18　B 型接触网支柱结构的有限元网格

（2）计算结果见图 7.1-19、图 7.1-20。

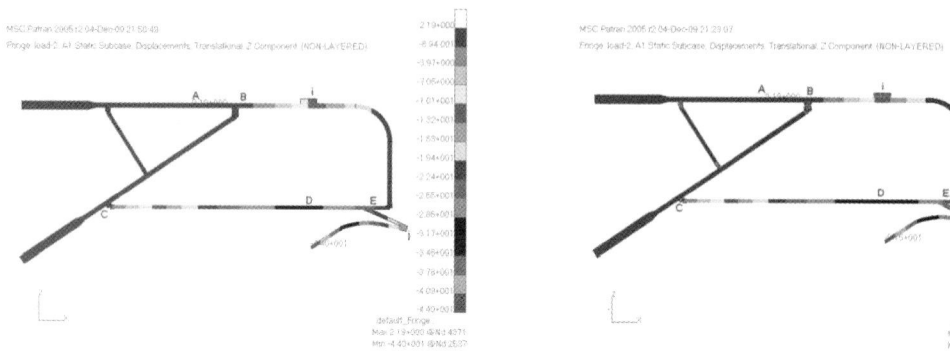

（a）风速 55 m/s　　　　　　　　（b）风速 37 m/s

图 7.1-19　B 型接触网支柱结构工况 Ⅱ 的垂向变形

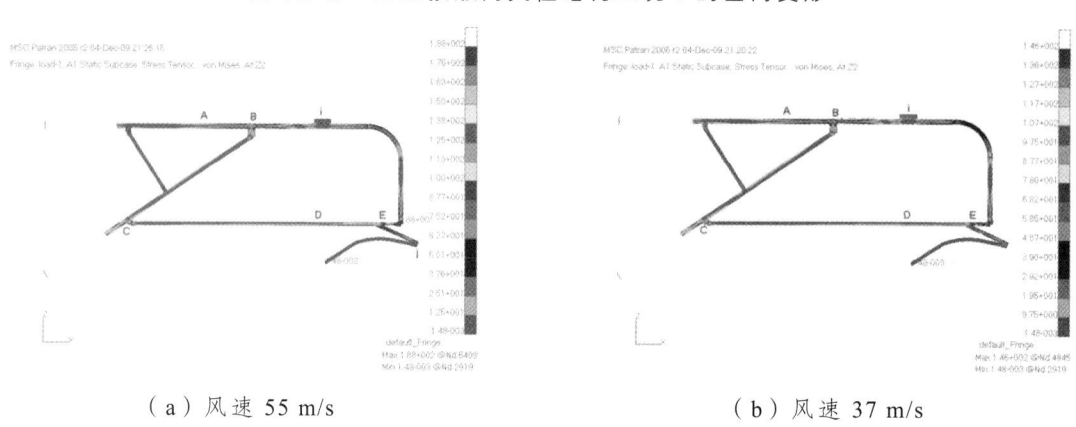

（a）风速 55 m/s　　　　　　　　（b）风速 37 m/s

图 7.1-20　B 型接触网支柱结构工况 Ⅰ 的等效应力

B 型接触网腕臂结构在极限风速（55 m/s）下，臂管内的最大垂向变形为 -29.3 mm，最大等效应力为 185 MPa，低于材料的屈服强度（235 MPa），满足强度指标；连接板有最大等效应力 188 MPa，位于平腕臂与定位管的连接区；绝缘子的最大应力位于与腕臂的连接区。

3．C 型接触网腕臂结构

（1）计算模型见图 7.1-21。

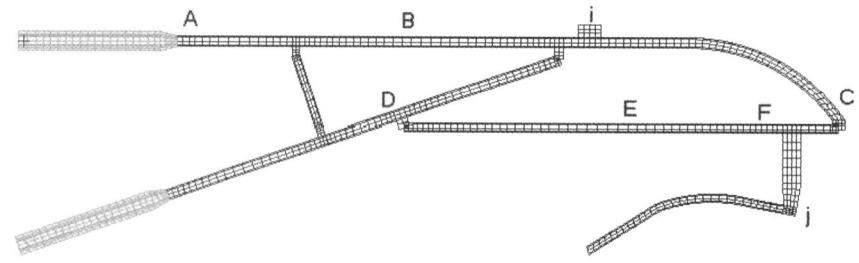

图 7.1-21　C 型接触网支柱结构的有限元网格

（2）计算结果见图 7.1-22、图 7.1-23。

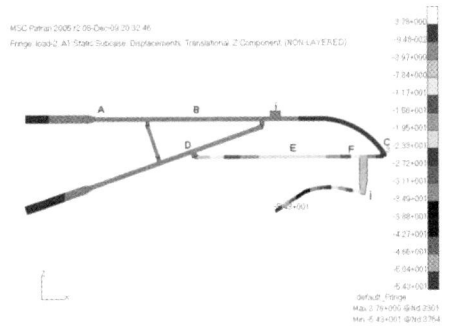
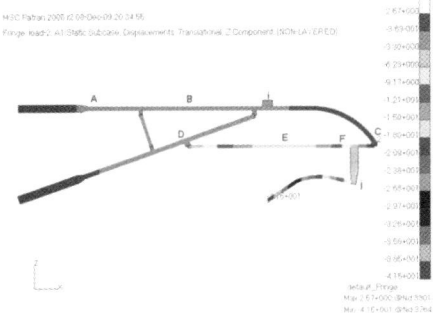

（a）风速 55 m/s　　　　　　　　　（b）风速 37 m/s

图 7.1-22　C 型接触网支柱结构工况Ⅱ的垂向变形

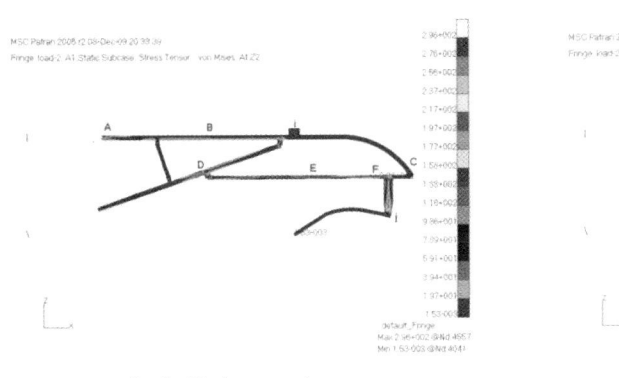
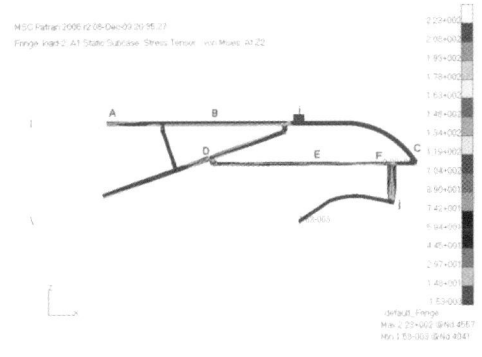

（a）风速 55 m/s　　　　　　　　　（b）风速 37 m/s

图 7.1-23　C 型接触网支柱结构工况Ⅱ的等效应力图

C 型接触网腕臂结构在极限风速（55 m/s）下，臂管内的最大垂向变形为 −22.6 mm，最大等效应力为 296 MPa，高于材料的屈服强度（235 MPa），不满足变形、强度指标；连接板处最大等效应力 196 MPa，位于加载板与定位管的连接区；绝缘子的最大应力位于与腕臂的连接区。而风速 37 m/s 下的最大垂向变形和等效应力有显著下降，臂管内的最大垂向变形为 −17.3 mm，定位管表面局部区的最大等效应力为 223 MPa，低于材料的屈服强度（235 MPa），连接板最大等效应力为 147 MPa，位置基本无差异。

当风速 55 m/s 台风解除后材料进入屈服状态，结构不能恢复原状，原有性能将改变；而风速 37 m/s 台风解除后结构将恢复原状，原有性能维持不变。

4．D 型接触网腕臂结构

（1）计算模型见图 7.1-24。

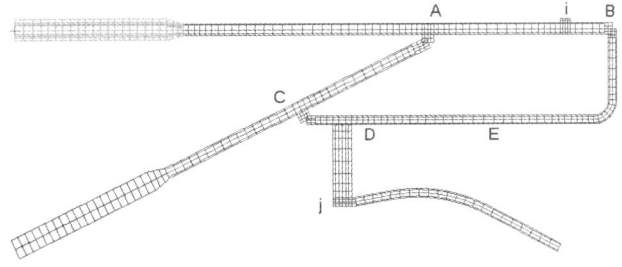

图 7.1-24　D 型接触网支柱结构的有限元网格

（2）计算结果见图 7.1-25、图 7.1-26。

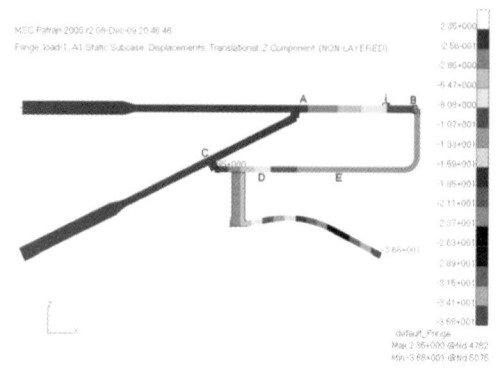
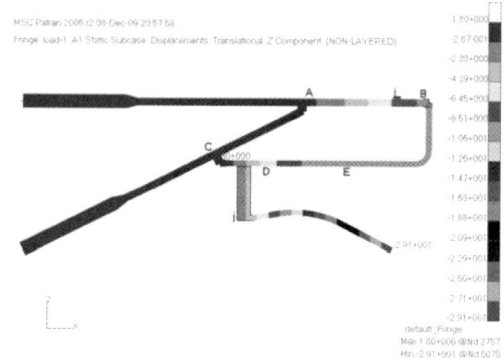

（a）风速 55 m/s　　　　　　　　（b）风速 37 m/s

图 7.1-25　D 型接触网支柱结构工况 I 的垂向变形

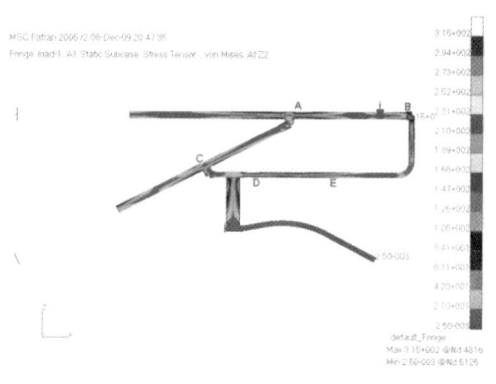

（a）风速 55 m/s　　　　　　　　（b）风速 37 m/s

图 7.1-26　D 型接触网支柱结构工况 I 的等效应力

D 型接触网支柱结构在极限风速（55 m/s）下的最大垂向变形为 -12.1 mm，定位管表面局部区的最大等效应力为 213 MPa，低于材料的屈服强度（235 MPa）；连接板有最大等效应力 315 MPa，位于加载板与定位管的连接区；绝缘子的最大应力位于与腕臂的连接区。而风速 37 m/s 下的最大垂向变形和等效应力有显著下降，最大垂向变形为 -10.1 mm，最大等效应力为 161 MPa，满足变形、强度指标；连接板有最大等效应力 277 MPa。

5．E 型接触网腕臂结构

（1）计算模型见图 7.1-27。

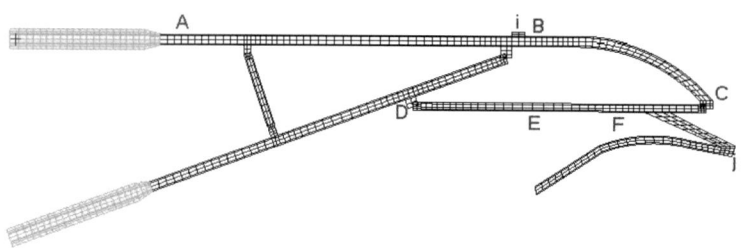

图 7.1-27　E 型接触网支柱结构的有限元网格

（2）计算结果见图 7.1-28、图 7.1-29。

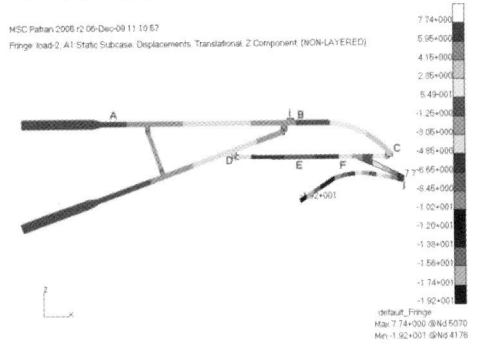
（a）风速 55 m/s

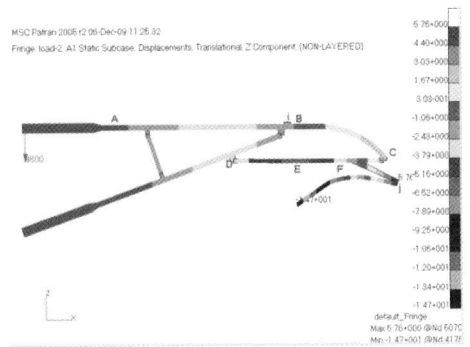
（b）风速 37 m/s

图 7.1-28　E 型接触网支柱结构工况Ⅱ的垂向变形

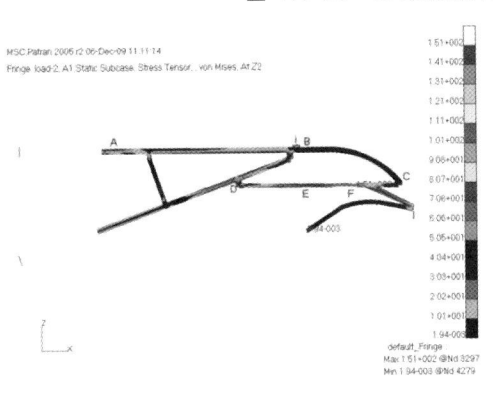
（a）风速 55 m/s

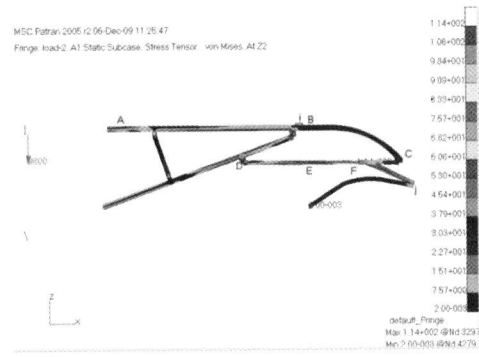
（b）风速 37 m/s

图 7.1-29　E 型接触网支柱结构工况Ⅱ的等效应力

E 型接触网腕臂结构在极限风速（55 m/s）下的最大垂向变形为 −6.9 mm，最大等效应力为 151 MPa，低于材料的屈服强度（235 MPa），满足变形、强度指标；连接板有最大等效应力 111 MPa，位于加载板与定位管的连接区；绝缘子的最大应力位于与腕臂的连接区。而风速 37 m/s 下的最大垂向变形和等效应力有显著下降，但位置基本无差异。

6．F 型接触网腕臂结构

（1）计算模型见图 7.1-30。

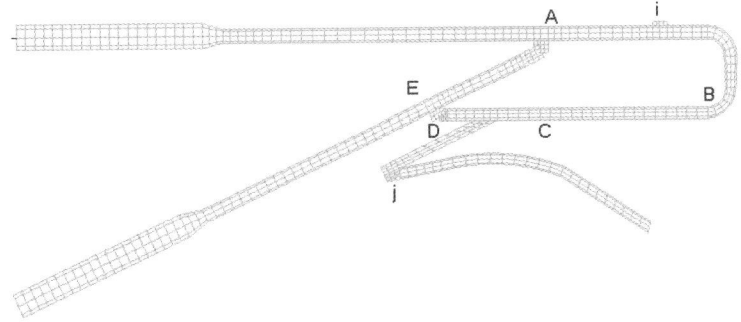

图 7.1-30　F 型接触网支柱结构的有限元网格

(2)计算结果见图 7.1-31、图 7.1-32。

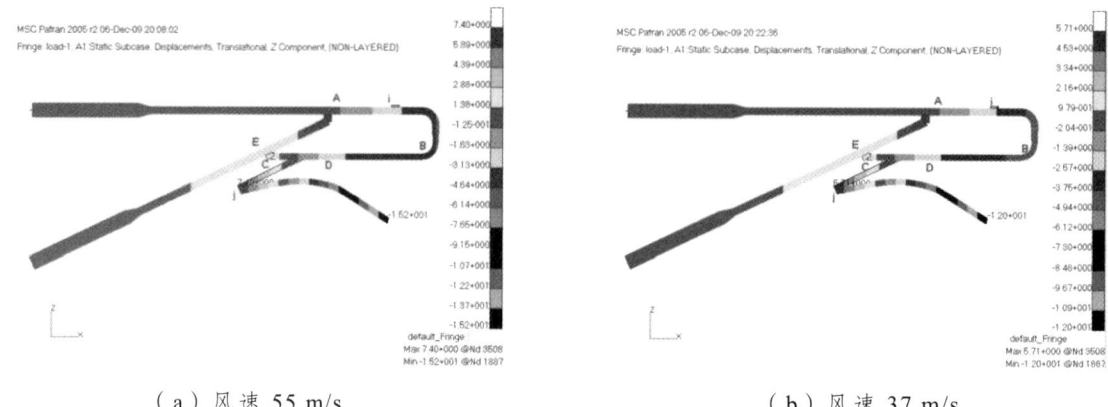

(a)风速 55 m/s　　　　　　　　　　(b)风速 37 m/s

图 7.1-31　F 型接触网支柱结构工况 Ⅰ 的垂向变形

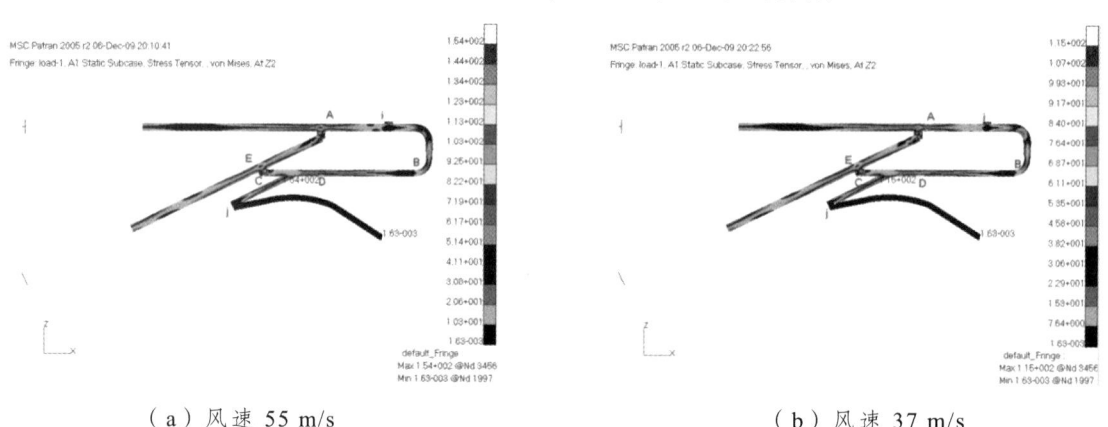

(a)风速 55 m/s　　　　　　　　　　(b)风速 37 m/s

图 7.1-32　F 型接触网支柱结构工况 Ⅰ 的等效应力

F 型接触网支柱结构在极限风速(55 m/s)下的最大垂向变形为 -4.74 mm,最大等效应力为 111 MPa,低于材料的屈服强度(235 MPa),满足变形、强度指标;连接板有最大等效应力 154 MPa,位于加载板与定位管的连接区;绝缘子的最大应力位于与腕臂的连接区。

7. G 型接触网腕臂结构

(1)计算模型见图 7.1-33。

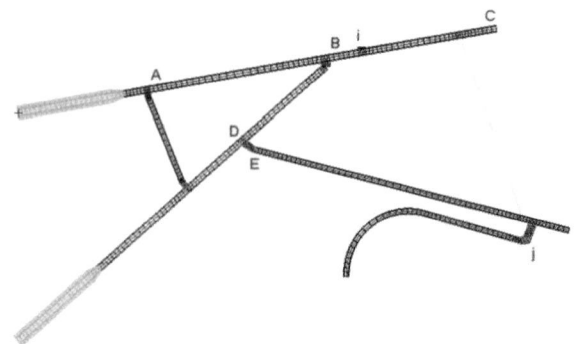

图 7.1-33　G 型接触网支柱结构的有限元网格

（2）计算结果见图 7.1-34、图 7.1-35。

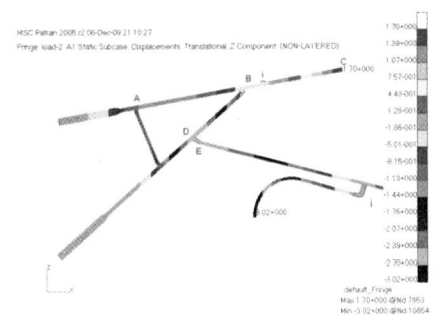 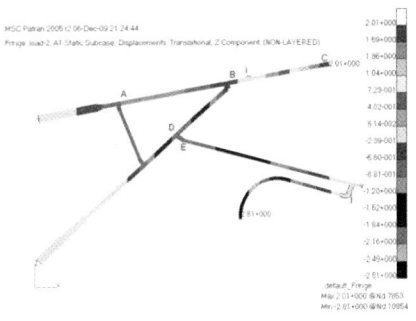

（a）风速 55 m/s 形卡　　　　　　　　（b）风速 37 m/s

图 7.1-34　G 型接触网支柱结构工况 Ⅱ 的垂向变形

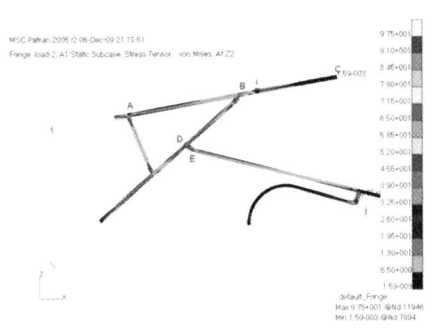 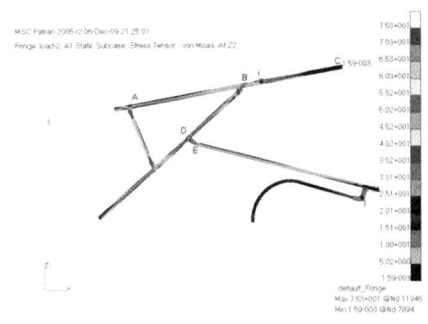

（a）风速 55 m/s　　　　　　　　　　（b）风速 37 m/s

图 7.1-35　G 型接触网支柱结构工况 Ⅱ 的等效应力

G 型接触网支柱结构在极限风速（55 m/s）下的最大垂向变形为 −2.54 mm，最大等效应力为 88 MPa，低于材料的屈服强度（235 MPa），满足变形、强度指标；连接板有最大等效应力 97.5 MPa，位于加载板与定位管的连接区；绝缘子的最大应力位于与腕臂的连接区。当风载解除、车辆通过后结构恢复原状，原有性能不改变。

由于加载杆与定位管的连接为单方向铰连接形式，即：接触线传递的力的方向指向立柱方向时，为铰连接，可转动，不传递弯矩；而接触线传递的力的方向背向立柱方向时，加载杆不能转动，加载杆内将产生较大的弯曲应力，达到 652 MPa，已明显超过材料的屈服强度。

8．H 型接触网腕臂结构

（1）计算模型见图 7.1-36。

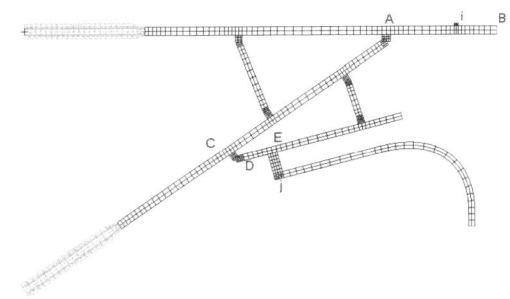

图 7.1-36　H 型接触网支柱结构的有限元网格

（2）计算结果见图7.1-37、图7.1-38。

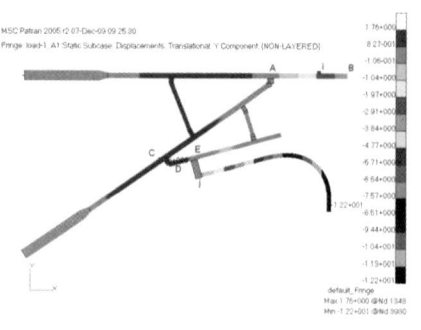
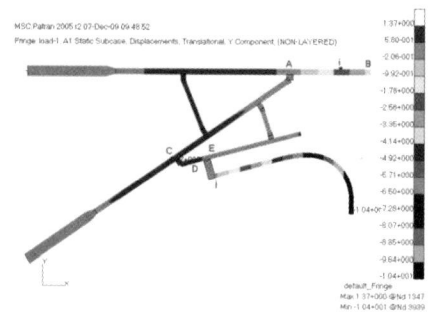

（a）风速 55 m/s　　　　　　　　　　　（b）风速 37 m/s

图 7.1-37　H 型接触网支柱结构工况 I 的垂向变形

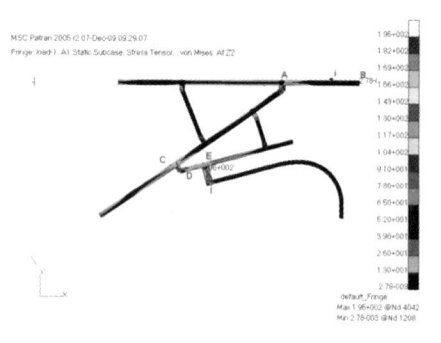
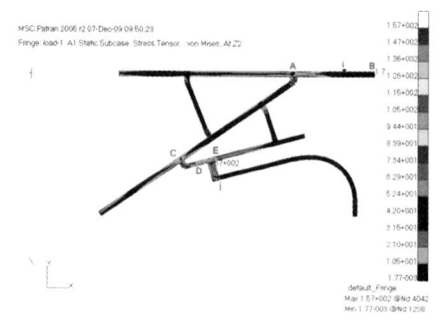

（a）风速 55 m/s　　　　　　　　　　　（b）风速 37 m/s

图 7.1-38　H 型接触网支柱结构工况 I 的等效应力

H 型接触网支柱结构在极限风速（55 m/s）下的最大垂向变形为 – 4.01 mm，最大等效应力为 96.9 MPa，低于材料的屈服强度（235 MPa），满足变形、强度指标；连接板有最大等效应力 195 MPa，位于支撑管与斜腕臂的连接区；绝缘子的最大应力位于与腕臂的连接区。当风载解除、车辆通过后结构恢复原状，原有性能不改变。

由于加载杆与定位管的连接为单方向铰连接形式，即：接触线传递的力的方向背向立柱方向时，为铰连接，可转动，不传递弯矩；而接触线传递的力的方向指向立柱方向时，加载杆不能转动，加载杆内将产生较大的弯曲应力，达到 407 MPa，已明显超过材料的屈服强度。

9．I 型接触网腕臂结构

（1）计算模型见图 7.1-39。

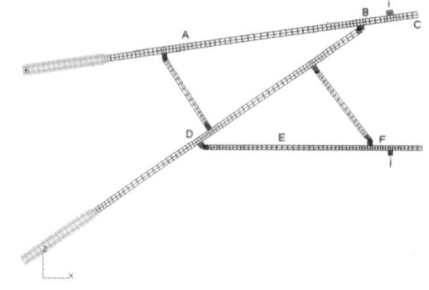

图 7.1-39　I 型接触网支柱结构的有限元网格

（2）计算结果见图 7.1-40、图 7.1-41。

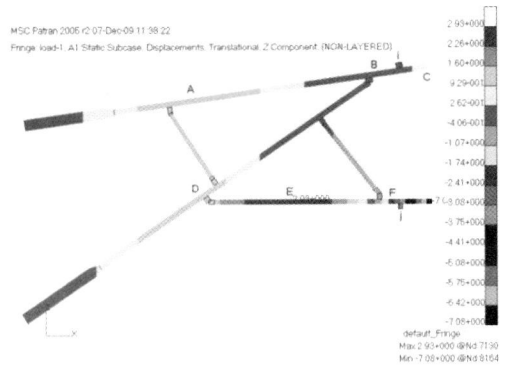

（a）风速 55 m/s　　　　　　　　　（b）风速 37 m/s

图 7.1-40　Ⅰ型接触网支柱结构工况Ⅰ的垂向变形

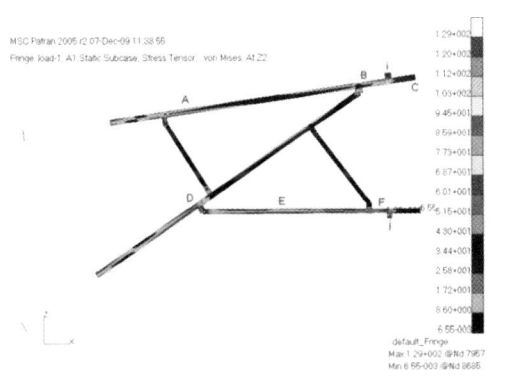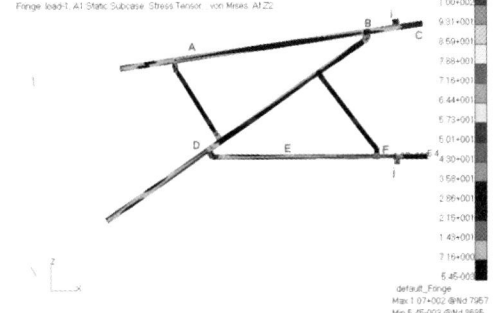

（a）风速 55 m/s　　　　　　　　　（b）风速 37 m/s

图 7.1-41　Ⅰ型接触网支柱结构工况Ⅰ的等效应力

Ⅰ型接触网支柱结构在极限风速（55 m/s）下的最大垂向变形为 2.93 mm，最大等效应力为 129 MPa，低于材料的屈服强度（235 MPa），满足变形、强度指标；连接板有最大等效应力 126 MPa，位于加载板与定位管的连接区；绝缘子的最大应力位于与腕臂的连接区。

10．J型接触网腕臂结构

（1）计算模型见图 7.1-42。

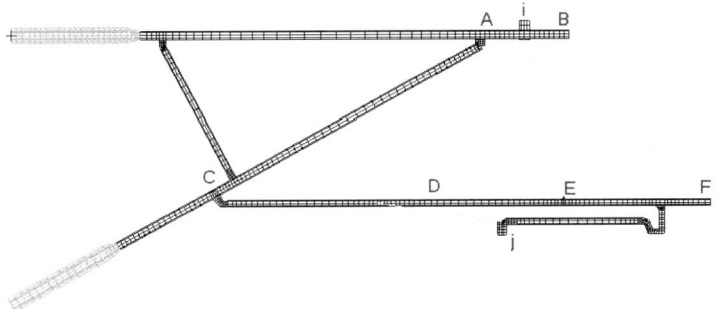

图 7.1-42　J型接触网支柱结构的有限元网格

（2）计算结果见图 7.1-43、图 7.1-44。

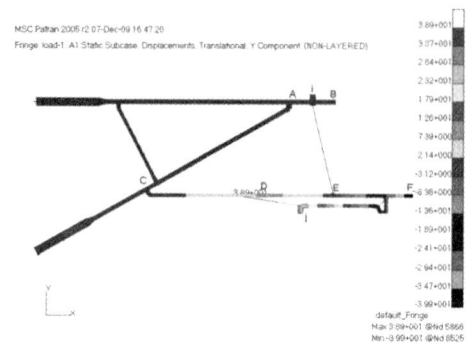
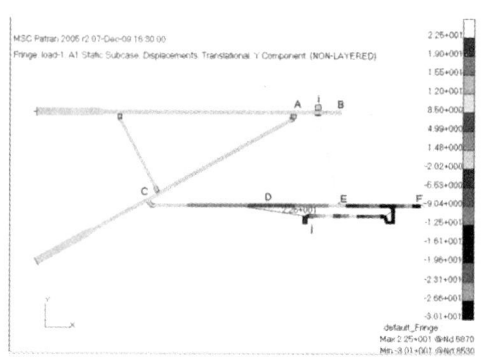

（a）风速 55 m/s 　　　　　　　　　　（b）风速 37 m/s

图 7.1-43　J 型接触网支柱结构工况 I 的垂向变形

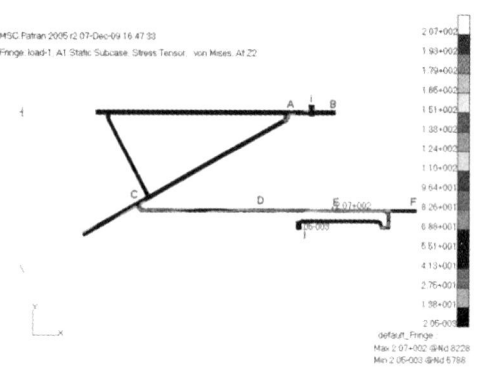
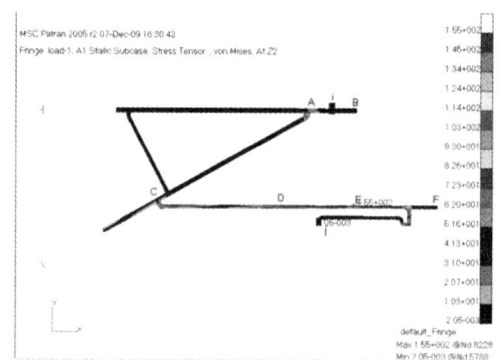

（a）风速 55 m/s 　　　　　　　　　　（b）风速 37 m/s

图 7.1-44　J 型接触网支柱结构工况 I 的等效应力

J 型接触网支柱结构在极限风速（55 m/s）下的最大垂向变形为 −39.9 mm，最大等效应力为 207 MPa，低于材料的屈服强度（235 MPa），满足强度指标，但结构变形较大，刚度较低，结构的稳定性较差；连接板有最大等效应力 148 MPa，位于斜腕臂与定位管的连接区；绝缘子的最大应力位于与腕臂的连接区。

11．K 型接触网腕臂结构

（1）计算模型见图 7.1-45。

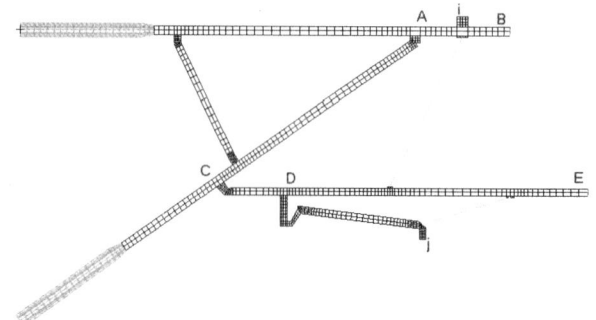

图 7.1-45　K 型接触网支柱结构的有限元网格

（2）计算结果见图7.1-46、图7.1-47。

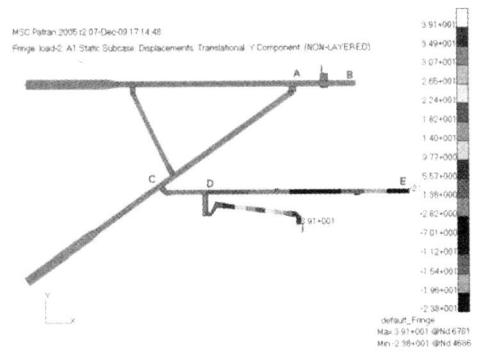
（a）风速 55 m/s

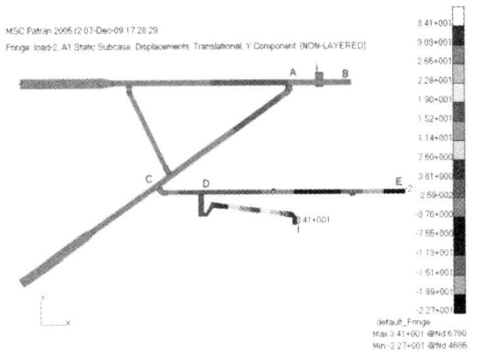
（b）风速 37 m/s

图 7.1-46　K 型接触网支柱结构工况 Ⅱ 的垂向变形

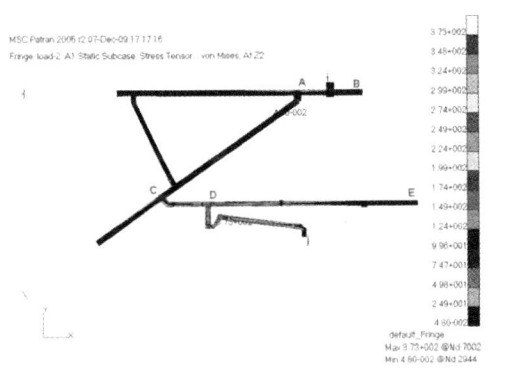
（a）风速 55 m/s

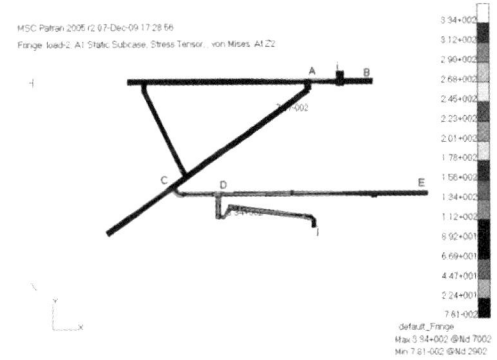
（b）风速 37 m/s

图 7.1-47　K 型接触网支柱结构工况 Ⅱ 的等效应力

K 型接触网支柱结构在极限风速（55 m/s）下的最大垂向变形为 -23.8 mm，最大等效应力为 271 MPa，高于材料的屈服强度（235 MPa），不满足变形、强度指标；连接板有最大等效应力 373 MPa，位于斜腕臂与定位管的连接区；绝缘子的最大应力位于与腕臂的连接区。

通过上述 11 种接触网支柱结构在极限风速和常见风速条件下的有限元计算，给出了平腕臂、斜腕臂、定位管、连接板、绝缘子等主要安装零件的变形、应力的最大值，如表 7.1-7 所示。

表 7.1-7　A～K 型接触网腕臂结构应力变形

腕臂形式	腕臂编号	最大应力/MPa						最大挠度/mm
		平腕臂	斜腕臂	定位管	连接板	绝缘子	钢索（定位器）	
整体腕臂	A	83.8	98.5	129	198	44.7	—	5.6
	B	143	62.3	185	188	37.6	—	29.3
	C	78	101	296	196	56	—	22.6
	D	189	120	213	315	84.7	—	12.1
	E	69.7	98.8	151	111	53.1	—	6.9
	F	111	102	—	154	48.9	—	4.74

续表

腕臂形式	腕臂编号	最大应力/MPa						最大挠度/mm
		平腕臂	斜腕臂	定位管	连接板	绝缘子	钢索（定位器）	
三角腕臂	G	40.1	85.9	41.1	73.6	25.6	652	—
	H	70.3	91.5	96.9	195	43.5	407	—
	I	61.2	103	129	126	39.1	—	2.93
	J	36.6	38.4	207	148	24.9	110	39.9
	K	59.9	49.2	271	373	29.3	53.4	23.8

12. 结 论

（1）强度和刚度的计算结果表明：A~F型接触网支柱结构的性能普遍优于G~K型接触网支柱结构。A~F型结构在相同工况下应力相对较小，刚度较大，在给定风载和曲线通过荷载环境下，可作为优选结构。

（2）G、H、K型接触网支柱结构内部的应力均较高，实际应力均高于屈服强度；J型结构的挠度较大、刚度较低，仅I型结构能满足强度和刚度要求，但是由于导线柔软引起变形过大，这类结构的刚度较低，容易导致结构不稳定，将影响其循环使用。

（3）结构分析数据表明，定位管内的应力普遍较大，接触网支柱结构的材料可作适当改进：定位管可选用Q345钢，而平腕臂、斜腕臂则选用Q235钢。在保证结构的强度、刚度条件下，可以降低产品成本。

（4）根据接触网支柱结构的循环受载特性，结构的变形将经历周期性的变化，材料会在这种低于塑性屈服强度的循环应力作用下出现损伤累积破坏，可以进一步深入研究结构的疲劳特性，以提高结构的安全可靠性。

综上，在沿海强台风环境下腕臂结构推荐采用受力相对较小、刚度较大的整体式腕臂形式，其抗风性能更好，整体成型、连接件少，后期运营维护量少。

7.2 强雷电环境电气化装备防雷技术

海南环岛铁路雷电活动频繁，年平均雷电日均在100 d左右，防雷措施尤其重要。接触网是裸露在室外的设备，如果防雷措施不当，会造成雷电击穿绝缘子，引起变电所跳闸。既要防止依靠合格的避雷针、带、网、线系统直击雷，更要防止雷电感应高电压及雷电电磁脉冲：二者有机结合，相互补充，构成一套完整的现代综合防雷体系，才能有效地防止雷击事故，减少雷击灾害。

接触网雷电防护的重点是在沿线架设避雷线和在重点位置安装氧化锌避雷器，使雷电通过避雷器经泄流线入地，达到保护接触网系统的目的。

7.2.1 防雷技术原则

笔者根据海南环岛铁路沿线调查收集的气象资料，结合线路采用的带回流线的直接供电方式的特点，从工程的实际出发，为了减少工程造价以及后期运营维护工作量等，开展接触网防雷设计方案研究。经综合比较后，确定采用合理利用牵引供电设施来达到防雷的效果，即采用回流线安装在支柱顶部，将回流线兼作避雷线保护接触网，降低接触网的雷击跳闸率的方案。该方案既兼顾了雷电防护，又可以取消独立避雷线，节约工程投资，同时还降低了沿海强台风区段线索、装备数量，相应降低了安全隐患和运营维护量。其防雷保护范围及支柱高度示意见图 7.2-1。

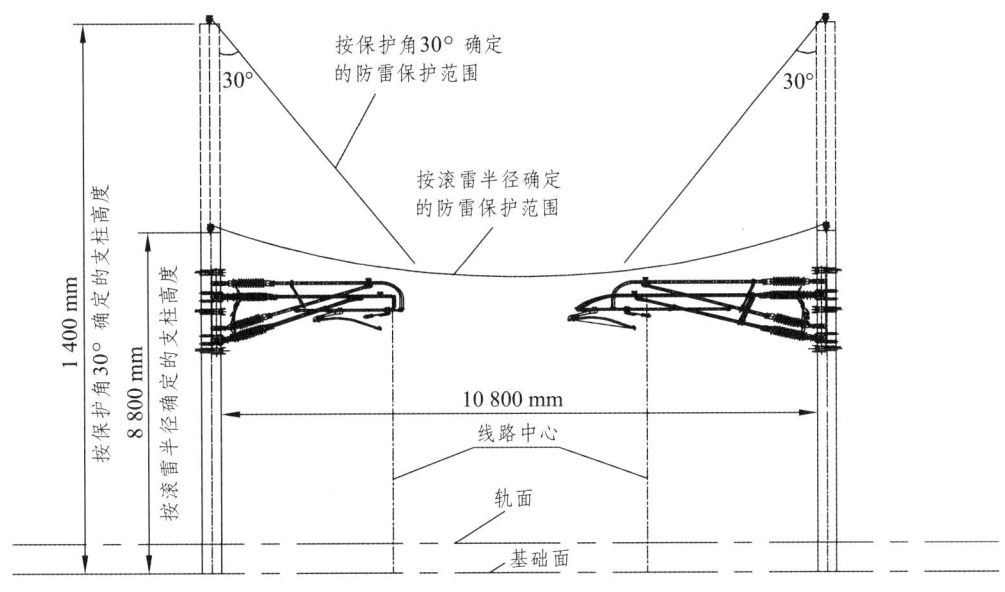

图 7.2-1　防雷保护范围及支柱高度示意

7.2.2　防雷技术方案

海南东环线设计导高为 5 500 mm，结构高度为 950～1 250 mm，支柱侧面限界一般为 3.1 m（锚柱采用 3.2 m），基础面至轨面的高差按 300 mm 考虑（一般路基上直线有砟段为 302 mm，无砟段为 239 mm）。根据以上数据，不考虑防雷增加高度时支柱高度设计为 7 740 mm。

（1）按《铁路电力设计规范》(TB 10008) 的要求，避雷器的保护角宜为 30°，考虑 300 mm 的拉出值，避雷线满足保护角要求时需增加的支柱高度为 $\Delta h = (3.2 + 0.35/2 + 0.3)$ m $\times \cot 30° = 6.37$ m，考虑防雷时支柱高度需达到 14 m（扣除绝缘子的安装高度）才能满足要求。

（2）按《建筑物防雷设计规范》(GB 50057) 的要求，可以按滚球半径法确定避雷线的保护范围。对于两根平行架设的架空避雷线，滚球半径法就是以两根导线的中心为圆心，以确定的滚球半径分别画圆，然后再以两个圆的交点为圆心，以确定的滚球半径画圆，这个圆与以导线中心为圆心的圆交点间的圆弧就是确定的雷电防护范围。根据《建筑物防雷设计规范》(GB 50057) 的规定，滚球半径选用 45 m，按照滚球半径法确定支柱高度仅需要大于 8.8 m 即可满足雷电防护要求。因此，相应支柱高度可按照 8.8 m 选取，同时采用将回流线安装在支柱顶部兼作避雷线的措施进行雷电防护设计。

7.2.3 防雷实施方案

区间回流线的安装一般都安装在支柱顶部,其中混凝土等径圆支柱通过肩架安装在支柱顶部,H 型钢柱和硬横跨钢管支柱通过柱顶的预留孔直接安装在支柱顶部。

在支柱顶部的具体安装方式详见图 7.2-2、图 7.2-3 所示:

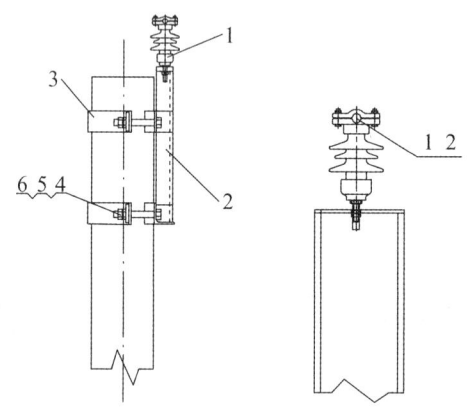

1、2—回流线支撑绝缘子及连接;3~6—回流线肩架抱箍及连接。

图 7.2-2 一般位置回流线安装示意

图 7.2-3 一般位置回流线现场安装图片

对绝缘锚段关节中安装设备的支柱,为保证设备的安装,回流线采用通过肩架在田野侧安装的方式。

在区间高架跨线桥两侧,当跨线桥净空不满足柱顶安装条件时,回流线结合高架跨线桥的净空,采用降低高度通过肩架在田野侧安装的方式。

通过肩架在田野侧安装的具体方式详见图 7.2-4、图 7.2-5:

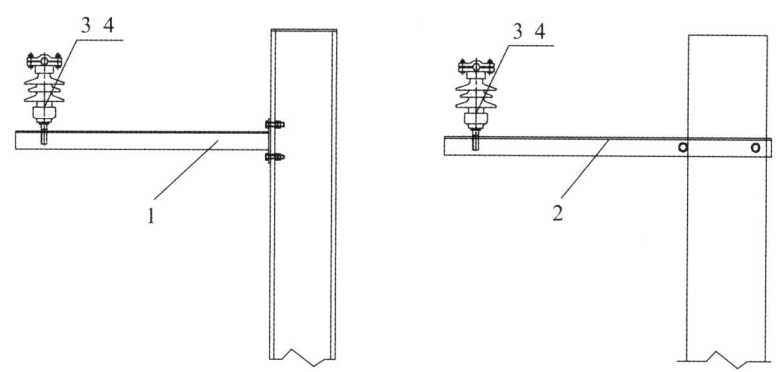

1—H型钢柱回流线肩架；2—等径圆杆回流线肩架；3、4—回流线支撑绝缘子及连接。

图 7.2-4 安装有设备和跨线桥附近支柱回流线的安装示意

图 7.2-5 安装有设备和跨线桥附近支柱回流线的安装图片

车站大部分站台范围内接触网基本上都安装在雨棚下方，接触网一般可不考虑防雷设计，因此在车站内仅考虑回流线的正常安装通过。结合每个车站无柱雨棚的具体结构形式，回流线一般采用安装在雨棚两侧翼缘钢管上（如长流站、秀英站）、安装在雨棚柱上（如海口东站、三亚站）或安装在站台间雨棚的连接横梁上（如和乐站、田独站）或安装在吊柱上（如博鳌站）等多种方式。

另外，在锚段关节式电分相处、绝缘锚段关节处、供电线上网处以及分区所、开闭所引入线处、长度 2 000 m 及以上的隧道口或连续的隧道群两端、电缆接头处等重点位置设置氧化锌避雷器。其主要技术参数如表 7.2-1。

表 7.2-1 氧化锌避雷器技术参数

设备及技术性能	参数及要求
型号	YH5WT1-42/120
系统标称电压有效值	27.5 kV
系统最高电压	31.5 kV
额定频率	50 Hz
避雷器额定电压有效值	42 kV
持续运行电压有效值	34 kV

续表

设备及技术性能	参数及要求
标称放电电流	5 kA
陡波冲击电流下残压峰值	≤138 kV
雷电冲击电流下残压峰值	≤120 kV
操作冲击电流下残压峰值	≤98 kV
直流 1 mA 参考电压	≤65 kV
局部放电水平	≤50 pC
爬电距离	≥1 400 mm
最大允许水平拉力	294 N
外套形式	复合材料
绝缘子颜色	灰色

全线回流线兼避雷线接地，充分利用综合贯通地线，每隔 300～500 m 引下接地至贯通地线；同时在综合地线上的接地点与相邻设备在综合地线上的接地点距离要大于 15 m，否则需要单独设接地极，单独设置的接地极电阻要小于 10 Ω。

7.3 高温、高湿海洋环境下电气化装备表面防腐蚀技术

电气化装备主要采用钢材质加工而成，在导电性能、轻质量等要求较高的处采用铜合金、铝合金材质。钢材质装备表面目前普遍采用热浸镀锌防腐措施，工艺成熟广泛；铜合金、铝合金材质装备本身具有一定防腐功能，因此，目前工程应用中一般未再采取其他表面防腐措施。接触网装备在使用寿命周期内，周边环境较好时，设备质量一般均较稳定、功能保持良好，但是在长期的运行过程中，还是容易受到接触网振动和特别是外部特殊环境的影响，部分装备容易出现老化、疲劳或锈蚀现象，存在有"松、脱、断、裂"等情况，出现设备质量隐患或事故，影响列车正常运行。特别是海南环岛铁路紧邻海岸线，沿线环境中含有大量的 Cl^-，对金属表面特别是钢材质的腐蚀破坏相当严重，即使采用了目前普遍的热浸镀锌等表面防腐蚀技术，接触网装备的使用功能及服役寿命还是出现了大幅降低，因此，在高温、高湿海洋环境下电气化装备表面采用常规防腐蚀技术，是远远不够的，还需要结合腐蚀环境、接触网服役功能以及多种防腐蚀技术，因地制宜地开展接触网装备表面综合防腐蚀技术研究。

7.3.1 电气化装备表面腐蚀现状及原因分析

（1）接触网腕臂装置易发生由管内壁逐渐到外表面的锈蚀。其主要原因是接触网长期处于高温、高湿、高盐等强腐蚀热带温润型海洋环境下，接触网腕臂特定位置处，强腐蚀介质（或高盐密雨水）通过漏锌工艺孔进入腕臂管内并附着聚集，导致了整体腕臂内特定部位的非正常腐蚀，同时由于镀锌工艺本身的特点，腕臂内壁镀锌层的孔隙率大于外表面镀锌层的孔

隙率，致使腕臂内壁表面镀锌层的致密性低于外表面，因此，相对于腕臂外表面而言，腕臂内壁反而更容易发生腐蚀。

（2）定位器尾部螺栓易锈蚀。这主要是由于列车通过时弓网耦合下定位器频繁振动，其尾部螺栓长期与定位器管间发生摩擦，螺栓表面的镀锌层破坏，在沿海腐蚀环境下螺栓很快将发生锈蚀。

（3）电气连接线易锈蚀。这主要是由于电气连接线在沿海腐蚀环境下发生锈蚀，长期受沿海风荷载以及弓网频繁震动后，容易出现电气连接线断裂。

（4）接地跳线、吸上线、综合接地线、上网处铜铝过渡线夹等电气连接线夹易腐蚀。这主要是由于线夹属于电气连接、过流装备，长期承担电流负荷，在沿海高温、高湿、高盐强腐蚀环境下，加剧了线夹类装备的腐蚀；同时采用的线夹制造工艺及表面腐蚀措施不合理或不够，导致线夹类装备的快速氧化腐蚀。

（5）钢管硬横跨构件、吊柱连接法兰等锈蚀易。这主要是由于钢结构构件连接处焊接工艺不达标，以及细长钢管构件内表面镀锌工艺质量不易控制，在沿海高温高湿、空气氯离子含量高等外部条件下，容易造成钢管硬横跨构件的锈蚀。

7.3.2 规范、标准

表面防腐相关技术规范标准规定见表 7.3-1。

表 7.3-1 表面防腐相关技术规范标准规定

序号	标准规范	相关规定
1	《电气化铁路接触网零部件技术条件》（TB/T 2073—2010）、《电气化铁路接触网零部件》（TB/T 2075—2010）	钢制件、铸铁件、铸钢件其表面均应进行防腐处理，当采用热浸镀锌时镀层种类、方法与厚度应按《电气化铁路接触网零部件技术条件》（TB/T 2073—2010）进行，锌应符合 GB/T 470—2008 的规定。铝及铝合金零件表面应进行氧化处理
2	《200～250 km/h 电气化铁路接触网装备暂行技术条件》（OCS2）（铁科技〔2009〕136 号）	接触网零部件防腐按照《电气化铁路接触网零部件技术条件》（TB/T 2073—2010）要求进行热浸镀锌
3	《钢结构设计标准》（GB 50017—2017）	钢结构防腐蚀设计应综合考虑环境中介质的腐蚀性、环境条件、施工和维修条件等因素，因地制宜，从下列方案中综合选择防腐蚀方案或其组合： 1 防腐蚀涂料； 2 各种工艺形成的锌、铝等金属保护层； 3 阴极保护措施； 4 耐候钢； 5 焊条、螺栓、垫圈、节点板等连接构件的耐腐蚀性能，不应低于主材材料；螺栓直径不应小于 12 mm。垫圈不应采用弹簧垫圈。螺栓、螺母和垫圈应采用镀锌等方法防护，安装后再采用与主体结构相同的防腐蚀方案
4	《轨道交通地面装置电力牵引架空接触网》（GB/T 32578—016）	宜采用镀锌钢表面涂层（双层保护系统），但应满足接地和等电位连接的需要。涂层材料应无铅，符合劳动安全要求。防腐保护和表面涂层宜满足运营部门的指南要求

综上，电气化铁路电气化装备的防腐蚀设计，相关规范标准仅有概述性规定，缺乏详细、具体的要求；钢结构相关设计规范提出了钢结构防腐蚀设计，考虑到电气化装备包含多种金属材质，同时还需要充分考虑其电气性能，因此，还需对电气化装备在高温、高湿海洋性气候环境下的表面防腐蚀技术作进一步的研究。

7.3.3 电气化装备表面防腐蚀技术

7.3.3.1 钢材质表面防腐蚀技术

1．腐蚀大致机理

钢的腐蚀是指钢在环境介质（如空气、水、酸、碱等）的化学作用或电化学作用下而发生的逐渐破坏现象，一般分为化学腐蚀和电化学腐蚀。化学腐蚀是指钢材直接与周围介质发生化学作用而产生的腐蚀，这种腐蚀多数是氧化作用，使钢材表面形成疏松的氧化物。在常温下，未进行防腐处理的钢材表面很容易发生反应，造成腐蚀。在干燥环境下，锈蚀进展缓慢，但随着温度、湿度的增大而加快。电化学腐蚀是指由于金属表面形成了原电池而产生的锈蚀。钢材本身含有铁、碳等多种成分，由于这些成分电极电位不同，会形成许多微电池。在潮湿的空气中，钢材表面吸附一层极薄的水膜，通过水膜和微电池，铁被氧化成疏松易剥落的红棕色的铁锈 $Fe(OH)_3$。

2．表面防腐蚀设计

热镀锌本身就是一种十分有效而且普遍使用的表面防腐蚀工艺，但是单纯使用热镀锌钢作为保护层，裸露在外的锌层寿命将大大缩短。因此，对于热镀锌钢表面，采用在镀锌层表面进行涂装，与热镀锌层强强联合，达到复合多层次防腐的目的。

实验室进行的盐雾试验（100 h、300 h 和 500 h）、疲劳试验（分析涂层疲劳）、振动试验（分析涂层强度）的试验结果及分析见表 7.3-2。

表 7.3-2 盐雾试验结果及分析

编号	对比方案	原因分析
1	气相缓蚀双金属涂层（VCI）浸涂	阴极保护效果不足，不推荐单独使用
2	双金属浸涂	涂层强度低，不推荐单独使用，可作为封闭层使用
3	热浸镀锌+热喷涂	热浸镀锌适合异型零件，涂层强度高，阴极保护效果好，长效保护效果好。但热喷涂前需清除热浸镀锌层，并需采用防锈漆或环氧封闭，封闭层不具备阴极保护能力。防锈漆或环氧封闭为绝缘，不推荐
4	热喷涂+双金属浸涂	涂层强度高，阴极保护效果好，长效保护效果好，但工程造价高
5	采用耐候钢材质	耐候钢具有明显的防腐蚀效果，且与涂层能有效地结合；但是耐候钢难以采购，无法满足接触网装备供货要求
6	热浸镀锌+气相缓蚀双金属涂层（VCI）浸涂	热浸镀锌+气相缓蚀双金属涂层（VCI）浸涂双重防腐保护，热浸镀锌是接触网钢制零件采用的成熟防腐工艺，增加的 VCI 片锌浸涂是片锌技术与 VCI 技术双重防护，防腐性能优异，且工程造价经济

（1）富锌涂料结构见图7.3-1。

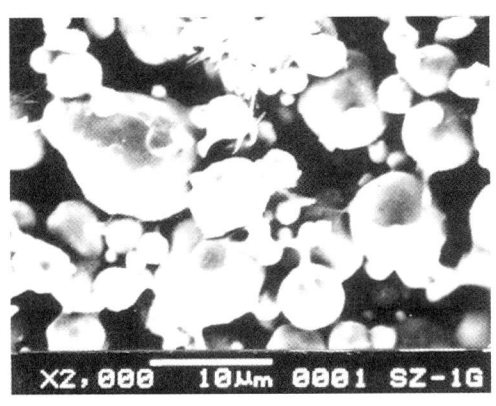
（a）球形富锌涂料结构

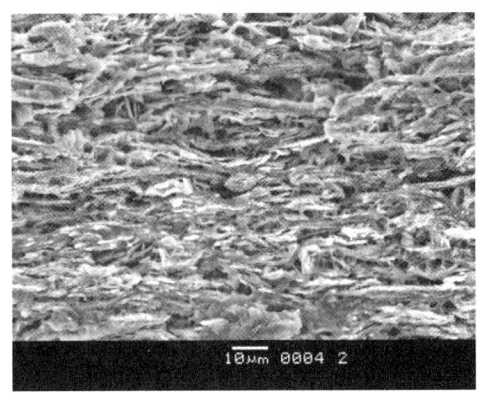
（b）鳞片型富锌涂层结构

图7.3-1 富锌涂料结构

（2）VCI涂层特性。

VCI技术耐酸蚀、耐紫外线性能优良。与镀锌层复合，可扬长补短，提高钢制件的整体防腐性能。其生产周期短，经济性好，满足沿海地区及强污染地区防腐等级要求。VCI涂层外观见图7.3-2。

图7.3-2 VCI涂层外观

① 从图中可见，鳞片状锌粉可以像瓦片一样平行搭接，从而显著降低了涂层中的空隙，提高了涂层的屏蔽性；还有鳞片状锌粉间以面接触取代了球状锌粉的点接触，电阻降低，导通性提高，使涂层的电化学保护性能更加优异。

② 鳞片状锌粉薄（0.1μm）而轻，在料浆中悬浮性好，不易沉淀，加之平行搭接的涂层结构抗裂纹扩展能力强，涂层不易产生龟裂，这些都有利于其施工性能的改善。

③ 鳞片型涂料中，锌粉的加入量较球锌明显降低，可节省锌资源。

④ 耐候、耐紫外老化性能优异，抗紫外老化性能好，使用寿命长。

⑤ 环境友好，涂料采用生物可降解环保型溶剂作为稀释剂。

⑥ 可全天候施工，施工性能好。

⑦ 对于有后焊接需求的构件可采用室温固化无机型VCI涂层，且焊接后不影响原有基材的性能指标。

⑧ VCI双金属涂料性能指标见表7.3-3、表7.3-4。

表 7.3-3　VCI 底漆

项　目	指　标	测试方法
容器中的状态	无硬块，搅拌后呈均匀状	目测
涂层颜色与外观	银灰色，漆膜平整	GB/T 9761
柔韧性/mm	1	GB/T 1731
附着力（划格法）/级	0	GB/T 1720
耐冲击性/cm	50	GB/T 1732
耐水性（30 d）	无起泡、无剥落、无锈斑	GB/T 1733
附着力（拉开法）/MPa	≥10	GB/T 5210
耐中性盐雾/h	≥1 000	GB/T 1771

表 7.3-4　VCI 面漆

项　目	指　标	测试方法
容器中的状态	无硬块，搅拌后呈均匀状	目测
涂层颜色与外观	银白，漆膜平整	GB/T 9761
柔韧性/mm	1	GB/T 1731
附着力（划格法）/级	0	GB/T 1720
耐冲击性/cm	50	GB/T 1732
硬度	4H	GB/T 6739
人工加速老化（1 000 h）	失光 2 级，色差 1 级，裂纹 0 级，粉化 0 级	GB/T 1865

（3）氟碳漆涂层特性。

氟碳涂料是在氟树脂基础上经改性、加工而成的一种新型涂层材料。其基料氟树脂所含碳—氟键的分子结构是已知最强的分子键，键能高达 110 kJ/mol，而且碳—氟键长度短，因此氟碳涂料有远比一般涂层材料优异的耐酸、耐碱、抗腐蚀、耐候性和摩擦系数小、憎油、憎水、抗黏、抗污染等优异性能。

① 氟碳漆有优良的防腐蚀性能：得益于极好的化学惰性，漆膜耐酸、碱、盐等化学物质和多种化学溶剂，为基材提供保护屏障。

② 漆膜坚韧：表面硬度高、耐冲击、抗屈曲、耐磨性好，显示出极佳的物理机械性能。

③ 免维护、自清洁：氟碳涂层有极低的表面能，表面灰尘可通过雨水自洁；极好的疏水性（最大吸水率小于 5%）且斥油；极小的摩擦系数（0.15～0.17），不会粘尘结垢，防污性好。

④ 强附着性：在铜、不锈钢等金属、聚酯、聚氨酯、氯乙烯等塑料、水泥、复合材料等表面都具有其优良的附着力，基本显示出易附于任何材料的特性。高装饰性——在 60 度光泽计中，能达到 80% 以上的高光泽。

⑤ 超长耐候性：涂层中含有大量的 F—C 键，决定了其具有超强的稳定性，不粉化、不褪色，使用寿命长达 20 年，具有比任何其他类涂料更为优异的使用性能。

⑥ 优异的施工性：双组分包装、贮存期长、施工方便。

但油性氟碳漆双组分涂料在施工中存在各种限制：

① 油性氟碳漆在外墙应用时对施工条件和配套材料要求高，涂层刚性，不具备好的弹性，性能不稳定，易出现开裂、脱皮现象。

② 油性氟碳漆易污染环境，长期装饰性一般，造价较高。

③ 油性氟碳漆溶剂型涂料含有大量的有机挥发物（VOC），对环境造成污染，同时也浪费资源、浪费能源。

其中水性氟碳漆存在以下缺点：

① 水性氟碳漆产品还很不成熟，耐候性比溶剂型氟碳涂料差很多，保光性、硬度都很差，施工完过几个月就会显现出来。

② 水性氟碳漆不适用于建筑：氟碳漆在分解温度以下是安全无毒的，但当建筑发生火灾时水性氟碳漆因受热分解会产生剧毒的光气、氟烯烃等十几种有害气体。

氟碳漆其技术指标要求如表 7.3-5、表 7.3-6。

表 7.3-5　底漆技术指标

项　目		单　位	技术要求
涂层颜色和外观		—	灰色，颜色均一，漆膜平整
黏度（涂 4 杯）		s	≥60
干燥时间	表　干	h	≤1
	实　干	h	≤24
耐冲击		cm	≥50
附着力	拉开法	MPa	≥5.9
	划格法	级	<2
耐盐水性		h	48

表 7.3-6　面漆技术指标

项　目		单　位	技术要求
溶剂可溶物氟含量		—	≥22%
涂层颜色和外观		—	颜色均一，漆膜平整
不挥发分	实体色	—	≥55%
	金属色	—	≥45%
黏度（涂 4 杯）		s	≥30
重涂性			重涂无障碍
干燥时间（24 ℃，相对湿度50%）	表　干	h	≤2
	实　干	h	≤24
耐弯曲		mm	≤2
耐冲击		cm	≥50
附着力	拉开法	MPa	≥5.9
	划格法	级	<2
耐碱性（5% NaOH）		h	168
耐酸性（5% H_2SO_4）		h	168
耐水性		h	168
耐人工气候老化		h	4 000 h 不起泡，不脱落，不开裂，粉化≤1，变色≤2，失光≤2

(4) VCI、氟碳漆涂层对比见表 7.3-7。

表 7.3-7　氟碳涂料和 VCI 对比

项　目	氟碳涂料	VCI	备注
附着力	≥5.9 MPa	≥10 MPa	
中性盐雾试验	≥1 200 h	≥1 200 h	镀锌+涂层双重防腐的试验数据
能否浸涂	否	能	
能否现场补喷涂	能	能	
是否需要维护	是	是	
对环境有无污染	有	无	
价　格	约 150 元/m²	约 100 元/m²	

VCI 涂层价格相对较低，附着力较好，挥发物对环境无污染，又可以采用在工厂浸涂的方式；氟碳漆价格相对较高，不能浸涂并对环境存在一定的污染，特别是在高温环境下容量挥发一些有害物质。

综上，热浸镀锌 + VCI 涂层的防腐措施在电气化装备表面防腐蚀措施中，技术经济效益明显。

(5) 热浸镀锌 + VCI 涂层工艺特点。

① 热浸镀锌 + VCI 涂层防腐原理就是将热浸镀锌技术和 VCI 涂层防腐有机结合在一起，达到双重复合防腐的目的。

VCI 涂层是指由 VCI 锌基涂料为底涂层、VCI 铝粉面漆为面涂层的复合涂层体系。

VCI 是气相缓蚀剂（Volatile Corrosion Inhibitor）的英文缩写，VCI 技术就是利用已经气化的特殊腐蚀抑制剂，在鳞片型锌粉搭建的密封环境中通过自身可调节的持续挥发而使得作业单元内的任何空间缝隙中，都会充盈含有 VCI 防锈因子的混合气体。这种气体遭遇金属表面时会吸附其上，形成只有一个或数个分子厚的致密保护膜层。该保护膜层能有效隔绝金属表面与水分、氧气及其他有害大气腐蚀因素的接触，抑制促使金属腐蚀的电化学反应的发生，从而达到最佳的防锈蚀效果的技术。

片锌即鳞片状锌粉，是将市场上普通的球状锌粉，以球磨等方式，研磨成纳米级厚度的鳞片状，并在研磨过程中加入不同助剂而制成的特殊鳞片状锌粉。

VCI 锌基涂料：采用无机或有机的树脂体系，以 VCI 和片锌为主要填料，并辅以不同助剂的新型防腐涂料。

VCI 铝粉面漆：采用无机或有机的树脂体系，以 VCI 和片状铝粉为主要填料，附加不同颜料的耐候性面漆涂料。

② 工艺流程：将钢制件浸入熔融的锌液中，使熔融锌液与钢基体反应而产生合金层，从而使二者相结合而获得合金覆盖层，形成第一道合金防腐层。在合金覆盖层外面，经过系列表面处理，再施以 VCI 涂层，形成第二道油漆防腐层，达到复合防腐的目的，提高钢制件防腐性能。

3. 防腐蚀钢材质装备表面防腐蚀技术要求

(1) 耐腐蚀要求。

钢材质接触网零部件表面防腐采用热浸镀后增加 VCI 涂层工艺。镀锌用锌质量按《锌锭》（GB/T 470—2008）要求，采用牌号为 Zn99.95 的锌锭。镀锌层质量应满足《电气化铁路接触网零部件技术条件》（TB/T 2073—2010）标准的要求，具体如下：

① 镀锌层厚度大于或等于 80 μm。

② VCI 膜层厚度不小于 30 μm。

③ 热浸镀锌层应参照《金属覆盖层 钢铁制件热浸镀锌层技术要求及试验方法》（GB/T 13912）的规定，主要化学成分应为锌，其余元素的总含量（铁、锡元素除外）应小于或等于锌层化学成分总含量的 1.5%。

④ 镀锌前应按规定对金属表面进行预处理，镀锌层应为全面镀层（没有裂纹与气泡），与主体金属有耐久的附着力。

⑤ 对于焊接零件，应在焊接后按规定清理焊缝及表面，再进行镀锌处理。

⑥ 螺栓、螺母（不包括不锈钢与有色金属材质）一般应采用 1 级镀锌。

钢材质接触网零部件表面防腐措施采用的热浸镀后增加 VCI 涂层工艺，镀锌层质量应满足《电气化铁路接触网零部件技术条件》（TB/T 2073—2010）标准的要求。除按常规检验要求（镀层厚度、镀层均匀性及结合力）外，还应按照《人造气氛腐蚀试验盐雾试验》（GB/T 10125—2012）做中性盐雾试验，并满足如下要求：试验时间 1 440 h，出现红锈面积占全部表面积的比例≤5%。

（2）技术要求见表 7.3-8。

表 7.3-8 接触网零部件防腐技术要求

序号	装置名称	组成零部件		加强防腐方案	检验试验及技术标准
1	腕臂底座		工艺	3 级热浸镀锌 + VCI 涂层	（1）热浸镀锌工艺符合下述要求：镀锌层重量、厚度、均匀性要求符合 TB/T 2073 相关规定；热浸镀锌用锌锭应符合 GB/T 470—2008 的规定，采用牌号为 Zn99.95 的锌锭；热浸镀锌层应参照 GB/T 13912—2002 的规定，主要化学成分应为锌，其余元素的总含量（铁、锡元素除外）应小于或等于锌层化学成分总含量的 1.5%；镀锌前应按规定对金属表面进行预处理，镀锌层应为全面镀层（没有裂纹与气泡）与主体金属有耐久的附着力；螺栓、螺母（不包括不锈钢与有色金属材质）一般应采用 1 级热浸镀锌。（2）按照《人造气氛腐蚀试验盐雾试验》（GB/T 10125—2012）做中性盐雾试验，电气、机械等性能应满足 TB/T 2073、TB/T 2074、TB/T 2075 等的要求
1	腕臂底座		厚度	镀锌层厚度不小于 80 μm；VCI 膜层厚度不小于 30 μm	
2	绝缘子连接件		工艺	3 级热浸镀锌 + VCI 涂层	
2	绝缘子连接件		厚度	镀锌层厚度不小于 80 μm；VCI 膜层厚度不小于 30 μm	
3	腕臂装置	平腕臂	工艺	3 级热浸镀锌 + VCI 涂层	
3	腕臂装置	平腕臂	厚度	镀锌层厚度不小于 80 μm；VCI 膜层厚度不小于 30 μm	
3	腕臂装置	斜腕臂	工艺	3 级热浸镀锌 + VCI 涂层	
3	腕臂装置	斜腕臂	厚度	镀锌层厚度不小于 80 μm；VCI 膜层厚度不小于 30 μm	
3	腕臂装置	承力索座	工艺	3 级热浸镀锌 + VCI 涂层	
3	腕臂装置	承力索座	厚度	镀锌层厚度不小于 80 μm；VCI 膜层厚度不小于 30 μm	
3	腕臂装置	腕臂连接器	工艺	3 级热浸镀锌 + VCI 涂层	
3	腕臂装置	腕臂连接器	厚度	镀锌层厚度不小于 80 μm；VCI 膜层厚度不小于 30 μm	
3	腕臂装置	支撑	工艺	3 级热浸镀锌 + VCI 涂层	
3	腕臂装置	支撑	厚度	镀锌层厚度不小于 80 μm；VCI 膜层厚度不小于 30 μm	
3	腕臂装置	支撑连接器	工艺	3 级热浸镀锌 + VCI 涂层	
3	腕臂装置	支撑连接器	厚度	镀锌层厚度不小于 80 μm；VCI 膜层厚度不小于 30 μm	

续表

序号	装置名称	组成零部件	加强防腐方案		检验试验及技术标准
4	定位装置	定位管	工艺	3级热浸镀锌+VCI涂层	（1）热浸镀锌工艺符合下述要求：镀锌层重量、厚度、均匀性要求符合 TB/T 2073 相关规定；热浸镀锌用锌锭应符合 GB/T 470—2008 的规定，采用牌号为 Zn99.95 的锌锭；热浸镀锌层应参照 GB/T 13912—2002 的规定，主要化学成分应为锌，其余元素的总含量（铁、锡元素除外）应小于或等于锌层化学成分总含量的 1.5%；镀锌前应按规定对金属表面进行预处理，镀锌层应为全面镀层（没有裂纹与气泡）与主体金属有耐久的附着力；螺栓、螺母（不包括不锈钢与有色金属材质）一般应采用 1 级热浸镀锌。（2）按照《人造气氛腐蚀试验 盐雾试验》（GB/T 10125—2012）做中性盐雾试验，电气、机械等性能应满足 TB/T 2073、TB/T 2074、TB/T 2075 等的要求
			厚度	镀锌层厚度不小于 80 μm；VCI膜层厚度不小于 30 μm	
		定位环	工艺	3级热浸镀锌+VCI涂层	
			厚度	镀锌层厚度不小于 80 μm；VCI膜层厚度不小于 30 μm	
		定位支座	工艺	3级热浸镀锌+VCI涂层	
			厚度	镀锌层厚度不小于 80 μm；VCI膜层厚度不小于 30 μm	
		定位管卡子	工艺	3级热浸镀锌+VCI涂层	
			厚度	镀锌层厚度不小于 80 μm；VCI膜层厚度不小于 30 μm	
5	下锚装置	棘轮下锚补偿装置	工艺	棘轮支架等钢结构件采用热浸镀锌+VCI涂层	
			厚度	镀锌层厚度不小于 80 μm；VCI膜层厚度不小于 30 μm	

7.3.3.2　铝合金防腐蚀技术

1．腐蚀大致机理

接触网铝质合金构件长期暴露在大气中，当表面存在粉尘时，在尘粒的沉积处就会造成缝隙，容易保持水膜的存在，为其他粉尘和废气溶于水创造了条件，形成电解质溶液。液膜中的 Cl^- 首先在铝表面的活性位发生吸附，Cl^- 的吸附是铝发生点蚀的最初步骤。当铝合金结构表面涂层被破坏后，腐蚀介质将直接与金属基体接触。一旦溶解开始，溶解区与邻近尘粒沉积处的钝化区形成闭塞电池，进一步加剧点蚀的形成和发展，如果缝隙变大，腐蚀率会明显加剧。

2．防腐蚀技术方案研究

（1）铝合金定位器管表面采用阳极氧化处理，接触网铝合金铸造、锻造连接零件采用微弧氧化的防腐处理工艺。

（2）主要工艺特点

微弧氧化处理技术是在普通阳极氧化的基础上，利用弧光放电增强并激活在阳极上发生反应，从而在铝合金金属及其合金材料的工件表面形成优质的强化陶瓷膜的方法，达到工件表面强化、防腐的目的，是一种直接在铝合金零件表面原位生长功能膜层的绿色环保表面处理技术。此处理技术采用专用电源对铝合金零部件施加高电压，击穿表面的氧化膜并产生等离子微弧放电，促使绝缘膜薄弱处熔化并快速冷却，将熔化的绝缘膜烧结成晶态氧化物，因此在工件表面形成一层均匀、连续且具有优异防腐耐磨性能的氧化层。

氧化膜具有如下特性：

① 表面硬度在 1 000～2 000 HV，具有良好的耐磨损性能。
② 致密层孔隙率低，从而提高了氧化层的耐蚀性能。
③ 具有较高的韧性。
④ 氧化层从基体上生长，与基体结合紧密，膜层致密均匀，不易脱落。
⑤ 膜层厚度易于控制，根据不同使用需要，可通过调整工艺参数、改变工艺条件和调整电解液组分，调整膜层的微观结构和氧化层膜厚度（最大可超过 200 μm），从而实现膜层的不同功能。
⑥ 氧化层耐热冲击性能优良。
⑦ 溶液为环保型，符合环保排放要求。
⑧ 工艺稳定可靠，设备简单，操作方便，易于掌握。

3. 铝合金装备表面防腐蚀技术要求

（1）耐腐蚀要求。

铝合金定位器管表面采用阳极氧化处理，膜层级别大于或等于 AA15 级；铝合金铸造、锻造连接零件防腐采用微弧氧化技术，膜层厚度大于或等于 15 μm。

采用阳极氧化处理后的定位器，应按照《人造气氛腐蚀试验 盐雾试验》（GB/T 10125—2012）做中性盐雾试验，并满足如下要求：试验时间 1 440 h，出现腐蚀面积占全部表面积的比例≤5%。采用微弧氧化处理的零件应按照《人造气氛腐蚀试验 盐雾试验》（GB/T 10125—2012）做铜加速乙酸盐雾试验，并满足如下要求：试验时间 96 h，出现腐蚀面积占全部表面积的比例≤5%。

（2）技术要求见表 7.3-9。

表 7.3-9 铝合金定位器防腐技术要求

序号	装置名称	组成零部件	加强防腐方案		检验试验及技术标准
1	定位装置	定位器	工艺	定位器管为阳极氧化，定位钩、定位销钉套筒为微弧氧化	（1）应符合《铝及铝合金阳极氧化膜检测方法》（GB/T 12967）的要求。（2）按照《人造气氛腐蚀试验 盐雾试验》（GB/T 10125—2012）做铜加速乙酸盐雾试验。电气、机械等性能应满足 TB/T 2073、TB/T 2074、TB/T 2075 等的要求
			厚度	氧化膜厚度不小于 15 μm	
		锚支定位卡子	工艺	盖板采用微弧氧化	
			厚度	氧化膜厚度不小于 15 μm	

7.3.3.3 铜合金防腐蚀技术

1. 腐蚀大致机理

铜合金材质本身具有优良的耐大气耐海水腐蚀性能，在大气和海水环境的相互作用下，表面能生成钝态或半钝态的保护薄膜，使多种腐蚀受到抑制。但在湿度达到临界湿度 50%～70% 时，大气中的污染对腐蚀有增强作用，CO_2、SO_2、NO_2 等酸性污染物溶解水膜，使水膜酸化和保护膜不稳定。当铜合金处于含有氨根离子的碱性环境中时，会使铜合金表面发生破坏，形成铜离子，这时环境中存在的 Cl^- 离子、S^{2-} 离子以及铵离子等均会和铜离子发生反应，形成绿色腐蚀产物。

2．防腐蚀技术方案

（1）铜合金材质零部件采用络合致钝的防腐处理工艺。

（2）主要防腐原理及工艺特点。

络合致钝技术是在金属铜表面生成一种薄而致密、覆盖性能良好且牢固吸附在金属表面上的络合致钝防腐蚀转化膜；膜层的独立存在，为金属的化合物以化学键与金属表面结合。其膜层与空气暴露接触时具有自愈修复能力，转化膜将基体金属与腐蚀介质完全隔离，以阻止腐蚀介质渗透与接触，从而形成非常稳定的防腐蚀钝态，达到零部件防腐蚀目的。络合致钝防腐工艺具有防腐性能优良、零件颜色光亮的优点。

3．铜合金装备表面防腐的技术要求

（1）耐腐蚀要求。

接触网铜合金零部件表面采用络合致钝处理，应按照《人造气氛腐蚀试验 盐雾试验》（GB/T 10125—2012）做中性盐雾试验，满足如下要求：试验时间 120 h，出现腐蚀面积占全部表面积的比例 ≤5%。

（2）技术要求见表 7.3-10。

表 7.3-10 铜合金零部件防腐技术要求

序号	装置名称	组成零部件	加强防腐方案		检验试验及技术标准
1	定位装置	定位线夹	工艺	络合致钝	按照《人造气氛腐蚀试验 盐雾试验》（GB/T 10125—2012）做铜加速乙酸盐雾试验。电气、机械等性能应满足 TB/T 2073、TB/T 2074、TB/T 2075 等的要求
			厚度	不小于 0.4 μm	
		电气跳线	工艺	络合致钝	
			厚度	不小于 0.4 μm	
		锚支定位卡子	工艺	线夹夹板采用络合致钝	
			厚度	络合致钝不小于 0.4 μm	
2	整体吊弦	吊弦线夹	工艺	络合致钝	
			厚度	不小于 0.4 μm	
3	电连接装置	线夹本体	工艺	络合致钝	
			厚度	不小于 0.4 μm	
4	终端锚固线夹	承力索终端锚固线夹	工艺	络合致钝	
			厚度	不小于 0.4 μm	
		接触线终端锚固线夹	工艺	络合致钝	
			厚度	不小于 0.4 μm	
5	中心锚结装置	承力索中心锚结线夹	工艺	络合致钝	
			厚度	不小于 0.4 μm	
		接触线中心锚结线夹	工艺	络合致钝	
			厚度	不小于 0.4 μm	
6	线岔		工艺	络合致钝	
			厚度	不小于 0.4 μm	

7.3.3.4 不锈钢防腐技术

1．腐蚀大致机理

不锈钢靠其表面形成的一层极薄而又坚固细密的稳定的富铬氧化膜（防护膜），防止氧原子继续渗入继续氧化，而获得抗锈蚀能力。一旦有某种原因，使这种薄膜受到不断的破坏，空气或液体中的氧原子就会不断地析离出来，形成疏松的氧化铁，金属表面也就受到不断的锈蚀。

2．防腐蚀技术方案研究

（1）对于不锈钢的防腐采取使用316L不锈钢替代304不锈钢，同时在表面进行钝化防腐处理。

（2）主要防腐原理及工艺特点。

不锈钢的抗腐蚀性能主要由于表面覆盖着一层极薄的（约1~15 nm）、致密的钝化膜，这层膜把腐蚀介质隔离，是不锈钢防护的基本屏障。不锈钢钝化具有动态特征，不应看作腐蚀完全停止，而是形成扩散的阻挡层，使阳极反应大大降低。通常在有还原剂（如氯离子）情况下倾向于破坏膜，而在氧化剂（如空气）存在时能保持或修复膜。

3．技术要求

（1）耐腐蚀要求。

不锈钢零件表面钝化处理后应按照《人造气氛腐蚀试验 盐雾试验》（GB/T 10125—2012）做铜加速乙酸盐雾试验，并满足如下要求：试验时间96 h，出现腐蚀面积占全部表面积的比例≤5%。

（2）技术要求见表7.3-11。

表7.3-11 不锈钢零件防腐技术要求

序号	装置名称	组成零部件	加强防腐方案		检验试验及技术标准
1	定位装置	定位管斜拉线	工艺	连接线夹采用316L不锈钢，表面钝化	按照《人造气氛腐蚀试验 盐雾试验》（GB/T 10125—2012）做铜加速乙酸盐雾试验。电气、机械等性能应满足TB/T 2073、TB/T 2074、TB/T 2075等的要求
			厚度	—	
2	紧固件	<M16	工艺	采用316L不锈钢，表面钝化	
			厚度	—	

7.3.3.5 钢支柱表面防腐蚀技术研究

钢支柱表面采用热浸镀锌后，再采用氟树脂涂料（简称氟碳涂料）或VCI涂层的双重防腐体系，其具体防腐详细要求如表7.3-12。

表 7.3-12 氟树脂涂料防腐技术要求

序号	构件类型	加强防腐方案	检验试验及技术标准
1	H型钢柱	热浸镀锌后采用氟碳涂料或VCI涂层。镀锌层厚度不小于86 μm；底漆不小于40 μm，面漆不小于40 μm	钢管支柱、吊柱及钢管硬横梁等封闭截面内壁任何局部锌层厚度不应低于100 μm，其他H型钢支柱、格构式支柱、吊柱及钢管硬横跨锌层附着量不应低于610 g/m²，即任何局部锌层厚度不应低于86 μm。H型钢支柱、格构式支柱、吊柱及钢管硬横跨热浸镀锌后采用氟树脂涂料（简称氟碳涂料）或VCI涂层进行涂装的双重防腐体系，涂装技术要求应符合GB/T 25020.4—2016的规定。H型钢支柱、格构式支柱、吊柱及钢管硬横跨还应按照《人造气氛腐蚀试验 盐雾试验》（GB/T 10125—2012）做中性盐雾试验，并满足150 h铜盐加速醋酸盐雾试验（CASS）或满足1 200 h中性盐雾试验（NSS），不出现红锈
2	钢管硬横跨		
3	格构式钢柱		
4	吊柱、肩架		

7.3.3.6 地脚螺栓、连接螺栓及配套螺母、垫圈表面防腐蚀技术

锌铬涂层又称达克罗涂层，是将水基锌铬涂料浸涂、刷涂或喷涂于钢铁零件或构件表面，经烘烤形成的以鳞片状锌和锌的铬酸盐为主要成分的无机防腐蚀涂层，是一种类似电镀锌的金属涂层处理技术。达克罗涂层外观为均匀的银灰色，涂层中含有80%的薄锌片和铝片，其余为铬酸盐，具有优良的性能，如：极强的抗腐蚀性，比电镀锌提高7~10倍；无氢脆；特别适用于高强度受力件，如用于铁路工程的高强度螺栓；高耐热性，耐热温度300 ℃。此外，达克罗涂层还具有高渗透性、高附着性、高减摩性、高耐气候性、高耐化学品稳定性及无环境污染的优点。热浸镀锌+锌铬涂层+封闭层处理具体要求如表7.3-13。

表 7.3-13 地脚螺栓、连接螺栓及配套螺母、垫圈防腐蚀技术要求

序号	构件类型	加强防腐方案	检验试验及技术标准
1	地脚螺栓	所有螺栓、螺母、垫圈和基础地脚螺栓外露部分及基础面以下150 mm范围采用热浸镀锌+锌铬涂层+封闭层处理。其中热浸镀防腐锌层附着量不低于350 g/m²，即任何局部锌层厚度不低于50 μm，锌铬涂层厚度6~8 μm，封闭层厚度5~8 μm。接触网支柱安装前，预埋好的基础螺栓外露部分均要求涂油防腐并用塑料套包裹并绑扎。所有路基、桥梁区段基础均增加保护帽，用混凝土将地脚螺栓外露部分和柱脚封闭	其防腐涂层工艺及检验方法应满足《锌铬涂层技术条件》（GB/T 18684—2002）和《磁性基体上非磁性覆盖层厚度测量磁性法》（GB/T 4956—2003）的要求。还应按照《人造气氛腐蚀试验 盐雾试验》（GB/T 10125—2012）做中性盐雾试验，并满足150 h铜盐加速醋酸盐雾试验（CASS）或满足1 200 h中性盐雾试验（NSS），不出现红锈
2	连接螺栓		
3	螺母、垫圈		

7.3.3.7 结 论

（1）钢材质的支柱、硬横跨、吊柱、肩架等结构件以及零件表面采用热浸镀锌+气相缓蚀双金属涂层（VCI）浸涂，钢管硬横跨横梁优化镀锌工艺孔设置，地脚螺栓及连接螺栓、

螺母等紧固件表面采用热浸镀锌（多元合金共渗）+锌铬涂层+封闭层处理，可提高防腐性能。

（2）铝合金型材零件表面采用阳极氧化工艺，锻造及铸造零件表面采用微弧氧化工艺，可提高防腐性能。

（3）铜合金型材零件表面采用络合致钝的防腐处理工艺，可提高防腐性能。

（4）不锈钢材质零件采用316L不锈钢及表面钝化处理，可提高防腐性能。

参考文献

[1] 住房和城乡建设部. 建筑地基基础设计规范：GB 50007—2011[S]. 北京：中国建筑工业出版社，2011.

[2] 尚彦军，王思敬，岳中琦，等. 全风化花岗岩孔径分布、颗粒组成、矿物成分变化特征及指标相关性分析[J]. 岩土力学，2004，25（10）：1545-1550.

[3] 齐明柱，江辉煌，周神根. 深圳地区花岗岩残积土的沉降计算及现场测试分析[J]. 中国铁道科学，2004，25（1）：91-94.

[4] 中铁第一勘察设计院集团有限公司. 铁路工程土工试验规程：TB 10102—2010[S]. 北京：中国铁道出版社，2011.

[5] 铁道第一勘察设计院. 铁路工程岩土分类标准：TB10077—2001[S]. 北京：中国铁道出版社，2001.

[6] 王景芝，李安洪，肖红兵，等. 饱和全风化花岗岩地基土压缩特性的研究[J]. 铁道建筑，2009（6）：73-76.

[7] 肖红兵，蒋关鲁，王景芝，等. 深厚全风化花岗岩铁路地基沉降离心模型试验研究[J]. 公路交通科技，2010，27（8）：40-44.

[8] 姚裕春，李安洪，蒋关鲁. 海南东环线路基现场应力测试研究[J]. 高速铁路技术，2010，1（3）：27-30；51.

[9] 陈伟志，蒋关鲁. 土质路基荷载下地基沉降的修正计算方法[J]. 水文地质工程地质，2013，40（4）：56-62.

[10] 冯研，蒋关鲁，陈伟志，等. 离心模型试验预测复合地基沉降的精度[J]. 西南交通大学学报，2014，49（1）：105-110.

[11] 蒋关鲁，兰维维，肖红兵，等. 路基荷载下地基侧向变形的计算方法[J]. 重庆大学学报，2014，37（2）：89-97.

[12] 肖红兵. 高速铁路深厚全风化花岗岩地基沉降特性及加固技术研究[D]. 成都：西南交通大学，2016.

[13] 姚裕春，李安洪，蒋关鲁. 海东线花岗岩全风化层地基沉降特性试验研究[J]. 高速铁路技术，2013，4（1）：8-13.

[14] 田辉，陈伟志，蒋关鲁，等. 高速铁路饱和中-低压缩性土地基沉降趋势分析[J]. 高速铁路技术，2018，9（1）：24-29.

[15] 陈洪江，崔冠英. 花岗岩残积土物理力学指标的概型分布检验[J]. 华中科技大学学报（自然科学版），2001（5）：92-94.

[16] 陈洪江，崔冠英. 花岗岩残积土物理力学指标的概率统计分析[J]. 华中科技大学学报，2001，29（5）：95-97.

[17] 栾茂田，罗锦添，李焯芬，等. 不排水条件下全风化花岗岩残积土工程特性与本构模型[J]. 大连理工大学学报，2000，40（增1）：83-89.

[18] 吴能森. 结构性花岗岩残积土的特性及工程问题研究[D]. 南京：南京林业大学，2005.
[19] 简文彬，陈文庆，郑登贤. 花岗岩残积土的崩解试验研究[C]//中国土木工程学会第九届土力学及岩土工程学术会议论文集. 2003.
[20] 蔡来柄，李永盛，施峰. 花岗岩残积土持力层人工挖孔桩承载力研究[J]. 同济大学学报（自然科学版），2006，34（1）：33-37.
[21] 程进宏. 残积土地区人工挖孔桩失效的岩土原因浅谈[J]. 岩土工程界，2002，5（2）：36-37.
[22] 刘胜娥，罗林生. 海南省花岗岩残积土的工程特性研究[J]. 岳阳师范学院学报，2001，14（2）：49-50.
[23] 尚彦军，王思敬，岳中琦，等. 全风化花岗岩孔径分布、颗粒组成、矿物成分变化特征及指标相关性分析[J].岩土力学，2004，25（10）：1545-1550.
[24] 齐明柱，江辉煌，周神根. 深圳地区花岗岩残积土的沉降计算及现场测试分析[J]. 中国铁道科学，2004，25（1）：91-94.
[25] 李沽，唐英旺. 石灰改良全风化花岗岩路基填料的试验研究与施工工艺[J]. 湖南大学学报（自然科学版），2002，29（3）：161-167.
[26] 李志勇，曹新文，谢强. 全风化花岗岩及其水泥改良土的路用-工程性质试验研究[J]. 公路，2005，8：67-71.
[27] 李志勇，曹新文，谢强. 全风化花岗岩的路用特性研究[J].岩土力学，2006，27（12）：2269-2273.
[28] 邹静蓉，李志勇，曹新文. 全风化花岗岩路基路面结构动力特性模型试验研究[J].公路交通科技，2007，24（4）：58-61.
[29] 蒋关鲁，主海龙，李安洪. 高速铁路路基基底应力计算方法研究[J].铁道建筑，2009，（4）：65-69.
[30] 刘好正. 风化花岗岩工程特性与路基工程[J]. 路基工程，2005（5）：41-46.
[31] GAWTHORPE R G. Pressure comfort criteria for rail tunnel operations[C]// British Railways Board. Aerodynamics and ventilation of vehicle tunnels. 1991：173-188.
[32] ARTURO Baron, MICHELE Mossi, STEFANO Sibilla. The alleviation of the aerodynamic drag and wave effects of high-speed trains in very long tunnels[J]. Journal of Wind Engineering and Industrial Aerodynamics，2001，89：365-401.
[33] HOWE M S. The compression wave generated by a high-speed train at a vented tunnel entrance[J]. The Journal of the Acoustical Society of America，1998，104：1158-1164.
[34] HOWE M S, LIDA M. Influence of separation on the compression wane generated by a train entering a tunnel[J]. International Journal of Aeroacoustics，2003，2（1）：13-33.
[35] Van BEEK A, BEUVING M, DITTRICH M, et al. Work package 1.2：Rail source：task 1.2.1 state of the art [R]. Paris：SNCF，2005.
[36] Determination of railway tunnel cross-sectional areas on the basis of aerodynamic considerations：UIC CODE 779-11[S]. 1995.
[37] 苏晓峰，程建峰，韩增盛. 高速列车气密性研究综述[J]. 铁道车辆，2004，42（5）：16-19.
[38] 高军. 时速 350 km/h 高速铁路噪声及其控制方法的研究[J]. 铁道技术监督，2006，34（7）：16-18.

[39] 刘岩，张艳，张晓排. 高速铁路降低噪声对策研究[J]. 中国铁路，2004（4）：54-55.
[40] 焦大化. 日本高速铁路噪声预测方法[J]. 铁道劳动安全卫生与环保，2007，34(1)：35-38.
[41] 徐志胜，翟婉明. 高速铁路板式轨道结构参数对轮轨噪声的影响[J]. 交通运输工程学报，2006，6（4）：23-26.
[42] 李庆生. 客运专线车站设计有关问题的研究[J]. 铁道工程学报，2006（7）：86-90.
[43] 赵文成. 高速铁路隧道缓冲结构的理论和试验研究[D]. 成都：西南交通大学，2004.
[44] 王英学，高波，赵文成，等. 高速列车进出隧道空气动力学特征模型实验分析[J]. 流体力学实验与测量，2004，18（3）：73-78.
[45] 赵文成，高波，王英学，等. 高速列车突入隧道引起的压缩波的理论研究[J]. 西南交通大学学报，2004（4）：447-450.
[46] 王建宇. 关于高速铁路隧道设计参数问题[J]. 世界隧道，1998（5）：1-7.
[47] 骆建军，高波，王英学，等. 高速列车穿越有竖井隧道流场的数值模拟[J]. 西南交通大学学报，2004（4）：442-446.
[48] 王伯福. 提速及高速列车影响环境噪声的评价分析及噪声防治[J]. 中国铁道科学，1998，3：64-69.
[49] 王伯福. 机车车辆噪声和声源防治[J]. 铁道机车车辆，1997（3）：52-55.
[50] 陈南翼，田红旗. 西欧高速铁路及高速列车技术考察[J]. 长沙铁道学院学报，1993，15（3）：107-112.
[51] 北京城建设计研究总院. 地铁设计规范：GB 50157—2003[S]. 北京：中国计划出版社，2003.
[52] 铁道部第二勘察设计院. 铁路隧道运营通风设计规范：GB 50157—2003[S]. 北京：中国铁道出版社，2001.
[53] 国家环境保护局. 城市区域环境噪声标准：GB 3096—93[S]. 北京：中国计划出版社，1994.
[54] 重庆交通科研设计院. 公路隧道设计规范：JTG D70—2004[S]. 北京：人民交通出版社，2004.
[55] 铁道第二勘察设计院. 铁路隧道设计规范：TB 10003—2005[S]. 北京：中国铁道出版社，2005.
[56] 王建宇，万晓燕，吴剑. 高速铁路隧道内瞬变气压和乘车舒适度准则[J]. 现代隧道技术，2008，（45）2：1-4.
[57] 小沢智. 隧道出口微压波研究[R]//日本共有铁路技术研究所. 铁道技术研究报告. 1979.
[58] 金祖权. 西部地区严酷环境下混凝土的耐久性与寿命预测[D]. 南京：东南大学，2006.
[59] 田冠飞. 氯离子环境中钢筋混凝土结构耐久性与可靠性研究[D]. 北京：清华大学，2006.
[60] 王雨齐. 基于渗透性分析的混凝土耐久性可靠度评估[D]. 武汉理工大学，2006.
[61] 许星鑫. 海工混凝土表面渗透型有机硅防护涂料耐久性研究[D]. 武汉：武汉理工大学，2012.
[62] BAGHERI A R, ZANGANEH H, MOALEMI M M. Mechanical and durability properties of ternary concretes containing silica fume and low reactivity blast furnace slag[J]. Cement and Concrete Composites, 2012, 34（5）: 663-670.
[63] FARAHANI A, TAGHADDOS H, SHEKARCHI M. Prediction of long-term chloride

diffusion in silica fume concrete in a marine environment[J]. Cement and Concrete Composites, 2015, 59: 10-17.

[64] PLANK J, SAKAI E, MIAO CW, et al. Chemical admixtures: Chemistry, applications and their impact on concrete microstructure and durability[J]. Cement and Concrete Research, 2015, 78: 81-99.

[65] TANG SW, YAO Y, ANDRADE C, et al. Recent durability studies on concrete structure[J]. Cement and Concrete Research, 2015, 78: 143-154.

[66] SHEN Jianxia. 6.14 - Durability Design of Concrete Hydropower Structures[M]//Comprehensive Renewable Energy. Oxford: Elsevier, 2012: 377-403.

[67] GANESAN N, ABRAHAM R, DEEPA Raj S. Durability characteristics of steel fibre reinforced geopolymer concrete[J]. Construction and Building Materials, 2015, 93: 471-476.

[68] HOOTON R D, BICKLEY J A. Design for durability: The key to improving concrete sustainability[J]. Construction and Building Materials, 2014, 67: 422-430.

[69] LIMEIRA J, ETXEBERRIA M, AGULLÓ L, et al. Mechanical and durability properties of concrete made with dredged marine sand[J]. Construction and Building Materials, 2011, 25(11): 4165-4174.

[70] SELEEM E, RASHAD A M, EL-SABBAGH B A. Durability and strength evaluation of high-performance concrete in marine structures[J]. Construction and Building Materials, 2010, 24(6): 878-884.

[71] SHI X, XIE N, FORTUNE K, et al. Durability of steel reinforced concrete in chloride environments: An overview[J]. Construction and Building Materials, 2012, 30: 125-138.

[72] SHIN M, KIM K, GWON S W, et al. Durability of sustainable sulfur concrete with fly ash and recycled aggregate against chemical and weathering environments[J]. Construction and Building Materials, 2014, 69: 167-176.

[73] THOMAS C, SETIÉN J, POLANCO JA, et al. Durability of recycled aggregate concrete[J]. Construction and Building Materials, 2013, 40: 1054-1065.

[74] TROCÓNIS de RINCÓN O, SÁNCHEZ M, MILLANO V, et al. Effect of the marine environment on reinforced concrete durability in Iberoamerican countries: DURACON project/CYTED[J]. Corrosion Science, 2007, 49(7): 2832-2843.

[75] KÖLIÖ A, PAKKALA T A, LAHDENSIVU J, et al. Durability demands related to carbonation induced corrosion for Finnish concrete buildings in changing climate[J]. Engineering Structures, 2014, 62/63: 42-52.

[76] AL-RABIAH A R, RASHEEDUZZAFAR, BAGGOTT R. Durability requirements for reinforced concrete construction in aggressive marine environments[J]. Marine Structures, 1990, 3(4): 285-300.

[77] ARRIBAS I, VEGAS I, SAN-JOSÉ JT, et al. Durability studies on steelmaking slag concretes[J]. Marine Structures, 2014, 63: 168-176.

[78] 金祖权, 孙伟, 赵铁军, 等. 混凝土在硫酸盐-氯盐环境下的损伤失效研究[C]//第五届混凝土结构耐久性科技论坛. 2006.

[79] 尤圣通,林璋璋. 海洋环境中混凝土结构耐久性的设计与维护[J]. 公路,2008(11): 202-205.

[80] 马保国,贺行洋,胡曙光,等. 混凝土耐久性破坏经时模型:模型计算及服役年限的预测[J]. 混凝土,2002(6): 23-25.

[81] 水中和,万惠文,钟杰. 离子传输与混凝土耐久性[J]. 建材世界,2003,24(3): 1-3.

[82] 马保国,亓萌,李宗津. 香港粉煤灰的特征与沿岸混凝土工程耐久性[J]. 建筑材料学报,1999(1): 23-28.

[83] 张萍,秦鸿根,庞超明,等. 海洋环境结构混凝土耐久性试验研究综述[J]. 水利水电科技进展,2012,32(3): 81-85.

[84] 宋少民,李红辉,邢峰. 大掺量粉煤灰混凝土抵抗碳化和钢筋锈蚀研究[J]. 武汉理工大学学报,2008,30(8): 38-42.

[85] 王林,宋少民. 引气含量对大掺量粉煤灰混凝土耐久性的影响[J]. 武汉理工大学学报,2009(7): 60-63.

[86] 田惠文,李伟华,宗成中,等. 海洋环境钢筋混凝土腐蚀机理和防腐涂料研究进展[J]. 涂料工业,2008(8): 62-67.

[87] VAYSBURD A M,EMMONS P H. How to make today's repairs durable for tomorrow - corrosion protection in concrete repair[J]. Construction and Building Materials,2000,14(4): 189-197.

[88] VERA R,APABLAZA J,CARVAJAL AM,et al. Effect of Surface Coatings in the Corrosion of Reinforced Concrete in Acid Environments[J]. International Journal of Electrochemical Science,2013,8(10): 11832-11846.

[89] 辛小平. 浓缩海水环境混凝土涂层保护的适用性研究[D]. 青岛:青岛理工大学,2008.

[90] NEOH K G,KANG ET. Combating Bacterial Colonization on Metals via Polymer Coatings: Relevance to Marine and Medical Applications. ACS Applied Materials & Interfaces,2011,3(8): 2808-2819.

[91] 李瑞. 苯乙烯丙烯酸酯/硅溶胶复合乳液的合成及性能研究[D]. 西安:长安大学,2009.

[92] 杨锋,吴庆余,李淑柱,等. 防腐蚀涂料[J]. 涂料工业,1999(9): 32-35.

[93] KAMAITIS Z. Modelling of corrosion protection for reinforced concrete structures with surface coatings[J]. Journal of Civil Engineering and Management,2008,14(4): 241-249.

[94] LITZNER H U,BECKER A. Design of concrete structures for durability and strength to Eurocode 2[J]. Materials and Structures,1999,32(219): 323-330.

[95] KAMAITIS Z. Modelling of corrosion protection as standby system for coated reinforced concrete structures[J]. Journal of Civil Engineering and Management,2009,15(4): 387-394.

[96] 刘凌玉. 有机蒙脱土改性无溶剂环氧涂料的制备与性能研究[D]. 北京:北京化工大学,2007.

[97] 康莉萍,孙丛涛,牛荻涛. 海洋环境混凝土防腐涂料研究及发展趋势[J]. 混凝土,2013(4): 52-55;60.

[98] 康莉萍. 海洋钢筋混凝土结构表面涂层防护研究[D]. 西安:西安建筑科技大学,2013.

[99] GRASBOCK R,GEISBERGER M. Zinc-free and Aqueous[J]. Europe Coatings Journal,

2008，3：30-36.

[100] YANG X, ZHANG T, WANG H. A new solvent-free super high build epoxy coating evaluated by marine corrosion simulation apparatus[J]. Materials and Corrosion, 2012, 4: 328-332.

[101] ALMUSALLAM A A, KHAN F M, DULAIJAN S U, et al. Effectiveness of surface coatings in improving concrete durability[J]. Cement and Concrete Composites, 2003, 25: 473-481.

[102] SORENSEN P A, KIIL S, DAM-JOHANSEN K, et al. Anticorrosive coatings: a review[J]. Journal of Coatings Technology and Research, 2009, 6(2): 135-176.

[103] 王平，陈嵘，杨荣山，等．桥上无缝线路设计理论［M］．成都：西南交通大学出版社，2011.

[104] 王其昌，韩启孟．板式轨道设计与施工［M］．成都：西南交通大学出版社，2002.

[105] 赵国堂．高速铁路无砟轨道结构［M］．北京：中国铁道出版社，2006.

[106] 宫万国．桥上无缝道岔与桥梁布置有限元分析[J]．铁道建筑，2012（10）：120-123.

[107] 赵丽珠．锻焊辙叉的可行性分析[J]．科技创业家，2012（17）：164.

[108] 刘哲，王平，陈嵘，等．道岔动力参数设计法及其在转辙器设计中的应用[J]．西南交通大学学报，2012（4）：611-617.

[109] 铁道部．铁路线路修理规则：铁运〔2006〕146号．北京：中国铁道出版社，2006.

[110] 铁道第二勘察设计院．铁路隧道设计规范：TB 10003—2005[S]．北京：中国铁道出版社，2005.

[111] 铁道部经济规划研究院．铁路轨道设计规范：TB 10082—2005[S]．北京：中国铁道出版社，2005.

[112] 铁道部经济规划研究院．高速铁路设计规范（试行）：TB 10621—2009[S]．北京：中国铁道出版社，2009.

[113] 建设部．混凝土结构设计规范：GB 50010—2002[S]．北京：中国建筑工业出版社，2002.

[114] 铁道部第三勘测设计院．铁路桥涵设计基本规范：TB 10002.1—99[S]．北京：中国铁道出版社，2000.

[115] 庞加斌．沿海和山区强风特性的观测分析与风洞模拟研究[D]．上海：同济大学，2006.

[116] 关德新．农田防护林体系空气动力效应研究[D]．北京：中国科学院，1998.

[117] 蔡强国，王贵平，陈永宗．黄土高原小流域侵蚀产沙过程与模拟[M]．北京：科学出版社，1998.

[118] 郭耀文．雨滴侵蚀特性分析[J]．中国水土保持，1997（4）：15-18.

[119] 查德锐．溅蚀的形成与特征[J]．水土保持科技情报，1991（2）：10-17.

[120] 周佩华，窦葆璋，孙清芳．降雨能量的研究初报[J]．水土保持通报，1981，1（1）：51-60.

[121] 蔡强国．降雨特性对溅蚀影响的初步试验研究[J]．中国水土保持，1986（6）：41-42.

[122] 江忠善，刘志，贾志伟．降雨因素和坡度对溅蚀影响的研究[J]．水土保持学报，1989，3（2）：29-35.

[123] 高学田，包忠谟．降雨特性和土壤结构对溅蚀的影响[J]．水土保持学报，2001，15（3）：24-26.

[124] 吴普特．黄土区土壤抗冲性研究进展及亟待解决的若干问题[J]．水土保持研究，1997，4（5）：59-66.

[125] 汪益敏. 路基边坡坡面冲刷特性与加固材料性能研究[D]. 广州：华南理工大学，2003.

[126] 江忠善，王志强. 黄土丘陵区小流域土壤侵蚀空间变化定量研究[J]. 土壤侵蚀与水土保持学报，1996，2（1）：1-10.

[127] 陈永宗，景可，蔡强国. 黄土高原现代侵蚀与治理[M]. 北京：科学出版社，1988.

[128] 吴长文，王礼先. 林地坡面的水动力学特性及其阻延地表径流的研究[J]. 水土保持研究，1995（2）：32-38.

[129] 王占礼，邵明安，常庆瑞. 黄土高原降雨因素对土壤侵蚀的影响[J]. 西北农业大学学报（自然科学版），1998（4）：101-105.

[130] 吴普特，周佩华. 黄土坡面薄层水流侵蚀试验研究[J]. 土壤侵蚀与水土保持学报，1996，2（1）：40-45.

[131] 王秀英，曹文洪. 水土保持措施下的土壤入渗研究及次暴雨地表产流计算方法[J]. 泥沙研究，1999（6）：79-83.

[132] 周德培，张俊云. 植被护坡工程技术[M]. 北京：人民交通出版社，2003.

[133] 胡利文，陈汉宁. 锚固三维网生态防护理论及其在边坡工程中的应用[J]. 水道工程，2003（4）：13-15.

[134] 刘国彬，蒋定生. 黄土区草地根系生物力学特性研究[J]. 土壤侵蚀与水土保持学报，1996，2（3）：21-28.

[135] 周锡九，赵晓峰. 坡面植草防护的浅层加固作用[J]. 北方交通大学学报，1995，19（2）：13-16.

[136] 杨亚川，莫永京，王芝芳，等. 土壤-草本植被根系复合体抗水蚀强度与抗剪强度的试验研究[J]. 中国农业大学学报，1996，1（2）：31-38.

[137] 王可钧，李焯芬. 植物固坡的力学简析[J]. 岩石力学与工程学报，1998，17（6）：687-691.

[138] 王文生，杨晓华，谢永利. 公路边坡植物的护坡机理[J]. 长安大学学报（自然科学版），2005，25（4）：26-30.

[139] 刘世奇. 植被护坡技术及综合防护体系研究[D]. 武汉：中国科学院武汉岩土力学研究所，2004.

[140] 宋云. 植物固土边坡稳定基本原理的研究以及固坡植物的选择设计[D]. 长沙：中南林学院，2005.

[141] 姜志强，孙树林. 堤防工程生态护坡浅析[J]. 岩石力学与工程学报，2004，23（12）：2133-2136.

[142] 胡中华，刘师汉. 草坪与地被植物[M]. 北京：中国林业出版社，1995.

[143] 向劲松. 林业生态工程（林业专业）[M]. 北京：高等教育出版社，2002.

[144] 刘书套. 高速公路环境保护与绿化[M]. 北京：人民交通出版社，2001.

[145] SHEN HW，LI RM. Rainfall Effect on Sheet Flow Over Smooth Surface[J]. American Society of Civil Engineers，1973，99（5）：771-792.

[146] FOSTER G R. Shear stress relationship[J]. American Society of Civil Engineers，1984.

[147] 吴普特，周佩华. 雨滴击溅薄层水流水力摩阻系数的影响[J]. 水土保持学报，1994，8（2）：39-42.

[148] 吴普特，周佩华. 雨滴击溅薄层水流中的作用[J]. 水土保持通报，1992，12（4）：19-26.

[149] 张家发，张伟. 三峡工程永久船闸高边坡降雨入渗试验研究[J]. 岩石力学与工程学报，

1999（2）：137.

[150] 任树梅，刘洪禄，顾涛. 人工模拟降雨技术研究综述[J]. 中国农村水利水电，2003（3）：73-75.

[151] 吴长文，徐宁娟. 摆喷式人工降雨机的特性试验[J]. 南昌大学学报，1995，17(1)：58-66.

[152] 岳红光，曲艳杰. 用人工降雨法进行土壤侵蚀的研究[J]. 吉林林学院学报，1998，14(4)：208-211.

[153] SHERIDAN Gary James. Predicting Hillslope Scale Erodibility And Erosion On Disturbed Landscapes From Laboratory Scale Measurements[R]. Queensland, Australia: The University of Queensland. School of land and Food And Centre for Mined Land Rehabilitation, 2001.

[154] 孙超图，解建宝，李占斌. 掺气喷洒式极小雨强降雨装置试验研究[J]. 水土保持学报，1994，8（4）：91-95.

[155] 刘素媛，韩奇志，聂振刚，等. SB-YZCB人工模拟降雨装置特性及应用研究[J]. 土壤侵蚀与水土保持学报，1998，4（2）：47-53.

[156] 陈文亮，唐克丽. SR型野外人工降雨模拟装置[J]. 水土保持研究，2000，7(4)：106-110.

[157] 石生新. 高强度人工降雨条件下地面坡度、植被对坡面产沙过程的影响[J]. 山西水利科技，1996，（3）：77-80.

[158] 高小梅，李兆麟，贾雪，等. 人工模拟降雨装置的研制与应用[J]. 辐射防护，2000，20（1-2）：86-90.

[159] 贾天会，黄毅，曹忠杰. 辽南土石质山区坡耕地水土流失试验研究[J]. 中国水土保持，2001（3）：23-24.

[160] 叶翠玲，许兆义，杨成永. 秦沈客运专线建设过程中的水土流失试验研究[J]. 水土保持学报，2001，15（2）：9-13.

[161] 刘纪根，雷延武. 坡耕地施加PAM对土壤抗蚀冲蚀能力影响试验研究[J]. 农业工程学报，2002，18（6）：59-62.

[162] 吴钦孝，赵鸿雁，韩冰. 黄土丘陵区草灌植被的减沙效应及其特征[J]. 草地学报，2003，11（1）：23-26.

[163] 沈波，郑南翔，田伟平. 路基压实黄土坡面降雨冲蚀试验研究[J]. 重庆交通学院学报，2003，22（4）：64-67.

[164] 赵西宁，王万忠，吴发启. 不同耕作管理措施对坡耕地降雨入渗的影响[J]. 西北农林科技大学学报，2004，32（2）：69-72.

[165] U.S.Department of Energy. International Energy Outlook 2006[J]. Energy Information Administration, 2006: 60-62.

[166] 苏义华，李利东. 环保型扬尘抑制剂性能研究与应用[J]. 化学工程师，2007，20（5）：44-45.

[167] du PREEZ A F, Kroger D G. The effect of the heat exchanger arrangement and Wind-break walls on the performance of natural draft dry-cooling towers subjected to cross-winds[J]. Journal of wind Engineering and Industrial Aerodynamics, 1995, 58（3）: 293-303.

[168] BOLDES U, COLMAN J, MORA V Nadal, et al. Velocity fluctuations in the wake behind wind breakers and at the edge of the shear layer, and their correlations with the free

stream[J]. Journal of wind Engineering and Industrial Aerodynamics, 1995, 58 (3): 217-229.

[169] CHEOL Woo Park, SANG JoonLee. The effects of a bottom gap and non-uniform porosity in a wind fence on the surface pressure of a triangular prism located behind the fence[J]. Journal of Wind Engineering and industrialAerodynamies, 2001, 89 (13): 1137-1154.

[170] LEE Sang-Joon, PARK Cheol-Woo. The shelter effect of porous wind fences on coal piles in POSCO open storage yard[J]. Journal of Wind Engineering and Industrial Aerodynamics, 2000, 84 (1): 101-118.

[171] 王其昌. 高速铁路土木工程[M]. 成都, 西南交通大学出版社, 1999.

[172] 铁道部第三勘察设计院. 京沪高速铁路设计暂行规定[S]. 北京：中国铁道出版社, 2003.

[173] KIEßLING, PUSCHMANN, SCHMIEDER. 电气化铁道接触网[M]. 北京：中国电力出版社, 2004.

[174] 刘改红. 兰新铁路第二双线大风区接触网支柱选型[J]. 甘肃科技纵横, 2011, 40 (3): 154-156.

[175] 中国建筑科学研究院. 建筑结构荷载规范：GB 50009—2006 [S]. 北京：中国建筑工业出版社, 2006.

[176] 国家铁路局. 铁路电力牵引供电设计规范：TB 10009—2005 [S]. 北京：中国铁道出版社, 2005.

[177] 李辉. 海东线整体式腕臂的应用[J]. 城市建设, 2011 (12): 1-2.

[178] 国家铁路局. 铁路电力设计规范：TB 10008—2006 [S]. 北京：中国铁道出版社, 2006.

[179] 中国机械工业联合会. 建筑物防雷设计规范：GB 50057—2010[S]. 北京：中国计划出版社, 2011.

[180] 胡玉萍, 惠富平, 颜家安. 海南岛自然灾害发生特点及其抗救措施[J]. 江西蓝天学院学报, 2007 (增1): 36-40.

[181] 潘家利. 海南省自动气象站观测场雷电灾害分析与防护[C]//第六届中国国际防雷论坛论文摘编. 2007.

[182] 沈峰. 南方沿海地区门式钢架设计中若干问题的探讨[C]//建筑教育改革理论与实践研讨会. 2007.

[183] 铁道部.电气化铁路接触网零部件技术条件：TB/T 2073—2010 [S]. 北京：中国铁道出版社, 2010.

[184] 铁道部. 电气化铁路接触网零部件试验方法：TB/T 2074—2010 [S]. 北京：中国铁道出版社, 2010.

[185] 铁道部. 电气化铁路接触网零部件：TB/T 2075—2010 [S]. 北京：中国铁道出版社, 2010.